AF537948

Stimmen zu „Die verborgene Spiritualität des Mannes“

„Matthew Fox, eine einmalige Stimme, ein wilder Mann der Religiosität, wendet sein liebendes Herz der Emanzipation des modernen Mannes von der Überkultur zu, die – sich selbst überlassen – Männer nur bis auf Blut und Knochen verbrauchen würde. Fox hat ein anderes Bild von der Männlichkeit – nämlich ein kreatives, sinnlich-üppiges und zutiefst beseeltes.“

(Clarissa Pinkola Estés, Ph.D., Autorin von *Die Wolfsfrau* und wöchentliche Kolumnistin des *National Catholic Reporter Online* – ncrcafe.org)

„Leonard Bernstein, ein großer Fan von Matthew Fox, sagte einmal zu mir: ‚Es wird eine weitere Generation lang dauern, bevor eine echte Männerbewegung in Erscheinung tritt.‘ In *Die verborgene Spiritualität des Mannes* sendet Matt den Ruf hinaus und erhellt den Pfad, auf dem jeder Mann in seine spirituelle Bestimmung eintreten kann und bringt damit eine authentische Männerbewegung allerhöchster Ordnung hervor. Bravo!“

(Aaron Stern, neben Leonard Bernstein Mitbegründer der *Academy for the Love of Learning*, Santa Fe, New Mexico)

„Seit dreißig Jahren bringt Matthew Fox neue, funkelnde Gedanken in die Themen des Bewusstseins und der Theologie ein – und kommt dafür oft genug in Schwierigkeiten. Nun tut er das ein weiteres Mal mit *Die verborgene Spiritualität des Mannes* und begründet damit eine lebensfähige und folgenreiche spirituelle Männerbewegung. Sein Buch hätte für diese Welt mit ihren verzerrten, unhaltbaren und dem rasenden Testosteron-Wahn verfallenen Ansichten darüber, was es bedeutet, ein Mann zu sein, zu keinem besseren Zeitpunkt erscheinen können. Seine prophetische Sicht und seine mutige Botschaft erweitern unser Denken bezüglich des Männlichen und erheben es zur Ebene des Heiligen.“

(Christian de la Huerta, Autor von *Coming Out Spiritually*)

„Matthew Fox ist heute einer der kreativsten, der umfassendsten und mit Sicherheit der herausforderndste religiös-spirituelle Lehrer Amerikas.“

(Thomas Berry, Autor von *The Great Work*)

„Fox verdient es, auf seinen wahren Leserkreis zu treffen – denkende Männer (und ebenso Frauen), die das Verlangen nach einer umfassenden Erkundung der ‚männlichen Spiritualität‘ durch einen Denker haben, der sich ebenso mühelos auf Thomas von Aquin wie auch auf die griechische Mythologie und das Werk des indischen Heiligen Swami Muktananda bezieht.“

(*Publishers Weekly*)

„Dieses Buch bringt gute Neuigkeiten, nämlich einen Weckruf, der uns aus den alten Stereotypen der Männlichkeit aufrüttelt."

(Joanna Macy, Autorin von *Geliebte Erde, gereiftes Selbst*)

„In diesem historischen und revolutionären Buch will uns Fox dazu anregen, die männliche Sexualität zu vergöttlichen und die selbst auferlegten und von der Kultur aufrecht erhaltenen Dämonen auszutreiben, die Gewalt und die Schändung des Planeten in unsere Welt bringen."

(Alex Grey, Künstler und Autor von *Sacred Mirrors: Die visionäre Kunst des Alex Grey* und *The Mission of Art*)

„Ein mutiges und beherztes Buch, das der Tatsache ins Auge sieht, wie sehr Männer heute von jenen Archetypen isoliert leben, von denen unsere Vorfahren einst genährt, geführt und in Verbindung gebracht wurden und die noch immer in den Tiefen eines jeden von uns fließen."

(Dr. James Hollis, Autor von *What Matters Most*)

„Eine verblüffende Leseerfahrung und eine machtvolle Kulturkritik zugleich."

(Tikkun)

„Dieses Buch von Matthew Fox hebt die [Männer-] Bewegung auf ein völlig neues Niveau."

(Gary Null, Moderator von *Natural Living with Gary Null*)

„Ich habe mehrere Regale voller Bücher, die speziell für Frauen geschrieben worden sind. Als ich *Die verborgene Spiritualität des Mannes* zu lesen begann, erkannte ich, dass ich keine Bücher besaß, die für Männer oder den männlichen Teil in uns allen geschrieben worden waren. Was ist mit meinem Mann, meinem Sohn und meinem Enkel? Dieses Buch hat mir die Augen geöffnet. In meinen eigenen Kämpfen gefangen hatte ich die männliche Perspektive nicht in Betracht gezogen. Ich hatte nicht erkannt, dass die Rollen der Männer ebenso verzerrt worden sind wie die der Frauen."

(Dr. Tami Brady, TCM Reviews)

„Fox zeigt uns, auf welche Weise die großen Herausforderungen der Menschheit – Umwelt, Konflikte und soziale Gerechtigkeit – mit der spirituellen Krise in Verbindung stehen, der sich westliche Männer gegenüber sehen. Er zeigt, dass wir mit der Wiederherstellung unserer Beziehung zur Erde und ihrer Bewohner beginnen können, indem wir unsere eigene Beziehung zum Heiligen wieder herstellen. *Die verborgene Spiritualität des Mannes* ist eine grundlegende Lektüre für alle Männer, die davon träumen, noch wirksamere Vertreter des Wandels sowie Krieger im Ringen darum zu sein, die Welt zu einem besseren Ort zu machen. Fox zeigt, dass wir mit den Konflikten und Potenzialen in unserem eigenen Inneren beginnen und von dieser spirituellen Kraft aus nach außen arbeiten müssen, wenn wir eine Welt wiederherstellen wollen, die sich den Krisen des Militarismus, der Ungerechtigkeit und des ökologischen Zusammenbruchs gegenüber sieht."

(Rex Weyler, Mitbegründer von Greenpeace International, Autor von *The Jesus Sayings* und Mitautor von *Chop Wood, Carry Water*)

Matthew Fox

Die verborgene Spiritualität des Mannes

Zehn Anregungen zum Erwecken der eigenen Männlichkeit

Arun

Copyright © 2011 by Arun-Verlag für die deutsche Ausgabe.
Arun-Verlag, Engerda 28, D-07407 Uhlstädt-Kirchhasel,
Tel.: 036743-23311, Fax: 036743-23317
info-@arun-verlag.de, www.arun-verlag.de
Titel der amerikanischen Originalausgabe: The Hidden Spirituality of Men. Ten Metaphors to Awaken the Sacred Masculine. Copyright by Matthew Fox 2008. Originally published 2008 by New World Library, Novato/California, USA.
Gesamtgestaltung: Stephan Pockrandt.
Übersetzerin: Vicky Gabriel.
Umschlagmotiv: © Gina Smith-Fotolia.com.
Gesamtherstellung: GGP Media GmbH, Pößneck.

Alle Rechte der Verbreitung in deutscher Sprache und Übersetzung, auch durch Film, Funk und Fernsehen, fotomechanische Wiedergabe, Ton- und Datenträger jeder Art und auszugsweisen Nachdrucks sind vorbehalten.

ISBN 978-3-86663-045-1

Dieses Buch ist meinen (tatsächlichen) Brüdern Tom, Nat und Mike gewidmet, die auf so viele Arten und unter so vielen Umständen meine Lehrer waren, und meinem Vater, George Fox, auf den das ebenfalls zutrifft.

Für meinen ganz besonderen Krieger-Bruder, Buck Ghosthorse.

Und für meine vielen anderen (mehr als nur tatsächlichen) Brüder in der ganzen Welt, mit denen ich kämpfe und lerne, arbeite und mich erfreue. Ich hoffe, dass wir alle gemeinsam erwachen werden.

Inhaltsverzeichnis

Vorwort – Warum „verborgen“? 9

Einleitung – Auf der Suche nach der verborgenen Männlichkeit 17

Zehn Archetypen authentischer Männlichkeit

I – Vater Himmel: Der Kosmos lebt! 31

II – Der Grüne Mann 49

III – Ikarus und Dädalus 65

IV – Jäger und Sammler 75

V – Spirituelle Krieger 113

VI – Männliche Sexualität, Göttliche Sexualität 143

VII – Unsere kosmischen und tierischen Körper 167

VIII – Der Blaue Mann 195

IX – Erdvater: Das väterliche Herz 215

X – Großvater Himmel: Das großväterliche Herz 241

Heilige Hochzeiten

XI – Die heilige Hochzeit von Männlichkeit und Weiblichkeit 265

XII – Andere heilige Vereinigungen 293

Schlussfolgerung – Echte Männer sind Träger der heiligen Männlichkeit 321

Anhang

Anhang A – Übungen zur Entwicklung der zehn Archetypen 345

Anhang B – Einige Gedanken zu Übergangsriten 356

Quellen 358

Danksagungen 365

Über den Autor 366

Vorwort – Warum „verborgen"?

Der Titel dieses Buches ist durchaus provokativ gemeint. Trifft es zu, dass das spirituelle Leben von Männern „verborgen", ja sogar geheim ist? Welche Hinweise gibt es darauf? Falls es stimmt, warum könnte das so sein? Welche Konsequenzen könnte es haben, und ist es für Männer möglich, ein spirituelles Leben zu führen, das offener und von einzelnen Personen wie auch der Gesellschaft eher akzeptiert wird?

Der große mittelalterliche Philosoph und Mystiker Thomas von Aquin stellte fest, dass es „verschiedene Arten der Stille [gibt]: jene der Dumpfheit, jene der Geduld und jene des ruhigen Herzens." Zweifelsohne sind wir alle am einen oder anderen Punkt unseres Lebens aus all diesen Gründen still: weil wir desinteressiert oder zu faul sind, um uns zu äußern; weil wir aus politischer oder sozialer Notwendigkeit heraus unsere Weisheit verleugnen und uns selbst knebeln; weil wir geduldig auf den geeigneten Moment warten, um unsere Stimme zu erheben oder weil wir uns in ein „ruhiges Herz" zurückgezogen haben – und so mit Hilfe von Meditation und Einsamkeit versuchen, das geschäftige Schwätzen unseres Affenverstands zum Stillstand zu bringen.

Selbsterhaltung scheint in einem hohen Maße Stille zu erfordern. Denken Sie zum Beispiel an Männer, die gerade aus einem Krieg zurückgekehrt sind. Manche sprechen nicht über das, was sie im Kampf getan und gesehen haben, weil sie nicht wollen, dass andere unter dem Wissen über diese Ereignisse leiden, und weil sie hoffen, diese Dinge selbst nicht wieder erleben zu müssen, wenn sie sie verborgen halten. In den meisten Fällen bleiben diese Ereignisse jedoch nicht im Innern verborgen; sie erschaffen mit Hilfe von Albträumen und anderen unerwünschten Besuchen ihren eigenen Lärm.

Norman Lloyd ist ein Kameramann, der vier Jahre damit verbrachte, den Vietnamkrieg zu filmen. In seiner jüngsten Dokumentation *Shakey's Hill* sucht er erneut ein Soldatenbatallion auf, mit dem er 1970 im kambodschanischen Dschungel gelebt hatte. An einem bestimmten Punkt spricht er über die posttraumatische Belastungsstörung, seine eigene und die vieler Soldaten, mit den folgenden Worten: „Wissen Sie, es ist Wut. Sie verbringen viel Zeit alleine. Ich kann mit Ihnen sprechen, aber wir werden nicht allzu tief darauf eingehen. Da ist eine Menge von Dingen, über die man nicht sprechen will."

Wie viel vom Leben eines Mannes – seines gesamten Lebens einschließlich seiner Arbeit und seiner Familie – wird von Symptomen erfüllt, die der posttraumatischen Belastungsstörung von Kriegsveteranen entsprechen? Lloyd sagt, ein Kriegskorrespondent befindet sich „in einer Umgebung, in der Menschen getötet und verwundet werden. Man verliert seine Sinne. Es gibt einfach keinen Platz mehr für Empfindsamkeit. Man wird zu einem ziemlich unsensiblen Menschen, weil es dafür einfach keinen Raum gibt. Genau das geschieht auch bei der PTBS." Als Lloyd wieder mit seinen Bekannten aus der Armee in Verbindung trat, stellte er fest, dass es selbst nach all den Jahren nicht einfach war, diese dazu zu bewegen, über Vietnam zu sprechen. Die meisten hatten nicht einmal mit ihren Frauen oder Kindern über ihre Kampferfahrungen geredet. „Man steckt das Zeug in Kisten. Man muss überleben." Oft bekannten die Männer am Tag des Interviews, dass sie die gesamte Nacht vorher nicht geschlafen hatten. Einer sagte: „Es ist nicht so, als wenn es da etwas zu verbergen gäbe. Die überwältigende Erfahrung kommt einfach zurück." Doch wenn die Männer den Film sehen, stellen sie fest, dass gute Dinge geschehen. Der Film übernimmt das Reden für sie, und ganze Familien können endlich erfahren, wie die Geschichte des Kampfes eines jeden dieser Männer ausgesehen hat.

Aber entsprechen die extremen Erfahrungen der Kriegsveteranen tatsächlich denen aller Männer? Ich habe Christian de la Huerta, den Autor von *Coming Out Spiritually* gefragt, ob er die Spiritualität der Männer als geheim oder verborgen empfinde. Er antwortete: „Sie ist unterdrückt und vor uns selbst zum Geheimnis gemacht worden." „Aber warum?" fragte ich. „Viele Männer haben ein falsches Verständnis von Männlichkeit und würden alles Spirituelle als wenig männlich bzw. als weiblich einordnen. Das ist die Zurückweisung eines uns als Männern nun einmal innewohnenden Teils. Ich vermute, dass dies in vermehrten Maß auf hetereosexuelle Männer zutrifft, aber nicht ausschließlich."

Wir finden diese Wahrheit in der Aussage eines männlichen Studenten mit den Hauptfächern Chemie und Management wieder, der an einer englischen Universität der Arbeit von Thomas Berry, dem Autor von *The Dream of the Earth* und *The Great Work* begegnete. Er schrieb die folgenden Worte an seinen Professor:

> Die Tiefenökologie des Tom Berry war für mich zunächst schwer zu verstehen, weil sie mich aus meiner „wissenschaftlichen" Komfortzone heraus führte. Sie forderte von mir, mich mit meiner spirituellen Seite zu verbinden, und das musste ich noch nie zuvor tun. Ehrlich gesagt begegnete ich Berrys Sichtweisen anfänglich mit Skepsis, denn erst, als ich tiefer über seine Ideen nachdachte, begann ich mich mit der *spirituellen Seite zu verbinden, von deren Existenz in mir ich zuvor nicht gewusst hatte.* Das wiederum veranlasste mich dazu, mich zu fragen, ob ich die Spiritualität und die Schönheit unseres Planeten wirklich zu schätzen weiß … Ich begann, mich an jene kostbaren Gelegenheiten zu erinnern, zu denen ich die wunderbare Natur unseres Planeten bewundert oder mit Ehrfurcht betrachtet hatte – Zeiten, in denen ich einfach nur still dagesessen und staunend die Schönheit der schneebedeckten Landschaft rings um Bath oder die Schönheit eines sternenerfüllten Nachthimmels angeblickt hatte. Damals erkannte ich die Bedeutung und Wichtigkeit nicht, die

darin liegt, solche Gefühle zu spüren. Heute verstehe ich, dass es sich dabei um wertvolle Augenblicke handelt, die wir für immer zu verlieren riskieren.

Dieses Bekenntnis kommt von einem jungen Mann, dessen Hauptfächer Wirtschaft und Wissenschaft sind und ist deshalb besonders aufschlussreich – und auch beängstigend. Wie viele andere junge Männer sind nie mit einer spirituellen Seite in Verbindung gelangt, von deren Existenz in ihrem Inneren sie nicht einmal wissen? Und wie viele von ihnen dürften – im Gegensatz zu diesem Mann – niemals mit Thomas Berry oder anderen Autoren konfrontiert werden, die sie dazu auffordern, diese Verbindung herzustellen? Wie sehr haben unsere Schulen und Religionen tatsächlich an uns versagt? Die Psychologin Marion Woodman stellt fest: „ ... die meisten jungen Männer in unserer Kultur haben kein spirituelles Erbe, in dem ihre Ältesten sie willkommen heißen können."

Eines der bestgehüteten Geheimnisse unserer Kultur besteht darin, dass viele Männer zutiefst spirituell sind und ihr spirituelles Leben sehr wichtig nehmen. Das ist jedoch ein *Geheimnis*, weil es verborgen wird – manchmal (wie im obigen Beispiel) sogar vor den Männern selbst. Manchmal geschieht das mit Absicht. Ich weiß von einem bekannten Wissenschaftler, der eine große Schwitzhütte hinter seinem Haus hat, wo er und seine Frau regelmäßig an von amerikanischen Ureinwohnern geleiteten Zeremonien teilnehmen. Die beiden kennen sogar die uralten Gesänge in der Sprache der Lakota. Aber niemand weiß an der Universität, an der er arbeitet, von seinen spirituellen Praktiken. Es wird vor ihnen verborgen.

Für viele Männer dient sogar die Arbeit dazu, spirituelle Ziele zu verfolgen und ist ein Ausdruck ihrer Spiritualität. Dasselbe gilt für ihre Zuwendung zu ihrer Familie. Für viele mag sich Spiritualität als Hingabe an ihr Land ausdrücken, als Bereitschaft, alles für ihr Land oder ihre Familie zu geben – oder sogar für ihren „Stamm" oder ihre Bande. Oder für ihre Kunst. Männliche Künstler können eine ganz eigene Art von Krieger sein, die darauf vertrauen, dass das Universum sie wirtschaftlich versorgt und die Musen ihnen ihre Kunst eingeben. Und es gibt politische Krieger, die ihr Leben der Gerechtigkeit verpflichten, sei diese nun sozialer, ökologischer, rassen- bzw. geschlechtsorientierter oder anderer Art. Tatsächlich erklärt jeder, der dem Leben alles gibt, was er ist – sei er nun Ingenieur, Arzt, Anwalt, Taxifahrer, Geschäftsmann, Lehrer, Krankenpfleger, Schriftsteller, Mechaniker oder Zimmermann – seine oder ihre *Spiritualität, die dann wiederum alles für das Leben gibt.* Biophilie. Liebe für das Leben. Liebende des Lebens. Liebende. Das ist Spiritualität.

Und doch würden es nur wenige Männer so nennen. Warum „verbergen" Männer in mehr oder wenigen hohem Maße ihre Spiritualität? Dafür gibt es beinahe endlos viele Gründe, aber oft verbinden sich diese Gründe eines jeden Mannes zu einem dichten Netz, das dafür sorgt, dass die Spiritualität unerkannt bleibt und nicht zum Ausdruck kommt. Hier sind nur einige davon:

- Weil die westliche Kultur noch immer ein dualistisches Patriarchat ist, die das Denken über das Fühlen, materiellen über spirituellen Reichtum, wissenschaftliche Fakten über intuitives Wissen, Männer über Frauen und Heterosexuelle über Homosexuelle stellt.
- Weil Männer selten für den offenen Ausdruck ihrer tiefsten Gefühle der Freude, der Empfindsamkeit und des Schmerzes belohnt, sondern viel öfter dafür verspottet werden.
- Weil viele Männer Wunden in ihrem Inneren tragen, die sie lieber vergessen oder links liegen lassen würden, als ihr Vorhandensein einzugestehen.
- Weil sich moderne Religionen nicht mehr in Verbindung mit ihren mystischen Traditionen befinden, deren Sprache und Konzepte uns dabei helfen, mit unseren tiefsten Erfahrungen fertig zu werden, unseren „dunklen Nächten der Seele".
- Weil spirituelle Wahrheit und ein spirituelles Verständnis oft jeder Sprache trotzen und in der Stille leben, und was man nicht mit Worten einfangen kann, wird oft als geheim und verborgen betrachtet.
- Weil Männer „nicht weinen dürfen" und so lernen, ihren Kummer ebenso wie ihre Freude zu verbergen.
- Weil Regierungen in Kriegszeiten nicht die authentische, hinterfragende Spiritualität des Kriegers, sondern den religiösen Gehorsam von Soldaten wünschen.
- Weil unsere anthropozentrische Kultur das menschliche Leben, menschliche Bedürfnisse und menschliche Regeln höher schätzt als eine demütige Verbindung mit dem riesigen Kosmos.
- Weil Männer manchmal so hart arbeiten, dass sie weder die Zeit noch den Raum dafür haben, ihre Herzen zu erforschen.
- Weil sich manche Männer in dem Versuch, die Frauenbewegung zu respektieren, dazu bewegt fühlen, sich selbst zum Schweigen zu bringen und jede Form „unakzeptabler" Männlichkeit zu verbergen.
- Weil Männer durch negative Einstellungen zu Homosexualität ihrer Fähigkeit beraubt werden, tiefe Beziehungen zueinander einzugehen. Selbst Männer, die in der Lage sind, diese Homophobie zu überwinden, müssen diesen Umstand in einer exzessiv heterosexistischen Kultur oft geheim halten.
- Weil Männer manchmal Religion und Spiritualität miteinander verwechseln und sich so von ihrer eigenen Reise zum Geist entfernen.
- Weil Männern Passageriten fehlen, die den Übergang vom Knaben- zum Erwachsenenalter markieren, und weil jene Rituale, die in den modernen Religionen noch vorhanden sind (wie die Konfirmation oder die Bar Mizwah), dieser Aufgabe nicht gerecht werden.
- Weil unsere Kultur eher die extrovertierten als die introvertierten Seiten des Mannes honoriert.

- Weil Spiritualität insgesamt etwas Verborgenes haben könnte. Tiefe Dinge sind verborgen, und eine spirituelle Reise erforscht die „unnennbaren" Aspekte des Göttlichen, die Göttlichkeit hinter Gott.
- Weil Männer Mystiker sind, aber nicht über den Wortschatz verfügen, um ihre Erfahrungen zu benennen.
- Weil Männer „nur durch das Ritual lernen" (Robert Bly) und es in der modernen Kultur schwer ist, substanzielle Rituale zu finden.
- Weil Männer ihre Scham und ihre Aggression verbergen oder sich zumindest davor verstecken wollen.
- Weil die Kommunikation zwischen Vätern und Söhnen in unserer Kultur oft kalt oder nicht existent ist und sich zu viele Ältere auf dem Golfplatz „zur Ruhe setzen", anstatt die jüngeren Generationen zu begleiten.
- Weil vaterlose Familien nur wenige Rollenmodelle bieten, die von jungen Männern nachgeahmt werden könnten.
- Weil die „Ideologie von der Erbsünde" Männer an ihrer Schönheit und ihrem Existenzrecht zweifeln lässt, und weil Lehren über Gott als strafenden Vater ein vergiftetes, strafendes Rollenmodell erschaffen.
- Weil Männer nicht wissen – und nicht darin ausgebildet werden – wie man auf gesunde Weise mit Wut und Empörung umgeht.
- Weil Männer – wie alle Menschen – faul sein können und falls möglich die harte Arbeit spiritueller Erforschung vermeiden werden.
- Weil Zynismus, Depression und Erschöpfung die Seelenarbeit sinnlos oder überwältigend erscheinen lassen können.

Was nicht verborgen ist

Auch wenn das spirituelle Leben von Männern aus irgendeinem der genannten Gründe verborgen bleibt, stellt es kein Geheimnis dar, dass sich Männer heutzutage deutlich in Schwierigkeiten befinden. Und diese Schwierigkeiten betreffen jeden. Unsere Art führt noch immer Kriege, vom Irak bis nach Sri Lanka, vom Libanon bis nach Somalia; die Regierung der Vereinigten Staaten verkauft weltweit sogar mehr Waffen als Unterhaltung. Und während das geschieht, leidet der Rest der Schöpfung aufgrund unserer Handlungen und direkt vor unseren Augen. Die globale Erwärmung ist zugleich auch eine *globale Warnung*: Eine Warnung, dass wir unseren Job als Art und als Planet nicht gut machen. Eine von vier Säugetierarten stirbt aus, und wo bleiben unsere Führer? Wo sind die Ältesten? Wo sind die Männer?

Tatsächlich schwinden auch die jungen Männer. In Baltimore, direkt im Schatten der amerikanischen Hauptstadt, schaffen 76 Prozent aller jungen schwarzen Männer den Highschool-Abschluss nicht. Es ist kein Geheimnis, dass eine fehlgeschlagene Bildungserziehung häufig zu Inhaftierungen führt. Infolge dessen befinden sich im heutigen Amerika mehr junge schwarze Männer im Gefängnis als auf dem College. Für viele junge Menschen in den Innenstädten ist es „cooler" und männlicher, ins Gefängnis zu gehen, als einen Studienabschluss zu erwerben.

Eine kürzlich durchgeführte Studie besagt, dass 86 Prozent aller Selbstmorde von Jugendlichen in Amerika von Jungs durchgeführt werden. Die Kolumnistin und Mutter eines Jungen Joan Ryan hat einen Artikel darüber geschrieben. Doch was sie am meisten beängstigte, war die Stille, die dieser Artikel hervorrief:

> Nicht eine einzige Email, kein Telefonanruf und auch kein Brief über die Kolumne erwähnte diese auffallende Statistik. Ich glaube, wenn 86 Prozent aller jugendlichen Selbstmorde von Mädchen durchgeführt werden würden, gäbe es eine nationale Kommission zur Klärung der Ursachen dafür. Es gäbe Berichte auf den Titelseiten, Oprah Winfrey würde es zum Thema ihrer Shows machen, und gemeinnützige Organisationen würden Soziologen und Psychologen das Geld nur so hinterherwerfen, damit sie die weibliche Selbstzerstörung untersuchen. Meine feministischen Schwestern und ich würden zu Recht fragen: „Was ist an unserer Kultur falsch, das Mädchen viel mehr als Jungs dazu treibt, sich das Leben zu nehmen?"
> Warum also fragen wir nicht, was an einer Kultur falsch ist, die Jungs viel mehr als Mädchen dazu treibt, sich das Leben zu nehmen?

Es ist ein weltweites Phänomen, dass sich dreimal mehr Männer als Frauen das Leben nehmen. Teilweise deshalb, weil Frauen dabei öfter fehlschlagen als Männer; Frauen neigen dazu, Tabletten zu nehmen oder sich die Pulsadern aufzuschneiden, während Männer sich eher erhängen oder erschießen. Ryan glaubt jedoch, dass dieser Effekt nicht auf der gewählten Methode, sondern auf *Scham* beruht – eine Geschichte, die sich sehr lange bis zu unseren Tagen als Jäger-Sammler zurückverfolgen lässt.

> Frauen werden dazu sozialisiert, sich für ihre Verletzlichkeit und Abhängigkeit wenig oder gar nicht zu schämen. Aber für Männer impliziert die Suche nach Hilfe Schwäche und Inkompetenz. Das steht in totalem Gegensatz zur traditionellen männlichen Rolle. Macht und Kontrolle sind für Männer von entscheidender Bedeutung, was sich sicher bis in jene Tage zurückdatieren lässt, als die Aufgabe des Mannes noch darin bestand, gefährliche Beute zu jagen. Ihrer Ansicht nach bedeutet, nach Hilfe zu suchen, jemand anderem Macht und Kontrolle zu überlassen. Es bedeutet, sich zu erlauben, verletzbar zu sein.

Ryan ruft Männer auch dazu auf, auf neue Weise mit ihren Söhnen in Beziehung zu treten.

> So, wie wir Väter dafür gewonnen haben, ihre Töchter zu bekräftigen, benötigen wir sie nun, um dasselbe für ihre Söhne zu tun. ... Sie lernen von ihren Vätern, wie man ein Mann ist. ... Dann haben wir vielleicht eine Chance, die Jahrhunderte alte Verdrahtung zu verändern, die Jungen und Männer um so vieles gewalttätiger als Frauen macht – sei es anderen oder sich selbst gegenüber.
> Und vielleicht werden dann mehr von unseren Söhnen lange genug leben, um diese Lektionen an ihre eigenen Söhne weiterzugeben.

Wie schon beim Selbstmord und bei nach Hause zurückkehrenden Soldaten drehen sich die Hauptthemen für Männer eindeutig um Scham und Aggression. Wie können wir also damit umgehen? Wie geht unsere Kultur damit um? Mehr noch: Was bedeutet es, Väter dafür zu gewinnen, ihre Söhne zu lehren, was es heißt, ein Mann zu sein – und zwar in Zeiten eines kulturellen, ökologischen und persönlichen Aufruhrs wie dem, den wir heute erleben? Worin bestehen die Elemente gesunder Männlichkeit? Was ist frisch, und was muss ausrangiert werden?

In diesem Buch geht es um mehr als junge Männer, die Selbstmord begehen oder die Schule abbrechen. Es geht darum, ob unsere Art überleben kann oder nicht. Wie ein Wissenschaftler sagte: „Wir sind die erste Art, die sich dazu entscheiden kann, nicht auszusterben. Aber wir müssen diese Wahl treffen." Können wir unsere Gewohnheiten verändern und zukunftsfähig bleiben? Das schließt die Art und Weise ein, wie wir als Männer fühlen und handeln (oder nicht fühlen und handeln) – und als Frauen, als Eltern, als Großeltern und Bürger.

Ich hoffe, in diesem Buch einige Antworten und positive Modelle bieten zu können, denen man folgen kann. Ich werde zehn Archetypen umreißen, die bestimmte Wege zu spiritueller Reife erhellen, damit Männer die Tage der Verborgenheit und Geheimhaltung hinter sich lassen können. Dieses Buch soll *Geheimnisse lüften. Es soll bekannt machen, was verborgen war.* Es ist an der Zeit, dass Männer spirituell erwachsen werden. Wir können als Art nicht länger in der Phase des Jugendlichen stecken bleiben. Wir müssen uralte Weisheiten und tiefe Lehren über das spirituelle Leben von Männern sowie über die heilige Männlichkeit erforschen – und darüber, wie wir damit in Berührung kommen können und wie es uns berührt.

Wenn es zutrifft, dass das spirituelle Leben von Männern von vielen verborgen oder verschwiegen, begraben oder verdeckt, unterdrückt oder vergessen, ja zum Geheimnis vor sich selbst gemacht wird, dann könnten große Dinge geschehen, wenn wir es wagen, auszugraben und zu öffnen, zu offenbaren und zu enthüllen, aufzudecken und zu verkünden – und laut unsere Stimme zu erheben.

Einleitung – Auf der Suche nach der verborgenen Männlichkeit

Vor Kurzem hatte ich an einem sehr verheißungsvollen Ort und zu einer viel versprechenden Zeit einen Traum. Ich war in der nächtlichen Dunkelheit nicht weit von Santa Cruz in Kalifornien in einem spirituellen Zentrum namens Mount Madonna auf der Spitze eines Berges angekommen. Der Zweck meines Besuchs bestand darin, ein eintägiges Seminar zu halten, das ein Teil einer größeren Konferenz war, die vom Institute of Transpersonal Psychology finanziert wurde und den Titel „Göttliche Weiblichkeit und heilige Männlichkeit" trug. Es war finsterste Nacht, als ich durch das felsige Gelände stolperte, den Weg zu meinem Raum fand und das Seminar für den nächsten Tag vorbereitete.

In dieser Nacht träumte ich, dass ich mich wieder in felsigem Gebiet befand. Es war heller Tag. Jemand kam zu mir und sagte: „Schau dir das mal an." Ich folgte dieser Person über die Hügel und felsigen Orte und kam zu einem Feldweg, auf dem sich eine riesige Autokarawane durch die Berge wälzte. Soweit das Auge reichte, fand überall auf dem Hügel und im Tal eine große Hochzeit statt – es war eine Hochzeitsparade, und in jedem Auto befanden sich jungverheiratete Paare. Nur dass auf jedem Rücksitz – wer hätte das gedacht! – als Braut und Bräutigam ein Elefant und ein Tiger saßen. Sie waren frisch verheiratet – Mitgefühl und Leidenschaft. Eine Neuauflage der heiligen Hochzeit! Als eines der Autos vorbeifuhr, sah ich, dass der Elefant den Tiger sozusagen umarmte, und der Tiger streckte seinen Kopf aus dem Fenster, um mich zu beobachten. Der Tiger war stark und schön. Im Traum sagte ich: „Schau nur, wie groß der Kopf des Tigers ist." Es war ein großmütiger und freigiebiger Anlass. Alle waren glücklich, die Sonne schien, und die Vierbeiner waren weit davon entfernt, auszusterben, sondern heirateten untereinander mit sicherer Aussicht auf baldige Nachkommenschaft. Die Wiederkehr der heiligen Männlichkeit und göttlichen Weiblichkeit? Die Wiederkehr der heiligen Hochzeit dieser beiden? Man kann nur hoffen. Schlussendlich war es ein sehr hoffnungsvoller und erstaunlicher Traum.

Ich gehe davon aus, dass der Traum unter anderem bedeutet, dass der Elefant die göttliche Weiblichkeit repräsentiert. Er ist groß und machtvoll, aber auch mütterlich und gemeinschaftsorientiert. Ich halte den Tiger für eine Darstellung der heiligen Männlichkeit – ein Tiger ist ein Jäger, er ist edel und schön und auch intelligent (der große Kopf) sowie gerissen. Die Tiere kamen auf dem Rücksitz gut miteinander zurecht, auch wenn das mütterliche Element, der Elefant, im Wesentlichen das männliche Element, den Tiger, umarmte oder hielt. Ich konnte nicht sehen, wer das Auto fuhr. Wahrscheinlich ein Mensch, der als Chauffeur diente.

Natürlich können sich Tiger und Elefanten nicht wirklich paaren, und so sollte auch dieser Traum über das Männliche und Weibliche nicht wörtlich genommen werden. Wir alle tragen sowohl männliche als auch weibliche Eigenschaften in uns – genauso wie die Tigerfamilie und die des Elefanten.

Die Karawane im Traum ist jedoch bedeutungsvoll. Die Philosophie des Mittleren Ostens stellt die Geschichte als eine Karawane dar, die von den Ahnen angeführt wird, anstatt dass diese am Ende gehen. Wir sind alle Teil der Geschichte, und das hier war eine Ahnenkarawane von jener Art, die in der wirklichen Welt mittlerweile ernsthaften Schaden erlitten hat, weil Tiger, Elefanten und die gesamte natürliche Welt zu diesem Zeitpunkt in der Geschichte enorm leiden. Warum befanden sich Tiger und Elefant auf dem Rücksitz? Das ist eine interessante Frage und vielleicht eine weitere Aussage des Traums: Menschen haben (als Chauffeure) die Verantwortung, bei der Erhaltung dieser gefährdeten, aber erstaunlichen Wesen zu helfen. Wir sind hier, um zu dienen.

Was uns zur Essenz des Traums zurückbringt – es ist an der Zeit, dass wir die Kräfte unserer schönen Männlichkeit (des Tigers) und unserer machtvollen Weiblichkeit (des Elefanten) sammeln. Wir benötigen eine gleichberechtigte Beziehung zwischen den Yang- und Yinkräften innerhalb unserer selbst und unserer kulturellen Institutionen. In unserer gegenwärtigen Karawane sind wir davon noch weit entfernt.

Es ist weithin bekannt und anerkannt, dass die göttliche Weiblichkeit in der jüngeren Geschichte ein großartiges Comeback erlebt hat, und zwar in Gestalt von Frauenkreisen, weiblicher Wissenschaft, Frauenkirchen sowie von organisierenden, führenden und gebildeten Frauen, die ihren Platz in Wissenschaft, Medizin, Politik, in der Geschäftswelt, der Religion und mehr einnehmen. Heute besuchen weitaus mehr Frauen als Männer das College. Ob wir sie nun als Göttin, Gaia, Gott als Mutter, die göttliche Weiblichkeit, die schwarze Madonna, Tara, Kuan Yin, Bodhisattva, die dunkle Mutter, Oshun, Sophia, Weisheit, das Tao, Maria, Kali oder die Dame von Guadelupe bezeichnen – sie erlebt gerade eine äußerst notwendige und vielfach angekündigte Wiederkehr. Tatsächlich ist die Göttin in der westlichen Kultur seit dem zwölften Jahrhundert nicht mehr so aktiv gewesen. Damals hatte sie die Aufsicht über die Neuerfindung der Bildung und Gottesverehrung, der Lebensstile und der Architektur.

Aber was ist mit der heiligen Männlichkeit? Hier gibt es viel weniger Hinweise auf ein Erwachen. Wir müssen forschen und nachgraben – *und* wir müssen das Bild von einer schädlichen und zerstörerischen männlichen Göttlichkeit aufgeben. Was nützt es uns, wenn die Göttin wiederkehrt und die Männer sie zurückweisen? Das funktioniert nicht – weder in persönlichen Beziehungen noch für kulturelle Institutionen, die alle eine gesundes Gleichgewicht der Geschlechter benötigen, von männlich und weiblich, Yin und Yang. Oder, wie es Meister Eckhart vor siebenhundert Jahren ausdrückte: „Alle Namen, die wir Gott geben, entspringen einem Verständnis unserer selbst." Wenn Männer und Frauen, Jungen und Mädchen nicht zu einem ausgeglichenen Gefühl für das Geschlecht Gottes gelangen können (jede Aussage über Gott ist immer eine Metapher), dann folgt daraus, dass wir nicht mit einem ausgeglichenen Sinn für *unser eigenes* Geschlecht leben.

Natürlich ist vor noch nicht allzu langer Zeit eine Männerbewegung in Erscheinung getreten, die eine Neudefinition der oben beschriebenen heiligen Männlichkeit zu eröffnen schien. Aber aus verschiedenen Gründen war sie bisher nur teilweise erfolgreich. Einer dieser Gründe könnte darin bestehen, dass Massenmedien viele Bemühungen dieser Bewegung lächerlich gemacht haben; ein anderer könnte sein, dass bestimmte Vertreter der Bewegung darauf erpicht zu sein scheinen, Männlichkeit auf eine verrückte Macho-Art zu definieren – so verwendet zum Beispiel Robert Moore in seinem Buch *König, Krieger, Magier, Liebhaber. Die Stärken des Mannes* viel mehr Tinte dafür, General Patton zu zitieren, als Gandhi, Jesus, Malcolm X oder Martin Luther King Jr. zu Wort kommen zu lassen. Als ich ein Interview mit Christian de la Huerta führte, einem der Führer der homosexuellen spirituellen Bewegung und dem Autor von *Coming Out Spiritually*, fragte ich ihn, wie er zur Männerbewegung stehe. Hat diese bisher irgendetwas erreicht?

> Auf mich hat sie keine persönlichen Auswirkungen gehabt. Ich glaube, die Männerbewegung hat vor allem die Gemeinschaft heterosexueller Männer beeinflusst, und in diesem Sinne denke ich, dass sie im Rahmen des ihr Möglichen eine Menge Gutes gebracht hat. Aber aus irgendeinem Grund scheint sie abgedrosselt worden oder im Sand versickert zu sein, und ich bin nicht ganz sicher, warum.
> Doch es bedarf noch immer dringend der Öffnung des männlichen Geistes und Herzens. Wenn ich die Evolution der Menschheit betrachte, würde ich sagen, dass Männer – und insbesondere heterosexuelle Männer – die Nachhut bilden, wo am meisten Arbeit getan werden muss. Aufgrund ihrer Abgeschnittenheit von sich selbst, von ihrem Körper, ihren Gefühlen und dem Göttlichen steigt diese ganze Frustration in ihnen auf und entlädt sich auf unangemessene Weise – nämlich in Form von Gewalt, Krieg und Vergewaltigung.

Ich fragte Christian, ob er der Ansicht sei, dass Männer in unserer Gesellschaft ein verzerrtes Männlichkeitsbild haben. Er antwortete: „Definitiv. Bei vielen Männern treffe ich auf die Angst vor Innenschau, auf eine Angst vor dem Genießen: Sie sind in ihrem Leben sehr festgefahren. Von ihrem Körper abgeschnitten; ihre Gefühle vollständig unterdrückend. Und das tritt dann natürlich alles auf unangemessene und manchmal zerstörerische Weise zutage."

Ich habe Jim Miller, einen siebzig Jahre alten, im Ruhestand befindlichen Farmer, Dichter, Fotografen und Schwimmer (er hat mit sechsundsechzig den englischen Kanal durchquert und schwimmt regelmäßig nach Alcatraz in der Bucht von San Francisco) gefragt, was die Männerbewegung für ihn bedeutet. Miller ist seit mehr als zwanzig Jahren damit verbunden, angefangen mit den „Friends of Iron John". Er sprach über die positive Arbeit, welche die Männerbewegung geleistet hat und auch über all das, was es noch zu tun gibt:

> Die Männerbewegung hat über viele Jahre hinweg mit Robert Bly und den Versammlungen der Mendocino-Männer machtvolle Elemente gehabt. Sie veranlassten mich dazu, das Gold wertzuschätzen, das mein Vater mir nicht mitgegeben hat. Die Männer in meiner Familie waren alle entweder Alkoholiker oder verrückt. Die Männerbewegung war für mich sehr wertvoll, weil sie mir ermöglicht hat, mich mit beiden Beinen fest auf den Boden zu stellen und ein paar der Dinge zu verstehen, um die es bei Männern geht, einschließlich des männlichen und weiblichen Pols – Erwachen und Bewusstsein. Männer haben in unseren patriarchalischen Theokratien fest geschlafen. Und für lange Zeit hat man ihnen eine Menge Sand in die Augen gestreut. Und viele erwachen jetzt für ihre Verletzlichkeit und ihre Empfindsamkeit für das Leben.

Metaphern und Archetypen

Meine Methode besteht in diesem Buch darin, zehn Archetypen oder Metaphern zu erforschen, die meiner Ansicht nach die Wiederbelebung des gesunden Maskulinen, der heiligen Männlichkeit ansprechen. Wenn die heilige Männlichkeit in jedem von uns mit der heiligen Weiblichkeit kombiniert wird, vollziehen wir die „heilige Hochzeit" des Mitgefühls und der Leidenschaft in uns selbst, wie die Hochzeit von Tiger und Elefant in meinem Traum.

Joseph Jastrab sagt in seinem ausgezeichneten Buch *Sacred Manhood, Sacred Earth. A Vision Quest into the Wilderness of a Man's Heart*, Männern würden positive männliche Bilder fehlen. „Viele von uns suchten ihr Heil in der Großen Mutter, aber keiner, den ich kannte, strebte nach einer angemessenen Beziehung zum Großen Vater. Wir alle schienen auf und gegen den „Furchtbaren Vater" zu reagieren – jenen, der von der Liebe abgeschnittene Vernunft, in unbeweglicher Gestalt erhärtete Wahrheit und Gesetze bar jeden Mitgefühls erschafft. Aber es wurde niemals eine positive männliche Alternative erwähnt."

Wie wichtig sind positive Bilder und uralte Metaphern? Daniel Pink beschreibt in seiner provokativen Studie *A Whole New Mind* George Lakoffs Gedanken, dass die materiellen Annehmlichkeiten des Lebens von viel geringerer Bedeutung sind als „die Metaphern, nach denen man lebt – zum Beispiel, ob man von seinem Leben als einer ‚Reise' oder einer ‚Tretmühle' denkt." Aus diesem Grund besteht „ein großer Teil des Selbstverständnisses in der Suche nach angemessenen persönlichen Metaphern, die unserem Leben einen Sinn geben." Eines der Probleme, über die wir im Zuge dessen stolpern, besteht darin, dass die moderne westliche Kultur „die

Metapher aus dem Reich des Verstandes ausgeschlossen" hat – und dass, obwohl „menschliche Denkprozesse größtenteils metaphorisch" sind. Die Kapazität des menschlichen Verstandes für Metaphern ist einzigartig.

Anders ausgedrückt: Metaphern, Mythen und Archetypen ermächtigen uns, sie führen unsere Handlungen. Wie die Psychiaterin Jean Shinoda Bolen bemerkt: „Wann immer wir uns in einem Mythos wiedererkennen, ist das ermächtigend. Ein Mythos, der ein ‚Aha!' hervorruft, hilft uns dabei, dem treu zu bleiben, was uns tief bewegt und unser authentisches Selbst zu sein."

Ich hoffe, dass die zehn Archetypen, mit denen ich in diesem Buch spiele, Männer sowohl darin unterstützen, eine authentische Ermächtigung zu erfahren, als auch ihrem wahrsten Selbst treu zu sein. Diese zehn Metaphern sind die folgenden:

1. Vater Himmel: Der Kosmos lebt!
2. Der Grüne Mann
3. Ikarus und Dädalus
4. Jäger-Sammler
5. Spirituelle Krieger
6. Männliche Sexualität, göttliche Sexualität
7. Unsere kosmischen und tierischen Körper
8. Der Blaue Mann
9. Erdvater: Das väterliche Herz
10. Großvater Himmel: Das großväterliche Herz

Die Wiederentdeckung jedes dieser Archetypen führt nicht zu *einer*, sondern zu vielfachen heiligen Hochzeiten. Wann immer wir im metaphorischen Sinne sprechen, kann man sich rasch selbst ein Bein stellen, indem man alles wörtlich nimmt und vergisst, dass das „Geschlecht" eines Archetyps nicht unser eigenes Geschlecht anzeigt. Robert Bly und Marion Woodman sprechen in diesem Zusammenhang von „lärmender Buchstabentreue", die oft männliche wie weibliche Debatten entzündet, aber „in der großen Welt der Metaphern nehmen sowohl das Männliche als auch das Weibliche an Ausmaß und Strenge zu." Bei männlichen Archetypen geht es nicht um Männer und bei weiblichen nicht um Frauen, sondern beide beschreiben Aspekte des Menschseins. Die von mir angeführten zehn Archetypen sind zehn Geschichten, zehn Bilder, zehn Weisen, auf die Männer und Jungen, Frauen und Mädchen zum Männlichen in sich in Beziehung treten können. Wenn wir behaupten, ein maskuliner Archetyp wie der Grüne Mann gelte ausschließlich für Männer und weibliche Archetypen seien nur etwas für Frauen, verfallen wir dem buchstäblichen Denken. Wie Bly sagt: „Unsere Kultur bietet der weiblichen Seite von Männern mit ihrer Überbetonung des Sports und des finanziellen Erfolgs nur wenig Unterstützung. Deshalb weiß das Maskuline in jungen Männern oft fast nichts vom Femininen, vor allem nichts von seiner Wildheit und Tiefe."

Dementsprechend richtet sich dieses Buch ebenso an Frauen wie auch an Männer – natürlich geht es dabei um die Männer im Leben von Frauen, um ihre Söhne, Enkel, Ehemänner, Liebhaber, Mitarbeiter und Mitbürger. Aber es dreht sich auch um die metaphorische männliche Seite der weiblichen Seele. Wie gesund sind ihre männlichen Archetypen als Frau? Erzählen Sie sich selbst Geschichten, die Ihre eigene Männlichkeit mit Respekt behandeln? Wie sehr befinden Sie sich mit den zehn Archetypen dieses Buchs in Verbindung, und wie wenden Sie diese auf sich selbst an? Oder haben Sie den Eindruck, dass Ihre Stärke und Ihr Geist von einer passiven Verbraucherkultur kompromittiert worden sind? Oder dass das männliche Prinzip nur Gewalt, Herrschaft und Gier bedeute?

Metaphern: Die Sprache des Heiligen

Wenn wir uns in bestimmten Metaphern wiederfinden, wenn wir sie tief in uns aufnehmen und sie uns zu Eigen machen, beginnen wir, die Sprache der Seele zu sprechen. Metaphern sind eine angemessene Sprache für das Heilige – für das, was größer als unsere kontrollierte Welt der Worte ist. Sie sind auch tiefer und erdverbundener, uranfänglicher, kindlicher und körperlicher als das Buchstabensymbol. Woodman drückt es wie folgt aus:

> Metaphern werden leichter unbewusst erfahren als bewusst verstanden, weil sie die kinetische oder körperliche Dimension der Sprache darstellen. Es ist eine Sprache, die an ihre körperliche Quelle im mütterlichen Körper gebunden ist – Sprache als Rhythmus, Atem, Klang. Metaphern sind eine Sprache auf der Ebene von Kleinkindern, die sprechen lernen, indem sie Worte aus Geräuschen bilden und dann diese Geräuschworte Dingen und Personen zuordnen (ma-ma da-da).
>
> ... Auf dieser primitiven Ebene hatten Worte deshalb eine magische Kraft. ... Sprache ist auf dieser primitiven Ebene der Träger körperlicher Energie, die auf dem Weg des Klangs in psychische Energie umgewandelt wird. Sprache, die auf diesem Energieniveau arbeitet, wo sich Psyche und Soma begegnen, ist im Wesentlichen eine Metapher. Deshalb fühlten wir Metaphern als Kinder noch und kümmerten uns nicht darum, was sie bedeuteten.

Ich hoffe, dass Sie im Zuge der Wiederentdeckung dieser zehn Archetypen oder Metaphern ebenfalls eine Art von „magischer Kraft" und somatischer Wahrheit finden werden. Nur, wenn wir sie uns zu Eigen machen, sie ganz in uns aufsaugen, werden wir sie zum konkreten Ausdruck unserer Beziehungen und kulturellen Institutionen machen können, die heute so sehr nach neuen Metaphern hungern. Archetypen sind dafür gedacht, praktiziert und gut verwendet zu werden.

Es ist interessant, dass Jesus fast ausschließlich in Metaphern sprach – und doch ziehen es manche Christen vor, seine Reden wörtlich zu interpretieren. Selbst religiöse Institutionen ziehen das Wörtliche dem Metaphorischen oft vor. Deshalb lehrte

Jesus, dass der Sabbat für die Menschen sei und nicht die Menschen für den Sabbat. Die Wiedergeburt der Kultur und des Selbst kann nur aus der eigenen Seele und nicht aus Institutionen kommen.

Webster's Dictionary definiert eine Metapher als „eine Redewendung, in der ein Wort oder eine Formulierung, die wörtlich eine Art von Gegenstand oder Idee bezeichnet, anstelle eines anderen Wortes oder einer anderen Formulierung verwendet wird, um eine Ähnlichkeit oder Entsprechung beider anzudeuten." So gesehen ist das Wort „Gott" immer eine Metapher. Kein Name für Gott ist Gott oder erzählt die ganze Geschichte. Viele spirituelle Traditionen respektieren diese Wahrheit, indem sie die übermäßige Verwendung des Namens „Gott" nicht erlauben. Jüdischen Menschen ist es verboten, Gottes Namen niederzuschreiben. Der christliche Theologe Thomas von Aquin sagt: „Wir wissen nicht, wer Gott ist, sondern nur, was er nicht ist." Doch Thomas meint auch, weil „Gott" eine derart umfassende Metapher ist, könne „jedes Geschöpf ein Name für Gott sein. … Und ebenso *kein* Geschöpf!" Die hinduistische Tradition spricht in diesem Zusammenhang von den „Millionen Namen Gottes".

Natürlich hat auch Buchstabentreue ihren Sinn. Das Gesetz hat es nicht mit Metaphern, sondern mit den Tatsachenbeweisen für echte Verbrechen zu tun. Auch sportliche Wettkämpfe werden vom Buchstäblichen entschieden – ob die sich Füße eines Footballspielers innerhalb oder außerhalb des Spielfelds befinden, wenn er den Ball fängt, ob ein Baseball innerhalb oder außerhalb der Foullinie geschlagen wird, ob ein Basketball in den Korb wandert oder abprallt und so fort. Sport und Spiele können ohne die Anwendungen buchstäblichen Denkens oft überhaupt nicht durchgeführt werden; ohne bindende Regeln, die von Schiedsrichtern und Obmännern eingefordert werden, würde sich das Spiel in Chaos auflösen. Mein metaphorisches Tor wäre anders als das Ihre, und wer würde jetzt entscheiden, wer gewonnen hat? Buchstabentreue macht Sport erst befriedigend.

Aber nicht das Leben. Im Leben geht es nicht um Buchstabentreue. Hier sind gewinnen und verlieren relative und veränderbare Dinge. Erfolg wird durch Versuch und Irrtum erreicht – wobei *Versuch* bedeutet, es wieder und wieder zu probieren. „Versuch" bedeutet: Sei kreativ! Probiere neue Wege aus! Verwende deine Vorstellungskraft! Sei mehr als buchstabengetreu. Zapfe die Kraft deiner Metaphern an!

Die Wissenschaftler Joel Primack und Nancy Abrams unterstreichen die Kraft der Metaphern und beschreiben sie als „mentales Refraiming der Realität selbst"[1]. Sie betrachten die neue Kosmologie, die gegenwärtig von der Wissenschaft entdeckt wird, als „eine Quelle neuer Metaphern – und Metaphern sind wichtig." Forschungen im Bereich der Neurowissenschaften, der kognitiven Psychologie und der Lin-

1) Refraiming: Begriff aus der systemischen Familientherapie. „Durch Umdeutung wird einer Situation oder einem Geschehen eine andere Bedeutung oder ein anderer Sinn zugewiesen, und zwar dadurch, dass man versucht, die Situation in einem anderen Kontext (oder ‚Rahmen') zu sehen." Wikipedia, Zugriff vom 24. Juli 2010 [A.d.Ü.]

guistik haben gezeigt, dass Metaphern nicht nur helfen, Dinge zu erklären, sondern vielmehr „die Art sind, wie das menschliche Gehirn alles Abstrakte versteht". Metaphern sind ähnlich wie das Hören oder Sehen eine Art von Sinn, und ihre Auswirkungen auf uns bestehen darin, dass „die Ausdehnung unserer Metaphern die Ausdehnung unserer Wirklichkeit bestimmt". Wenn Sie aufhören, in Metaphern zu denken, hören Sie auch auf, zu wachsen.

Die archetypische See

Ich habe die Begriffe Archetyp und Metapher bisher als austauschbar verwendet, aber man kann sie auch als unterschiedliche Dinge sehen. Metaphern verändern sich, aber Archetypen sind ewig. Jede Gesellschaft, jede Person, jedes Zeitalter kann individuelle und verschiedenartige Metaphern für dieselbe archetypische Energie entwickeln. Umgekehrt können Metaphern Archetypen und archetypische Energien hervorrufen. Sie können Archetypen hervorlocken, die nach Marion Woodmans Worten „unsichtbar" sind. Ein Archetyp, schreibt sie,

> ist ein Energiefeld ähnlich dem eines Magneten, auf das wir Bilder projizieren. Wenn der [psychologische] Komplex metaphorisch gesprochen mit 1.000 Volt Energie geladen ist, hat der Archetyp eine Ladung von 100.000 Volt. Ein Archetyp ist mehr als alltägliche menschliche Energie. Es ist Energie, die von einem heiligen Ort zu uns durchbricht – dämonisch, engelhaft. … Von irgendeinem Ort innerhalb von uns bricht diese Energie in Flammen aus, einem Ort, der Bilder manifestiert, die von vielen menschlichen Wesen aus vielen Zeiten und Kulturen geteilt werden. Diese Bilder verändern sich, weil sich die Energien mit der Veränderung von Kulturen verschieben und sich so auch automatisch ihre Darstellung verändert – außer, wenn Menschen blokkiert sind. Ein archetypisches Bild, das sich nicht verändert, wird zu einem Stereotyp – tote Energie.

Anders ausgedrückt: Lebende Archetypen stoßen uns mit ihrer Energie an, so dass wir das Gefühl haben, gleich „in Flammen auszubrechen". Sie stellen die 100.000 Volt zur Verfügung, die zur Durchführung jener kulturellen Veränderungen notwendig sind, die unsere Art heute für ihr eigenes Überleben braucht. Ich weiß, dass mich die Arbeit an diesem Buch auf vielerlei und von mir unerwartete Weise aufgeladen hat.

Wie Geschichten stellen auch Archetypen Forderungen an uns. Sie sind nicht neutral. Sie stehen hinter jeder Musik, aller Dichtung, allen Geschichten und allen Aktivitäten, die uns mit psychischer Energie aufladen. Ein guter Künstler fischt ständig nach Archetypen – er oder sie holt sie aus der Tiefe herauf, damit sie uns „direkt ins Auge fallen", in unser sechstes Chakra, um uns aus unserem Schlaf zu *erwecken*. Ein Archetyp *erschüttert* uns. Archetypen steigen nicht auf, um uns zu unterhalten, sondern um uns in unseren Handlungen zu leiten. Und nur im Handeln können wir einen Archetypen vollständig erkennen – in diesem Fall, indem wir uns dazu entschließen, unser Bild einer überholten Männlichkeit zu verändern. Bolen erinnert uns: „In der inneren Welt ist Tun gleichbedeutend mit Werden: Wenn wir ein Verhalten, das von einer Einstellung oder einem Prinzip motiviert wird, oft genug wiederholen, werden wir schließlich zu dem, was wir tun."

Die Autoren des Klassikers *Der grüne Mann* weisen darauf hin, dass Jung schrieb: „Ein Archetyp wird, wenn notwendig, in neuer Gestalt wieder auftauchen, um ein Ungleichgewicht in der Gesellschaft zu beheben. Entsprechend dieser Theorie steigt der Grüne Mann in unser momentanes Bewusstsein auf, um einen Mangel in unserer Einstellung zur Natur auszugleichen." Ich glaube, dass jeder der zehn Archetypen dieses Buchs aus demselben Grund aufsteigt – um ein Ungleichgewicht in unserer Kultur und in unserer Seele selbst zu beseitigen. Denn Erstere entstammt der Letzteren.

Darüber hinaus sind Archetypen jedem und im Inneren von uns allen zugänglich. Jedes Kapitel handelt von *mir* und *dir* und *uns*. Und Archetypen vermischen sich miteinander. Sie stehen nicht für sich alleine; sie sind nicht in luftdichten Kammern versiegelt. In Metaphern und in den Kapiteln dieses Buches können sie sich überschneiden: So verfügt der Grüne Mann zum Beispiel über eine Wildheit und Bestimmtheit, die jener des Kriegers entspricht. Der Blaue Mann, der die blaue Himmelsenergie herabruft, hat viel mit Vater Himmel gemeinsam. Ikarus, der verschollene Jüngling, taucht ebenso in Beziehung zu seinem Vater Dädalus wie auch im Kapitel des „väterlichen Herzens" auf, und so fort. Wichtig ist nur, zu erkennen, wann uns Archetypen und Metaphern aufladen, was ein Zeichen dafür ist, dass wir den abenteuerlichen Pfad gefunden haben, den wir benötigen.

Mit Männern über Männer sprechen

Eine andere Dimension meiner Methodologie stellte sich ziemlich spontan ein, während ich dieses Buch schrieb: Es handelt es sich dabei um Interviews. Als ich anderen einige meiner Gedanken mitteilte, erkannte ich, dass viele Männer von Interesse für dieses Thema und von Weisheit erfüllt sind. Sie hatten viel zu sagen. Also bat ich sie, ihre Stimme in diesem Buch zu erheben, und ich habe diese Interviews oder zumindest Teile davon überall darin verteilt. Ich bin mir bewusst, dass viele Männer sehr introvertiert werden, wenn man sie bittet, über ihre Spiritualität zu sprechen, aber jetzt ist es an der Zeit, sich laut zu äußern und gehört zu werden.

Die Männer, mit denen ich sprach, sind alle von unterschiedlichem Alter, haben verschiedene sexuelle Vorlieben sowie unterschiedliche Berufe und entstammen verschiedenen Volksgruppen. Das umfasst Afro-Amerikaner, asiatische Amerikaner, Mexikaner und amerikanische Ureinwohner, kubanische und kaukasische Amerikaner. Ihr Alter bewegt sich zwischen dreißig und zweiundsiebzig Jahren. Manche sind heterosexuell und andere schwul. Ich mag die Form des Interviews, weil sie flott und lebendig ist. Wir hören echten Menschen zu, die auf spontane und authentische Weise mit ungemein persönlichen spirituellen Angelegenheiten ringen. Darüber hinaus sind die Interviews eine Einladung an Sie, *teilzuhaben* und sich selbst in den Fragen wiederzufinden, die dieses Buch aufwirft.

Eine der deutlichen Lektionen, die im Gespräch mit anderen Männern und in der Recherche für dieses Buch offensichtlich wurden, war die Rolle von Scham und Aggression im Leben und in der Psyche von Männern. Ich bin dem Psychologen John Conger für seine Erkenntnisse über diese scheinbar allgemeingültige Situation dankbar. Es ist fast so, als wenn Scham und Aggression die „Urverletzungen" wären, um Otto Ranks Formulierung zu verwenden, mit denen Männer in die Welt eintreten. In beiden Fällen geht es um Abtrennung und um den Preis, den wir dafür bezahlen. Im Schlusskapitel werde ich die Rollen zusammenfassen, die Scham und Aggression in jedem dieser Archetypen gespielt haben, aber ich lade Sie dazu ein, bereits jetzt wachsam dafür zu sein, wenn wir uns von Kapitel zu Kapitel, von Metapher zu Metapher begeben.

Seit mehreren Jahren schreibe ich als männlicher Feminist – was in der Tat auch den größten Einwand gegen meine Theologie darstellt, wie er vom führenden Inquisitionsgeneral unserer Tage, Kardinal Ratzinger (dem jetzigen Papst Benedikt XVI) zum Ausdruck gebracht wurde, als er mich mit der Begründung, ich sein ein „feministischer Theologe" aus dem Dominikanerorden ausschloss. Trotz seines Titels ist dieses Buch in keinster Weise eine Leugnung meiner bisherigen Arbeit, sondern vielmehr eine logische Ergänzung dazu. Wo bleiben die Männer in diesem Erwachen, das unsere Art so dringend braucht? Frauen haben ihre Geschichten und ihre Archetypen wiederentdeckt. Wo bleibt die gesunde Männlichkeit in Männern und Frauen?

Unsere Kultur hat sich an Bildern vom männlichen Gott festgeklammert und dann für uns definiert, was „männlich" bedeutet. Es bedeutet, zu gewinnen (die Nummer Eins im Sport, im Geschäftsleben, in der Politik und im akademischen Leben zu sein), in den Krieg zu ziehen („zu töten oder getötet zu werden") und Homophobie anzunehmen (die Angst vor männlicher Zuneigung). Männlich bedeutet Herrschaft, vor allem über andere – sei es über die Natur, den eigenen Körper, Frauen oder andere Dinge.

Entsprechen diese maskulinen Stereotypen der Wahrheit? Stellen sie die Summe der Männlichkeit dar? In diesem Buch werden wir uralte und neue Männlichkeitsbilder erforschen, die Männern den Freiraum verschaffen, den sie brauchen, um ihr bestes und tiefstes Selbst zu sein: unser wildes und heftiges Selbst, unser sanftes und liebendes Selbst, unser aufsteigendes und mystisches Selbst. Unser prophetisches, gemeinschaftliches, die Erde liebendes, kosmisches und sich ausdehnendes Selbst. Unser fruchtbares, kreatives, mitfühlendes, väterliches und weises Selbst. Unser heterosexuelles, bisexuelles und homosexuelles Selbst. Kurz gesagt, unser wahres Selbst.

Wir Männer haben anderen – einschließlich der Konzerne, der Medien und der Politiker – lange genug gestattet, unsere Männlichkeit zu definieren. Wo und wer sind die Mächte, die das Männliche für uns definieren, wie profitieren sie davon, und wer zahlt den Preis dafür? Genug ist genug!

Es ist an der Zeit, dass wir unsere Männlichkeit wieder für uns reklamieren. Und zwar bevor es zu spät ist – bevor die exzessive Yang-Energie (die Feuer ist) buchstäblich die Erde verbrennt. Die Geschichte verzerrter Männlichkeit geht Tausende von Jahren bis etwa 4.500 vor der christlichen Ära zurück und beginnt mit dem Sturz des Matriarchats und dem Triumph des Patriarchats. Das führte zu dem, was Riane Eisler die „Herrschertrance" nennt, die sich mit der Schaffung von Imperien und der Verbrennung von Hexen, mit Kreuzzügen und Inquisitionen, mit der Verbannung der Göttin und der göttlichen Weiblichkeit selbst verrät – und dadurch, dass sie Genuss und Sexualität zum Buhmann macht und eine moderne Philosophie hervorgebracht hat, die nach den Worten von Francis Bacon versprach, „die Geheimnisse von Mutter Erde aus ihr herauszufoltern". Die männliche Seele ist von dieser Geschichte aufs Tiefste verletzt worden – ebenso wie die weibliche. Der Einsatz für das Ergebnis der heiligen Hochzeit zwischen der göttlichen Weiblichkeit und der heiligen Männlichkeit ist noch nie höher gewesen als heute. Unser Überleben hängt davon ab.

Männer wie auch Frauen werden sich an der Wiederkehr einer gesunden Männlichkeit erfreuen. Ebenso wird es den Tieren, den Pflanzen und zukünftigen, noch nicht geborenen Generationen ergehen. Wir werden nicht nur Liebende, sondern auch das Geliebte sein. Wir werden Freundschaft und den Wert von Bündnissen im Gegensatz zur Feindschaft wiederentdecken. Die Schönheit wird wiederkehren. Die Göttin wird wiederkehren. Und wir werden wissen, was Julian von Norwich meinte, als sie erklärte, dass Gott „sowohl Mutter als auch Vater" ist. Wir werden Gott in uns selbst und in der gesamten Schöpfung finden. Und wir werden wie jemand handeln, der Gott in sich gefunden hat. Das Leben wird anstelle eines niemals endenden Kampfes zu einem Fest werden.

Schlussendlich sind Männer keine „Probleme, die gelöst werden müssen", sondern tiefe, undurchdringliche Mysterien. Jeder von uns trägt viele Geschichten, viele Vorfahren, viele Metaphern und viele Archetypen an oft verborgenen Orten in sich. Wir sind mannigfaltig. Es gibt kein einzelnes „Männerproblem". Unsere einzigartige DNS stellt sicher, dass jeder von uns durch diese lange, vierzehn Milliarden Jahre andauernde Reise mit eigenen Erzählungen und eigenen Aufgaben gekommen ist, die es zu bearbeiten gilt. Wir sind erstaunlich, überraschend und voller Kreativität. Und wir entwickeln uns immer noch. Wir sind grün *und* blau, Krieger *und* Jager, Ikarus *und* Dädalus, Vater *und* Sohn, Ehemann *und* Liebender, spirituell *und* sinnlich, frei *und* gebunden. Das ist das große Abenteuer von allem. Es ist der Grund, warum wir frische und uralte Metaphern brauchen, die uns aufwecken.

Zehn Archetypen authentischer Männlichkeit

I – Vater Himmel: Der Kosmos lebt!

Vater Himmel ist ein uralter Archetyp zur Benennung der heiligen Männlichkeit oder des Göttlich-Maskulinen. Man findet ihn bei indigenen Völkern wie den südamerikanischen Indianern, die ein Sprichwort haben: „Um menschlich zu sein, muss man in seinem Herzen Platz für die Wunder des Universums schaffen." Dieser Aufruf dazu, zu den Wundern des Universums in Beziehung zu treten, kann in vielen Religionen angetroffen werden, einschließlich der biblischen Völker – der Juden, Christen und Muslime. Und er ist mit Gewissheit in der modernen Wissenschaft zu finden.

Doch die moderne Ära (vom siebzehnten bis zum zwanzigsten Jahrhundert) hat Vater Himmel außer Dienst gestellt – in der Tat hat sie den Begriff praktisch bedeutungslos gemacht. Dadurch blieb das männliche Herz verlassen und potenziell gewaltsamer zurück, denn nun hatten Männer keinen Ort mehr, den sie mit ihren Herzen und Seelen erfüllen konnten, die so weit wie der Himmel selbst sind. Das spürte auch D.H. Lawrence, als er schrieb: „Was für eine Katastrophe, was für eine Verstümmelung dem Leben widerfuhr, als es zu einem persönlichen, nur persönlichen Gefühl gemacht und vom Auf- und Untergang der Sonne weggenommen, von der magischen Verbindung der Sonnenwenden und Tagundnachtgleichen abgeschnitten wurde! Genau das ist mit uns geschehen, wir bluten an unseren Wurzeln, weil wir von der Erde, der Sonne und den Sternen abgeschnitten wurden und die Liebe nur noch eine grinsende Farce ist, weil wir die arme Blüte von ihrem Stängel auf dem Baum des Lebens gepflückt haben und nun erwarten, dass sie in unserer zivilisierten Tischvase weiter blüht." Was passiert, wenn die Kosmologie von der Psychologie ersetzt wird? Wenn kosmische Verbindungen durch Einkaufszentren ersetzt werden? Das Herz verwelkt. Die Seelen der Männer schrumpfen zusammen. Und unsägliche Gewalt wandert durch ihre Köpfe.

Das war nicht immer so. Und es muss auch nicht immer so bleiben. Die heutige, postmoderne Kosmologie öffnet den Himmel wieder für die erstaunlichen Dinge, die da vor sich gehen und lädt Männer im Zuge dieses Prozesses dazu ein, Vater Himmel und die heilige Männlichkeit wieder zu entdecken.

Himmelsgötter – Der vormoderne Himmel

Während des größten Teils der menschlichen Geschichte und in fast jeder Kultur ist der Himmel als Wohnsitz des Göttlichen betrachtet worden. Christen singen in ihren Liturgien „Ehre sei Gott in der Höhe" und „du allein bist der Höchste". Sie erzählen die Geschichte der Verklärung, als Jesus mit dreien seiner besten Freunde den Gipfel eines Berges bestieg und gemeinsam mit ihnen in Pracht und Herrlichkeit in eine Wolke hineinging. Christen erzählen auch die Geschichte davon, wie Jesus nach seinem Tod und der Wiederauferstehung „in den Himmel aufgestiegen" ist. Jesus lehrte seine Jünger, zu beten: „Vater unser, der du bist im Himmel ..." Und für Paulus, den ersten christlichen Theologen und kosmischen Mystiker, ist Christus derjenige, der „alles auf der Erde, unter der Erde und in den Himmeln" vereint.

Der große Mystiker Meister Eckhart stellt in seinen Sermonen immer wieder beständige und fließende Verbindungen zwischen Himmel und Erde her. Er sagt, die Himmel „dringen in die Erde ein, geben ihr Kraft und heiligen sie". Er schreibt, die Himmel „laufen ohne Unterlass, laufen in den Frieden" und streben nach Ruhe. Eckhart erkennt die Ausdehnung, der sich der Mensch auf der Suche nach dem Göttlichen unterzieht. Denn der göttliche Geist im Menschen „ist nicht leicht zufrieden zu stellen. Er stürmt das Firmament und erklettert die Himmel in dem Versuch, den Geist zu erreichen, der die Himmel bewegt. Durch diese Kraft ergrünt und erblüht alles in der Welt und schlägt aus. Aber der Geist ist niemals zufrieden. Er dringt tiefer und tiefer in den Strudel vor, immer weiter in den Wirbelstrom hinein, in die ursprüngliche Quelle, in der der Geist seinen Anfang nahm."

Das jüdische Volk erzählt, wie Moses Gott auf dem Gipfel eines Berges – dem Sinai – begegnete und dort solch eine Herrlichkeit antraf, dass er sein Gesicht mit einem Schleier bedecken musste, weil „die Haut seines Angesichts glänzte". Und im Psalm 99 lesen wir, dass Gott „erhaben über alle Völker" ist und über „die Macht des Königs, der das Recht lieb hat" verfügt. Zu Moses, Aaron und Samuel spricht er „in der Wolkensäule". „Erhebet den Herrn, unsern Gott", empfiehlt der Psalmendichter und rät, wir sollen zu den Bergen und dem Himmel hinauf sehen, um Gott zu finden – vor allem, wenn die Dinge hier auf Erden nicht so gut laufen. Wie Rabbi Zalman Schachter-Shalomi darlegt, ist das das Gegenteil der Missionarsstellung im Sex, bei welcher der Mann nach unten blickt. Anstatt hinab zu sehen, sollen Männer ihren Blick nach oben richten – in die unermessliche Weite von Gottes Himmel.

Es gibt unzählige vorchristliche Darstellungen des Himmelsvaters. Die australischen Aborigine in der Dieri-Gegend begreifen den Himmel als eine riesengroße Ebene, die von wilden Stämmen bewohnt wird, bei denen es sich um die Urform der Aborigine selbst handelt. Wenn eine Dürre die Menschen bedroht, rufen sie ihre übernatürlichen Verwandten im Himmel an und bitten sie, es regnen zu lassen, um die Völker auf der Erde zu retten. Die Stämme im Südosten Australiens glauben an übernatürliche Himmelsbewohner namens „Allväter" oder „Himmelswesen". Ihr aller Vater ist Nurrundere, der alle Dinge auf der Erde geschaffen, den Menschen Jagd- und Kriegswaffen gegeben sowie alle Riten und Zeremonien eingeführt hat. Nurrundere nahm all seine Kinder mit sich und reiste nach Wyrrawarre, womit der Himmel gemeint ist. Der Himmel ist Heimatland. Man verbindet sich mit Hilfe von Zeremonien damit: Wenn der Stamm zum Beispiel ein Wallaby[2] tötet und zubereitet, singen die Männer gemeinsam, während der Rauch des von den Frauen entzündeten Feuers in den Himmel steigt. Dabei eilen die Männer in die Mitte und erheben ihre Waffen und Äste gen Himmel.

Ein anderer australischer Stamm, die Wiimbaio, glaubt, dass Nurelli die Bäume, die Tiere und das Land erschaffen hat. Nachdem er den Menschen ihre Gesetze gegeben hatte, ging er in den Himmel hinauf und ist nun eines der Sternbilder. Andere Stämme nennen das höchste Wesen – das einst als großer Mann auf Erden lebte, aber schließlich in den Himmel aufstieg – „unser Vater" oder „der Vater von uns allen". Für das Volk der Kulin ist der Sohn Gottes Binbeal, der Regenbogen, der die Menschen die Künste des Lebens sowie der sozialen Einrichtungen lehrt. Auch er ist zum Himmelsland aufgestiegen, von wo aus er den Stamm überwacht.

Interessanterweise findet bei den Aborigine während der männlichen Pubertätsriten eine besondere Begegnung mit den „Vater" statt, dessen Stimme an entferntes Donnern erinnert. Die dazugehörigen Lehren beinhalten Geschichten von den kreativen Taten des höchsten Wesens, das nun in der Höhe lebt, sowie auch von seinem Zorn und seinem Verschwinden von der Erde. Dieser Vater schuf die Zeremonien und den Stier-Brüller (der sich unter dem Schaum der Wellenkämme des Ozeans befindet) – das Geräusch, das seine eigene Stimme repräsentiert und den Medizinmännern ihre Kräfte verleiht. Wenn eine Person stirbt, begibt sich das höchste Wesen zu ihr und kümmert sich um ihren oder seinen Geist. Deshalb steigt der Geist wie Rauch von einem Feuer in den Himmel hinauf und kehrt zu seinen Ahnen dort zurück. Diese Ahnen sind die Sterne. Es ist bemerkenswert, dass diese Geschichten von einem himmlischen höchsten Wesen bereits lange vor der Ankunft westlicher Missionare bei den uralten Stämmen Australiens existiert haben.

In den Gebieten, in denen Aranda gesprochen wird, glaubte man, dass Himmel und Erde schon immer da gewesen seien und auch schon immer als Heim für übernatürliche Wesen gedient hätten. Die westlichen Aranda glauben, dass der Himmel von einem Großen Vater bewohnt wird, der die Füße eines Emus hat und auch der ewige Jüngling ist. Er hat Frauen mit den Füßen von Hunden sowie viele Söhne und Töchter. Sie leben in einem Land, das ewig grün ist und niemals unter Dürren leidet, von Früchten und Gemüsearten. Die Milchstraße strömt wie ein breiter Fluss durch dieses Land, und die Sterne sind ihre Lagerfeuer. All diese Himmelsbewohner sind so alt wie die Sterne, denn der Tod rührt sie nicht an. Der Große Vater des Himmels sieht ebenso jung aus wie seine Kinder.

2) Eine kleine Känguru-Art [A.d.Ü.].

Der Tod ereignet sich nur auf Erden, weil die Verbindungen zwischen dem Himmel und der Erde durchtrennt worden sind. Eine Leiter zwischen den beiden Reichen ist unterbrochen oder ein großer Baum ist gefällt worden, was die Brükke zwischen Himmel und Erde zerstörte und uns den Tod brachte. Unsterblichkeit und alterslose Jugend gehören den Himmelskörpern und -wesen. Hier auf Erden kann man durch Symbole und Zeremonien Zugang zur heiligen und Leben spendenden Welt im Himmel erlangen.

Der australische Mrinbata-Stamm des westlichen Arnhem-Landes spricht von einem reinen Geist namens Nogamain, der während der „Traumzeit" lebte und nun ein Himmelsbewohner ist. Manche sehen in ihm den Mann im Mond, andere tun das nicht. Aber als man den Stamm einmal fragte, wo Nogamain lebe, hoben die Menschen ihre Arme nach oben und sagten „im Himmel". Von dort sendet er Blitz und Donner sowie Geistkinder hinab, die immer gute Kinder sind.

Sowohl in Polynesien als auch in Mikronesien ist der Glaube an einen *vergöttlichten Himmel* weit verbreitet. Mit Sicherheit haben jene, die über weite Entfernungen unter der Ausdehnung des Himmels segelten, ein Gefühl von dessen ungeheurem Ausmaß erfahren – zudem waren sie von den Sternen und dem Nachthimmel abhängig, die sie auf ihren gefahrvollen Reisen führten und leiteten. In den Traditionen der Maori Süd-Polynesiens agieren die Götter in den Reichen des Himmels, der Erde und der Unterwelt. Rangi (Himmel) und Papa (Erde) sind das göttliche Ahnenpaar, von dem die Menschen abstammen. Von ihren sechs Kindern kann nur der Gott der Wälder, Vögel und Insekten seinen Vater in den Himmel hinaufheben, weil er fest in seine Mutter, die Erde, eingewachsen ist. In Polynesien sind „die größeren Götter fast immer ‚himmlisch'". Und auch in Mikronesien kommen die mit biokosmischen Kräften assoziierten Hauptgottheiten üblicherweise von oben.

Auch afrikanische Stämme teilen das Universum oft in zwei Bereiche ein: das Sichtbare und das Unsichtbare, den Himmel oder das Firmament und die Erde. Der afrikanische Gelehrte John Mbiti schreibt: „Der himmlische Teil des Universums ist das Heim der Sterne, der Sonne, des Mondes, der Meteoriten, des Firmaments, des Windes und des Regens mit allen dazugehörigen Phänomenen wie Blitz und Donner, Stürmen, Sonnen- und Mondfinsternissen, ‚fallenden Sternen' und so weiter. Man stellt sich diesen Teil auch als das Zuhause Gottes vor, obwohl die Menschen nicht genau sagen können, wo er wohnt, sondern nur feststellen, dass er ‚im Firmament', ‚im Himmel' oder ‚jenseits der Wolken' lebt – oder sie sagen einfach: ‚Gott wohnt nicht wie der Mensch auf Erden'."

Während es sich beim himmlischen Teil des Universums um den Vater handelt, begreifen viele Afrikaner die Erde als Mutter und sprechen von ihr wie von einem lebenden Wesen: „Mutter Erde", „die Göttin Erde" oder „die Göttlichkeit der Erde". Die Erde ist heilig und wird mit Zeremonien und anderen Formen des Ausdrucks von Respekt geehrt – ebenso wie ihre Teile, die Berge, Wasserfälle, Felsen, Wälder, Bäume, Vögel, Säugetiere und Insekten.

Viele afrikanische Mythen besagen, dass das Firmament bzw. die Himmel und die Erde zu irgendeinem Zeitpunkt in der Vergangenheit einmal miteinander vereint waren. Einige Mythen lehren, dass es ein Seil oder eine Leiter zwischen den beiden Welten gab, dann aber eine Trennung stattfand. Manche sagen, dass Tiere das Lederseil entzwei gebissen haben, woraufhin ein Teil in den Himmel zurückschnellte und der andere auf den Boden fiel; andere wiederum meinen, der Mensch sei an der Aufspaltung der beiden Teile des Universums schuld gewesen. Wie auch immer, es ereignete sich eine Abtrennung. (Unterscheidet sich das so sehr von der Geschichte vom Garten Eden?)

Wie die Erde hat auch das Universum keinen Rand. Es ist ewig. Deshalb haben Kreise in Zeremonien und Ritualen eine wichtige Bedeutung, denn sie symbolisieren die Beständigkeit und Endlosigkeit des Universums. Auch die Rituale für Geburt, Tod und Wiedergeburt unterstreichen den Fakt, dass das Leben stärker ist als der Tod.

Die Völker der amerikanischen Ureinwohner haben ein tiefes Verständnis für den Großen Geist sowohl in seiner immanenten als auch transzendenten Gegenwart und in seiner Identität als Vater Himmel. So sagt zum Beispiel Big Thunder vom Stamm der Algonquin: „Der Große Geist ist in allen Dingen. Er ist in der Luft, die wir atmen. Der Große Geist ist unser Vater, aber die Erde ist unsere Mutter. Sie nährt uns. … Was wir in die Erde legen, gibt sie uns wieder zurück.“ Und der Lakota-Häuptling Red Cloud betet zu einem im Himmel ansässigen Vater: „Ich hoffe, der Große Himmlische Vater, der auf uns herabschaut, gibt allen Stämmen Seinen Segen, damit wir für den Rest unserer Tage in Frieden leben und weitergehen können, und dass er auf unsere Kinder herabsieht und uns schließlich hoch über die Erde erhebt; und dass unser Himmlischer Vater unsere Kinder als die seinen sehen werde, und dass alle Stämme seine Kinder sein werden, und dass wir uns heute auf dieser weiten Ebene die Hände reichen und für immer in Frieden leben mögen.“

Bei den alten Griechen waren die Himmelsväter nicht gerade bewundernswerte Persönlichkeiten. Zeus entwickelte sich. Sein Vater Kronos hatte seine sieben Kinder verzehrt, weil er Angst hatte, sie könnten seine Macht übernehmen. Zeus verschluckte Metis (die Göttin der weiblichen Weisheit), um einen Sohn abzutreiben, weil er fürchtete, dieser könne ihn stürzen. Jean Bolen sagt: „Die Mythologie der Himmelsgötter (Uranus, Kronos und Zeus) spiegelt Veränderungen im Vater-Archetyp wider.“

Aristoteles fühlte sich durch die Verbindung aus Ordnung und Schönheit – man könnte auch sagen, Eleganz – des Himmels dazu bewegt, eine Gottheit zu postulieren. In einem seiner frühesten Werke, das er wahrscheinlich zu seiner Zeit als Student in Athen verfasst hatte, schrieb er: „Jene, die als erste zum Himmel hinaufblickten und sahen, wie die Sonne ihren Weg vom Aufgang bis zum Untergang beschritt und die wohlgeordneten Chortänze der Sterne verfolgten, suchten nach dem Handwerker, der diese bewundernswerte Gestaltung geschaffen hatte und schlossen, sie sei nicht zufällig, sondern durch die Kraft einer mächtigeren und unbestechlichen Natur entstanden, welche Gott war."

Für die vormodernen und indigenen Völker überall war der Himmel lebendig. Er beherbergte unter anderem Gott den Vater und war von wachsamen Augen erfüllt, die sich um die Bedürfnisse der Menschen kümmerten. Ganz im Gegensatz zum Gott des modernen Zeitalters.

Der Himmelsgott des modernen Zeitalters

Die moderne Ära legte den Vatergott des lebendigen Himmels schlafen und brachte ihm schlussendlich den Tod. Der von Nietzsche im neunzehnten Jahrhundert erkannte „Tod Gottes" entspricht in hohem Maße dem Tod des Himmels. Etwa vom siebzehnten bis zum zwanzigsten Jahrhundert lehrte die moderne Wissenschaft (im Gegensatz zu ihrer prä- und postmodernen Variante), dass der Himmel eine Maschine sei, und wenn man unbedingt eine Gottheit brauche, könne diese höchstens dazu da sein, die Maschine hin und wieder ein wenig zu ölen. Schließlich nahm man Gott auch diese einzige Aufgabe fort. So kauerten wir uns hin – besonders die Männer – und erwarteten vom Himmel keine Hilfe, keine Einsichten und keine Erleuchtung mehr. Wir nahmen die enormen Kräfte, für die wir geschaffen worden waren – jeder von uns *capax universi* („des Universums fähig"), wie es der vormoderne Philosoph Thomas von Aquin ausdrückte – und zwängten unsere Seelen ein, damit sie unter einen mechanischen Himmel und in eine industrialisierte Welt passen konnten. Wir ersetzten die Ehrfurcht einflößenden Himmel durch die Furcht vor menschengemachter Zerstörung.

Newton lehrte, dass es sich beim Universum im Wesentlichen um ein vollständiges Produkt wie eine Maschine handele. Unsere Aufgabe besteht darin, in die Maschine hineinzupassen und ihr zu gehorchen. In einem solchen Universum gibt es nur wenig Kreativität. Tatsächlich gab die Kreativität ihre Vorrangstellung im modernen Zeitalter zugunsten der *Folgsamkeit* auf. Und wie wir gehorchten! Wir fügten uns selbst in unsere zunehmend mechanisierte Welt ein, und diese raffinierte Technologie nahm den Stein, mit dem Kain Abel getötet hatte, und verwandelte ihn in Panzer und Benzin, in U-Boote und Flugzeugträger, in Maschinengewehre und Atombomben. Während unsere zerstörerischen Fähigkeiten zunahmen, spielten unsere Reptiliengehirne verrückt. Gewalt begann, die Welt in bisher noch die da gewesenem Maß zu bestimmen.

Unter einem säkularisierten Himmel herrschte Verzweiflung. Barbara Ehrenreich spricht von einer „Depressions-Epidemie", welche die europäische Welt im sechzehnten Jahrhundert traf und in einer Selbstmordwelle gipfelte. Ein „ängstliches Selbst" trat in Erscheinung und transformierte „das Individuum in eine Art von Mauern umgebene Festung, die sorgsam vor allem anderen verteidigt wird". Könnte dieser kollektive Autismus eine Folge der Abtrennung von Vater Himmel sein? Nehmen wir die beiden modernen Denker Johannes Calvin und Bertrand Russel. Ersterer war eine religiöse Persönlichkeit, die zur Morgendämmerung des modernen Zeitalters in diese Welt eintrat, und bei letzterem handelte es sich um einen Philosophen und Wissenschaftler, der sie gegen Ende dieser Ära betrat. Beide brachten eine grundlegende Verzweiflung zum Ausdruck, die um sich blickte und das Schicksal als unfähig sowie die Menschen als im Wesentlichen nutzlos betrachtete.

Johannes Calvin war ein religiöser Reformator des sechzehnten Jahrhunderts. In *Institution Chretienne* schrieb er: „Wo wir auch hinsehen, hinauf oder hinab, können wir nur einen einzigen Fluch erkennen, der sich über alle Geschöpfe ausbreitet und Himmel und Erde umfasst, um unsere Seelen mit schrecklicher Verzweiflung zu beladen." Trotz seiner religiösen Überzeugungen hatte Johannes Calvin keine Kosmologie, die ihn aus seiner Verzweiflung hätte ziehen können. Er bekannte:

> Wenn Gott uns aus dem Stoff der Sterne oder der Sonne gemacht oder wenn er irgendeine andere himmlische Materie erschaffen hätte, aus welcher der Mensch gemacht wäre, hätten wir sagen können, dass wir einen ehrenvollen Beginn gehabt hätten … aber wer beachtet schon jemanden, der aus Lehm gemacht ist? … Wer sind wir [also]? Wir sind alle aus Dreck gemacht, und dieser Dreck befindet sich nicht nur auf dem Saum unseres Gewands oder an den Sohlen unserer Stiefel oder in unseren Schuhen. Wir sind davon erfüllt, wir sind nichts als Schmutz und Dreck, innen wie außen.

Bertrand Russell, ein Philosoph und Mathematiker, wiederholte in der Mitte des zwanzigsten Jahrhunderts Calvins Pessimismus in einem Essay mit dem Titel „The Free Man's Worship":

> Dass der Mensch das Nebenprodukt von Ursachen ist, die nicht vorhersehen konnten, zu welchem Ergebnis sie führen würden; dass sein Ursprung, sein Wachstum, seine Hoffnungen und Befürchtungen, sein Lieben und seine Überzeugungen nichts als *das Ergebnis zufälliger Anordnungen von Atomen* ist; dass kein Feuer, keine Helden, kein tiefes Denken und Empfinden das Leben eines Individuums über das Grab hinaus bewahren kann; dass die Arbeiten aller Zeiten, all die Hingabe, all die Inspiration, all die mittägliche Helle des menschlichen Genies im gewaltigen Tod des Sonnensystems zur Auslöschung bestimmt sind und dass der ganze Tempel menschlicher Errungenschaften unausweichlich unter den Trümmern eines in Ruinen liegenden Universums begraben sein wird – all diese Dinge sind zwar nicht über jede Diskussion erhaben, aber doch so beinahe gewiss, dass keine Philosophie Bestand zu haben hoffen kann, die sie leugnet. Nur innerhalb des Gerüsts dieser Wahrheiten, nur auf der ersten Grundlage unnachgiebiger Verzweiflung kann künftig ein Wohnort für die Seele sicher erbaut werden.

Russell zufolge sind wir nichts als zufällige Ansammlungen von Atomen, und diese Überzeugung hält sich noch immer. Vor noch kürzerer Zeit, nämlich im Jahr 1995, bezeichnete der Wissenschaftler Stephen Jay Gould die Menschen in seinem Buch *Ein Dinosaurier im Heuhaufen. Streifzüge durch die Naturgeschichte* lediglich als „einen zufälligen, nachträglichen Einfall" von Seiten des Kosmos.

Wenn Leute der Überzeugung sind, Menschen hätten grundsätzlich keine besondere Bedeutung im Universum, verstärkt diese Einstellung „unsere kollektive Verantwortungslosigkeit", wie der Astrophysiker Joel Primack und die Schriftstellerin Nancy Abrams weise dargelegt haben. Welchen Unterschied können unsere Handlungen schon bewirken, und wie können unsere Entscheidungen von Bedeutung sein, wenn wir nur zufällige Ereignisse, nur nachträgliche Einfälle sind? Darüber hinaus ist der von Calvin und Russell vorgelebte „Aufruf zur Verzweiflung" zutiefst gefährlich, wie Thomas von Aquin bereits im dreizehnten Jahrhundert feststellte. Er sagte, die Verzweiflung sei „die gefährlichste" aller Sünden, denn verzweifelten Menschen sind alle anderen gleichgültig. Das könnte zur Erklärung der weit verbreiteten Passivität und Langeweile beitragen, die viele angesichts eines zunehmenden sozialen Ungleichgewichts, ökologischer Desaster und der globalen Erwärmung an den Tag legen.

Wir brauchen eine neue Kosmologie, die uns über das Selbstmitleid, die Verzweiflung und die kollektive Verantwortungslosigkeit hinausträgt. Wir brauchen ein neues Verständnis von Vater Himmel und vom Firmament. Und das haben wir. Das Universum ist viel größer, als Newton es sich vorstellte. Und viel interessanter. Und viel lebendiger.

Vater Himmel – Er lebt wieder!

Die moderne Wissenschaft hat einen klaren Bruch mit der Ära Newtons oder dem modernen Zeitalter herbeigeführt, das glaubte, der Himmel sei inaktiv, tot, eine uhrwerksähnliche Maschine, die kalte, ewige Stunden abhakt. Heute ist der Himmel nährend und lebendig; er lebt, stirbt und ersteht wieder auf.

So hat Newton zum Beispiel gedacht, dass Sterne die größten Objekte im Universum seien und sich für immer in zufälliger Verteilung befänden. Stattdessen enthalten Supercluster Zehntausende von Galaxien, und jede dieser Galaxien wiederum ist von mehreren Hundert Milliarden Sternen erfüllt. Sie sind die großen Superstrukturen des Universums. Alle fünfzehn Sekunden wird ein neuer Stern geboren, während andere sterben. Und Supernovae, Galaxien und menschliche Wesen sind ein Teil dieses großen Tanzes. Wir nehmen begierig ein Universum auf, das nicht etwa statisch ist, sondern sich ständig entfaltet und weiterentwickelt. Es ist von enormer Ausdehnung und voller Dramatik. Es ist ein Spektakel, das der Betrachtung wert ist, und dank der Wissenschaft und der menschlichen Kreativität sowie des erstaunlichen, glücklichen Zufalls unseres besonderen Ortes in der Zeit können wir es auch betrachten. Heute *können* wir den Himmel wie noch nie zuvor studieren.

Der vormoderne Himmel

Primack und Abrams schreiben in ihrem Buch *The View from the Center of the Universe,* dass die Menschheit ihrer Ansicht nach in einem einzigartigen und besonderen Moment in der Geschichte des Universums leben, der es ermöglicht, das Universum auf ganz vertraute Weise kennenzulernen. Sie sagen, es sei der „zeitliche Mittelpunkt unseres Sonnensystems“: Unsere Sonne und ihre Planeten sind etwa fünf Milliarden Jahre alt, und in weiteren sechs Milliarden Jahren wird die Sonne so an Hitze zunehmen, dass sie sich ausdehnen und die Erde knusprig backen wird.

Anders ausgedrückt: Im Gegensatz zum unveränderlich konstanten Universum Newtons hat unsere gegenwärtige Situation zuvor nicht bestanden und wird auch nicht auf Dauer anhalten. Primack und Abrams schreiben: „Gerade jetzt, wo das intelligente Leben auf der Erde die Fähigkeit erlangt hat, bis in die fernsten Bereiche des Universums zu schauen, trägt die zunehmende Ausdehnung die am weitesten entfernten Galaxien noch schneller fort, und sie verschwinden über den kosmischen Horizont. Kurz gesagt, unser sichtbares Universum leert sich: Wie fortgeschritten die Teleskope unserer fernsten Nachkommen auch immer sein mögen, so werden sie doch niemals so viele Galaxien sehen können wie wir heute. In diesem Sinne ist unser Zeitalter der Mittelpunkt der kosmischen Zeit.“ Es ist ein „besonderes Zeitfenster, dass sich nur während einer relativ kurzen Epoche der gesamten Geschichte des Universums ereignet: spät genug, damit sich intelligente Wesen entwickelt haben, die über Instrumente zur Beobachtung dieser entfernten Galaxien verfügen, aber noch nicht so spät, dass diese Galaxien bereits zu verschwinden begonnen hätten. Ohne diesen Zeitraum der Überschneidung wäre es für intelligente Wesen vielleicht unmöglich gewesen, jemals die Chance zu erhalten, die Natur des Universums herauszufinden.“

Aber das ist noch nicht alles. Primack und Abrams sagen, die Größe eines menschlichen Wesens sei von Bedeutung, und tatsächlich ist sie für diese Aufgabe genau richtig. In ihrem Buch heißt es, die Größe einer Sache sei „nicht etwa willkürlich, sondern ausschlaggebend für seine Wesensart“, und wir Menschen befänden uns „in der Mitte aller möglichen Größen im Universum.“ Auf welche Weise ist Größe von Bedeutung? Wie sich herausstellt, ist unsere Größe, „die einzige, die bewusste Wesen wie wir haben können. Wesentlich kleinere Geschöpfe hätten nicht genügend Atome, um ausreichend komplex zu sein, während viel größere unter einer langsameren Kommunikation leiden würden – was bedeutet, dass sie im Endeffekt eher Gemeinschaften als Individuen wären.“ Menschliche Wesen befinden sich genau in der Mitte zwischen der Größe einer lebenden Zelle und jener der Erde. Im Vergleich zu mir ist eine Zelle meiner Fingerspitze ebenso klein, wie ich es im Vergleich zur Erde bin, und ein einzelnes Atom ist im Vergleich zu mir so winzig wie ich im Vergleich zur Sonne. Primack und Abrams nennen dies das „Goldlöckchen-Prinzip“:

> Geschöpfe, die viel kleiner als wir sind, können für unsere Art der Intelligenz nicht ausreichend komplex sein, denn sie wären nicht aus genügend Atomen aufgebaut. Aber intelligente Geschöpfe können auch nicht wesentlich größer als wir sein, denn die Geschwindigkeit von Nervenimpulsen – und schlussendlich die Lichtgeschwindigkeit – wird dann zu einer ernstzunehmenden inneren Begrenzung. Wir haben gerade die richtige Größe. ... Die Zahl der Gedanken, die in den etwa zehn Milliarden Jahren seiner Existenz durch die enormen Weiten unserer Galaxie gereist sein kann, entspricht vielleicht der Anzahl jener, die eine durchschnittliche Person alle paar Minuten hat. Die Lichtgeschwindigkeit mag für uns schwindelerregend schnell erscheinen, aber innerhalb der Größenordnung des sichtbaren Universums ist sie quälend langsam und würde die Teile jeder sehr großen Intelligenzform daran hindern, in einem im Vergleich zum Alter des Universums vernünftigen Zeitraum miteinander zu kommunizieren.

Die Autoren kommen zu dem Schluss, dass wir Menschen – im Gegensatz zu den Lehren moderner Denker wie Calvin, Russell oder Gould – *Bedeutung für das Universum haben*. Wir sind *besonders*. Besonders aufgrund unserer Größe, unserer Intelligenz und Kreativität und aufgrund der Zeit, in der wir leben – unsere Zeit auf der Erde, im Solarsystem und in den vierzehn Milliarden Jahren des Universums. Durch das „Zusammenspiel der Komplexität unseres Gehirns und des Alters des Universums“ und auf Arten, welche die moderne Kosmologie niemals hat wissen können, ist es uns nun möglich, zu sagen, dass „Menschen im Mittelpunkt des Universums sind“. Unsere Art hat sich erst vor etwa hunderttausend Jahren zu ihrem gegenwärtigen Zustand entwickelt. Das bedeutet, dass die Erde fast die gesamten viereinhalb Milliarden Jahre ihrer Existenz brauchte, um unsere Art von intelligentem Leben hervorzubringen. Wir sind etwa am mittleren Punkt der Lebenszeit der Erde in Erscheinung getreten, da der Planet in sechs Milliarden Jahren von der Hitze der sich ausdehnenden Sonne verzehrt werden wird. Und die gesamte aufgezeichnete menschliche Geschichte, also die vergangenen fünftausend Jahre, stellt nur ein Millionstel des Alters der Erde dar.

Darüber hinaus leben wir in einer aufgrund ihrer Dichte überaus interessanten Ecke des Universums. Dort, wo die Sonne sich auf der Scheibe unserer Galaxie dreht, beträgt die Dichte etwa eine Million mal mehr, als dem kosmischen Durchschnitt entspricht. Aber auf der Erde, dem dichtesten Planeten des Sonnensystems, ist dieses Verhältnis nochmals eine Billiarde mal höher. Die durchschnittliche Dichte der Erde beträgt etwa das Vierfache von jener der Sonne.

Unser Universum ist erstaunlich kreativ. An seinem Anfang „war – und ist fast überall noch immer – nichts als Kreativität: grenzenloses Potenzial, dicht und heiß. ... Die Kreativität hat mit jeder Möglichkeit, welche die Quantenunschärfe erlaubt, wild herumexperimentiert. Es gab Milliarden von Ereignissen, die sich pro Sekunde von jedem Zündfunken aus unbehindert von der Lichtgeschwindigkeit oder einem Mangel an Raum für alle Ewigkeit ausbreiteten."

Außerdem ist unser Universum überaus unvollkommen. Seine Raumzeit ist voller Falten. Ist das nicht wunderbar? „Wenn die Raumzeit vollkommen glatt wäre, gäbe es keine Galaxien, keine Sterne, keine Planeten, kein Leben, sondern nur eine dicke Teilchensuppe. Das Leben konnte sich nur in einem ‚unvollkommenen' Universum entwickeln." Unseres ist ein solches unvollkommenes Universum und deshalb ein gutes Zuhause für Menschen, die – von vielem anderen abgesehen – selbst auf das Heftigste unvollkommen sind.

Ein weiteres Wunder des Universums oder des Himmels, wie wir ihn mittlerweile kennen, besteht darin, dass er von Dunkelheit erfüllt ist. Überall befindet sich Dunkelheit. Tatsächlich ist das, was wir mittlerweile als „dunkle Materie" bezeichnen, gar nicht dunkel, sondern vielmehr unsichtbar und „vollkommen durchsichtig ... eine riesige Wolke unsichtbarer Materie füllt *und umgibt* jede Galaxie und jeden Cluster von Galaxien." Wie enorme Halos erstreckt sich die dunkle Materie über eine Distanz, die dem Zehnfachen der Scheibe der sichtbaren Sterne entspricht. Tief in der dunklen Materie befinden sich versunkene Sterne, Gaswolken und Satellitengalaxien. Die dunkle Materie ist wie eine Mutter, eine dunkle Mutter, die alles umfasst, was existiert.

Wer kann über die neue Kosmologie lesen und nicht von ihren Wundern eingeschüchtert und wie vom Blitz getroffen werden? Wer kann nicht von dieser neuen Schöpfungsgeschichte, von unserem besonderen Ort in einem besonderen Universum, hellwach gemacht werden? Wie Primack und Abrams sagen: „Wir sind nicht länger verloren; wir haben unseren Platz in der neuen Ordnung des Universums entdeckt." Wer kann noch leugnen, dass Vater Himmel *lebendig* ist und uns wie nie zuvor signalisiert, dass es an der Zeit ist, selbst lebendig zu werden? Unsere Arbeit, unsere Beziehungen, unsere Institutionen und Gemeinschaften wie noch nie zuvor mit Leben zu erfüllen? Wenn die Psyche dem Kosmos folgt, dann drängt der Kosmos die menschliche Psyche heute eindeutig dazu, aufzuwachen und die Lethargie, Depression und Verzweiflung des modernen Zeitalters abzuwerfen, die Ärmel hoch zu rollen und sich an die Arbeit zu machen. An kreative Arbeit. An die Arbeit des Kosmos.

Das Zeugnis eines Mannes

Der Schriftsteller Scott Russell Sanders beschreibt in seinem Buch *Hunting for Hope: A Father's Journey*, wie sich seine Seele in Gegenwart des Kosmos erweitert. „Ich sehne mich immer noch nach dem ursprünglichen Wort – jenem, das *uns erschafft*, anstatt dass wir es schaffen. Ich hungere nach einem Kontakt mit der formenden Kraft, welche die Bahn eines Kometen krümmt und die Kehle der Eule mit Gesang erfüllt und jede einzelne Schneeflocke formt und die Hügel mit Grün bedeckt. Es ist eine fruchtbare, Ehrfurcht erregende, herrliche Macht, die unaufhörlich neue Formen ins Dasein wirft, um sie dann zu zerreißen und noch einmal von vorne zu beginnen." Sanders bezieht seine größte Hoffnung aus dem Kosmos und dessen großartigen Kräften. Er erinnert sich an einen besonderen Augenblick, als er eines Nachts aus seinem Auto stieg und der Himmel auf eine tiefgehende und unvergessliche Weise mit ihm sprach. „Ich verließ das Auto mit einem Gruß auf meinen Lippen, aber der Himmel ließ mich verstummen. Unzählige feurige Lichter strahlten aus der schwarzen Schale des Raums herab, jedes davon eine Sonne oder ein Strudel aus Sonnen – die gesamte, brillante Schar genügte, um mich sprachlos zu machen."

Er glaubt, dass „unser tiefstes religiöses Drängen, wie D.H. Lawrence schrieb, darin besteht, unser Leben in ‚direkte Berührung mit dem elementaren Leben des Kosmos zu bringen, mit dem Berg-Leben, dem Wolken-Leben, dem Donner-Leben, dem Luft-Leben, dem Erd-Leben, dem Sonnen-Leben. Einen unmittelbar spürbaren Kontakt herzustellen und daraus Energie, Kräfte und eine dunkle Art der Freude zu beziehen.'" Wie klug unsere menschlichen Worte auch immer sein mögen, „sie werden niemals diesen Hunger stillen. Nur die direkte Erfahrung der Schöpfung genügt dafür. Wir müssen uns für die „Welt, die wir nicht geschaffen haben" öffnen. Genau darin findet Sanders seinen Glauben. „Glaube woran? An unsere Fähigkeit zu ehrbarer und liebender Arbeit, an die heilende Energie der Wildheit, an die Heiligkeit der Schöpfung. … ‚Die Natur ist voller Schöpferkraft, von Göttlichkeit erfüllt, so dass selbst die kleinste Schneeflocke nicht ihrer formenden Hand entkommen kann', wie Thoreau sagt. … Alleine, dass das Universum überhaupt existiert, dass es Gesetzen folgt, dass diese Gesetze Sterne, Galaxien, Planeten und – zumindest auf einem Planeten – Leben hervorgebracht haben, und aus dem Leben das Bewusstsein, und aus dem Bewusstsein diese Worte, diesen Atem, ist eine Kette von Wundern. Ich baumele an dieser Kette und halte sie gut fest." Vater Himmel kehrt zurück.

Der Tanz von Vater Himmel und Mutter Erde

Wenn wir von „Vater Himmel" und „Mutter Erde" sprechen, reden wir nicht nur über einzelne Dinge – Bäume und Boden, Luft und Wasser, Vögel und Säugetiere, Sonne und Blumen, Fische und Geflügel, Regen und Menschen. Vielmehr reden wir über eine komplexe energetische Dynamik, welche den Kosmos selbst beinhaltet. Die Erde ist tief in die umfassendere Matrix unseres Sonnensystems, unserer Galaxie sowie unseres Galaxien-Clusters eingebettet, und diese Beziehung ist in keinster Weise statisch. Alles ist in Bewegung – manchmal mit halsbrecherischer Geschwindigkeit, einschließlich der terra firma, auf der wir stehen. Wir flitzen um die Sonne herum, die wiederum die Nahrung ist, von der wir leben, weil wir Pflanzen zu uns nehmen, die wiederum mittels der Photosynthese die Sonne essen. Was wir „Vater Himmel" nennen, ist sowohl der blaue Horizont, als auch die Luft, die wir atmen – das Lebensblut unserer Lungen. Durch unseren Atem bringen wir das, was draußen ist – den Himmel – auf eine überaus intime Weise nach innen. Eine Unze Luft enthält eintausend Milliarden Billionen Atome. Die Naturforscherin Diane Ackerman stellt fest, dass „wir mit jedem Atemzug Millionen von Molekülen des Himmels inhalieren, sie kurz erwärmen und dann wieder in die Welt zurück ausatmen. ... Luft betätigt den Blasebalg unserer Lungen und treibt unsere Zellen an. Wir sagen zwar ‚so leicht wie die Luft', aber unsere Atmosphäre wiegt 5.000 Billiarden Tonnen und ist somit alles, nur kein Leichtgewicht. Nur der sture Griff der Gravitation kann sie rings um die Erde festhalten; ansonsten würde sie einfach davonschweben und in der ewigen Weite des Universums versickern." Deshalb ist Himmel gleichbedeutend mit Atem und Geist. Jeder Atemzug, den wir nehmen, ist ein Stück des Himmels, ein „Stück" vom Geist. Da erstaunt es nicht, dass sich Meditationspraktiken so oft auf den Atem konzentrieren, denn das bedeutet, die Gegenwart und innige Nähe des Himmels anzuerkennen.

Luft und Himmel haben aber auch eine Schattenseite. Wenn die Luft verschmutzt wird, setzen wir unsere Gesundheit aufs Spiel; das ist bereits mehrfach gezeigt worden. Eine kürzlich in Taipeh durchgeführte Studie hat herausgefunden, dass schlechte oder verschmutzte Luft bei jungen Erwachsenen Erkrankungen des Herz-Lungen-Apparats auslösen kann. So nah ist uns der Himmel – ein gesunder Himmel bedeutet gesunde Menschen; ein verunreinigter Himmel kann ein erhöhtes Risiko für Herzerkrankungen und andere Leiden bedeuten.

Jede Mahlzeit ist eine kosmische Mahlzeit, jeder Atemzug ist ein kosmischer Atemzug, und die gesamte Energie, die wir von der Sonne beziehen, ist kosmische Energie. Der Kosmos ist keine Abstraktion; er stellt die grundlegende Matrix, die Plazenta unserer täglichen Existenz dar. Vater Himmel umfängt Mutter Erde.

Das Leben auf der Erde wird in hohem Maße von den Vorgängen im Himmel beeinflusst. Oder, wie es die Wissenschaftler Primack und Abrams ausdrücken: „Die Entwicklung des Lebens kann ohne Geologie, Klimaforschung und mittlerweile sogar ohne die Astronomie nicht erklärt werden." Ein gutes Beispiel für die Beziehung zwischen Vater Himmel und Mutter Erde besteht darin, wie sich die Ozonschicht jedes Mal, wenn die Erde gefroren war (was einige Male passierte), in der oberen Atmosphäre aufbaute. „Während ihres Aufbaus schirmte die Ozonschicht den Planeten in zunehmendem Maße von der schädlichen ultravioletten Strahlung der Sonne ab. Das ermöglichte dem Leben, sich in den oberen Bereichen des Ozeans zu entfalten – und schließlich an Land zu gehen."

In der Mitte der neunziger Jahre des vergangenen Jahrhunderts entdeckten wir erstmals Planeten außerhalb unseres Sonnensystems, die nahe gelegene Sterne umkreisen. Seitdem haben wir mehr als 150 Planeten außerhalb unseres Solarsystems gefunden, und es werden Jahr für Jahr mehr. Manche dieser Sterne haben nur einen Planeten, aber viele verfügen über mehrere davon. Die meisten davon befinden sich in einem Bereich von etwa 150 Lichtjahren rings um die Erde herum, was nur einen winzigen Bruchteil der Milchstraßengalaxie ausmacht. Da unser Sonnensystem während der ersten Milliarde Jahren der Existenz der Milchstraße entstanden ist, wurden unsere Planeten fortwährend von Asteroiden und Meteoriten aus dem Weltraum bombardiert, und zwar so sehr, dass Stücke aus den Planeten herausgerissen und in andere Planeten integriert wurden. Unser Mond entstand auf diese Weise, als herausgesprengter Erdbrocken. Selbst heute findet noch immer ein ähnlicher Vorgang statt: Materie wird vom Mars und von der Venus zur Erde transferiert – aber bei weitem nicht in dem Maße, wie es durch die Bombardements in der Frühzeit des Sonnensystems der Fall war. In unserem Solarsystem, aber auch darüber hinaus können wir das Prinzip wechselseitiger Abhängigkeit voneinander in Aktion sehen. Die Erde ist keineswegs isoliert, sondern ein Teil vieler weiterer anhaltender und dynamischer Beziehungen.

Primack und Abrams führen zehn verschiedene Arten an, auf die sich die Erde von all den Planeten unterscheidet. In der Benennung dieser Besonderheiten erkennen wir eine neue Tiefe in den uralten Archetypen von Mutter Erde und Vater Himmel, deren metaphorische Beziehung zueinander eine kosmische Wahrheit verkörpert.

1. Fünfundzwanzig Prozent aller von den Astronomen bisher entdeckten extrasolaren Planeten sind „heiße Jupiter", also massive Gasplaneten. Da sie gegenwärtig eng um ihre Sonne kreisen, haben sie sich wahrscheinlich in größerer Entfernung davon gebildet und sind dann näher heran gewandert. Dabei haben sie vermutlich kleinere, erdähnliche Planeten „überfahren" und zerstört.
2. In unserem Sonnensystem war Jupiter immer ein Verbündeter, der Mutter Erde unterstützt hat. „Die Gravitation des Jupiter hat zum Schutz der Erde vor Kometeneinschlägen beigetragen." Jupiter hat der Erde wie ein großer Bruder Schutz vor möglichen Angreifern geboten – nur ein einziger dieser Angriffe, ein Meteorit, der vor fünfundsechzig Millionen Jahren auf der Erde einschlug, hat bereits genügt, um die Dinosaurier und viele andere Arten auszulöschen und den Planeten für immer zu verändern. „Wenn sich solche Vorgänge wesentlich öfter ereignen würden, hätte das Leben auf der Erde zwischen den Phasen des Aussterbens nicht genug Zeit gehabt, um intelligente Geschöpfe zu entwickeln."

Außer dem winzigen Pluto (der kürzlich zurückgestuft wurde und nun offiziell nicht mehr als „Planet" gilt) weisen die Planeten unseres Sonnensystems alle im Wesentlichen kreisförmige Umlaufbahnen auf. Das ist durchaus ungewöhnlich. In den extrasolaren Planetensystemen, die wir bisher gefunden haben, folgen Planeten, die sich in ungefähr demselben Abstand von ihrem Stern befinden wie die Erde von der Sonne, allgemein einer elliptischen Umlaufbahn. Was wäre, wenn sich auch die Erde so verhalten würde? Es käme zu einer Katastrophe für die Jahreszeiten des Planeten. Wenn die Erde eine elliptischere Umlaufbahn hätte, lägen die jahreszeitlichen Temperaturunterschiede um 100 Grad Celsius weiter auseinander, als es bisher der Fall ist. Wäre die Umlaufbahn des Jupiter elliptischer als jetzt, käme es zu einer derart großen Veränderung seiner Bewegung, dass Mars und Erde wahrscheinlich ganz aus dem Sonnensystem herausfliegen würden! „Die kreisförmige Umlaufbahn des Jupiter stabilisiert nicht nur die Bahn der Erde, sondern auch unser gesamtes Solarsystem." Danke, Jupiter!

3. Der Abstand zwischen Sonne und Erde ist genau richtig – wenn wir uns näher an der Sonne befänden, würde das Wasser einfach verdampfen und verschwinden; weiter von der Sonne entfernt wäre es ständig gefroren. So, wie die Sache jetzt steht, ist der größte Teil des Wassers auf der Erde flüssig (etwas davon ist natürlich gefroren). Zu dieser Zeit in der Geschichte des Sonnensystems ist die Erde der einzige Planet darin, der an seiner Oberfläche über flüssiges Wasser verfügt. Die Erde hat seit Beginn ihrer Existenz über die Kapazität zur Erhaltung flüssigen Oberflächenwassers verfügt – was als wesentlicher Bestandteil für die Geburt intelligenten Lebens gilt.
4. Dank der relativ dünnen Kruste der Erde und der Fülle an Oberflächenwasser weist unser Planet eine gesunde und lebendige geologische Aktivität auf. Die Plattentektonik bewegt die Kontinente, neue Bergzüge erheben sich – all das trägt zur Wiederaufbereitung des Kohlenstoffs und anderer für das Leben grundlegender Elemente bei. Vulkane sowie die Einschläge von Asteroiden und Kometen brachten noch mehr Wasser und weitere Chemikalien auf die Erde.
5. Der Mond scheint zu einem frühen Zeitpunkt in der Erdgeschichte durch einen Zusammenstoß der Erde mit einem Protoplaneten entstanden zu sein. Wie zufällig war dieser Himmelscrash? Der Mond stabilisiert die Erdrotation und damit unser Klima. Im Vergleich zu anderen Planeten mit Monden ist der unsere ungewöhnlich groß. Diese Größe hat dafür gesorgt, dass die Neigung der Erdachse praktisch konstant bei etwa 23,5 Grad geblieben ist, was uns die Jahreszeiten gibt. Wenn Monde wesentlich kleiner sind als der unsere, erzeugen sie ein viel variableres Klima, wie zum Beispiel im Fall des Mars und seiner beiden Trabanten.

   Der Mond beeinflusst auch die Gezeiten auf der Erde. Als er sich noch näher an unserem Planeten befand, war dieser viel gewaltigeren Gezeitenunterschieden ausgesetzt. Der Mond hat sich jedoch allmählich von der Erde entfernt, so dass sich die lunaren Gezeiten und die Winde an der Erdoberfläche gemeinsam mit der Erdrotation verringern konnten. Das Ergebnis besteht in mehr Ruhe und Frieden sowie in einer Umgebung, die besser für das Leben geeignet ist. Durch diese Ruhe konnte die Erde in ihrer Evolutionsgeschichte zu einer Komplexität finden, die nur über einen langen Zeitraum hinweg entwickelt werden kann.
6. Wir leben in einem „galaktischen Vorort", der in der Milchstraße die „galaktische Wohnebene" darstellt. Unsere Sonne befindet sich auf halber Strecke zwischen dem Zentrum und dem Rand der galaktischen Scheibe. Auf Planeten, die sich näher am Zentrum befinden, hat die Strahlung das Leben wahrscheinlich entweder verhindert oder zerstört. Doch wenn die Sonne wesentlich weiter von der Mitte der Milchstraße entstanden wäre, hätte es zu wenig Supernovae ge-

geben, um in ausreichendem Maße jene schweren Elemente herzustellen (auch Sternenstaub genannt), aus denen Felsplaneten wie die Erde bestehen.

All diese neueren wissenschaftlichen Fakten weisen auf die wunderbare Beziehung zwischen Vater Himmel und Mutter Erde hin, die uns ein solides Rollenmodell dafür bieten, wie Beziehungen sein könnten und sein sollten. Kreativ, beschützend, interaktiv, überraschend – all diese Dynamiken scheinen von den Aktivitäten von Vater Himmel und Mutter Erde widergespiegelt zu werden, deren fruchtbare Beziehung zueinander zur Geburt der vielen Geschöpfe auf Erden geführt hat. Noch nie zuvor hat Vater Himmel eine so große Bedeutung gehabt. Der Geologe Thomas Berry warnt: „Wir werden unseren Sinn für das Wundersame und Heilige nur dann wiederentdecken, wenn wir das Universum jenseits von uns selbst als offenbarende Erfahrung jener numinosen Präsenz anerkennen, durch die alle Dinge entstehen. Tatsächlich ist das Universum die wesentlichste heilige Wirklichkeit. Wir werden durch unsere Teilnahme an dieser erhabeneren Dimension der uns umgebenden Welt geheiligt."

Heute brauchen wir neue Rituale, um diese Beziehungen zu feiern und sie tief in unsere Zellen, unseren Geist und in unsere Vorstellungen einzupflanzen, womit wir Dankbarkeit und Ehrerbietung hervorrufen. Rituale helfen uns durch Handlungen, unsere Erkenntnisse zu verstehen und die leeren Überzeugungen aufzugeben, die zur Abtötung des Himmels geführt haben. So sollten wir zum Beispiel nie unterschätzen, wie negativ sich die Erfindung der Elektrizität und der Abwanderung in die großen Städte auf unser Bewusstsein für Vater Himmel und unseren Sinn für Kosmologie ausgewirkt haben. Es ist sehr schwer, wenn nicht sogar unmöglich, in den ständig erleuchteten Städten mit dem himmlischen Licht der Sterne in Verbindung zu treten. Wie Eddie Kneebone, ein australischer Aborigine, gesagt hat, ist der Tag dazu da, die Erde und ihre Geschöpfe zu beobachten, doch die Nacht dient der Verbindung mit dem Himmel. Mit Hilfe der von postmodernen Technologien auf Bildschirme projizierten Bilder und Fraktale von Weltraumteleskopen können jedoch ganze Gemeinschaften diese Verbindung erneut auf rituelle Weise zelebrieren und die uralten und doch so neuen Geschichten des Universums und seines lebendigen Himmels tanzen.

Besonders junge Menschen können und müssen diese neue Kosmologie in sich aufnehmen, diese neue Beziehung zu Vater Himmel, damit sie Beziehungen überhaupt erneuern können. Oder, wie Primack und Abrams es ausdrücken: „In vielerlei Hinsicht haben junge Menschen überall mehr miteinander gemeinsam als mit den älteren, die im selben Land oder sogar im selben Haus wie sie leben. Sie haben nicht nur eine gemeinsame Sprache oder Religion, sondern teilen miteinander auch eine Epoche in der Geschichte des Kosmos und der Erde, welche die Älteren niemals kennen werden."

Microsoft hat kürzlich die Homepage „Worldwide Telescope" präsentiert, auf der Bilder und Datenbänke von jedem wichtigen Teleskop und jeder bedeutenden astronomischen Organisation auf der ganzen Welt miteinander verknüpft werden. Diese Dienstleistung erfolgt unentgeltlich. Das Ziel besteht darin, Amateur-Astronomen, Lehrer und Kinder bzw. Jugendliche anzusprechen – Menschen, die sonst niemals die Möglichkeit hätten, die Milchstraße durch ein Teleskop zu betrachten. Dieses virtuelle Teleskop wurde von Curtis Wong entwickelt, der in Los Angeles aufwuchs und die Milchstraße vor dem Zeitpunkt, als er die Stadt erstmals als Teenager für eine Reise verließ, noch nie gesehen hatte. „Es haute mich einfach um, wie viele Sterne es da draußen gab", sagte er. Jetzt ist Vater Himmel für jedermann zugänglich, der über einen Online-Zugang verfügt. Wong meint: „Die Menschen haben seit Beginn ihrer Existenz tief in den Himmel hinein geblickt, aber bisher gab es keine Möglichkeit, das gemeinsam zu tun. Jetzt kann jeder zu dem Teleskop gehen", das er geschaffen hat. Diese postmoderne Erfindung öffnet Vater Himmel sicher noch mehr für uns alle. Die Wunder des Universums werden in immer höherem Maße für jene zugänglich, die sich die Mühe machen, in ihrem Verstand und ihrem Herzen Platz dafür zu schaffen.

II – Der Grüne Mann

Der englische Fotograf Clive Hicks und der Dichter William Anderson haben sich für ihr klassisches Werk *Der Grüne Mann. Ein Archetyp der Erdverbundenheit* zusammengefunden, um diesem erstaunlichen und wichtigen Archetyp neues Leben einzuhauchen. Zu einer Zeit, in der die Natur zerstört wird – in der wir mit noch nie da gewesener Geschwindigkeit guten Mutterboden verlieren, in der Misch- und Regenwälder verschwinden (letztere für immer), in der eines von vier Säugetieren ausstirbt – was könnte da für Männer wichtiger und angemessener sein als die Wiederentdeckung des Grünen Mannes in einem jeden von uns? Was könnte nützlicher sein als dieses Bild, das direkt aus den Tiefen der Vergangenheit *vieler* menschlicher Kulturen stammt und Männer lehrt, wie sie ihre Einheit mit der Erde wiederentdecken können?

Wie jeder Archetyp durchdringt auch die Metapher des Grünen Mannes die Seele auf vielerlei Ebenen. Dabei handelt es sich um genau jene Orte, die vom modernen und industriellen Zeitalter weitgehend fallen gelassen worden sind, als die gesamte westliche Welt darauf aus war, die Natur zu „meistern" – ein sowohl von Descartes als auch Francis Bacon gerne verwendeter Begriff, zwei der wichtigsten Philosophen dieser Zeit. Beim Grünen Mann geht es jedoch entschieden *nicht* darum, die Natur zu meistern, sondern vielmehr darum, zu ihr *in Beziehung zu treten*, also ihre Essenz in unserer eigenen Natur zu finden – in der Tat geht es um unsere Schöpferkraft und zwar vor allem von unserem fünften Chakra aus, wo unsere Worte die kombinierte Weisheit unseres Herzens und Verstandes repräsentieren (also des vierten und sechsten Chakras). Das Thema des Grünen Mannes handelt von Weisheit, die mehr wiegt als reines Wissen alleine. In den Traditionen der amerikanischen Ureinwohner sind Pflanzen die weisesten aller lebenden Geschöpfe. Sie sind am längsten von allen Lebewesen hier und habe mittels der Erfindung der Photosynthese gelernt, wie man die Sonne isst. Auf diese Weise machten sie das Leben der Tiere und daraus folgend auch der Menschen möglich. Die Pflanzen könnten durchaus ohne uns leben, aber wir nicht ohne sie; deshalb stehen wir tief in ihrer Schuld. Daran erinnert uns der Grüne Mann.

Aus Feldern und Wäldern

Der Grüne Mann ist ein uraltes heidnisches Symbol unserer Beziehung zum Pflanzenreich. Menschen werden baumartig, und der Grüne Mann lässt Pflanzen, Blätter und Zweige aus seinem Mund, seinem Bart oder seinem Haar sprießen. Selbst bis zum heutigen Tag werden in England in dörflichen Grünanlagen Feste zu Ehren des Grünen Mannes gefeiert. Das Christentum hat ihn während des zwölften Jahrhunderts auf besondere Weise in England und Frankreich und Deutschland adoptiert, und er ist in ganz Europa in vielen Kathedralen aus dieser Zeit zu finden.

Im Grünen Mann haben wir einen Archetypen, der für unsere Beziehung *sowohl* zum Kosmos *als auch* zur Erde steht – zu Vater Himmel und Mutter Erde. Die Pflanzen sind aus diesen beiden geboren und verbinden sie miteinander. Wie wir sind auch sie kosmische Wesen; sie stellen sicher, dass die großzügigen Bemühungen der Sonne, ihre Energie über die Erde auszugießen, nicht umsonst sind. In den Pflanzen trifft die Sonne auf willige Aufnahmebereitschaft. Darüber hinaus sitzen auf vielen Skulpturen des Grünen Mannes Vögel in seinen Ästen und fliegen zwischen den beiden Welten des Himmels und der Erde hin und her. Vögel sind die Boten von Vater Himmel.

Im Archetyp des Grünen Mannes werden die Pflanzen weder vergessen noch als selbstverständlich betrachtet, sondern *gepriesen*, weil sie uns daran erinnern, unsere Beziehung zu Mutter Erde stets zu erneuern – zu den Pflanzen, zum Erdboden, dem Regen, den Wolken, den Bäumen, den Blumen, der Sonne und den Jahreszeiten – und all das als Geschenk zu betrachten, als für unser Dasein und unser weiteres Überleben notwendig. Der Schriftsteller Fred Hageneder hat uns in seinem Buch *Der Geist der Bäume. Eine ganzheitliche Sicht ihres unbekannten Wesens* eine tiefgehende Studie der Bäume geschenkt, die Licht auf den Archetypen des Grünen Mannes wirft. Er weist darauf hin, dass „Bäume die erfolgreichsten Lebensformen auf der Erde sind" – und seit ihrem Erscheinen vor mehr als dreihundert Millionen Jahren auch die dominantesten. Außerhalb der Ozeane selbst „bilden aus selbstausgesäten Samen entstandene Mischwald-Gebiete, die von Menschen nicht berührt und nicht kultiviert worden sind, sowie tropische Regenwälder die reichsten existierenden Ökosysteme und bieten einer großen Vielfalt von Arten einen Lebensraum." Darüber hinaus sind diese Baumgemeinschaften „von grundlegender Bedeutung für Wetter und Klima, für einen förderlichen Wasserkreislauf, für die Entwicklung der Mineralien, für den Ausgleich elektrischer Ladungen zwischen der Ionosphäre und der Erdoberfläche und für die Erhaltung des Erdmagnetfeldes als Ganzem."

Woraus besteht ein Baum? Sein Körper ist größtenteils mit Sonnenlicht gefüllt. „Licht strömt durch seine Struktur, lenkt die Lebensprozesse und erhält das Gleichgewicht und die Gesundheit des ganzen Organismus. ... Der Baum produziert eine ständige, aus seinen Zellen kommende Lichtshow."

Bäume sind wie „kosmische Antennen", und es ist nachgewiesen worden, dass die Strahlung von Supernovae – gigantischen Explosionen, die das Ende eines

Sterns anzeigen – das Baumwachstum beeinflussen. Wissenschaftler haben beim Studium eines 807 Jahre alten Wacholderbaums in Tadschikistan herausgefunden, dass die Jahresringe des Baums eindeutig bei jedem von drei bekannten Zeitpunkten, an denen eine Supernova stattfand, eine Verlangsamung des Baumwachstums zeigten. So können wir sagen, dass „jeder Stern, der in unserer Galaxie stirbt, von einem Baum bemerkt wird".

Von Beginn seiner Existenz an ist der Mensch von Bäumen unterstützt worden. Erinnern wir uns, dass Menschen zunächst wie heute noch die Affen in Afrika im Schutz der Wälder gelebt haben. Als die Menschheit die Wälder verließ, um in die offenen Savannen zu wandern und das Feuer zu entdecken, „wurde Feuer zur treibenden Kraft in der Entwicklung der menschlichen Art ... und es waren immer Bäume, die das menschliche Bedürfnis nach Brennstoff erfüllt haben." Auch als die Menschen mit dem Bau von Unterkünften, Ställen und Brücken begannen, verließen sie sich wieder auf das Holz der Bäume. „Die meisten steinzeitlichen Werkzeuge dienten der Bearbeitung von Holz", und das beinhaltet auch den Bau großer mittelalterlicher Städte, die größtenteils „aus Holz bestanden". Zu Beginn schrieb der Mensch sogar auf Rinde und Holztafeln.

Heilige Haine sind ein überall verbreitetes Phänomen. „Fast überall auf der Welt fand der Beginn des sozialen und religiösen Lebens unter Bäumen statt." Jede griechische Gottheit war mit einer bestimmten Baumart verbunden, unter der sie verehrt wurde. So war der Lorbeer Apollo geweiht, die Myrte der Aphrodite, die Olive der Athene und die Föhre dem Pan. „Was wir heute als *Götter* bezeichnen, waren ursprünglich Baumgeister, denen man mit Wohlwollen und Dankbarkeit begegnete." So sagt Hazrat Inayat Khan: „Jedes Blatt von einem Baum ist eine Seite im Heiligen Buch und enthält göttliche Offenbarungen."

Weil viele der aus dem Grünen Mann sprießenden Zweige, Blätter und Bäume aus seinem Mund kommen, wissen wir, dass wir es mit einem Archetyp des fünften Chakras zu tun haben. In meinen vorangegangenen Büchern habe ich bemerkt, dass es sich beim fünften Chakra, das sich in unserer Kehle befindet, im Wesentlichen um einen Geburtskanal handelt. Das trifft in besonderem Maß auf Männer zu. Unsere Kehlen sind dafür gedacht, um die Weisheit unseres Herzens und Verstandes (des vierten und sechsten Chakras) in die Welt zu setzen, und der Grüne Mann erinnert uns daran, dass die Farbe des vierten oder Herzchakras grün ist! Für ihn haben Mitgefühl und Generativität den Vorrang, und seine Generativität, sein Geburtskanal, gebärt im Wesentlichen grünes Mitgefühl.

Hildegard von Bingen schrieb ihre Werke im zwölften Jahrhundert, zu einer Zeit, in der es zu einer umfassenden Wiederentdeckung der Göttin und des Grünen Mannes kam. Sie nannte Christus einen „Grünen Mann", weil er der menschlichen Seele Feuchtigkeit und Lebendigkeit bringt. Sie bezeichnete auch den Heiligen Geist als „grün", weil er uns alle fruchtbar macht. Tatsächlich lehrte sie sogar, die einzige Sünde im Leben bestehe darin, „auszutrocknen", was eine Metapher für die Leugnung des Grünen Mannes ist, der in jedem von uns erblühen möchte. Deshalb riet sie Äbten und Bischöfen, Erzbischöfen und anderen Anführern, „feucht und grün und beinahe saftig zu bleiben" – das Gegenteil der Austrocknung. Wenn der Geburtskanal einer Frau „austrocknet", kann sie kein neues Leben in die Welt setzen. Eckhart verwendet ein ganz ähnliches Bild, wenn er sagt, dass „der Samen Gottes in uns ist" und dass ebenso, wie ein Birnensamen zu einem Birnbaum wird, mit der richtigen Pflege auch ein Samen Gottes „zu Gott erwächst".

Interessanterweise respektiert der Archetyp des Grünen Mannes auch Stille und Innenschau, was unter indigenen Menschen und jenen, die das Land bewirtschaften, weit verbreitete Eigenschaften sind – also unter allen, die dem Land nahe sind. In manchen Darstellungen erscheint der Grüne Mann schielend, was mit Sicherheit symbolisieren soll, dass er nach innen blickt. Wie jeder andere authentische Krieger konzentriert sich auch der Grüne Mann nicht nur auf das *Außen*, sondern ebenso auf das *Innen*, um über die Welt dort drinnen nachzudenken. Der Grüne Mann hat keine Angst davor, sich selbst kennen zu lernen. Darüber hinaus bedeutet das fünfte Chakra keineswegs ständiges Geschwätz oder andauerndes Gerede, auch wenn es sich im Bereich der Kehle befindet, sondern wahre Worte, die aus der schweigenden Besinnlichkeit und nicht aus dem Lärm hervorgehen. Nur, wer nervös ist, verspürt die Notwendigkeit, leere Räume und kontemplative Stille mit Lärm zu füllen. Auch das wird vom Grünen Mann geachtet, indem er uns aufzeigt, wie tief und reich die Wurzeln der Natur sind, und indem er uns lehrt, dass wir *unter der Erde, in der Stille unseres Herzens* keimen müssen. Wenn wir still sind, wird vielleicht etwas Fruchtbares hervortreten. Wenn wir nach innen blicken, können wir Wesentliches in die Welt setzen. (Auf vielen Darstellungen des Grünen Mannes blicken seine Augen nach innen.) Empfänglichkeit, Introversion und Introspektion sind für die Erzeugung des Lebens unbedingt notwendig; diese Eigenschaften führen an einen tieferen Ort, als es extrovertiertes Handeln tun kann. Das ist ein Ort, an dem sich Kosmos und Psyche, Gaia und Psyche miteinander verbinden und gemeinsam Früchte tragen können. Früchte, die bleiben.

Die Theologen des Mittelalters waren sehr vom Bild des Christus als Weinstock beeindruckt. Viele dieser Darstellungen entstammen dem Evangelium des Johannes, das ein Produkt der Weisheitsliteratur Israels und der frühen Christenheit ist. „Ich bin die Rebe und du der Ast. … Du wirst Früchte tragen, Früchte, die bleiben." Diese und viele andere Textstellen finden ein willkommenes Echo im Archetyp des Grünen Mannes.

Die Darstellungen des Grünen Mannes aus dem zwölften Jahrhundert sind auch deshalb interessant, weil sie ihn in vielen verschiedenen Lebensphasen zeigen – manche sind jung, manche mittleren Alters und manche sehr alt. Manche dieser Gestalten liegen auf dem Boden wie sterbende Blätter im Herbst, die ihren Geist an die Erde zurückgeben, damit er wiederbelebt werden kann. Darüber hinaus wird der Grüne Mann in unterschiedlicher Stimmung dargestellt, von verspielt über ehrfürchtig bis wild. Manche dieser Grünen Männer weisen Derbheit und Stärke auf, eine starke Kriegerenergie. Bei vielen von ihnen wird dieser Eindruck noch von den

Zweigen verstärkt, die an ein Gehörn erinnern. Auf diese Weise verbindet sich der Grüne Mann ebenso mit der Tier- wie mit der Pflanzenwelt. Geweihe sind baumartig, und Männer sind Hirsche mit geweihartigen Kräften.

Der Grüne Mann sagt auch etwas Wichtiges und Positives über die männliche Sexualität aus. Er ist fast immer bärtig. Meist geht der Bart in Blätter und Zweige über, aber manchmal besteht der Bart selbst aus diesen Elementen. Es wird eine Geschichte über die Gesichtsbehaarung erzählt: Die generativen Kräfte, die der Mann mit der Pubertät erhält, sollen dem größeren kosmischen Zweck der Erschaffung dienen. Sie sind nicht für den Dienst am individuellen Ego da, ja nicht einmal für die Familie, die Nation oder den Stamm, sondern stellen den allumfassenden Zweck der Natur selbst dar. Die männliche Kreativität, Sexualität und Sinnlichkeit entstehen aus der Kreativität, Sexualität und Sinnlichkeit der Natur – und sollen ihr dienen. So gelangt die Macht der Sexualität in ihren angemessenen, umfassenderen Zusammenhang und endet nicht in Egoversteifung als Ausdruck individueller Macht. Der Grüne Mann unterdrückt oder transformiert seine Sexualität nicht. Er bringt sie offen zum Ausdruck – ehrt und preist sie – ohne sie zu verherrlichen oder zu personalisieren. Es ist eine reichhaltige Sexualität, die keine auf sich selbst gerichtete Aufmerksamkeit anzieht, sondern die permanente sexuelle und kreative Energie des Universums verkörpert.

Der Grüne Mann im 12. Jahrhundert

Im zwölften Jahrhundert erschien der Grüne Mann auf machtvolle Weise wieder in der westlichen Kultur – im selben Jahrhundert, das die Wiederkehr der Göttin erlebte. Tatsächlich begleitete der Grüne Mann die Göttin in der europäischen Kultur. Immerhin war die Göttin die Inspiration für mehr als fünfhundert Kirchen und einhundert Kathedralen, *von denen jede einzige Maria, der Göttin des Christentums geweiht ist* und die während der erstaunlichen Zeitspanne von 125 Jahren erbaut wurden. Der Grüne Mann wiederum ist auf markante und bedeutungsvolle Weise in Kirchen und Kathedralen in Chartres, Dijon, St. Denis, Auxerre, Bamberg, Norwich, Sutton, Vendome, Lichfield, Poitiers, Winchester, Marburg, Lincoln, Exeter, Trier, Bourges, Southwell, Rheims, Freiburg im Breisgau, St. Dimitri in Vladimir und vielen anderen vertreten.

Bis zum gotischen Wiedererwachen und dem Auftauchen der Göttin und des Grünen Mannes wurden Pflanzen in der christlichen Kunst oft als Symbole für die Sünde und für eine ausufernde Sexualität verwendet. Ein einflussreicher christlicher Schriftsteller des neunten Jahrhunderts setzte das Blatt mit der Sünde gleich, und zwar insbesondere mit sexueller Sünde. An diesen früheren Kathedralen sind Darstellungen von Sexualität und sich windender Vegetation gemeinsam mit nackten Männern und Frauen, die sich in Pflanzen verfangen haben, zu finden. Die alten Götter wie Bacchus oder Dionysus und Pan wurden nicht gerade geschätzt, um es vorsichtig auszudrücken. Tatsächlich stellte man den Teufel oft als Pan mit haarigen Beinen und einer ziegenhaften sexuellen Libido dar.

Wie Anderson zeigt, begannen die Bildhauer, die am Hauptschiff der Kathedrale Notre Dame in Paris arbeiteten, im späten zwölften Jahrhundert damit, „bestimmte und erkennbare Pflanzenarten mit Freude und Entzücken als Zeichen für die Göttin der Schöpfung zu gestalten". Die Göttin der Schöpfung – der Ursegen – wurde zur neuen Theologie der damaligen Zeit. In ihr hallte die Theologie des Liedes der Lieder und der Weisheitsliteratur in der Bibel im Allgemeinen wider. Und sie war ein Echo der spirituellen Ausbildung des historischen Jesus, der aus einer Tradition stammte, welche die Heiligkeit der Schöpfung ehrte.

Man bildete Pflanzen aber nicht nur aus Freude und Entzücken an neuen Kirchen und Kathedralen ab, sondern auch, um sie zu studieren. Zu dieser Zeit erhob sich eine neue, intellektuelle Lebenskraft und auch ein neues Interesse am Studium der Natur. „Von dieser Zeit an trat ein neuer Geist in die westliche Kunst ein: jener der exakten Beobachtung der sichtbaren Welt. ... Er war bei der Entwicklung der westlichen Wissenschaften von grundlegender Bedeutung, da er auf Beobachtung und Klassifizierung basiert. Die gotischen Bildhauer wurden immer geübter in der Darstellung von Pflanzenformen, bis sie einen Grad erreichten, der weit über den Standard hinausging, den die Illustrationen von botanischen Texten dieser Zeit aufwiesen." Die Künstler wuchsen mit ihrer Aufgabe.

In Chartres zum Beispiel gibt es mehrere Grüne Männer, und bei jedem sind die Blätter als die einer bestimmten Art erkennbar: die drei Köpfe auf dem Südportal tragen Eiche, Bärenklau und Weinstock. Die Eiche war den Druiden heilig, die, wie man glaubt, als erste das heilige Gelände in Chartres bebauten, der Weinstock symbolisierte sowohl Bacchus als auch Christus und Bärenklau war in den klassischen wie auch den nordischen Traditionen ein heiliges Symbol der Wiedergeburt. Der Grüne Mann der Eiche war der Grüne Mann des Waldes, während die Darstellung mit dem Weinstock den Grünen Mann der Landwirtschaft zeigte. Wie Robert Bly erläutert, ist die Eiche im gesamten Mittelmeerraum „fest mit religiösen Ritualen rings um die Göttin" verbunden. Diana hatte einen Eichenhain, und für die Römer war die Eiche der „goldene Zweig", der Zutritt zum Hades verschaffte. Der Eichenkönig wiederum war der Gefährte der Großen Göttin, der mit ihrer Erlaubnis regierte. Alle sieben Jahre begab er sich unter einen Eichenbaum, um jede Herausforderung anzunehmen, die an ihn gerichtet wurde. Wenn er gewann, blieb er für weitere sieben Jahre König, und wenn er verlor, wurde er dort unter der Eiche getötet. Darüber hinaus ist die mächtige Eiche die „‚Lebensachse' der Verbindung von Himmel und Erde in uns".

Der Bärenklau steht für alle Pflanzen, die die Grenzen von Farmland und Wildnis überschreiten – die würzenden, heilenden oder giftigen Kräuter. In Chartres lächeln die Grünen Männer am Südportal, aber über dem Nordportal haben sie die Köpfe frischer, junger Männer, die aus Feigenblattbündeln herauswachsen, und ihre Gesichter sind voller Sehnsucht. Die Feige steht oft für die Göttliche Mutter, und man ehrt die schwarze Madonna, indem man sie mit Feigen speist.

Wie all diese Assoziationen zeigen, repräsentiert der Grüne Mann die Verinnerlichung der Göttin durch den Mann. Er symbolisiert, dass die Göttin sowie die Revolution, die sie mit sich bringt, ebenso für Männer wie auch für Frauen da ist. Und im zwölften Jahrhundert brachte sie tatsächlich eine Revolution mit sich. Sie stand an der Spitze einer Bewegung, im Zuge derer Bildung und Erziehung neu erfunden wurden und man die Klosterschule durch die Universität ersetzte (ein Wort, das ursprünglich bedeutete, dass man dorthin ging, um seinen Platz im Universum zu finden). Als Königin der Künste und Wissenschaften spielte die Göttin eine bedeutsame Rolle. Sie, die Herrin der Weisheit, herrschte über das Lernen. Sie erfand auch die Religion neu, indem sie deren Mittelpunkt aus den Klosterkirchen auf dem Land in die Kathedralen der neugeborenen Städte verlegte. Diese Städte waren primär von befreiten Leibeigenen und jungen Menschen geschaffen worden, die einer feudalen, auf dem Land basierenden Kultur zu entfliehen versuchten. Sie bettelten geradezu um neue Religionsformen, und so wurde die Kathedrale der *Thron* (*cathedra* bedeutet „Thron" auf Lateinisch), auf dem die Göttin sitzt. Doch sie ist dort nicht etwa passiv, sondern feiert das Leben; sie ist der Mittelpunkt, aus dem sich die Kultur ergießt, was Gerechtigkeit und Mitgefühl für die Armen mit einschließt.

Im späten neunzehnten Jahrhundert hatte der Kulturhistoriker Henry Adams bei der Begegnung mit der Göttin in Chartres, Bourges und anderen mittelalterlichen Kathedralen ein tiefes Bekehrungserlebnis. Für ihn drückten die Kathedrale von Chartres sowie die von ihr repräsentierte Göttin die Erklärung aus, dass die Liebe stärker ist als die Gewalt. Adams empfand das als „in einer derart intensiven Überzeugung zum Ausdruck kommend, wie sie nie wieder von irgendeiner Leidenschaft erreicht werden sollte, sei es Religion, Loyalität, Patriotismus oder Reichtum; vielleicht entsprach sie sogar keiner einzigen anderen ökonomischen Bemühung – außer dem Krieg." Die Göttin stand auch für das Mitgefühl, das buddhistische Element im Christentum, „denn die Mutter alleine war menschlich, unvollkommen und konnte lieben; sie alleine war Gunst, Dualität und Mannigfaltigkeit. ... Nur die Mutter konnte auf ewig all das repräsentieren, was nicht Einheit war; was unregelmäßig, ungewöhnlich und vogelfrei war; und das war die gesamte menschliche Rasse." Die Göttin ist die Freundin der Vogelfreien. Ebenso wie der Grüne Mann.

Adams stellt die folgende Frage an das moderne Zeitalter: „Warum waren all die protestantischen Kirchen ohne ihre Hilfe kalte Fehlschläge? ... Warum wurde die Frau aus der Kirche hinausgeworfen und im Staat ignoriert? ... Wenn es eine Einheit gibt, in der und auf die hin sich alle Dinge zentrieren, muss sie Dualität, Mannigfaltigkeit, Unendlichkeit erklären und enthalten – sprich: Sex!" Deshalb war die Rückkehr der Göttin im zwölften Jahrhundert für Adams keine Nebensächlichkeit. Und diese Rückkehr schloss in hohem Maße auch den Grünen Mann mit ein. Auch die Rückkehr der Göttin im einundzwanzigsten Jahrhundert wird keine Nebensache sein.

Die Wiederkehr von Vater Himmel

Der Grüne Mann ist auch deshalb interessant, weil er uns dazu herausfordert, die Geschlechter von „Vater Himmel“ und „Mutter Erde“ nicht buchstäblich zu verstehen. In vielerlei Hinsicht repräsentiert der Grüne Mann die Idee von „Vater Erde“. Wenn man wünscht, gibt es keinen Grund, warum man ihr Geschlecht nicht vertauschen und Mutter Himmel sowie Vater Erde verehren könnte, denn beide sind lediglich Metaphern. Der Grüne Mann erinnert die Männer daran, dass es wichtig für sie ist, nicht nur im Himmel und in ihren Köpfen zu leben. Wie ein Baum haben auch Männer die Erlaubnis, sich in den Boden zu erstrecken, ihren unteren Chakren Aufmerksamkeit zu widmen und mit in Verehrung zum Himmel erhobenen Armen aus der Erde herauszuwachsen.

Für den Dichter William Anderson symbolisiert der Grüne Mann vor allem „unbändiges Leben“ und „wenn er erst einmal in Ihr Bewusstsein vorgedrungen ist, werden Sie feststellen, dass er mit Ihnen spricht, wohin Sie auch gehen“. Anderson hat ein Gedicht über den Grünen Mann geschrieben, in dem er ihn sagen hört:

Ich bin das Denken aller Pflanzen …
Ich erhebe mich mit dem Saft …
Ich komme mit dem Wind …
Ich brenne vor Begehren …
Ich bin der Honig der Liebe …
Es geht mit meinem Kopf durch …
Ich spreche durch die Eiche …
Ich leuchte mit der Sonne …
Ich schwimme mit dem Lachs …
Ich werde für dein Getränk zerstoßen …
Ich habe für dein Vergnügen bezahlt …
Ich habe ihr Geheimnis bewahrt …
Ich bin in der Dunkelheit geboren …

Da er viel älter als das Christentum ist, kommt und geht der Grüne Mann im Laufe der Geschichte immer wieder. Heute kehrt er aus vielen Gründen zurück, aber besonders, weil er die Wiederkehr des Umweltbewusstseins und der Umweltaktivitäten repräsentiert. Der Grüne Mann ist ein zusammengesetztes Bild, und dieses „Gemisch aus Blättern und dem Kopf eines Mannes symbolisiert die Einheit der Menschheit mit dem Pflanzenreich. Er kennt und äußert die geheimen Gesetze der Natur“.

Anderson stellt eine wichtige Frage: „Warum kehrt der Grüne Mann gerade jetzt in unser Bewusstsein zurück, und was will er von uns?“ Ich glaube, dass er vor allem eines verlangt: *dass sich die Männer erheben.* Dass Männer zu Männern werden. Männer haben lange in einer Betäubung fest gehangen, die von der modernen Philosophie, dem Konsumententum und einer pseudo-maskulinen, von den Medien angepriesenen Identität verursacht wurde. Der Grüne Mann ruft uns dazu auf, zu unserer Liebe zur Erde und der Gesundheit zukünftiger Generationen zu stehen. Zu den Bäumen und Tieren zu stehen, die zerstört worden sind – und mit ihnen die Zukunftsfähigkeit unserer eigenen Art. Für Gemeinschaft und Mitgefühl anstelle von individueller Macht und Herrschaft einzutreten. Zu den Kindern und den zukünftigen Generationen zu stehen.

Jung nahm an, dass Archetypen zu bestimmten Zeiten in neuer Gestalt wiedererscheinen, um ein Ungleichgewicht in der Gesellschaft zu beseitigen. Vielleicht taucht der Grüne Mann heute nicht nur deshalb wieder auf, weil sich unsere Beziehung zur Natur im Ungleichgewicht befindet, sondern auch *unsere Beziehung zur Mannlichkeit.* Der Grüne Mann ruft die Männer dazu auf, aufzuwachen und aus den Federn zu kommen. Er ruft sie dazu auf, sich sexuell wieder mit der Natur, der Kultur, dem Kosmos und der Wirtschaft zu verbinden – und zwar mit Verantwortung und moralischer Verpflichtung.

Anderson hält es für „außergewöhnlich, dass die Große Mutter und ihr Sohn, Liebhaber und Beschützer, der Grüne Mann, beide in derselben Epoche [dem zwölften Jahrhundert] zurückgekehrt sind. Möglicherweise findet heute ein ähnlicher Prozess statt: So, wie der Aufstieg des Feminismus in davon unabhängigen Forschungen von der Wiederentdeckung der dominanten matriarchalischen Religionen des alten Europas begleitet wurde, könnte sich auch der Grüne Mann heute wieder regen, weil er in der Tiefenökologie des Geistes mit der Göttin als Teil desselben mythischen Gewebes verbunden ist". Der Grüne Mann steht in weiser Beziehung zur göttlichen Weiblichkeit und der Großen Mutter; darüber hinaus rühmt er sich der Verbindung zur Schlange, einem uralten Symbol für die Göttin. Viele Grüne Männer werden in Begleitung einer Schlange oder eines Schlangendrachen abgebildet, also einer Schlange mit Flügeln.

Der Grüne Mann ehrt die Intelligenz. Er ist „der kosmische Mann oder die der Schöpfung zugrunde liegende Intelligenz". Immerhin wird er üblicherweise als menschlicher Kopf dargestellt. Tatsächlich aber ist er mehr als nur intelligent – er ist weise. Es braucht Intelligenz, um die Natur zu studieren und zugleich in weise Beziehung zu ihr zu treten. So steht er für eine Wiedergeburt des Interesses an der Natur und ihren Ökosystemen, das für unsere Zeit so bezeichnend ist. Der Grüne Mann kehrt wieder. Deshalb wird er manchmal mit dem Narren gleichgesetzt – weil Weisheit im Gegensatz zum Wissen auch Raum für die Rollen des Narren und des Tricksters bietet. Narrheit und Weisheit ringen miteinander.

Der heilige oder kosmische Baum

Der Grüne Mann erscheint auch als Erinnerung an den heiligen Baum, der oft für den Kosmos steht. In der Bhagavad Gita repräsentiert er das Universum, und dasselbe trifft auf die Bilder von Hildegard von Bingen aus dem zwölften Jahrhundert zu. Im Westen des dritten Jahrhunderts wurde der Baum des Lebens als Mittelpunkt der Welt bezeichnet, und er befand sich in Golgatha. Daneben war eine heilige Quelle, aus der alle Nationen tranken. Christus sagte: „Ich bin der wahre Rebstock", und Christen ließen die Symbolik des Dionysos in ihre Darstellungen des Christus als Grünem Mann eingehen.

Die Mythen der Menschen wimmeln nur so von heiligen Bäumen, vom Bodhi-Baum, unter dem Buddha die Erleuchtung empfangen hat bis hin zum Lote-Baum, unter dem der Prophet Mohammed seine zweite Vision des Erzengels Gabriel erhielt. Viele der alten Geschichten erzählen davon, wie der Geist eines Baumes zu den Menschen spricht oder singt. Und dann ist da noch der Baum des Kreuzes, den die Christen verehren, weil er die Fehler wieder in Ordnung gebracht hat, die Adam und Eva bezüglich des Baums des Lebens im Garten Eden gemacht hatten. Sir James Frazer stellt fest, dass „die Tötung des Baumgeistes immer ... mit seiner Auferstehung oder Wiederbelebung in noch jugendlicherer und stärkerer Gestalt einhergeht". Das könnte erklären, warum die christliche Kunst den Grünen Mann immer wieder im Zusammenhang mit der Passion und Auferstehung Christi zum Einsatz bringt – damit der Tod, der Christus am Baum des Kreuzes bezwungen hat, wiederum von Christus überwunden werden konnte. Die früheste bekannte Darstellung eines christlichen Grünen Mannes befindet sich auf dem Grab von St. Abre in St. Hilaire-le-Grand und stammt etwa aus dem Jahr 400. Diese und viele andere Darstellungen zeigen den Grünen Mann in Tod- und Auferstehungsszenen, was die Botschaft der Verjüngung und Unsterblichkeit unterstreicht, die sowohl vom Baum als auch vom auferstandenen Christus repräsentiert wird. Diese Auferstehung vollzieht sich in der Frühlingszeit – dann, wenn die Pflanzen aus ihrem Winterschlaf kommen.

Keltische Christen haben in illustrierten Manuskripten wie dem Book of Kells, aber auch in der Bildhauerei oft den Grünen Mann dargestellt. Manchmal befindet er sich in Begleitung des gehörnten Gottes Cernunnos, des alten keltischen Waldgottes, der halb Mann und halb Hirsch war und oft mit einem Geweih abgebildet wurde, das aus der Mitte seiner Stirn (dem sechsten Chakra) herauswuchs. Hirsche, Schlangen und andere wilde Tiere waren seine Freunde, und auch er unterzog sich dem Tod und der Verbannung in die Unterwelt. Manchmal besteht sein Haar aus Pflanzen. Es gibt eine eindeutige Verbindung zwischen der Fruchtbarkeit und dem Kopf aus Blättern. Damals betrachtete man den menschlichen Kopf als Sitz der Inspiration und Prophetengabe – er förderte die Fruchtbarkeit und konnte böse Kräfte vertreiben. Sowohl die Arbeiten des keltischen Philosophen Johannes Scotus Eriugena als auch jene des Thomas von Aquin erkennen den Pflanzen eine Seele zu und gehen davon aus, dass die Menschen ebenso an der Seelenwelt der Pflanzen und Tiere wie auch an der Geistwelt der Engel teilhaben. Menschen sind die Vermittler zwischen diesen Welten.

Viele der Tympana[3] der Kathedralen des zwölften Jahrhunderts zelebrieren den kosmischen Christus. Anderson beschreibt den auf der Abteikirche von St. Pier-

3) Tympanon/Tympanum: Dreieckiges bzw. halbkreisförmiges Feld mit oder ohne Bilddarstellungen in den Giebeln über den Portalen von Tempeln, Kirchen oder Kathedralen. [A.d.Ü.]

re in Moissac um 1130 dargestellten Christus als einen „machtvollen, furchterregenden Herrn und König, dessen Gewänder nur so vor kosmischer Kraft vibrieren. Die Tiere der Evangelisten symbolisieren nicht nur die vier Evangelien, sondern auch die vier Elemente und die vier Naturelle des Menschen, die in der menschlichen Natur Christi vervollkommnet werden. Ihre Körper winden sich unter den außergewöhnlichen Energien." An der linken Seite des Christus befindet sich ein gehörnter Cernunnos. So treten der kosmische Baum und der kosmische Christus gemeinsam in Erscheinung; Psyche (die menschlichen Naturelle) und Kosmos finden zueinander. Der Baum reicht in den Himmel hinein, und seine Wurzeln sind tief in der Erde verankert, was ihn zu einer machtvollen Erinnerung an die Einheit von Vater Himmel und Mutter Erde macht – er ist die *axis mundi*, der Mittelpunkt der Welt. Oder wie es der Dichter und Symbolist J.E. Cirlot ausdrückt: „In seinem allgemeinsten Sinne bedeutet die Symbolik des Baums den Kosmos: seine Beschaffenheit, sein Wachstum, seine Ausbreitung, seine generativen und regenerativen Prozesse. Er steht für das unerschöpfliche Leben." Der Grüne Mann wirkt bei all diesen Kräften mit.

Mircea Eliade setzte die *axis mundi* mit uralten Initiationszeremonien für Schamanen gleich, die „zur Mitte reisten". Der Psychologe Eugene Monick zeigt auf, dass die „*axis mundi* als Baum Wurzeln in der Unterwelt hat, während sich der Stamm in der Gegenwart und das Blattwerk im Himmel befindet". Er bezieht seine Kraft also aus vielen Welten und ist nicht eindimensional.

Auch Männer sind nicht eindimensional. Wie der kosmische Baum sind auch wir mit den Bereichen des Himmels, der Erde und der Unterwelt verbunden. Monick versteht die *axis mundi* als „jenes uralte Bild, das von modernen Männern dringend gebraucht wird, während sie die Auflösung des patriarchalen Gegenwartsbewusstseins erfahren. Es ist weder auf kultureller noch auf menschlicher Ebene eine Lösung, sich einfach dem wieder in Erscheinung tretenden Matriarchat zu ergeben. Das wäre ein Rückschritt und würde schlussendlich zu einem verstärkten Wiederauftreten der patriarchalen Haltung führen, die der vergebliche Versuch einer Verteidigung der männlichen Identität wäre. … Die *axis mundi*, wie wir sie im drastischen und heiklen Heldentum des Schamanen finden, ist der richtige Weg."

Ökologische Propheten

Ökologie *ist* funktionelle Kosmologie, darauf besteht Thomas Berry. Wie Bäume nehmen auch wir den Kosmos ganz in uns auf, doch wir tun das eben mit unserer Nachbarschaft, der Erde. D.H. Lawrence fängt diese Energie ein, wenn er schreibt:

> Alle Bemühungen im Leben des Menschen [dienen dazu], sein Leben in direkte Berührung mit dem elementaren Leben des Kosmos, des Berglebens, des Wolkenlebens, des Donnerlebens, des Luftlebens, des Sonnenlebens zu bringen. Eine unmittelbar spürbare Begegnung herzustellen und daraus Kraft,

> Energie und eine dunkle Art der Freude zu beziehen. Dieses Bemühen um reinen, nackten Kontakt ohne einen Vermittler oder Unterhändler ist die Bedeutung, die der Wurzel aller Religionen zugrunde liegt.

Die Wiedervereinigung von Kosmos und oikos/Ökos (Heim) ist der höchste Punkt auf unserer Tagesordnung. Wie Primack und Abrams zeigen, stellt sie unseren Überlebensmechanismus dar:

> Die Erde ist als Planet in den Kosmos integriert, aber auf unser gegenwärtiges Denken in Bezug auf die Erde trifft das nicht zu, und das ist die Wurzel vieler Probleme: Wir sind nicht im Einklang mit unserem Planeten und unserem Universum. ... Die Hauptbedrohungen für das menschliche Überleben heute – die weltweite Umweltzerstörung, die Auslöschung der Arten, die Destabilisierung des Klimas, Atomkriege, Terroristen mit Massenvernichtungswaffen – sind das Ergebnis des hemmungslosen Gebrauchs solch neuer Technologien ohne eine Kosmologie, die der Natur einen Sinn gibt und einen Maßstab für ihre Macht schafft.

Der Grüne Mann würde diese Verbindungen wiederherstellen.

Im zwölften Jahrhundert war die Wiederentdeckung des kosmischen Christus und des kosmischen Baums ein Anzeichen dafür, dass die „ästhetische Revolution" der gotischen Architektur begonnen hatte. „Kraft und Vertrauen" lagen in der Luft. In diese Atmosphäre der Hoffnung kehrte der Grüne Mann zurück. Die klösterlichen Institutionen unterzogen sich einer Reformbewegung. Und auch schwarze Jungfrauen tauchten „gleichzeitig mit der Wiederbelebung des Grünen Mannes" auf. Anderson fragt sich, ob vielleicht auch Osiris, der ägyptische Gott, aus dessen Körper das Pflanzenreich des Nils sprießt und dessen Gesicht grün wurde, wenn er als Richter in der Unterwelt agierte, als Grüner Mann wiedererschienen sein könnte, aus dessen Mund sich Pflanzen ergießen. Könnte der Grüne Mann so, wie auch Isis in die schwarze Madonna eingeflossen ist, ihren Geliebten Osiris verkörpern? Einige der Darstellungen der schwarzen Madonna zeigen sie überaus ruhig und gelassen – und dieselbe Gelassenheit ist bei vielen Grünen Männern dieser Zeit zu finden.

In Chartres kommt der Grüne Mann voll zur Geltung – Anderson spricht diesbezüglich vom „Triumph des Grünen Mannes im gotischen Zeitalter". Nicht nur seine Blätter, sondern auch sein Gesicht ist hier individuell und einzigartig gearbeitet worden. Jeder Kopf verfügt über eine tiefgehende Individualität und Persönlichkeit. So wird der Grüne Mann auf bemerkenswerte Weise lebendig. In Chartres wird er mindestens zweiundsiebzig Mal abgebildet. Anderson sagt: „Sie brachten in ihren gütigen und strahlenden Darstellungen seines Bildes eine neue Einstellung zur Natur zum Ausdruck, in der sie nicht mehr der schreckliche Feind der menschlichen Existenz so vieler romanischer Skulpturen, sondern eine freundliche Verbündete des Menschen ist. Hier werden die Launen der Natur durch das Bild des Grünen Mannes vermenschlicht; und die Einstellungen von Mann und Frau werden ihnen im Prinzip des erwachenden, der gesamten Schöpfung zugrunde liegenden Bewusstseins zurückgespiegelt." Die Natur als „freundliche Verbündete des Menschen" ist Gaia. Der Grüne Mann führt uns und wird zur Ursache unserer Allianz mit dem Rest der Natur – einer freundschaftlichen Beziehung, die nichts mit anmaßendem Nutzwertdenken zu tun hat. Auch heute ist eine neue Einstellung zur Natur erforderlich, die unsere Beziehung zu ihr ehrt und Nachhaltigkeit fördert.

Der Grüne Mann wurde jedoch nicht nur im mittelalterlichen Europa verehrt. Als ich vor einigen Jahren an der Universität von Hawaii lehrte, erfuhr ich, dass es in der Tradition der hawaiianischen Ureinwohner eine geheime Zeremonie gibt, die den Grünen Mann ehrt, der hier einen Umhang aus Teeblättern trägt. Er wird dafür geachtet, dass er im Wald lebt und Vögel fängt, von denen er nur eine einzige Feder nimmt, wonach er das Tier selbst wieder frei lässt. Man würdigt ihn als „den, der den Wald verwaltet", wenn er nicht im Krieg ist. Er verschmilzt nahtlos mit dem Wald. Als die Missionare kamen, mussten die Hawaiianer dieses Ritual verbergen, und so verbarg sich auch der Grüne Mann.

Weil der Grüne Mann die Kehle ehrt, respektiert er auch die Gabe der Prophezeiung. Der Prophet (vom griechischen Begriff „die Stimme erheben") spricht Ungerechtigkeiten und Ungleichgewicht an. Der Grüne Mann ist die prophetische Stimme in jedem von uns, und wenn wir unsere Stimme erheben wollen, müssen wir sie erst finden. Der Grüne Mann wird oft als wild und stark dargestellt, was ebenfalls Energien des Propheten sind. Wir brauchen diese Kräfte heutzutage dringend, um unsere Art erhalten und mit dem Rest der Natur in Frieden leben zu können. Und um wieder Männer sein zu können. Deshalb müssen wir alle den spirituellen Krieger in uns entwickeln. Der Grüne Mann ist ein solcher Krieger. Er wird die Erde sowie ihre Geschöpfe um zukünftiger Generationen willen schützen und verteidigen.

Der Grüne Mann steht für Kreativität sowie Generativität und damit für die Berufung des Künstlers. Manchmal ist es möglich, die prophetische Rolle des Künstlers in unserer Kultur zu ignorieren. Thein Soe ist da jedoch ganz anders. Er ist ein Vertreter der burmesischen künstlerischen Untergrundbewegung, und das bereits seit den gesamten sechsundvierzig Jahren der Herrschaft der Militärjunta. Das Militär dort hat Demonstrationen für Demokratie niedergeworfen und freie Meinungsäußerung nahezu vollständig verboten. Soe sagt: „Wir malen, worunter wir leiden und was wir fühlen. Das ist vor allem Traurigkeit." Die Zensur der Regierung überwacht seine Arbeit ständig. Viele Dichter und andere Künstler sind im Gefängnis dafür gestorben, mit ihrer Kunst die Wahrheit gesagt zu haben. Ein Bildhauer stellte eine schlafende Mutter dar, die einen Dorn in ihren Rippen trägt und einen Gewehrlauf als Wirbelsäule hat. Der Künstler schmuggelte das Stück aus Burma nach Thailand, wo es jetzt in einer Galerie in Bangkok ausgestellt wird. „Künstler haben ihrem Volk und ihrem Land gegenüber die Verpflichtung, auszudrücken, was passiert. In meiner Arbeit geht es um das, was ich gesehen und erlitten habe," sagt er. Die Zensur bringt viele Künstler zusammen. Einer von ihnen meint: „Wir sind nicht zornig. Wir sind traurig. All diese Jahre waren nur vergeudete Zeit." Diese Künstler, die in Burma auf ihre Weise versuchen, unter einem alles beherrschenden politischen Regime zu überleben, sind auf ihre Weise Grüne Männer in Aktion. Ihr Mut und ihre Hingabe daran, die Wahrheit zu sagen (eine Aufgabe des fünften Chakras) sind ein beeindruckendes Zeugnis dessen.

Zwei der im gegenwärtigen Amerika aktiven Grünen Männer sind Saul Griffith und David Shearer. Saul ist ein dreiunddreißigjähriger Wissenschaftler und Präsident von Makani Power im kalifornischen Alameda. „Das größte Risiko für die Menschheit besteht darin, dass uns unsere Umwelt unter den Fingern zerrinnt," sagt er – und er hat sich dazu verpflichtet, das zu ändern. Er arbeitet daran, Windkraft aus den höheren Bereichen der Atmosphäre einzufangen, denn Wissenschaftler sagen, dass nur ein Prozent der dort vorhandenen Energie den gesamten Planeten versorgen könnte. Um den Erfolg dieses Projekts voranzutreiben, ist er eine Partnerschaft mit Google eingegangen.

In Bezug auf näher am Erdboden befindliche Windkräfte hat eine kürzlich durchgeführte Studie gezeigt, dass die Amerikaner in zwei Jahrzehnten ebenso viel Elektrizität aus Windmühlen gewinnen können wie aus Atomkraftwerken. Bereits 2030 könnte Windenergie 20 Prozent der nationalen Energie erzeugen. Windenergie ist natürlich sauber und erneuerbar – genau so, wie es sich der Grüne Mann vorstellen würde. Sie kann ohne weitere technologische Durchbrüche und für weniger als einen Cent pro Kilowattstunde eingesetzt werden. Im Bericht heißt es: „Die Vereinigten Staaten verfügen über äußerst ergiebige Windressourcen. Es ist ehrgeizig, könnte aber durchaus machbar sein." Neue Stromversorgungssysteme wären notwendig. Wenn Wind die Funktion übernehmen würde, die heute Kohle und Gas haben, würden sich die Kohlendioxide um 825 metrische Tonnen pro Jahr reduzieren. „Das entspricht 140 Millionen Autos, die von der Straße genommen werden", sagt Randall Swisher, Geschäftsführer der American Wind Energy Association. Was braucht man, um das geschehen zu lassen? Nun – Grüne Männer offensichtlich.

David Shearer ist leitender Wissenschaftler bei California Environmental Associates in San Francisco. Er verbreitet über Kunst und Nachrichtenmedien gerne Stories über Unternehmensprojekte, die unsere Umwelt zum Besseren verändern können. Shearer sagt: „Bei der Beschreibung der großen Probleme, denen wir auf dem Planeten gegenüberstehen, sowie bei der Spiegelung dessen und bei der Auffindung von Lösungspaketen rings um diese Probleme arbeiten Kunst und Wissenschaft Hand in Hand." Als praktizierender Buddhist beriet er Toyota in der Frage, wie man den Prius als grüne Investition vermarkten könne. Er sieht die Lösung der Erdkrise in Zusammenarbeit, Gespräch und Liebe. „Im Endeffekt lässt sich das alles auf den Dialog zwischen Ländern und Gesellschaften reduzieren." Und er rät: „Wir müssen spannende, realistische Lösungspakete schaffen, welche die Vorstellungskraft gefangen nehmen. Ohne ein bisschen Spannung ist das Ganze einfach zu düster."

Der Autor Joseph Jastrab stellt fest, dass „Generationen von modernen Männern von Männlichkeitsbildern entfremdet wurden, die mit der lebendigen Erde und dem großen Mysterium verbunden sind". Der Archetyp des Grünen Mannes befasst sich eindeutig mit dieser Entfremdung. Ihn anzunehmen schafft eine neue männliche Bemächtigung, eine neue Kriegerschaft für Mutter Erde und ihre Geschöpfe. Geschieht heutzutage nicht genau das, wenn wir von „grünen Gebäuden", „grüner Politik" und „grünen Unternehmen" oder Greenpeace, von „Grüngürteln rings um die Städte" und „grüner Wirtschaft" sprechen?

Ja, der Grüne Mann ist zurück. Sind wir bereit?

III – Ikarus und Dädalus

Die alte griechische Erzählung von Ikarus und Dädalus ist weithin bekannt. Im Wesentlichen handelt es sich dabei um die Geschichte eines Sohnes – Ikarus – der seinem Vater Dädalus nicht gehorcht und deshalb ums Leben kommt, indem er zur Erde zurückstürzt. Weil uns diese Geschichte viel über tiefe Männlichkeit lehren kann, werden wir hier einen intensiveren und umfassenderen Blick darauf werfen.

Dädalus, der Vater des Ikarus, war ein berühmter Architekt, Ingenieur, Erfinder und ein meisterhafter Handwerker. (Sein griechischer Name bedeutet „kluger Werkmeister".) Plato sagt, er habe mechanische Götterstatuen konstruiert, die so lebensecht waren, dass die Statuen unter der heißen ägäischen Sonne schwitzten und gebändigt werden mussten, weil sie sonst davongelaufen wären. Auch werden Dädalus viele weitere Dinge zugeschrieben, darunter die Erfindung der Axt und des Labyrinths. Seine eigene Abstammung ist unsicher, da drei Frauen als seine Mutter genannt werden und sein Vater gänzlich unbekannt ist. Er war der Mentor seines Neffen Talos, der beachtliche Fähigkeiten aufwies – so erfand er zum Beispiel die Säge, nachdem er die Wirbelsäule eines Fisches betrachtet hatte. Schließlich erhielt Talos für seine Fähigkeiten so viel Bewunderung, dass Dädalus neidisch wurde und den Jungen ermordete, indem er ihn von der Akropolis in Athen stürzte. Für diese Tat wurde er vor Gericht gestellt und zur Verbannung aus seiner Heimatstadt Athen verurteilt, weshalb er auf die Insel Kreta floh.

Dädalus und das Labyrinth

Auf Kreta fand Dädalus im prachtvollen Palast in Knossos Arbeit am Hofe von König Minos und Königin Pasiphae. Er konstruierte eine hölzerne Kuh, in der sich die Königin verstecken konnte, um ihr Begehren nach einem weißen, von Poseidon gesandten Stier befriedigen zu können. Sie wurde schwanger und gebar den Minotaurus. Dädalus wurde zum Bau des Labyrinths berufen, in dem das abscheuliche Monster versteckt werden sollte. Jedes Jahr forderte der König vierzehn junge Menschen aus Athen, die geopfert wurden, um den Minotaurus zu füttern, doch schließlich erschien der Held Theseus, der entschlossen war, das Monster zu töten. Ariadne, die Tochter von Minos und Pasiphae, verliebte sich in Theseus und bat Dädalus, ihn bei seinen Anstrengungen zur Vernichtung des Untiers zu helfen. Dädalus entsprach ihrem Wunsch und gab ihr einen Flachsfaden mit, den Theseus an die Tür des Labyrinths binden sollte, bevor er hineinging. Auf diese Weise konnte er entkommen, nachdem er das Monster getötet hatte, indem er dem Faden zurück zum Eingang des Labyrinths folgte.

Theseus tötete das Untier und floh aus Kreta, nachdem er den Palast in Brand gesetzt hatte. Ariadne nahm er mit sich. Minos war außer sich vor Zorn, sowohl wegen des Verlusts seiner Tochter als auch aufgrund der Tötung des Minotaurus, weshalb er Dädalus und dessen Sohn Ikarus zur Strafe in das Labyrinth einschloss. Da Dädalus das Labyrinth selbst gebaut hatte, konnte er den Weg hinaus finden. Aber da es der König auf ihn abgesehen hatte, wusste er, dass er Kreta ganz hinter sich lassen musste. Wie sollte das aber geschehen, wo Minos die gesamte See rings um die Insel kontrollierte? Es gab nur eine Möglichkeit: Sein Sohn und er mussten die Insel fliegend verlassen.

Fliegende Flucht

Einige Jahre zuvor hatte Dädalus gesehen, wie die Hexe Medea in einem von vier Feuerdrachen gezogenen Wagen flog; seit dieser Vision hatte er sich im Geheimen der Konstruktion eines Mechanismus gewidmet und zu diesem Zweck auf den hohen Meeresklippen eine verborgene Werkstatt errichtet. Dort fertigte Dädalus aus Adlerfedern Flügel an, die er mit Wachs aneinander klebte und zur Flucht von der Insel verwenden wollte. Dädalus warnte Ikarus davor, zu dicht an die Sonne heranzufliegen, weil die Sonne sonst die Flügel schmelzen würde. Er riet ihm auch, nicht zu nah am Meer zu fliegen, weil die Flügel dann schwer von Feuchtigkeit werden könnten. Beides würde zum Absturz führen. Dann legten beide ihre Flügel an und erhoben sich von der Insel, aber Ikarus ließ sich von der Begeisterung für das Fliegen übermannen und begab sich zu nah an die Sonne. Das Wachs, das seine Flügel zusammenhielt, schmolz in der Hitze. Ikarus fiel aus dem Himmel und ertrank im Meer. Heute nennt man den Ort, an dem er starb, die ikarische See.

Beachten Sie, dass Dädalus versucht, seinen Sohn zu lehren, dem Mittelweg zu folgen, also ebenso zuviel Yang-Energie (die Sonne) als auch ein Übermaß an Yin (die See) zu meiden. Sein Sohn fühlt sich jedoch vielleicht aufgrund der jugendlichen Woge männlicher Hormone in höchstem Maß von der Yang-Energie angezogen und zahlt den äußersten Preis dafür.

Vor allem für junge Menschen ist es von großer Notwendigkeit, zu fliegen. Marion Woodman drückt es wie folgt aus: „Junge Menschen beginnen mit viel Vorstellungskraft und Enthusiasmus. Wenn man ihnen ihre disziplinierten Möglichkeiten nimmt, sind sie Vögel ohne Flügel. Mehr noch – ihre Frustration darüber, sich nicht in die Höhe schwingen zu können, führt zu einer Wut, von der sie nicht wissen, wie sie sie im Zaum halten sollen." Erklärt das nicht viele junge Menschen, von denen so manche potenzielle Führer und abenteuerlustige Seelen sind, die aber dennoch keine Möglichkeit finden können, sich aus den verarmten Straßen der Stadt zu erheben, weshalb sie die Frustration, die sie nicht kontrollieren können, schlussendlich in Massen in unseren Gefängnissen enden lässt? Aber Woodman warnt auch: „Die Gefahr besteht in der Selbstüberschätzung, also darin, sich über die Grenzen des Menschlichen hinaus zu erheben, indem man den Instinkt dem reinen Geist opfert, so wie Ikarus, der zu nahe an die Sonne heranfliegt und in den bodenlosen Ozean des Unbewussten stürzt. Wenn wir uns den reinen, von der Sonne symbolisierten Geist als männlich vorstellen, können wir sehen, dass der vom Weiblichen losgelöste männliche Geist den Tod bedeutet. Das Weibliche hält das Männliche am Leben."

In der Geschichte flog Dädalus weiter und kam sicher in Sizilien an, wo er einen Tempel für Apollo baute und seine Flügel als Opfer an den Gott für immer an den Nagel hängte. Schließlich wurde er zum Symbol für den klassischen Künstler, einen fähigen, reifen Handwerker, während Ikarus den romantischen Künstler repräsentiert, der Erbe des klassischen Künstlers ist. Er arbeitet aus dem Impuls, der Leidenschaft sowie der Rebellion heraus, und seine Ablehnung formaler Ästhetik und sozialer Gepflogenheiten kann unter Umständen selbstzerstörerisch sein.

Das Gleichnis von der Kommunikation

Die bekannte Erzählung dieser Legende gibt Ikarus die vollständige Schuld für seinen Tod. Ikarus gehorcht seinem Vater nicht oder hört dessen Rat nicht gut genug zu. Er lauscht lieber seinem eigenen, aufgeblasenen Ego, anstatt der klugen Weisheit seines Vaters, weshalb er stirbt – vielleicht sogar verdientermaßen. Es liegt durchaus Wahrheit in dieser Interpretation der Geschichte, doch ich bezweifle, dass es sich dabei um die einzige mögliche Deutung handelt.

Bedenken Sie, dass es sich bei Dädalus um eine Vaterfigur mit deutlichen Fehlern handelt; er hat seinen Neffen aus Neid ermordet, was überhaupt erst zur Verbannung von Vater und Sohn nach Kreta führt. Dädalus repräsentiert wohl kaum das Modell eines gesunden Vaters, Erwachsenen oder Ältesten. Ganz im Gegenteil steht er viel eher für die Schattenseite des Lehrers oder Elternteils; er ist der Ältere, der es nicht ertragen kann, vom Erfolg der Jungen überstrahlt und überholt zu werden. War Dädalus wirklich bereit dazu, seinen Sohn aufsteigen und erfolgreich fliegen zu sehen, so dass er eines Tages ohne ihn noch viel weiter würde fliegen können? Vielleicht war der leichtsinnige Flug des Sohnes eine Reaktion auf den Neid des Vaters; Ikarus forderte seinen Vater heraus und zerstörte sich im Zuge dessen selbst.

So betrachtet, wird die Geschichte weniger zu einer Verdammung jugendlicher Exzesse (was für Erwachsene, die Angst vor dem Flug auf Schwingen haben – und damit vor ihrem mystischen Selbst – und die deshalb die Tapferkeit der Jugend beneiden, eine bequeme Haltung darstellt). Stattdessen ist diese Erzählung ein tragisches Gleichnis von der Bedeutung *generationsübergreifender Weisheit und Kommunikation*, wobei es Erstere ohne Letztere nicht geben kann. Echte Kommunikation erfordert Vertrauen, Verständnis und die Fähigkeit, die Sprache des Anderen zu sprechen. Hat Dädalus' Neid das Vertrauen des Sohns in die Worte seines Vaters untergraben? War Dädalus so daran gewöhnt, zu kommandieren und zu befehlen und so auf sein eigenes Fluchtbedürfnis konzentriert, dass er die Bedürfnisse seines

Sohnes nicht verstand und sich nicht vorstellen konnte, was geschehen musste, sowie er diese Flügel anlegen würden? Oder hat die Kluft zwischen den Generationen die Botschaft des Vaters entstellt, wie es heute so oft der Fall ist? Die heutige Jugend spricht so viele neue Sprachen – von Rap bis Rave, von Computern bis iPods, von Facebook bis MySpace – so dass Jüngere und Ältere einander unbedingt zuhören und die Sprache sowie die Bezugssysteme des jeweils anderen erlernen müssen. Wenn eine der beiden Generationen nicht zuhört und auf eine Weise kommuniziert, die für die andere unverständlich ist, kann es nur tragisch enden. Vielleicht hätte Dädalus seine Anweisungen eindringlicher geben oder eine SMS senden müssen, um die Aufmerksamkeit seines Sohns zu erhalten, oder vielleicht hätte er auch ein *Ritual* um das Fliegen erschaffen müssen, so dass Ikarus mit Hilfe von steter Wiederholung und gemeinsam gemachten Erfahrungen die Warnungen seines Vaters bezüglich Vernunft und Grenzen hätte verinnerlichen können, bevor der Einsatz so hoch wurde.

Flügel anlegen

Das „Anlegen von Flügeln" ist an sich bereits ein archetypisches Bild, das auf machtvolle Weise den Mystizismus symbolisiert. Jeder junge Mensch möchte Flügel anlegen und fliegen, aus dem Kokon der Kindheit hervortreten und „nach den Sternen greifen". Das ist nur natürlich. Jugendliche wollen sich über das Bekannte, über das elterliche Zuhause, über die Gegebenheiten, die Labyrinthe und die Gefängnisse der Gesellschaft hinaus erheben – um nach dem Himmel zu greifen, das Firmament zu erweitern und die hervortretende jugendliche Seele zu erfüllen, die wahrhaftig *capax universi*, also des Universums fähig ist. Man könnte sagen, dass Ikarus zum Adler wird, wenn er die Adlerschwingen anlegt, und bei den alten Griechen (wie auch den nordamerikanischen Ureinwohnern und in der Bibel) war der Adler ein Symbol für göttliche Weisheit. In Südamerika ist es der Kondor und in Irland sowie Sibirien die Große Gans. Wie der Adler zu fliegen und sich in die Höhe zu schwingen bedeutet, sich Vater Himmel zu nähern, mit dem göttlichen Geist in Verbindung zu treten und irdische Sorgen vorübergehend hinter sich zu lassen.

Überall auf der Welt stellt der Vogel ein archetypisches Symbol für die Seele dar. Bei den Ägyptern hatte der Vogel einen Menschenkopf und brachte zum Ausdruck, wie die Seele nach dem Tod fliegend den Körper verlässt. In der griechischen und römischen Kunst wurde dieser Gedanke wieder aufgenommen. Manche sind der Ansicht, dass es sich beim Vogel ursprünglich um ein Phallussymbol gehandelt habe. Der singende Vogel wiederum steht oft für die Liebe. Wie Engel sind auch Vögel die Überbringer himmlischer Botschaften. Man sagt, dass Mohammed, als er in den Himmel kam, dort den Baum des Lebens fand, der alle, die von seinen Früchten essen, wieder jung macht. Dieser Lebensbaum war von weiteren Laubbäumen umgeben, auf deren Ästen viele prächtig gefärbte und melodiös singende Vögel saßen: Es waren die Seelen der Gläubigen.

Der Symbolist Cirlot schreibt, dass „jedes geflügelte Geschöpf ein Symbol für Spiritualisierung“ ist, und Jung zufolge stellt der Vogel „ein segensvolles Tier“ dar, das „Engel oder Geister, übernatürliche Hilfe, Gedanken und geistige Höhenflüge“ verkörpert. Da Vögel zum Element Luft gehören, repräsentieren sie die Höhe und Erhabenheit des Geistes. Hoch fliegende Vögel symbolisieren spirituelle Sehnsucht.

Ich denke, dass genau diese Sehnsucht den Kern der Geschichte um Ikarus darstellt. Ikarus hatte einfach Recht, als er Flügel anlegte, er hatte Recht, als er den König zurückließ, der ihn und seinen Vater hasste, und er hatte Recht, als er sich auf seine erhabene Reise begab. Jeder junge Mensch hat Recht, wenn er das tut. Aber die Sehnsucht alleine reicht ohne Erdung nicht aus. Wir können uns zu hoch hinaufschwingen, zu schnell, zu weit, zu nahe an die Sonne heranfliegen. Wir müssen auch vernünftig und geerdet sein. Tatsächlich sollten uns weisere Menschen, als wir es sind, bezüglich unserer Grenzen und Beschränkungen warnen.

Doch es genügt nicht, die Sache einfach nur zu erklären, nur mit jungen Menschen, mit Söhnen zu sprechen; die Botschaften müssen auf eine Weise überbracht werden, die der andere zu hören vermag. In dieser Hinsicht hat Dädalus versagt. Auch heute versagen viele ältere Menschen und viele Institutionen dabei. Noch schlimmer als Dädalus, der sich zumindest die Zeit und Vorstellungskraft genommen hat, um Flügel für sich und seinen Sohn zu erschaffen, unternehmen viele Ältere heute nicht einmal mehr diese Anstrengung. Sie tun sogar genau das Gegenteil. Sie halten die Jugend in einer Vielzahl von kulturellen und ökonomischen Labyrinthen gefangen: Das Konsumententum, der Kult um das Individuum, Materialismus, persönliche sowie Staatschulden und von Kriegen angetriebene Wirtschaftssysteme gehören dazu. Diese Dinge haben keine Flügel zu bieten, welche die Sehnsucht des Herzens stillen könnten, sich zu Vater Himmel aufzuschwingen.

Die Metapher von Flug und Fall, von Aufstieg und Abstieg ist universal. Der französische Schriftsteller Gaston Bachelard drückt es so aus: „Von allen Metaphern sind nur jene unumstößlich, die mit Höhen, Aufstieg, Tiefe, Abstieg und Fall zusammenhängen. Nichts kann sie erklären, aber sie können alles erklären.“ In den Mythen alter Kulturen wimmelt es nur so vor fliegenden Gottheiten. Die Götter des alten Ägypten, der Minoer und Mesopotamiens wurden oft mit prachtvollen Schwingen dargestellt, und das Bild des persischen Gottes der Götter im Palast von Darius I (ca. 490 v. Chr.) besteht fast nur aus Flügeln. Die alten Hebräer versahen die Seraphim und Cherubim auf der Bundeslade ebenfalls mit Flügeln. Für die Menschen dieser Zeit war das Fliegen die Domäne der Götter; der Platz der Menschheit befand sich auf der Erde. Ein Mensch, der Flügel anlegte, galt als Ausdruck der Sehnsucht, sich dem Göttlichen zu nähern, wurde aber auch als überheblich betrachtet, als der Versuch eines niederen Menschen, ein göttliches Vorrecht an sich zu reißen. Indem sie Flügel anlegen, fordern Ikarus und sein Vater die Götter heraus; sie greifen nach der Grenze und erweitern den Himmel. Und sie zahlen einen Preis für dieses Bestreben: Ikarus mit seinem Leben und Dädalus mit dem Verlust seines Sohnes sowie dem daraus folgenden Kummer. Dädalus bringt diesen Kummer zum Ausdruck, indem er seine Flügel aufgibt, nachdem er das sichere Land erreicht hat. Er wird sie niemals wieder anlegen.

Die Lektion dahinter? Wir alle zahlen einen Preis dafür, dass wir unsere Menschlichkeit ausdehnen, nach dem Göttlichen greifen und es wagen, uns zu erheben, den Mystiker in uns zu entwickeln und mit ihm den Propheten oder spirituellen Krieger in uns – dafür, uns *darüber hinaus* zu begeben. Der Psychologe Otto Rank stellt fest, dass wir alle „danach streben, darüber hinauszugehen". Jenseits, darüber hinaus befindet sich der Horizont, der uns lockt, der unsere Seelen öffnet, der uns mit Vater Himmel und mit dem enormen Universum ins Gespräch bringt. Gute Eltern helfen jungen Menschen dabei, Flügel zu erschaffen, die ihnen ermöglichen, sich zu erheben und sind zugleich in der Lage, die Gefahren des Fliegens zu vermitteln. Um zu überleben, brauchen wir Flügel ebenso wie das Wissen darüber, wie es diese zu verwenden gilt. Unser Erfolg darin (oder vielleicht auch das Maß der Schadensbegrenzung) hängt davon ab, wie gut junge und ältere Menschen miteinander zu kommunizieren lernen, damit Söhne und Töchter richtigerweise ihre Eltern überdauern können.

Die Geschichte von Phaeton

Die Geschichte von Phaeton handelt von einem ähnlichen Missgeschick eines jungen Mannes. Phaetons Vater ist nicht anwesend, und seine Altersgenossen verhöhnen ihn dafür. Er drängt seine Mutter, ihm zu sagen, wer sein Vater ist, und schließlich antwortet sie: „Dein Vater ist die Sonne." Phaeton reist zur Sonne und konfrontiert seinen Vater mit dieser Aussage, der sie tatsächlich bestätigt. Und wie so viele andere abwesende Eltern versucht auch dieser Vater, die Sache bei seinem Sohn wieder gut zu machen und gibt ihm zu viel. Er verspricht Phaeton, jeden seiner Wünsche zu erfüllen, und Phaeton, der weder Weisheit noch ein Gefühl für Grenzen besitzt, sagt, er möchte im Sonnenwagen über den Himmel fliegen (ein nur wenig gefährlicheres Pendant zur Bitte um die Autoschlüssel). Wie der Psychologe John Carter aufzeigt, waren „seine Träume aufgeblasen und standen in keinerlei Beziehung zu seinen irdischen Fähigkeiten". Und das Ergebnis? Phaeton stürzt ab, stirbt und setzt die Welt in Brand. Das geschieht, wenn wir uns in „einem Zustand grenzenloser Vorstellung" befinden „oder umgekehrt nicht träumen können bzw. nicht in der Lage sind, uns wie ein wohlerzogener kleiner Erwachsener zu benehmen, der sich nie in Gefahr begibt und niemals riskiert, die eigenen Grenzen zu überschreiten".

Der Himmel verlockt uns, aber wir bedürfen auch der Erdung, die ein guter Vater oder gute Eltern mitgeben können. Doch auch an der Wurzel dieser Tragödie finden wir eine fehlerhafte Kommunikation zwischen den Generationen – Phaeton und sein Vater waren während Phaetons gesamter Kindheit voneinander getrennt, und der Vater hat seinen Sohn übermäßig verwöhnt, was wahrscheinlich aus Schuldgefühlen wegen seiner langen Abwesenheit geschah. Auch er erwies sich als schlecht darin, die Fähigkeiten seines Sohnes einzuschätzen, als er ihm diesen überaus grandiosen Wunsch erfüllte.

La Traviata

Guiseppe Verdis Oper *La Traviata* ist ein weiteres Beispiel für missverständliche Kommunikation zwischen Vater und Sohn. Das Libretto stammt von Francesco Maria Plave und basiert auf einer Erzählung bzw. einem Theaterstück von Alexandre Dumas, nämlich auf *Die Kameliendame*. Es ist die Geschichte einer erfolgreichen jungen Pariser Kurtisane namens Violetta, die auf einer ihrer Gala-Partys Alfredo, einen jungen Mann aus der Provence kennenlernt. Alfredo gesteht ihr seine Liebe, und sie überlegt, ihre Stellung als erfolgreiche Kurtisane für eine Chance auf echte Liebe aufzugeben. Zwischenzeitlich entwickelt sie jedoch Anzeichen von Schwindsucht.

Sie nimmt die Herausforderung an und springt ins kalte Wasser, gibt ihr bisheriges Leben auf und vertraut sich der Liebe an. Die Liebenden ziehen aus Paris fort, um in Violettas idyllischem Landhaus zu leben. Sie gibt jeden Gedanken an eine Rückkehr in das wilde Pariser Leben auf, aber eines Tages kommt ein überraschender Gast an: Alfredos Vater Germont. Germont verlangt von Violetta, dass sie die Beziehung zu seinem (gerade abwesenden) Sohn beendet, weil ihr schlechter Leumund den guten Ruf der Familie beschädigt und die geplante Hochzeit von Germonts Tochter Gefahr läuft, aufgrund des Skandals zu platzen. Violetta bittet ihn innigst darum, das nicht von ihr zu verlangen, weil ihre und Alfredos Liebe wahrhaftig ist. Doch schließlich stimmt sie zu, Alfredo auf Geheiß seines Vaters zu verlassen.

Alfredo befindet sich derweil in Paris, wo er nach Arbeit oder Geld sucht. Zuvor hatte er erfahren, dass Violetta ihren Schmuck und sonstigen Besitz verkauft hat, um ihre Beziehung zu finanzieren. Jetzt wird er erwachsen und lernt, dass es bei der Liebe nicht nur darum geht, immer bei der Geliebten zu sein. Die Rechnungen müssen auch bezahlt werden. Als Alfredo zurückkehrt, versteckt Violetta einen Abschiedsbrief, den sie an ihn geschrieben hat und bittet ihn, sie zu lieben, was immer auch mit ihnen geschehen möge. Sie geht, und der Brief wird später von einem Boten überbracht. Alfredo wird rasend vor Zorn. Germont trifft ein, um seinen Sohn zu trösten, aber Alfredo fährt nach Paris, wo er Violetta auf einem Fest in Begleitung eines anderen Mannes antrifft, nämlich des Barons.

Auf dem Fest spielt Alfredo ziemlich gewagt um Geld. Violetta drängt ihn, zu gehen, da sie um sein Leben fürchtet. Er stimmt zu, aber nur, wenn sie mit ihm geht. Sie belügt ihn und behauptet, sie liebe ihn nicht mehr, woraufhin er in unbändigem Zorn seinen Gewinn nimmt und Violetta vor die Füße wirft. Germont beschimpft seinen Sohn dafür, eine Frau in der Öffentlichkeit gedemütigt zu haben. Der Baron fordert Alfredo zum Duell, und Alfredo stürmt von Selbsthass erfüllt hinaus.

Im letzten Akt sehen wir eine verarmte Violetta, die sich von ihren Freunden verlassen im letzten Stadium der Schwindsucht befindet. Germont schreibt ihr, dass sein Sohn und er sich wieder miteinander versöhnt hätten und sie bald besuchen würden. Bei ihrer Ankunft platzt Alfredo herein und bekennt sein umfassendes Bedauern. Germont tritt ein und bittet Violetta, ihm zu vergeben, da er nun erkennt, dass sie seinen Sohn wahrhaftig geliebt hat, weil sie um seinetwillen ein so großes Opfer bringen konnte. Im letzten Augenblick stellt sich Violetta vor, sie sei geheilt und wieder gesund, aber sie stirbt mit dem Wort „Freude" auf den Lippen.

Die Geschichte stellt in gewisser Weise ein Spiegelbild der Ikarus-Erzählung dar: Hier kämpft ein junger Mann darum, zu lieben, erwachsen zu werden und aus eigener Kraft zu fliegen, aber das umfassende Eingreifen seines wohlmeinenden, überbehütenden Vaters verursacht eine Tragödie. Wie Ikarus fällt auch Alfred, was bedeutet, dass seine Liebe scheitert – sie fällt aus dem Himmel, und er stürzt aus der hochfliegenden Ekstase des Lebens mit Violetta. Das Eingreifen seines Vaters geht diesem Absturz eindeutig voraus. Im Laufe der Geschichte lernen Vater und Sohn zwar, was wahre Liebe wirklich bedeutet, aber es handelt sich um ein tragisches Verständnis, denn es kommt zu spät, um die Liebe in ihrer irdischen Form zu retten. Violetta wird zum Opfer der Unwissenheit Alfredos und seines Vaters.[4]

Germont würde lieber seinem Sohn die Flügel ausreißen, als zu riskieren, dass dieser scheitert, wenn er sagt: „[Ich bin der Vater] des Unbesonnenen, der in sein Unglück rennt, von Euch verdorben."[5] Er setzt Alfredos Liebe herab (die Alfredo „den Herzschlag des ganzen Universums" nennt), indem er sie als „unbesonnen" bezeichnet.

Mehr noch: Um seine Autorität zu verstärken, beruft er sich in seiner Entscheidung auf Gott: „Gott selbst, du junges Mädchen", sagt er, „gibt einem Vater diese Worte ein."[6]

Dennoch hat er auch für ihre missliche Lage Verständnis, wenn er sagt: „Ja, weine, Unglückliche … – ich sehe wohl, es ist das größte Opfer, das ich jetzt von dir verlange. Ich fühle in der Seele schon deine Qualen; nur Mut, und das edle Herz wird siegen." Zumindest scheint er sich ihrer Großzügigkeit bewusst zu sein.

An seinen Sohn gerichtet, sagt Germont: „Kehre als Stolz und Ruhm deines Vaters zurück. … Gott leitete mich! Ach, du weißt nicht, wie viel dein alter Vater litt. … Erwiderst du nicht die Liebe eines Vaters?" Um Alfredo zu Hause in Sicherheit zu behalten, beruft sich Germont auf Scham, Gott und Selbstmitleid, indem er Alfre-

4) Gaston, ein Freund Alfredos, sagt zu Violetta: „Alfredo denkt immerzu an Euch. Als Ihr krank wart, eilte er jeden Tag in Sorge hierher und fragte nach Euch." [A. d. Ü.]

5) Das ist der einzige Satz, den Germont über Alfredo sagt; der Rest des Gesprächs dreht sich ausschließlich darum, dass Violettas Liebe echt und tief ist, was Germont nicht nur fast von Beginn an glaubt, sondern worauf er sogar seine Bitte an sie aufbaut. [A. d. Ü.]

6) Das ist richtig, aber: Germont hat eine ganze Szene lang offen und ehrlich über seine eigenen Nöte gesprochen und sie für ihre große, echte Liebe gepriesen. Er hat nie gefordert, sondern gefleht. Er sagt sogar: „Ach, Eure Vergangenheit, warum nur macht sie Euch zur Angeklagten?" Er zeigt sich als zerrissen zwischen seinem Glauben an die tiefe Liebe Violettas zu seinem Sohn und der Bedrohung, die ihr Ruf für das Glück seiner Tochter darstellt. Er macht es sich nicht leicht. Nur deshalb kann er am Ende überhaupt bereuen. [A. d. Ü.]

do bittet, anzuerkennen, wie sehr er unter dem leidet, was er seinem Sohn wie auch dessen Liebster angetan hat.

Violetta wiederum sagt klar und deutlich, dass der Tod dieser Beziehung auch ihren eigenen Tod bedeutet. Sie spricht die Verbindung an, die zwischen einem gesunden Geist, einer gesunden Seele und einem gesunden Körper besteht, wie wir es heute in der ganzheitlichen Medizin ebenfalls tun; sie sieht voraus, dass es zur Aufzehrung ihres Körpers führt, wenn ihr Geist gebrochen wird, bis sie ausgelaugt den Tod erleidet. Sie singt: „Ich soll mich von Alfredo trennen? Ach, diese Qual ist so erbarmungslos, dass ich lieber sterben will." Und später, nachdem sie sich Germonts Wünschen gefügt hat, sagt sie: „Ich werde sterben."[7]

Für Alfredo wiederum führt seine Unfähigkeit, zu fliegen, zu unkontrollierten Zornausbrüchen und einem tiefen Bedürfnis nach Rache, was seinen Höhepunkt darin findet, dass er seiner Liebsten und sich selbst Schande bereitet, als er seinen Spielgewinn nach Violetta wirft. Sein Vater sagt da zu ihm: „Wo ist mein Sohn? ... Ich sehe ihn nicht mehr: In dir kann ich Alfredo nicht mehr finden." Germont schützt seinen Sohn nicht etwa, sondern seine Intrigen bringen das Schlimmste in Alfredo ans Licht.

In der letzten Szene, in der Violetta Vater und Sohn an ihrem Totenbett begrüßt, bittet Alfredo um Vergebung. „Vergiss das Leid, angebetete Frau, verzeih mir und meinem Vater." Er übernimmt die Verantwortung, tut das jedoch jetzt, da er das ganze Ausmaß der Einmischung seines Vaters kennt, auf angemessene Weise, wenn er sagt: „Ich bin schuldig ... ich weiß alles, meine Liebste."

Germont zeigt dann eine „Bekehrung auf dem Totenbett" – nur dass es *seine* Bekehrung an *ihrem* Totenbett ist. Er bittet seinen Sohn inständig: „Quäle mich nicht mehr ... Schon zu sehr setzt meiner Seele die Reue zu ... Wie ein Blitzstrahl trifft mich jedes ihrer Worte ... Oh, ich unbesonnener alter Mann! Ach, all das Übel, das ich tat, sehe ich erst jetzt!" Und dann, zu Violetta: „Verzeih mir die Pein, die ich deinem guten Herzen bereitete." Endlich erkennt er.

Ein Teil der prophetischen Dimension dieser Oper ist ihre Kritik an der Familie. Zur Zeit ihrer Entstehung galt sie als skandalös, weil sie nahe legte, dass jemand mit einem schlechten Beruf (hier dem der Kurtisane) dennoch ein guter Mensch sein könne. Violetta wird in diesem Bühnenstück zum leuchtenden Stern. Darüber hinaus ist sie zum Zeitpunkt ihres Todes sehr jung, nämlich nur dreiundzwanzig Jahre alt, was einen deutlichen Angriff Verdis auf den Adultismus darstellt. Wie ich bereits anderen Orts erklärt habe, ist Adultismus die Unterdrückung des Kindes im Erwachsenen, was zu einer unbewussten, feindlichen Einstellung jungen Menschen gegenüber führt. Die Jungen können die Alten lehren – wenn diese zu lernen bereit sind. Violetta ist die großzügige Gestalt, die die einzige große Liebe in ihrem Leben opfert, um die Familie ihres Geliebten zu retten. Sie erweitert sogar die Definition

7) Violetta stellt die Ansprüche Germonts niemals in Frage, wehrt sich nicht und sucht auch nicht nach einem anderen Ausweg. Darauf geht der Autor nicht ein. [A. d. Ü.]

des Begriffs Familie, wenn sie den Vater ihres Liebsten bittet, sie so festzuhalten, als wenn sie seine Tochter wäre.

In der Ikarus-Geschichte stirbt der Sohn, in *La Traviata* trifft es die Geliebte des Sohnes. In beiden Fällen trägt der Vater aufgrund fehlerhafter Kommunikation die Verantwortung für die Todesfälle. Doch in beiden Fällen werden die Väter auch von ihren eigenen Bedürfnissen, Plänen und Ängsten in die Irre geführt: In *La Traviata* untergräbt der Vater seinen Sohn, weil ihm sein eigenes Anliegen (die Bewahrung der Familienehre) wichtiger als das des Sohnes ist (der Violetta trotz ihres eher weltlichen Rufs liebt). Dädalus wiederum ist nicht in der Lage, seine Eifersucht auf die jüngere Generation zu kontrollieren (er tötet seinen Neffen), was überhaupt erst zur Vertreibung von Vater und Sohn aus Athen führt. Genaugenommen muss Ikarus nur deshalb mit seinen Flügeln vor König Minos fliehen, weil es ihm nicht gelingt, sich nicht in den politischen Zielen seines Vaters und in den Palastintrigen zu verfangen. In jeder der Geschichten dieses Kapitels versucht der Vater, Schwingen für den Sohn zu konstruieren oder dessen Flug zu kontrollieren und schlägt damit fehl. Jeder ist zu sehr in sein eigenes Anliegen verwickelt, was zu fehlerhafter Kommunikation und schlechten Anweisungen mit fatalen Folgen führt.

Die Geschichte von Ikarus und Dädalus ist mit archetypischer Energie geladen, weil sie die Wirklichkeit widerspiegelt. So starb zum Beispiel vor einigen Jahren einer meiner Studenten, der schwul war und bei mir sein Masterstudium absolviert hatte, an AIDS. Er stammte aus einer großen Familie aus dem mittleren Westen der USA und hatte sich als junger Mann gegen den Vietnam-Krieg engagiert. Das verärgerte seinen Vater so sehr, dass er ihn aus dem Haus warf und sagte: „Entweder kommst du in Uniform zurück – oder in einem Sarg." Stattdessen wurde er zu einem Kriegsdienstverweigerer und arbeitete als Pfleger in der Psychiatrie. Er hat viele gute Dinge in seinem Leben getan – so initiierte er zum Beispiel ein Radioprogramm für junge schwule Menschen, obwohl er deshalb Todesdrohungen erhielt. Sein Tod vollzog sich auf ganz besondere Weise. Die Krankenschwester berichtete, dass „während der ganzen vierundzwanzig Stunden danach ein Licht in seinem Raum war". Nach seinem Tod sprach ich mit seinem Vater. Er brach zusammen und weinte: „Er hatte Recht, was den Vietnam-Krieg anging. Er war auf moralischer Ebene wacher als ich."

Die Leidenschaft der jungen Menschen ist nicht immer falsch, und dasselbe trifft auf ihr moralisches Urteilsvermögen zu. Und auch die Vorsicht und der Blickwinkel der Älteren sind nicht immer richtig. Doch beide brauchen einander. Sie müssen füreinander offen und empfänglich bleiben und dürfen weder davor Angst haben, zu fliegen, noch davor, zu lernen.

IV – Jäger und Sammler

Während neunzig Prozent der menschlichen Geschichte waren wir fast ausschließlich Jäger und Sammler. Heute sind wir – besonders in der westlichen Kultur – Bauern. Weil unsere Nahrung fast vollständig aus der Landwirtschaft kommt und die Menschen nur noch in Supermärkten jagen und sammeln, ist das durchaus wörtlich zu verstehen, aber wir empfinden uns auch so. Wir hegen, kultivieren und bauen an. In einer Zeit der Landwirtschaft zu leben und davon zu profitieren, bedeutet aber *nicht*, dass wir die Gaben unseres inneren Jägers und Sammlers oder die Intelligenz und die Fähigkeiten hinter uns gelassen hätten, die wir in all den Jahrtausenden des Jagens und Sammelns erlernt haben. Man schüttelt nicht so einfach die Seelen der eigenen Ahnen ab. Auch wenn wir diese Kräfte und Fähigkeiten nicht mehr täglich für unsere Versorgung und unser Überleben nutzen, verbleiben sie als ungenutztes Potenzial tief in unserem Inneren und können uns unbewusst auf subtile und unerwartete Weise beeinflussen. Selbst jetzt, wo wir in das einundzwanzigste Jahrhundert hineingehen, sind wir noch immer Jäger und Sammler.

Auf welche Weise behaupten sich die Fähigkeiten und das Wissen unserer jagenden Vorfahren auch heute in unserem täglichen Leben noch? Was davon ist positiv und was negativ? Und wie könnten wir zu diesem kritischen Zeitpunkt in der menschlichen Geschichte zum Nutzen unserer Gemeinschaften und unseres Überlebens selbst auf diese Fähigkeiten zugreifen?

Ein Jäger und Sammler sein

Lassen Sie uns zuerst einen Blick darauf werfen, was es bedeutet, ein Jäger und Sammler zu sein. Zu diesem Zweck beziehe ich mich vor allem auf die hervorragende Untersuchung von Jared Diamond mit dem Titel *Arm und reich. Die Schicksale menschlicher Gesellschaften.* Diamond spricht in großem Umfang von der besonderen Intelligenz unserer jagenden und sammelnden Vorfahren. Er schreibt: „Bis zum Ende der letzten Eiszeit etwa um 11.000 v. Chr. waren alle Völker auf allen Kontinenten nach wie vor Jäger und Sammler. ... Seit sich unsere Vorfahren vor etwa sieben Millionen Jahren von jenen der heute lebenden Menschenaffen abgespalten haben, haben sich alle Menschen auf der Erde die meiste Zeit über ausschließlich von der Jagd wilder Tiere und dem Sammeln wilder Pflanzen ernährt – so, wie es die Schwarzfußindianer im neunzehnten Jahrhundert noch immer taten."

Bedenken Sie, dass diese Tatsache allgemeingültig ist: Jeder von uns stammt von Jägern und Sammlern ab. Menschlich zu sein bedeutet, ein Jäger und Sammler zu sein. Es bedeutet, dem Stamm und dem Überleben der Gemeinschaft mit Jagd- und Sammelfertigkeiten zu dienen. Das war während neunzigtausend der einhunderttausend Jahre unserer nächsten Vorfahren der Fall – und während Millionen von Jahren davor.

Auch heute sind noch einige wenige Gesellschaften wie die amerikanischen Ureinwohner, die australischen Aborigines und die Stämme Neu-Guineas teilweise oder vollständig auf die Lebensweise der Jäger und Sammler angewiesen. Die scheinbare Einfachheit dieser Kulturen steht in deutlichem Gegensatz zur modernen, auf der Landwirtschaft basierenden Welt, die mit dem Anbau von Pflanzen und der Herdenhaltung einhergehend komplexe politische Organisationen und Hierarchien entwickelt und riesige Städte gebaut hat. Der Lebensstil der Jäger und Sammler ist für den Städtebau in mehrerlei Hinsicht nicht förderlich, da er meist in Stammesform praktiziert wird und am besten in kleinen Gruppen funktioniert. Er beinhaltet nur sehr wenige hierarchische Strukturen, denn weil alle jagen oder sammeln, herrscht eine Art Gleichheitsprinzip. Es bleibt nur wenig Zeit, um sich zu spezialisieren oder zur Ausübung eines spezialisierten Gewerbes niederzulassen. Jäger und Sammler müssen meist in Bewegung bleiben, um dem Wild und den Jahreszeiten zu folgen.

Diamond lebte viele Jahre lang bei den Jägern und Sammlern in Neu-Guinea und kommt zu dem Schluss, dass der Übergang von dieser Lebensweise zu Landwirtschaft und Industrie weder „Fortschritt", noch Glück oder eine Zunahme der Intelligenz garantiert. „Nachdem ich mein Leben zu einem Teil in den Städten der Vereinigten Staaten und zum anderen Teil in den Dörfern Neu-Guineas verbracht habe, gelange ich zu dem Eindruck, dass die sogenannten Segnungen der Zivilisation zwiespältiger Natur sind. So erfreuen sich die Einwohner moderner, industrialisierter Staaten im Vergleich zu Jägern und Sammlern zwar einer besseren medizinischen Versorgung, eines niedrigeren Risikos, ermordet zu werden und einer längeren Lebensdauer, erhalten aber auch wesentlich weniger Unterstützung durch Freunde und die erweiterte Familie." Könnte es sein, dass es Dinge gibt, die wir vergessen haben und wieder von den Jägern und Sammlern dieser Welt und auch dem Jäger und Sammler in unserem eigenen Inneren erlernen müssen?

Das erinnert mich an einen jungen Jesuiten-Priester, dem ich vor siebzehn Jahren in einem Dorf im brasilianischen Regenwald begegnete. Er lebte gemeinsam mit einem einheimischen Stamm auf einer Insel. Aufgrund seiner Isolierung war der Stamm ziemlich unabhängig, und seine gesamte Kultur drehte sich sowohl im Bereich der Ernährung als auch religiöser Zeremonien um den Affen. Der Priester sagte zu mir: „Ich weiß nicht, was ich hier eigentlich mache, oder was ich ihnen noch beibringen soll." Ich antwortete: „Aber was bringen sie Ihnen bei?" Er antwortete sofort auf Französisch: „*La joie.* Sie erleben an einem einzigen Tag mehr Freude als meine Leute während eines ganzen Lebens.“ Freude könnte einer der Vorteile einer intensiveren Beschäftigung mit der Lebensweise der Jäger und Sammler sein.

Freude und Ritual

Ein Grund dafür, warum die Freude bei den Jäger-und-Sammler-Völkern so wichtig ist, besteht in der großen Bedeutung, die Rituale dort haben. Wie Barbara Ehrenreich in *Dancing in the Streets* feststellt, war das ekstatische Ritual Teil der „Jäger und Sammler von Australien, der Gartenbau-Völker Polynesiens und auch der Dorfvölker von Indien.“ Die Europäer bezeichneten diese Riten als „unzivilisiert“, aber sie führten oft zu Trancezuständen. Als die Menschen des Westens diesen Tänzen begegneten, fanden sie heraus, dass „die Essenz des westlichen Verstands, und hier insbesondere des männlichen Verstandes der Oberschicht, aus der Fähigkeit bestand, dem ansteckenden Rhythmus der Trommeln zu widerstehen, sich hinter den Mauern einer Festung des Egos und der Rationalität vor der verführerischen Wildheit der Welt zu verbarrikadieren.“ Das Ritual stellte unter Jägern und Sammlern „eine Art spirituelle Verschmelzung der Gruppe“ sicher, was wiederum heilend wirkte und Freude brachte. So sieht Ehrenreich das Leben unter Jägern und Sammlern:

> Gehen Sie zehntausend Jahre zurück, und Sie werden Menschen finden, die sich mit den vielen alltäglichen Aktivitäten abmühen, die für das Überleben notwendig waren: Jagen, das Sammeln von Nahrung, die Herstellung von Waffen und Kleidungsstücken und die ersten Experimente mit der Landwirtschaft. Aber wenn Sie dort in der richtigen, mondhellen Nacht oder an einem jahreszeitlichen Wendepunkt ankommen, könnten Sie die Menschen auch mit etwas beschäftigt finden, das im Vergleich dazu eine große Energieverschwendung zu sein scheint: in Reihen oder Kreisen zu tanzen, manchmal Masken tragend oder mit etwas versehen, bei dem es sich um ein Kostüm zu handeln scheint, wobei sie oft Äste oder Stöcke schwenken. Höchstwahrscheinlich tanzen beide Geschlechter, jedes in seiner eigenen Reihe oder in einem eigenen Kreis. Ihre Körper und Gesichter könnten mit rotem Ocker bemalt sein. … Wir können aus prähistorischer Felskunst auf diese Szenen schließen – Bilder, die tanzende Figuren darstellen und unter anderem in Afrika, Indien, Australien, Italien, in der Türkei, in Israel, im Iran und in Ägypten gefunden worden sind. … Lange bevor Menschen über eine Schriftsprache verfügten und möglicherweise noch bevor sie eine sesshafte Lebensweise annahmen, tanzten sie und sahen das Tanzen als wichtig genug an, um es auf dem Stein aufzuzeichnen.

Einige der männlichen Gestalten tragen Masken in Form von Tierköpfen oder abstrakten Formen; andere Tänzer haben etwas an, das von Archäologen als „Kostüm“ gedeutet wird, wie zum Beispiel Leopardenfelle. Rituale, in denen getanzt wurde und die möglicherweise ekstatischer Natur waren, standen im Zentrum des Lebens unserer Vorfahren. Und sie brachten viel Freude mit sich.

Aber bei diesem Gemeinschaftssinn ging es nicht nur um Freude, sondern auch um Verteidigung. „Wie die heutigen, in der Wildnis lebenden Primaten haben sich die frühen Menschen Raubtieren wahrscheinlich gemeinschaftlich gestellt – indem sie sich zu einer engen Gruppe zusammengeschlossen, schrieen, mit den Füßen stampften und Äste oder Stöcke schwenkten. Wenn man das gleichzeitig tut, denkt das Tier möglicherweise, dass es sich bei der Gruppe um ein einziges, sehr großes Wesen handelt und geht fort." Auch die Jagd bezog sich auf Lektionen des Tanzes. Man jagte oft in der Gruppe, die „gegen eine Herde von Beutetieren vorrückte und dabei schrie, mit den Füßen aufstampfte und Stöcke oder Fackeln schwenkte." Auch, als mit der Zeit der Brauch der gemeinschaftlichen Jagd verschwand und die Bedrohung durch Raubtiere abnahm, konnte der Nervenkitzel des menschlichen Triumphs über die Tiere noch immer in Form von Ritualen heraufbeschwört werden. Wie Aldous Huxley bemerkt: „Rituelle Tänze ermöglichen eine religiöse Erfahrung. Diese scheint überzeugender und befriedigender als jede andere Erfahrung zu sein. … Menschen erlangen die Erkenntnis des Göttlichen am leichtesten mit Hilfe ihrer Muskeln."

Der Anthropologe Marshall Sahlins vermutet, dass Jäger und Sammler viel weniger Stunden pro Tag arbeiteten, als es bei Angehörigen der industriellen Gesellschaft der Fall ist, und deshalb mehr Freizeit hatten und sich gut ernährten. Sie stellten eine „ursprüngliche, wohlhabende Gesellschaft" dar, denn sie waren im materiellen Sinn sehr genügsam – eine Art von „Zen-Ökonomie". Eine solche Gesellschaft hat viel Zeit für fröhliche Geselligkeit. Es würde auch vollkommen mit dem übereinstimmen, was mir ein australischer Aborigine einst sagte: „In unserer Gesellschaft arbeiten wir ein paar Stunden täglich, und während der restlichen Zeit machen wir irgendwelche Dinge." Und was gehört zu diesen Dingen? Das Ritual.

Intelligenz

Jared Diamond kommt nach dreiunddreißig Jahren der Arbeit mit den Menschen Neu-Guineas in ihren eigenen Gesellschaften zu dem Schluss, dass sie intelligenter sind als jene Europas oder Amerikas. Er sagt: „Sie machten den Eindruck auf mich, im Durchschnitt intelligenter, aufmerksamer, ausdrucksstärker und mehr an den Menschen und Dingen um sie herum interessiert zu sein als der durchschnittliche Europäer oder Amerikaner." Diamond ist hier weder sentimental noch gönnerhaft; er will sagen, dass die Menschen Neu-Guineas tatsächlich klüger sind: Sie sind aufmerksamer, also wacher und neugieriger und auf richtiggehend eifrige Art wissbegierig. Sie sind ausdrucksstärker, befinden sich also in engerem Kontakt zu ihrer Kreativität und dem Künstler in jedem von uns. Sie interessieren sich mehr für andere Dinge oder Menschen, sind also neugieriger und spontaner bei der Umsetzung ihrer Kreativität, und sie sind begieriger darauf, zu lernen. Wer von uns wäre nicht gern intelligenter, wachsamer, ausdrucksstärker und wissbegieriger? Warum also sollten wir unser besseres Jäger-und-Sammler-Selbst bremsen?

Wie Diamond klarstellt, steht die Tatsache des hohen Intelligenzniveaus der Jäger und Sammler selbst gar nicht zur Debatte. Diverse Untersuchungen zeigen, dass sie „wandernde Enzyklopädien der Naturgeschichte mit individuellen Namen (in ihrer lokalen Sprache) für mehr als tausend Pflanzen- und Tiernamen und mit detailliertem Wissen über die biologischen Merkmale, die Verbreitung und die Verwendungsmöglichkeiten dieser Arten" waren und sind. „Als die Menschen zunehmend von domestizierten Pflanzen und Tieren abhängig wurden, verlor dieses traditionelle Wissen allmählich seinen Wert und ging schließlich verloren, bis wir heute beim modernen Supermarkt-Einkäufer angelangt sind, der einen Apfel nicht von einer Birne unterscheiden kann."

Warum aber sind Jäger und Sammler klüger? Diamond glaubt, dass es das Ergebnis der Kombination ihrer Lebensweise mit dem Prozess der natürlichen Auslese ist, der die Intelligenz fördernde Gene unterstützt, indem er jene ausmerzt, die nicht klug genug sind, um zu überleben und Hindernisse zu überwinden. Aber was genau an der Lebensweise der Jäger und Sammler macht sie klüger? Auch wenn es der Intuition zu widersprechen scheint, handelt es sich dabei um das Fehlen eines Alphabets und einer Schriftsprache, die von keinem traditionellen Jäger-und-Sammler-Volk je entwickelt worden sind. Der Vorteil davon ist, dass Menschen in Völkern, die nichts aufschreiben können, ein besseres Erinnerungsvermögen entwickeln, mehr Geschichten erzählen, besser zuhören und stets an ihrer Fähigkeit arbeiten, aus dem Herzen zu sprechen. Sie kommunizieren mehr und besser und entwickeln reichhaltigere Gemeinschaftsrituale. Die Beobachtungsgaben dieser Menschen können über Leben und Tod entscheiden. Darüber hinaus neigen sie dazu, mehr im Hier und Jetzt zu leben, da ihre Umwelt zum Hauptfokus ihrer Aufmerksamkeit wird.

Diamond traf all diese Merkmale bei den Stämmen Neu-Guineas an, denen dafür etwas anderes fehlte, das wir im Westen als selbstverständlich betrachten: fortgeschrittene Technologie und vorgefertigte Unterhaltung. Im Gegensatz zur westlichen Kultur verbringen weder die Kinder noch die Erwachsenen der Stämme Stunde um Stunde mit passiver Unterhaltung durch Film und Fernsehen (im durchschnittlichen amerikanischen Haushalt läuft der Fernseher sieben Stunden am Tag[8*]). Die Menschen in Neu-Guinea führen kein passives Leben; sie verbringen jeden Tag damit, aktiv Probleme zu lösen und miteinander sowie mit der natürlichen Welt zu interagieren. Diamond schlussfolgert: „Bezüglich ihrer mentalen Fähigkeiten sind die Menschen Neu-Guineas jenen der westlichen Gesellschaften wahrscheinlich genetisch überlegen. Mit Sicherheit aber sind sie ihnen darin überlegen, den verheerenden Entwicklungsnachteilen auszuweichen, von denen die

8) Zum Vergleich: Laut der Technischen Kommission der Arbeitsgemeinschaft Fernsehforschung (AGF) wurde im Jahr 2009 in Deutschland durchschnittlich drei Stunden und einundvierzig Minuten am Tag ferngesehen. [A.d.Ü.]

meisten Kinder betroffen sind, die heute in industrialisierten Gesellschaften aufwachsen.“ Es scheint, dass wir gesündere Kinder hätten und wahrscheinlich alle wesentlich klüger wären, wenn wir auf die Instinkte unseres inneren Jägers und Sammlers zurückgreifen würden.

Vom Speer zum Pflug

Als die Menschheit von der Lebensweise der Jäger und Sammler zum Ackerbau überging, veränderte sich ihre Gesellschaft ebenso wie sie selbst. Manche dieser Veränderungen würden wir als „positiv“ und andere als „negativ“ betrachten, aber fast alle haben unbeabsichtigte Folgen gehabt, die im modernen Leben Probleme schaffen.

So führte die Domestikation wilder Pflanzen und Tiere zum Beispiel dazu, dass die Menschen viel mehr Nahrungsmittel zur Verfügung hatten, was wiederum einen Anstieg der Bevölkerungszahl zur Folge hatte. Von einem Morgen Land können Jäger und Sammler üblicherweise 0,1 Prozent der Biomasse in Nahrung umwandeln, während es bei Bauern 90 Prozent sind. „Infolge dessen kann ein Morgen Land mehr Hirten und Bauern ernähren – üblicherweise zehn bis hundert Mal mehr – als Jäger und Sammler.“ Domestizierte Tiere fördern die Landwirtschaft, indem sie einen Dünger produzieren, mit dem man den Boden anreichern kann, und das Pflügen ermöglichte, tiefer in die Erde der Felder einzudringen, wodurch mehr Pflanzen geerntet werden können. Mehr Nahrung und eine sesshafte Lebensweise ermöglichten es, mehr Kinder großzuziehen. Jäger und Sammler bekommen ihre Kinder durchschnittlich in einem Abstand von vier Jahren, während es bei Bauern nur zwei Jahre sind. Heute übersteigt das Bevölkerungswachstum die Ressourcen des Planeten, was zum Teil daran liegt, dass die natürlichen Einschränkungen unseres früheren Lebens als Jäger und Sammler weggefallen sind.

Der Ackerbau sowie die daraus resultierende Nahrungsmittelfülle hatten auch politische Folgen. Die Menschen konnten jetzt nicht nur größere Familien, sondern auch umfassendere Gemeinschaften unterhalten. Kleine Stammesverbände wuchsen zu kleineren und größeren Städten an, deren Verwaltung Hierarchien und Spezialisten sowie eine Aufteilung der Arbeit erforderte. Einige Menschen zogen Nahrungsmittelpflanzen heran, während andere deren Verteilung kontrollierten. So entstanden Bürokraten, Berufssoldaten, Geistliche, Handwerker und vieles andere mehr. Trotz ihrer Vorteile bedeutet die Landwirtschaft alles in allem härtere Arbeit, als die Lebensweise der Jäger und Sammler mit sich bringt. Studien zeigen, dass Jäger und Sammler üblicherweise mehr freie Zeit haben, in der sie das Leben sowie das Zusammensein mit ihrer Familie und ihren Freunde genießen können. „Die meisten Hirten und Kleinbauern, die den größten Teil der gesamten Nahrungsmittelproduktion der Welt leisten, sind nicht unbedingt wohlhabender als Jäger und Sammler. Untersuchungen des Zeitbudgets zeigen, dass sie wahrscheinlich eher mehr als weniger Stunden am Tag mit der Arbeit verbringen, als es die Jäger und Sammler tun.“ Heute wissen wir, dass die ersten Bauern schlechter genährt waren, unter ernsteren Erkrankungen litten und früher starben als die Jäger und Sammler ihrer Zeit.

In der Tat bin ich seit langem der Ansicht, dass es sich bei der biblischen Geschichte des Garten Eden um ein Klagelied auf die „gute alte Zeit“ der Jäger und Sammler handelt, als das Leben noch idyllischer und das Wild wie auch die Schönheit im „Garten“ noch in Hülle und Fülle vorhanden waren (das Wort „Paradies“ entstammt dem persischen Begriff für „Garten“). Der Fall von Adam und Eva symbolisiert den Fall aus dem Garten der Jäger und Sammler in die Härte der Landwirtschaft und des Städtebaus. Vielleicht spielt die Metapher vom „Baum von Gut und Böse“ auf die Entscheidung an, die Erzeugnisse des Ackerbaus zu essen, sich also auch von Obstgärten zu ernähren. Wie wir bereits gesehen haben, war diese Entscheidung von Konsequenzen überfrachtet, von denen manche vorteilhaft (mehr Nahrung, mehr Menschen) und andere weniger günstig waren (die Zunahme von Hierarchie und Technologie, wachsende Zerstörungskapazität sowie Überbevölkerung).

Aber das ist keineswegs ein moralisches Urteil. Wie Diamond betont, „gab es meist keine bewusste Wahl zwischen der Nahrungsmittelproduktion und der Lebensweise der Jäger und Sammler. … Die Nahrungsmittelproduktion *entwickelte sich* als Nebenerzeugnis von Entscheidungen, die ohne Erkenntnis ihrer Folgen getroffen wurden.“ Das würde auch die Warnung in der Genesis unterstützen: Hüte dich vor dem Wissen. Es kann Folgen haben, deren Bewältigung deine Fähigkeiten übersteigt. In einen Apfel zu beißen, kann zu Ergebnissen führen, von denen du niemals auch nur geträumt hättest. Bedenke wohl, worum du bittest.

Darüber hinaus entwickelten sich alle möglichen Arten gemischter Gesellschaften, in denen die Lebensweise der Jäger und Sammler mit irgendeiner Form von Landbearbeitung koexistierte, und umherziehende Lebensstile vermischten sich mit sesshaften Formen. Die Kultivierung von Pflanzen war keine revolutionäre Erfindung, sondern ein evolutionäres Ereignis. Wahrscheinlich stellten die ersten Schritte in der Landwirtschaft den Versuch dar, zusätzlich zur Nahrungssuche in der Wildnis weitere Reserven zu schaffen. Kreativität, Flexibilität und Anpassungsfähigkeit sind Schlüsselmerkmale der Denkweise der Jäger und Sammler, was bedeutet, dass sie immer bereit waren, sich zu verändern – auch wenn es sich nach wie vor um allmähliche Veränderungen handelte. Diamond schreibt: „Selbst dann, wenn sich die Entwicklung von der Lebensweise der Jäger und Sammler zu einer unabhängigen Nahrungsmittelproduktion auf schnellstmögliche Weise vollzog, brauchte es immer noch Tausende von Jahren, um die vollständige Umstellung von der vollkommenen Abhängigkeit von wilden Nahrungsquellen zu einer aus nur wenigen wilden Elementen bestehenden Ernährungsweise zu vollziehen.“

Ehrenreich zufolge wurde das Konzept der Hierarchie im Wesentlichen während der Phase des Ackerbaus entwickelt. Das traf oft auf die Leitung von Ritualen zu. Vor neuntausend Jahren lebten Jäger und Sammler noch auf einem freigeräumten „Tanzbereich“ für Rituale, der die gesamte Gemeinschaft umfasste. Später wurden Rituale mit der Entwicklung des Ackerbaus von den Mitgliedern einer Elite geleitet, bei der es sich höchstwahrscheinlich um Männer handelte. Vor zweitausend Jahren schließlich wurden Rituale nur noch von ausgebildeten, hauptamtlichen Priestern durchgeführt. Die soziale Hierarchie entstand „Hand in Hand mit Krieg und Militarismus" und einer gewissen „Feindseligkeit den getanzten Ritualen der archaischen Vergangenheit gegenüber".

So vollzog die menschliche Gesellschaft über viele Tausend Jahre hinweg schließlich die Umstellung von einer primär auf Jagen und Sammeln basierenden Lebensweise hin zur Landwirtschaft, aber das war keineswegs eine bewusste Entscheidung. Die Menschen wogen nicht etwa die Vor- und Nachteile dieser Lebensformen gegeneinander ab, um sich dann für eine davon zu entscheiden. Zu den Umständen, die zu dieser Umstellung führten, gehörten evolutionäre Kräfte wie die Abnahme des Jagdwilds und der Tiere sowie die Ausdehnung wilder, zur Domestikation geeigneter wilder Getreidearten. Die „agrikulturelle Revolution" fand um 11.000 v. Chr. im Gebiet des Fruchtbaren Halbmonds ihren Anfang. Dennoch war es nicht etwa die besondere Intelligenz der Völker dieser Gegend, sondern das einzigartige, zündende Zusammenwirken des Klimas, der Umwelt sowie der darin vorhandenen wilden Pflanzen und Tiere, das zu dieser umfassenden Veränderung führte.

Mit der Domestikation von Tieren kamen auch die von diesen verbreiteten Krankheitskeime auf. Doch da die Europäer und andere Völker über große Zeiträume hinweg mit diesen Tieren lebten, entwickelten sie eine beachtliche Immunität solchen Keimen gegenüber. Das ermöglichte ihnen wiederum, viele Jäger-und-Sammler-Stämme zu erobern, die diese Tiere nicht domestiziert und entsprechend auch keine Immunität entwickelt hatten. „Demzufolge spielten Krankheitskeime eine entscheidende Rolle bei der Eroberung der amerikanischen Ureinwohner, der Australier, der Südafrikaner und der Bewohner der pazifischen Inseln durch die Europäer", sagt Diamond.

Die Geschichte zeigt, dass der Übergang von der Lebensweise der Jäger und Sammler zum Ackerbau oft reibungslos vor sich ging. Immerhin waren es Jäger und Sammler, die hier zu Bauern bzw. Teilzeit-Bauern wurden – wie immer man es auch sehen mag. Neu-Guinea ist seit vierzigtausend Jahren besiedelt, und heute handelt es sich beim größten Teil der Bevölkerung um Bauern. Einige von ihnen verbinden Jagd und Landwirtschaft miteinander, aber es gibt dort nur noch sehr wenig Jagdwild. Doch es scheint, dass die *Erinnerung* an das Jagen und Sammeln in diesen Menschen nach wie vor sehr lebendig ist – es gibt also noch einiges, was wir bezüglich der Intelligenz und Lebensweise unserer jagenden und sammelnden Vorfahren lernen können. Wie Diamond so eindrücklich erklärt, spielten die Umstände bei der Frage, warum bestimmte Ackerbaugesellschaften schließlich erblühten und die Jäger und Sammler „überholten", eine entscheidende Rolle. Aber aus unserem heutigen Blickwinkel betrachtet, könnten wir auch danach fragen, was wir verloren haben und ob es ein guter Handel war. Um wie vieles klüger wären wir heute, und um wie viel enger mit den Pflanzen und Tieren verbunden, wenn wir noch immer der

Lebensweise der Jäger und Sammler folgen würden? Und können wir uns jetzt auf diese Instinkte berufen, um die Natur vor der Überbevölkerung, der Überentwicklung und der Umweltverschmutzung zu retten, welche die Folgen unseres auf der Landwirtschaft basierenden Lebens darstellen?

Aggression – Damals wie Heute

Trotz seiner Bewunderung für die Stämme Neu-Guineas neigt Diamond nicht dazu, diese zu romantisieren. Er macht deutlich, dass sie unter einer hohen, von Mord, chronischen Stammeskriegen, Unfällen und Nahrungsmittelknappheiten verursachten Sterblichkeitsrate leiden. Tatsächlich sind Mord und Aggression in vielen Jäger-und-Sammler-Gesellschaften augenfällig – damals wie heute. Ebenso ist die Aggression ein wesentlicher Teil des Archetyps des Jägers und Sammlers. Durch die Beschäftigung mit diesem Archetyp können Männer neue und bessere Formen des Umgangs mit ihrer eigenen Aggression finden.

So war zum Beispiel der Krieg in Neu-Guinea eine äußerst reale und heftige Angelegenheit – die Verlierer wurden oft aufgegessen. Der Kannibalismus stellte einen akzeptierten Teil des Lebens dar. Und doch scheint sich das Maß der Gewalt und Aggression dort trotz des Wechsels zum Ackerbau nicht verringert zu haben. Wenn es um Krieg geht, ist es schwer, zu verstehen, warum der Abwurf von Bomben und Napalm „besser" oder „zivilisierter" als der Kannibalismus sein soll; die modernen Methoden sind vielleicht unpersönlicher, aber weitaus tödlicher, da sie weitaus mehr Menschen vernichten. Wenn die fortgeschrittene Technologie überhaupt etwas erreicht hat, dann eine Zunahme der Aggression, denn sie hat deren Macht verstärkt und ermöglicht, dass ihre Auswirkungen noch weiter verbreitet werden können.

Mit anderen Worten: Aggression scheint zu unserem Leben selbst und nicht nur zu einem bestimmten Archetyp zu gehören. Der Psychologe John Conger hat das sehr sprachgewandt beschrieben, als ich ihn für dieses Buch interviewte. In Bezug auf jüngere Fossilienfunde sagte er:

> Aggression ist primitiv. Sie geht bis auf die Anfänge unserer tierischen Evolution zurück – tatsächlich bis zur Entwicklung des Lebens selbst. Bedenken Sie, dass vor 543 Millionen Jahren mit der kambrischen Explosion etwas ganz Erstaunliches geschah: Bis dahin hatte es nur vier biologische Stämme gegeben, die sich plötzlich und auf explosive Weise in zwei bis vier Millionen Jahren zu achtunddreißig Stämmen entwickelten, aber seitdem nicht weiter vermehrt haben. Was war geschehen? Die Entwicklung des Auges. Als das Leben sehen konnte, begann es zu essen. Fossilienfunde zeigen, dass diese frühen Geschöpfe plötzlich Panzer und Klauen entwickelten – und wenn man seine Proteinaufnahme erhöht, entwickelt man Vielfältigkeit. Als das Leben sehen konnte, verfügte es über eine bessere Proteinquelle, weil es sich gegenseitig aß, und dann entwickelte es sich weiter. Da besteht eine gewisse Parallele. Deshalb ist Aggression der Grund dafür, dass wir vielfältig sind. Das mag

keine nette Vorstellung sein, aber es ist im Wesentlichen das evolutionäre Verständnis dafür, warum wir variieren. Bei der ganzen Angelegenheit geht es einfach darum, eine bessere Proteinquelle zu finden.

Etwas an der Aggression selbst ist also grundlegend für die Evolution. Die Frage ist jedoch, was wir mit dieser Aggression tun. Als Männer werden wir Jäger und Sammler.

Dr. Conger sagt, dass er diese evolutionäre Dynamik der Aggression auch heute noch immer am Werk sehe, obwohl die Menschen begännen, hier Fortschritte zu machen.

Wie können wir My Lai[9] oder den Holocaust verstehen – wo die Menschen in Wien erst für eine unabhängige Vertretung stimmten, aber ein paar Tage später Hitler beim Einmarsch zujubelten und ihre Freunde und Nachbarn demütigten, indem sie sie zwangen, die Straßen mit Zahnbürsten zu schrubben? Wie erklären wir dieses unglaubliche und unaussprechliche Benehmen von Söhnen Gottes? Wir können es nicht erklären.

Aber denken Sie an zwei Schimpansen: Innerhalb der eigenen Gruppe mögen sie altruistisch handeln, aber dennoch töten sie die Babys anderer Stämme. Das ist im Wesentlichen dasselbe wie bei uns bis vor etwa zwölftausend Jahren, als wir noch Jäger und Sammler waren. Denn genau das haben Jäger und Sammler nun einmal getan. Sie haben ihre Feinde abgewehrt, und jeder, der nicht zum Stamm gehörte, wurde getötet. Und es gab furchtbar viel Kannibalismus. Wie können wir das verstehen? Wir sind tatsächlich weiter gekommen, weil wir durch die Entwicklung besserer Kommunikationsfähigkeiten weniger gewalttätig geworden sind. Sprache hilft. Tatsächlich ist es heute nicht mehr so schlimm, sondern besser. Das ist der Grund, warum ich immer sage, dass wir nach dem Bildnis eines werdenden Gottes geschaffen worden sind. Noch haben wir es nicht erreicht.

In den Städten Amerikas ist die Aggression der Jäger-und-Sammler-Stämme jedenfalls gesund und wohlauf. Kürzlich wurde im kalifornischen Oakland eine Studie durchgeführt, wonach dort in den vergangenen fünf Jahren 557 Menschen gewaltsam den Tod fanden – meist handelte es sich um junge, schwarze Männer, die von jungen, schwarzen Männern getötet worden waren. Bemerkenswerterweise wird ein

9) Beim Massaker von My Lai handelt es sich um ein Kriegsverbrechen, das von amerikanischen Soldaten während des Vietnam-Krieges begangen wurde. Am 16. März 1968 erhielt eine Gruppe von Soldaten den Befehl, das Dorf My Lai in Südvietnam einzunehmen und nach Angehörigen des Vietcong zu durchsuchen. Die Soldaten vergewaltigten die Frauen und töteten fast alle Einwohner des Dorfes – 503 Menschen. Nur elf Frauen und Kinder überlebten, weil sie von einem einzelnen Hubschrauberpiloten, der sich widersetzte, in Freiheit gebracht wurden. [A. d. Ü.]

großer Teil dieser Aggression von Fragen der Schande und des „Respekts" aktiviert.

> Einige dieser Mörder beschrieben im Gefängnis eine Lebensumgebung, in der sich die Gewalt derart eng mit der Kultur verwoben hat, dass Mord zum Symbol für Männlichkeit geworden ist.
> Die Insassen sagen, der einzige Unterschied zwischen diesen Wohngegenden und dem Gefängnis bestehe in der Abwesenheit von Gefängnismauern. In beiden Fälle trifft dieselbe Hierarchie zu – die Fiesesten steigen an die Spitze auf.

Aber wie beginnt es immer? Mit Zorn. „Wenn sich niemand um die moralische Entwicklung der Jungs kümmert, schaffen diese ihre eigenen Regeln. In einem Streit verfügen sie nicht über die Fähigkeit, eine Lösung zu finden, weil ihnen niemand beigebracht hat, wie man auf andere Weise mit Stress und Zorn umgeht als mit den Fäusten oder mit der Waffe." Da geht eine Art von „Jagd" vor sich, bei der die Jungs zur „Beute" werden.

> In dieser Welt kann eine Herausforderung nicht unbeantwortet bleiben. Ein Junge, der überfallen, ausgeraubt oder beleidigt wird und nicht darauf reagiert, wird als „Weichei", als „Müll" oder als „Mädchen" bezeichnet. Er wird zur Beute. Sowie er als schwach erlebt wird, folgt ein Angriff auf den anderen. Er verliert nicht nur seine Ehre, sondern auch seine Freunde und seine persönliche Sicherheit, bis er zurückschlägt und gewinnt – was manchmal mithilfe von Mord geschieht.
> Ihre Rollenvorbilder sind die Drogendealer an der Ecke, die tolle Autos, Frauen und Geld haben und vor allem respektiert werden. „In einer dysfunktionalen Umgebung erhält man ein höheres Ansehen, wenn man ein Bandenmitglied ist, weshalb du versuchst, dich genauso zu verhalten", sagte [ein] verurteilter Mörder. … Respekt bedeutet Geld, Geld bedeutet Macht und Macht ist gleich Männlichkeit. Gewalt definiert dich als Mann.

Wenn Bandenmitglieder darüber sprechen, wie wichtig es ist, dazuzugehören, können wir erkennen, dass Schamgefühle bei der Gewalt und Aggression, die so wesentlich für ihr Leben sind, eine große Rolle spielen.

> Einige Gefängnisinsassen sagten der Zeitung *Chronicle*, dass sie von den Drogendealern zum ersten Mal in ihrem Leben das Gefühl vermittelt bekommen hätten, dazuzugehören. Die Bande ihres Straßenblocks ist die erste Gruppe, die sie haben will und darauf achtet, wo sie sind, was sie tun und wie sie über die Dinge denken.

> Die Jungs gehen davon aus, nicht älter als fünfundzwanzig zu werden, also leben sie auch nicht so, als wenn das doch der Fall sein könnte. ... Nur ein paar von diesen Mördern hatten eine Berufsausbildung. Eine kriminelle Vorgeschichte, das Fehlen eines Schulabschlusses sowie eines Autos, um zur Arbeit zu gelangen und mangelnde Unterstützung durch die unmittelbare Familie führen sicher dazu, dass sie einfach nicht zu dem werden, was die Gesellschaft als gutes Angestelltenmaterial betrachtet.

Wie könnte man hier etwas verändern? Der Artikel fährt fort: „Experten wie auch Mörder sagen, ein Mentor hätte sie retten können – irgendjemand, der von außerhalb dieser Umgebung kommt und ihnen eine andere Art und Weise des Mannseins hätte zeigen können."

Das ist tatsächlich eine Herausforderung. Wir müssen andere Formen des Mannseins finden. Andere Wege, die Instinkte des Jägers und Sammlers in uns zu würdigen – Wege, die nicht auf das Töten angewiesen sind.

Ein solcher von mehreren Männern genannter Weg besteht im Kampfsport. Sie haben mit Hilfe dieser alten Praktiken eine Möglichkeit gefunden, den Ur-Aggressor in ihrem Inneren zu zähmen und auf diese Weise eine gesunde Männlichkeit zu entwickeln. Auch Dr. Conger hat den Kampfsport auf diese Art eingesetzt und noch im Alter von einundsechzig Jahren den schwarzen Gürtel erhalten. Ich fragte ihn, warum er das getan habe.

> Zum Teil war das eine Vater-Sohn-Angelegenheit. Aber es war auch für mich selbst in Bezug auf meinen eigenen Männlichkeitsbegriff wichtig, weil ich als Heranwachsender auf gewisse Weise unsichtbar war. Mein Vater war distanziert, weshalb ich kein klares Bild davon erhielt, was es in dieser Welt bedeutet, männlich zu sein. Es gab nicht viel Raum für meine Aggression und meine inneren Konflikte. Ich wuchs damit auf, Konflikte zu vermeiden. Ich war gut darin, mich aus Konflikten herauszuhalten, auch wenn ich den einen oder anderen Kampf hatte, den ich wirklich genoss. Ich hatte zwar Aggressionen, aber niemand hatte mir erzählt, wie ich sie besser verstehen konnte. Mittlerweile bin ich zu der Überzeugung gelangt, dass das Leben *Konflikt ist*, und wenn du nur Frieden haben willst, wirst du bald tot sein. Deshalb faszinierte mich der Kampfsport bereits, als ich an der Highschool Englisch lehrte, weshalb ich begann, nebenher Karate zu trainieren. Als ich an die Westküste kam und meine Söhne in die Mittelstufe der Schule eintraten, wusste ich, dass die Kids dich dort wirklich herumstoßen und du zurückschubst, um herauszufinden, wer du bist. Das ist nicht etwa sadistisch – sie wollen einfach wissen, wer du bist. Deshalb wollte ich, dass meine Söhne Kampfsport treiben. Einer von ihnen war einem Lehrer begegnet, der in der Schule eine Kampfsportvorführung gegeben hatte. Es war ein koreanisches System, in

dem ich mich heimisch fühlte. Auch meine beiden Söhne trainierten mit – doch sie hörten beim braunen Gürtel auf, während ich es weiter durchzog. Ich trainiere noch immer, aber nicht mehr mit der Gruppe, weil das eine solche emotionale Verpflichtung bedeutet, dass ich nicht mehr viele andere Dinge tun kann. Deshalb trainiere ich für mich alleine und übe auch die Formen.

Stammesschande

Wie die Aggression lässt sich auch das Konzept der Schande weit zurückverfolgen. Untersuchungen alter Jäger-und-Sammler-Stämme wie jener in Neu-Guinea verdeutlichen, dass dort neben der Gewalt auch das Konzept der Schande ein wesentliches Mittel zur Aufrechterhaltung der Kontrolle war und nach wie vor ist. Unter Stammesvölkern gilt die Verbannung aus dem Stamm als ultimative Schande – und auch ultimative Strafe. Auf diese Weise, und nicht etwa mit der Todesstrafe, werden die schlimmsten Verbrechen gegen die Gemeinschaft geahndet. Die Verbannung aus dem Stamm ist gleichbedeutend mit Tod durch Isolation. Dieser Definition zufolge ist Schande die Entsprechung dafür, „nicht dazuzugehören", weil die Konsequenzen von schlechten Handlungen aus Einsamkeit und Verbannung bestehen. Mittlerweile könnte das Konzept der Schande nach zehntausenden von Jahren, in denen auf diese Weise verfahren wurde, sogar in unserer DNS verankert sein. Es ist also kein Wunder, dass Schamgefühle bei Männern eine so große Rolle spielen und so oft zu Aggressionen führen.

Die moderne Welt ist voll von Stammesgruppen, weshalb die Verbannung aus dem Stamm nach wie vor schwer auf uns lastet. Ein Beispiel für eine extreme Form modernen Stammestums sind fundamentalistische Religionen, die auf der Überzeugung basieren, dass „wir errettet sind, aber die anderen nicht" und dass „wir Freunde Gottes, die anderen aber seine Feinde sind". Für fundamentalistische Religionen ist Zugehörigkeit eine Frage des Entweder/Oder – „wir haben vollkommen Recht, und die anderen sind vollkommen im Unrecht" – was ihre anti-intellektuellen Tendenzen noch unterstützt. Wer diese Stammesmentalität in Frage stellt, riskiert Schande und Verbannung, also unterwerfen sich die Mitglieder dem in diesen Religionsgemeinschaften gängigen Denken und Bewusstsein. Sie geben ihren Verstand und ihr Selbst ab, weil sie *um jeden Preis dazugehören wollen.* Das Streben nach Zugehörigkeit wird so machtvoll, während diese Zugehörigkeit zugleich so eng definiert und einfach zu gefährden ist, dass der Verstand, das Selbst, das Mitgefühl – all die Geschenke Gottes – negiert und beiseite geschoben werden.

Aber riskiert im Gegensatz dazu nicht jeder echte Prophet die Schande? Auch sie laufen Gefahr, aus der Gemeinschaft ausgestoßen zu werden, sei es symbolisch oder buchstäblich, wie bereits Jesus bemerkte, als er sagte: „Ein Prophet gilt nirgends weniger als in seinem Vaterland und in seinem eigenen Hause." Und doch gibt es hier einen Unterschied. Bewundern wir nicht jene Männer – wenn auch oft erst rückblickend – die ihr Gewissen über ihre Bequemlichkeit und eine erweiterte Gemeinschaft über die begrenzte Stammesgemeinschaft gestellt haben? Solche Männer wären zum Beispiel Mahatma Gandhi, Martin Luther King Jr., Howard Thurman[10], Papst Johannes XXIII oder Dietrich Bonhoeffer. Der Prophet (oder Krieger) schwimmt gegen den Strom; er riskiert, geächtet zu werden und aufgrund seiner Bemühungen, neu zu definieren, was Zugehörigkeit bedeutet, „nicht mehr dazuzugehören" – nämlich indem er seine Aufmerksamkeit auf das übergeordnete Wohl jedes einzelnen richtet und so eine größere, umfassendere Gemeinschaft begründet.

Mark Micolson: Schande, Zorn und die Männerbewegung

Der fünfundvierzigjährige Therapeut Mark Micolson wuchs im englischen Birmingham auf, das zur Zeit seiner Kindheit „sehr vom Ersten und Zweiten Weltkrieg überschattet wurde". Gegenwärtig arbeitet er an der *Academy for the Love of Learning* in Santa Fe, Neumexiko.

Micolson kam 1994 zum ersten Mal mit der Männerbewegung in Berührung, als er an einem Initiationsseminar teilnahm, das von Robert Bly und James Hillman geleitet wurde. Seit zehn Jahren leitet er selbst Seminare im Bereich der Persönlichkeitsentwicklung, zu denen seit zwei Jahren auch eine Männergruppe gehört. Sie umfasst sieben Männer, die sich zweimal im Monat für drei Stunden treffen, so dass Micolson direkt miterleben kann, wie wichtig und selten zugänglich diese Art von Gruppe für Männer ist. Wir sprachen über seine Sichtweise der Männerbewegung, über die Quellen für Schande und Zorn für heutige Männer und darüber, wie man damit umgehen könnte.

Fox: Worin bestehen Ihre Ziele bei der Arbeit in der Männerbewegung?

Micolson: Ich strebe danach, in einer Kultur zu leben, in der es in Ordnung ist, wenn man anerkennt, dass man einen Fehler gemacht hat. Gegenwärtig gilt ein solches Bekenntnis als Zeichen der Schwäche.

Rilke hat ein wunderbares Gedicht über eine lahme Ziege geschrieben, die zum Fluss hinunter geht. Sie kommt als Letzte an. Aber bei der Rückkehr ist sie die Erste. Der Gedanke, dass wir Bereiche anerkennen, in denen wir nicht vollkommen kompetent sind, fördert unseren Lernprozess. Ohne das können wir es nicht anerkennen. Ich wünsche mir, dass meine Arbeit schlussendlich genau dahin führt, zur Schaffung von Umgebungen, in denen wir anerkennen können, was wir getan haben, ohne dafür getadelt zu werden oder Scham empfinden zu müssen. Denken Sie nur daran, auf welch erstaunliche Weise Südafrikas Gerichte die während der Apartheid begangenen Verbrechen untersuchten. Es geht darum, anzuerkennen, dass wir

10) Howard Thurman (1899 – 1981) war ein einflussreicher, afroamerikanischer Autor, Philosoph, Theologe, Pädagoge und Anführer der Bürgerrechtsbewegung. Er war mehr als zwei Jahrzehnte lang Dekan der Theologie an der Howard University und der Boston University, schrieb 20 Bücher und gehörte 1944 zu den Begründern der ersten rassen-integrierten, multikulturellen Kirche in den Vereinigten Staaten. [A.d.Ü., Quelle: wikipedia.com]

die Fähigkeit haben, Böses zu tun. Solange wir das nicht vollkommen in uns anerkennen, sind wir auch nicht vollständig lebendig.

Fox: Wie sehen Sie die moderne Männerbewegung? In welcher Verfassung befindet sie sich?

Micolson: In gewisser Weise bin ich von dem enttäuscht, was in der Öffentlichkeit als Männerbewegung bezeichnet werden könnte. Der Grund für ihren Zustand besteht zum einen darin, dass der Gedanke, dass Männer verletzlich sein können, in unserer Kultur natürlich sofort als Sündenbock herhalten muss. Deshalb ist es für die Männerbewegung wirklich schwer, einen Ort zu finden, an dem sie nicht sofort ins Abseits gedrängt wird. Es ist für Männer sehr schwer, solche Orte zu finden.

Wenn ich heute an die Männerbewegung denke, meine ich damit die weniger öffentlichen Ausdrucksformen davon. Blys Arbeit war hier offensichtlich wegweisend, auch wenn er natürlich nicht den einzigen Einfluss dieser Art darstellte, aber die Dinge, von denen ich beeinflusst wurde, sind weniger bekannt.

Fox: Da ist es wieder – dieses „Verborgene".

Micolson: Ich denke da zum Beispiel an eine Gruppe in Monterey, die im Bereich der Selbstentfaltung zwar keinen großen Namen, aber auf die Männer in dieser Region einen enormen Einfluss hat, weil sie diese in großem Maß unterstützt. Ich denke da an die Arbeiten von Gordon Whelan, dem Hochschulrektor von Esalen, zum Thema Scham und Schande. Seine Hinwendung zu diesen Fragen hat vielen Männern geholfen, vertrauter miteinander umzugehen. Davon weiß die Öffentlichkeit viel weniger als von der frühen Phase der Männerbewegung.

Fox: Erzählen Sie uns doch mehr über Whelans Arbeit zum Thema Schande.

Micolson: Gordon kommt aus der Gestalt-Szene – nicht in der Tradition von Fritz Perls, sondern aus der Goodman-Schule – und hat umfassend an der Theorie der Felddynamik gearbeitet. Warum befindet sich das Selbst in einem Prozess ständiger Neuformung, anstatt etwas fest Geformtes und nicht in Bewegung Befindliches zu sein? Deshalb geht es in seiner Arbeit zum Thema Schande vor allem darum, inwiefern das Leben in einer postmodernen Kultur zur Entfremdungserfahrung wird, weil wir einen großen Teil unserer Verbindungen zur Vergangenheit verloren haben. Wir ziehen mit einem Gefühl der Entfremdung umher, was uns in eine Position bringt, in der wir leicht zu beschämen sind – was vor allem auf Männer zutrifft, weil sie von Kindheit an die Erfahrung intensiver Scham gemacht haben.

Fox: Wie definieren Sie Scham bzw. Schande?

Micolson: In Gordons Arbeit ist es das Gegenteil von Zugehörigkeit. Es ist die Erfahrung, nicht dazuzugehören. Ich würde allerdings noch weiter gehen. Meiner Ansicht nach gibt es eine angemessene Scham, wenn man Schaden verübt hat – dieses Gefühl brauchen wir, um unsere sozialen Strukturen zu regulieren. Aber sekundäre Scham oder Schande ist das Gefühl, nicht dazuzugehören – dass wir so, wie wir sind, nicht in Ordnung sind. Dieses Gefühl ist in einer Kultur, in der sich das, was man braucht, um dazuzugehören, so drastisch verändert hat, leicht hervorzurufen. Wir neigen dazu, unser Zugehörigkeitsgefühl aus einem bestimmten Status oder einer gehobenen finanziellen Lage zu beziehen. Das kann auf Dauer aber kein echtes Zugehörigkeitsgefühl erhalten.

Fox: Das ist eine bemerkenswerte Definition, denn schließlich hat man uns gelehrt, dass wir nicht in das moderne Zeitalter gehören, weil wir in einem Maschinenuniversum leben, so dass wir uns zusammenkauern und unsere Seelen vom Universum abschneiden mussten, bis sie zu schrumpfen begonnen haben. Diese Definition erweitert das Konzept der Schande über das Reich des Psychologischen hinaus und macht es zum Gegenstand einer viel größeren Gemeinschaft und einer umfassenderen Sozialethik. Und das ergibt wirklich einen Sinn. Empfinden Frauen weniger Schamgefühle? Vater Himmel und Mutter Erde – Frauen sind der Erde und ihren Prozessen näher, aber Männer sind von Vater Himmel und seinen Maschinenteilen abgeschnitten. Deshalb gehören wir nicht dazu.

Micolson: Auf einer wesentlichen Ebene gelingt es Frauen besser, ihre Schamerfahrungen zu verarbeiten, zusammenzukommen und über ihre inneren Erfahrungen zu sprechen. Im Unterschied zu Männern, die eher über äußerliche Erlebnisse zu sprechen neigen.

Fox: Haben Sie diese Dynamik in Ihren Seminaren beobachten können? Dass Frauen ihre Schamgefühle besser verarbeiten können als Männer?

Micolson: Carol Gilligans Forschungen ermöglichen uns die außerordentliche Erkenntnis, dass kleine Jungen aufgrund ihrer Verletzlichkeit bereits in sehr frühem Alter Schamerfahrungen machen – so etwa in der Kindergartenzeit – und zu diesem Zeitpunkt lernen, ihre Gefühle und Erfahrungen zurückzuhalten und nicht mehr zum Ausdruck zu bringen. Mädchen durchlaufen diesen Beschämungsprozess nicht, weshalb es für Männer viel, viel schwerer ist, die dort gemachte Erfahrung, nicht dazuzugehören oder sich nicht so gut zu fühlen, zu transzendieren, denn dieser Teil ist in einem sehr, sehr jungen Alter bereits ausgelöscht worden.

Fox: Ich frage mich, ob das erklären könnte, warum homosexuelle Männer oft reifer als heterosexuelle sind – weil sie mit dieser Scham und Schande bereits in jungem Alter und oft in übergroßem Maß umgehen mussten – entweder sterben sie daran, oder sie gehen den Weg der Sucht, oder sie überwinden all das und begeben sich jenseits der Norm dessen, was für sie als Männer schändlich ist und was nicht. Würden Sie sagen, dass da etwas dran ist?

Micolson: Da stimme ich zu. Aber es ist wichtig, heterosexuelle Männer nicht deshalb zu beschämen, weil sie nicht an demselben Punkt sind wie homosexuelle. Homo- wie heterosexuelle Männer haben notwendigerweise unterschiedliche Initiationen durchlaufen. Homosexuelle Männer müssen ihr Coming-Out in einer Gesellschaft vollziehen, die sie zum Prügelknaben macht. Sie müssen mit dieser Kultur auf sehr direkte Weise fertig werden und finden deshalb meist Orte, an denen sie Verbündete kennenlernen und über Scham sprechen sowie sie verarbeiten können. So, wie es auch Frauen machen.

Ich glaube nicht, dass heterosexuelle Männer auf dieselbe Weise die Gelegenheit zur Verarbeitung ihrer Schamgefühle haben. Sie durchlaufen eine andere Initiation, die darin besteht, einen Weg zu finden, wie sie die Fähigkeit entwickeln können, ohne Verletzlichkeit in dieser Welt zu leben. Sie entwickeln einen Panzer und die Fähigkeit, sich auf eine Weise in dieser Welt zu bewegen, die von ihnen erfordert, sich zu erschöpfen, um Geld zu verdienen. Das ist ein ganz anderer Satz von Fähigkeiten, und es ist sehr anstrengend. Das ist auch der Grund, warum zwei Drittel aller Trennungen von Frauen initiiert werden, denn Männer haben keine unterstützende Gruppe, zu der sie gehen könnten.

In meinen Männergruppen befinden sich sowohl homo- als auch heterosexuelle Männer. Die heterosexuellen werden vorher auf gewisse Weise „überprüft", denn in der Beschreibung der Gruppe steht, dass wir darin über unser Leben sprechen und einander gegenseitig unterstützen. Meiner Erfahrung nach hängt die Unterstützung, die aus dem Zusammensein von Männern resultiert, nicht von deren sexueller Orientierung ab.

Fox: Anders ausgedrückt, sind heterosexuelle Männer also ebenso wie homosexuelle dazu in der Lage, haben aber einfach nicht so viel Erfahrung damit.

Micolson: Genau. Sowie man sie in den Raum bringt, entspannen sie sich.

Fox: Würden Sie sagen, dass die homosexuellen Männer einen Raum schaffen, der es den anderen Männern leichter macht?

Micolson: Die homosexuellen Männer haben Geduld mit den heterosexuellen. Ein Schwuler sagte mal: „Ich hätte nie gedacht, dass ich mal mit heterosexuellen Männern in einem Raum sitzen und diese Übung machen würde." Und das ist wahr. Am Anfang fühlen sich die heterosexuellen Männer meist nicht ganz wohl dabei, aber wenn sie erst einmal Vertrauen entwickelt haben, sind auch sie bereit, loszulegen.

Fox: Also die Scham zu heilen und fortzubewegen. Was ist mit dem „Vertrauen" – worin bestehen Ihre Anliegen und Strategien, um die Scham zu überwinden?

Micolson: In unserer Kultur ist die Scham selbst schändlich. Man kann nicht einfach darauf zeigen und sagen: „Jetzt heilen wir unsere Scham." Das verpasst dem betroffenen Menschen ein negatives Etikett. Ich arbeite damit, indem wir gemeinsam Dinge tun und erleben. Wir helfen den Menschen, sich ihre Lebenserfahrungen klar anzuschauen und festzustellen, auf welche Weise sie von diesen Erlebnissen beeinflusst worden sind. So ist der Prozess nicht beschämend.

Ich lade die Leute zum Beispiel dazu ein, hinzugehen und einen Gegenstand zu finden, der einen der größten Verluste ihres Lebens repräsentiert. Dann kommen sie zurück und sprechen darüber. Dieses Trauerritual ermöglicht den Leuten, ihren Kummer zum Ausdruck zu bringen. So oft wird es ja bereits als beschämend betrachtet, überhaupt Trauer zu empfinden. Auf diese Weise erhalten die Männer das verlorene Zugehörigkeitsgefühl zurück. Dadurch entsteht Vertrauen – „Man wird mich wegen meines Verlusts nicht beschämen. Also kann ich vielleicht noch andere Dinge offenbaren."

Fox: Es scheint sehr wichtig zu sein, Männer mit ihren Verlusten in Kontakt zu bringen.

Micolson: Um die Verluste zu formalisieren und zu verdeutlichen, dass der Sinn von Gefühlen darin besteht, uns die Gelegenheit zur Initiation in eine bestimmte Eigenschaft unserer Seele zu geben. So bietet Angst die Gelegenheit, in Mut transformiert zu werden und Kummer in Mitgefühl. Wenn wir uns von unserer Trauer abwenden, verwandelt sie sich in Melancholie. Wenn wir uns unseren Gefühlen zuwenden, erhalten wir die Möglichkeit, jene wesentlichen Ziele zu verfolgen, nach denen wir uns alle sehnen und von denen wir alle wissen, dass wir sie leben wollen. Das normalisiert den Prozess.

Fox: Die kosmischen Messen, die wir feiern, beinhalten immer auch eine Trauererfahrung. Wenn wir den Kummer in uns verschließen, ist er nicht mehr universal. Dann machen wir ihn zu etwas Privatem, was dazu führt, dass wir viel Energie verlieren und selten dazu fähig sind, ihn in Mitgefühl zu verwandeln, wie Sie sagen.

Micolson: So würde eine gesunde Form der Religion aussehen.

Fox: Wie steht es mit der Aggression? Wie universal ist sie, und mit welchen Strategien arbeiten Sie damit?

Micolson: Aggression ist für Männer eine knifflige Angelegenheit, weil wir wegen der Art und Weise, wie wir von anderen Männern behandelt, abgelehnt oder zurückgewiesen worden sind, so viel Zorn in uns tragen. Unsere gesamte Kultur lebt eine Geschichte des Krieges, und um Krieg zu führen, nimmt die Kultur den Männern so viel weg. Wir tragen so viel mit uns herum – nicht nur natürliche Aggression, sondern auch jene, die wir wegen diesen Erfahrungen mit uns führen. In den meisten Männern hat sich ein enormer Zorn aufgebaut, der niemals ein Ventil findet. Zorn wird in dieser Kultur ausgegrenzt, was sehr viel Zerstörung produziert.

Wenn man mit Zorn arbeitet, muss man gut darauf achten, dass er nicht ausgelöst und gegen die anderen Männer im Raum gerichtet wird. Weil er nicht wirklich gegen die anderen Männer hier, sondern gegen *unsere Geschichte* gerichtet ist. Wir müssen Wege finden, die uns ermöglichen, zu verstehen, dass viel von unserem Zorn zwar angemessen ist, aber zu einem anderen Teil unseres Lebens gehört als dem, der sich gerade hier in diesem Raum abspielt. Das Potential des Zorns besteht darin, dass er für gewaltfreie Arbeit zur Verteidigung von Wahrheiten dienen kann. Die Arbeit damit ist jedoch deshalb so verzwickt, weil Männer dabei derart stark verletzbar werden können, dass sie dafür, sich dem Zorn zu stellen, möglicherweise Ausgrenzungserfahrungen machen. Der Ausdruck von Zorn muss geschützt werden. Dazu gehört vor allem, dass Orte, an denen das geschehen kann, nicht verspottet und die tiefen Wunden, die den Zorn produzieren, als das angenommen werden, was sie sind. Man muss die dieser Kultur zugrundeliegende Geschichte verstehen. Wir müssen begreifen, wie sehr wir diese Geschichte leben, um die Richtigkeit von Teilen unseres Zorns erkennen zu können. Deshalb geht es auch darum, Orte zu schaffen, wo unser Zorn als berechtigt angesehen wird.

Mein Lieblingsbeispiel dafür ist die Geschichte, die Bruce Springsteen immer erzählt, bevor er „The River" spielt. Er spricht von seiner Beziehung zu seinem Vater und auch davon, wie schlecht diese war. Sein Vater sagte immer: „Warte, bis die Armee dich in die Finger kriegt. Die werden einen Mann aus dir machen." Bruce ging zur Musterung und fiel durch. Als er drei Tage später nach Hause kam, fragte sein Vater: „Wo bist du gewesen?" Bruce antwortete: „Ich war bei der Musterung und bin durchgefallen." Sein Vater sagte: „Das ist gut." Und hier haben wir ihn – den wunderbaren Moment des Einfach-Seins. Der Zorn ist verdaut worden. Er freut sich über die Worte seines Vaters und kann diesen respektieren. Er hat keine Angst mehr davor, seine eigene Qual zum Ausdruck zu bringen und zu erzählen, was er in der Beziehung zu seinem Vater alles durchgemacht hat.

Fox: Was würden Sie in Bezug auf die innere Arbeit von Männern heute gerne geschehen sehen?

Micolson: Zunächst einmal, überhaupt daran beteiligt zu sein. Ich gehöre zu einer unglaublichen Männergruppe. Alle darin leisten in der Welt wunderbare Arbeit und ziehen Kinder groß; wir kommen zweimal im Monat zusammen und sprechen über das, was bei uns gerade passiert, was zwischen uns vorgeht und wie wir einander beeinflussen. Wir haben die Möglichkeit, gemeinsam zu erforschen, was gerade passiert. Wir stellen fest, dass wir immer mehr in der Lage sind, die Wahrheit von einigen unserer Lebenserfahrungen in diese Gruppe einzubringen. Wenn ich anderen Männern von dieser Arbeit erzähle, fragen sie immer: „Wo kann ich auch so etwas finden?" Sie spüren, dass ich einen Ort habe, an den ich gehen und wo ich überaus knifflige Erfahrungen verarbeiten kann, die ich gerade in meinem Leben mache, ohne dabei von meinem Partner oder meiner Partnerin abhängig zu sein. Es gibt außer diesem Menschen noch eine andere Stelle, an die ich mich wenden kann, ich muss mich nicht immer an dieselbe Person wenden. Das ist wichtig. Ich glaube, wenn Männer diese Art von Unterstützung hätten und über ihre Erfahrungen sprechen würden, wäre das schon gewaltig.

Ein anderer Grund dafür, dass ich diese Gruppe als so richtig für uns alle empfinde, besteht darin, dass uns all unsere Söhne danach fragen. Es interessiert sie. Sie sind neugierig. Sie spüren, dass die Gruppe für uns wichtig ist – was auch zutrifft.

Jäger und Sammler am Werk in der heutigen Welt

Als Archetyp und als Teil unseres uralten Erbes hat der Jäger und Sammler viele positive und machtvolle Merkmale. Dazu gehören eine scharfe Intelligenz, unsere Beobachtungsgabe und die Fähigkeit, zum Land und zum Himmel in Beziehung zu treten; ein Sinn für Demokratie und das Gleichheitsprinzip im Gegensatz zu Bürokratie und Hierarchie sowie ein Sinn für Gemeinschaft, Familie und die erweiterte Familie. Darüber hinaus verkörpert der Jäger und Sammler auch Aufmerksamkeit und Wachsamkeit, Suchen und Lernen, Ausdruck und künstlerische Manifestation, Kreativität, Neugier auf andere und die Welt, Spontaneität und Improvisation, tiefes Zuhören, gute Erinnerungen, machtvolles Geschichtenerzählen und die Freude daran, im Hier und Jetzt und immer wie auf einem Grat zu leben, sowie die Kraft des Rituals. All diese Werte werden an die Kinder weitergegeben, die deshalb lebendiger und ausgelassener sind.

Können wir einige dieser Werte wiedererlangen? Wie können wir sie im Zusammenhang unseres postmodernen Lebens zum Einsatz bringen? Wo können wir die Kräfte unseres Jägers und Sammlers in die Arbeit einbringen, die wir bereits tun, und zwar auf eine Weise, die zum momentanen historischen Zeitpunkt am hilfreichsten ist? Vielleicht können Sie die folgenden Anwendungsweisen in Betracht ziehen.

Die Jagd nach einer Gefährtin oder einem Gefährten

Fast überall sprechen sowohl schwule als auch heterosexuelle Männer von ihrer Jagd nach einem Partner oder einer Partnerin. Sexualität und Intimität erwecken den Jagdinstinkt. Dabei kommen eine ganze Reihe von Jäger-und-Sammler-Eigenschaften ins Spiel: Diese Jagd fordert viel Kreativität und eine scharfe Beobachtungsgabe, ein hohes Maß an Wachsamkeit und Aufmerksamkeit, an Neugier und künstlerischer Manifestation (Was sollen wir anziehen? Was tun? Wie ihn oder sie umwerben?). Wenn man verliebt ist, übernimmt die Jagd sowohl den Jäger als auch den Gejagten. Spontaneität und das Geschichtenerzählen herrschen vor. Gleichheit stellt die angemessene Beziehung zum bzw. zur Geliebten dar. Alle Sinne und Kräfte werden fokussiert. Thomas von Aquin stellte bereits im Mittelalter fest, dass der „Liebende nicht mit oberflächlicher Kenntnis der Geliebten zufrieden ist, sondern nach intimen Entdeckungen strebt und sogar danach, in die Geliebte einzutreten." Unnötig zu sagen, dass es sich hier um ein weites Gebiet handelt. In Kapitel sechs werden wir näher auf Liebe und Sexualität eingehen.

Die Suche nach wissenschaftlichem Verständnis und wissenschaftlicher Wahrheit

Wissenschaftler sind im Wesentlichen nichts anderes als Jäger und Sammler mit einem akademischen Grad und besseren Werkzeugen – ihre Ziele und Handlungen jedoch sind fast gleich. Beide beobachten und experimentieren, um mehr über die Welt zu erfahren, wie sie funktioniert und wie wir darin erfolgreicher agieren können, ob wir dabei nun das Universum, die mikrokosmische oder die natürliche Welt oder auch unsere eigene Art im Auge haben. Ein hervorragendes Beispiel dafür ist der Physiker und Nobelpreisträger Steve Chu, der dem Lawrence Berkeley National Laboratory vorsteht. Chu sieht in der Wissenschaft unseren letzten Verteidigungsposten gegen die Klimakatastrophe, weshalb er mithilfe eines Zuschusses von 500 Millionen Dollar von BP die Jagd nach neuen Energiequellen leitet. Er sucht nach innovativen Ideen wie dem „Solarkraftwerk", das die Sonnenenergie unter Nachahmung der pflanzlichen Photosynthese in flüssige Kraftstoffe verwandelt. Er sagt: „Die Geschichte der Innovationen hat uns gelehrt, dass dann, wenn die Menschen aufhören, politisch zu denken und beginnen, es auf wissenschaftlicher Grundlage zu tun, sich plötzlich alle Vorhersagen bezüglich dessen, was ‚man nicht tun kann', überraschenderweise als unzutreffend erweisen. Chu glaubt, dass durch eine Zusammenarbeit von Wissenschaft und Geschäftswelt große Fortschritte bei der Umwandlung von Licht in Energie und Elektrizität gemacht werden können. Stellt die Suche nach sauberen und nachhaltigen Kraftstoffen nicht eine umfassende Anwendung der Kräfte unseres inneren Jägers und Sammlers dar? Und sie steht auch in Verbindung zum Grünen Mann.

Als die NASA-Sonde Cassini Bilder vom größten Saturnmond Titan zur Erde sendete, schrieb ein Journalist: „*Als die Jagd weiter fortschritt*, begannen einige Wissenschaftler, ihr Denken zu korrigieren und fragten sich, ob das Methan von vulkanischen Eruptionen stammen könnte."

Die Suche nach Wissen und Wahrheit ist eine Jagd. Es gibt keine Garantie dafür, dass wir das, wonach wir suchen, auch gewinnen werden, aber der Versuch selbst erweckt bereits unsere Hoffnungen und Leidenschaften und beschwört all unsere Intelligenz und unsere Fähigkeiten herauf.

Journalismus: Die Jagd nach der wahren Geschichte

So wie ein Wissenschaftler Fakten und Prozesse jagt, ist ein investigativer Journalist mit der Jagd nach Geschichten befasst. Doch geht es dabei nicht um irgendwelche, sondern um wahre Geschichten. Sie jagen, suchen und spüren, schnüffeln und folgen Hinweisen, stellen Verbindungen her und enthüllen Implikationen, die sonst verborgen geblieben wären.

Denken Sie zum Beispiel an die Story über die Geschäftemacherei mit dem Irakkrieg. Mehrere Hunderttausend zivile Vertragsfirmen sind im Auftrag von Amerika im Irak, wobei es sich bei etwa der Hälfte davon anscheinend um Sicherheitsdienste handelt. Einer der Hauptvertragspartner ist Blackwater, ebenso wie KBR, eine Tochtergesellschaft der Firma Halliburton, die ehemals dem Vizepräsidenten Dick Cheney gehörte. „Wie der *Norfolk Virginian-Pilot* berichtet, untersuchen die Rechnungsprüfer des Pentagon Unregelmäßigkeiten in einer ‚vierstufigen Kette' von Vertragsfirmen im Sicherheitsbereich, wobei sich Blackwater am unteren und KBR am oberen Ende befindet." Blackwater stellte der nächsten Firma eine Stufe weiter oben 2,3 Millionen Dollar in Rechnung. „Das Pentagon hat zwischenzeitlich ermittelt, dass sich die Rechnung für den Steuerzahler zu dem Zeitpunkt, als KBR schließlich an der Reihe war, mit dem Pentagon abzurechnen, auf 19,6 Millionen Dollar belief." Bei einer Rechnungsprüfung fand das Außenministerium vor zwei Jahren heraus, dass Blackwater doppelt abrechnete – man listete unter den Gesamtkosten auch den Profit des Auftrages. „Kritiker des Einsatzes von privaten Sicherheitsunternehmen bezeichnen diese Firmen als Söldner, die im Grenzbereich von nie öffentlich ausgeschriebenen Verträgen und der nachlässigen Kontrolle durch das Pentagon agieren." Der Gründer von Blackwater ist einer der Hauptfinanzierer des republikanischen Wahlkampfes.

Bedenken Sie, dass dies keineswegs nur eine Story über die Republikaner und die Demokraten ist, sondern uns alle betrifft. Es brauchte einen abgebrühten Jäger, einen Sucher und Sammler von Fakten, der sich durch den Dschungel von Pseudo-Ansprachen und von Firmen wie auch der Regierung initiierten Verschleierungstaktiken arbeiten musste, um die Wahrheit zu finden und sie so zum Ausdruck zu bringen, dass wir sie hören konnten. Rhetorische Schnörkel und die Höhenflüge politischer Fantasien können die Wahrheit, die zum Vorschein kommen muss, nicht ersetzen.

Die Suche nach spiritueller Wahrheit

Echte Theologie strebt danach, die Wahrheiten zu jagen und zu sammeln, die unsere Ahnen gelehrt und gelebt haben und will diese auch heute noch an uns weitergeben. Es ist die Suche nach jenen universellen, fundamentalen spirituellen Wahrheiten, die sowohl Individuen als auch Gemeinschaften in gefahrvollen Zeiten nun einmal brauchen. Als Schriftsteller jage ich oft nach guten Büchern, aufregenden Ideen, guten Fragen und intellektuellen Gefährten. Ich habe viele Meilen in Büchereien zurückgelegt und ganze Tage dort verbracht, um verlorengegangene

Fußnoten aufzuspüren oder aufregenden Hinweisen zu folgen. Das ist Jäger-und-Sammler-Energie. Als ich *One River, Many Wells. Wisdom Rising from Global Faiths* schrieb, ein Buch, in dem es um die spirituellen Traditionen der Welt geht, fühlte ich mich in hohem Maße wie ein Jäger und Sammler. Ich jagte in religiösen Texten aus allen Glaubenstraditionen der Welt nach Mythen und Geschichten und war über die Übereinstimmungen erstaunt, die ich überall antraf. Seien es nun eingeborene Völker oder die Kelten, der Osten oder der Westen, jede Tradition kann uns etwas Tiefgehendes und auch Praktisches über die Heiligkeit der Schöpfung lehren, über Meditation, Gemeinschaft, Mitgefühl, über die heilige Vorstellungskraft, Sexualität, Freude, spirituelles Kriegertum, über das Licht, den Tod, die Weiblichkeit und vieles mehr.

Ganz gleich, ob religiöse Gelehrte archäologische Aufzeichnungen oder uralte Texte durchgehen, immer finden sie neue Informationen und verändern damit unser Verständnis. So versuchen zum Beispiel die Gelehrten des Jesus-Seminars, die wahren Lehren Jesu wiederzuentdecken und so gut wie uns möglich zu verstehen, wer er als Lehrer und historische Gestalt wirklich war. Ebenso besteht ihr Anliegen darin, neue Informationen über die mystische Metapher des Kosmischen Christus zu sammeln. Auch durch die Studien der Frauen geschieht viel. Wir entdecken große Gestalten der Vergangenheit wieder, die seit langem missachtet oder vergessen waren – wie Hildegard von Bingen, die eine fundierte Musikerin, Heilerin und Prophetin war, oder Meister Eckhart, dessen Tiefe im westlichen Schriftgut seither kaum wieder erreicht worden ist.

Kräuter sammeln und nach Heilmitteln suchen

Auch jene, die nach Heilverfahren für menschliche Erkrankungen suchen, sind Jäger und Sammler. Der einzige echte Unterschied zwischen damals und heute besteht darin, dass Menschen heute auch im Inneren des Körpers und der Zellen nach Heilmitteln jagen können. So beschreibt zum Beispiel ein kürzlich veröffentlichter Bericht, wie AIDS-Forscher „erfolgreich einen Punkt auf der Oberfläche des HI-Virus kartiert haben, der den Virus besonders anfällig für einen Angriff durch Antikörper machen könnte, was die Hoffnung der Wissenschaft erneuert, schlussendlich doch einen Weg finden zu können, die Epidemie mit einem Impfstoff zu stoppen.“ Diese hoch technisierte medizinische Suche nach dem richtigen Heilmittel, dem richtigen Impfstoff, kann zu Recht als eine Jagd- und Sammelexpedition bezeichnet werden. Sie beschwört unsere uralten Instinkte herauf, die wir über die Zeitalter hinweg kultiviert haben, um den Stamm zu beschützen, unsere Familie und Gemeinschaft zu retten sowie zu überleben und zukunftsfähig zu sein.

Ich habe erst kürzlich von einer erstaunlichen Entdeckung gehört, die auf einem Nobelpreis in Medizin basiert – die Erforschung von Argininderivat-Stickoxyd (ADNO), einem Stoff, der dafür sorgt, dass die Blutgefäße offen und elastisch bleiben und gut funktionieren. Louis J. Ignarro von der Los Angeles School of Medicine der University of California schreibt, dass „ein einziges, vom Körper selbst produziertes Molekül mehr als jedes Medikament zur Vorbeugung von Herzattacken und Schlaganfällen beitragen kann. ... Stickoxyd unterstützt die Vorbeugung von Herzerkrankungen und Schlaganfällen.“ Dr. Joe Prendergast, der an der Stanford Medical School arbeitet, hat einen L-Arginin-Komplex in einer Formel geschaffen, die diesen Stoff mit einer weiteren Aminosäure namens L-Citrullin kombiniert. Er hat sein Produkt für viele Menschen zugänglich gemacht und damit bedeutende Ergebnisse erzielt. So viele Forschungen und Untersuchungen sind im Gange, um das menschliche Leiden zu lindern. Sie alle tragen den Stempel von Jäger-und-Sammler-Energie, die im Namen der Gemeinschaft eingesetzt wird.

Essen auf den Tisch bringen: die Jagd nach Arbeit

Wir jagen nach Jobs und nach *Arbeit*. Was auch immer der Job einer bestimmten Person sein mag – es ist die Arbeit selbst, die eine sehr wichtige Kategorie zum Verständnis männlicher Spiritualität darstellt. Tatsächlich kommt Robert Bly zu dem Schluss, dass es sich bei der Arbeit um jenen Platz handelt, an dem sich Männer in unserer Kultur am tiefsten verletzt fühlen.

Der Archetyp des Jägers und Sammlers ist fast schon per Definition mit der Arbeit verbunden – nämlich mit der Aufgabe, Familie und Gemeinschaft zu versorgen. Das ist uralt. Wir arbeiten, um zu essen, um uns selbst und unsere Familien zu erhalten, um für Brot auf dem Tisch und ein Dach über unserem Kopf zu sorgen. Männer haben den Urdrang, diese essentielle Aufgabe erfolgreich zu erfüllen und damit dem Hauptzweck ihres inneren Jägers und Sammlers Genüge zu tun. Doch in alten Zeiten schloss das Verständnis des Begriffs „Familie“ auch die *erweiterte* Familie der Gemeinschaft ein. Der modernen, reduktionistischen und buchstäblichen Sichtweise der Kernfamilie, zu der nur die eigene Frau und Kinder sowie eventuell noch die eigenen alternden Eltern gehören, ist dieses Verständnis meist verlorengegangen. Ein Beispiel für diese gemeinschaftlich erweiterte Familie finden wir bei den australischen Aborigenes, wo die jungen Männer nicht von Vätern, sondern von adoptierten Onkeln ihres jeweiligen Totems in ihre Pubertätsriten initiiert werden. Hier können wir von unseren Jäger-und-Sammler-Vorfahren lernen. Sollte nicht jede Arbeit, die diese Bezeichnung zu Recht trägt, die Gemeinschaft heilen und zu ihrer Nachhaltigkeit beitragen? Heute bezeichnen wir jene Aktivitäten als unsere Rolle und Arbeit als Bürger, die unserer umfassenderen Familie zugute kommen. Als Mitbewohner unserer Gemeinschaften, Städte und der Erde selbst ist es unsere Verantwortung und auch unsere Pflicht jenen gegenüber, die uns einst folgen werden – unseren Nachkommen.

Die Muse jagen und ihr lauschen

Viele meiner Freunde sind Künstler, und so kann ich aus erster Hand miterleben, dass sich Künstler *immer auf der Jagd* befinden. Sie sammeln jene bedeutungsvollen Symbole und wunderbaren Bilder, die uns bewegen und der Welt einen Sinn geben. Sie befriedigen den Drang des Jägers und Sammlers danach, zu beobachten, ganz im jetzigen Moment zu sein und Freude zu erfahren. Ich engagiere gerne Künstler, damit sie im Rahmen der alternativen Bildungsseminare unterrichten, die ich seit dreißig Jahren durchführe. Ich habe einen Freund, der Rap-Musik macht und Filme dreht. Er hat meist seine Kamera dabei und hält oft inne, um eine kurze Aufnahme von einem Vogel, einem Baum, einem Wasserfall oder einem Fisch zu machen. Er ist immer wachsam und auf plötzlich erscheinende Bilder vorbereitet, die er in seiner filmischen Arbeit verwenden kann. Genau so bewegen sich Künstler durch die Welt: Sie warten nicht auf die Muse, sondern jagen und sammeln sie.

Ein anderer Freund ist ein autodidaktischer Architekt und Baumeister, der mit Begeisterung Wohnhäuser und andere Gebäude renoviert. Ich gehe gerne mit ihm die Straßen entlang, denn er bleibt immer wieder stehen, um ein Gebäude zu bewundern – eine Ecke hier oder ein Fenster dort – und auf das erlesene Design hinzuweisen. Manchmal „stiehlt" er Ideen von den Räumen und Gebäuden, die er besucht. Er ist immer aufmerksam, stets auf der Pirsch und immer auf der Jagd nach neuen Ideen.

Wieder ein anderer Freund ist ein Maler, der einen überaus originellen Stil hat. Auch er ahmt andere nicht nach, sondern beobachtet und sammelt. Er studiert klassische Gemälde und lernt aus ihrer Technik; er achtet und ehrt die Arbeit der Vergangenheit und integriert deren Fertigkeiten in seine eigene Arbeit. Er jagt aber nicht nur in Kunstwerken nach Techniken, sondern auch in den Straßen in seiner Umgebung, in seiner Erinnerung und bei den Menschen, denen er begegnet, nach Themen und Ideen. Er ist voller Freude, wenn er malt, weil er dann ein neues Geschenk in die Welt hineinbringt. Kunst ist in besonderem Maß ein Ausdruck der Freude, die es mit sich bringt, heute ein Jäger und Sammler zu sein. Authentische Künstler jagen, sammeln und kreieren nicht ihres Egos halber, sondern um der Gemeinschaft willen – so, wie es auch unsere Vorfahren taten.

Suchen und Lernen als Selbstzweck

Lassen Sie uns nicht all jene vergessen, die ihre Jäger-und-Sammler-Instinkte nach innen wenden. Das umfasst Menschen, die nach ihrer eigenen Identität suchen und streben, nach der Weisheit ihrer Ahnen, nach der Geschichte ihrer Familie und Gemeinschaft wie auch der Geschichte ihres Berufs und ihrer Abstammungslinie als menschliche Wesen, Erdbewohner, Sterngucker und Einwohner des Universums. Und auch jene, die ihrer authentischen religiösen Geschichte nachspüren. Immer, wenn ich die mittelalterlichen Mystiker erforscht habe – wie Hildegard von Bingen, Thomas von Aquin und Meister Eckhart – und nach dem Kosmischen Christus sowie der Weisheit meiner jüdischen und christlichen Vorfahren gesucht habe, war ich ein spiritueller Jäger und Sammler. Jede Form der Suche nach echter Spiritualität nährt die Seele und das eigene Leben. Das ist ebenso lebensnotwendig wie das Sammeln von nährender Kost. Ebenso, wie wir unseren Arbeitsbegriff erweitern, um Nahrung für die Familie *und* die Gemeinschaft zu beschaffen, kann auch unser spiritueller Weg dazu beitragen, den Weg anderer Menschen zu erleuchten. Es ist mir gelungen, aus meiner Suche eine eigene Hermeneutik zu gewinnen – einen Weg, die Weisheit der Vergangenheit im Licht unserer heutigen spirituellen Reise zu interpretieren. Die vier Pfade der Schöpfungsspiritualität[11] machen das möglich.

Jeder der oben genannten Bereiche kann als eine *Lernübung* verstanden werden. Beim Lernen handelt es sich um eine Aktivität, die zum Jagen und Sammeln gehört; sie macht sich unsere uralten Triebe der Aufmerksamkeit, der Intelligenz und der Freude zu Nutze. Wie ich in *The A.W.E. Project. Reinventing Education, Reinventing the Human* darlege, ist die Bildungserziehung in unserer modernen Welt oft von der Freude, dem Staunen, dem Risiko und dem Abenteuer abgetrennt, um die es beim Lernen eigentlich geht. Die Reduzierung des Lernens auf das Ablegen von Prüfungen – wie es das „No Child Left Behind"-Gesetz[12] nur allzu oft tut – ist kein guter Weg zur Erweckung der Instinkte des Jägers und Sammlers. Tatsächlich macht es sie zunichte. Es vernichtet das Abenteuer, die Vorstellungskraft und damit auch den Spaß und die Freude am Lernen. Die Bildungserziehung wird in unseren Schulen eine passive Angelegenheit, die kaum noch zum Jagen und Sammeln einlädt. Nur allzu oft trennen wir das Lernen von der Bildung – genau so, wie die gegenwärtige Gesellschaft die Spiritualität von der Religion, die Gerechtigkeit vom Gesetz sowie den Handel von der Verwaltung trennt. Deshalb fordere ich neue Bildungsformen, die eine Ancestral Wisdom Education[13] (A.W.E) zum Ziel haben.

Ich glaube, dass wir immer dann, wenn wir lernen, dieselben uralten Praktiken anwenden wie die ursprünglichen Jäger und Sammler, die in unserer Seele immer noch lebendig sind. Wir benutzen unsere Neugier und Intelligenz, suchen und pirschen uns an, sind wachsam und ausdrucksstark – und indem wir diese Elemente einsetzen, überleben wir nicht nur, sondern erhalten auch die Welt, in der wir leben. Das ist ernsthafte Arbeit. Das, was wir zu erforschen und worüber wir zu lernen wählen enthüllt, woran wir wahrhaftig interessiert sind. Es enthüllt unser Jäger-und-Sammler-Selbst, das – wie Diamond bemerkte – immer zutiefst an Dingen wie auch Menschen interessiert ist.

---

11) Ein Konzept, das Matthew Fox in seinem Buch Freundschaft mit dem Leben. Die vier Pfade der Schöpfungsspiritualität detaillierter ausgearbeitet hat.

12) Der No Child Left Behind Act ist ein Bildungsgesetz, das im Januar 2002 in Kraft trat und die Qualität der öffentlichen Schulen in den Vereinigten Staaten verbessern sowie für die Investition von mehr Geld in die Bildung sorgen soll. Zu diesem Zweck wurden flächendeckende Schulleistungstests eingeführt, und Schulen, die bei diesen Tests schlecht abschneiden, werden sanktioniert (!), was natürlich den Hauptfokus der Schulen auf die in regelmäßigen Abständen stattfindenden Prüfungen und nicht auf die zukünftige Lebensgestaltung ihrer Schüler richtet. Darüber hinaus dient das Gesetz dem Ziel, den Zugriff des Militärs auf Daten der Schüler zu Rekrutierungszwecken zu erleichtern, denn die Schulen werden im Rahmen dieses Gesetzes ebenfalls dazu verpflichtet, ihre Schülerlisten den Rekrutierungsbüros des Verteidigungsministeriums zu übermitteln. Die vom damals amtierenden Präsidenten George W. Bush mit Inkrafttreten dieses Gesetzes angekündigten Finanzierungshilfen für öffentliche Schulen in Amerika sind nie ausgezahlt worden. [A.d.Ü.]

13) In etwa: Bildung nach Art der Weisheit unserer Vorfahren. [A.d.Ü.]

Sport: Sammler und Jäger beim Spiel

Ehrenreich glaubt, dass „die Erfahrung kollektiver Ekstase heute, wenn überhaupt noch, dann höchstwahrscheinlich nicht in einer Kirche, bei einem Konzert oder einer Kundgebung, sondern bei einem Sportereignis gemacht werden kann. … Diese Spiele bieten heute das, was der Sport-Soziologe Allen Guttmann ‚saturnalien-artige Gelegenheiten zum uneingeschränkten Ausdruck von Gefühlen, die in unserem Alltagsleben strengstens kontrolliert werden' nennt". Allein in den Vereinigten Staaten wurden zwischen 1980 und 2003 101 Stadien gebaut, von denen jedes einzelne ein durchschnittliches Fassungsvermögen von etwa siebzigtausend Menschen hat. Jahrhundertelang spielten sich sportliche Spannungen entlang der Grenzen zwischen den verschiedenen sozialen Schichten ab, und ab dem frühen zwanzigsten Jahrhundert wurden Zuschauersportarten zu einem „proletarischen Massenkult". Heutige Sportereignisse spiegeln auf vielerlei Weise die Rituale zu Zeiten der Jäger und Sammler wider. So finden zum Beispiel die dazugehörigen Feiern in Form von Parkplatz-Partys mit Kostümen statt, die reich an Käseköpfen, Wikingerhelmen, Schweineschnauzen, in den Teamfarben bemalten Gesichtern und vielem mehr sind.

In unserer modernen Welt sind Sport und Wettkampf „sichere" und allgemein akzeptierte Bereiche, in denen Männer die Energien ihrer Jäger-und-Sammler-Vorfahren freisetzen können. Sicher war auch die ursprüngliche Beutejagd eine Art Wettkampf – zwischen Jägern oder Stämmen, zwischen Mann und Tier – und die Belohnung für einen Erfolg bestand nicht nur in einem gefüllten Bauch, sondern auch in Bewunderung und Anerkennung sowie in einem Gefühl persönlichen Stolzes. Tatsächlich weist Jared Diamond in seinen Studien der Jäger und Sammler darauf hin, dass diese bei der Wahl der Beute „dazu neigten, sich von Prestige-Gedanken leiten zu lassen, wenn es sich um männliche Jäger handelte". Dementsprechend mag eine Giraffe zwar nicht unbedingt die praktischste Wahl sein, aber sie bringt dem Jäger mehr Bewunderung ein, als wenn er zum Beispiel mit ein paar Kaninchen ankommt. Die Beschaffung von Delikatessen oder schwer zu tötenden Tieren erhöht das Ansehen. Es ist leicht zu erkennen, wie sich dieser „Prestige-Faktor" auf den modernen Sport und Wettkampf übertragen lässt – wo Angler versuchen, sich gegenseitig mit Geschichten vom größten Fisch zu beeindrucken und wo das Gewinnen allein zwar bereits lobenswert ist, es aber den Status des Gewinners am meisten erhöht, wenn er die „beste" Mannschaft mit dem größtmöglichen Abstand hinter sich lässt.

Darüber hinaus bringt die Jagd nach wilder Beute für wirkliche Jäger und Sammler echte Gefahren und Abenteuer mit sich – sie müssen Waffen einsetzen, deren Verwendung Können und Geschick erfordert, ihre Beute studieren und verstehen und körperliche Verletzungen bis hin zum Tod riskieren, wenn sie sich der Beute nähern. Der Sport verwendet und verfeinert dieselben Fähigkeiten: Er erfordert Wachsamkeit, Tapferkeit, Geschick, eine gute Beobachtungsgabe sowie Intelligenz und bringt körperliche Risiken mit sich. Wie der Jäger ist auch der Sportler ganz auf seinen Körper eingestellt und muss dessen gute Form erhalten. Und wie für den Jäger gibt es auch für ihn ein Ziel oder einen Preis: Der Athlet strebt danach, der Schnellste zu sein, am meisten Punkte zu erringen und den Sieg sicherzustellen. Für professionelle Sportler führt ein Gewinn auch zu einem besseren Einkommen (und bringt somit Essen auf den Tisch), aber für alle Athleten gilt gleichermaßen, dass der Siegespreis ihren Anhängern und ihrer Gemeinschaft eine gewisse emotionale Befriedigung verschafft. Die Belohnung dafür ist nicht nur persönlicher Natur, sondern wird mit einem ganzen Stadion geteilt, das jubelt und sich die Lunge aus dem Leib brüllt, oder mit einer Stadt und manchmal mit einem ganzen Land. Darüber hinaus greifen Sportler auf die Energien des Jägers und Sammlers zu, wenn sie als Team arbeiten. Ist das nicht einer der Hauptgründe, warum Jungen überhaupt dazu ermuntert werden, an organisierten Sportarten teilzunehmen? Um zu lernen, wie man als Team arbeitet, um ein Gefühl für Kameradschaft und ein gemeinsames Ziel zu entwickeln, um zu erfahren, wie man kooperiert und der Mannschaft dient, damit nicht nur das einzelne Teammitglied, sondern die Mannschaft als Ganzes erfolgreich ist.

Wie bei der Jagd birgt auch der Sport den Nervenkitzel, der vom Element der Spannung und Überraschung, von spontanen Ergebnissen, von Wagemut und Abenteuer ausgelöst wird – von all dem, was das Beste in uns zum Vorschein bringt. Der Wettkampf kann diese positive Wirkung vor allem auf die männliche Psyche haben – er kann uns aus der Lethargie und Passivität wecken und zu Höchstleistungen anspornen. Wir trainieren hart, um stärker, aufmerksamer und fähiger zu werden und so unseren Gegner noch besser übertreffen zu können. Das ist in vielerlei Hinsicht ein sehr positiver Ausdruck des Jäger-und-Sammler-Ahnen in uns.

Wie jede menschliche Erfindung und Aktivität hat natürlich auch der moderne Sport seine Schattenseiten. Der ersten davon begegnen wir dann, wenn unsere „Teilnahme" am Sport nur noch in Form des Zuschauens stattfindet. Manchmal investieren wir mehr Zeit dafür, sportlichen Ereignissen zuzusehen, als selbst Sport zu treiben. Die in unserer Kultur anzutreffende sportliche Besessenheit macht das in Kombination mit den modernen Medien nur zu einfach. Gibt es in den vierundzwanzig Stunden unseres Tages auch nur eine einzige Minute, wo im Fernsehen *kein* Sport zu sehen ist – sei es nun Basketball, Football, Baseball, Golf oder Tischtennis? Natürlich nicht. Wenn wir uns in dauerndem und zwanghaftem Zuschauen verstricken (die Sportsucht gibt es wirklich), werden wir passiv. Wir werden zu stellvertretenden Athleten. Wenn das passiert, verbessert der Sport unsere körperliche und geistige Gesundheit nicht mehr und steht auch nicht mehr im Dienst von Familie und Gemeinschaft. Stattdessen geschieht genau das Gegenteil. Möglicherweise leidet unsere körperliche Gesundheit darunter, oder wir vernachlässigen unseren eigentlichen Beruf und unsere Familie. Im Extremfall mag es zwar so aussehen, als ob wir uns bei der Beobachtung von Sportereignissen „ganz im gegenwärtigen Augenblick" befinden würden, tatsächlich aber beweihräuchern wir unsere verlorene Jugend und unser einstmals so athletisches Selbst. Dann schwelgen wir in nostalgischen Gefühlen und leben in der Vergangenheit. Und selbst diese Vergangenheit ist unter Umständen nur eine Art Traum oder Erfindung von Erfolgen und Leistungen, die es nie wirklich gegeben hat.

Das ist keine authentische Jäger-und-Sammler-Energie. Ein hauptsächlich in der Vergangenheit lebender Jäger ist für sich wie auch seine „Jagdmannschaft" gefährlich. Ein stellvertretender Athlet oder nostalgischer Fan greift nicht auf seinen inneren Jäger und Sammler zu.

Das soll nicht bedeuten, dass wir unsere vergangenen athletischen Leistungen nicht erinnern und anerkennen oder unseren Lieblingsmannschaften nicht zujubeln dürfen, aber wir sollten all das nicht zum Anlass für nostalgische Gefühle nehmen (als wenn der beste Teil des Lebens, seine größten Abenteuer und seine tiefste Schönheit ein für alle Mal vorbei wären), und wir sollten uns davon auch nicht zur Untätigkeit veranlasst fühlen. Es trifft zwar zu, dass unser Körper mit zunehmendem Alter nicht mehr so leistungsfähig ist wie früher, aber wir können immer noch Athleten sein. Wir können uns nach wie vor auf all die positiven Weisen in den Sport einbringen, für die der Jäger und Sammler als Beispiel dient: als Weg zur Verbesserung unserer Aufmerksamkeit und unserer Fähigkeiten, als eine Art, mit der Welt und anderen in Kontakt zu treten – nur heute vielleicht als Trainer und Mentor für Jungen und nicht mehr als jugendlicher Athlet selbst. Mit Sicherheit arbeiteten unsere Jäger-Vorfahren genauso: Sie unterrichteten jüngere Jäger und stellten auf diese Weise deren Überleben sicher, stärkten die Familien und erhielten ihre Gemeinschaften.

Eine andere Schattenseite des Sports ist unsere enge Definition und exzessive Verherrlichung von Athleten. Scheinbar sind es nur Sportler wie Tiger Woods, Muhammad Ali oder Michael Jordan wert, gerühmt und nachgeahmt zu werden, und offenbar stellen professionelle Athleten die einzigen „Helden" oder „Krieger" dar, die uns als Vorbild dienen können. Doch der Jäger und Sammler lehrt uns, dass für das Überleben der Gemeinschaft alle Männer von Bedeutung sind. Jeder von ihnen muss seiner Rolle auf wagemutige, intelligente und geschickte Weise gerecht werden. Diese Lektion müssen wir an unsere heutigen Jugendlichen weitergeben. Nicht alle von ihnen werden große sportliche Fähigkeiten haben oder überhaupt eine Sportart ausüben. Aber der sportliche Erfolg ist bei weitem nicht so wichtig wie die Teilnahme daran, und es ist auch nicht die einzige Arena, in der Jungen ihre Jäger-und-Sammler-Energie zum Einsatz bringen können. Wettkampf und Athletik sind nicht auf das Spielfeld beschränkt.

Eine dritte Schattenseite des Sports besteht in übertriebenem Glauben an den Nutzen des Wettbewerbs. Wie wir bereits gezeigt haben, hat der Wettbewerb durchaus seine positiven Seiten. Er bekämpft die Bequemlichkeit und das Dasein als Sofaheld, nämlich die Versuchung, nur noch Spiele im Fernsehen anzusehen. Wenn wir dieser Versuchung erliegen, anstatt Jäger zu sein, werden wir selbst zu den Gejagten: Dann sind wir Beute für die Konzerne und die politischen Kräfte, die es bevorzugen, wenn wir passiv und unkritisch sind und das Denken einstellen. Für jene, die es bevorzugen, uns als Konsumenten zu sehen.

Wettbewerb kann aber auch zu *Schamgefühlen* führen. Vielleicht ist das der dunkelste Schatten, den der moderne Sport wirft. Konkurrenzstreben ist ein dem Archetypen des Jägers und Sammlers innewohnender Urtrieb, aber wenn er – wie so oft heutzutage – auf die Spitze getrieben wird, kann er überaus zerstörerisch wirken.

Ich sprach mit dem Psychologen John Conger darüber. Hier sind seine Gedanken dazu:

> Ich glaube, wir sehen uns heute hochgradigen Anforderungen gegenüber. Denn auf der einen Seite haben wir diese wettbewerbsorientierte Odysseus-Welt, in der man den Diskus weiter werfen soll als jeder andere. Und wenn man das nicht tut, wird man nicht als richtiger Mann betrachtet. In dieser Kultur herrscht ein großer Druck dahingehend, narzisstisches Verhalten anzuwenden. Wenn wir verlieren, sind wir nichts wert. Männer sind dazu bestimmt, zu gewinnen. Sie sind dazu bestimmt, die besten Abschlüsse zu machen, Doktortitel zu erringen und einfach erfolgreich zu sein, denn wenn man ein Verlierer ist, wird dich keine Frau mehr haben wollen, weil Frauen einen erfolgreichen Mann suchen, um ein Nest für ihre Kinder schaffen zu können. Deshalb sind Männer dem erheblichen Druck ausgesetzt, sich nur um sich selbst zu kümmern und sehr erfolgreich zu sein. Aber aus demselben Grund werden sie auch angegriffen – eben weil sie sich nur um sich selbst kümmern. Tatsächlich aber geht es dabei um die *Schande,* die es bedeutet, kein Gewinner zu sein. Wenn du nicht die Nummer Eins bist, dann solltest du wenigstens unter den ersten zehn Prozent sein. Auf das richtige College gehen.

Einfach ausgedrückt: Wettkampf ist nicht immer gut, und zu viel davon ist schlecht. Seit Jahrhunderten erhalten wir vergiftende Botschaften von der „Notwendigkeit" des Wettbewerbs für das Überleben, wie sie zum Beispiel in der Aussage des Philosophen Thomas Hobbes, Gefühllosigkeit sei das Kennzeichen der Natur oder des Darwinistischen Grundsatzes vom „Überleben des Stärkeren"[14] Widerhall finden. Tatsächlich stellt, wie die Wissenschaft mittlerweile in umfassendem Maße begreift,

14) Das ist zwar die übliche Standardübersetzung, aber leider ist sie falsch. Im Original lautet die Formulierung „the survival of the fittest" – das Überleben des Angepasstesten. Darwin wird häufig recht verfälscht wiedergegeben – er hat weder die Evolutionstheorie begründet, sondern sie lediglich (wenn auch mit einem wirklich großen Wurf) weiterentwickelt (der Franzose Jean-Baptiste Lamarck war der erste Wissenschaftler, der im 18. Jahrhundert beschloss, dem biblischen Schöpfungsmythos eine wissenschaftliche Kreationstheorie entgegenzusetzen, die auf einer allmählichen Veränderung der Arten beruhte), noch hat er jemals vom Überleben des Stärkeren gesprochen. Der englische Begriff „fit" bedeutet „geeignet", weshalb er den für seine spezielle Umgebung am geeignetsten ausgestatteten Organismus beschreibt und keineswegs denjenigen, der sich, wie nach moderner Deutung gerne angenom-

Kooperation oft die weitaus wirksamere Überlebensstrategie dar als der Wettbewerb. Speziell im Sport wird der Wettkampf ohne eine Zusammenarbeit innerhalb der Mannschaft und zwischen den einzelnen Spielern schlicht unmöglich.

Stattdessen sollten wir bedenken, dass der Archetyp des Jägers und Sammlers der Kooperation ebenso viel oder sogar noch mehr Bedeutung zumisst wie dem Wettbewerb. Jäger und Sammler jagten weitaus öfter *gemeinsam* als alleine. Man könnte sagen, dass der Wettbewerb den Anfang darstellt, aber die Zusammenarbeit das weitaus höher entwickelte Prinzip ist. Ungesunder Wettbewerb führt dazu, dass eine einzelne Person auf Kosten anderer Erfolg hat. Gesunder Wettbewerb erhält jedoch alle, wobei sich der Fokus der Aufmerksamkeit immer auf die eigene Person richtet – und zwar in dem Bestreben, ständig die eigenen Fähigkeiten zu verbessern und noch vorzüglichere Leistungen zu erbringen. Das ist eine wunderbare Sache, denn wir sollten immer mit uns selbst wetteifern und nach Vorzüglichkeit streben. In einem anderen Zusammenhang betrachtet vermute ich, dass dieses Verständnis, mit sich selbst zu wetteifern, Mohammeds Vorstellung vom „Djihad" sehr viel mehr entspricht, als auf selbstgerechte Weise gegen andere Krieg zu führen. Mohammed selbst sagte, die erste und wesentlichste Bedeutung des Djihad bestehe im Djihad mit sich selbst.

Wenn man das Prinzip des Wettbewerbs mit anderen sich selbst überlässt, führt es oft zum Krieg. Es führt zu einer *Überfütterung des Reptiliengehirns.* Und das ist für unsere Art zu diesem historischen Zeitpunkt eine überaus ernste Angelegenheit. Das Reptiliengehirn kommt bei Fragen zum Thema Aktion/Reaktion, „Angriff oder Flucht" bzw. gewinnen/verlieren zum Einsatz. Wir müssen jedoch das entwicklungsgeschichtlich jüngere *Säugetiergehirn* weiterentwickeln, das nur halb so alt ist wie das Reptiliengehirn, aber etwas Besonderes darstellt, weil es unserem Planeten das Mitgefühl gebracht hat (vielleicht sind deshalb sowohl in der hebräischen als auch arabischen Sprache die Wurzeln für „Schoß" und „Mitgefühl" identisch).

Lassen Wettkampfsportarten noch Raum für das Lehren und die Anwendung von Mitgefühl? Durchaus, aber es wird dennoch nur selten getan. Nur allzu oft wird der Sport stattdessen zu einem reinen Ausdruck der Energie des Reptiliengehirns. Woran können wir erkennen, wann unser Enthusiasmus für den Wettkampf zu weit geht? Daran, dass wir unsere Gefühle nicht mehr kontrollieren können und infolge dessen aggressiv und gewalttätig werden – wenn zum Beispiel ein überdrehter Vater während des Baseballspiels des eigenen Sohns auf das Spielfeld stürzt, um eine „schlechte Schiedsrichterentscheidung" anzufechten und in eine körperliche Auseinandersetzung mit dem Schiedsrichter oder anderen Eltern gerät. Wir hören immer wieder solche Geschichten – sie warnen uns, dass wir in unserer Begeisterung für den Wettkampf zu weit gegangen sind und das Reptiliengehirn übernommen hat.

---

men, am brutalsten an die Spitze setzen kann. Somit ist Darwins Werk selbst zu einem Opfer des von Matthew Fox beschriebenen übertriebenen und ungesunden Konkurrenzdenkens geworden. [A.d.Ü.]

Eine gute Möglichkeit zur Neubewertung von Sport und Wettkampf in Hinsicht auf wahre Jäger-und-Sammler-Energie besteht darin, von ihnen als *dienendem Abenteuer* zu denken. Was genau meint „dienen" hier? Das Wort „service" entstammt dem lateinischen Begriff *servire*, womit ursprünglich die Arbeit der Sklaven bezeichnet wurde. Das ist interessant, weil Sklaven zur Zeit des Römischen Imperiums im Wettkampfspiel des Krieges als Beute dienten. Es handelte sich bei ihnen um männliche Gefangene, die mit nach Rom zurückgebracht wurden, um dort auf vielerlei Weise der Oberschicht zu dienen – unter anderem auch, indem sie die Massen als Gladiatoren mit tödlichen Sportereignissen unterhielten. Ich finde es ermutigend, dass der Begriff des Dienens heute nicht mehr die Arbeit eines Sklaven bezeichnet. Er ist aufgewertet worden und benennt nun einen liebenden Akt der Freundlichkeit, eine hilfreiche Geste oder die Unterstützung eines Fremden. Lassen Sie uns einen Lehrer als Beispiel nehmen. Ein Lehrer kennt die meisten seiner Schüler zunächst nicht. Sie kommen am ersten Schultag als Fremde zu ihm, die faktisch um seine Hilfe, seine Fähigkeiten und seine Mentorenschaft bitten. Und das gibt er ihnen. Er gibt es diesen Fremden. Er dient ihnen. Und es kann durchaus geschehen, dass er und seine Schüler (oder zumindest einige davon) am Ende des Semesters Freunde geworden sind.

Dasselbe spielt sich bei einem Berater, einem Geschäftsmann, einem Automechaniker, einem Schauspieler oder einem Musiker ab. Wir teilen unsere Gaben ständig mit anderen – wir dienen ihnen, und zwar nicht aus der Verpflichtung des Sklaven heraus, sondern aus bereitwilligem Mitempfinden. Wir tun es mit unserer Arbeit und auf vielerlei andere Weise, aber man kann auf diese Art auch an den Sport herangehen. Das ist wie eine breite Straße, die wir gemeinsam gehen können, um andere zu unterstützen und ihnen Auftrieb zu geben sowie die Macht unserer Jäger-und-Sammler-Energie in der gegenwärtigen Arbeitswelt zu nutzen. Was immer wir auch tun, so lange unsere Arbeit der sozialen und der umfassenderen Erdgemeinschaft auf positive Weise dient, leben wir den Archetypen des Jägers und Sammlers.

Die Rolle des Automobils

Gibt es eine nostalgische Verbindung zwischen Autos und unserer uralten Jäger-und-Sammler-Seele? Warum werden so viele Autos oder LKW nach großen Landsäugetieren oder anderen Raubtieren benannt? Da gibt es Mustangs, Mantas und Jaguare und so fort. Werden die Instinkte des Jägers und Sammlers im Mann erweckt, wenn er ein Auto oder einen Laster fährt? Fahrzeuge unterstützen uns bei unserer Arbeit als Jäger und Sammler, indem sie uns zur Arbeit und zum Laden sowie zu unserem Gehaltsscheck und zur Bank und dann wieder nach Hause bringen. Sie sind unerlässliche Werkzeuge, weshalb wir die zum Fahren notwendigen Fertigkeiten entwickeln müssen.

Aber das Fahren ist keineswegs nur zielorientiert, sondern stellt vielmehr einen Prozess dar. Sicher haben unsere jagenden und sammelnden Vorfahren ähnlich empfunden: Zwar war das Ziel der Jagd von großer Wichtigkeit, dasselbe traf aber auch auf die Art zu, wie sie durchgeführt wurde, also die Rituale und Methoden sowie der Nervenkitzel der Jagd selbst. Vielleicht führen wir immer dann, wenn wir ein Fahrzeug auswählen, den ritualisierten Aspekt der Jagd aus. Wir suchen nach einem Fahrzeug, das uns eine Erfahrung ermöglicht, die auf gewisse Weise jener der Jagd entspricht. Natürlich sind oft die Leistungsfähigkeit, die Atmosphäre, die Möglichkeiten und das Aussehen des Fahrzeugs bereits ein Selbstzweck und keineswegs nur die Mittel zum Ziel. Dann „jagen" wir nach einem Auto, für das wir bewundert werden.

Das ist die Welt der Reklame und der Illusionen, die jedoch über große Macht verfügt, weil sie etwas tief in unserer Seele Verborgenes anspricht. Fahrzeuge scheinen uns als „männlich" zu definieren, was aber meist nur zu einer stellvertretenden Erfahrung unserer selbst als Jäger und Sammler führt. Jedes andere, alte Auto könnte uns ebenso gut zur Arbeit bringen, aber wir lassen uns von dem Gefühl ablenken, nur bestimmte Fahrzeuge seien als Ausdruck unseres Könnens und unserer Fähigkeiten geeignet. Mit dem richtigen Auto werden wir wieder zu Jägern und Sammlern. Oder bilden es uns zumindest ein. Und so beobachten wir live oder im Fernsehen Serienwagenrennen und identifizieren uns mit der Aufregung des Rennens, die für uns das sportliche Element – das Erreichen der Ziellinie – mit dem Element der Verfolgungsjagd kombiniert.

Jagen und Wandern

Wie sieht es aber mit der Jagd selbst aus? Wäre das nicht der direkteste Weg zur Kanalisierung des eigenen inneren Jägers und Sammlers, und zwar ohne Einbeziehung irgendwelcher Metaphern? Ja und nein. Zum einen ist das Jagen heute kaum mehr notwendig, sondern wird aus freier Entscheidung heraus betrieben. Es dient als Sport und Erholung und ist deshalb oft auf Wochenendausflüge oder Ferienreisen beschränkt. Und auch, wenn viele Jäger durchaus essen, was sie getötet oder gefangen haben, müssten die meisten Menschen keineswegs Hunger leiden, wenn sie nicht jagen würden oder mit leeren Händen nach Hause kämen – sie würden einfach in den nächsten Supermarkt gehen. Das verändert die Natur dieser Aktivität deutlich. Die Schattenseite des Jagens ähnelt der des Sports: Es kann zu einem Weg werden, fälschlich das eigene Ego aufzublähen („Du hättest mal den Bock sehen sollen, den ich erbeutet habe"), entweder durch das Element des Kampfes („Du hättest sehen sollen, wie dieser Fisch gekämpft hat!") oder durch die Dominanzerfahrung (töten um des Tötens willen). Jedoch bietet die Jagd oft auch die Möglichkeit zu kontemplativen Naturaufenthalten (wie ich sie erlebt habe, als ich in meiner Jugend bei Sonnenaufgang im Mendota-See in Madison, Wisconsin, angelte). Viele Männer finden, dass die Jagd ein guter Vorwand dafür ist, in den Wald, in die Wildnis oder ans Wasser zurückzukehren, wo sie fern des Verkehrs, der Geschäfte und des Lärms ihres Alltagslebens ihre Seele erfrischen. Die Einsamkeit zieht sie an.

Die Natur und die Besinnlichkeit in der Natur rufen sie. Aber sie *tun so*, als ob es dabei ums Jagen oder Angeln ginge.

Einsamkeit ist eine tiefgehende Angelegenheit. Ich bin davon überzeugt, dass es die Einsamkeit ist, die uns den Übergang vom Reptiliengehirn (Reptilien sind Experten im Alleinsein, nicht im Eingehen von Bindungen) zum mitfühlenden Säugetiergehirn ermöglicht (Säugetiere haben einen besseren Zugang zu Bindung und Verwandtschaft). Aber um das zu erreichen, ist es notwendig, sich im Alleinsein zu üben. Und so haben viele Männer festgestellt, dass Dinge wie das Angeln oder Jagen eine hervorragende Tarnung für etwas darstellen, das in Wirklichkeit ihre bevorzugte und effektivste spirituelle Übung ist, die ihnen Zugang zu authentischer Stille, Ruhe und Einsamkeit verschafft.

Eine andere Möglichkeit, dasselbe zu erreichen, besteht darin, den Gegenstand der Jagd zu entfernen und die Natur einfach wandernd, laufend oder pilgernd zu erleben. Zum Pilgern gehört das Rucksackwandern ebenso wie die direkte Begegnung mit der Natur – all das mit dem Ziel, schwierige Situationen zu überwinden, sich der eigenen Natur zu stellen und deren Lebendigkeit zu erfahren. Robert Lawrence France ist Professor für ökologisches Management und Umwelttheorie an der Harvard-Universität. Er hat schon viele Pilgerreisen unternommen – zum Beispiel auf dem Jakobsweg nach Santiago de Compostela und eine dreimonatige Überquerung der Ellesmere-Insel mit dem Hundeschlitten in der kanadischen Hocharktis. In seinem jüngsten Buch *Ultreia! Onward! Progress of the Pilgrim* stellt er eine Philosophie des Pilgerns vor, die das Ergebnis sowohl seiner eigenen Erfahrungen als auch jener vieler anderer Menschen ist. Das Buch erzählt von Hautblasen und Erschöpfung, von Siegen, von Regen und dem Nachthimmel, von Verletzlichkeit, von Gesprächen und Kameradschaft und von Urerfahrungen der Seele und des Geistes. Es berichtet von Begegnungen mit Pflanzen, Blumen, Tieren und Bienen, die man verpasst, wenn man in klimatisierten Autos, Zügen und Flugzeugen durch das Leben reist. Das ist echtes und nicht stellvertretendes Jagen und Sammeln.

Ich bin mit einem dreißigjährigen Highschool-Mathematiklehrer befreundet, der während der Sommerferien gerne auf Rucksacktour durch Thailand geht, wo er die ersten elf Jahre seines Lebens verbracht hat, weil er dort in einem Flüchtlingslager zur Welt gekommen und aufgewachsen ist. Seine Familie stammte aus den Bergen von Laos und war vor dem dort tobenden Krieg geflohen. Ich fragte ihn, was ihm an Rucksacktouren am meisten gefalle. Er sagte: „Die Freiheit. Ich gehe, wohin ich will und bleibe, solange ich will. Es gibt keinen Zeitplan, der eingehalten und keine Termine, die abgearbeitet werden müssen." Seine Mutter stammt aus dem indigenen Volk der Hmong in Laos, weshalb ich vermute, dass sein Freiheitsgefühl beim Wandern in Verbindung zu seiner Abstammung von Menschen steht, die noch ganz nah an der Lebensweise der Jäger und Sammler sind. Außerdem ist er äußerst begabt im Umgang mit Pflanzen und im Kochen. Es gelingt ihm wie selbstverständlich – man könnte sagen, auf organische Weise.

Das Geschäftsleben

Wer könnte leugnen, dass die Geschäftswelt, der An- und Verkauf von Gütern, von den Instinkten des Jägers und Sammlers angetrieben wird? Ein Geschäftsmann sucht zum Beispiel nach einer Nachfrage auf dem Markt oder nach einem Werbefachmann, der diese Nachfrage wecken kann. Oder er hält nach einem Ort Ausschau, der zur Begegnung mit dem Kunden geeignet ist. Es ist deutlich erkennbar, dass viele Bereiche des Handels Jäger-und-Sammler-Strategien beinhalten. Auch werden dabei uralte Energien erweckt, zu denen auch der Nervenkitzel der Jagd und die Aufregung beim „Töten" (sprich: beim Verkauf) gehören – ebenso wie die Kameradschaft von Mitarbeitern oder Partnern, die das „Team", also die Jagdgemeinschaft darstellen.

Doch auch der Käufer arbeitet mit der Energie des Jägers und Sammlers, wenn er nach dem besten Abschluss, einem Qualitätsprodukt, dem neuesten Trend, dem preiswertesten Angebot oder dem besten Darlehen sucht. Ein großer Teil des Handels basiert darauf, die Instinkte des Jägers und Sammlers anzusprechen.

Sucht

Eine andere Schattenseite des Jägers und Sammlers ist die Sucht. Bedenken Sie, wie geschickt ein Alkoholiker nach Spirituosen jagt. Oft ist er dabei erfolgreich und findet trotz gegenteiliger Bemühungen von Freunden und geliebten Menschen einen Weg zur Flasche. Auch wenn das destruktiv ist, weil die Beute dem Jäger Schaden zufügt und sein Ansehen nicht erhöht, wird dennoch ein bestimmtes Ziel erreicht, werden Hindernisse überwunden und Fähigkeiten verbessert. Man könnte sagen, dass der Jäger im Suchtszenario zum Gejagten wird. Oder, anders ausgedrückt: Der Süchtige (und zwar unabhängig davon, ob es sich um eine Abhängigkeit von Drogen, Geld, Macht, Sex, Einkaufen oder Arbeit handelt) fühlt sich von der Beute verfolgt, weil diese ihn heimsucht, verfolgt und nicht mehr loslässt. In diesem Fall muss man kapitulieren, um wieder die Kontrolle über das eigene Leben übernehmen und gesunde Beute erkennen zu können.

In Bezug auf Sucht und den Archetypen des Jägers und Sammlers stellt zwanghaftes Einkaufen in der heutigen Kultur eine besonders heimtückische und weit verbreitete Variante dar. Tatsächlich wird diese Abhängigkeit von der modernen Konsumentenwirtschaft sogar noch unterstützt, weil diese ständig Wünsche und Notwendigkeiten miteinander verwechselt. Natürlich handelt es sich beim Einkaufen klarerweise um eine Jäger-und-Sammler-Aktivität, aber das Marketing und die Werbekampagnen der großen Konzerne kehren dieses Prinzip vollständig um, indem sie uns mithilfe von Werbung davon überzeugen, dass Ansehen und Erfolg nur mit bestimmten Marken in Verbindung stehen, weshalb wir diese kaufen. Tatsächlich jedoch sind wir alle zum von den Konzernjägern verfolgten Jagdwild geworden, und unsere Bedürfnisse oder im schlimmsten Fall unsere Abhängigkeit machen uns zu leichter Beute.

Auch Scott Sanders hat diese Verbindung zwischen dem Konsumerismus und unseren jagenden und sammelnden Vorfahren beobachtet. Er schreibt: „Es scheint, dass wir aufgrund unserer Evolutionsgeschichte Wohlergehen mit stetem Wachstum gleichsetzen. Wir streben nicht nur nach mehr Nachwuchs, sondern auch nach mehr von so gut wie allem – mehr Schuhen, Fleisch, Pferdestärken und sonstige Beute. In einer Jäger-und-Sammler-Gesellschaft – der Arena, in der unsere Vorfahren abgesehen von den letzten paar Tausend Jahren ihre gesamte Existenz verbrachten – wurden die Früchte der Suche des Einzelnen nach mehr Nahrung, besseren Werkzeugen und reichhaltigerem Land zum Stamm zurückgebracht und mit diesem geteilt." Er warnt uns davor, was passiert, wenn wir nicht teilen: „Das stete Verlangen nach mehr, das den Stämmen der Jäger und Sammler gute Dienste leistete, ist in diesem Zeitalter der schlauen Maschinen und der Bevölkerungsexplosion zu einer Bedrohung geworden. Unsere Hinwendung zu unaufhörlichem Wachstum gefährdet den Planeten, weil sie unsere Ressourcen erschöpft, zu einer schnelleren Zunahme der Umweltverschmutzung führt und unsere Spezies in die Auslöschung treibt." Seiner Ansicht nach müssen wir mehr Eigeninitiative zeigen, wenn es darum geht, den ausschweifenden Überschuss zu drosseln: „Ich fürchte, die Biologie ist ganz auf Seiten des Einkaufens, der Maßlosigkeit und des zwanghaften Wachstums. Wenn wir hier mehr Zurückhaltung erreichen wollen, wird das aus der Kultur kommen müssen – aus dieser gemeinsamen Konversation, mit deren Hilfe wir unsere Gelüste regeln." Obwohl wir wissen, dass der durchschnittliche Amerikaner etwa die dreißigfache Menge an nicht erneuerbaren Ressourcen der Erde konsumiert wie die Einwohner Indiens oder Mexikos, betrachtet Sanders dies als Signal der Hoffnung: „Dieser Exzess ist ein Grund zur Hoffnung, den er bedeutet, dass wir unseren Verbrauch von Nahrungsmitteln, Brennstoffen, Holz und Metall, aber auch die Größe unserer Häuser und Kleiderschränke auf dramatische Weise verringern könnten, ohne unter irgendeiner Form der Entbehrung leiden zu müssen. … So, wie wir fett geworden sind, weil wir zu viel essen und trinken, könnten wir fit werden, wenn wir weniger zu uns nehmen."

Die Jagd nach Gerechtigkeit: spirituelle Krieger

Der Archetyp des Jägers und Sammlers basiert auf einem wesentlichen Aspekt des menschlichen Überlebens: der Ernährung unserer eigenen Körper und der uns von der Gemeinschaft anvertrauten Menschen. Wenn wir die Energie des Jägers und Sammlers jedoch auf das umfassendere Thema der sozialen Gerechtigkeit richten, betreten wir das Reich des spirituellen Kriegers. Zu diesen Jägern der Gerechtigkeit gehören Gandhi, Martin Luther King jr., Óscar Romero[15], Malcolm X[16],

15) Óscar Romero (1917 – 1980) war ein katholischer Erzbischof in San Salvador, der für soziale Reformen und politische Gerechtigkeit eintrat und damit in Konflikt mit der damaligen Militärdiktatur des Landes geriet. Diese ließ ihn schließlich am 24. März 1980 von einem Soldaten ermorden, was zum Auslöser des Bürgerkriegs in San Salvador wurde.

16) Malcolm X (1925-1965) war einer der Führer der US-amerikanischen Bürgerrechtsbewegung, in der er eine Gegenposition zu Martin Luther King jr. einnahm. Während Luther King einen christ-

Buck Ghosthorse[17] und Jesus. Die Jäger nach Gerechtigkeit stellen oft eine Herausforderung für ihre Gemeinschaften dar, wofür sie nicht immer Zustimmung erhalten. Ganz im Gegenteil werden sie deshalb oft selbst zu Gejagten. Gandhi, King, Romero, Malcolm X, Jesus, Medgar Evans[18]: Sie alle wurden erschossen, weil sie nach sozialer Gerechtigkeit strebten. Während der US-amerikanischen Bürgerrechtsbewegung der sechziger Jahre des vergangenen Jahrhunderts stellte der Ku-Klux-Klan eine Jagd-Organisation dar, die den Nazis während dem Zweiten Weltkrieg und vielen ultra-orthodoxen, fundamentalistischen Religionen der heutigen Zeit vergleichbar war. Unsere mittelalterlichen Vorfahren pflegten zu sagen: „Corruptio optimi est pessima" – „Die Korruption der Besten ist das Schlimmste." Diese Gruppen korrumpieren den Akt der Jagd und benutzen ihn dazu, die edelsten Jäger in unserer Mitte zu jagen.

Im Angesicht solchen Hasses bedarf es der Kriegerenergie, um ein Jäger und Sammler zu sein, der nach den kostbarsten menschlichen Zielen jagt: Gerechtigkeit, Freiheit und Wahrheit, damit alle Menschen blühen und gedeihen können. Entsprechend werden wir den Kriegerarchetypen im nächsten Kapitel betrachten.

Die Jäger-und-Sammler-Erfahrung ist so tief in unserer Seele und unseren Erinnerungen verankert, dass ich glaube, eines sagen zu können: Wenn unsere Arbeit die Jäger-und-Sammler-Dimensionen des Abenteuers, der Kreativität, der Freude, der Gemeinschaft, des Strebens, der Wachsamkeit, der Spontaneität und der Überraschung enthält, ist sie wahrhaft menschliche Arbeit. Wenn ihr jedoch diese Dimensionen fehlen, müssen wir uns fragen, ob unsere Arbeit tatsächlich uns und unsere Gemeinschaft erhält. Ein *Job* versorgt uns mit einem Gehaltsscheck und dem, was wir für unser wirtschaftliches Überleben benötigen, aber die Arbeit, für die wir bestimmt sind und die der Grund dafür sein könnte, warum wir uns auf diesem Planeten befinden, bietet noch viel mehr. Sie wird wie schon bei unseren jagenden und sammelnden Vorfahren immer dazu beitragen, der umfassenderen Gemeinschaft zu dienen, was auch jene einschließt, die nach uns kommen. E.F. Schumacher beklagt, dass in einer Zeit, in der wir gegen eine Verletzung des Körpers, aber nicht gegen den Missbrauch der Psyche versichert sind, die Seelen so vieler Men-

lich-gewaltlosen Ansatz lehrte, vertrat Malcom X das Recht der Schwarzen auf Selbstverteidigung und Notwehr und forderte zum aktiven Widerstand gegen die Unterdrückung der Schwarzen auf. Als Mohammedaner und Aushängeschild der „Nation of Islam", die eine Art „schwarzen Nationalismus" predigte, wurde er bald zum Feindbild der weißen Nation stilisiert. Schlussendlich verließ er die „Nation of Islam" jedoch und trat zum sunnitischen Islam über, nachdem er bei einer Pilgerfahrt nach Mekka erlebt hatte, wie dort Menschen unterschiedlicher Hautfarbe einander in Frieden begegneten und miteinander lebten. Am 21. Februar 1965 wurde er während eines Vortrags, den er in Harlem hielt, erschossen. Sein Mörder erhielt eine lebenslängliche Haftstrafe, wurde jedoch im April 2010 auf Bewährung entlassen.

17) Buck Ghosthorse war Stammesältester, Lehrer und Historiker der Lakota. Im nächsten Kapitel wird er ausführlicher beschrieben.

18) Medgar Evans (1925-1963) war ein weiterer US-amerikanischer Bürgerrechtler. Er wurde 1965 ermordet. Sein Mörder wurde in zwei aufeinander folgenden, parteiischen Prozessen freigesprochen und erst 1994 verurteilt und bestraft.

schen von ihrer Arbeit zerschlagen werden. Viele Männer werden im Zuge ihrer Arbeit auf körperliche oder seelische Weise missbraucht. In meinem Buch *Revolution der Arbeit. Damit alle sinnvoll leben und arbeiten können* gehe ich näher auf dieses Thema ein, aber die bisherigen Ausführungen reichen aus, um zu erkennen, wie unser Jäger-und-Sammler-Selbst Licht auf die Frage wirft, was gesunde Arbeit darstellt und was nicht. Männer können diesen Archetyp verwenden, um ihre Seele von den Folgen des Missbrauchs zu heilen, den die moderne Gesellschaft so erbittert betreibt. Wieder einmal kehren unsere Vorfahren zu uns zurück, um uns zu heilen. Die Weisheit unserer Jäger-und-Sammler-Ahnen lehrt uns viel zum Thema gesunder und nutzbringender Arbeit. Der Jäger und Sammler lebt in uns allen.

V – Spirituelle Krieger

Die Archetypen des Grünen Mannes und des Jägers und Sammlers führen uns direkt zu dem des spirituellen Kriegers. Thomas Berry spricht in diesem Zusammenhang vom „Großen Werk". Worin besteht dieses Große Werk? In „der Aufgabe, die moderne industrielle Zivilisation mit ihrem gegenwärtigen, verheerenden Einfluss auf die Menschheit in eine gutartigere Daseinsform zu überführen." Ein solches Großes Werk braucht große Geister, echte Krieger, und kann nur dann getan werden, wenn wir unsere moralische Entrüstung und unsere Kraft der Aggression und des Konkurrenzstrebens in positivere Richtungen steuern. Das Große Werk ist „keine Rolle, die wir gewählt haben. Es ist eine Rolle, die uns gegeben worden ist, ohne dass man uns danach gefragt hätte. ... So, wie es ist, sind wir mit einer Herausforderung und einer Rolle in die Existenz geworfen worden, die jenseits jeder Form der persönlichen Wahl liegen. Die Frage, wie edel unser Leben ist, hängt von der Art und Weise ab, in der wir die uns zugewiesene Rolle verstehen und erfüllen." Wir brauchen edle Krieger. Der Archetyp des spirituellen Kriegers hilft uns, auf konstruktive Weise zwei der bisher aufgeworfenen Fragen zu beantworten: Was sollen wir mit der männlichen Aggression anfangen? Was mit dem Konkurrenztrieb? Und wie können wir beides in eine gesunde Richtung steuern?

Aggression ist in jedem von uns. Ob wir nun Sportler oder Prediger, Geschäftsleute oder Taxifahrer sind – an irgendeinem Punkt wird bei jedem von uns Aggression auftreten. Es ist leicht, die negativen Formen zu erkennen, in denen sie zum Ausdruck kommt: als Krieg, als Eroberung (sei diese nun geschäftlicher oder sexueller Natur), als Passivität (gegen sich selbst gewendete Aggression: „Ich kann das nicht tun ..."), als egoistisches Konkurrenzdenken („Ich kann nicht gewinnen, ohne dass du verlierst") und so weiter. Aber wie können gesunde Formen des Aggressionsausdrucks aussehen? Wie können wir Aggression in eine edle Kraft verwandeln, um Berrys Begriff zu verwenden?

Für mich besteht der Schlüssel zur Beantwortung dieser Frage im Unterschied zwischen einem Krieger und einem Soldaten. Das ist nicht dasselbe, und tatsächlich habe ich festgestellt, dass dieser Unterschied bei jedem indigenen Stamm gelehrt wird, den ich je studiert habe. Ein Vietnam-Veteran namens Broken Walk, der sich mit siebzehn freiwillig zum Kriegsdienst meldete, beschreibt das sehr wortgewandt: „Es ist ein Unterschied, ob man ein Krieger oder ein Soldat ist. Das darf man niemals miteinander verwechseln. In der Armee war ich ein Soldat. Ich war eine Marionette und tat, was man mir sagte, selbst wenn das bedeutete, dem zuwiderzuhandeln, was mein Herz mir sagte. Ich wusste nicht, was es heißt, ein Krieger zu sein, bis ich auf die Straße hinaus ging und an der Seite meiner Brüder für etwas marschierte, an das ich wirklich glaubte. Als ich etwas entdeckte, an das ich wirklich glaubte, wurde ich von einer höheren Macht gefunden. Das ist alles. Das ist die ganze Geschichte." Als Broken Walk begann, den Anordnungen seiner Seele anstelle denen seines Offiziers zu folgen, hörte er damit auf, ein Soldat zu sein und wurde zum Krieger. In seinem Fall bedeutete das, gegen den Krieg zu protestieren und dafür ins Gefängnis zu gehen. Chögyam Trungpa spricht vom „traurigen und empfindsamen Herzen des Kriegers", das sehr real ist. Der Krieger ist mit seinem Herzen in Verbindung – mit all der Freude, der Trauer und der Weite darin.

Doch nicht jeder versteht diesen Unterschied heutzutage. Mit Entsetzen las ich ein einflussreiches Buch von Robert Moore, der diese beiden Gestalten gründlich durcheinander bringt. Ich bin der Überzeugung, dass die Verwechslung von Krieger und Soldat zum Militarismus beiträgt und das Reptiliengehirn nährt. Außerdem stellt sie einen Ausdruck von Homophobie dar, denn ich vermute, dass hinter einem großen Teil der anhaltenden Unwissenheit und Furcht bezüglich der wahren Bedeutung des Kriegertums heterosexistische Anschauungen stehen.

Der Sufi-Mystiker Hafiz zeigt seine Kenntnis des Unterschieds zwischen dem Soldaten und dem Krieger, wenn er in einem seiner Gedichte ausruft, das Soldaten „überall um ihn herum unter qualvollen Schmerzen starben" – denn genau das tun Soldaten: Sie geben oder erhalten den Tod oder entsetzliche Schmerzen. An derselben Stelle erklärt Hafiz: „Du kannst zu einem Berittenen werden, der sein Herz wie eine Leben spendende Sonne durch die Welt trägt, aber nur, wenn du und Gott zu innigen Liebhabern werden." Im Gegensatz zum Soldaten ist der Krieger ein Liebender. Er hat eine so intensive Verbindung zu seinem Herzen, dass er es der ganzen Welt geben kann. Der Krieger liebt nicht nur seine nächsten Anverwandten und Gefährten, sondern ebenso die Welt und Gott. Der Krieger ist ein Liebhaber Gottes.

Unterscheidet sich das nicht himmelweit von der Darstellung Gottes als Richter anstatt Liebendem, wie man sie bei den religiösen Organisationen des rechten Flügels findet? Diese Sichtweise Gottes führt zu jener verzerrten Männlichkeit, wie man sie in der Bewegung der Promise Keepers findet (auf die wir später in diesem Kapitel noch eingehen werden). Die Verwechslung des Kriegers mit dem Soldaten führt zu einer ungesunden Beziehung nicht nur zu Gott, sondern auch zur Gesellschaft und zu sich selbst. Sie führt zur Schaffung von Imperien, und deren Erbauer tun nichts lieber, als junge Männer anzuwerben, die das Soldatentum für dasselbe halten wie echte Kriegerschaft. Wir können uns eine solche Unwissenheit und Verwirrung nicht länger leisten. Nichts könnte weiter von der Wahrheit entfernt sein.

Professor Pitt: Über den modernen Krieger

Professor Pitt ist ein zweiunddreißigjähriger afroamerikanischer Filmemacher, der eine Trilogie zum Thema „Kung Fu trifft Hip Hop" namens „The Hip Hop Dynasty" bzw. „The Hip Hop Dynasty Parts II and III" gemacht hat. Darüber hinaus ist er Rapkünstler und betreibt Kampfsport. Für ihn stellt das Kriegertum sowohl in seinem Leben wie auch seiner Arbeit ein besonders einzigartiges und wichtiges Konzept dar.

Fox: Du verwendest den Begriff des „Kriegers" häufig. Wo hast du ihn aufgegriffen?

Pitt: Beim Kampfsporttraining. Aber in der Meditation ist er noch bedeutungsvoller – hier geht es darum, still zu sein und die irritierenden Stimmen im eigenen Kopf zu bekämpfen. Oder wenn es einen beim Meditieren an der Nase juckt, sollte man sich nicht kratzen oder bewegen. Diese Entscheidung, dem Jucken nicht nachzugeben, ist die eines Kriegers, denn man bekämpft den körperlichen Drang danach. Normalerweise habe ich mich kaum zum Meditieren hingesetzt, und schon geht es los – bang! – juckt es am Hinterkopf, oder im Fuß fängt es an zu pochen. Das ist der Kampf des Kriegers. Das habe ich von dem Mann gelernt, der mich in Kampfsport und Meditation unterrichtet.

Fox: Gib mir ein paar Beispiele für das, was du als den „Kampf des Kriegers" bezeichnest.

Pitt: Für mich beginnt der Kampf des Kriegers damit, sich selbst und seine eigenen Dämonen zu überwinden, das eigene Zeug halt, was am schwersten ist. Es bedeutet, immer weiter zu trainieren, was wiederum heißt, gegen sich selbst zu kämpfen. Äußerlich besteht der Kampf des wahren Kriegers darin, nicht physisch zu kämpfen oder sich auf irgendeine Art von körperlicher Auseinandersetzung einzulassen, solange das nicht die allerletzte Möglichkeit darstellt. Als Afroamerikaner gerate ich oft in Situationen, in denen andere Menschen versuchen, mich zu physischen Reaktionen zu provozieren. Darin besteht für mich einer dieser Kämpfe – eben nicht körperlich zu reagieren, denn sowie wir das tun, ist alles dazu bestimmt, uns zu zerstören. Dann haben wir den anderen einen Grund dafür gegeben, das zu tun, was sie am liebsten machen – uns anzuklagen und einzusperren und mich trotz allem, was ich für die Menschheit und die Gemeinschaft tue, mit einem negativen Etikett zu versehen. In dem Moment, in dem ich aus dieser kämpfenden Figur heraus reagiere, ist all das gute Zeug, das ich tue, vergeudet. Sie schauen mich nur an und sagen: „Da ist dieses Tier wieder." Deshalb stellt das für mich einen großen Kampf dar.

Ein Krieger zu sein bedeutet aber auch, gut mit meiner Frau umzugehen, denn diese Sache zwischen Mann und Frau ist immer eine Art Ringen, bei dem es darum geht, möglichst elegant mit dem Ergebnis dieser Anstrengungen umzugehen.

Fox: Auf körperliche Provokationen nicht auch körperlich zu reagieren klingt sehr nach der gewaltfreien Strategie von King oder Gandhi. Siehst du hier eine Verbindung?

Pitt: Ich stimme nicht wirklich mit Martin Luther Kings damaliger Strategie überein. Jedes Mal, wenn ich diese Filme sehe, denke ich, dass ich damals mit Bestimmtheit gestorben wäre. Wenn du nichts zu verlieren hast und dich jemand ohne Grund zusammenschlägt, nur um dir mitzuteilen: „Und morgen kommen wir wieder und bringen dich um" – was das angeht, glaube ich eher an Malcolm X. Wenn jemand versucht, dich vom Antlitz des Planeten auszulöschen, dann sei du schneller. Meiner Ansicht nach steht für afroamerikanische Menschen zu viel auf dem Spiel, weshalb es für mich darum geht, für meine Leute präsent zu bleiben. Es fühlt sich an, als wenn ich die Last der Welt auf meinen Schultern tragen würde, und ich habe einfach nicht das Recht oder die Zeit, meine Zeit mit solcher Negativität zu verschwenden.

Aber für eines muss ich King und Gandhi Anerkennung zollen. Sie waren starke, sehr starke Krieger. Aufgrund ihrer Taten gehören sie zu den stärksten Kriegern dieses Planeten. Sie sind nicht im Strudel negativer körperlicher Energie untergegangen. Wenn das der Fall gewesen wäre, würden wir sie heute nicht als die großen Männer kennen, die sie waren, denn dann wären sie vorher schon beseitigt worden. Darauf zielt das Böse ja ab.

Fox: Du sprichst von einer verzerrten Kriegerbotschaft, die von der Gesellschaft verkauft wird. Kannst du das näher ausführen?

Pitt: Für mich sind die folgenden Prinzipien der Leitfaden des Kriegers: innerer Frieden, Gelassenheit, Liebe, Macht, Stärke, Ehre, Würde und Respekt. Ich glaube, das sind Dinge, die alle Menschen haben möchten. Wir müssen jedoch darum kämpfen, denn die Freiheit ist niemals umsonst. Meiner Ansicht nach fehlen dem verzerrten Kriegerprofil viele dieser Eigenschaften, wie zum Beispiel Ehre und innerer Frieden sowie Gelassenheit – all das fehlt. Der verzerrte Krieger denkt in den Begriffen von Macht, Stärke und Würde – es geht ihm darum, Geld und einen vornehmen Lebensstil wie den eines Königs oder einer Königin zu erlangen. Verzerrte Krieger sind Menschen, die der Welt beweisen wollen, dass sie die Stärksten sind und all dieses Geld und die Macht haben, aber unter sich sind sie ohne Ehre. Sie haben keine Freude. Für mich bedeutet, Geld und Macht ohne Ehre zu haben, nicht glücklich zu sein, denn wenn du keine Ehre hast und von ehrlosen Menschen umgeben bist, gibt es da immer jemanden, der zu nehmen plant, was du hast. Und du denkst immer, dass jemand nehmen will, was du hast. Wenn ein Mensch keine Ehre hat, ist er möglicherweise auf diese Art an alles gekommen, was er besitzt. Es ist wie ein endloser, geistiger Folterkreislauf.

Hip Hop vermittelt die Botschaft des verzerrten Kriegers. So viele Menschen löschen ihr Leben aus, weil ihnen jemand auf die Zehen getreten ist, sie schief angesehen oder angerempelt hat, so dass sie ihren Drink verschüttet haben oder was auch immer – bla, bla, bla. In diesen zehn bis siebzig Sekunden verstricken sie sich in „Ich werde der ganzen Welt beweisen, dass er das nicht mir mit machen kann und dafür bezahlen wird, es getan zu haben.“ Vielleicht fühlen sie sich in diesen siebzig Sekunden sogar triumphal, aber sowie das vorbei ist, wird ihnen klar, dass sie in etwas hineingezogen worden sind, das größer ist als sie. Und dann kommen Karma und Gerechtigkeit auf sie zu. Vielleicht haben sie den anderen umgebracht oder auch nicht, aber unabhängig davon kommt ihr Karma jetzt zu ihnen zurück. Vielleicht erwischt dich die Polizei nicht, aber diese Menschen haben Familienangehörige. Die Straßen reden. Oder sie gehen ins Gefängnis und ruinieren ihr ganzes Leben.

Vielleicht sind sie gerade mal dreizehn, vierzehn oder fünfzehn Jahre alt und sehen sich nun gezwungen, wegen dieser verzerrten Kriegermentalität den größten Teil ihres Lebens im Gefängnis zu verbringen – nur weil sie der Welt damals zeigen mussten: „Hey, du kannst mir nicht ungestraft auf die Zehen treten!“ Ihr Leben ist vergeudet. Und manche Menschen sind selbst im Gefängnis aufgrund des verzerrten Kriegerprofils, das sie so tief in sich aufgenommen haben, stets der Überzeugung, sie hätten das Richtige getan. Nun, sie haben das getan, was man von ihnen erwartete. Sie sind für sich eingetreten und haben den anderen Bandenmitgliedern oder ihren Altersgenossen gezeigt, dass man sie nicht schikanieren kann. Jetzt sind sie im Gefängnis und sehen sich einer neuen Gruppe von Bandenmitgliedern gegenüber, vor denen sie sich wieder beweisen müssen – und so werden sie von einem Strudel des Elends, des reinen Unglücks verschlungen. Niemand, der in einer Zelle sitzt – auch wenn er sich da noch so sehr aufplustert – ist glücklich. Ich war drei Monate in Haft – aber nicht in einer Strafanstalt. Niemand dort ist glücklich. Und der Kerl, der dort am weitesten das Maul aufreißt und am coolsten auftritt, hat wahrscheinlich am meisten Angst.

Fox: Wie bist du zu dem Modell des positiven Kriegers gekommen, das du heute weitergibst?

Pitt: Ich schrieb gerade einen Song namens „My Understanding of Life“ und sagte darin: „Ich treffe den Mann oder die Frau, die mich zum Schlüssel für das Kriegerleben führen, nachdem ich suche.“ Das ist die Frage, die ich mir stelle. Gibt es jemanden, der mich zum Schlüssel für das Kriegerleben führen kann, nachdem ich suche? Das königliche Leben, nachdem ich strebe, besteht aus innerem Frieden, Gelassenheit, Liebe, Kraft, Stärke, Ehre, Würde und Respekt. Also fragte ich mich: Worin besteht der Schlüssel zu einem Kriegerleben? Und plötzlich dachte ich: „Hey, das ist eine ernste Angelegenheit.“

Fox: Das trifft nicht nur auf dich, sondern auch auf viele andere Menschen zu. Wie alt warst du zu diesem Zeitpunkt?

Pitt: Das war erst letztes Jahr.

Fox: Besteht für dich ein Unterschied zwischen einem Krieger und einem Soldaten?

Pitt: Oh, hundertprozentig.

Fox: Was genau macht ihn aus?

Pitt: Der Soldat tut, was man ihm gesagt hat, egal was passiert. Ein Krieger jedoch tut das Richtige – das, was aus seinem Herzen kommt. Ein Krieger sollte mit dem Universum verbunden sein. Er sollte das, was die Menschen Gott nennen, zutiefst verehren und sich in guter Verbindung damit befinden. Ich sage „Mom" und „Dad" für Gott, Sonne und Mond. Andere Menschen nennen ihn „Allah". Aber meiner Ansicht nach hat er immer, immer einen weiblichen Gegenpart. Solange der Krieger damit verbunden ist, geht es ihm darum, das Richtige zu tun. Ein Soldat hingegen ist – wie der Finger einer Hand – nur ein Teil eines Körpers. Wenn ich meiner Hand befehle, jemand anderem die Kehle aufzuschlitzen, wird sie das tun, ohne weiter darüber nachzudenken. Genauso ist der Soldat. Jeder, der mit den Streitkräften zu tun hat und glaubt, er könne sich dort seine Verehrung des Göttlichen bewahren, wird bald einen Kampf auszufechten haben, denn wenn man ihm sagt: „Töte deine Mutter!" – tja, dann wird er genau das tun müssen.

Fox: Wie empfiehlst du jungen Menschen, ihre Kriegerenergie zu entwickeln? Und kann man das später nachholen, wenn man dazu in jungen Jahren keine Gelegenheit hatte?

Pitt: Wenn man jung ist, würde ich den Kampfsport empfehlen und später die Meditation. Meditation fällt Kindern viel schwerer, weil sie so viel Energie haben. Meine Söhne kommen zum Beispiel im Moment immer wieder zu mir und sagen: „Hey, Dad, ich will auch ein Album veröffentlichen." Dann prüfe ich sie, indem ich sie zu einer dieser siebentägigen oder auch einige Monate langen Meditationsveranstaltungen schicke, damit sie sich selbst bekämpfen können, denn ich bin nicht in ihrem Kopf und kann deshalb nie mit Sicherheit wissen, was darin vorgeht. Aber wenn ich weiß, dass sie meditieren, kann ich bei ihnen sein. Das geht, wenn ich weiß, dass sie da sitzen und sich verbinden, denn dann müssen sie sich dem stellen, was in ihnen ist. Die ständige Ablenkung ist ein Grundproblem in Amerika – deshalb erhalten wir nie die Möglichkeit, uns uns selbst zu stellen.

Fox: Gibt es Beispiele für Menschen in deinem Leben, die für dich Mentoren oder Krieger sind und dir als Vorbild dienen?

Pitt: All meine Lehrer, Eddie Deutch, Seefu und Krieger-Vorbilder wie Martin Luther King und Malcolm X. Menschen, die erlebt haben, dass sich die Augen der ganzen Nation auf sie richten – ein Punkt, dem ich mich bisher noch nicht stellen musste. Ich bin weder reich noch im Blickpunkt aller Menschen. Man sagt, wenn man arm ist, hat man viele Freunde, weil man mit seinem Lebensstil niemand anderen einschüchtern kann. Aber wenn man erst einmal mit Hilfe von Geld oder Macht ein gewisses Format erlangt hat, sind plötzlich jene Leute, die sich eben noch als deine besten Freunde bezeichneten und die immer bereit waren, dir zu helfen, mit ihrem eigenen Ego konfrontiert. Überall immer diese Egoprobleme. Und du kannst dich unvermittelt im Zentrum ihrer Egoprobleme befinden. Verstehst du, was ich meine?

Fox: Man wird dann für viele Menschen zur Projektionsfläche.

Pitt: Ja! Ich weiß nicht, wie es sich anfühlt, wenn man wie Malcolm bereits mehrfach Todesdrohungen erhalten hat und trotzdem auf dieses Podium hinaufsteigt – weißt du, was ich meine? Das ist ein Krieger – er war der Ansicht, dass er seine Aufgabe noch nicht erfüllt hatte und deshalb weitermachen musste, der Menschen wegen und egal, was auch geschehen würde. Denn er wusste, wenn er zurückgetreten und verschwunden wäre, hätte das der Gemeinschaft das Herz gebrochen. Die Gemeinschaft brauchte dieses Herz damals aber dringend. Bisher musste ich mich nie einer solchen Situation stellen und hoffe, dass mir das auch in Zukunft erspart bleibt. Aber schau dir doch die Welt an, in der wir leben.

Was Jesus angeht – ich glaube nicht an alle Geschichten über seinen Tod, aber ich bin der Überzeugung, dass er verfolgt wurde und so weiter. Ein Freund von mir sagt, alle Propheten auf der ganzen Welt gehen irgendwann durch eine Steinigungsphase, wo sie die Knute zu spüren bekommen und niemand begreift, was sie eigentlich tun. Propheten sollten eigentlich die Botschafter Gottes sein, aber das bedeutet lediglich: „Ich sende ihn oder sie, damit ich nicht mit hineingezogen werde. Denn wenn das passiert, könnte es geschehen, dass ich alle einfach auslösche und von vorne anfangen muss.“

Fox: Ist es wirklich so schlimm?

Pitt: Ja. Der Prophet sollte eigentlich ankommen, um zu sagen, was er zu sagen hat, und dann weiterziehen und irgendwann sterben. Und dann sollten die Worte, die er oder sie gebracht hat, von selbst weitermachen und etwas aufbauen. Ich halte mich für einen dieser Menschen. Viele Leute haben mich Dinge gelehrt, die mir helfen, ein noch stärkerer Krieger zu sein, aber diese Menschen gehen nicht hinaus und sagen den Leuten, was sie tun sollen. Das ist einfach nicht ihre Aufgabe. Aber ich habe diese Aufgabe, diese Last übernommen.

Fox: Heißt das, dass Krieger und Prophet für dich im Endeffekt dasselbe sind?

Pitt: Je mehr man zu einem Krieger wird, umso weniger neigt man dazu, zu urteilen. Denn wenn man diese ganzen Dinge durchgemacht hat, erkennt man, dass jeder von uns seinen eigenen inneren Kampf führt – für mich besteht er zum Beispiel darin, das Haschrauchen aufzugeben oder etwas anderes in dieser Art, die inneren Stimmen geben ja niemals Ruhe. Manchmal frage ich sie: „Wow! Seid ihr eigentlich niemals still?" Es ist völlig egal, ob ich cool bin oder nicht, wenn sich eine Gelegenheit dazu bietet, wird eine Stimme in meinem Kopf sagen: „Nur zu, rauche doch einfach." Da ich das bei mir selbst erlebe, weiß ich, dass es auch im Kopf jedes anderen Menschen eine Stimme gibt, die ihn ständig auffordert, etwas zu tun, das in genauem Gegensatz zu dem steht, was er wirklich will. Ich weiß, dass du nicht jede Schlacht gewinnen kannst, und wenn du das nicht schaffst, dann ist es mir auch nicht möglich. Man verurteilt einfach weniger. Es scheint mir, dass die Kids ständig urteilen – und was das angeht, sind die Medien wie ein großes Kind, weil sie jede einzelne Angelegenheit zu bewerten versuchen, um sicherzustellen, dass jeder ihre Bewertung teilt. Solche Wertungen geben Menschen ab, die kaum Erfahrung haben. Je mehr du ein Krieger bist, umso demütiger wirst du und umso weniger musst du noch bewerten. Jeder geht seinen eigenen Weg und braucht seine eigene Zeit, um zu erkennen, dass dem so ist. Wenn ich anderen erzähle, dass ich nicht rauche, sage ich: „Das bin ich." Ich versuche nicht, dich in irgendeiner Form zu bewerten, weil du da sitzt und rauchst, ich aber nicht. Jeder entwickelt sich in seiner eigenen Geschwindigkeit.

Als Krieger habe ich erkannt, dass alle Kulturen die Krieger ihrer eigenen Vergangenheit rühmen, aber ein moderner Krieger muss ein großes Verständnis für andere Kulturen haben. Es ist relativ einfach, in der eigenen Kultur ein Krieger zu sein, aber von großer Bedeutung, das Kriegertum auch in Anbetracht der Vielfalt der heutigen Welt ebenso in einer Vielzahl anderer Kulturen erkennen zu können. Es geht darum, eine Wahrnehmung und ein Verständnis davon zu entwickeln, bevor man auf sie zugeht. Auch hier ist es oft notwendig, auf das Urteilen und Bewerten zu verzichten. Ich sehe zum Beispiel Fremden gerne in die Augen, aber in manchen Kulturen glaubt man, dass ein Fremder, der einem direkt in die Augen blickt, die Seele stiehlt. In Anbetracht des Schmelztiegels, in dem wir uns alle befinden, müssen wir alle sanft mit unseren gegenseitigen Kulturen umgehen und immer nachfragen. „Was ist in deiner Kultur üblich? Oder was ist respektlos?" Es ist so hilfreich, den Dialog zu beginnen, denn dann lernen wir, anstatt einander zu kränken.

Buck Ghosthorse: Ein Krieger-Mentor

Ich hatte die besondere Ehre, im Laufe meines Lebens einige Krieger kennenlernen zu dürfen. Einer von ihnen ist vor kurzem verstorben, und ich möchte einige Gedanken über ihn, sein Leben und seine Lehren weitergeben. Sein Name war Buck Ghosthorse. Er wuchs im Rosebud-Reservat in South Dakota auf – in einem Haus mit zwei Zimmern, die von elf Menschen bewohnt wurden. Als Junge wurde er von Mormonen entführt, die ihn fortbrachten und anwiesen, seine Muttersprache nicht mehr zu sprechen. Außerdem zwangen sie ihn, die Religion und die Zeremonien seiner Heimat aufzugeben. Erst als Teenager entkam er, indem er zu den Marines ging. Er diente zweimal in Vietnam und erhielt dafür das Purple Heart[19]. Wenn man ihn später nach seiner Zeit in Vietnam fragte, sagte er, er sei auf vieles davon stolz und auf vieles andere wiederum nicht. Nach seiner Rückkehr in die Vereinigten Staaten griff er zur Flasche und ergab sich dem Alkohol. Aber dann traf er einen Mann, der sein Mentor wurde: Wallace Black Elk, der ihn wieder in seine indianischen Zeremonien und seine Muttersprache einführte, und von nun an änderte sich alles für ihn. Er gab den Alkohol auf und besuchte die University of Florida, wo er den Abschluss in Geschichte machte. Dann zog er nach Georgia, wo er viele Schwitzhütten abhielt und Menschen in der Philosophie der amerikanischen Ureinwohner unterrichtete. Aber viele Jahre lang träumte er davon, mit Weißen zu arbeiten, denn „sie führen die Welt an, und die Erde steckt in großen Schwierigkeiten".

Ein Jahrzehnt lang schob er die Verwirklichung dieses Traums hinaus, aber schließlich wurde er mürbe. Er hörte von meinem *Institute in Culture and Creation Spirituality* (ICCS)[20], das einen Master-Studiengang anbot, den ich gerade vom Mundelein-College in Chicago nach Kalifornien verlegt hatte und nun am Holy Names College in Oakland gab. So entschied sich Buck Ghosthorse, in den Westen zu gehen und unserem Fachbereich am ICCS beizutreten. Er unterrichtete Kurse über die Spiritualität der amerikanischen Ureinwohner und leitete Schwitzhütten für die Mitglieder des Fachbereichs, das Personal und die Studenten. Gemeinsam mit den Schülern, die bei ihm die alten Praktiken erlernten, baute er in einer Ecke des Campus eine Schwitzhütte. Ich kann mich erinnern, wie ich mich eines Tages auszog, um in die Hütte zu gehen, als ein anderer zu unserem Fachbereich gehörender Kollege sagte: „Ich glaube, ich bin der einzige Jude in Amerika, der sich auf einem katholischen Campus auszieht, um in einer Schwitzhütte unter der Anleitung eines Lakota zu beten." Ich denke, er hatte Recht.

Buck leitete Schwitzhütten- und Gebetszeremonien auf sowohl tiefgründige als auch humorvolle Weise. Seiner Ansicht nach bestand zwischen Humor und ernsthaftem Gebet kein Widerspruch; beides passte für ihn einfach gut zusammen. Buck arbeitete drei Jahre lang mit uns; dann fühlte er sich gerufen, in den Norden zu gehen, um in der Gegend von Seattle seine eigene Gemeinschaft zu begründen, die er später nach Goldendale im Bundesstaat Washington verlegte. Als er Oakland verließ, überraschte er mich mit einem Geschenk: Es war die heilige Pfeife, mit der er seit vierundzwanzig Jahren Gebetszeremonien anleitete. Ich war fassungslos und tief bewegt von diesem großen Geschenk. Er sagte zu mir: „Als ich dem ICCS beitrat, habe ich nicht erwartet, von euch weißen Christen irgendetwas lernen zu kön-

19) Ein amerikanischer Orden, der Soldaten verliehen wird, die im Kriegseinsatz verletzt worden sind. [A.d.Ü.]

20) „Institut für Kultur- und Schöpfungsspiritualität" [A.d.Ü.]

nen. Aber jetzt, wo ich gehe, möchte ich dir sagen, dass ich mehr gelernt habe, als ich euch lehrte."

Während seiner Zeit in Seattle hatte ich die Ehre, unter seiner Leitung eine Visionssuche miterleben zu dürfen. Sie war der Beginn des mir vom Vatikan auferlegten Schweigejahrs. Tatsächlich erhob Kardinal Ratzinger (jetzt Papst Benedikt XVI), der die Schöpfungsspiritualität ebenso fürchtet wie die Befreiungstheologie, gegen mich unter anderem die Anschuldigung, ich würde zu eng mit amerikanischen Indianern zusammenarbeiten. Erlauben Sie mir, zu sagen, dass ich von Buck Ghosthorse und seiner Tradition mit Hilfe von Schwitzhütten, Visionssuchen, Sonnentänzen und dem Trommeln mehr über das Gebet gelernt habe als von den schalen kirchlichen Formen des Gebets oder von modernen Inquisitoren. Buck sagte eines Tages zu mir: „In unserer Tradition glauben wir, dass Angst das Tor zum Herzen ist, durch das die bösen Geister eintreten. Deshalb dienen all unsere Gebete dazu, das Herz zu stärken, um die Furcht fernzuhalten." Ich habe diese tiefgründige Lehre an viele Menschen weitergegeben und möchte sie jederzeit auch gerne dem Vatikan vermitteln, wenn man dort nur zuhören würde. Aber um zuhören zu können, muss man den von Angst motivierten Gedanken aufgeben, man wisse bereits alles, was es zu wissen gibt.

Letzten Sommer, während des Sonnentanzes, der sich als sein letzter erweisen sollte, übergab Buck seinen Altar einem seiner Söhne und machte ihn damit zum Sonnentanzleiter. Er starb an einem Montag infolge eines Herzanfalls. Sein Begräbnis war eine der tiefgehendsten Erfahrungen meines Lebens. Diese Worte schrieb ich danach in mein Tagebuch:

> Sie begruben ihn mit einer Jacke der Marines bekleidet und mit dem Hut in einer Hand. Eine Garde von Marines war anwesend und schoss einen Salut. *Und* sie begruben ihn in seiner Tanztracht, von roter Farbe, in der er so viele Male getanzt und die er so oft durchbohrt hatte, damit „das Volk leben kann".
>
> Es passte, dieses zwei heimische Traditionen verkörpernde Begräbnis, denn er war ein Soldat *und* ein Krieger, der zweifach in Vietnam gedient und dafür das Purple Heart erhalten hatte. Außerdem war er Drill Sergeant in Paris Island gewesen.
>
> Man sagt, der Unterschied zwischen einem Soldaten und einem Krieger sei, dass der Krieger ein Liebender ist, während man dem Soldaten befiehlt, „zu töten oder getötet zu werden". Onkel (das war seine Lieblingsanrede) war ein Liebender. Und er wurde ebenfalls geliebt. Geliebt von seiner immer irgendwie zänkischen Gemeinschaft von gut sechshundert Menschen und von den Tausenden mehr, deren Leben er auf tiefgehende Weise berührt und zu wenden geholfen hatte – und oft ging es dabei um die Wende von der Alkoholabhängigkeit zu einer gesunden und produktiven Art, in dieser Welt zu leben. Er hat buchstäblich Leben gerettet. Er heilte – auch das buchstäblich. Und mehr noch – er ermöglichte anderen, sich selbst zu heilen. Er ermäch-

tigte sie dazu, aufzuwachen und den Morgenkaffee zu riechen (ich kann mich nicht erinnern, ihn mit Ausnahme während der Gebetssitzungen jemals ohne einen Kaffeebecher in der Hand gesehen zu haben). Er forderte andere mit seiner direkten Art und mit seinem Humor heraus.

Er pflanzte einen Obstgarten – seine Gemeinschaft. Und dann wässerte er sie und lehrte sie gut, schmeichelte ihr, entwickelte sie und bereitete sie so ungemein weise auf sein Gehen vor, indem er seinem ältesten Sohn 2006 während seiner letzten Sonnentanz-Zeremonie seinen Altar übergab.

Er ehrte die Frauen und handelte aufgrund einer Vision, die er erhalten und ihn angewiesen hatte, Frauen bei der Heilung ihrer durch die Hände der patriarchalen Kultur und Denkweise erlittenen Wunden zu helfen.

Er war treu und großzügig und lehrte uns, ebenfalls großzügig zu sein. Sein Leben war eine Gabe an die Gemeinschaft. Zweiundzwanzig Jahre lang ist er mein Freund gewesen. Ich konnte ihn jederzeit um Hilfe bitten und tat das auch, wenn ein Bruder Unterstützung brauchte oder ein Neffe einer Intervention bedurfte. Er war ein Baum, der das Firmament und den Erdboden, Himmel und Erde miteinander verband. Ein Grüner Mann, ein spiritueller Krieger, ein Verteidiger jener Menschen, die ihre eigenen Dämonen sowie die anderer bekämpften. Stets hieß er die göttliche Weiblichkeit willkommen. Er war ein Fachmann für „Vater Himmel", der uns lehrte, wieder mit Würde und Stolz auf die Kraft, die durch die Gemeinschaft und die Zeremonien entsteht, aufzublicken. Er war ein guter und weiser Dädalus, der seinen Söhnen zeigte, wie sie die Zeremonien erlernen und ein gesundes Kriegertum leben können, indem sie die Kraft ihrer Herzen stärken.

Er war ein Jäger und Sammler, der für seine eigene Heilung wie auch die anderer Menschen nach dem alten Wissen von Wallace Black Elk und weiteren Lehrern sowie Führern jagte. Doch er suchte auch an anderen Orten nach Weisheit, sogar bei den weißen Christen. Er war nicht homosexualitätsfeindlich. Ich habe ihn nie auch nur ein einziges abfälliges Wort über Homosexuelle sagen hören. Ich erinnere mich zwar an eine Begebenheit, bei der er einem Mann riet, sich nicht mit einem anderen zu verbinden, aber dabei ging es nicht darum, ob Männer andere Männer lieben sollen, sondern darum, dass der zweite Mann einfach zu durchgedreht war, um eine solche Verpflichtung einzugehen.

Er verfügte über ein tiefes, inneres Leben und eine umfassende spirituelle Praxis. Er lauschte den Geistern und Visionen, die ihm so manchen schweren Auftrag gaben. Er war ein Prophet wider Willen. Er wurde betrogen und zu manchen Zeiten selbst von seinem Stamm gejagt. Aber er hielt durch. Krieger halten durch.

Buck war zutiefst ökumenisch eingestellt. Wenn er die Wege der Lakota lehrte, verlangte er von den Menschen nie, ihren eigenen (jüdischen, christlichen, einheimischen) Glauben aufzugeben. Er respektierte andere Glaubenstraditionen – ich erinnere mich daran, wie er den Altar der Holy Names-Kapelle mit seiner Adlerfeder segnete, als wir die Messe feierten. Ich habe sogar noch ein gutes Foto davon (auf dem wir beide so unglaublich jung aussehen!). Er und eine Gruppe von Indianern räucherten die Menschen ab, wenn sie zu einer besonderen Messe kamen, die wir in einer Sporthalle abhielten und bei der es um die Heiligkeit des Körpers ging. Dabei mussten sie sich kreischende rechtsextreme Katholiken vom Leib halten, die den Ort stürmen wollten und dem Vatikan schrieben, wir würden Bilder von nackten Menschen bei der Durchführung von heidnischen Gebetszeremonien zeigen. Buck sagte danach zu mir: „Ich habe noch nie Menschen getroffen, die ein Gebet stören wollten." Meine Antwort war: „Willkommen in der Welt der christlichen Fundamentalisten." Wie sich herausstellte, musste sich Buck jedoch einem ähnlichen Kampf stellen, als er im Bundesstaat Washington Zeremonien leitete und einige der ortsansässigen Indianer versuchten, diese zu stören. Seine Gemeinschaft und er mussten Wachen aufstellen, um die Zeremonien zu schützen und sie ohne Unterbrechung durchführen zu können. Dieser Kampf zog sich über mehrere Jahre hin.

Buck war ein *verwundeter* Heiler, der den dunklen Pfad der Armut und der Entführung im Kindesalter bis zu den Marines, zwei aktiven Kampfeinsätzen in Vietnam und schließlich zur Flasche gegangen war. Er hat *so viel* mit so wenigen Ressourcen erreicht, wenn man unter Ressourcen Geld, Macht oder Einfluss versteht (wie sie in unserer Kultur definiert werden). *Aber* wenn man damit die Ressourcen des menschlichen Geistes meint, der den Anregungen des Spirits mit Hilfe von Träumen und Visionen lauscht, wenn wir ein starkes Herz, Vorstellungskraft, Kreativität, politischen Scharfsinn, Großzügigkeit und die Fähigkeit meinen, die vielseitigen Gaben anderer Menschen zu erwecken – *dann* können und müssen wir sagen, dass er eines der reichsten und am besten ausgestattetsten Wesen auf diesem Planeten war. An seinem Begräbnis waren 500 aktiv teilnehmende Menschen anwesend, die allen möglichen Lebenswegen folgten sowie allen Rassen und Altersgruppen angehörten (einschließlich einiger hart aussehender, in schwarze Lederjacken gekleideter Kerle, die auf Motorrädern ankamen, aber ebenso andächtig und respektvoll – und auch ebenso dankbar und von Kummer erfüllt – wie der Rest von uns waren). Buck hat mit seiner aufrichtigen Tiefe viele unterschiedliche Leben berührt.

Ich kann wahrheitsgemäß sagen, dass die katholische Kirche (deren Geschichte ich gut, vielleicht sogar nur allzu gut kenne) Menschen heiliggesprochen hat, die weit weniger als Buck in seinem Leben erreicht haben – obwohl ihnen weitaus umfangreichere Ressourcen als ihm zur Verfügung standen. Sein Vertrauen in den Geist und die Visionen, die er vom Geist erhielt, sind der Stoff, aus dem Heiligkeit und spirituelle Größe gemacht sind. Eines Tages wird in der Geschichte aufgezeichnet sein, was er nicht nur für einzelne Menschen, sondern für sein ganzes Volk erreicht hat. Für den Augenblick bleiben uns die Geschichten, die wir eifrig miteinander teilen und sammeln. Sein Leben ist ein Zeugnis der spirituellen Tiefe der Lakota und darüber hinaus auch einheimischer religiöser Traditionen überall sonst.

Buck sagte manchmal: „Ich bin nur ein dummer Indianer." So, wie Hildegard von Bingen schrieb, sie sei „nur eine schwache und ungebildete Frau". Wenn Buck ein dummer Indianer war, dann war er ebenso dumm wie Jesus oder Buddha oder Lao Tse oder Jesaja oder Mohammed oder Dorothy Day[21] oder Mutter Theresa oder Gandhi oder Martin Luther King jr. oder Malcolm X oder Howard Thurman. Von solcher Dummheit braucht unsere Art zu dieser Zeit noch viel mehr. Ein anderes Wort dafür ist … Weisheit. Weisheit, wie sie spirituelle Krieger in sich tragen.

Bhante Dharmawara, spiritueller Krieger

Ein weiterer spiritueller Krieger starb kürzlich im Alter von 109 Jahren. Bhante Dharmawara war ein buddhistischer Mönch, der bis zu seinen letzten Lebenstagen aktiv als Heiler und Meditationslehrer arbeitete.

Bhante kam in der kambodschanischen Stadt Phnom Penh zur Welt und wuchs dort in privilegierten Verhältnissen auf. Er wurde in französischen Schulen unterrichtet und studierte an der Sorbonne in Paris Jura und Politikwissenschaften. Während des Ersten Weltkriegs diente er als Musterungsoffizier in der französischen Armee und verpflichtete auch Freiwillige aus Kambodscha für die Sache der Alliierten. Am Hofe des Königs von Kambodscha wiederum diente er als Berater und Magistrat und arbeitete sieben Jahre lang als Richter. Als Ehemann war er Vater einer Tochter. Als junger Mann genoss er das Leben in vollen Zügen, was reichliches Essen sowie viel Alkohol, Tabak und so manches mehr umfasste. Dennoch war er in keinster Weise zufrieden. Über diese Phase in seinem Leben sagte er einmal: „Ich war nicht glücklich mit der Arbeit für die Regierung oder mit dem, was ich in der Jura-Ausbildung gelernt hatte. Ich hatte zwar viel Geld zur Verfügung, spürte aber keinerlei innere Befriedigung. Stattdessen war ich von Furcht erfüllt."

Er studierte einige Jahre lang den Buddhismus und entschied sich mit etwa fünfunddreißig Jahren schließlich, an einem dreimonatigen Retreat teilzunehmen. Seine Frau hatte gerade ihre gemeinsame Tochter zur Welt gebracht und sah ihn nur ungern gehen. Er kehrte nie zu ihr zurück. Später einmal sagte er, im Kloster habe er „die Antwort auf mein Leben entdeckt – was für mich eine überaus wichtige

21) Dorothy Day (1897-1980) war eine us-amerikanische Sozialaktivistin. Die Journalistin begann ihren politischen Weg als radikale Kommunistin, wechselte später zum christlichen Anarchismus über und konvertierte 1928 schließlich zum Katholizismus. Sie war Pazifistin, Frauenrechtlerin und eine der Mitbegründerinnen der amerikanischen Catholic-Worker-Bewegung. Sie wurde mehrfach inhaftiert, weil sie an Protestaktionen gegen politische Entscheidungen teilnahm, die sie nicht mit ihrem Glauben und ihrem Gewissen vereinbaren konnte – das letzte Mal im Alter von 76 Jahren. Ihre Seligsprechung ist in Vorbereitung.

Lehre war. Das ‚ich' stellte das eigentliche Problem dar." Dort fand er Frieden und trat den thailändischen Waldmönchen bei, die nur eine Mahlzeit am Tag zu sich nehmen. In den Wäldern, wo er Tigern, Elefanten, Wildschweinen und Schlangen begegnete, stärkte er sein Herz. Er lernte, dass diese Tiere offenbar nur anhand ihres Geruchsinns feststellen konnten, ob eine Person ein Freund oder ein Feind war. Mehr als einmal folgten ihm Tiger auf seinem Weg, ohne ihm Schaden zuzufügen; einmal fand er sich inmitten einer Herde wilder Elefanten wieder, die alle plötzlich still stehenblieben und sich nicht mehr regten, bis er seine Mönche fortgebracht hatte. Bhante sagte, Tiere könnten „Gedanken riechen". Wenn es sich dabei um friedliche und liebevolle Gedanken handelt, wird man von ihnen nicht belästigt. Hat man jedoch negative und furchterfüllte Gedanken, wird man als Feind betrachtet.

Nachdem er sieben Jahre im Wald gelebt hatte, ging er nach Indien, um sich dort einem intensiveren Studium des Buddhismus zu widmen. Er machte eine Ausbildung in Homöopathie und erlernte mindestens zwölf Sprachen (sein Lehrer beherrschte zweiundfünfzig verschiedene Sprachen). Er gründete die Asoka-Mission, zu der ein Kloster, ein Tempel mit Meditationszentrum und ein Heilungszentrum gehörten – und wo er neben allen anderen Praktiken auch Weihnachten feierte, weil er zutiefst ökumenisch eingestellt war und fest daran glaubte, dass alle echten Traditionen einen gemeinsamen roten Faden haben. Er wurde zum Präsidenten der World Fellowship of Buddhists gewählt und lehrte an der Hindu-Universität in Benares im Fachbereich asiatische Sprachen. Er stand dem Premierminister Nehru nahe, dessen persönlicher Arzt er war. Auch Gandhi zählte zu seinen Freunden. Schließlich zog er in die Vereinigten Staaten, lehrte an der Universität von Georgetown und trat einem Tempel im kalifornischen Stockton bei.

Er leistete umfangreiche Arbeit als Heiler. Eine seiner Lehren enthält ein Buddha-Zitat: „Es gibt nichts zu fürchten. Wenn es überhaupt etwas zu fürchten gibt, dann fürchte nur dich selbst!" In seinen Heilungssitzungen legte er Nachdruck auf die Verwendung von grünem Licht. Er sagte: „Licht ist die Quelle allen Lebens. Es enthält unzählige Farben, sichtbare wie auch unsichtbare. Grünes Licht ist die ausbalancierteste aller Farben und auch die Farbe der Kraft und Verjüngung." Für ihn kombinierte das Grün die Energien von Himmel und Erde, indem es das Gelb der männlichen Sonne mit dem Blau der weiblichen Erde verbindet. Daraus resultiert ein vollkommenes Gleichgewicht. Grün ist ein Merkmal des Frühlings sowie der Verjüngung und Erneuerung, aber auch die Farbe des Herzchakras. Grünes Licht hilft, Menschen wie auch Tiere zu beruhigen und zu beschwichtigen. Banthe nutzte es zur Meditation.

Banthe sagte oft, dass „die Meditation die höchste Arbeit ist, die wir an uns selbst tun können", ein essenzieller Weg zu jenem inneren Frieden, der wiederum zu äußerem Frieden führt. Er lehrte, die drei wichtigsten Elemente des Lebens seien, was wir denken, was wir essen und was wir trinken. Wir sind, was wir denken, essen und trinken. Gute Nahrungsmittel und gute Gedanken führen zu Wohlbefinden, während schlechtes Essen und schlechte Gedanken Unwohlsein zur Folge haben.

Noch im Alter von 108 Jahren stand er täglich um 4:30 Uhr auf, um sich zu waschen und auf die Morgenmeditation vorzubereiten. Danach folgten das Frühstuck und die Heilungssitzungen. Nach einer Ruhepause aß er, um dann die Abendmeditation durchzuführen. Einer seiner Freunde und Mitarbeiter beschrieb ihn wie folgt: „Banthe als Ältesten und Lehrer zu kennen, ist eine Demut erweckende und inspirierende Erfahrung. Es fehlen die Worte, um seine Wärme, sein ständiges Mitgefühl und seine andauernde Aufmerksamkeit selbst in hohem Alter noch auf angemessene Art zu beschreiben. Banthe ist ein ‚Großvater für die Welt', denn er liebt das Leben und seine ganze Familie, was auch dich einschließt, selbst wenn er dich gerade erst kennengelernt hat. Er ist immer bereit, zu lachen oder einen Witz zu machen, was sein bevorzugtes Heilmittel darstellt. Es gibt kein Herz, das nicht in seiner Gegenwart schmilzt. Wenn die Menschen wieder von ihm fortgehen, ist ihr Geist weit für die unendlichen Möglichkeiten offen, die es mit sich bringt, wenn man ein Leben in Achtsamkeit führt."

Banthe war in der Tat ein spiritueller Krieger. Er diente und transformierte seine Angst sowie Aggression in so viel mit anderen geteilten und weitergegebenen Frieden, dass ihn sogar die wilden Tiere respektierten. Und interessanterweise war Grün seine Heilungsfarbe. Er war in jederlei Hinsicht ein grüner Mann und ein spiritueller Krieger.

Die vier Schritte zu spiritueller Kriegerschaft

Da sich der Krieger vom Soldaten unterscheidet, muss er auch andere Wege zur Entwicklung seiner oder ihrer eigenen Kraft haben. Lassen Sie uns auf der Grundlage des Gedankens, dass der Krieger ein Mystiker in Aktion ist, die folgenden vier Schritte ausprobieren. Sie entstammen der Reise des Mystiker-Propheten oder Mystiker-Kriegers in der Tradition der Schöpfungsspiritualität.

Die vier Schritte

Eins: Die Via Positiva

Die Via Positiva ist eine bestimmte Art, das Leben zu feiern, die Welt in ihrer Schönheit und Güte, ihrer Anmut und Großzügigkeit wahrzunehmen – und immer offen dafür zu sein, noch mehr zu sehen. Es ist der Weg der Verehrung, des Respekts und der Dankbarkeit. Es ist der Weg des Ursegens, der uns ermöglicht, die Wahrheit zu leben, dass das Universum und das Leben selbst uns trotz all des Ringens und der Schmerzen als Individuen und Gemeinschaften zusammen mit allem hervorgebracht haben, was wir brauchen, um glücklich zu sein und miteinander Freude zu haben.

Diesen Weg müssen alle spirituellen Krieger viele Male, an vielen verschiedenen Orten sowie zu unterschiedlichsten Gelegenheiten und Bedingungen gehen.

Zwei: Die Via Negativa

Dieser Weg führt in die Dunkelheit, zu den Wunden, dem Schmerz und auch der Stille und Einsamkeit des Seins, um festzustellen, was wir dort zu lernen haben. Hier geht es darum, loszulassen, alles einfach sein zu lassen, zu leeren und geleert zu werden, sich jenseits von Kontrolle und Bewertung zu begeben, hinabzusinken und atmen zu lernen, zu sitzen, still zu sein, das rasende Affengehirn zu beruhigen, in Stille zu verweilen, das Nichts zu schmecken, ohne davor zurückzuschrecken und schlussendlich, sich zu fokussieren. Es ist der Weg des Trauerns. Ohne das Trauern können wir nicht zum nächsten Schritt weitergehen, bei dem es um das Gebären geht.

Diesen Weg müssen alle spirituellen Krieger viele Male, an vielen verschiedenen Orten sowie zu unterschiedlichsten Gelegenheiten und Bedingungen gehen. Meister Eckhart bezeichnet den Prozess des Loslassens als „ewig". Der Krieger stellt sich dem Tod und kann das Leben deshalb viel leidenschaftlicher leben.

Drei: Die Via Creativa

Nachdem sich der spirituelle Krieger immer wieder in das Leben verliebt hat (Via Positiva) und unzählige Male geleert worden ist sowie losgelassen und das Seinlassen praktiziert hat (Via Negativa), ist er bereit, zu gebären. Kreativität ist die Waffe, das Schwert des wahren spirituellen Kriegers – der sowohl Mutter als auch Vater ist und tief in die Quelle der Wildheit eintaucht, aus der die Energie für neues Leben, neue Verbindungen, neue innere Bilder und neue moralische Vorstellungen entspringt, die das Leben auf eine tiefe anstatt oberflächliche Weise verändern. Der wahre Krieger ist ein Mitschöpfer, ein Mitarbeiter des Geistes, ein Mensch, der für den Geist arbeitet. Seine Hände sind die des Geistes bei der Arbeit; sein Verstand wird vom Geist für die Aufgabe der Kreativität in Anspruch genommen. Thomas von Aquin hat es folgendermaßen ausgedrückt: „Derselbe Geist, der zu Beginn der Schöpfung über den Wassern schwebte, schwebt auch über dem Verstand eines Künstlers bei der Arbeit." Jeder Krieger ist ein Künstler – ein Künstler an der Arbeit dafür, dass die Menschen leben können.

Vier: Die Via Transformativa

Der Anspruch auf Künstlertum, Kreativität und Mitschöpferschaft muss geprüft werden. Der Geist fordert Urteilsvermögen und ständige Erprobung. Die wesentlichste Prüfung für den Anspruch auf die Arbeit des Geistes ist jene der Gerechtigkeit und des Mitgefühls. Besteht die Arbeit, die ich tue, die Gerechtigkeitsprüfung? Nutzt sie auch den Armen und nicht nur den Machtinhabern? Trägt sie zur Heilung und Ermächtigung der Machtlosen bei, oder schafft sie nur wieder Privilegien für einige wenige auf Kosten der vielen anderen?

Die Propheten sprechen immer im Namen der Gerechtigkeit. Sie haben ein Gespür für Ungerechtigkeit, die sich für sie wie ein Faustschlag in den Magen anfühlt. Ungerechtigkeit erweckt die Leidenschaft des Zorns, und ein Prophet/Krieger befindet sich immer mit seinem oder ihrem Zorn und der Leidenschaft in Verbindung. Aber anstatt nur im Aktions-Reaktions-Modus des Reptiliengehirns zu antworten, nutzt der Prophet den Zorn als Brennstoff zur Befeuerung wirksamer und kreativer Wege zur Ausübung von Gerechtigkeit und zur Herbeiführung jener Heilung, die wieder zur Gerechtigkeit führt. Ein authentischer Krieger bleibt bescheiden oder bodenständig (im Englischen bedeutet „bescheiden" *humble* und leitet sich von *humus* ab, was wiederum das lateinische Wort für „Erde" ist) und ist sich immer bewusst, nur ein Werkzeug für die Arbeit des Geistes zu sein – und kein Messias. Ein Prophet ist ein ebenso schwaches und bedürftiges menschliches Wesen wie alle anderen auch und vollkommen fähig, Böses zu tun sowie Fehler zu machen und Missverstandnisse zu produzieren. Außerdem bedarf er der regelmäßigen Anwendung der Via Positiva im Rahmen seiner spirituellen Praxis, weil er wieder auftanken und sich in den kühlen Wassern des Friedens und der Freude erfrischen können muss, welche die kleinen Momente des Lebens bringen können, selbst wenn es sich dabei nur darum handelt, dankbar dem Geschenk eines tiefen Atemzugs oder eines Spaziergangs Aufmerksamkeit zu zeugen. Dennoch bleibt der Krieger/Prophet auch in diesen Momenten immer leidenschaftlich daran interessiert, dass sich Gerechtigkeit und Mitgefühl ereignen.

Die Schritte des Kriegers gehen

Aus all dem können wir ersehen, dass sich der Krieger diesen vier Schritten nicht nur auf immer tiefere Weise unterzieht, sondern zu ihnen wird. Schauen und sehen Sie. Betrachten Sie den Krieger in Ihrem Inneren, und zwar nicht nur, wenn Sie diese Wege üben, sondern auch, wenn Sie zu ihnen werden. Denken Sie an Buck Ghosthorse und sehen Sie, wie wunderbar seine Stärke und seine Lehren waren und auch, dass seine Führung in so vielen Menschen, die selbst zutiefst verwundet waren, Schönheit zum Vorschein gebracht hat. Er verwandelte verwundete Menschen in verwundete Heiler. Bei seinen Schwitzhütten und Gebeten, bei seinen Sonnentänzen und selbst bei seiner Beerdigung war Schönheit ein stets vorhandenes Element, als er die machtvollen Lieder und Wege seiner Ahnen wiedererweckte und erneut in den Seelen der Menschen von heute lebendig werden ließ. Das ist der Krieger auf der Via Positiva.

Lassen Sie uns betrachten, inwiefern der spirituelle Krieger der Träger der Via Negativa ist. Der Krieger/Prophet lädt uns an dunkle Orte ein, wo wir Fragen, Zweifeln, Herausforderungen und dem Anspruch auf Veränderung begegnen. Der Krieger betritt tiefe Orte, die nicht etwa für Ordnung und Kontrolle sorgen, sondern vielmehr das Chaos schüren. Denken Sie zum Beispiel an einen Menschen, der in einem Fall von Sucht oder Abhängigkeit interveniert. Die Intervention selbst ist keineswegs leicht oder lieblich, sondern überaus fordernd und das Leben verändernd. Buck war ein solcher Mensch: Es ist durchaus fordernd und geht nicht ohne inneren Kampf ab, wenn man vier Tage lang in der brennenden Sonne ohne Wasser und Nahrung und mit gepiercter Brust einen Sonnentanz durchführt.

Sich den Wahrheiten in uns selbst zu stellen, ist notwendig, aber nicht immer angenehm. Es ist nicht einfach, still zu sein und zu meditieren, wenn Gehirn und Körper flüchten wollen, um sich in den unendlichen Ablenkungen zu suhlen, mit denen wir von unserer Kultur gefüttert werden. Auf dem Sofa zu liegen und das Leben anderer im Fernsehen zu beobachten oder dem endlosen Klatsch zu lauschen, der Berühmtheiten und andere im Licht der Öffentlichkeit stehende Gestalten umgibt – das ist einfach. Aber es ist nicht der Weg des Kriegers. Der Krieger dringt in die Dunkelheit ein und lernt, mit ihr zu leben und alles aus ihr herauszuziehen, was sie uns lehren kann. Selbst wenn das bedeutet, den Geschmack von Asche und Nichts zu erfahren. Der Krieger hat die Stille zu Gast und zieht sie dem Lärm vor.

Als Thomas von Aquin, der große Theologe und Vertreter der Verbindung von Wissenschaft und Spiritualität, sein letztes Buch schrieb – die *Summa theologica* – hatte er nach etwa zwei Dritteln des Werks ein mystisches Erlebnis, das ihn dazu veranlasste, seine Feder niederzulegen und mit dem Sprechen und Schreiben aufzuhören. Ein Jahr lang, nämlich während des letzten Jahres seines Lebens, sagte und schrieb dieser Riese unter den Denkern und Schriftstellern gar nichts mehr. Er starb, ohne sein großes Werk vollendet zu haben. Es war seine eigene unvollendete Sinfonie. Zu dieser Erfahrung sagte er: „Alles, was ich geschrieben habe, ist Stroh." (Obwohl er über einen Zeitraum von einundzwanzig Jahren Bücher geschrieben hatte, die von bleibender, grundlegender und weltbewegender Bedeutung waren.) Auch wir können sagen: „Alles, was ich geschrieben habe, ist Stroh", oder „alles, was ich gebaut habe, ist Stroh", oder „all mein Lieben war Stroh", „alles, was ich getan habe, war Stroh" oder „alles, woran ich geglaubt habe, war Stroh".

Das Stroh zu schmecken ist wie der Geschmack der Asche eine Erinnerung daran, wie klein unsere Gegenwart in der unermesslichen Weite des Universums oder auch nur in der Geschichte unserer Art ist. Der Krieger – und nichts anderes war Thomas von Aquin – erkennt die strohige Qualität aller menschlichen Leistungen und wird gelegentlich selbst zu diesem Stroh. Das Nichts ist überaus wirklich. Das Universum wird von schwarzen Löchern und schwarzer Energie beherrscht. Wer sind wir, dass wir glauben, wir könnten durch das Leben kommen, ohne es in tiefen Zügen zu trinken und zu dem zu werden, was wir in uns aufnehmen? Dann und wann inkarniert der Krieger das Nichts. So ist es einfach.

Um ein Krieger zu sein, müssen wir oft unseren privilegierten Stand im Leben aufgeben, wie hart dieser auch immer erkämpft sein mag. Wenn man den Mantel der errungenen Leistungen ablegt, entkleidet man sich auch dessen, was Howard Thurman „die buchstäbliche Substanz unserer selbst vor Gott" nennt, um verletzlich und alleine in die Dunkelheit hineinzugehen. Es gibt keine Garantie dafür, dass man am anderen Ende als dieselbe Person hervortritt oder jemals wieder dieselbe Rolle in der Gesellschaft spielen kann. Man wird zur Via Negativa. Freunde und Beziehungen, Titel und Errungenschaften, Gehälter und Pensionspläne – all das muss nun möglicherweise beiseite gelassen werden. Es kann sein, dass wir gefordert sind, das Prinzip zu leben, das Meister Eckhart so formulierte: „Alles, was wir im Leben haben, ist geliehen." Das Leben selbst ist geliehen, und dasselbe trifft auf all unsere Beziehungen darin zu. Eine Leihgabe ist jedoch immer vorübergehender Natur. Der Krieger weiß um den Tod; er leugnet seine Sterblichkeit nicht, sondern trägt sie wie einen Schild oder Schutz, mit dessen Hilfe er sich und andere verteidigt – wissend, dass uns die eigene Sterblichkeit mahnt, ganz im Jetzt zu leben und jetzt die Schönheit zu verteidigen, nicht erst morgen. Der Krieger wartet nicht damit, zu leben, er verschiebt das Leben, Lieben, Beschützen und Erschaffen nicht auf einen anderen Tag. Die Leihgabe wird irgendwann zurückgegeben werden müssen, also erschafft er seine Gelegenheiten heute.

Da der Krieger loszulassen gelernt hat, bewahrt er Groll nicht auf und wird auch nicht von Rachegefühlen dazu veranlasst, andere zu verfolgen. Vergebung – ein anderes Wort für Loslassen – wird Tropfen für Tropfen erlernt, Tag für Tag, und zwar nicht als altruistischer Akt, sondern als notwendige Klärung der Vergangenheit, eine Seelenreinigung, die uns ermöglicht, im Jetzt leben und effektiv funktionieren zu können. Wenn die Seele Schmerzen aus der Vergangenheit beherbergt und diese wieder und wieder wälzt, kann sie nicht in ihre potenzielle Fülle hineinwachsen. Auf diese Weise wächst nur die Verbitterung, aber nicht die Seele. Der Krieger hat sich dazu verpflichtet, für das Wachstum seines Herzens und seiner Seele zu sorgen und diese nicht in der kümmerlichen Größe erstarren zu lassen, die sie gestern oder vor vielen Jahren einmal hatte. Auch sind Disziplin und manchmal sogar das eine oder andere Opfer notwendig, wenn es darum geht, eine verbrannte Seele darzubieten, eine Seele, die von dem Verrat und den Vertrauensbrüchen des Lebens versengt worden ist, seien diese nun selbst zugefügt oder nicht. Der Krieger lernt, jenseits des Verrats zu leben – ihn weder zu leugnen, noch sich damit länger aufzuhalten. Jenseits des Verrats. Jenseits der Qual zerbrochener Liebe, blutender Beziehungen, missverständlicher Kommunikation und unerfüllter Sehnsüchte. Der Krieger hat sich jener Reinigung vom Verlangen unterzogen, die eine Lektion der Schule ist, die Mystiker als die *dunkle Nacht der Seele* bezeichnen. Er oder sie läuft nicht vor der Dunkelheit davon, sondern tritt in sie ein und überwindet auf diese Weise nicht nur die Angst vor der Dunkelheit, sondern auch die vor dem Licht. Letztere – die Angst vor dem Licht und der Liebe, vor Anmut und Schönheit – kann ebenfalls das Hervortreten des Kriegers verhindern.

Darüber hinaus wird der Krieger zum Künstler und zum kreativen Wesen, indem er die Kreativität und den Hang zur Schönheit zum Ausdruck bringt, welche das Universum für all seine Handlungen beansprucht, nämlich die Gesamtheit seiner ständigen Formung und Umformung, die wir Evolution nennen. Der Krieger trägt die Last der ständigen Entwicklung auf seinen Schultern, indem er zum Instrument der Evolution wird, zum Vermittler von Wandel und Transformation und der Kreativität sowie der Heilung, die diese Evolution erst möglich machen. Evolution vollzieht sich nicht auf Kosten der Vergangenheit, sondern bringt diese mit, faltet sie in neue Form – die ringenden neuen Samen von Pflanzen und Wesen, Ideen und Bewegungen, Strukturen oder Sprachen, die sich geboren zu werden sehnen. Die Zukunft keimt in der Vergangenheit. Oder wie Jesus sagte: Neuer Wein kann nur in neuen Schläuchen aufbewahrt werden, weil alte Weinschläuche und alte Formen aufgrund ihres Alters, ihrer Privilegien oder beidem austrocknen und spröde werden.

Der Krieger trägt die neue Schöpfung in seinen Händen, in seinem Herzen und in seinem Kopf mit sich. Deshalb lehrt Thomas von Aquin, dass „alle Kulturen an allen Orten“ ihre Krieger und Propheten hatten. Kreativität ist schon immer sehr gefragt gewesen. Die Wächter der dominanten Kultur unterdrücken sie jedoch und versuchen, sie auf den Rücksitz bzw. in den Keller der Bildungserziehung zu verbannen. (So geht es bei der ironischerweise „No Child Left Behind“ genannten Gesetzessammlung ausschließlich um Prüfungen, welche die Kreativität in den Kindern wie auch in den Klassenzimmern ersticken und den Unterricht rapide untergraben, anstatt ihn wieder lebendig zu machen.) Oder denken Sie an die Jäger der religiösen Orthodoxie, die sogenannte Ketzer am liebsten auf dem Scheiterhaufen verbrennen, auspeitschen oder an öffentlichen Plätzen für vogelfrei erklären würden, um andere mögliche Krieger abzuschrecken, Furcht zu verbreiten und die Lektion zu lehren, dass es besser ist, die eigene Seele zu verkaufen, anstatt sie und andere mit ihr zu retten.

Der Krieger verkörpert die Kreativität, und zwar nicht um des Egos, des Ruhms oder des Geldes willen, sondern für die Gemeinschaft. Die Kreativität war am Werk, als Buck seine Gemeinschaft aufbaute und den Sonnentanz, die Visionssuche sowie andere Zeremonien zurück brachte und den Menschen lehrte, wie man sie richtig durchführt.

Aus all diesen Gründen dient der Krieger. Dieser Dienst ist nicht wie im Falle eines Sklaven erzwungen, sondern wird dargeboten. Der Krieger gibt, und das tut er großzügig. Und er gibt sich selbst wie auch der umfassenderen Gemeinschaft die Gabe der Liebe zum Leben (Via Positiva), der Stille und des Loslassens (Via Negativa), der Kreativität (Via Creativa) und der Gerechtigkeit sowie des Mitgefühls (Via Transformativa). Wir haben bereits davon gesprochen, dass zu dienen nichts anderes bedeutet, als Fremde zu lieben. Der Krieger liebt den Fremden und findet Wege, den Fremden zu lieben. Diese Wege der Liebe sind die Wege des Dienens. Gerechtigkeit und Mitgefühl dienen dem Fremden. Auf diese Weise redet der Krieger nicht nur, sondern handelt auch seinen Worten entsprechend und tanzt jene Trancen, die solch eine Berufung inspiriert haben. Der Krieger verkörpert das Kriegertum. Daraus erfolgt die Heilung. Daraus erfolgt das Feiern. Daraus erfolgt mehr Ehrfurcht und Staunen, mehr Anmut und Dankbarkeit. Und die Kreativität – von jedem Menschen – kann ungehindert fließen. Und die Ermächtigung – jedes Menschen – wird ein regelmäßiges Ereignis in der Welt. Die Samen sind gepflanzt; der Obstgarten trägt Früchte. Gute Früchte. Früchte, die bleiben.

Falsche Krieger, falsche Propheten

Jesus warnt vor „Wölfen in Schafspelzen“ und falschen Propheten. Jene, die Soldaten und Krieger oder Soldaten und Propheten miteinander verwechseln, verursachen üppig wuchernde Verwirrung. In den Vereinigten Staaten geht die unheilige Allianz zwischen den politischen Ideologien des rechten Flügels und den ebenfalls dem rechten Flügel angehörenden christlichen Bewegungen heute weit über bloße Verwirrung hinaus und schafft eine Situation, die an jene Zeit erinnert, als Hitler im Nazideutschland mit dem ausdrücklichen Segen der sogenannten deutschen christlichen Kirche an die Macht kam – eine Kirche, deren Sympathie für die Nationalsozialisten von vielen Menschen der damaligen Zeit überraschend unkritisch hingenommen wurde. Dr. James Luther Adams, ein ehemaliger Ethikprofessor an der Harvard Divinity School, floh 1936 aus Deutschland, nachdem er von der Gestapo verhört worden war, weil er die Bekennende Kirche unterstützte, in der sich auch Dietrich Bonhoeffer engagierte. Als Pat Robertson sowie andere Radiomoderatoren und Fernsehprediger vor fünfundzwanzig Jahren begannen, von einer neuen, politischen Religion zu sprechen, die zur Schaffung eines globalen christlichen Imperiums führen solle, warnte Adams vor dem bevorstehenden Aufstieg des amerikanischen Faschismus und der Rolle der Religion bei diesem Aufstieg.

Im Zuge seiner Untersuchung der Situation in Nazi-Deutschland kritisierte Adams in hohem Maße jene Liberalen, die von Dialog und Einschließlichkeit sprachen, aber nicht über das Rückgrat verfügten, dem ins Angesicht zu blicken, was tatsächlich vor sich ging: „Die Macht und Verlockung des Bösen und die kalte Wirklichkeit dessen, wie die Welt funktioniert, wurde von solchen Plattitüden ignoriert.“ Er kritisierte ebenfalls bedeutende Forschungsinstitute und die Medien in Nazi-Deutschland, denn er hielt diese Institutionen für selbstsüchtig und von ihrem behaglichen Umgang mit Regierung und Konzernen derart kompromittiert, dass sie weder willens noch in der Lage waren, die fundamentalen moralischen Fragen der Gerechtigkeit und Ungleichheit aufzuwerfen.

Im Zusammenhang mit falschen Propheten möchte ich auch einen Blick auf die Promise Keepers werfen, was der Name einer bestimmten Gruppe innerhalb der modernen christlichen Männerbewegung ist. Der Begründer der Promise Keepers ist Dr. Tony Evans, ein Pastor aus Dallas. Er versammelt Tausende von Männern zur selben Zeit, meist in Footballstadien, und predigt die Schaffung eines christlichen Staates. Diese merkwürdige und dem rechten Flügel angehörende Version des Christentums macht deutliche Anleihen bei der Ideologie von Rousas Rushdooney, der im Jahr 1973 die Rekonstruktionismus-Bewegung begründet hat und lehrt, dass Amerika von biblischen Konzepten regiert und die „Herrschaft“ an die „Auserwählten“ übergeben werden solle, damit diese die Erde im Allgemeinen und Amerika im Besonderen regieren. Diese Gesellschaft würde unter anderem für Ehebruch, Hexerei, Gotteslästerung und Homosexualität die Todesstrafe verhängen. Die föderale Regierung solle sich mit der nationalen Verteidigung beschäftigen, während

Bildung und Sozialfürsorge von den Kirchen behandelt werden sollten. Das säkulare, juristische Gesetzbuch müsse demnach vom Bibelgesetz abgelöst werden.

Solcherlei Herrschaftsdenken hat nicht nur bei den Promise Keepers ein Zuhause gefunden, sondern auch bei einflussreichen politischen Gestalten aus der Umgebung von Tony Evans – wie zum Beispiel bei George Bush, Tom Delay[22], Pat Robertson und Zell Miller[23]. Gott wähle solche Menschen, sagt Evans, um die Kräfte des Bösen zu bekämpfen, die in den „säkularen Humanismus" eingebettet sind, und um eine christliche und gottesfürchtige Nation zu erschaffen. Oder wie Pat Robertson es ausdrückt: „Unser Ziel besteht darin, die Herrschaft über die Gesellschaft zu erlangen." Das Standard-Lehrbuch, das in vielen christlichen Schulen und beim Hausunterricht verwendet wird erklärt, die Bibel rufe alle „an die Bibel glaubenden Christen" dazu auf, die Herrschaft über Amerika zu übernehmen. Christus wird als Rächer dargestellt, und seine Botschaft der Liebe, Vergebung und des Mitgefühls ist ebenso wie seine beispielhafte Art, dem Römischen Reich die Stirn zu bieten, in dieser Woge zur Schaffung eines christlichen amerikanischen Imperiums praktisch in Vergessenheit geraten. Die Bewegung zielt darauf ab, auf die untere Mittelschicht und andere Menschen einzuwirken, die wirtschaftlichem Druck ausgesetzt sind. Chris Hedges, ein Schüler von Adams und Journalist sowie Inhaber des Pulitzer-Preises schreibt: „Dieses Bild von Christus als Krieger spricht viele Menschen innerhalb der Bewegung an. Der Verlust von Arbeitsplätzen in der Produktion, das Fehlen einer erschwinglichen Gesundheitsfürsorge, kaum vorhandene Bildungsmöglichkeiten und mangelnde Sicherheit der Arbeitsplätze hat viele Millionen von Amerikanern ausgeschlossen. Diese Ideologie ist attraktiv, weil sie ihnen die Hoffnung auf Macht und Vergeltung bietet. Sie heiligt ihren Zorn. Sie schürt die paranoide Angst vor der Außenwelt, die durch bizarre Verschwörungstheorien aufrecht erhalten wird, von denen viele in Pat Robertsons Buch *Geplante neue Welt* dargestellt werden – ein Buch, in dem er wütende Tiraden gegen die Vereinten Nationen und andere internationale Organisationen loslässt." Auch Hitler baute seine Bewegung auf der Grundlage einer zornigen und entrechteten Arbeiterklasse auf.

Die Serie *Left Behind*[24], eine eigenartige Reihe von apokalyptischen Romanen (die es mittlerweile auch als Filmversion gibt), ist in einigen wenigen Jahren mehr

22) Äußerst rechter und konservativer Politiker der Republikanischen Partei, der 2005 angeklagt wurde, 190.000 Dollar Spendengelder für die republikanische Wahlkampagne in Texas missbraucht zu haben. [A.d.Ü.]

23) Ehemaliger rechtsstehender Angehöriger der Demokratischen Partei, der sich von den Demokraten trennte, um den Wahlkampf von George W. Bush zu unterstützen. [A.d.Ü.]

24) Eine reißerische Version der Offenbarung des Johannes, in der die dort geschilderten Ereignisse als tatsächlich und wortwörtlich zu erwartende Zukunftsvoraussage betrachtet und umgesetzt werden. Die Romane sind stark missionarisch und wurden – teilweise auch von kirchlicher Seite – als Verfälschung des Themas kritisiert. Die Autoren gehören zu den sogenannten Dispensationalisten, einer kleinen Gruppierung, welche die Heilsgeschichte der Bibel in bestimmte Phasen einteilt und diese der Menschheitsgeschichte zuordnet. Demzufolge wird die unmittelbar bevorstehende zweite Wiederkunft Christi die Herrschaft des Antichrists beenden (wer immer das auch sein mag – bisher hat man sich noch nicht auf einen Kandidaten einigen können). Danach kommt das Millennium, in dem Christus

als sechzig Millionen mal verkauft worden. Das sollte den Menschen klar machen, dass in den Seelen der modernen Amerikaner etwas ziemlich Ernstes vorgeht. Etwas, das nicht schön ist. Diese Bücher predigen den heiligen Krieg und stellen einen Christus dar, der das Fleisch von Millionen von Nichtgläubigen vernichtet. Ein brutaler und zorniger Messias soll nach einem globalen Atomkrieg in Erscheinung treten, womit die Wiederkunft Christi beginnt. Die wissenschaftsfeindliche Haltung der Bewegung ist weithin bekannt; sie beginnt mit der Weigerung, die Realität der Evolution anzuerkennen und schließt auch die Leugnung der Tatsache ein, dass acht bis zehn Prozent der menschlichen Bevölkerung schwul oder lesbisch sind. Hitler hat nur wenige Tage nach seiner Machtübernahme im Jahre 1933 alle homosexuellen und lesbischen Organisationen verboten. Die Angriffe auf Homosexuelle in Amerika, die viele der Hauptkirchen spalten, sind sehr real. Die trügerische Verwendung des Wortes „Werte“ ist ein Codewort, das zum Angriff auf Schwule und Lesben auffordert und von tiefergehenden Wertfragen ablenkt – wie zum Beispiel der Umweltzerstörung, Krieg und Frieden, der Wirtschaft sowie der Rassen- und Geschlechtergerechtigkeit.

Auch hier treibt die dem rechten Flügel angehörende Bewegung Aspekte einer verzerrten Krieger-Ideologie voran – einschließlich der ebenso verzerrten Botschaft dessen, was es bedeutet, männlich zu sein. Man sagt uns, dass Schwule und befreite Frauen für die männliche Verwirrung verantwortlich seien. Hedges drückt es folgendermaßen aus: „Diese Ideologie ist vom Männlichkeitskult durchdrungen. Man erzählt den Gläubigen, dass Feminismus und Homosexualität jene sozialen Kräfte seien, die den amerikanischen Mann körperlich und spirituell impotent gemacht haben.“ Hedges warnt davor, dass in Anbetracht des Fanatismus und der tollwütigen Ideologie der rechten Christen „alle Debatten mit ihnen sinnlos sind. Wir können diese Bewegung nicht erreichen. Diese Menschen wollen keinen Dialog. Sie kümmern sich keinen Deut um rationales Denken und um Diskussionen. Es genügt ihnen nicht, wenn John Kerry betet oder Jimmy Carter in der Sonntagsschule unterrichtet.“ Er glaubt, dass die größte Gefahr von unserer Selbstzufriedenheit ausgeht. Man fühlt sich an die Warnung von Sinclair Lewis erinnert: „Der Faschismus wird in eine Flagge eingewickelt und ein Kreuz tragend nach Amerika kommen.“

Der Archetyp des spirituellen Kriegers hat also ganz klar auch eine Schattenseite. Das ist noch mehr Grund, unsere Verpflichtung ernst zu nehmen und sich auf Kriegerart gegen die Kräfte zu erheben, welche die wahre Bedeutung dieses Archetyps vereinnahmen und Liebe und Gerechtigkeit durch Hass ersetzen wollen. Wäre es nicht tatsächlich wunderbar, wenn sich spirituelle Krieger en masse erheben würden, um die Erde in dieser momentanen Gefahr zu beschützen und Krieg

zusammen mit seiner Gemeinde die Herrschaft auf der Erde ausübt. Anschließend wird Satan noch einmal losgebunden; es folgt eine letzte große Schlacht (Armageddon) und das Weltgericht. Zuletzt schließt sich das letzte Zeitalter der Neuen Erde und des Neuen Himmel an. Die Serie beginnt zum Zeitpunkt der Entrückung der Gemeinschaft aller an Christus glaubenden Menschen in den Himmel. [A.d.Ü.]

gegen Armut oder die globale Erwärmung zu führen, anstatt gegen eine Projektion namens „Säkularismus"? In Amerika, dem weltgrößten Wirtschaftssystem, lebt einer von acht Menschen (37 Millionen Amerikaner) in Armut, und der größte Teil davon sind Kinder – außerdem ist eine von vier schwarzen Personen verarmt. Mehr als 46 Millionen Einwohner haben keine Krankenversicherung. Solche Fakten legen nahe, dass es für echte Krieger viele Schlachten zu schlagen gibt. Worauf warten wir noch?

John Conger: Über die Krieger Don Quijote und Odysseus

Heute leben viele spirituelle Krieger unter uns. Über einige von ihnen habe ich geschrieben – wie zum Beispiel Buck Ghosthorse und Bhante Dharmawara. Wir können auch die spirituellen Krieger in unserem eigenen Leben erkennen und uns von ihnen leiten lassen; sie werden dazu beitragen, uns zu unserer authentischen Männlichkeit und zum Wiederaufstieg des göttlichen Männlichen zu führen. Außerdem unterstützen sie uns bei der Entwicklung unseres inneren Kriegers. Dann gibt es da noch historische Persönlichkeiten wie Jesus und Martin Luther King jr., an die wir uns wenden können. Dasselbe trifft auf literarische, mythische oder archetypische Gestalten zu.

Ich würde diese Erörterung des spirituellen Kriegers gerne mit zwei literarischen oder mythologischen Kriegern beenden: Don Quijote und Odysseus. Sie spielen für das Verständnis einer gesunden Männlichkeit eine bedeutsame Rolle, weshalb ich die Gedanken des Psychologen John Conger zu diesen beiden Figuren an Sie weitergeben möchte.

Ich war schon immer der Ansicht, dass es sich bei der absurden Gestalt des Don Quijote um einen wichtigen männlichen Archetypen handelt – für mich ist er dem biblischen Propheten Jonas vergleichbar, der sich (wenn auch unbeabsichtigt) über diese ganze Kriegersache lustig macht. So, wie die Weisheit stets mit ihrem Gegenstück – der Narrheit – tanzt, muss sich auch der Krieger trotz seines Ernstes den Sinn für Humor bewahren. Das ist die Gabe des Don Quijote. Auch wenn er „gegen Windmühlen kämpft", weil er sie mit wilden Riesen verwechselt, bleibt er doch für alle potenziellen Krieger und Propheten eine Erinnerung daran, wie wichtig es ist, auch über sich selbst lachen zu können. Der Unterschied zwischen einem Fanatiker und einem Propheten oder Krieger besteht in der Fähigkeit zu selbstkritischem Humor, der die eigenen Grenzen anerkennt – seien es nun die der körperlichen Stärke oder die des Verstehens. Es gibt heute viele Fanatiker in der Welt – falsche Propheten, falsche Krieger – die für uns aufgrund ihrer unnachgiebigen Überzeugungen erschreckend sind. Ich glaube, einer der Gründe für die nach wie vor anhaltende Beliebtheit des Don Quijote besteht darin, dass er uns hilft, die Fehler und Narrheiten wortwörtlicher Auslegungen, aber auch jeder Form des Extremismus und der Besessenheit von etwas zu erkennen – und uns damit zu identifizieren. Don Quijote ist jemand, der alles wörtlich nimmt – er liest Bücher über Ritterlichkeit und ist schließlich davon besessen. Er hält jedes Wort darin für die Wahrheit, selbst wenn das ganz unmöglich ist. So verschafft er allen Menschen, welche die Dinge zu buchstäblich sehen, satirische Erleichterung – einschließlich jener, die jedes Wort der Bibel wörtlich nehmen. Tatsächlich zeigen wir alle von Zeit zu Zeit ein wenig von dem Fanatismus und der Narrheit dieses Kriegers. Ist nicht in jedem von uns ein Don Quijote, so wie auch in jedem von uns ein Christus, eine Buddhanatur und ein wahrer spiritueller Krieger ist? Wenn das zutrifft, sollten wir für das Lachen und das Paradoxe offen bleiben. Quijote hilft uns dabei.

Immerhin ist Don Quijote ein Jäger und Sammler. Er stöbert seine echten wie auch imaginierten Feinde auf, seien es nun Windmühlen oder Ritter (die in seinen Augen als Priester verkleidet sind). Er jagt nach seiner Dame, wie es jeder andere echte und galante Ritter auch tun würde. Er sucht nach einem Kampf. Und er ist ständig damit beschäftigt, seine Ehre zu verteidigen, was ein typisch männliches Unterfangen darstellt – um den Stachel der Schande zu vermeiden. Don Quijote wird unser Lieblings-Antiheld, Antiprophet, Antikrieger bzw. Anti-Jäger-und-Sammler – und das ist gute Medizin, um Männer gesund zu erhalten. John Conger spricht auf besondere Weise von der Scham und dem Zorn in Männern, an die sich die Gestalt des Don Quijote richtet.

Conger: Scham hat mit der Entwicklung des Selbst, des Proto-Selbst, der Eigenwahrnehmung und des Selbstbewusstseins zu tun. Das ist ihr Kern. Die Aggression und wie wir damit umgehen, stellt einen der Schlüssel zur Männlichkeit dar. Ein anderer ist die Scham. In der Zeit des Don Quijote bedeutete ein Mann zu sein, die eigene Ehre zu erhalten. *Don Quijote* ist eine hochkomplexe Geschichte, bei der es auf überaus skurrile Weise hauptsächlich um das Thema der Scham und Schande geht. Wenn ich in meinen Einführungsklassen zu meinen Studenten sage, dass es gut möglich ist, dass sie sich hier selbst aufs Spiel setzen könnten, sage ich ihnen damit eigentlich: *Ohne Scham gibt es kein Wachstum.* Bei der Schande geht es um Eigenwahrnehmung; man schaut also auf sich selbst zurück und sagt: „Oh mein Gott, das habe ich tatsächlich getan!" und fühlt sich beschämt. Schande ist zweischneidig – sie kann das Selbst angreifen und zerstören. Man fühlt sich so furchtbar mit sich selbst, dass man glaubt, verrückt zu werden. Wenn man ein schwaches Selbst hat, kann die Scham den Sinn für dieses Selbst zerstören. Männer müssen lernen, Scham ebenso wie Aggression handhaben zu können.

Es ist sehr leicht, gedemütigt zu werden. In früheren Zeiten hätte man dann ein Duell ausgefochten. Man hat seine Ehre um jeden Preis bewahrt. Aber das scheint mir ein fragwürdiger Umgang mit Schande und Scham zu sein, auch wenn es einen Teil des Wachstums darstellt, das man auf dem Weg zur guten Handhabung dieses Problems durchläuft. Es ist unglaublich schwer, ein Mann zu sein, weil man als Mann lernen muss, mit Scham und Aggression fertig zu werden. Und all das weder zu verbergen noch zu leugnen. In Bezug auf Aggression unterliegen Männer dem großen Druck, sicher sein zu müssen, also niemanden zu bedrohen oder zu verängstigen. Ein solcher Mann ist eine Art weiblicher Mann in einem Strickpullover, der für eine Frau auf keinen Fall eine Drohung darstellen kann. Aber Frauen mögen gerade jene Männer, die durchaus ein bisschen beängstigend *sind*, denn diese Männer können auch beschützen. Frauen können sich an sie wenden, um Sicherheit zu finden. Unsichere Männer neigen jedoch dazu, selbst zu diesem Zweck so zu Frauen in Beziehung zu treten, als wenn diese ihre Mütter und keine ihnen gleichgestellte Person wären.

Cervantes – ein Zeitgenosse Shakespeares – hatte selbst ein erstaunlich wildes Leben. Er duellierte sich in Spanien und musste danach außer Landes fliehen. Er ging nach Italien, wurde aber schließlich von Piraten gefangen genommen und lebte danach in der Türkei. Er schrieb Gedichte und vieles mehr. Don Quijote war eine Art Parodie seiner selbst, denn er war ein sehr komplexer Mensch. Was ich an *Don Quijote* so erstaunlich finde ist, dass der Autor ein überaus differenzierter, sardonischer, furchtbar vergnügter, kultivierter und belesener Mensch ist und im Roman fast zu einer weiteren Figur wird.

Als Psychiater lese ich viel über Psychosen, und *Don Quijote* beschreibt den psychotischen Bruch wirklich hervorragend. Viele Psychosen äußern sich sehr feindselig und mit einer Menge Zorn. Auch Don Quijote hat ein heißes Temperament – er verdreht alles sofort und ist dann sehr wütend. Er kann nicht aufgehalten werden, weil er einen sehr aufbrausenden Charakter hat. Also begegnet ihm die Schande, die er so verzweifelt zu vermeiden sucht. Er verteidigt seine Ehre. Ein älterer Herr lebt mit seiner vierundzwanzigjährigen Nichte bei ihm, anhand von dessen Beispiel der vergnügte, differenzierte und städtische Cervantes eine ganze Klasse von Menschen beschreibt. Es ist das beschämende Bild eines Lebens unter extrem einschränkenden Bedingungen, und im Angesicht all dessen erlebt sich Don Quijote als allmächtig und überschreitet alle Grenzen. Als er romantische Romane liest und seine eigene wahnhafte Welt erschafft, in der er ein Ritter wird, der seinen eigenen Begrenzungen entflieht und seiner Allmacht vollständigen Ausdruck verleiht, ereignet sich eine Explosion. Er wird ziemlich verrückt. Die gesamte episodische Struktur des Romans ist auf diesen Begegnungen mit einer vollkommen säkularen Welt aufgebaut.

Wie verhalten sich die Priester, denen Don Quijote begegnet? Er hält sie für aufgeblasen, mittelklassig, mit teuren Kutschen und so weiter. Don Quijote erlebt sie als andere Ritter; einer von ihnen entkommt, und er prügelt ziemlich auf sie ein. Sie sind feige. Don Quijote führt Streit mit Menschen, die Dinge besitzen, und sie bieten ihm einen richtigen Kampf. Das ist eine andere Form der Annäherung an die Schande.

Und so zeigt sich Cervantes immer vom Thema Scham und Ehre amüsiert. Es ist die Geschichte eines gebrochenen Mannes – Don Quijote ist gebrochen und gedemütigt, aber er weigert sich, gebrochen zu sein. Er spielt eine edle Rolle, in der er sich weigert, sich beschämen zu lassen. Was ihn rettet, sind seine Freunde. Nichts kann ihn überzeugen. Einer seiner Freunde verkleidet sich als Ritter und fordert ihn mehrmals zum Waffengang auf. Er sagt, wenn er Don Quijote besiegen könne, müsse dieser genau das tun, was der Freund ihm aufträgt. Als das geschieht, befiehlt er Don Quijote, zurück nach Hause zu gehen und dort zu bleiben. Don Quijote wacht erst im Angesicht seines Todes aus seinem Wahn auf. Freundschaft hilft ihm durch diese Krise.

Fox: Wie geht Jesus mit der Schande um?

Conger: Jesus repräsentiert die Verkörperung der Schande im menschlichen Geist. Er ist Gott, gegenwärtig gemacht in der Scham.

Fox: Das lässt die Schande aber gut aussehen.

Conger: Es lässt sie gut aussehen und macht sie zu einem Teil der eigenen Gebrochenheit und nicht der eigenen Ehre, was zur Weiterentwicklung führt. Meiner Ansicht nach handelt es sich dabei um einen wesentlichen psychologischen Fortschritt oder eine Entwicklung – dass es möglich ist, den Tod des eigenen Egos zu überleben, und dass man ein vom Ego getrenntes Selbst haben kann, das nicht stirbt, sondern überdauert. Unsere Investition in die Erhaltung unserer Ehre wird von unserer Seele kultiviert. Deshalb war Jesus dieser ultimative Revolutionär, während die Pharisäer zwar von Stolz und Ehre erfüllt werden, zehn Prozent ehrenhaft geben und nicht gebrochen sind, aber ihr Wachstum ist nicht so substanziell. Da kommt der reiche Mann zu Jesus und sagt: „Ich habe dies und das getan und alle Gesetze befolgt", und Jesus liebt ihn und antwortet: „Gib alles fort, was du hast, und folge mir", aber der junge Mann kann nicht. Er besitzt zu viel. Da sagt Jesus, dass es für einen reichen Mann schwerer ist, das himmlische Königreich zu erlangen, als für ein Kamel, durch ein Nadelöhr zu gehen. Ein Teil unseres Egos kämpft also wie der Teufel darum, nicht gebrochen zu werden, aber Jesus bietet die tiefgehende Einsicht, dass es ein Leben nach dem Tod gibt, also psychologisch nach dem Zeitpunkt des Gebrochenwerdens. Und das ist das Leben der Seele.

Fox: Joseph Jastrab unterstützt diesen Punkt, wenn er sagt, dass es „für viele von uns ein Besorgnis erregender Gedanke ist – die Möglichkeit, dass wir das Herz eines Kriegers nicht durch unsere Siege, sondern durch unsere Niederlagen erlangen". Wie ist Jesus Ihrer Ansicht nach mit der Aggression umgegangen?

Conger: Sehr geschickt. Ich meine, er hatte keine Angst davor. Denken Sie nur an den Vorfall mit den Geldwechslern im Tempel. Er wurde die ganze Zeit über mit Aggressionen konfrontiert und von Fragen herausgefordert, aber er ähnelte Odysseus. Er wird als jemand dargestellt, der wusste, wo die Pharisäer herkamen und wie man ihnen auf eine Weise antwortete, die sie gründlich verärgerte. Er wird nicht als jemand dargestellt, der sterben, sondern der leben will. Aber er erfüllt seine Aufgabe und ist über den Verrat seiner Freunde sehr bestürzt.

Meiner Ansicht nach ist Johannes der Täufer das eigentliche Symbol für Aggression, denn er trotzt der Gesellschaft und steht sozusagen außerhalb des Gesetzes, weil er nicht in den Städten, sondern irgendwo draußen in der Wildnis als rauer Kerl lebt und sagt, die Ankunft des Königreich Gottes stehe kurz bevor und alles werde der Zerstörung anheimfallen. Er nimmt die ganze Wut der Juden auf die Römer, die sie gefangengenommen haben, und formuliert sie in Form einer Erzählung vom Ende aller Dinge. Deshalb glaube ich, dass es sich dabei um die Geschichte einer sehr gefährlichen Zeit handelt.

Fox: Ähnlich gefährlich wie unsere, vermute ich. Was kann uns Odysseus darüber sagen, wie man all das übersteht?

Conger: Meiner Ansicht nach leben wir gerade jetzt in einer gefährlichen Welt, in der sich viele Veränderungen vollziehen. In dem Buch *The World Is Flat* sagt der Autor, dass wir in den letzten sieben Jahren radikale Umwandlungen erlebt haben. Wie kann man da ein sicheres, überdauerndes Selbst haben? Das ist das Thema der *Odyssee*. Aber die *Odyssee* ist eine Welt, in der es Götter gibt.

Ich habe die *Odyssee* schon immer geliebt, denn in gewisser Weise geht es darin um emotionale Präsenz und wie man in einer gefährlichen Welt überlebt. So erlebe ich die Welt, und die *Odyssee* handelt genau davon. Odysseus ist ein unglaublicher männlicher Archetyp, denn zu Beginn seiner Geschichte sagt Zeus: „Ich weiß, wer Odysseus ist – er ist beinahe einer von uns." Er ist der ultimative menschliche Mann, weil er auf dieser Insel mit Calypso festsitzt, die ihn zum Gatten haben will und ihm dafür Unsterblichkeit verspricht, aber er will das nicht. Er hat zwar Sex mit ihr, kann aber an nichts anderes denken, als endlich wieder nach Hause zu seiner Frau Penelope zurückzukehren. Soweit er weiß, sind auch sein Vater und seine Mutter noch immer dort. Das ist interessant, weil es sich um eine Welt der Götter handelt, in der sich die Menschen ganz unten befinden und stets in die Launen der Götter verwickelt sind, aber dennoch sagt Odysseus uns, dass es viel besser sei, ein Mensch zu sein. Es sieht zwar so aus, als wenn es die Götter besser hätten, aber die können keinen Verlust erfahren – weil sie unsterblich sind, verlieren sie ihre Gefühlstiefe. Diese Götter sind belanglos, eifersüchtig und zornig, sehr ursprünglich und unterentwickelt, während Odysseus eine reiche innere Welt hat, die er nicht gegen Göttlichkeit und Unsterblichkeit einzutauschen bereit ist. Die Götter sind auf eine seltsame Weise in die Menschen verliebt und haben aus Langeweile Sex mit ihnen. Das ist eine sehr nervtötende Art, zu leben.

Fox: Odysseus repräsentiert also, was es heißt, ein Mann in Beziehung zu Männern zu sein.

Conger: Am Anfang der *Odyssee* heißt es, dass sich Odysseus niemals wirklich verirrt hat. Er steht für männliches Selbstvertrauen. Calypso sagt ihm, dass er gehen kann, aber er fragt: „Wo ist hier die Falle? Du könntest mir irgendetwas Furchtbares antun." Sie ist amüsiert: „Oh Odysseus, du bist immer so wachsam und auf der Hut vor Fallen." Odysseus sagt: „Schwöre bei den Göttern", was sie auch tut. Er ist weit gereist und weiß, wie die Menschen denken. Er ist das Modell eines hoch kompetenten Selbst, das trauern, um furchtbare Verluste weinen und stolz sein kann. Die Schande, die er erlebt, befindet sich außerhalb seiner selbst; er jedoch kämpft darum, sich nicht beschämen zu lassen und ehrenhaft zu bleiben. Diese Schande betrifft familiäre Probleme, auf die er keinen Einfluss hat. Er befindet sich in einer faszinierenden Welt, denn er repräsentiert den Mut, den wir in einer Welt haben müssen, die gefährlich ist und auf die wir nicht vorbereitet sind. Daraus entspinnt sich eine Art von Schicksal. Poseidon ist sauer auf ihn, weil er dem Zyklopen Polythemus das Auge genommen hat. Er hat einen einzigen Fehler gemacht, und der Zyklop sperrte ihn in einer Höhle ein und aß seine Männer einen nach dem anderen auf. Nachdem Odysseus ihm das Auge genommen hatte, fragte der Zyklop: „Wer bist du?" „Mein Name ist kein Name. Niemand." Als er zu seinen Schiffen floh, verhöhnte er den Zyklopen – ein Rückfall in den Stolz, der ihn später einiges kosten sollte.

Und so gibt es in unserer Mitte viele Beispiele für spirituelle Krieger. Ich habe nur über einige wenige davon geschrieben. Jeder von ihnen hat seine eigene Lehre zu vermitteln. Jeder ist ein Führer zu unserer authentischen Männlichkeit und dem Wiedererscheinen des göttlichen Maskulinen. Wir sind auch auf die Tatsache aufmerksam geworden, dass es falsche Propheten und missverstandene spirituelle Krieger unter uns gibt. Das ist ein Grund mehr, wie die Krieger wachsam zu bleiben, selbst während wir unser eigenes inneres Kriegertum entwickeln.

VI – Männliche Sexualität, Göttliche Sexualität

Die Säkularisation des Himmels hat sich erst in der modernen Ära ereignet, die – wie bereits im ersten Kapitel erörtert – alle Ebenen des männlichen Bewusstseins und Empfindens beeinflusst hat. Diese Dämpfung unseres kosmischen Bewusstseins trug sowohl zur Säkularisierung der Sexualität als auch der restlichen Natur bei. Auch die Religion erlag weitenteils dieser Neigung, die sexuelle Mystik zu vergessen und gab sich mit der Rolle der sexuell moralisierenden Xanthippe zufrieden, die im Namen einer voyeuristischen Gottheit agiert. Die Geistlichkeit war nur zu gerne bereit, den Part eines bestrafenden und Schuldgefühle hervorrufenden Gottes zu übernehmen. Dr. Gunther Weil drückt es folgendermaßen aus: „Unsere westliche, institutionalisierte religiöse Tradition hat den sexuellen Instinkt im Wesentlichen verzerrt und unterdrückt, um auf diese Weise eine Vielzahl persönlicher wie auch sozialer Pathologien zu erschaffen. Damit hat sie die Sexualität auf wirksame Weise von ihrer spirituellen Grundlage abgetrennt."

Der verstorbene Mönch Bede Griffiths hat das gut ausgedrückt, als er kurz vor seinem Tod sagte, die Sexualität sei zu wichtig und zu machtvoll, um nicht als das Sakrament geehrt und ritualisiert zu werden, das sie nun einmal ist. Viele Männer und auch die Gesellschaft selbst scheitern jedoch darin, ihre Sexualität zu ehren, zu respektieren und ihre mystischen Dimensionen zu erforschen, wodurch es unmöglich wird, ihre authentische Göttlichkeit zu feiern. Bei dieser wichtigen Aufgabe können uns die uralten spirituellen Traditionen des Ostens wie auch Westens hilfreich unterstützen.

Der Sexualität haftet eine Aura des Heiligen an, die in früheren Epochen die Grundlage unserer Wertschätzung des Sex und all dessen bildete, wofür er steht. Der männliche Phallus hat also eine *göttliche* Dimension.

Wie weit haben wir uns von dieser Wahrheit entfernt? In einem wichtigen Buch, das *Taoist Secrets of Love. Cultivating Male Sexual Energy* heißt und dabei helfen kann, die Unwissenheit und das Misstrauen zu heilen, die unter westlichen Menschen in Bezug auf die Sexualität herrschen, macht Mantak Chia die scharfsinnige Beobachtung, dass „die Erfahrung der Sexualität für die meisten Menschen kraftvoller ist als die der Religion". Deshalb ist die Religion oft weitaus mehr darauf aus, den Sex zu kontrollieren als seine spirituelle Kraft zugänglich zu machen. Chia bemerkt, dass „viele moderne spirituelle Führer, seien sie nun Christen, Juden, Hindus etc. die Verbindung vergessen haben, die in ihren religiösen Zeremonien zwischen der Spiritualität und sexueller Kraft besteht. ... Wenn die Heiligkeit der Sexualität akzeptiert wird, kommt es zu einer Wiederbelebung der Rolle der Religion in der Gesellschaft, und auch in gewöhnlichen persönlichen Beziehungen wird sie eine größere Bedeutung erlangen." Chia, der auf der Grundlage uralter taoistischer Praktiken arbeitet, die größtenteils mündlich weitergegeben worden sind glaubt, dass Männer sich wieder mit einer machtvollen Energiequelle und innerem Gleichgewicht verbinden können, wenn sie lernen, ihre Samenflüssigkeit zu kontrollieren. „Die Grundlage der Kraft des Penis ist die Einbehaltung des Samens. ... Dann wird die Lebensenergie in die Hoden hinabgetrieben und erfüllt diese mit außerordentlicher Vitalität." Wenn wir uns entscheiden, das nicht zu tun, vergeuden wir ein großes Potenzial – „sich ohne esoterische Praktiken zur Kultivierung des Chi in sexueller Liebe mit einem Partner zu verbinden, stellt einen unvollständigen Weg zur Transformation des eigenen Selbst dar."

Die uralte Heilige Metamorphose der Sexualität

Sexualität steht für Generativität und Kreativität, für Leidenschaft, für unsere Sehnsucht nach Kindern, für Freiheit, Ekstase und Spaß, für Kämpfe, für Freude, für die Gemeinschaft miteinander und sogar für unsere Gemeinschaft mit Gott. In jedem dieser Zusammenhänge wird die Sexualität, der Sex, der sexuelle Verkehr zu einer transzendenten Metapher für die Sehnsucht, die Verbindung und die Schöpfung.

In der Bibel ist ein ganzes Buch dieser Wahrheit gewidmet (das Hohelied des Salomo). Auf einer Insel vor der Küste von Bombay gibt es einen uralten Tempel, den man als die Elephanta-Höhlen bezeichnet. In diesen in den Felsen hineingeschnittenen Höhlen befindet sich eine riesige Darstellung des großen Phallus des indischen Gottes Shiva, des Erschaffers und Zerstörers der Welt (man nennt dieses phallische Symbol auch einen Lingam). Selbst heute noch schreibt der Psychologe Robert Moore: „Dieses Bild ist so machtvoll und so stark mit der Lebenskraft der Gläubigen aufgeladen, dass der Höhlentempel Tag und Nacht vom Kommen und Gehen Tausender von Pilgern summt und deren Lieder und Gesänge ständig darin wiederhallen. Der Tempelbesucher findet sich rasch in einer Stimmung äußerster Faszination gefangen, wenn er dieser überaus bildlichen Darstellung des Göttlich-Männlichen gegenübersteht und antwortet mit einem stillen ‚Ja' des Wiedererkennens." Auch in Konarak und Khajuraho ehren heilige indische Tempel die Sexualität und die Kunst der körperlichen Liebe. Das sind keineswegs Übungen in oberflächlichem Kitzel, sondern Darstellungen eines kosmischen Mythos – der dem Zentrum und Ursprung des Universums zugrundeliegenden Einheit des Männlichen und Weiblichen, die wie das Bewusstsein selbst auch im Zentrum unseres eigenen Wesens existiert (und zwar im zweiten Chakra). In diesem Tempel kann man eine große Freude in den Gesichtern der Liebenden sehen, die dort Handlungen der Liebe ausführen.

Der Anthropologe Mircea Eliade folgerte, dass die Bedeutung der Sexualität darin bestehe, „menschlichen Wesen das zu enthüllen, was sich jenseits des Egos befindet – in religiösen Begriffen ausgedrückt: das Göttliche." Eugene Monick weist darauf hin, dass die Faszination für den Phallus wie in den indischen Tempeln einem höheren Ziel dient: „Der Reiz besteht aus elementarer Neugier, einer anziehenden Kraft, einer magischen Fähigkeit, sich vom Alltäglichen zum Numinosen zu begeben – alles Merkmale der religiösen Erfahrung. … Faszination ist das Engagement der Seele."

Im Tempel von Angkor in Kambodscha wie auch an den heiligen Stätten in Preah Khan finden umfangreiche Feiern der heiligen Sexualität statt. Dort kann man Lingam-Statuen finden, die bis ins siebte Jahrhundert zurückdatieren. Im afrikanischen Mali baut man für die muslimischen Führer Häuser, in deren Dacharchitektur ein Phallus integriert ist. Dasselbe trifft auf das „Haus der jungen Männer" zu, an dem „dreiundfünfzig Phalli prangen. Meist sind diese Häuser die größten und am meisten dekorierten Gebäude des Dorfes." C.G. Jung kommentiert: „Der Phallus ist die Quelle des Lebens und der Libido, der Schöpfer und Bewerksteller von Wundern und wird als solcher auch überall verehrt."

Von Indien bis Afrika, von den pazifischen Inseln bis Kanada haben Menschen in Kulturen auf der ganzen Welt den Phallus und seine einzigartigen Kräfte in Tempeln sowie in der Kunst und Bildhauerei verehrt. Selbst in der Kathedrale von Chartres gibt es die Statue eines masturbierenden Mannes, der ein breites Lächeln im Gesicht trägt – der Fotograf Clive Hicks hat diese an der Spitze der Kathedrale versteckte Statue entdeckt und fotografiert. Aber es ist bemerkenswert, wie gut diese Figur verborgen worden ist. Im Westen gibt es viel weniger die Sexualität sakralisierende Kunst als im Osten. Das ist zweifellos so, weil die Sexualität in der westlichen Kultur dank Plato und Augustinus als unspirituell betrachtet wird. Im Westen ziehen wir es vor, Sex mit Scham und nicht mit Heiligkeit in Verbindung zu bringen.

Sexualität und Scham: ein westliches Erbe

Wie viel der männlichen Scham hat ihre Wurzeln in der Lehre von der sexuellen Schande? Der taoistische Lehrer Chia sagt, dass in seiner Tradition das Verständnis herrscht, dass sich Frauen mit ihrer Sexualität wohler fühlen als Männer, und dass jene Männer, die nicht in den tiefsten Dimensionen ihrer Sexualität verwurzelt sind, die Notwendigkeit verspüren, Frauen zu dominieren und zu kontrollieren. Er geht auch davon aus, dass ein großer Teil des epidemischen Übergewichts im Westen auf einen Mangel an sexueller Erdung zurückzuführen ist, weil „viele Menschen mit sexuellen Frustrationen über die Aufnahme von Nahrungsmitteln nach Befriedigung streben. Ein Ungleichgewicht der Ching- (Sex-) Energien gehört zu den Hauptursachen von Übergewicht – wenn man sexuell frustriert ist, stellt Essen den einfachsten Ersatz dar." Riane Eisler bietet in ihrem bedeutsamen Buch *Sacred Pleasure. Sex, Myth and the Politics of the Body – New Paths to Power and Love* eine umfangreiche Analyse der negative Richtung, welche die Sexualität im Westen eingeschlagen hat. Augustinus und viele andere Kirchenväter erklärten mehr oder weniger, dass „wie Ranke-Heinemann schreibt, Sex der ‚locus par exellence' der Sünde ist". Daraus folgerte man, dass die Frau „eine ständige Gefahr für den Mann" darstelle. Christliche Hexenjagden vernichteten in manchen Orten fast die gesamte weibliche Bevölkerung; insgesamt wurden Tausende (wenn nicht Millionen) von Frauen umgebracht. Unter den Verlierern dieser Ereignisse befand sich auch die westliche Medizin, denn auf diese Weise wurde „unschätzbares Kräuter- und anderes Heilungswissen ausgelöscht, das bis dahin von heidnischen Priesterinnen und Heilerinnen von einer Generation an die nächste weitergegeben worden war". Die Kirche assoziierte Sex in den meisten Fällen nicht mit Vergnügen, „sondern mit ewiger Strafe und Qual". Die Lektionen, welche die Männer aus all dem lernten, entfremdeten sie nicht nur von den Frauen, „wodurch die männliche Dominanz gerechtfertigt und erhalten wurde, sondern sie dienten auch dazu, Männer von ihrem eigenen Körper, ihren eigenen Gefühlen und vor allem von ihrem menschlichen Bedürfnis nach liebevoller Verbindung zu entfremden." Anstelle von Verbindung gab es nun Herrschaft, Zwang und Unterdrückung, was wiederum den politischen Kräften zugute kam. Denn „genau diese Kontrolle über die Körper der Menschen ist die ultimative Hauptsäule einer dominierenden sozialen Organisation." Die Kirche ist oft vom Thema Sex besessen und verzerrt dabei die Spiritualität. Infolge dessen „assoziiert sie Sex immerfort mit Herrschaft und Gewalt" – genauso wie die Pornographie, die von ihr so sehr verdammt wird.

Wie die Beispiele der indischen Tempel verdeutlichen, war das nicht immer so. Selbst in Europa legen Untersuchungen prähistorischer Stätten nahe, dass Sexualität damals „mit dem Heiligen, mit religiösen Riten, mit der Göttin selbst in Verbindung gebracht wurde." Diese „erotischen Mythen und Riten waren nicht nur Ausdruck der Freude und Dankbarkeit, die unsere Vorfahren angesichts des Geschenks des Lebens empfanden, welches sie von der Göttin erhalten hatten, sondern auch der von ihr stammenden Gaben der Liebe und des Genusses – insbesondere für die intensivste der körperlichen Vergnügungen, den Genuss der Sexualität."

Und doch wurde Sex schließlich mit männlicher Macht über Frauen assoziiert. „Religiöse Autoritäten lehrten die Männer, das Körperliche oder Fleischliche sei ebenso wie die Frau von niedrigem Wert. Also wurde es die Pflicht des Mannes, nicht nur die Frau zu kontrollieren und zu unterwerfen … sondern alles, was fleischlich oder körperlich ist. Das Ergebnis all dessen bestand darin, dass Männer einen Krieg gegen ihren eigenen Köper führen. Und auch gegen Frauen – deshalb die Redewendung vom ‚Krieg der Geschlechter'". Diese Lehren nähren den „Herrschaftsgeist". Für „den Herrschaftsgeist *ist* körperliche Liebe gleichbedeutend damit, Krieg zu führen, … und wenn dem angemessen sozialisierten Macho-Mann am Ende nur noch die Freude am Sieg über einen Gegner bleibt – sei es ein anderer Mann oder eine Frau – … wird Sex nicht mehr mit beiderseitiger Freude und schon gar nicht mit liebevoller Geborgenheit, sondern nur noch mit gewaltsamer

Herrschaft in Verbindung gebracht." Es ist traurig, berichten zu müssen, dass „unser religiöses kulturelles Erbe ‚wahrhaftig gegen die Freude' eingestellt ist und ... insbesondere das intensive, manchmal ekstatische Vergnügen des Sex beschimpft und sogar zu leugnen versucht." Wie viel Schaden ist männlichen wie auch weiblichen Seelen durch diese Verunglimpfung einer der größten Segnungen der Natur zugefügt worden?

Natürlich ehren auch wir im Westen den Phallus als Symbol der Männlichkeit, doch tun wir es auf eine pervertierte Weise: Wir schweigen ihn tot, halten ihn „unter Verschluss" und nennen ihn nicht bei seinem Namen. Wir gebrauchen ihn nicht in Zusammenhang mit dem Wunder und der Herrlichkeit unseres Körpers oder des Heiligen. Statt dessen werden die Wolkenkratzer der Häuptlinge und Kapitäne unserer Industrie und des Handels zu solchen phallischen Götzen. Auch viele der von uns zu Ehren unserer militärischen Siege errichteten Obelisken zählen dazu. Und unsere Sportstadien, in denen wir sozial akzeptierte Kriegsspiele aufführen, sind wie Vaginas gebaut. Vielleicht aus Zimperlichkeit gestehen wir die sexuelle Qualität dieser Symbole nicht ein, so dass wir anstatt von Tempeln für die Göttliche Männlichkeit sexuell und spirituell kastrierte Schreine für die Götter des Krieges und der Finanzen, der Politik und der Medien, des Sports und des Geschäfts haben, die alle ohne den geringsten Einfluss des Herzens ihre tödlichen Spiele spielen. Wenn der aufgerichtete Penis, wie Moore sagt, „ein Symbol der Lebenskraft selbst" ist, dann besteht einer der Gründe dafür, dass wir ihn nicht als solches verehren vielleicht darin, dass wir nicht mehr in demselben Maße daran interessiert sind, das Leben zu würdigen, wie unsere Errungenschaften im Bereich der Finanzen, der Macht, des Krieges und des Profits anzubeten. Vielleicht würde eine Verehrung der „Lebenskraft selbst" die Biophilie zu sehr in den Vordergrund stellen. Was würde dann aus unserer ganzen Nekrophilie? Eugene Moore glaubt, „der Geist eines Mannes ist phallische Energie; sein Geist löst die Erektion aus, sein Geist ergießt sich in der Ejakulation. Der Geist erreicht seinen Höhepunkt und ist dann verschwunden. Phallos ist erschöpft. Der Mann schmeckt ein kleines Stück vom Ende."

Die Herrschaftsmentalität hat zu einer weiteren sexuellen Metapher geführt, nämlich jener des „Oben" und „Unten", oder dem, was der Schriftsteller David Deida in seinem meisterhaften und überaus offenen Buch über die männliche Sexualität mit dem Titel *Der Weg des wahren Mannes. Ein Leitfaden für Meisterschaft in Beziehungen, Beruf und Sexualität* als „sexuelle Polarität" bezeichnet. Deida bemerkt, dass der Fluss sexueller Leidenschaft sowohl in homo- als auch heterosexuellen Begegnungen moderner Beziehungen oft fehlt, denn „wenn man Leidenschaft will, braucht man einen Verführer und jemanden, der verführt wird, sonst hat man einfach nur zwei Kumpel, die ihre Genitalien im Bett aneinander zu reiben beschlossen haben." Es braucht die Bereitschaft, ein wenig zu spielen und die Vorstellungskraft einzusetzen, um aus der eigenen Rolle auszubrechen – und hier gibt es mehr als nur eine einzige Rolle, die man spielen kann. Wir alle – Frau mit Mann, Mann mit Frau, Mann mit Mann, Frau mit Frau – können aus unserer starren sexuellen Identität ausbrechen und beim Sex wirklich *spielen*. Wenn wir das nicht tun, stirbt unsere Leidenschaft. Deida schreibt: „Wenn sich Männer und Frauen selbst in intimen Augenblicken an eine politisch korrekte Gleichheit klammern, dann verschwindet die sexuelle Anziehung. Damit meine ich nicht nur den Wunsch nach Sexualverkehr, sondern der Saft der gesamten Beziehung beginnt auszutrocknen. Liebe und Freundschaft können noch immer stark sein, aber die sexuelle Polarität schwindet, es sei denn, einer der Partner ist *in intimen Augenblicken* bereit, den maskulinen Pol zu übernehmen, während der oder die andere den weiblichen übernimmt. Wenn man auf dem Feld der sexuellen Leidenschaft spielen will, muss man die Unterschiede zwischen dem Männlichen und Weiblichen beleben. ... Für die Liebe braucht man diese Unterschiede nicht, aber man benötigt sie für anhaltende sexuelle Leidenschaft."

Die vielen Namen der Sexualität

Die Sexualität hat viele Namen, von denen sich die meisten um den sexuellen Akt selbst drehen oder auf diesen reduziert sind. Für manche Menschen ist Sexualität einfach Verkehr, Penetration, Ficken, Orgasmus, Höhepunkt und so weiter. Aber keiner dieser Namen und Begriffe wird der Erfahrung unserer Sexualität gerecht. Sie stecken in der Buchstäblichkeit fest, wo unsere Sexualität doch wie jede andere mystische Erfahrung auch weit über Worte hinausgeht. Sie ist „nicht beschreibbar", wie William James sagt und auch Mystiker wie Meister Eckhart bezeugen. Der sexuelle Akt ist eine Metapher für die mystische, allumfassende Natur der Liebe. Genau daran versuchen uns heilige Darstellungen des Phallus und der körperlichen Liebe zu erinnern.

Um das Konzept des Liebenden und der Sexualität zu erweitern, finden Sie hier einige weitere Metaphern dafür, die aus unserer sexuellen Erfahrung geboren sind und in Betracht gezogen sowie im Hinterkopf behalten werden können. Sexualität ist:

Einheit
Gemeinschaft
Leidenschaft
Vereinigung
Gebären
Vergnügen
Schmerz
Erfüllung
Feuchtigkeit
Atem
Geist
Der Neid der Engel
Vergessen

Erinnern
Tod
Leben
Neuanfänge
Jetzt
Ahnen
Gott, Buddha, der Kosmische Christus
Universum
Evolution
Hoffnung
Lachen
Freude
Ekstase
Ausleeren

Erholung
Ruhe
Frieden
Garten
Entzücken
Versprechen
Geteilte Schönheit
Die Heilige Männlichkeit
Die Göttliche Weiblichkeit
Liebe
Heilung
Versöhnung
Vergebung

Ehrfurcht
Wildheit
Unterwerfung
Offenheit
Geben
Verführung
Spiel
Verpflichtung
Generativität
Kreativität Verbindung mit Generationen vergangener Menschen
Verbindung mit Generationen zukünftiger Menschen

Das sind nur ein paar Beispiele für die vom Konzept der Sexualität erzeugten Metaphern, und Sie können sicherlich noch viele weitere eigene hinzufügen. Es ist kein Wunder, dass die Sexualität in so viele Bereiche unseres Lebens, unserer Imagination und unserer Erinnerungen hineinspielt. Und es ist auch kein Wunder, dass man sie nicht so einfach einsperren oder wegschließen kann. Oder vergessen.

Menschen sind bereit, die erstaunlichsten Dinge zu tun, um Sex zu haben. Für Sex macht unsere Vorstellungskraft Überstunden und läuft im Schnellgang. Wir sind Jäger und Sammler auf der Suche nach Sex. Der Versuch, den perfekten Partner – oder irgendeinen Partner – zu finden, treibt uns zu erstaunlichen Meisterleistungen. Und Sex macht erstaunliche Dinge mit uns. Er sorgt dafür, dass wir vergessen, uns verirren, erinnern, uns überlassen, fluchen, segnen, ruhen, lächeln, Eltern werden, betrügen, mogeln, verspielt sind, Risiken eingehen, krank werden, wir selbst sind und hassen.

Die Offenbarung des Liebenden

Ja, Sex selbst ist in der Tat eine Metapher für die Offenbarung. Diese Erkenntnis erwartet den Liebenden. Deshalb widmet die Bibel ein ganzes Buch dem Lob sexueller Liebe als einer göttlichen Erscheinung, als dem erlösten Garten Eden, als der Hochzeit von Gott und Mensch. Das *Hohelied des Salomo* verdient viel mehr Aufmerksamkeit, als es gegenwärtig erhält, denn in seiner tiefen Wertschätzung der Sexualität ruft es Lehren aus Religionen der ganzen Welt in Erinnerung, die alle den Sex als etwas Besonderes betrachten. Er ist heilig. Er ist größer als wir alle. Er wohnt uns allen inne. Er ist eine heilige Kraft in unserem Inneren, die wir mit einem anderen heiligen Wesen zu teilen wählen. In der Sexualität vereinigen sich die Kräfte der Intimität, Intensität und Immensität miteinander. Deshalb ist sie eine mystische Erfahrung. Oder sie kann es zumindest sein, wenn wir sie weniger mit dem Ego und mehr mit Staunen, Dankbarkeit und Verspieltheit angehen.

David Deida bemerkt, dass sich die Beziehung eines Mannes zur Schönheit der Frauen als „Besessenheit, Ablenkung *oder Offenbarung*" ausdrücken kann. Das ist ein Widerhall der Beobachtung des Rabbi Abraham Heschel, dass es drei Möglichkeiten gibt, auf die Schöpfung zu antworten: Man kann sie ausbeuten, genießen oder mit Ehrfurcht annehmen. Die Sexualität ist ein tiefgehender Teil der Schöpfung; wir könnten sogar sagen, dass sie von der Evolution beabsichtigt worden ist. Deshalb stellt sie erstens ein Objekt der Ausbeutung, zweitens ein Objekt der Freude und drittens ein Subjekt der Ehrfurcht dar. Letzteres erkennt ihre heilige Dimension an. Überall auf der Welt bezeugen spirituelle Traditionen die tiefgehende, heilige Größenordnung der Sexualität, und zwar der Sexualität als Offenbarung. Im Westen wurde im zwölften Jahrhundert ein heißer Kampf über die Frage geführt, ob es sich bei der Eheschließung um ein Sakrament handele Die Hochzeit hat gewonnen! Die zölibatären Mönche jedoch haben diese Schlacht verloren. Der Akt der Liebe ist ein Sakrament, die lebendige Anwesenheit des lebendigen Gottes direkt unter uns.

Alles, was so erleuchtend und mit Licht erfüllend ist wie die Schönheit wirft auch einen machtvollen Schatten. Je größer das Licht, umso tiefer der Schatten. Schattensexualität – Missbrauch und Vergewaltigung, Macht-über und Macht-unter, Homophobie, die Tiefen der von einer verzerrten Sexualität erzeugten Dunkelheit – unterstreichen nur die authentische Kraft, die gesunder Sexualität und Generativität innewohnen. Denken Sie an Matthew Shepard, der alleine in der Nacht dem heftigen Wind der Ebenen Montanas ausgesetzt an einen Zaun gefesselt starb – weil er schwul war[25]. Für manche Mädchen bedeutet, ein Mädchen zu sein, sich in Gefahr zu befinden, zur Bürgerin zweiter Klasse herabgesetzt oder zur Sklavin auf dem Markt der sexuellen Raubtiere gemacht zu werden – alles nur wegen des eigenen Geschlechts. Wenn wir uns der Wahrheit dessen stellen, was uns zutiefst anzieht, können wir uns in die Lage versetzen, diese Energie so umzuwandeln, dass sie unserer Mission auf Erden dient. Deida bemerkt: „Die Anziehung, die ein Mann für Frauen verspürt, muss sich von der Anziehung von Frauen zur Anziehung durch

---

25) Der einundzwanzigjährige Student Matthew Shepard wurde 1998 von zwei einundzwanzig und zweiundzwanzig Jahre alten Männern überfallen, ausgeraubt, zusammengeschlagen und an einen Zaun gebunden, wo ihn 18 Stunden später ein vorbeikommender Radfahrer entdeckte. Er starb wenige Tage danach an seinen Verletzungen, ohne das Bewusstsein wiedererlangt zu haben. Tränenspuren in seinem Gesicht deuteten jedoch darauf hin, dass er während der 18 Stunden am Zaun zu Bewusstsein gekommen sein muss. Seine Mörder erhielten beide lebenslange Haftstrafen ohne die Möglichkeit der vorzeitigen Entlassung und versuchen heute im Gefängnis, ihre Handlungen durch ihr Verständnis der Bibel zu begründen. Sowohl bei Shepards Beerdigung als auch bei den Gerichtsverhandlungen seiner Angreifer protestierten der Führer der Westboro Baptist Church, Fred Phelps, und seine Anhänger. Sie riefen Parolen wie *„Matt Shepard verrottet in der Hölle, Aids tötet Homos und Gott hasst Homos."* Phelps sucht seitdem eine Stadt, die ihm das Aufstellen eines Denkmals erlaubt, das Shepards Bild mit der Unterschrift *„Matthew Shepard, trat in die Hölle ein am 12. Oktober 1998, in Missachtung von Gottes Warnung: ‚Du sollst nicht beim Manne liegen wie bei einer Frau; es ist ein Gräuel.' Levitikus 18:22"* zeigt.

Frauen umwandeln." Mit anderen Worten: Die Schönheit jeder Sache, die in uns Ehrfurcht erweckt, ist ein Tor zu etwas viel Größerem. Der Quelle aller Schönheit. Der Quelle aller Ehrfurcht und Anziehungskraft ... und aller Sexualität. Die Allgegenwart der Schönheit. Schönheit, die überall ist und als solche Wertschätzung findet.

Wie können wir das erreichen? Deida zeigt mehrere Schritte auf. Der erste besteht darin, die Flüchtigkeit der Schönheit zu erkennen, ihre Vergänglichkeit, ihre Grenzen und die Allgegenwart des Todes. Die Schönheit ist unsterblich, aber schöne Dinge sind vergänglich. „Wenn du die Frauen verehrst, vergiss nie, dass sie sterben. ... Deine Gefühle und Empfindungen sind flüchtig. ... Frauen können dich anziehen, heilen und zu deinen Gaben inspirieren, aber sie werden dich niemals vollkommen befriedigen. Niemals. Und das weißt du." Als zweites rät Deida uns, Attraktivität als eine „Steinschleuder" einzusetzen, die uns jenseits des Erscheinungsbildes trägt und „zu jener Quelle bringt, welche die Frauen nur versprechen." Aber schlussendlich sind wir am glücklichsten, wenn wir „von dem Bedürfnis entlastet sind, überhaupt irgendetwas von der Erscheinung erhalten zu wollen. Einfach im Auto umherzufahren, nichts zu wollen und die passierenden Bäume zu beobachten, kann eine Offenbarung der Vollkommenheit sein. Tiefer Schlaf, der Orgasmus, ein Tag beim Angeln, der Blick in die Augen eines Kleinkindes, diese Gelegenheiten können dir lange genug Entspannung von deiner Suche bieten, um zu erkennen, dass du bereits hast, wonach du suchst, dass alles, was das Erscheinungsbild verspricht, eine Offenbarung deiner eigenen tiefsten und von Geburt an glückseligen Natur ist."

Diese im Buddhismus „tiefste und von Geburt an glückselige Natur" genannte Erfahrung bezeichne ich als den „ursprünglichen Segen", während Meister Eckhart hier von „Ruhe" spricht. Diese Erfahrung ist uns allen zugänglich. Jede Form der Schönheit kann uns dorthin bringen. Vorausgesetzt, dass wir uns nicht an das „Objekt" der Schönheit oder überhaupt an Objekte klammern. Ein Subjekt unseres Begehrens ist jemand, mit dem wir spielen können, ein gleichgestellter Mensch, den wir zu befriedigen suchen – und nicht jemand, dessen Rolle nur darin besteht, uns Befriedigung zu verschaffen. Gegenseitigkeit ist wichtig.

Auf diese Weise werden Subjekt-Objekt-Beziehungen durch Subjekt-Subjekt-Beziehungen ersetzt. Hier wird vieles miteinander geteilt. Und wenn das geschieht, begeben wir uns zum Subjekt der Subjekte, das die Buddhisten als Buddhanatur, die Juden als Weisheit und die Christen als Kosmischen Christus bezeichnen. Diese Kraft innerhalb der Natur (einschließlich der menschlichen Natur) verbindet, wie Paulus sagt, „alles im Himmel mit allem auf Erden." Deida drückt es folgendermaßen aus: „Das Begehren kann ein Tor zu tiefer Einheit sein. ... Die Offenbarung tiefen Einsseins ist Liebe. Frauen scheinen uns zu unserer wahren Natur bringen zu können. Oder sie scheinen uns davon entfernen zu können. Jeder Moment der äußeren Erscheinung und der Frauen kann eine Ablenkung, eine Besessenheit oder eine Offenbarung sein. Nimm die Ablenkungen wahr – Brüste, Hintern, Wohlstand, Ruhm – und praktiziere die Offenbarung des Einsseins, indem du durch diese Ablenkungen hindurch spürst. … Beuge dich durch deine Frau in die Tiefe hinab." Das ist eine mystische Sprache, die Sprache der *unio mystica*. Sie ist weise und überaus angemessen. Der Liebende strebt nach immer tieferen Ebenen der Liebe.

Deida ermuntert uns weise dazu, „Lust zu fühlen. Spüre, was sie in ihrer Gesamtheit wirklich ist. Deine Lust enthüllt deine wahre Sehnsucht nach der Vereinigung mit der Weiblichkeit, so tief wie möglich einzudringen, ihr köstliches Licht als leuchtende Nahrung für deine männliche Seele zu erhalten und sich ihr in deiner Ganzheit hinzugeben, dich im Geben zu verlieren, damit ihr beide in der Explosion deiner Gaben jenseits eures Selbst befreit werdet." Er rät auch dazu, die Sexualisierung der eigenen Energie nicht auf den Liebesakt alleine zu beschränken, sondern davon auch die eigene Beziehung zur Welt selbst durchfluten zu lassen. „Diese Explosion des Gebens könnte zur Grundlage deines Lebens werden und sich nicht nur in einem Augenblick sexueller Ergebung erschöpfen. Wenn du sexuelle Lust oder Begehren für eine Frau empfindest, atme tief und erlaube dem Gefühl des Begehrens, sich zu verstärken. Und erlaube ihm, sich noch mehr zu vergrößern. Lasse nicht zu, dass die Energie in deinem Kopf oder in deinen Genitalien deponiert wird, sondern lasse sie durch deinen ganzen Körper kreisen. Verwende deinen Atem als Zirkulationswerkzeug und bade jede Zelle in dieser stimulierenden Energie. Inhaliere sie tief in dein Herz hinein, um dann von dort aus hinaus zu spüren und die Welt so zu empfinden, als wenn sie deine Liebhaberin wäre."

Auch Joseph Jastrab stellt eine Verbindung zwischen der Sexualität und dem Kosmos her. So schreibt er, dass „eine reife Beziehung zum Eros von grundlegender Bedeutung für die Wiederentdeckung der heiligen Männlichkeit ist. Mit Eros meine ich jene Leidenschaft für Verbindungen, die dem gesamten Universum innewohnt. Mit heilig meine ich die gefühlte Erfahrung oder Ver-körper-ung dieser Verbindung oder Vereinigung. … Eine heilige erotische Empfindungsfähigkeit hat etwas mit der Schaffung einer Liebesbeziehung zum gesamten Universum *durch den Körper* zu tun." Und warum auch nicht – immerhin liegen Sex und Sexualität seit etwa einer Milliarde Jahren in der Absicht des Universums.

Sperma

Die männliche Sexualität beinhaltet eine einzigartige Kreation, die von Männern produziert wird: das Sperma. Diese Substanz ist – wie wir alle an irgendeinem Punkt in unserer Jugend gelernt haben – für die menschliche Fortpflanzung von biologischer Notwendigkeit. In einem Leben „ejakuliert ein normaler Mann genügend Samen, um eine Billion menschliche Leben zu zeugen." Was für ein „immenses Reservoir psychischer Energie" tragen wir doch mit uns, um Chias Worte zu verwenden. Das Liefersystem für das Sperma ist ziemlich erstaunlich und faszinierend, wie die Phallustempel in vielen Teilen der Welt deutlich zeigen. Da stellt sich die Frage, ob das Sperma ebenfalls eine Metapher ist oder nur ein buchstäbliches Geschenk unserer Sexualität darstellt, das wir mit einer anderen Person teilen. Was ist Sperma?

Ich habe diese Frage kürzlich einer Gruppe von Menschen gestellt, die vor allem aus Männern und einigen wenigen Frauen bestand. Sie hatten die Anweisung, in fünf bis sieben Minuten eine einfache, spontane Antwort auf diese Frage niederzuschreiben. Ich war von der Poesie ihrer Überlegungen tief beeindruckt und möchten einige davon hier mit Ihnen teilen:

> „Sperma wird im orgasmischen Liebesecho der Geburtsbewegung des Kosmos dargeboten, chaotische Energien tanzen ihren Weg hinaus in das Universum der Möglichkeiten für neues Leben, das einzigartig ist und Neuanfänge zur Folge hat, aber noch nie zuvor verkörpert wurde und auch nie wieder ‚kommen' wird."

> „Sperma (die Hälfte des Lebens) ist saftig, geschmeidig, verspielt und nass, weil es manchmal an Eiern festkleben muss! Oder sich einfach an einen anderen anhaften möchte. Gesegneter Schnaps des Körpers! Schlängelnder, springender Feenwein, tapferes-Krieger-sucht-willkommen-zu-Hause-Sperma … sucht das Heim … dringt um des Willkommens willen ein, Willkommen zu Hause, sage ich … Willkommen Daheim!!!"

> „Sperma feiert das Leben: Es ist warm und nass und kostbar – es sehnt sich danach, losgelassen zu werden. Es ist der Höhepunkt von Kampf und Spiel. Es ist sowohl äußerlich als auch innerlich, Leben spendend und Leben nehmend. Es tritt durch den Willen und die Vorstellungskraft in Erscheinung. Sein Geruch, sein Geschmack und seine Beschaffenheit sind von ihm selbst bestimmt."

> „Sperma ist genetischer Motor des Lebens
> Tröpfchen des heiligen Ozeanwassers
> Regentropfen der koitalen Hitze
> Schweißgeschosse des vollzogenen Eros."

> „Sperma ist ein Teil der Gabe, welche Männer in ihrer Rolle als Mitschöpfer des Göttlichen in sich tragen. Es bringt eine Geschichte, einen Plan und Merkmale mit sich, die neues Leben formen werden. Ohne Sperma kann die ‚menschliche Art' nicht überdauern. Es ist der als Ausdruck von Liebe und sexueller Intimität produzierte Nektar; es istb der männliche Körper, der seine Selbsthingabe an einen anderen Menschen weiterreicht."

> „Sperma ist ein sexuelles Mysterium – ein grundlegendes Element der Sinfonie des Lebens – das oft von den Männern und der Männlichkeit, die es

produziert, dekonstruiert, abgepackt und isoliert wird – durch Samenbänke, Klontechnik, willentlich alleinerziehende Mütter, durch Männer, die den Wert oder das Mysterium jenseits des unmittelbaren Genusses nicht verstehen, durch Mütter und Gerichte, die kein Verständnis für den Wert der Männlichkeit haben, aus der das Sperma entspringt."

„Was ist Sperma? Mein Beitrag zur fortdauernden Miterschaffung der menschlichen Rasse; eine greifbare Manifestation der tief empfundenen Leidenschaft für das Leben, die sich in der Feier des Selbst und miteinander ausdrückt; meine Verbindung zu meiner genetischen und von meinen Ahnen ererbten Vergangenheit; meine Chance, jenen Göttlichen Orgasmus zu schmecken, der die Schöpfung selbst ist und durch den Kosmos sowie in und durch mich erschafft."

„Der orgasmische Moment: Der orgasmische Moment ist die flüchtige Erfahrung der enormen und intensiven göttlichen Liebe des Schöpfers; so intensiv, dass er in der menschlichen Person zu einer vollständigen systemischen Überladung führen würde, wenn er länger als einige Augenblicke anhielte – sich *so vollkommen geliebt* zu fühlen von dem Göttlichen Einen, der uns erschaffen hat."

Ein Mann sagte, er könne die Bedeutung des Spermas nicht in Worte fassen. Stattdessen höre er Musik in seinem Kopf. Ich bat ihn, diese Musik auf dem Klavier zu spielen, was er auch tat. Sie war unglaublich geladen und kraftvoll und wunderschön. Ich selbst schrieb zu diesem Thema:

„Sperma ist etwas ganz Besonderes. Es ist nicht nur ‚Wichse' oder ‚Saft' oder ‚Abgespritztes' – obwohl auch all das zutrifft. Alle Flüssigkeiten, die wir von uns geben, haben einen Zweck und eine Geschichte zu erzählen: Tränen erzählen von Kummer und Sorgen, aber auch von Freude, von Glück und davon, tief bewegt zu sein; Schweiß erzählt von unseren körperlichen, beabsichtigten Anstrengungen; Urin erzählt uns von unserer Gesundheit und ist die Geschichte unserer Fähigkeit zur Regeneration. Aber welche Geschichten erzählt uns das Sperma? Es erzählt uns von unseren Ahnen. Ja, im Sperma tragen wir so viel von der Erinnerung an unsere Ahnen und von deren Erbe. Sperma ist die GESAMTE DNS unserer Vorfahren, beide Seiten unserer Familie miteinander gepaart und vermischt, Mamas und Papas Vorfahren, und mit unserer vollkommenen Einzigartigkeit vermengt. Unser Sperma ist sowohl die DNS unserer Ahnen UND unsere eigene DNS – in einen einzigen herausströmenden, nassen, kraftvollen, unaufhaltbaren, ekstatischen, unvergesslichen, generativen Augenblick eingehüllt. Es ist das, was wir zu geben haben. Nichts weniger. Uns selbst.

Heute kennt jeder die Wahrheit dessen, was ich sage: Unser Sperma wird zu unseren Babys, natürlich gemeinsam mit dem Ei unserer Frau, eine Tatsache des Lebens, um die wir als Art bis vor etwa zweihundert Jahren noch nicht wussten. Lange Zeit über dachten wir, das Sperma würde die GANZE Herstellung von Babys alleine bewältigen. Und genau deshalb sind Babys so besonders, so wichtig und machen so viel Freude ... und erschaffen UNS. Aber was ist mit jenen, die sich dafür entscheiden, ihr Sperma nicht mit einer potenziellen Mutter, sondern mit einem anderen Mann zu teilen? Das ist etwas ganz Besonderes. Die eigenen Ahnen – die ganz besondere, eigene Abstammung – mit einer anderen Person welchen Geschlechts auch immer zu teilen, ist etwas ganz Besonderes. Wenn man dabei keine Babys im Hinterkopf hat, findet die Erfahrung noch mehr ‚in diesem Moment' statt. Das schwängert DEN AUGENBLICK SELBST. Und es gibt keine neun Monate des Wartens während einer Schwangerschaft. Die Geburt ereignet sich bereits. Das Kind ist JETZT da. Man muss sich doch nur umsehen. Beim Sex zwischen Männern geht es um das Jetzt, und zwar mehr als beim Sex zwischen Mann und Frau. Im Mystizismus geht es um nichts anderes als darum, ‚im Hier und Jetzt zu leben'. Zu diesem Zweck kann man meditieren und sich auf den eigenen Atem konzentrieren, aber man kann auch meditieren und sich auf das Sperma des Partners konzentrieren. Und auf das leidenschaftliche und manchmal geräuschvolle Geben und Empfangen dieses Spermas.

Wir geben unser Sperma in großer Freigiebigkeit, in großen Stößen und mit großem Verlangen her. Und wir erhalten es auf dieselbe Weise. Sperma zu geben ist ein mystischer Akt, und es zu empfangen ebenfalls. Wie das Dankgebet vor dem Essen ist es ein DANKE an das Universum und an die Schöpfung. Sperma ist wahrhaftig 14 Milliarden Jahre alt, was bedeutet, dass es 14 Milliarden Jahre kosmischer Geschichte enthält – und doch landet es an einem ganz bestimmten Platz und wird von einem bestimmten Individuum an ein anderes bestimmtes Individuum weitergegeben. Darin eingehüllt sind 14 Milliarden Jahre der Schwangerschaft und Geburt, die aus dem Feuerball stammen; die Galaxien, die Supernovae, die Sterne, die Sonne, die Erde, das Wasser – all das kommt von ‚all unseren Vorfahren'. Es ist kein Wunder, dass das so viel bedeutet und wir so tiefe Gefühle haben, wenn wir Sperma weitergeben. Es ist ein derart unvergesslicher Augenblick, vielleicht der Erfahrung vergleichbar, die ein heterosexuelles Paar bei der Entbindung eines Babys macht. Ein heiliger Moment. Die Weitergabe der Abstammungslinie."

Eugene Monick zieht aus der Reflektion des Spermas noch weitere Lehren:

> Die Weisheit der Natur sagt dem männlichen Wesen, dass dem Schicksal seines Spermas immer katastrophale Konsequenzen innewohnen, seien diese nun tatsächlich oder potenziell. ... Das, was das Sperma bei seinem Lebenskampf zum Ovum hin erlebt, ist die Basis oder das archetypische Muster des täglichen Kampfes des Mannes für Mannbarkeit. Das Körperbewusstsein dafür, dass nur ein Samen erfolgreich ist, während zwei Millionen andere sterben, ist das rohe Material der männlichen Psyche, das Futter für die Angst des Mannes vor dem Schicksal.

Männliche Unfruchtbarkeit: Eine Reflektion

Als ich die bereits erwähnte Gruppe fragte: „Was ist Sperma?", hatte einer der Männer große Schwierigkeiten mit dieser Übung, weil er unter Unfruchtbarkeit leidet – sein Sperma ist nicht in der Lage, ein Kind zu zeugen. Später war David bereit und mutig genug, mit mir über seine Probleme zu sprechen. Seine Situation ist ein machtvolles Beispiel dafür, wie die Neigung, alles wörtlich zu interpretieren, unser Leben verkrüppeln und wie eine Metapher uns aus der Buchstäblichkeit befreien und unser vollständiges Potenzial erschließen kann. Wenn wir den Archetypen des Liebenden annehmen, werden wir über simple Liebhaber hinaus zu LIEBENDEN, die in der Lage sind, jede Straßensperre des Lebens zu überwinden, um zu erschaffen, zu erzeugen, zu lieben und zu nähren.

Wie sich herausgestellt hat, ist Unfruchtbarkeit ein Problem, das eins von acht kanadischen Paaren betrifft. Dreißig Prozent davon sind auf einen männlichen Faktor zurückzuführen, weitere dreißig auf einen weiblichen und die restlichen vierzig gelten als „ungeklärt", haben also keine klar erkennbare Ursache. David und seine Frau erfuhren schließlich, dass sich ihre Unfruchtbarkeitsprobleme auf einen männlichen Faktor zurückführen lassen, was zum Anlass für viele Jahre der seelischen Suche wurde – sowohl individuell als auch als Paar. Auf meine Frage nach dem Sperma antwortete David: „Der Begriff des ‚Sperma' ist für Paare, die aufgrund von Unfruchtbarkeit kein Kind empfangen können, ein kompliziertes und trauerbelastetes Thema. Ich glaube, dass unfruchtbare Männer einfach im Stillen leiden oder sich in Nüchternheit hüllen. Oder es als gemeinsame Realität innerhalb ihrer Paarbeziehung darstellen. Dennoch empfindet das Paar im Allgemeinen und der Mann im Besonderen eine Menge Trauer und Verlustgefühle."

Davids Geschichte soll Paare mit gesundem Sperma und gesunden Eizellen daran erinnern, dies *nicht als selbstverständlich zu betrachten*. Seien Sie dankbar, wenn Sie fruchtbar sind. Aber auch darüber hinaus erleben fast alle Männer irgendwann Kummer in Bezug auf ihre Sexualität. Davids Geschichte ist ein mutiges und schönes Beispiel für ein Paar, das mit der Unfruchtbarkeit ringt, doch sie hilft auch allen anderen Männern, zu erkennen, wie mit ihrer Sexualität in Verbindung stehende

Kummer- und Verlusterfahrungen auf eine gesunde und Leben spendende Weise umdefiniert werden können.

Mit Davids Erlaubnis gebe ich hier die Geschichte wieder, die er mir erzählt hat:

> In unserem Fall handelt es sich um männliche Unfruchtbarkeit. Wir haben mehrere Jahre lang erfolglos versucht, Kinder zu bekommen. Wir haben gelernt, dass Unfruchtbarkeit ein medizinisches Problem ist, über das allgemein nicht viel gesprochen wird – nicht einmal Hausärzte beschäftigen sich gerne damit. Als ich meinen Hausarzt darauf ansprach (dort, wo ich damals wohnte) und darauf hinwies, dass wir Empfängnisprobleme haben, antwortete er: „Gehen Sie nach Hause und lieben Sie Ihre Frau öfter." Es ist unnötig, zu sagen, dass dieser Rat kaum hilfreich und schon gar nicht angemessen war. Es folgten keine weiteren Untersuchungen.
>
> Als wir in High River ankamen, traten wir mit einem Hausarzt in Verbindung, der die Untersuchungen schnellstmöglich durchführte, und bereits nach einigen Tagen hatten wir schlüssige Hinweise darauf, dass wir als Paar niemals gemeinsame Kinder haben würden. Wir erhielten diese Nachricht an Halloween – an einem Abend, an dem wir mit mehr als einhundert Kindern konfrontiert wurden, die kamen, um „Süßes, oder es gibt Saures" zu spielen. Wir gingen jedes Mal zur Tür, teilten Süßigkeiten aus, gingen zum Sofa zurück, schnappten uns ein Taschentuch und weinten – wieder und wieder und wieder.
>
> Dann verwies man uns an die Fruchtbarkeitsklinik in Calgary. Nach einer langen Wartezeit erhielten wir schließlich einen Termin. Bei diesem Treffen präsentierte man uns zwei Möglichkeiten. Die eine war eine ICSI (Intrazytoplasmatische Spermieninjektion), wobei ein einzelnes Spermium in das Ei injiziert wird und dann mittels IVF (In-vitro-Fertilisation) in die Gebärmutter eingepflanzt wird. Die Prozedur kostet Tausende von Dollars, ist riskant, sehr invasiv und wäre in unserem Fall wahrscheinlich keine gute Entscheidung gewesen. Außerdem bestand die Gefahr, dass ein von uns gezeugtes männliches Kind schließlich im selben Boot sitzen würde wie ich, denn der Spezialist ging davon aus, dass meine Unfruchtbarkeit eine genetische Ursache haben könnte. Die zweite Möglichkeit war die Befruchtung durch einen Spender. Hier wird das Sperma eines anonymen Spenders mittels künstlicher Befruchtung eingesetzt.
>
> Wir untersuchten auch die Möglichkeit einer Adoption. Wieder waren wir an dem Punkt, dass private Adoptionen sehr kostspielig sind und eine öffentliche Adoption eine sehr langwierige Angelegenheit sein kann – wir sind bereits Ende Dreißig, und eine internationale Adoption kam für uns, die wir von Pastorengehältern leben, einfach nicht in Frage.

Nach reiflicher Überlegung entschieden wir uns für die Befruchtung mit Spendersamen – eine Form von „früher Adoption“. Susan wurde ziemlich schnell schwanger, und wir waren dabei, Eltern zu werden.

Zu diesem Zeitpunkt war die ganze Angelegenheit wie eine Achterbahn. Ich musste meinen Verstand und mein Herz von den Entscheidungen überzeugen, die wir trafen. Ich musste meine Beziehung zur Biologie und zur Elternschaft neu definieren. Obwohl es zwischen mir und meinen Kindern keine biologische Verbindung geben würde, musste ich die Idee der Vaterbeziehung durchdenken und durchfühlen und dabei darauf vertrauen, dass diese die wichtigere der beiden Verbindungen ist. Natürlich trifft das zu. Aber zum damaligen Zeitpunkt war die Aussicht darauf, das Kind eines Spenders großzuziehen, völlig unbekanntes Terrain und *nicht* sozial üblich.

Während der späteren Phasen unserer Schwangerschaft schlug die kanadische Regierung die gesetzliche Regelungen von NRTs (neuen reproduktiven Technologien) vor. Dazu gehörte eine Vorlage, nach der die Spender keine finanzielle Entschädigung mehr erhalten sollten. Zum damaligen Zeitpunkt erhielten sie noch eine (minimale) Entschädigung für die Zeit, die sie aufgewendet hatten und für die unbequemen Laborprozeduren, mit deren Hilfe man zu vermeiden versucht, dass Samenmaterial mit genetischen Schädigungen oder Erkrankungen weitergegeben wird, die für das Kind und/oder die Mutter eine Gefahr bedeuten könnten. Als Paar bezogen wir gegen die Regierung Position, denn wir gingen davon aus, dass sich die Zahl der Spender verringern würde, wenn man ihnen keine Entschädigung mehr zukommen ließe. Wir schrieben an die Regierung, was dazu führte, dass man uns als Zeugen vor den entsprechenden Ausschuss des Unterhauses in Ottawa lud. Man gab uns fünf Minuten. Wir verlasen eine sorgfältig verfasste Stellungnahme, in der wir anführten, dass die Spender entschädigt werden müssen, um sicherzustellen, dass es genügend von ihnen gibt. Unsere Botschaft wurde gehört. Nach der Anhörung kamen verschiedene Mitglieder des Parlaments auf uns zu, und ich glaube, dass sie mehr von diesen fünf Minuten gelernt hatten als von den vielen Lobbyisten, die zuvor an der Reihe gewesen waren. Unglücklicherweise kam es kurze Zeit später zu Neuwahlen, und die Arbeit an diesem Gesetz wurde eingestellt.

Heute haben wir zwei wunderbare Jungen. Wir sind bezüglich ihrer Herkunft von Anfang an offen mit ihnen umgegangen, und ich kann über dieses Mysterium nur staunen. Auch wenn ich manchmal wünschte, über das konventionellere Empfängnismodell zu verfügen, weil ich darum trauere, diese Möglichkeit nie haben zu werden, ist mir dennoch klar, dass ich meine Jungs ohne die unkonventionelleren Methoden nicht hätte und das nichts meine Liebe zu ihnen übertreffen kann. Sie sind meine Söhne, ich könnte es mir gar nicht anders vorstellen.

Kürzlich bat man mich zu einem Interview in eine Studentenklasse zum Thema der Ethik der neuen reproduktiven Techniken, wo ich von meinen Erfahrungen erzählen sollte. Es war eine gute Erfahrung, und ich glaube, dass dadurch der Begriff der Vater- und Elternschaft bei den Studenten neu definiert wurde.

Um also auf Ihre Reflektion des Themas „Sperma" von gestern einzugehen, bin ich definitiv der Ansicht, dass Unfruchtbarkeit für uns zum Grund werden kann, unsere Vorstellung von kosmischer Biologie, Nachkommenschaft und Generativität neu zu überdenken. Ich kann meine Gene nicht weitergeben oder auf andere Art dafür sorgen, dass das Universum fortbesteht. Aber auf eine umfassendere Weise ist mein Beitrag ebenso wunderbar. Zum einen musste ich sehr klar in meiner Absicht sein, Elternschaft zu übernehmen, weil uns als Paar die oft zufälligen konventionellen Mittel dazu nicht zur Verfügung stehen. Zweitens haben wir in unserer Partnerschaft eine große Klarheit bezüglich der Frage geschaffen, wie wir zum Kosmos beitragen wollen und dass unsere Weisheit als Eltern und im Leben auf generativer Ebene von gleichem Wert und ebenso kraftvoll ist. Und drittens hat diese Erfahrung dafür gesorgt, dass ich mich heute immer frage, inwiefern meine Werte, meine Handlungen und meine persönliche Lebensaufgabe zur Gesamtgemeinschaft und zum Kosmos beitragen, von dem ich ein Teil bin.

Sexuelle Vielfalt und der Liebende

Die Wissenschaft lehrt uns, dass die Erfindung der Sexualität, die sich in unserem Universum vor etwa einer Milliarde Jahren ereignet hat, zu einer Zunahme des Neuen und der Vielfalt geführt hat, die sich in erstaunlicher Geschwindigkeit und Proportion vollzog. Beim Sex und dem Prozess zweier Wesen bei der Erschaffung eines dritten geht es ausschließlich um Vielfalt; er führt genetische Diversität ein und produziert sie zugleich. Das ist bereits an der Vielfalt der Merkmale erkennbar, die man in nur einer einzigen Familie antrifft: verschiedene Augenfarben, Haarfarben und so weiter. Aber es geht hier nicht nur um biologische Vielfalt: Wir alle werden mit unterschiedlichen Persönlichkeiten „geboren" und haben verschiedenartige Arten des Lächelns, des Temperaments und der Interessen. All das belegt die wissenschaftliche Tatsache, dass Sexualität zu Abwechslung und Vielfalt führt.

Das Geschlecht, die sexuelle Anziehung, Geschlechterrollen und sogar die Frage, welches Geschlecht man als Partner vorzieht, sind Teil dieser Vielfalt. Als Archetyp der universellen Kreativität ist die Sexualität keine Maschine, die Klone fabriziert, denn die Natur macht niemals zwei Menschen vollkommen gleich (selbst eineiige Zwillinge haben unterschiedliche Fingerabdrücke) und experimentiert ständig. Es entbehrt nicht einer gewissen Ironie, dass jene, die behaupten, Heterosexualität sei die einzige „normale" Ausdrucksform der Sexualität, tatsächlich vom Universum selbst angefochten werden: Das Leben ist übersprudelnde Vielfalt. Es erstreckt sich flächendeckend und schließt alles, auch homo- und transsexuelle Menschen ein. Die Menschheit muss ihren Geist für diese Wirklichkeit öffnen.

Kürzlich sagte der anglikanische Erzbischof von Nigeria, der eine Gruppe weiterer Bischöfe anführt, deren Ziel darin besteht, die Segnung Schwuler sowie schwule Priester aus der anglikanischen Kirche zu verbannen, Homosexualität gebe es bei anderen Arten nicht. Diese Behauptung wird immer wieder aufgestellt, aber sie ist schlicht und einfach falsch. Er und andere gleichgesinnte Geistliche sollten mehr als nur biblische Texte lesen. Sie sollten sich mit den Schriften von Wissenschaftlern befassen, die unsere Schöpfung studiert und festgestellt haben, dass bisher 464 weitere Arten gefunden worden sind, die homosexuelle Populationen aufweisen. Der anglikanische Erzbischof von Nigeria dient als gutes Beispiel für eine religiöse Ideologie, die besagt, das „Wort Gottes" sei ausschließlich in einem Buch zu finden (was es, wie man annehmen muss, Analphabeten unmöglich macht, am „Wort Gottes" teilzuhaben), und dass die Geistlichen deshalb auch ausschließlich aus diesem Buch, der Bibel, predigen sollen. Dabei ignorieren sie jene Bibel, welche die Natur darstellt. (Im vormodernen Christentum war es allgemein üblich, die Natur als Offenbarung anzuerkennen. Meister Eckhart sagte: „Jedes Geschöpf ist ein Wort Gottes und ein Buch über Gott.")

Doch wir finden in der modernen Welt auch Anzeichen für einen beachtlichen Fortschritt bezüglich des Bewusstseins für und der Akzeptanz von sexueller Vielfalt. Länder wie Spanien, Kanada, Belgien und andere bieten die Möglichkeit der gleichgeschlechtlichen Ehe, während andere Nationen wie die Vereinigten Staaten offen die Frage gleicher Rechte für schwule Paare diskutieren. Während ich dieses Buch schrieb, hat ein Gericht in Massachusetts eine Klage fundamentalistischer Eltern zurückgewiesen, die Einspruch dagegen erhoben, dass Kindern in der Schule von der Existenz schwuler Beziehungen erzählt wird. Das Gericht entschied, dass öffentliche Schulen „berechtigt sind, alles zu lehren, was in vernünftiger Weise zu dem Ziel in Beziehung steht, die Schüler darauf vorzubereiten, engagierte und produktive Bürger unserer Demokratie zu werden." Und „Vielfalt ist ein Kennzeichen unserer Nation. ... Die Verfassung erlaubt ihnen [Eltern] nicht, vorzuschreiben, was man die Kinder [in öffentlichen Schulen] lehrt." Der Oberste Gerichtshof von Kalifornien wiederum hat vor Kurzem entschieden, dass die Verweigerung des Rechts auf Eheschließung für schwule und lesbische Personen einen Verstoß gegen die Verfassung darstellt, weil auf diese Weise keine rechtliche Gleichstellung aller Bürger erreicht wird.

Vor allem unter den jungen Erwachsenen herrscht heute eine größere Akzeptanz sexueller Vielfalt. Dank des Mutes vieler schwuler Menschen, die sich während der letzten Jahrzehnte oft unter beachtlichen Risiken und Verlusten zu ihrer Homosexualität bekannt haben, wissen junge Leute heutzutage, dass sie gemeinsam mit schwulen Menschen die Highschool besuchen; sie kennen schwule Verwandte und wissen von schwulen Berufssportlern, Politikern, Schauspielern, Musikern, Künstlern und anderen öffentlichen Gestalten. Junge Erwachsene lernen die überaus wichtige Lektion, dass sexuelle Vielfalt einen Teil unseres Bildes dessen darstellt, was es heißt, ein Mensch zu sein. Aber es ist auch klar, dass noch viel mehr geschehen muss. Die Homophobie ist nach wie vor gesellschaftsweit verbreitet und führt noch immer zu Gewalt, Demütigung und sogar Mord (wie im Fall von Matthew Shepard).

Das Geschenk der Homosexualität ehren und davon lernen

Es ist wirklich sehr erstaunlich für mich, in welch hohem Maß die Natur sexueller Vielfalt und auch der Homosexualität verpflichtet ist. Studien zeigen, dass etwa acht bis zehn Prozent einer jeden menschlichen Population schwul oder lesbisch sind, wobei die meisten von ihnen heterosexuelle Eltern haben. Wie groß ist die Chance, dass sich eine solche Zahl zufällig ergibt? Warum besteht die Natur auf der Homosexualität als normaler und beständiger Form sexueller Vielfalt? Dafür muss es einen oder mehrere Gründe geben. Ich vermute, dass Homosexuelle der Menschheit bestimmte, lebenswichtige Gaben zu bieten haben, die zurückzuweisen einfach dumm von der Gesellschaft wäre. Hier sind vier davon:

1. *Das Geschenk der Kreativität:* Niemand kann die Arbeit homosexueller Menschen betrachten, ohne von dem außergewöhnlich hohen Maß an Kreativität beeindruckt zu sein, das homosexuelle Personen und Gemeinschaften zur Gesellschaft beitragen. Diese Kreativität ist sowohl in den Künsten als auch in den Wissenschaften offensichtlich und erstreckt sich auch auf die Ausübung sexueller Praktiken selbst.
2. *Eine flexible Sichtweise der Geschlechterfrage baut eine Art Brücke zwischen Männern und Frauen:* Insbesondere heterosexuelle Menschen können leicht in ihren von der Gesellschaft kreierten Rollen stecken bleiben. Homosexuelle erinnern jeden daran, dass die Sexualität nicht im Reich der Buchstäblichkeit, sondern der Metaphern existiert. Wenn die sexuelle Rolle nicht mehr von den eigenen Körperteilen bestimmt wird, werden Leben, Vorstellungskraft und Leidenschaft lebendig. David Deida bemerkt, dass „die schwule und lesbische Gemeinschaft sich überaus bewusst ist, dass sich die sexuelle Polarität unabhängig vom Geschlecht ereignet. Aber dennoch benötigt man zwei Pole, wenn das leidenschaftliche Spiel der Sexualität in der Beziehung andauern soll: männlich und weiblich, oben und unten, *butch* und *femme* – wie immer man diese wechselseitigen Pole des sexuellen Spiels nennen will." Schwule und Lesben können die Welt viel über die Sexualität und die Wiederherstellung der Leidenschaft in Beziehungen lehren.
3. *Humor:* Das Rollenspiel nimmt die Dinge per Definition nicht wörtlich. Die Betrachtung des Geschlechts als „Rolle" führt uns über das Ego hinaus und schafft Raum für Spaß und Humor im sexuellen Spiel. Sexualität ist so oft mit Scham, Schuld, Angst oder Befangenheit beladen und wird auf diese Weise viel zu ernst genommen. Gesunde Spiritualität ist jedoch unbefangen (wie Meister

Eckhart betont hat), und dasselbe trifft auf eine gesunde Sexualität zu. Ja, Sexualität kann zu Kindern führen, wodurch der Liebende zum Vater (oder Elternteil) wird, was eine ernste Angelegenheit mit ernsthafter Verantwortung ist. Aber bei der Sexualität geht es ebenso sehr um den Prozess selbst wie auch um Fortpflanzung. Der Liebende tut weitaus mehr, als nur Babys zu erschaffen. Sex kann lustig, clownesk, humorvoll und von Lachen erfüllt sein. Eine Redensart der Inuit besagt, dass Liebe zu machen bedeutet, Lachen zu produzieren. In homo- und transsexuellen Gemeinschaften sind Sexualität und Geschlechterrollen ein Anlass für Spiel und Humor. Das ist eine sehr wichtige Lehre. Nehmen Sie Sexualität und Geschlechtlichkeit nicht wörtlich. Dafür sind sie zu wichtig – und bereiten zu viel Spaß.

4. *Spiritualität:* In vielen Kulturen gibt es eine weit zurückreichende Geschichte von Homosexuellen als spirituellen Führern. Vor vielen Jahren nahm mich eine amerikanische Ureinwohnerin zur Seite und sagte mir, es sei bei den amerikanischen Ureinwohnern weithin bekannt, dass es sich bei den spirituellen Leitern ihrer großen Häuptlinge immer um schwule Menschen gehandelt habe. Homosexuelle verbinden scheinbar nicht nur männliche und weibliche, sondern auch menschliche und spirituelle Welten. Eine homophobe Gesellschaft beraubt sich selbst einer tieferen Spiritualität. Dieselbe Frau (die übrigens auch eine katholische Nonne war) sagte: „Die Retreats, die ich gebe, sind bei schwulen Gruppen immer eine tiefere Erfahrung als bei einem gemischten und primär heterosexuellen Publikum."

Viele Kulturen der amerikanischen Ureinwohner erkennen, dass eine schwule Person (*Berdache* oder *Winkte* genannt) über bestimmte spirituelle Kräfte verfügt, wie die der Heilung, der Anleitung bestimmter Zeremonien und der Fähigkeit, die Zukunft zu sehen. Der Lakota-Schamane Lame Deer sagt, eine solche Person habe „die Gabe der Weissagung, und er selbst konnte das Wetter vorhersagen. ... Wenn die Natur einen Menschen mit der Bürde beschwert, anders zu sein, gibt sie ihm auch eine Kraft." Michael One Feather, ein schwuler Indianer, der in einem Reservat in South Dakota aufwuchs, erzählt seine Geschichte folgendermaßen: „Bevor ich in der Highschool einen Kurs in Studien der amerikanischen Ureinwohner belegte, wusste ich nichts von der spirituellen Rolle [des *Winkte*]. Der Lehrer sagte, die *Winktes* seien heilige Menschen, die es zu respektieren gälte. Vor langer Zeit gingen sie gemeinsam mit den Kriegern auf den Kriegspfad und pflegten diese und kümmerten sich um sie." Viel von der Feindseligkeit, welche die spanischen Eroberer den Indianern gegenüber zum Ausdruck brachten, war gegen die Homosexualität gerichtet, die unter den Mayas ziemlich offen gelebt wurde. Die Missionare stimmten in ihrem Hass mit ein. Als die Kolonisten die Macht übernahmen, wurden die Zeremonien, welche die *Berdaches* ehrten, in deutlichster Sprache verboten.

Traditionalistische Indianer kritisieren schwule Menschen manchmal nicht etwa wegen ihres sexuellen Verhaltens, sondern weil sie ihre spirituelle Rolle in der

Gemeinschaft nicht übernehmen. Eine indianische Frau, deren Onkel ein *Winkte* ist, sagte: „Menschen, die ihre indianischen Traditionen nicht achten, kritisieren die Schwulen, aber das war ein Teil der indianischen Kultur. Es macht mich wahnsinnig wütend, wenn ich höre, wie jemand einen *Winkte* beleidigt. Aber es ist ebenso traurig, dass viele der jüngeren Schwulen ihre spirituelle Rolle als *Winktes* nicht erfüllen."

Aus all diesen Gründen bin ich davon überzeugt, dass es ohne die Austreibung der Homophobie keine authentische männliche Spiritualität geben kann. In Anbetracht der regelmäßig homophob agierenden Gesellschaft muss man dafür ein spiritueller Krieger sein. Aber jeder einzelne Mann muss sich weigern, sich weiter zu verstecken und es wagen, für seine homosexuellen Brüder und Schwestern, Onkel und Tanten, Väter und Mütter, Kinder und Neffen, Nichten und Mitarbeiter einzustehen. Die schwule Befreiungsbewegung ist jedermanns Bewegung, so wie es Martin Luther King jr. lehrte, als er sagte, dass Gerechtigkeit, die einem verwehrt werde, allen verwehrt sei.

Für Heterosexuelle ist es eine Sache, Schwule zu tolerieren und ihr Existenzrecht zu akzeptieren, aber eine ganz andere, anzuerkennen, dass *wir etwas von ihnen lernen können*, also ihre Erfahrungen als für uns persönlich wertvoll anzunehmen. Das ähnelt der Überwindung des Rassismus, wo man ebenfalls zuerst andere Rassen oder Ethnien annimmt und respektiert, um dann festzustellen, dass der „Andere" oder Außenseiter Zugang zu einzigartigen, erhellenden und oft sogar grundlegenden Wahrheiten bietet. Für heterosexuelle Männer ist es an der Zeit, den Geschichten, den Wegen und der Spiritualität homosexueller Männer zu lauschen. Auf diese Weise wird die vom Universum geplante Vielfalt respektiert, und der Liebende in jedem Mann kann auf das volle Maß seiner Liebe und Kreativität zugreifen.

Was können homo- und heterosexuelle Männer erschaffen, wenn sie zusammenarbeiten? Wir können die verlorene und vergeudete Energie der Homophobie in vielen Bereichen für das Erwachen der Gemeinschaft verwenden. Die der Homophobie zugrundeliegende Angst hält viele Männer zurück – Angst und Liebe sind einfach nicht miteinander vereinbar. Angst lässt uns schrumpfen und defensiv werden; Liebe erweitert und verbindet.

Welcher heterosexuelle Mann ist nicht daran interessiert, im Bereich der körperlichen Liebe mehr Zugang zu den vier Gaben der Homosexualiät zu erlangen, die ich eben geschildert habe – zu Kreativität, flexiblem Umgang mit Geschlechterrollen, Humor und Spiritualität? Der Eros will all das für uns. Die Überwindung der Homophobie stellt für heterosexuelle Männer eine Möglichkeit dar, nicht nur bessere Liebhaber, sondern auch spirituelle und kulturelle Heiler zu werden. Durch die Überwindung der Homophobie werden für alle Beteiligten neue Gaben frei, denn sie stellt einen Beitrag zur Heilung der Scham, der Missbrauchsfolgen und der Ausgrenzung dar, die viele Homosexuelle sowohl als Jungs wie auch Männer erfahren haben. Darüberhinaus bedeutet das die praktische Befreiung homosexueller Männer und Frauen und kann auch den Generationenstreit heilen. Was auch immer unsere Eltern und Großeltern geglaubt haben mögen – wir sind die Eltern und Großeltern der nächsten Generationen, in denen fast jeder zehnte Menschen schwul sein wird. Wenn wir unsere Homophobie heilen, tragen wir zur Heilung dieser Menschen bei, noch ehe sie geboren werden.

Kürzlich wurde in einem Zeitungsartikel ein heterosexueller Mann zitiert, zu dem eine sehr attraktive Frau gesagt hatte: „Ich dachte, du bist schwul." Der Mann sagte dazu: „Ich fühlte mich geschmeichelt. Schwule Männer sind im Allgemeinen gewandter, besser in Form und lebendiger als die heterosexuellen Männer, die ich kenne." In den vergangenen Jahren haben mir eine Reihe von Frauen erzählt, dass sie sich immer wieder in schwule Männer verlieben (ohne von deren Homosexualität zu wissen), weil diese Männer Frauen viel besser verstehen würden und viel aktiver am Leben, an den Künsten und an ihrem eigenen Körper interessiert seien. Diese Geschichten zeigen, dass eine gesunde, attraktive Männlichkeit und Spiritualität aus mehr als nur den sexuellen Vorlieben und der geschlechtlichen Identität besteht. Hier können heterosexuelle von homosexuellen Männern lernen.

Sexualität als heilig betrachten

Der Dichter Gary Snyder definiert den Begriff des Heiligen wie folgt: „*Heilig* bezieht sich auf das, was uns hilft, uns selbst (und nicht nur menschliche Wesen) aus unserem kleinen Selbst hinaus in das ganze Berge-und-Flüsse-Mandala-Universum zu erheben. … Die Wildnis als Tempel zu betrachten ist nur der Anfang davon." Ich glaube, dass wir die Sexualität niemals vollständig in all ihrer wunderbaren Vielfalt verstehen können, wenn wir sie nicht im Rahmen des „Mandala-Universums", des Heiligen wahrnehmen. Das ist sicherlich der Grund dafür, warum in der Bibel ein ganzes Buch der Theophanie, der Gotteserfahrung, der Offenbarung Gottes gewidmet ist, als welche sich die Sexualität darstellen kann. Die Sexualität als heilig zu betrachten – jedermanns, nicht nur die eigene, aber gewisslich mit der eigenen beginnend – unterstützt unser Streben danach, jede Person und tatsächlich auch jedes andere Wesen als heilig anzusehen, das entsprechend weder missbraucht noch benutzt oder zum Gegenstand reduziert werden darf. Es bedeutet, den Anderen (sowohl menschlich als auch mehr als menschlich) als mit uns verbunden zu begreifen, als sich danach sehnend, uns zu lieben, zu küssen und miteinander Lachen und Babys zu produzieren (sowohl metaphorischer als auch buchstäblicher Art). Es bedeutet, auf Grundlage dessen zu handeln, was Baudelaire bereits vor mehr als einhundert Jahren feststellte: „Wir wandern durch Wälder aus physischen Dingen, die zugleich spirituelle Dinge sind und uns mit liebevollen Augen betrachten." Die Welt ist sexuell, die Welt ist liebevoll, die Welt sehnt sich nach unserer Liebe und gewährt uns ihre Liebe und Zuneigung. Wir können uns genauso in Hügel und Bäume, Blumen und Flüsse, Vögel und Tiere verlieben wie auch in Menschen. All das ist erotisch. All das ist sexuell. Vertrauen Sie sich. Verlieben Sie sich wieder. Und dann bringen sie Ihrem Partner oder Ihrer Partnerin dieses Erwachen und beginnen Ihr Liebesleben noch einmal ganz neu.

Schließlich ist ein Mandala-Universum immer auch ein heilendes Universum. Manche Männer glauben, dass sie mit ihrer Sexualität viel zu weit gehen würden, wenn sie sich ihrer wahren sexuellen Natur anvertrauten. Offen gesagt schmeicheln diese Männer sich selbst. Ich glaube, dass die meisten Männer eher in entgegengesetzter Richtung irren – sie unterdrücken die Heiligkeit und ungeheure Ehrfurcht, die ihrer Sexualität und ihrer sexuellen Energie innewohnt. Ich glaube, dass wir jenseits unserer hetero-, homo- oder bisexuellen Ausrichtung alle pansexuell sind. Schlussendlich bedeutet die Annahme des Archetypen des Liebenden die Wiederentdeckung unserer Pansexualität, die all unsere Beziehungen nährt und erhält, einschließlich unserer sexuellen Beziehungen zu anderen Menschen.

Die Sexualität ist heilig, weil sie größer als jeder von uns ist. Aus demselben Grund ist sie unbezähmbar, lustig, ein Spaß, erstaunlich, überraschend, generativ, ernsthaft, verspielt, mystisch und unvorhersehbar zugleich. Sie stellt jenen Bereich in unserer Beziehung zum Kosmos und zu Vater Himmel dar, der sich niemals vollständig der anthropozentrischen Herrschaft und Kontrolle ergeben hat. Die Sexualität wirft uns mitten in die Beziehung zum Kosmos hinein. Was einen großen Teil ihres Reizes ausmacht. Und einen großen Teil unseres Überlebens, aber auch einen großen Teil unserer Freude am Leben.

VII – Unsere kosmischen und tierischen Körper

Wenn wir den Archetypen des Grünen Mannes ehren, würdigen wir damit jene Dinge, die wir mit den Pflanzen und der Welt der Vegetation gemeinsam haben. Wenn wir unsere Kräfte der körperlichen Liebe ehren, würdigen wir damit unsere Sexualität sowie unsere kreative und generative Natur. In diesem Kapitel ehren wir den Körper selbst. Auch er ist eine Metapher. Manche Religionen betrachten den Körper als gefallen, als sündig von Gott getrennt. Andere Philosophien beschreiben unseren Körper als das Gefängnis des Bewusstseins, aus dem es kein Entkommen gibt. Die alten Upanishaden Indiens nehmen eine weise Haltung unserem Körper gegenüber ein, wenn sie erklären: „Zur Dunkelheit sind jene verdammt, die nur den Körper verehren und zu noch größerer Dunkelheit jene, die nur den Geist verehren. ... Jene, die sowohl den Körper als auch den Geist verehren, überwinden mit ihrem Körper den Tod und erreichen mit ihrem Geist die Unsterblichkeit."

Der erstaunliche Körper des Menschen

Unsere Körper sind direkt mit Vater Himmel verbunden. Das ist nur eine der tiefgehenden Erkenntnisse, die wir aus der modernen Kosmologie ziehen können. Die Wissenschaft hat bewiesen, dass unser Körper aus „demselben Stoff wie die Sterne" besteht (eine Tatsache, die Johannes Calvin bereits vor 500 Jahren für sein Leben gerne erfahren hätte): sechzig Prozent der Atome unseres Körpers bestehen aus Wasserstoff und Helium, die in jenem allerersten Feuerball vor 13,7 Milliarden Jahren ihren Ursprung haben. Die anderen vierzig Prozent entstanden vor etwa fünf Milliarden Jahren bei der Explosion von Supernovae. Wir sind aus einem uralten Stoff gemacht – und doch ist all das zusammengekommen, um das praktische, wunderschöne und gut verwendbare Werkzeug unseres Körpers zu schaffen.

Der menschliche Körper ist wirklich eine erstaunliche Angelegenheit. Ein einziger davon – sei es Ihrer oder meiner – enthält hundert Mal mehr Zellen, als die Galaxie Sterne hat. Wir bestehen aus 100 Billionen Zellen, die sich in zweihundert verschiedene Arten einteilen lassen. Alle 100 Billionen kommunizieren wie ein Orchester miteinander, um einen Gesamtklang zu erzeugen – unseren Körper. Wenn man die in all diesen Zellen enthaltene DNS aufrollen und aneinander legen würde, kämen wir damit 100.000 Mal zum Mond und wieder zurück! Unser Herz wiegt nur ein halbes Pfund, doch seine tägliche Arbeit entspricht dem Heben eines Gewichtes von einer Tonne auf die Höhe eines fünfstöckigen Gebäudes. Unsere aneinander gelegten Blutgefäße würden die Erde mehr als zwei Mal umrunden – sie sind über 96.000 Kilometer lang. Unsere Nieren reinigen täglich 150 Liter Blut und erhalten zugleich das exakte Wasserverhältnis und das chemische Gleichgewicht des Blutes aufrecht. Unser Körper beherbergt mehr als sechshundert Muskeln. Seine Knochen sind viermal stärker als Stahl oder verstärkter Beton, und doch stellen sie wahre Leichtgewichte dar, die nach einem Bruch wieder zusammenwachsen. Unsere Haut und unser Gehirn haben sich aus genau denselben Urzellen entwickelten, weshalb wir sagen könnten, dass unsere Haut die äußerste Oberfläche unseres Gehirns oder das Gehirn die tiefste Schicht der Haut ist.

Der Tastsinn ist der älteste und vorrangigste aller Sinne. Wenn ein hungriger Löwe seine Pranke auf Ihren Rücken legt, wollen Sie das so schnell wie möglich wissen. Der zweite Sinn, der entstand, war der Geruchssinn – tatsächlich waren unsere beiden Gehirnhälften ursprünglich Knospen des olfaktorischen Stängels. Wir denken also, weil wir zu riechen gelernt haben. Unsere Lungen würden ausgebreitet einen Tennisplatz bedecken. Ihre Aufgabe besteht darin, Sauerstoff mit dem Blut in Verbindung zu bringen. Wie die Naturforscherin Diane Ackerman sagt, „nehmen wir mit jedem Atemzug Millionen von Molekülen des Himmels auf, erwärmen sie kurz und atmen sie dann zurück in die Welt hinein aus." Das ist die intimste Form der Kosmologie. Unsere Haut ist nicht nur das größte Organ unseres Körpers, sondern auch der Schlüssel zur sexuellen Anziehung. Ein Quadratzentimeter der menschlichen Haut enthält siebeneinhalb Millionen Zellen, 250 Schweißdrüsen, 36 Talgdrüsen, 26 Haare, 8 Blutgefäße, 7600 Sinneszellen und mehr als acht Millionen mikroskopischer Tiere. Die drei kleinsten Knochen unseres Körpers befinden sich in unseren Ohren. Dank ihnen können wir Geräusche hören. Die Haut ist eine Erweiterung unseres Ohres – wir hören also tatsächlich mit dem ganzen Körper. Tief in unserer Kehle befindet sich der Kehlkopf, der uns die einzigartige Fähigkeit zu sprechen und zu singen verleiht. Der Wissenschaftler Arne Wyller bezeichnet das menschliche Auge als „die höchste Sehvorrichtung, welche die Natur geschaffen hat." Die menschliche Netzhaut enthält 100 Millionen Zapfen und Stäbchen.

Doch das menschliche Gehirn übertrifft mit einer Billion Zellen alle anderen Organe. Wyller vergleicht es mit 100 Millionen miteinander vernetzten Computern. Die meisten Synapsen im Säugetiergehirn funktionieren chemisch, während sie bei den meisten wirbellosen Tieren auf elektrischem Weg arbeiten. Das Säugetiergehirn ist „das Organ, das sich in der Geschichte der Evolution am schnellsten entwickelt hat". Seine Größe hat sich in den vergangenen vier Millionen Jahren verdreifacht. Wyller drückt es so aus: „Mit der Entwicklung des menschlichen Gehirns haben wir uns in den Bereich des großartigsten Planungsvorhabens der Natur begeben. Mit der Erschaffung des menschlichen Tieres kommen zwei Milliarden Jahre primitiver Zellentwicklung und 800 Millionen Jahre des mehrzelligen Lebens zu einem Höhepunkt – und zwar mittels einer spektakulären Neuentwicklung des Gehirns (dem zerebralen Kortex), die nur einige wenige Millionen Jahre in Anspruch genommen hat." Jede Sekunde finden im Gehirn mehr als 100.000 chemische Reaktionen statt. Es stellt mehr als fünfzig psychoaktive Substanzen her, die auf die Erinnerung, die Intelligenz, auf Aggression und Beruhigung einwirken.

Wen könnte unseren Körper in Anbetracht all dessen nicht in höchstes Erstaunen versetzen? Wie Heschel lehrt, müssen wir ihn „mit Ehrfurcht empfangen". Wir sollten ihn niemals als selbstverständlich betrachten. Oft wissen wir ihn nur dann wirklich zu schätzen, wenn er uns im Stich lässt, weil wir unter einer Verletzung oder einer Erkrankung leiden. Erst dann erkennen wir, dass es ein Wunder darstellt, wie hervorragend unser Körper funktioniert. Bedenken Sie: Ohne ihn könnten wir nicht rennen, springen, gehen, schwimmen, eislaufen, klettern, umarmen, küssen, ringen, Sex haben, essen, singen, tanzen, malen, schlafen, schreiben oder denken. All das tun wir mit Hilfe unseres Körpers. Dazu gehören auch das Gebet und das Gespräch mit dem Göttlichen: Körper und Seele, Körper und Bewusstsein gehen Hand in Hand miteinander.

Der Körper als Schatten

Wie gut sind wir mit dem Wunder unseres Körpers in Verbindung? Die Kultur der Vereinigten Staaten ist zwar von seinem Aussehen besessen, kümmert sich aber trotzdem nicht gerade gut darum.

Die nationalen Gesundheitsbehörden sind der Ansicht, dass sich Amerika in einer „öffentlichen Gesundheitskrise" befindet. Dr. James Marks, zweiter Seniorvorstand der Robert Wood Johns Foundation, geht davon aus, dass gegenwärtig etwa 32 Prozent aller Amerikaner fettleibig sind (Fettleibigkeit wird hier definiert als 20 bis 25 Prozent über dem Idealgewicht für eine bestimmte Körpergröße). Das ist zum Teil auf die Zucker- und Transfettarten zurückzuführen, die sich in verarbeiteten Lebensmitteln befinden, aber auch auf die Hormone, mit denen die Tiere, die wir essen, vollgepumpt werden. Doch der Mangel an Bewegung stellt hier ebenfalls einen wesentlichen Faktor dar. Die armen Bevölkerungsschichten leiden unter diesem Problem besonders, denn „die billigsten Nahrungsmittel sind zugleich auch am schlechtesten für Sie", sagt Dr. Marks. Die fünf ärmsten Bundesstaaten befinden sich alle unter den ersten zehn jener Staaten, in denen es am meisten übergewichtige Menschen gibt. Darüber hinaus verweigern wir als Gesellschaft 30 Prozent unserer Bürger eine Gesundheitsversorgung.

Warum ehren wir unseren Körper weder als Individuen noch als Gesellschaft? Der Psychiater und Bioenergetik-Experte John Conger meint, dass wir uns in der modernen Kultur so weit von unserem ursprünglichen Tierselbst entfernt haben, dass „der Körper der Schatten *ist*." Er fährt fort:

> Der Siegeszug eines überrationalisierten Lebens wird auf Kosten der ursprünglicheren und natürlicheren Vitalität gefördert. Für jene, die den Körper zu lesen verstehen, enthält er eine Aufzeichnung unserer abgelehnten Sei-

> te und enthüllt, was wir nicht auszusprechen wagen, indem er unsere gegenwärtigen und vergangenen Ängste zum Ausdruck bringt. Der Körper als Schatten ist vorwiegend der Körper als „Wesensanlage", als gebundene Energie, die nicht erkannt und genutzt wird, uneingestanden und nicht verfügbar.

Menschen sind Tiere, weshalb über unseren Körper zu sprechen bedeutet, unsere Verbindung zur *Tierwelt* zu erkennen und anzunehmen. Wie wir im vierten Kapitel gesehen haben, ist der Jäger und Sammler in uns mit den Tieren gut vertraut, aber sind wir auch noch immer mit unserer eigenen animalischen Natur vertraut? Sind das der Schatten, die Angst und der Argwohn, die als Grund für die Vernachlässigung unseres Körpers dienen? Jung war dieser Ansicht. Er beschreibt unsere Beziehung zu dem tierischen Körper, den wir mit uns tragen, wie folgt:

> Der Körper ist ein Tier mit einer Tierseele; im Körper sind wir alle Tiere, weshalb wir eine tierische Psychologie haben sollten, um darin leben zu können. … Da wir einen Körper haben, ist es unabdingbar, dass wir auch als Tier existieren, und jedes Mal, wenn wir eine weitere Zunahme des Bewusstseins erfinden, müssen wir ein neues Glied in die Kette einfügen, die uns mit dem Tier verbindet, bis diese Kette schließlich so lang wird, dass sich daraus mit Sicherheit Komplikationen ergeben.

Jung beschwört das alte Symbol eines hoch in der Luft fliegenden Adlers herauf, dessen Körper mit Hilfe einer Kette mit einer Kröte verbunden ist, die auf der Erde kriecht. Zum Teil haben wir es hier auch mit einem theologischen Problem zu tun, nämlich mit der pessimistischen Lehre von der Erbsünde. Denn wenn der Körper „ein Tier mit einer Tierseele" ist und wir glauben, von Geburt an sündig zu sein, dann ist unser Körper mit Schuld und Scham beladen. Conger hat bemerkt, dass dieser Pessimismus im westlichen Bewusstsein vor allem unsere Sexualität beeinträchtigt: „Unglücklicherweise ist der Geist des Menschen im Zuge des sich entfaltenden Dramas der westlichen Kultur von seinem Körper getrennt worden. Insbesondere die Sexualität wird mit einem unerwünschten, tierischen Element in Verbindung gebracht, einer dämonischen Kraft, welche die wahre spirituelle Natur des Menschen verdirbt. … Die westliche Kultur hat den Wert der Sexualität verleugnet." Aber wenn wir als Erbsegen in die Welt hineingeboren werden, sind auch unsere Körper ein Segen und kein sündiges „Pack". Wir haben jedes Recht, unseren Körper zu erforschen, zu prüfen, ihn zu bestaunen, zu verehren und für ihn sowie für alles, was er tun kann, zu danken.

Wenn die Furcht vor der Sexualität in direkter Beziehung zum Konzept der Sünde steht, ist unser „überrationalisiertes Leben" nicht nur ein religiöses Thema, sondern betrifft auch unsere gesamte säkulare Welt. Wie sehr ist unser Körper mit unserer Arbeit verbunden? „Respektiert" der Beruf, den wir ausüben, den Körper?

Conger glaubt in Bezug auf seinen eigenen Beruf, dass „die Psychologie Gefahr läuft, eine Körper-Phobie zu entwickeln. Wir vergessen die Grundlage. Unser Aufzug führt nicht mehr bis zum untersten Stockwerk hinab." Fest steht, dass unserer Bildungsprogramme den Körper von Kindheit an bis zu den Fachschulen hin nur selten fördern und respektieren. C.G. Jung drückt es so aus: „Es ist schon immer das Bestreben der Menschheit gewesen, wie ein Vogel zu fliegen, ein Wind, ein Atem zu werden; und das kann auch getan werden, aber man bezahlt dafür mit dem Verlust des Körpers oder dem Verlust der Menschlichkeit, was dasselbe ist." Unsere Körperlichkeit zu verlieren bedeutet, unsere Menschlichkeit und unseren Gemeinschaftssinn aufzugeben. Als Menschen sind wir darin vereint, einen Körper zu haben. Er ist unsere Gemeinsamkeit.

Scott Sanders ist der Ansicht, dass ein großer Teil unseres Suchtverhaltens auf den vergeblichen Versuch zurückzuführen ist, unsere Sinne wiederzuerlangen. Er bemerkt: „Vieles an der Welt, die wir geschaffen haben, lässt unsere Sinne darben. Infolge unserer Isolierung von der Wildheit und unseres zunehmenden Rückzugs in unser Gehäuse verliert die Liebe an Würze, Vielfalt und Freude. Also spielen wir um unseren Drink oder geben uns mit Drogen den Schuss; wir springen mit Fallschirmen auf unserem Rücken aus Flugzeugen oder mit an unsere Fußgelenke gebundenen elastischen Seilen von Brücken; wir reiten mechanische Stiere in Kneipen, fahren zu schnell oder schießen – all das dient der Jagd nach dem verlorenen Nervenkitzel. Wir durchkreuzen die Einkaufszentren auf der Suche nach etwas – irgendetwas – das die Leere füllen kann. Von der Umgebung gelangweilt, die wir so sorgfältig gezähmt haben, flüchten wir in Computerspiele, Filme, Schundromane, Teleshopping-Sender oder das Internet. Schlussendlich jedoch werden all diese Bemühungen langweilig. Wenn sie nicht mehr neu sind, werden unsere Sinne wieder taub – also erhöhen wir das Tempo, die Menge, die Spannung."

Unser heiliger Körper

Viele spirituelle Traditionen ehren den Körper als Tempel; das ist eine uralte, die Zeiten überdauernde Assoziation. Vor kurzem nahm ich an einer Lakota-Schwitzhütte teil, in der uns der Leiter anwies, unsere Körper wie einen Tempel zu behandeln. Auch der heilige Paulus, der erste christliche Theologe, nutzte diesen Vergleich in seinem Brief an die Gläubigen in der Stadt Korinth, und zwar zu einer Zeit, in der die Korinther ihre Körper für Geld verkauften.

Aber worin besteht die Bedeutung dieser Metapher? Was ist ein Tempel, und wie können wir unseren Körper wie einen solchen behandeln? Dem Wörterbuch zufolge ist ein Tempel „eine heilige Behausung, ein Ort, an dem etwas Heiliges oder Göttliches wohnen soll." Das lateinische Wort *templum* bezeichnete einen Raum, der für die zeremonielle Deutung von Omen bestimmt war. Es ist wahrscheinlich mit dem Wort *tempus* verwandt, das „Zeit" bedeutet, denn ein Tempel ist ein Ort der besonderen Zeit, der ausgesetzten oder mystischen Zeit (ein Ort, an dem die

Zeit aufgehoben oder verschwunden ist). *Tempel* kann „ein Gebäude für religiöse Exerzitien" oder „ein Platz, der einem besonderen Zweck gewidmet ist" bedeuten.

Unser Körper gibt diese verschiedenen Bedeutungen des Begriffes „Tempel" ganz gewiss wieder. Er ist ein heiliger Wohnort, ein Platz, der für die Ausführung von Prozessen bestimmt ist (wenn auch nicht von Omen), ein Ort, an dem wir die Erfahrung besonderer Zeiten machen (und sogar ausgesetzter oder mystischer Zeit) und der bestimmten Zwecken gewidmet ist. Ein Tempel ist darüber hinaus auch ein „Begegnungsort", was auf unseren Körper ebenso zutrifft. Das macht ihn so groß, ehrfurchterregend und heilig. Unser Körper befindet sich dort, wo sich der Kosmos und unser bewusstes Selbst begegnen, denn wie wir bereits festgestellt haben, enthält er Atome aus dem Kosmos selbst, die im allerersten Feuerball vor 14 Milliarden Jahren und in den Explosionen der Supernovae vor vier bis fünf Millionen Jahren zusammengebraut worden sind. Darüber hinaus enthält unser Körper die DNS unserer Vorfahren, *all* unserer Vorfahren, was jeden einzelnen menschlichen Körper zu einem Begegnungsort der gesamten menschlichen Rasse macht. Unser Körper ist fabelhaft und daher wundersam, weil die grundlegende Bedeutung des Wortes „wundersam" in dem liegt, was uns zum Staunen und zur Ehrfurcht inspiriert. Jeder Körper ist unseres Staunens, unserer Ehrfurcht und des Wunderns würdig – Ihrer, meiner und der jedes anderen Menschen, dem wir begegnen. Denken wir je darüber nach, über die Heiligkeit unseres Körpers?

Darüber hinaus ist unser Körper auch der „Begegnungsort" für unsere Chakren, wobei jedes Chakra selbst wiederum einen solchen „Begegnungsort" darstellt – sprich, einen *Kreuzungspunkt* (die wörtliche Bedeutung von „Chakra"), ein Ort, an dem die Kräfte zusammenkommen. Im weiteren Verlauf dieses Kapitels werden wir die Chakren näher erforschen, denn sie helfen uns dabei, die heiligen Kräfte und das Wunder unseres Körpers zu verstehen.

Aber ein Tempel ist nicht nur ein Begegnungsort, denn dann würde er sich nicht von einem Marktplatz unterscheiden. Ein Tempel ist zudem auch heilig. Aber was bedeutet „heilig"? Wie Gary Snyder sagte, hilft uns das Heilige, „uns selbst (und nicht nur menschliche Wesen) aus unserem kleinen Selbst hinaus in das ganze Berge-und-Flüsse-Mandala-Universum zu erheben." Trägt unser Körper uns also in das „Mandala-Universum", in den Kosmos hinein? Natürlich tut er das. Wir denken und fühlen mit unserem Körper, wir imaginieren und träumen damit. Wir essen, und wenn wir das tun, essen wir den Kosmos, essen wir Pflanzen, die die Sonne gegessen haben. Wir erschaffen mit unserem Körper neues Leben und haben ihn buchstäblich in den Weltraum gebracht. All das berechtigt uns mit Gewissheit dazu, es als eine Erhebung unseres kleinen Selbst in das große Universum zu betrachten.

In Anbetracht dessen können wir alles, was wir tun, als lebendige und andauernde Meditation über unsere Verbindung zum Kosmos ansehen. Wir können unseren Körper auf eine Weise zum Freund gewinnen, lieben, versorgen und nähren, die den Geist und den Kosmos ehrt. Indem wir unsere Gesundheit bewahren, erhalten wir auch das Universum auf direkte und aktive Weise gesund. Daraus folgt auch, dass wir dazu bestimmt sind, die Schönheit unseres Körpers zu bewundern – und jedermanns Körper ist schön, jedermanns Körper ist heilig. Die Gemeinschaft wird durch Schönheit verbessert, und Schönheit ruft uns dazu auf, sie zu bewundern. Wie Thomas von Aquin sagte: „Alle Schönheit verlangt danach, aufzufallen." Junge Menschen brüsten sich mit ihrer Schönheit. Warum auch nicht? Wir alle brauchen Schönheit in unserem Leben. Unsere Herausforderung besteht heute darin, alle menschlichen Körper als schön, als Darstellungen der Liebe und des Geistes, als den Ausdruck innerer Schönheit anzuerkennen. Tempel hat man nicht gebaut, um Gemütlichkeit zu verbreiten, sondern damit sie durch ihre Erhabenheit inspirieren, so dass wir über die Ehrfurcht erregende Erhabenheit jedes einzelnen menschlichen Körpers staunen und seine Schönheit betrachten können.

In seinem Buch *Lektionen der Wildnis* setzt Gary Snyder das Heilige mit dem Wilden gleich, eine Wahrheit, die ebenso auf die Metapher unseres Körpers als heiligen Tempel anwendbar und dafür angemessen ist. Unser Körper ist in der Tat wild – er ist von wilder Gestalt und Durchführung, was bedeutet, dass er zusammen mit den wilden Vorstellungen, die wir alle in uns tragen, wilde Dinge schaffen kann. Aber er strebt auch nach Ruhe und Frieden. Unser Körper macht daraus ein kunstvolles Gespräch, indem er lernt, zwischen Ruhe und Wildheit hin und her zu tanzen – ebenso, wie die Natur die Geschäftigkeit des Tages mit der Gelassenheit der nächtlichen Dunkelheit ausgleicht. Der Schlaf bereitet unseren Körper auf weitere wilde Dinge während des kommenden Tages vor.

Snyder führt seine Sichtweise der Wildnis, des Heiligen und des Körpers näher aus: „Unser Körper ist wild. Das unwillkürliche rasche Wenden des Kopfes nach einem Zuruf, das Schwindelgefühl beim Blick in einen Abgrund, der Herz-im-Halse-Moment der Gefahr, das Atemschöpfen, die ruhigen Augenblicke der Entspannung, des Starrens und Reflektierens – all das sind universale Antworten des Säugetierkörpers. ... Der Körper bedarf keiner Fürsprache von Seiten eines bewussten Intellekts, um zu atmen oder dafür zu sorgen, dass das Herz weiter schlägt. Er ist in hohem Maße selbstregelnd, er hat sein eigenes Leben. ... Der Körper ist sozusagen der Verstand. Beide sind wild." Das ähnelt den Ansichten mittelalterlicher Mystiker, die uns daran erinnern, dass der Körper in der Seele und nicht etwa die Seele im Körper ist. Unser Körper ist ein Werkzeug unserer Seele; er geht dorthin, wohin ihn die Seele führt. Er tanzt, wenn unserer Seele danach zumute ist, er trauert, wenn die Seele Kummer verspürt, er springt auf, wenn unsere Seele sich erhebt. Ja, die Beziehung zwischen unserem Körper und unserer Seele ist in der Tat das, was Thomas von Aquin als „communio admirabilis" bezeichnete, eine *wunderbare Gemeinschaft*. Eine Gemeinschaft, die für jeden einzelnen von uns sowohl wild als auch heilig ist. Der Schriftsteller Scott Sanders feiert die Wildheit des Körpers auf folgende Weise: „Wir sind wild. Mit unserem Körper, mit dem niemals versiegenden Fluss unserer Sinneskanäle und am lebhaftesten mit unserer Sexualität haben wir an der Energie der Schöpfung teil. Diese Energie steigt wie aus einer immerwährenden Quelle aus uns hervor und drängt uns dazu, umherzustreifen und zu spielen, herumzustöbern und zu lernen, einen Gefährten oder eine Gefährtin zu suchen, Körper mit Körper zu verbinden und die Geschichte weiterzuführen."

Wenn Menschen Tempel, Moscheen und Kathedralen konstruieren, streben sie danach, diese nicht nur mit enormer Schönheit zu versehen – vielmehr investieren sie ihre besten Anstrengungen und oft auch ihre größten Talente und hervorragendsten Materialien darin, etwas zu gestalten, das einzigartig und ein wenig „übertrieben" ist. Sie streben danach, einen Ort zu erschaffen, der von einer Schönheit erfüllt ist, von der die göttliche Schönheit berührt wird. Es ist die Schönheit des Weltraums, der Leere und der Architektur und auch die Schönheit von Gegenständen, Zeremonien und der Gemeinschaft. Denken Sie nur an das Taj Mahal in Indien, die Kathedrale von Chartres in Frankreich, an Stonehenge in England, Knossos auf Kreta, den früheren jüdischen Tempel Jerusalems, an die Pyramiden Mittelamerikas, an die Kathedrale St. John the Divine in der Innenstadt von New York, an Gaudis Kathedrale La Sagrada Familia in Barcelona oder an Sacre Coeur in Paris. Tempel sind immer als *Zentren des Kosmos* gedacht, und auf gewisse Weise sind sie auch genau das – insofern, als dass ihre Schönheit die Energien und Absichten von einzelnen Personen wie auch ganzen Gemeinschaften zentriert. So werden das menschliche Herz und der Kosmos eins, und daraus folgt automatisch Frieden.

Der Hinduismus beschreibt dasselbe in den Upanishaden: „In der Mitte des Schlosses des Brahman, in unserem eigenen Körper, gibt es einen kleinen Schrein in Gestalt einer Lotusblüte, in deren Innerem sich ein kleiner Raum befindet. Wir sollten herausfinden, wer dort wohnt und ihn kennenlernen wollen." Wer wohnt dort? „Der kleine Raum im Inneren des Herzens ist so groß wie dieses gewaltige Universum. Himmel und Erde sind darin, und Sonne, Mond und Sterne; Feuer und Blitz und Wind sind dort und alles, was jetzt ist und nicht ist, denn das Universum ist in ihm, und er wohnt in unserem Herzen." Beachten Sie, dass unser eigener Körper in diesem Weltmodell die Mitte des Schlosses der Gottheit oder des Brahman ist. Und dort, in unserem Herzen, vereinigen sich das Universum und die Gottheit. Das ist in der Tat ein heiliger Tempel!

Der amerikanische Ureinwohner Black Elk beschreibt ein ähnliches Bewusstsein: „Das Herz ist ein Heiligtum, in dessen Zentrum sich ein kleiner Raum befindet, worin der Große Geist wohnt. Das ist das Auge. Es ist das Auge des Großen Geistes, mit dem er alle Dinge sieht und durch das wir ihn erkennen können." Hier erfahren wir, was Frieden bedeutet, denn „der erste und wichtigste Frieden ist jener, der in die Seelen der Menschen einzieht, wenn sie ihre Beziehung, ihre Einheit mit dem Universum und all seinen Kräften erkennen und auch, dass in der Mitte des Universums Wakan-Tanka wohnt – eine Mitte, die tatsächlich überall und in jedem von uns ist. Das ist der wahre Frieden, von dem alle anderen Formen des Friedens nur ein Widerhall sind." Aller Frieden entstammt diesem Tempel, der das „Auge" des Großen Geistes beherbergt. Aus diesem Tempel heraus arbeiten wir und bringen wir unseren Frieden in die Welt hinein, die uns umgibt.

Auch christliche Mystiker und Mystikerinnen wie Juliana von Norwich feiern den Körper als heiligen Tempel und als den Wohnort des Göttlichen. Juliana schreibt, die menschliche Seele sei „eine wunderschöne Stadt" und „inmitten dieser Stadt sitzt unser Herr Jesus, Gott und einer von uns … herrlich sitzt er dort, friedvoll in der Seele ruhend, seinem vertrautesten Heim und ewigen Wohnort." Gott vereinigt sich mit uns, weil er „das Mittel ist, mit dessen Hilfe unsere Substanz und unsere Sinnlichkeit zusammengehalten werden, auf dass sie sich niemals trennen mögen." Es gibt eine „wunderbare Vereinigung von Körper und Seele, die von Gott geschaffen wurde", und Christus sitzt im Zentrum unseres Wesens. „Unsere Sinnlichkeit ist die wunderschöne Stadt, in der unser Herr Jesus sitzt und von der Er umfangen ist."

Eine andere Art, wie wir unseren Körper als Tempel behandeln können, besteht darin, ihn zu schmücken. Wir statten unsere Tempel wie unsere Körper aus und kleiden diese wiederum besonders, wenn wir einen Tempel betreten. Denken Sie nur an die Schönheit der handgefertigten Federkostüme, die von den amerikanischen Ureinwohnern auf den Powwow-Tänzen getragen werden, oder die Anmut des christlichen Priesterornats oder die umwerfenden Insignien, die von afrikanischen Ältesten oder den Frauen Balis zu den Zeremonien getragen werden. Bevor wir zur Kirche gehen, ziehen wir uns besonders gut an. Unser Körper nimmt die Schönheit des Kosmos und seiner zahlreichen Gaben für uns an. Ich erinnere mich, einmal auf der Insel Bali gesehen zu haben, wie die Frauen dort zu einer Zeremonie gingen. Sie trugen lange, bis zum Boden reichende weiße Gewänder, hatten ebenso in Weiß gekleidete Kinder an der Hand und balancierten Körbe voller farbenprächtiger Früchte auf dem Kopf. Inmitten des Regens! Alle waren rein, gingen ohne Eile und gaben schlicht ein wunderschönes Bild ab.

Wir schmücken unsere Körper, piercen sie, tätowieren sie, bemalen sie und kleiden sie, damit sie ebenso schön wie das Gefieder der Vögel, die Haut der Schlange oder die Farben der Blumen sind. Schönheit ist wild und nicht gezähmt oder domestiziert. Und unsere Körper haben an dieser wilden Schönheit teil. Gott sei Dank!

Tempel erleuchten und werden von Licht durchflutet. Schönheit ist immer von einer Art Leuchten begleitet, was auch Sanders erkennt, wenn er schreibt: „Unsere Körper sind so hell leuchtend wie Blakes Tiger und brennen mit Schöpfungsenergie. Und sie leuchten aus Neugier, wie ein Kleinkind in einem U-Bahn-Wagen, das begierig darauf ist, seine Umgebung zu erforschen. Und unsere Körper leuchten vor Intelligenz. Von ganz alleine heilen und wachsen sie, schaffen Gleichgewicht und halten aus; sie streben danach, sich fortzupflanzen, und viele von ihnen sind darin auch erfolgreich, indem sie mit ihren Genen einen Strang von Entdeckungen weitergeben. Wie jede Form der Wildnis ist auch die des Körpers geordnet, elegant, komplex und uralt. Sie ist aber auch frisch, erneuert sich ständig selbst und bezieht ihre Stärke aus bodenlosen Quellen." Als junge Menschen haben wir all das noch gewusst. Damals haben wir ganz in unserem Körper gelebt, und dieses Wissen nährte unsere heilige Neugier. „Wir alle haben einmal mit aufrichtiger Freude in unserem Körper gewohnt. Wir ließen unsere Hände über alles streichen, was wir erreichen konnten. Wir schnupperten und schmeckten. Wir studierten Knöpfe, Kiesel und Käfer, als wenn sie Juwelen gewesen wären. Wir drehten unsere Wangen in den Wind. Wir bestaunten die Vögel, die hoch am Himmel flitzten, den Schaum, der auf dem Wasser tanzte und das durch die Blätter funkelnde Sonnenlicht. … Jedes Kind ist eine Erinnerung daran, dass der Fluss unserer Sinne einst rein und klar war. … Wir sind noch immer neugierige und staunende Tiere. Egal, wie sehr wir unseren Körper tarnen oder medizinisch behandeln, er wird immer ein wilder, leuchtender Funke der allumfassenden Wildnis bleiben – perfekt dafür gemacht, diesen sinnlichen Planeten zu genießen und zu erforschen."

Der Vergleich des Körpers mit einem Tempel hat jedoch auch seine Grenzen. Wie bei jeder Metapher sollte man sich auch an diese nicht zu sehr klammern oder sie zu wörtlich verstehen. John Conger sieht darin eine bestimmte Schwäche: „Das Problem ist, dass es sich dabei um eine Art von Idealisierung handelt. In einem Tempel berührt man nichts. Er ist dafür da, Dinge zu beherbergen, und ich denke, dass es da einen Aspekt gibt – Dionysus als lebensgroße Maske, die aber nicht nur Maske ist, sondern auch einen Geist enthält – so ist auch der Körper nicht nur der Körper, sondern darüber hinaus von einem Geist bewohnt, ohne den alleine man ihn nicht betrachten kann. Aber Jung sprach von Körper und Psyche als zwei Seiten derselben Münze, eine Art von Schnittstelle oder Mischung, die wir nicht weiter aufgliedern können."

John Conger: Die vielen Sprachen des Körpers

John Conger ist Psychiater. Er studiert und praktiziert sowohl Bioenergetik als auch die koreanischen Kampfsportarten und lehrt, dass der Körper über sechs präverbale Sprachen verfügt. Sein Gedankengebäude stellt einen Widerhall der Geschichten der amerikanischen Ureinwohner dar, in denen es heißt, dass die Menschen einst mit Tieren kommunizierten, weil beide Seiten über eine gemeinsame Sprache verfügten. In unserem Interview verfolgte ich die Frage der vorsprachlichen Körperkommunikation weiter, und das war seine Antwort:

> Ich habe Magisterstudenten im Vokabular des Körpers ausgebildet. Vor 120.000 Jahren entwickelten wir das Gen für Sprache – als der Kehlkopf nach unten wanderte und wir zu sprechen beginnen konnten. Doch bereits vor diesem Zeitpunkt ging eine Menge Kommunikation vor sich – denn Kommunikation ist eine der Grundlagen des Lebens. Wir sind nur vorschnell von der Sprache eingenommen, weil sie der digitalen Revolution in der Technologie ähnelt – sie ist so verblüffend, dass sie alles transformiert, weshalb wir die anderen Kommunikationswege zu vergessen neigen.
>
> Aber der Körper hat all diese Gehirne – die drei Gehirne des Reptils, des Säugetiers und des Kortex. Die Evolution wirft nichts fort, was funktioniert, und so enthält die verbale Sprache, die wir schließlich entwickelt haben, auch

körperliche *Gesten*. Der Körper redet immer. Wenn ich mit anderen Menschen zum Thema Körper arbeite, beobachte ich sie – und bin jedes Mal überrascht, wie viel ich mittels ihres Körpers über sie erfahre. Dann sind die Leute immer ganz erstaunt und fragen: „Woher haben Sie das gewusst?"

Kommunikation spielt sich primär auf nonverbaler Ebene ab. Ein Zeitgenosse Freuds sagte, dass die kostbarsten Momente alle präverbal seien. Alle intimen und komplexen Erfahrungen gestalten sich auf diese Weise. Wenn wir uns unterhalten, müssen wir oft über die Worte hinausgehen, um zu einem intuitiven Verständnis dessen gelangen zu können, was sich hinter dem Wort selbst verbirgt.

Deshalb lehre ich, dass es mindestens sieben verschiedene Sprachen gibt. Die erste ist der Instinkt. Dann gibt es die sensomotorische Ebene – bei großen Athleten wie Michael Jordan bewegt sich die Information nicht bis zu seinem Kortex und wieder zurück. Es gibt eine Art Genie im Bereich der Entwicklung eines sensomotorischen Vokabulars. Manche Menschen, deren Vokabular hauptsächlich aus Worten besteht, haben einen sehr begrenzten sensomotorischen Wortschatz. Dann gibt es die Sprache angeborener Muster, wie sie von der Psychologie begriffen werden. Und dann gibt es die Kunstfertigkeit der Sinne: Maler zum Beispiel stellen komplexe Bilder her, die über eine eigene, vielschichtige Sprache verfügen. Auch Musiker können erstaunliche und ausgefeilte Momente der Kreativität haben. Und dann ist da noch die gesamte Entwicklung vom Zeichen zum Symbol, also ein Symbol als Metapher zu verwenden. Als letztes gibt es noch die verbale Sprache. Ich sage meinen Studenten, dass sie sechs Sprachen verwenden können, nur die siebte nicht, weil Menschen nun einmal gerne aus dem Körper in das Verbale flüchten.

Nahrung: heilig und kosmisch

Wir müssen essen, um zu leben, weshalb dieser elementare Aspekt des Lebens eine klare Trennung zwischen Geist und Fleisch zu schaffen scheint. Oder doch nicht? Was bedeutet Nahrung in diesem Zusammenhang für unseren Körper? Gehört Essen zum grundlegenden Überleben, oder bedeutet es noch mehr?

Wie wir gesehen haben, hat die moderne Kosmologie festgestellt, dass Menschen aus den Atomen uralter Sterne gemacht sind. Dasselbe trifft auf alles zu, was wir essen. Und so kommen sowohl die Wissenschaften als auch die alten spirituellen Lehren zum selben Schluss: Nahrung ist heilig. Sie ist viel mehr als nur ein Brennstoff, sondern ein Teil des mystischen Kreislaufs von Leben, Tod und Wiedergeburt. Was wir als „Nahrung" bezeichnen, war einmal als Pflanze oder Tier (oder Stern) lebendig und erlaubt uns, zu leben. Aus diesem Grund hat der Vorgang des Essens schon immer Dankbarkeit ausgelöst, und deshalb ist auch die spirituelle Praxis des Dankgebets so alt und so universell verbreitet.

Gary Snyder sagt: „Jeder Mensch, der je gelebt hat, hat das Leben von anderen Tieren genommen, Pflanzen aus der Erde gezogen sowie Früchte gepflückt und gegessen. Die Urmenschen haben den Grundsatz, keinen Schaden zuzufügen, auf ihre eigene Art verstanden. Sie wussten, dass jeder, der Leben nimmt, auch Dankbarkeit und Fürsorge aufbringen muss. Es gibt keinen Tod, der nicht irgendjemandem zur Nahrung wird und kein Leben, das nicht den Tod irgendeines Wesens bedeutet." Viele Religionen einschließlich des Christentums haben das Essen von Nahrung und die Aufnahme des Heiligen in einem einzigen Ritual miteinander verbunden. Snyder stellt fest: „Die archaische Religion besteht darin, Gott zu töten und ihn zu essen. Oder sie." Nahrung ist ein Sakrament, ein Zeichen unserer heiligen Beziehung zu allem, was existiert und allem, was hinter allem steht, das existiert. Auch wir sind Nahrung – Nahrung für kommende Generationen. Wir sind dazu bestimmt, gegessen zu werden. Genau das bedeutet das Wort „Opfer" – uns selbst als Nahrung für andere darzubieten. Nach unserem Tod wird unser Körper in der Erde begraben, um buchstäblich zur Nahrung für Pflanzen und andere Geschöpfe zu werden und so schlussendlich wiederum Menschen zu nähren.

Es ist schwerer, die heilige Dimension der Nahrung zu erkennen und zu würdigen, wenn unser Fleisch vorgeschnitten und in Styropor verpackt bei uns ankommt oder wenn wir einfach nur abgepacktes Brot kaufen, aber nie die Samen säen, das Korn ernten und selbst backen. Auch wenn wir uns als von der Heiligkeit der Nahrung abgeschnitten empfinden, bleibt diese doch eine Tatsache. Das Essen von Lebensmitteln ist ein heiliger Akt. Wir ehren unseren Körper, wenn wir entweder selbst auf fürsorgliche Weise Nahrung anbauen oder andere, die es tun, ermutigen und unterstützen. Der ökologische Landbau in seinen vielen Facetten ist Teil der Art, wie wir unseren Körper würdigen und auf politischer Ebene reinigen können. Da wir alle essen und gegessen werden, wobei nur die Zeit das eine vom anderen trennt, obliegt es uns selbst, sowohl dankbar als auch ehrfürchtig und respektvoll mit der Nahrung und unserem Körper umzugehen, der wiederum zukünftige Generationen nähren wird. Sicher ist die Gesundheit unserer Lebensmittel ein Maßstab für unsere eigene Gesundheit, und das gilt seit allen Zeiten. So betrachtet werden wir selbst dann, wenn die Zeit kommt, in der wir gegessen werden, in der Hoffnung darauf, mit Dankbarkeit, Ehrfurcht und Respekt empfangen zu werden unser Bestes gegeben haben. Schließlich bringt Karma immer neues Karma hervor.

Was wir essen und auf welche Weise wir es tun, stellt eine wichtige Form dar, unseren Körper zu lieben und diesen kosmischen Tempel zu schätzen, aber es gibt noch eine weitere Aktivität, die dazugehört: Bewegung. Wir ehren unseren Körper, indem wir ihn fit halten, trainieren und ertüchtigen. Doch wie bei den meisten Dingen im Leben bestimmt auch hier die Absicht, die wir mitbringen, unsere Erfahrung und deren Wert. Wenn wir aus reiner Eitelkeit trainieren, ehren wir unseren Körper nicht, sondern versuchen vielmehr, ihn zu kontrollieren und ihn in eine attraktive Form zu bringen, die unserem Ego Bewunderung verschafft. Oder wir trainieren nur wegen der vielen praktischen Vorteile, die das mit sich bringt. Das ermöglicht uns mit Sicherheit, uns besser zu fühlen, es erhöht die uns zur Verfügung stehende Energie, beugt Erkrankungen vor, verbessert unsere Stimmung, lindert Depressionen und löst Stress auf.

Aber wie die Nahrungsaufnahme kann auch körperliche Bewegung mehr als nur das sein, wenn wir es wollen. Sie kann zu einem Gebet, einem Akt der Lobpreisung des wundervollen Körpers werden, mit dem wir gesegnet sind. Training kann ein Mittel dazu sein, den wunderschönen Tempel unseres Körpers zu ehren, indem wir ihn fit und funktionsfähig, sauber und gesund halten. Auf diese Weise loben wir den Schöpfer wie auch die Schöpfung und ehren unsere Gemeinschaften, die von unserer körperlichen Gesundheit profitieren. Denken Sie das nächste Mal daran, wenn Sie trainieren. Wenn unsere Absicht darin besteht, den Tempel unseres Körpers zu ehren, kann körperliche Bewegung zu einer tiefgehenden Erfahrung werden. Die physische Anstrengung wird zu einem großzügigen Geschenk an Gott, an unsere Vorfahren und an unsere Nachkommen. Denn all diese preisen wir, indem wir das Geschenk unseres Körpers ehren sowie gesund und schön bleiben. Wenn Essen und körperliche Bewegung auf diese Weise begangen werden, verwandeln sie sich in eine Form des lebendigen Gebets.

Die Chakren: Die Wiederentdeckung unseres heiligen Körpers

Seit Plato und Augustinus ist ein großer Teil des westlichen Denkens vom Dualismus von Geist und Materie bzw. Körper und Seele heimgesucht worden. Das östliche Gedankengut hat dieses Vorurteil jedoch nicht übernommen, weshalb der Körper im Osten mit viel weniger Bedauern und einem viel höheren Maß an Neugier betrachtet wird. Das manifestiert sich zum Beispiel in der Chakren-Tradition. Diese Lehren besagen, dass unser Körper Kraft- oder Energiezentren dieses Namens enthält. Wenn wir diesen Zentren ermöglichen, in unserem Leben die ihnen angemessene Kraft und Rolle zu entfalten, sind wir spirituell wie auch physisch stark und gesund. Es gibt verschiedene Traditionen, welche die Chakren auf unterschiedliche Weise verstehen und interpretieren; bei manchen gibt es sieben, bei anderen neun oder sogar sechzehn. Meiner Ansicht nach sind die Chakren ein erhellender Weg zur Erforschung unserer Beziehung zum Tempel unseres Körpers. Ich lege hier mein Verständnis dieser Zentren dar, das ich im Verlaufe mehrerer Jahre aus verschiedenen Quellen bezogen habe.

Das erste Chakra

Ich kann sieben Chakren ausmachen. Das erste befindet sich am unteren Ende unseres Steißbeins (auch „Sakrum" genannt, was buchstäblich „heiliger Knochen" bedeutet). Das erste Chakra nimmt Schwingungen auf, also auch Geräusche. Wenn wir noch Schwänze hätten, könnten wir uns noch besser auf die Klänge und Vibrationen des Universums einstimmen. Wir wissen heute, dass alle Atome im Universum Geräusche oder Schwingungen abgeben. Alle Wesen machen Musik. Deshalb verbindet uns das erste Chakra mit dem Kosmos, mit allen Wesen und Schwingungen des Universums. Vielleicht ist das einer der Gründe, warum wir unseren Schwanz verloren haben: Wenn wir ihn noch hätten, könnte das alles für unsere empfindlichen Sinnessysteme schlichtweg zu viel sein. Vielleicht ist das auch der Grund, warum so viele Religionen den Ton ehren: „Am Anfang war der Klang", heißt es in den Schriften der Hindus. „Am Anfang war das Wort" kann man in christlichen Schriften lesen. „Gott sprach" sagt die jüdische Schöpfungsgeschichte. Die Aborigines von Australien wiederum erzählen, dass Gott jedes Geschöpf in die Existenz gesungen hat.

Gibt es irgendeine Religion, die das erste Chakra nicht mit Liedern, Sprechgesängen, Trommeln, Musik oder Tanz feiert? Der Tanz ist für das erste Chakra von entscheidender Bedeutung, denn in unseren Knien und Füßen gibt es weitere Unterchakren. Die Füße und Knie im Tanz auf Mutter Erde einzusetzen bedeutet, das erste Chakra zu aktivieren und zu nähren. Es bedeutet, die Energie von Vater Himmel mit der von Mutter Erde zu verbinden. Darüber hinaus bringt es auch alle anderen Chakren in Bewegung, da das erste Chakra offensichtlich – nun ja, eben das erste ist. Wenn wir dieses nicht zum Laufen bringen können, was geschieht dann mit allen anderen? Sie werden kurzgeschlossen und der Energie beraubt, die sie benötigen, um in vollem Maß zu funktionieren.

Für Männer ist es besonders wichtig, dieses erste Chakra zu trainieren. Das gehört zur Wiederentdeckung einer männlichen Spiritualität dazu. Trommeln und Tanzen sind hervorragende Aktivitäten für das erste Chakra, weil sie uns erneut in der Erde verwurzeln.

Das zweite Chakra

Ich habe das zweite Chakra, bei dem es um unsere Sexualität geht, bereits im vorangegangenen Kapitel erwähnt. Es befindet sich in den Genitalien. Im Osten wird unsere Sexualität als eine Kraft gewürdigt, die wir alle nicht nur zu unserem persönlichen Vergnügen und für unsere persönlichen Beziehungen erhalten haben, sondern auch um der umfassenderen Gemeinschaft und um des Überdauerns von Stamm und Familie willen. Generativität, Kreativität, Teilen, Intimität, Freude, Spiel, die Verbreitung des Lebens, der Familie und der Art – all diese Elemente sind im zweiten Chakra zu Hause.

Das dritte Chakra

Das dritte Chakra befindet sich in unserem Darmbereich, direkt unterhalb des Nabels. Hier können wir uns mit Hilfe von Praktiken wie Aikido oder Tai Chi zentrieren. Hier erden wir uns auch. Und hier erfahren wir Zorn und moralische Entrüstung, wenn uns zum Beispiel eine Ungerechtigkeit „wie einen Schlag in den Bauch" trifft. Das dritte Chakra ist also sehr wichtig, weil es dem Propheten oder dem spirituellen Krieger Leben einhaucht. Mitgefühl beginnt mit dem Bewusstsein für Ungerechtigkeit und dem daraus resultierenden Zorn im dritten Chakra; im vierten Chakra kommt es jedoch erst vollständig zum Ausdruck. Auch Kummer ist ein Thema des dritten Chakras. Wenn wir tiefe Trauer würdigen und auf unseren Kummer achten, respektieren wir dieses Energiezentrum.

Der Zorn bekommt seit langem eine schlechte Presse. Viele Philosophen haben ihre Seele dem Status Quo verkauft und gepredigt, dass Zorn mit Sünde gleichzusetzen sei. Denken Sie zum Beispiel an Philo, einen Philosophen aus dem ersten Jahrhundert, der sagte: „Wir müssen unsere Leidenschaften ebenso unterdrücken, wie wir auch die unteren Klassen niederhalten." Wenigstens war seine Motivation eindeutig – die Kontrolle des Zorns ist ein Werkzeug der herrschenden Klasse, der Sklavenmeister und der Erbauer von Imperien. Ganz ähnlich Augustinus, der lehrte, dass Zorn eine Todsünde sei, aber in völligem Unterschied zu Thomas von Aquin, für den sich ohne den Zorn nichts wirklich Großes ereignen kann.

Zorn ist nicht schlecht, sondern notwendig. Aggression ist ein Teil des Lebens. Es ist jedoch von allerhöchster Bedeutung, wie wir sie steuern und verwenden – ob wir uns der Gewalt zuwenden oder damit unsere innere Kraft verstärken. Die Schritte zum Umgang mit dem Zorn des dritten Chakras sehen wie folgt aus: erstens den Zorn anzuerkennen, zweitens gesunde und gewaltfreie Wege zum Ausdruck des Zorns zu finden und drittens ihn als Brennstoff zu verwenden, der uns mit Energie erfüllt und in jene Richtung führt, nach der wir uns wirklich sehnen und in die wir auch gehen müssen. Wie können Männer das in ihrem Leben tun – sowohl auf persönlicher wie auch gesellschaftlicher Ebene, bei der Arbeit wie auch zu Hause?

Das vierte Chakra

Das vierte Chakra befindet sich im Herzen und in den Lungen. Es ist das Chakra des Mitgefühls und wird im Zentrum des neunten Kapitels stehen. Beachten Sie, dass es sich dabei um das *mittlere* Chakra handelt – drei Chakren darunter halten es aufrecht und drei darüber nähren es. Es ist das Chakra der helfenden Hände, des Herzens, das mit Hilfe der Hände gute Dinge tut – der heilenden, der Gemeinschaft dienenden Hände. Vielleicht ist die Ursache von so manchem Herzanfall nicht in von Fett verstopften Arterien zu suchen, sondern liegt darin, dass der Betroffene zu wenig Mitgefühl gelebt hat.

Der spirituelle Krieger Buck Ghosthorse lehrte mich: „Furcht ist das Tor zum Herzen, durch welches das Böse eintritt." Das Herzchakra muss stärker als alle Angst sein, die uns begegnet – all die Angst, die uns von der Regierung und den Medien verkauft wird – oder von organisierten Religionen, die „Gottesfurcht" seit Jahrhunderten als Knute verwenden, auch wenn die wahre Bedeutung dieser Formulierung tatsächlich „Ehrfurcht vor Gott" bedeutet. So sagt auch Thomas von Aquin, dass wir „nichts fürchten sollen" außer vielleicht uns selbst. Auf jeden Fall aber sollten wir niemals Gott fürchten. Thomas von Aquin stellt auch fest, dass Angst ein derart machtvolles Gefühl ist, dass es „alles Mitgefühl austreiben kann", wenn es die Seele dominiert. Wenn Religionen Höllenfeuer und Verdammnis predigen, benutzen sie Furcht, um die Menschen zum Gehorsam zu manipulieren.

Wenn wir aktiv Angst erzeugen, können wir die Hölle auf Erden erschaffen, aber es ist uns auch möglich, durch die Verbreitung von Mitgefühl den Himmel auf Erden zu kreieren. Wenn Menschen Angst haben, schrumpfen sie zusammen und werden defensiv. Dann können sie keine kreativen Problemlöser mehr sein. Unser Herzchakra braucht Aufmerksamkeit, Fürsorge und Nahrung. Es muss vor vergiftenden religiösen oder politischen Botschaften geschützt werden, die Angst mehr als die Liebe in den Vordergrund stellen. Diese beiden Gefühle können nicht wirklich nebeneinander bestehen. „Liebe treibt die Angst aus", sagt der Brief des Johannes, und auch die Psychologie sieht darin das beste Heilmittel.

Das fünfte Chakra

Das fünfte Chakra ehrt die Kraft der Kehle, die Kraft der Sprache und der miteinander geteilten Weisheit – das Kehlkopfchakra befindet sich nicht umsonst zwischen dem Herzen und den geistigen Chakren. Die Kehle ist ein Geburtskanal, durch den wir unsere Weisheit gebären und eine Stimme finden, die wir der Welt mitteilen können. Das Wort *Prophet* selbst leitet sich vom griechischen *propheto* ab, was „aussprechen" bedeutet. Doch wenn unsere Kehlen mit Drinks, Essen und Konsumgütern vollgestopft sind, können wir unsere Weisheit nicht gebären und unsere Gabe nicht an die Gemeinschaft weitergeben. Heutzutage nennt man das „Konsumeritis", was eine Neufassung der altmodischen Sünde der „Völlerei" darstellt, deren englische Bezeichnung „gluttony" sich wiederum vom lateinischen Wort für Kehle (*gluttus*) ableitet. Konsumerismus kann sehr schnell zur Völlerei werden und so unsere Fähigkeit ersticken, Weisheit zu gebären. Deshalb ist es ein wesentlicher Teil unserer spirituellen Kriegerschaft und unseres Prophetentums, unsere Kehlen klar und offen zu halten, damit wir daraus gebären und unsere Stimme finden können.

Das sechste Chakra

Das sechste Chakra würdigt den Geist, diese machtvolle Verbindung von rechter und linker Hirnhemisphäre. Es wird manchmal auch als „Stirnchakra" bezeichnet, weil es sich auf der Stirn zwischen den Augenbrauen befindet. Dieses Chakra ehrt sowohl unsere mystisch-intuitive als auch unsere kritisch-analytische Seite. Männer werden nur allzu oft auf einengende Weise vor allem über ihre linke Hirnhemisphäre definiert, nämlich über ihre Fähigkeit zu Analyse und Verbalisierung. Das sind sicherlich gute und wichtige Aspekte, aber unser Gehirn hat auch eine rechte Hälfte, eine mystische Seite, eine Form des Sehens und Verstehens, die eher räumlich als verbal, eher intuitiv als rational ist. Auch diese Seite muss genährt werden. Wir Männer müssen uns erlauben, diese mystischere Seite unserer selbst anzuerkennen – das, was Otto Rank das „Irrationale" nennt. Denn er warnt uns: „Das Leben selbst ist irrational." Hier befindet sich die Welt des Staunens und der Ehrfurcht, die Welt des Mystischen. Ein gesundes sechstes Chakra kann ein gleiches Maß an rechts- wie auch linkshemisphärischem Denken aufweisen. Vollständig ausgenutzt führt diese Kombination zu dem, was wir als das „dritte Auge" bezeichnen, das eine Folge der Hochzeit unserer beider Hirnhälften darstellt. Meister Eckhart sagte über dieses Auge: „Das Auge, mit dem ich Gott sehe ist dasselbe wie das, mit dem Gott mich sieht."

Das siebte Chakra

Das siebte und letzte Chakra befindet sich oben auf unserem Kopf in der Nähe des Haarwirbels. Diese Stelle wird von Mönchen östlicher wie westlicher Traditionen oft rasiert, während jüdische Menschen sie mit der Kippa bedecken. Was bedeuten diese ritualisierten Gesten? Ihr Ziel besteht darin, die massive Kraft des siebten Chakras anzuerkennen, die den Höhepunkt der in den vorangegangenen sechs Chakren erreichten Lichtenergie darstellt. Diese Energien sammeln sich am Scheitelpunkt unseres Kopfes und senden ihr Licht und ihre Wärme in die Welt, um sich mit anderen lebenden oder auch verstorbenen Wesen zu verbinden. Dieses Chakra verbindet uns mit unseren Ahnen, mit Engeln und mit anderen Menschen, die ebenfalls versuchen, ein erfülltes und gesundes Leben zu führen. Das Tragen einer Scheitelkappe während des Gebets symbolisiert, dass es Zeiten im Leben gibt, in denen es gut ist, diese Energie einzugrenzen. Zu anderen Zeiten wiederum kann es angemessen sein, diese Lichtenergie hinauszusenden.

Das siebte Chakra bedarf unserer besonderen Aufmerksamkeit, weil hier so manches schief gehen kann. Wir können uns zum Beispiel dazu entscheiden, andere zu beneiden, anstatt ihnen unser Licht und unsere Energie zukommen zu lassen. Neid erkennt das Gute in anderen, aber *nicht*, um sich damit zu verbinden, sondern eher, um es niederzuschießen. Um es zu zerstören. Um miteinander zu konkurrieren, Krieg zu führen und die Gemeinschaft zu zerstören, anstatt sie zu stärken. Männer sind besonders anfällig für Neid und Konkurrenzdenken sowie für die dadurch entstehenden Kriege – vor allem, wenn die Kultur diese Kräfte auf Kosten anderer Möglichkeiten unterstützt.

Unser Tempel mit sieben Räumen

Die Benennung der sieben Chakren ist ein reichhaltiger und praktischer Weg, um unseren Körper als Tempel zu begreifen. Die Chakren sind sozusagen Altäre in unserem heiligen Tempel, denn sie stellen zentrierende Orte dar, an denen sich unsere Energie sammelt und unsere Kraft und Liebe sich verwurzeln. Ein Altar ist ein Werkzeug zur Zentrierung. Unsere Chakren wiederum stellen Treffpunkte im Tempel dar.

Man kann die Chakren auch als Räume innerhalb unseres heiligen Tempels betrachten. Jedes davon ist eine heilige Tür, hinter der sich Schönheit und Weisheit, Anmut, Liebe und Ermächtigung befinden. Denken Sie sich zum Beispiel das erste Chakra als den Raum des Klanges und der Schwingungen, die uns mit dem Ganzen verbinden, mit dem Kosmos, der selbst laut summt und uns dazu einlädt, uns auf ihn einzuschwingen. Das zweite Chakra ist der Raum der Generativität, des sinnlichen Austauschs, der körperlichen Liebe und der Macht, zu gebären bzw. neues Leben in die Welt zu bringen. Das dritte Chakra ist der Raum der emotionalen Erdung, des festen Stands, des Trauerns sowie der moralischen Entrüstung und des gerechten Zorns. Wenn wir geerdet sind, können wir diese Gefühle in gewaltfreie Protestaktionen und Handlungen der Gerechtigkeit und des Mitgefühls umlenken.

Das vierte Chakra ist der zentrale Raum, der von den drei darüber wie auch darunter befindlichen Chakren geschützt und umgeben ist. Er ist zentral, weil dort das Herz wohnt, jener Schmelzofen des Mitgefühls, der den ganzen Körper wärmt und erleuchtet. „Die erste Handlung der Liebe ist das Schmelzen“ stellt Thomas von Aquin fest. Hier befindet sich auch die Vergebung. Das Göttliche wohnt hier – im Herzen – denn Mitgefühl ist Göttlichkeit in reinster Prägung. Aus dem vierten Raum stammt alle Heilung, Freude, Liebe und die Überwindung der Angst.

Das fünfte Chakra ist jener Raum, der unsere Stimme beherbergt; es ist die Kehle als Geburtskanal für unsere Weisheit und unsere leidenschaftliche Gerechtigkeit. Das kann sich ebenso in Worten wie auch in der Kunst ausdrücken – in jeder Tat, die aus dem Herzen und dem Verstand zugleich fließt. Das sechste Chakra ist das Brautbett, in dem sich die rechte und die linke Hälfte des Gehirns lieben; es ist der kreative Geburtsort eines authentischen intellektuellen und mystischen Lebens. Die beiden Hirnhälften arbeiten als Paar zusammen; sie sind das Tandem, dass der göttlichen Imagination Leben einhaucht und sie zum Höhepunkt jener Freude bringt, die jede Form der Kreativität beinhaltet.

Das siebte Chakra schließlich ist ein Startplatz, von dem aus wir unser Licht und unsere Kraft hinaussenden – als Mitarbeiter, als Schaffer von Gemeinschaften – um mit allen anderen Lichtwesen zusammenzuarbeiten, von den Engeln bis hin zu den Ahnen. In diesem Raum verpflichten Sie und alle anderen begnadeten Wesen sich dazu, eine heilige und geheilte Welt Wirklichkeit werden zu lassen. Auf diese Weise stellen wir den Körper wieder als Tempel her.

Die Wiederherstellung des Körperbewusstseins: Vier praktische Schritte

Wie ich bereits sagte, haben viele westliche Menschen keine gute Verbindung zu ihrem Körper und damit ihrem Tempel. Wir denken nicht gerne über unseren Körper nach und sorgen auch nicht gerne für ihn. Doch das entfremdet uns von unseren Gefühlen sowie auch von unserer Verbindung zueinander und zum Geist. In seinem Buch *The Body in Recovery* legt John Conger vier Möglichkeiten dar, mit deren Hilfe wir uns wieder mit unserem Körper verbinden und stärker in ihm präsent sein können. Ich gebe diese Schritte hier gemeinsam mit meinen eigenen Gedanken und Vorschlägen dazu wieder.

Erster Schritt: Erdung

Der erste Schritt besteht darin, sich zu erden. Conger sagt: „Nicht geerdet zu sein ist in dieser Welt eine gefährliche Angelegenheit. ... Mangelnde Erdung bedeutet, instabil zu sein und von der Erde, auf der wir gehen, nicht gestützt zu werden. Dann haben wir kein Fundament, sondern sind von unserem Empfinden abgetrennte Leichtgewichtler, die keine Beziehung zu anderen Menschen haben." Man kann üben, sich besser zu erden, indem man sich vorstellt, ein Baum zu sein, dessen Wurzeln tief in die Erde eindringen. Lassen Sie sich von einem anderen Menschen anstoßen, wenn Sie diese Imagination durchführen, und sie werden feststellen, dass Sie daraus eine beachtliche Stärke beziehen können. Diese Visualisierung erdet uns. Oder betrachten Sie den Unterschied zwischen diesen drei verschiedenen Haltungen: Zuerst die des Kindes, in der man unschuldig und ungeschützt ist – eine solche Person kann leicht umgestoßen werden. Dann gibt es die defensive Haltung, bei der die Füße weit auseinander stehen, aber ein solcher Mensch ist zu konfrontationsbereit ausgerichtet. Die dritte Stellung ist die „innere Haltung", bei der man sich in sich selbst aufstellt und zulässt, dass eine maximale Energiemenge aus der Erde in den Rumpf und die Glieder und wieder zurück in die Erde fließt.

Zweiter Schritt: Grenzen

Wenn wir gelernt haben, uns zu erden, sind wir bereit dafür, Grenzen zu ziehen. Conger schreibt: „Grenzen schützen uns. Sie zeigen den Menschen auch, wann sie auf störende Weise eindringen. Sie geben den Menschen etwas, gegen das sie stoßen können, um festzustellen, wer wir auf einer sozialen, interaktiven Ebene sind. Die Menschen stoßen uns wirklich gerne an, um herauszufinden, wer wir sind."

Sozialer und intimer Raum sind zwei völlig verschiedene Angelegenheiten. Hier kommen die Grenzen ins Spiel – nämlich wenn wir lernen, diesen Unterschied zu erkennen. Der intime Raum erstreckt sich üblicherweise etwa dreißig bis sechzig Zentimeter um unseren Körper herum. Es gibt eine Übung, die uns diesen Raum erfahren lässt: Stellen Sie sich etwas entfernt von einer anderen Person auf, mit viel „neutralem Raum" zwischen Ihnen beiden, und bitten Sie den anderen, langsam auf Sie zuzugehen, bis Sie sich damit nicht mehr wohl fühlen. Fragen Sie die andere Person: „Wie fühlt sich das an?" und schauen Sie ihr dabei in die Augen. Halten Sie nach Furcht Ausschau. Gehen Sie nicht weiter auf den anderen zu; verletzen Sie die Grenze nicht. Tauschen Sie dann die Rollen. Allmählich wird sich ein Gefühl für gesunde Grenzen entwickeln. Conger sagt: „Ohne ein klares Nein kann es kein klares Ja geben. ... Die Fähigkeit, Menschen auf Armeslänge von sich entfernt zu halten, sie mit unseren Armen von uns wegstoßen zu können, ist ein entscheidender Aspekt unserer gesunden Entwicklung. ...Wenn wir unsere Grenzen kennenlernen, können wir andere wirklich in uns willkommen heißen."

Dritter Schritt: Atmen

Atmen ist ein weiterer Weg, unseren Körper zu ehren und in uns lebendig werden zu lassen. Conger stellt fest: „Mit der Zeit hat sich unser Vollatem reduziert, unsere Rippen sind unflexibel geworden, unser Puls gedämpft und unser Meer der Energie wurde zu kalter Ruhe gezwungen. Das Zwerchfell ist so angespannt, dass unser Atem nicht mehr bis zu unseren Genitalien hinab reicht und den oberen Körper nicht mehr mit dem unteren verbindet. Wie haben wir unsere Lebensenergie so unterdrücken können?“ Viele Meditationspraktiken lehren uns, unseren Atem zu würdigen, Atemzüge zu zählen oder absichtlich auf besonders tiefe Weise zu atmen. Auch verschiedene Sportarten wie Laufen, Schwimmen oder Bergsteigen bringen uns dazu, tiefer zu atmen.

Christian de la Huerta führt Seminare in Tiefenatmung durch, die bedeutende Auswirkungen auf die Teilnehmer haben. In einem Interview beschrieb er seine Arbeit wie folgt:

> Es ist eine Art von Yoga-Atmung, die im Osten seit Tausenden von Jahren ausgeführt wird. Im Westen wurde sie vor etwa fünfunddreißig Jahren in der Gegend um die Bucht von San Francisco entdeckt. Sie ist ganz einfach und besteht aus einer Atemform, die man etwa eine Stunde lang durchführt; man atmet auf eine bestimmte Weise, eine kreisförmig verbunden Atmung. Ich komme aus der Psychologie, mein Vater war bereits Psychiater. Für die meisten Feld-Wald-und-Wiesen-Neurotiker, die keine akuten Halluzinationen bzw. die Verbindung zur Realität nicht vollständig verloren haben, würde ich eher Atemarbeit als Psychotherapie empfehlen, weil die Atemarbeit so schnell funktioniert und auf so rasche sowie tiefgehende Weise heilt. Sie stellt keinen Ersatz für eine therapeutische Beziehung dar, die von großem Nutzen sein kann. Aber sie heilt auf jeder Ebene – körperlich, emotional, mental und spirituell – und erspart einem manchmal, zehn Jahre lang auf dem Sofa von irgendjemandem zu sitzen und immer wieder denselben alten Mist aufzuwärmen. Bei der Atemarbeit erlebe ich immer wieder überaus dramatische Veränderungen und Heilungen, und das oft schon nach einer einzigen Sitzung.
>
> Ich gebe Ihnen ein Beispiel für eine solche körperliche Heilung. Ich arbeitete mit einem Klienten, der sein ganzes Leben lang auf einem Ohr schlechter gehört hatte als auf dem anderen. Während der Atemsitzung hörte er, wie etwas knallte, und als er am nächsten Morgen aufwachte, konnte er mit dem betroffenen Ohr genauso gut hören. Eine andere Frau lag da und machte die Atemübung, als sie hörte, wie der Prozessbegleiter mit den Fingern schnippte, was eine Erinnerung an die Zeit auslöste, in der sie fünf Jahre alt war. Sie hatte Ärger mit ihrem Vater gehabt, war mit ihrem Fahrrad fortgefahren und gefallen. Dabei hatte sie sich die Nase gebrochen, die noch drei Wochen lang schwarz und blau war. Vierzig Jahre lang hatte sie nicht mehr an diesen Vorfall gedacht. Als sie mit ihren fünfundvierzig Jahren am nächsten Morgen in den Spiegel sah, stellte sie fest, dass ihr Gesicht wieder schwarzblau verfärbt war. Das zeigt, wie machtvoll diese in unserem Körper gespeicherten Erinnerungen sind – und wie wichtig es ist, sie zu heilen.

> Ein weiterer Klient kam und wurde sich während einer Sitzung überaus deutlich klar, dass er sein Leben nicht unbescholten genug lebte. Das beeindruckte ihn so sehr, dass er, wie ich zwei Wochen später erfuhr, seiner Freundin einen Fehltritt gebeichtet, seine Ernährung verändert, zum Vegetarismus gewechselt und nach dieser einzigen Sitzung tatsächlich sein ganzes Leben aufgeräumt hatte.
>
> Zusätzlich zu diesen heilenden Wirkungen und dem Nutzen, die man daraus ziehen kann, bietet diese Atemtechnik auch tiefgehende ekstatische Erlebnisse und hat einige der grundlegendsten spirituellen Erfahrungen mit sich gebracht, die ich in diesem Zusammenhang gemacht habe. Manchmal hat man Menschen in einer solchen Gruppe, die berichten, von einem verstorbenen Verwandten oder geliebten Menschen besucht worden zu sein oder Engelsbegegnungen gehabt zu haben. Manchen erscheint Christus oder Buddha, solche Dinge eben. Es ist ein sehr tiefgehender und demütig machender Prozess.

Ich möchte hinzufügen, dass ich an einigen von Christians Seminaren teilgenommen und ebenfalls derartig umfassende Erfahrungen gemacht habe. Einmal reiste ich zum Beispiel mit meinem verstorbenen Hund und engen Gefährten Tristan durch den Himmel und das Firmament.

Vierter Schritt: Empfinden

Conger erläutert, dass man nach dem Aufbau der Erdung, der Grenzen und eines authentischen Atems bereit ist, wieder den ganzen Bereich der Gefühle zu erleben. „Der tiefe Atem in den Bauch und Brustkorb hinein setzt Gefühle frei". Gefühle werden in unserem Leben oft abgeschnitten oder geleugnet. Sie sind für unser Dasein jedoch von so großer Bedeutung, dass es uns immer zutiefst erschreckt, wenn manche Menschen – wie zum Beispiel Mörder – nicht über normale Empfindungen verfügen. „Emotionale Defizite konfrontieren uns mit einer Menschlichkeit, die monströs ist und von uns als unmenschlich betrachtet wird." Gute Eltern „fördern Gefühle und ermöglichen, dass man in vollem Umfang auf sie zugreifen kann." Leider kann uns die Sozialisation von unseren Gefühlen abschneiden, was zum Beispiel dann geschieht, wenn man uns in der Schule und oft auch zu Hause sagt, wir sollen uns „benehmen". Conger schreibt: „Unsere Sozialisation verlangt von uns, unsere Gefühle zu unterdrücken. In unserem tiefen Bedürfnis nach Anerkennung splittern wir manchmal feindselige Gefühle ab und leben mit nur geringem Bewusstsein für unseren Schatten. Dann verlieren wir den Zugang zu einem weiten Bereich unserer Gefühle und leben in emotionaler Verarmung. Anstatt sich direkt zu äußern, sickert unser Zorn dann auf verdrehte oder verzerrte Weise aus uns heraus." Dann kann passive Aggression zu unserer Vorgehensweise in der Welt werden.

Was können wir gegen diese emotionale Verarmung tun? Conger empfiehlt Übungen, die uns erlauben, auf etwas einzuschlagen und einzutreten. Das gibt uns „die Möglichkeit, uns kinästhetisch und psychologisch der unterdrückten Aggression bewusst zu werden. Mit etwas Mühe können wir so Gefühle öffnen, die bisher wie in Watte gepackt und dem Bewusstsein unzugänglich waren.“ Um das zu erreichen, schlagen oder treten Sie nach einem Kissen, einem Bett, einem Schaumstoffwürfel oder verwenden eine Keule oder einen Tennisschläger dafür. Bewegen Sie sich dabei umher, oder bleiben Sie einfach stehen. Das Treten kann den oberen mit dem unteren Körper verbinden. Oder stampfen Sie fest auf dem Boden auf. In unserer Kindheit haben wir aufgestampft, um zu protestieren oder unserem Zorn Ausdruck zu verleihen. Ich habe auch an Ritualen teilgenommen, in denen man zum Stampfen ermuntert wurde.

Wer sich im eigenen Körper zu Hause fühlt, ist überall zu Hause. Genau darum geht es bei der Verkörperung: zu Hause zu sein. Es geht darum, *präsent und ganz im Hier und Jetzt zu sein* und genau das auch zu wollen. Es könnte genau das sein, was Jesus meinte, als er sagte, „das Königreich Gottes *ist* unter euch (und in euch).“ Vollständige Präsenz im Hier und Jetzt sowie im Körper gehören zusammen. Dadurch wiederum werden Furcht und Ängstlichkeit überwunden. Körper und Seele vereinigen sich wieder miteinander. Das, woran wir glauben, wird durch die Arbeit unseres Körpers ausgedrückt. Jung formuliert es folgendermaßen: „Der Unterschied, den wir zwischen Seele und Körper machen, ist künstlich. Man tut das um des besseren Verständnisses willen. In Wirklichkeit gibt es jedoch nur den lebenden Körper. Das ist die Tatsache; und die Seele ist ebenso sehr ein lebender Körper wie der Körper eine lebende Seele ist: Das ist dasselbe.“

Ein Gedicht für unseren Körper

Dostojewski schrieb in *Die Brüder Karamasow* ein Gedicht über die Liebe zur gesamten Schöpfung, das ich bereits in meinem Buch *One River, Many Falls* wiedergegeben habe. Ich mag dieses Gedicht sehr. Es hat mich dazu inspiriert, ein ähnliches über unseren Körper zu schreiben, das ich gerne mit Ihnen teilen möchte.

Liebe all deinen Körper,
Deine Zellen, deine Organe, deine Sinne und deine Kräfte.
Liebe deine Leber,
Liebe deine Nieren,
Liebe deine Eingeweide,
Liebe deine Genitalien,
Liebe deine Lungen,
Liebe deine Milz,
Liebe deine Gallenblase,
Liebe deine Knochen,
Liebe dein Herz,

Liebe deine Ohren und dein Gehör,
Liebe deine Augen und dein Sehen,
Liebe deine Nase und dein Riechen,
Liebe deinen Mund und dein Schmecken.
Liebe deine Haut und dein Berühren,
Liebe dein Sprechen,
Liebe deine Muskeln,
Liebe dein Gehirn,
Liebe deine Vorstellungskraft,
Liebe deinen Verstand,
Liebe deine Füße,
Liebe deine Zehen,
Liebe deine Fußknöchel,
Liebe deine Ellbogen,
Liebe deinen Hals,
Liebe deine Hände und deine Finger,
Liebe deinen Rücken und deine Schultern,
Liebe deinen Brustkorb und deinen Bauch,
Liebe deinen ganzen Körper.
Wenn du deinen Körper liebst,
Wirst du das göttliche Mysterium erkennen,
Das darin wohnt
Und wenn du es erkannt hast,
Wirst du es jeden Tag noch besser verstehen.
Und schließlich wirst du
Auch jeden anderen Körper
Mit allumfassender Liebe lieben.
Und du wirst Gemeinschaft erfahren,
Und du wirst Mitgefühl erleben,
Das, wie Meister Eckhart sagt,
„Beginnt, wenn du dich in deinem eigenen Körper und in deiner eigenen Seele zu Hause fühlst.“

Mehr als nur ein einziger Körper

Meist gehen wir davon aus, nur einen einzigen Körper zu haben, aber tatsächlich enthält unsere große und sich stets erweiternde Seele mehrere Körper. Wir ehren unseren Körper auch, indem wir die vielfache Herrlichkeit erkennen, die der Verkörperung zugrunde liegt.

Wir haben einen *physischen* Körper – so viel ist auf jeden Fall klar. Aber wir enthalten darüber hinaus das ganze Universum. Unser Körper ist aus demselben Stoff wie der Kosmos gemacht – demselben Kohlenstoff, Wasserstoff, Helium, Stickstoff, Schwefel, Magnesium und mehr, wovon das Universum seit viereinhalb bis dreizehn Milliarden Jahren erfüllt wird. Deshalb können wir mit wissenschaftlicher Genauigkeit sagen, dass wir einen *kosmischen* Körper haben. Das ist bei weitem keine abstrakte Idee, denn unser kosmischer Körper erhält Tag für Tag kosmische Nahrung: das in pflanzliches Leben umgewandelte Sonnenlicht, das wiederum zu tierischem Leben umgewandelt wird und so fort. Wir nehmen kosmische Nahrung zu uns, um unseren kosmischen und physischen Körper gesund zu erhalten.

Man kann unseren physischen Körper aber auch als *Erd*körper betrachten. Auf vielerlei Weise ist er der Körper von Mutter Erde, von ihrem Ackerboden und ihren Nährstoffen, ihren Blumen und Bäumen, ihren Körnern und Gräsern, ihren Vögeln und anderen Tieren. Der Lehm der Erde ist ebenso der Lehm unseres Körpers. Und eines Tages werden wir in die Erde zurückkehren; die große Mutter, die uns während unseres Lebens genährt hat, wird uns schließlich verschlingen und mit unserem physischen Erdkörper andere Wesen speisen. Kein Wunder, dass man uns anweist, *jetzt* mit der Erde zu tanzen, solange wir noch am Leben sind, die Erde zu feiern und ihr zu danken, indem wir unsere Knie, unsere Füße, unser Herz, unsere Lunge bewegen und ins Schwitzen kommen. Und indem wir die Erde verteidigen, wenn sie schlecht behandelt wird. All das ist ein Dank an Mutter Erde dafür, dass sie unseren Körper liebt – und auch dafür, dass wir selbst ihn lieben.

Darüber hinaus haben wir einen *göttlichen* Körper. Die Menschwerdung Gottes gibt es wirklich. Das Göttliche macht sich in uns zum Fleisch. Wie Rabbi Heschel lehrt, sind wir „in der Hand Gottes", damit dieser durch uns Mitgefühl ausüben kann. „Gott braucht uns", darauf besteht Heschel, und zwar zu genau diesem Zweck. Entweder lassen wir das Mitgefühl in der Geschichte und für diesen Planeten lebendig werden, oder wir scheitern. Die christliche Lehre von der Menschwerdung Gottes in Jesus wird oft extrem missverstanden und schlecht vermittelt. Die vollständige Bedeutung dessen ist, dass Gott sich *in uns allen* verkörpert und dort Fleisch wird. Oder es zumindest versucht. Sind wir für einen derart verschwenderischen Aufwand bereit? Sind wir großzügig genug, um zu sagen: „Ja. Komm herein. Benutze mich, meine Seele und meinen Körper für deine heilende, feiernde und transformierende Arbeit"? Die Göttlichkeit findet ein „Ebenbild" in jedem von uns. Deshalb sind wir so viele und so mannigfaltig. Weil das Göttliche so reichhaltig und vielfältig ist – es benötigt *viele Ebenbilder*, um sich auch nur annähernd zum Ausdruck bringen zu können. Das tut sie durch unsere Kreativität sowie insbesondere durch alles, was wir aus Mitgefühl tun.

Während unseres Lebens verändert sich unser Körper ständig. Er enthält Zeit, verkörpert Zeit. Wie Conger sagt: „Wir haben einen Babykörper, einen Kinderkörper, einen Teenagerkörper, den Körper eines jungen Erwachsenen, einen im mittleren Alter, einen alten und einen sehr alten. All diese Körper binden wir in Fotoalben zusammen. Wir lachen, wenn wir uns selbst und unsere Familienmitglieder mit und ohne Haare oder Brille ausmachen. Dann sagen wir: ‚Du warst ja so ein süßes Baby.' Von unserer Kindheit an bis ins hohe Alter hinein sind unsere verschiedenen Körper zwar hochgradig unterschiedlich, aber doch enthalten sie etwas, das uns als überdauerndes Wesen erkennbar macht – ein Faden der Natur, auf dem die Perlen unserer Körper aufgereiht sind. Bei all diesen Unterschiedlichkeiten unserer einzelnen Körper ist es sehr anregend, zu sehen, wie bei jedem Wechsel der Gestalt mehr und mehr unsere eigene Natur hervortritt."

All diese Dimensionen des Körpers gehören uns: Menschlich zu sein bedeutet, einen physischen Körper, einen kosmischen Körper, einen Erdkörper und einen göttlichen Körper zu haben. Vollständig präsent, vollständig verkörpert. Der menschliche Körper ist ein wesentlicher Bestandteil des kosmischen und des Erdkörpers – tatsächlich wird auch unser Körper krank, wenn der von Gaia erkrankt (was gerade geschieht, wie uns die globale Erwärmung deutlich mitteilt). Die Gesundheit unseres eigenen Körpers hängt von Gaia, dem Erdkörper ab. Wir stehen in einer Wechselbeziehung zu ihr. Wir sind keineswegs von der Erde abgetrennt – genauso wenig, wie wir von anderen Körpern getrennt sind, seien es nun die der Menschen, Tiere oder Pflanzen. Wir sind ein einziger Körper. Paulus, der große Mystiker, nannte das den „mystischen Körper Christi". Ein Körper. Das Universum in seiner ganzen Enormität und wir selbst als Mikrokosmen dieses Makrokosmos. Auch der Hinduismus spricht vom Universum als der Einheit allen Lebens; im Buddhismus ist hier von der Buddhanatur allen Seins die Rede. Makrokosmos, Mikrokosmos, großer Körper, sichtbarer Körper.

Kein Wunder, dass Meister Eckhart sagt: „Die Seele liebt den Körper." Mechthild von Magdeburg, eine Mystikerin des dreizehnten Jahrhunderts sagte:

Verschmähe deinen Körper nicht.
Denn die Seele ist ebenso sicher in ihrem Körper wie im himmlischen Königreich –
Doch nicht so gewiss.
Sie ist ebenso kühn – doch nicht so stark.
Ebenso machtvoll – doch nicht so beständig.
Ebenso liebend – doch nicht so von Freude erfüllt.
Ebenso sanft – doch nicht so reich.
Ebenso heilig – doch noch nicht so ohne Sünde.
Ebenso zufrieden – doch nicht so vollkommen.

Es ist ein großes Privileg *in jemandes Körper* sein zu dürfen – in einem bestimmten Körper zu dieser bestimmten Zeit auf diesem bestimmten, gesegneten Planeten, ob man nun männlich oder weiblich, schwarz, braun, rot, hellbraun, weiß oder etwas anderes ist. Vergeuden Sie diesen Augenblick, diese Gelegenheit und diese Zeit nicht. Fragen Sie sich: Wie kann ich während meiner Zeit in diesem Körper zu Diensten sein? In diesem männlichen (oder weiblichen) Körper? In diesem zwanzig, vierzig oder sechzig Jahre alten Körper? In diesem kanadischen, chinesischen, afrikanischen, keltischen oder amerikanischen Körper? In diesem liebenden, hassenden, zornigen, friedvollen, glücklichen, traurigen, unvollkommenen, vollkommenen, lustigen, ernsten Körper? In diesem Körper des einundzwanzigsten Jahrhunderts? Wie kann ich mit diesem Körper dienen? Denn der Körper dient der Seele. Der Körper folgt der Führung durch die Seele. Der Körper geht mit den Sehnsüchten und Visionen der Seele einher. Wonach sehnt sich unsere Seele? Wie Thomas von Aquin lehrt, bilden Körper und Seele gemeinsam eine „communio admirabilis", eine wunderbare Gemeinschaft.

Es ist ein Teil der Aufgabe des spirituellen Kriegers in der heutigen Zeit, die negativen Lehren über den Körper abzubauen, von denen die westliche Kultur noch immer durchdrungen ist. Dieser Dualismus, der mit Plato begonnen hat, trennt Körper und Geist voneinander und lobt letzteren, während er ersteren abwertet. (Augustinus zum Beispiel sagte: „Der Geist ist alles, was nicht Materie ist.") Alle gesunden Krieger müssen sich gegen diese gefährliche Lehre erheben, denn sie führt zu genau der Art von Hass oder Gleichgültigkeit, mit der die Menschen heute der Erde und unserem Körper, aber auch Frauen und Tieren begegnen.

In diesem Kampf zur Wiedereinsetzung der Heiligkeit des Körpers und der Materie im Allgemeinen haben wir eine gewaltige Verbündete. Diese Verbündete ist die Wissenschaft. Der verstorbene Physiker David Bohm definierte Materie als „gefrorenes Licht". Ob es sich bei der Materie nun um gefrorenes oder sich sehr langsam bewegendes Licht handelt – auf jeden Fall ist sie etwas ganz Besonderes. Wir wissen mittlerweile, dass auf jedes Lichtmolekül des Universums, das Materie bildet, eine Milliarde von Partikeln in nicht materieller Form kommen! Das bedeutet, dass wir, die wir verkörpertes oder in die Materie eingebettetes Licht sind, eine ziemlich seltene Angelegenheit darstellen – und zwar von eins zu einer Milliarde! Jubelt und freut euch! Seid dankbar und erstaunt! Und erhebt Euch gegen alle Kräfte und Mächte, welche die Materie und den Körper schlecht machen wollen. Der Körper ist ein Wunderwerk. Er ist ein Mirakel, ein ganz erstaunliches Ereignis. *Sie* und jeder andere Mensch, dem Sie begegnen, sind Wunder und erstaunliche Ereignisse. Feiern Sie Ihren Tempel: Nähren Sie ihn, lieben Sie ihn und bewundern Sie ihn. Und halten Sie Ihren Tempel rein, was immerhin die erste Phase einer jeden spirituellen Praxis darstellt.

Indem David Bohm unseren Körper als auf bestimmte Weise organisiertes *Licht* definiert, verwendet er die vielleicht älteste und universellste Metapher für Gott: Licht. In den alten ägyptischen Gräbern wird die Gottheit als Licht geehrt. Von Buddha heißt es, dass er „immer strahlt und immer Licht aussendet" und er hält uns dazu an, „Lichter für uns selbst" zu sein. Die Worte Christi sind „Ich bin das Licht", und Jesus sagt uns, wir sollen „unser Licht nicht unter den Scheffel stellen". Der Hinduismus wiederum zelebriert Brahman als Licht: „Die kosmischen Wasser leuchten. Ich bin Licht! Das Licht erglüht. Ich bin Brahman!" Diese alte Tradition betrachtet das Licht als etwas, das sowohl in uns als auch um uns herum, sowohl immanent als auch transzendent ist. „Da ist ein Licht, das über diesem Himmel leuchtet, über allen Welten, über allem, was in den höchsten Welten ist, jenseits derer es keine höheren gibt – es ist das Licht, das im Menschen erstrahlt."

Die älteste Schöpfungsgeschichte in der jüdischen Bibel ehrt Gott wie folgt: „Licht ist dein Kleid, das du anhast!" (Psalm 104), und Moses erlebte Gott als *brennenden* Busch.

Natürlich wissen wir anhand der Ergebnisse der modernen Wissenschaft heute, dass *jeder Busch ein brennender Busch ist.* So, wie auch jeder Körper ein brennender Körper ist. Die Materie beinhaltet Photonen oder Lichtwellen, die in allen Dingen vorhanden sind. Die Wissenschaft ermöglicht uns, die Erfahrung des brennenden Buschs und der Göttlichen Anwesenheit als Licht zu demokratisieren.

Alle Tempel spielen ausnahmslos mit Licht und Dunkelheit. Ebenso wie unser Körper. Wir müssen das Licht willkommen heißen, das sich in und durch unseren Körper manifestiert, in und durch all die speziellen Organe, die ihn schmükken und in und durch all die besonderen Altäre (Chakren), die ihn verzieren. Wir sind in der Tat erleuchtete Wesen, die unter anderen erleuchteten Wesen leben. Wie Hildegard von Bingen sagt: „Ich, das *feurige Leben göttlicher* Wesenheit, zünde hin über die Schönheiten der Fluren, ich leuchte in den Gewässern und *brenne* in *Sonne, Mond* und *Sternen.*"

Sicher müssen unsere Körper Tempel sein, denn hier führen wir unsere heiligen Handlungen des tiefen Lebens aus, seien diese Handlungen nun atmen, essen, schlafen, körperliche Liebe, singen, sprechen, beten, meditieren, lachen oder der Gang zur Toilette (eine Handlung, die Juliana von Norwich sogar dem Schöpfer zuschreibt). Alles trägt zum Tempel bei, lässt den Tempel geschehen und bringt den Tempel zum Strahlen.

VIII – Der Blaue Mann

In seiner spirituellen Autobiografie *Spiel des Bewusstseins* beschreibt der große indische Heilige Swami Muktananda seine Erfahrungen mit der *Blauen Perle* und dem *Blauen Mann* in allen Einzelheiten. Er spricht vom „blauen Licht der Liebe", das im Herzen eines jeden Menschen existiere. Im Westen hat Hildegard von Bingen, eine Seherin, Reformerin, Musikerin und Wissenschaftlerin des zwölften Jahrhunderts, ebenfalls „einen Mann in Saphirblau" wahrgenommen. Lassen Sie uns also den Blauen Mann betrachten und sehen, welches Licht er auf die Frage der gesunden Männlichkeit wirft.

Visionen in Blau: Swami Muktananda

Swami Muktananda erzählt uns, dass er sich eines Tages in einer sehr glücklichen Meditation befand und zur Göttin Kundalini betete, die im Osten, im Westen, im Norden und im Süden war – in seinen Ohren, seinen Augen, seiner Nase, seiner Kehle, seinen Armen, seiner Brust, seinem Rücken und seinem Bauch. Er betete: „Oh Mutter-Guru! Oh Vater-Guru! Ihr seid in meinen Schenkeln, ihr seid in meinen Beinen, ihr seid in meinen Füßen. Oh mein Baba! Du bist in mir, ich bin in dir. Und du bist in jedem Unterschied, der zwischen meiner Form und deiner bestehen könnte." Das war wahrlich ein pantheistisches Gebet – Gott in uns und wir in Gott. Die Meditation begann mit einer roten Aura, „dann folgten nacheinander die weiße Flamme, das schwarze Licht und die Blaue Perle. Mein Herz war von Freude erfüllt."

Die Blaue Perle wuchs und verwandelte sich in ein Ei und dann in eine menschliche Gestalt. „Das Ei wuchs und wuchs, bis es die Form eines Mannes angenommen hatte. Plötzlich brach ein göttliches Strahlen aus ihm hervor. Einen Augenblick lang verlor ich das Bewusstsein." Als er wieder zu sich kam, erblickte er die eiförmige Blaue Perle, die vor ihm stand und „die Gestalt eines Mannes hatte. Seine Helligkeit ließ nach. Im Inneren sah ich eine Blaue Person. Was für eine wunderschöne Gestalt Er hatte! Seine Bläue leuchtete und funkelte [in] den blauen Strahlen des reinen Bewusstseins. … Sein Körper bestand aus den unendlichen Strahlen des Bewusstseins. … Er war die wahre Gestalt meiner Mutter, die verspielte, göttliche Kundalini. Er stand vor mir, schimmernd und prangend in Seiner Göttlichkeit." Sein ganzer Körper war blau. Und wunderschön. Der Blaue Mann sprach:

„Sieh alles von überall aus. ... Ich habe überall Augen. ... Ich werde der Körper in allen Körpern und bin doch vom Körper verschieden." Dann hob er seine Hand in einer Segensgeste und ließ Muktananda „zutiefst erstaunt zurück. Ich sah zu, wie das blaue Ei, das zu einer Höhe von zwei Metern angewachsen war, wieder zusammenzuschrumpfen begann. Es wurde immer kleiner und kleiner, bis es nicht mehr da war ... mein blaues Licht, die Blaue Perle."

Wer war dieser Besucher? Muktananda sagte: „Die Blaue Person, welche die Verwirklichung Gottes in der Gestalt gewährt. Er wird auch als das höchste nicht manifeste Wesen bezeichnet. ... Ich hatte die Blaue Perle gesehen; es war Shiva, der Blaue Herr."

Swami Kripananda hat die Blaue Perle einen „funkelnden blauen Punkt" oder den „kreativen kosmischen Tropfen" genannt, denn es handelt sich dabei um den Zustand der zusammengezogenen Kraft des Bewusstseins kurz vor dem Akt der Erschaffung des Universums. Die Blaue Perle ‚sprießt' zu drei Perlen, welche „die Quelle aller Klangschwingungen sind. ... Das gesamte Universum des schwingenden Klanges hat sich aus der Blauen Perle entwickelt." Wie sehr ähnelt doch diese Lehre von einem schwangeren blauen Punkt der modernen kosmischen Schöpfungsgeschichte, in der die gesamte Schöpfung als ein Nadelstich begann, der den allerersten Feuerball und alles, was daraus folgen sollte, hervorgebracht hat!

Was war für Muktananda das Ergebnis dieses Besuchs? Er glaubte endlich, dass „Gott in mir" ist. Er ist in jedem von uns, doch „Er ist nicht daran verhaftet. Er ist der Nährer von allem. Er ist der Erhalter jeder einzelnen Zelle." Er ist der Empfänger all unserer Gaben. Er wohnt in allen Dingen.

> Das höchste Wesen scheint bei verschiedenen Menschen, Rassen, Handlungen, Namen, Gestalten, Ländern und Zeiten unterschiedlich zu sein, doch Er bleibt unterschiedslos. Er lebt als menschliches Wesen in einem menschlichen Wesen, als Vogel in einem Vogel, als Kuh in einer Kuh, als Mann in einem Mann und als Frau in einer Frau. Was kann ich noch darüber sagen? Er wird zu allen Dingen und ist doch einzigartig. Er gibt Seine Stärke allen erschaffenen Dingen. Wie eine Mutter schützt und erhält Er sie und sammelt sie dann alle in Sich Selbst. Er ist das höchste Licht allen Lichts; alle Lichter erhalten ihre Helligkeit von Ihm. Um Ihn gibt es keine Dunkelheit.

Hildegard von Bingen und der Blaue Mann

Im zwölften Jahrhundert hatte auch Hildegard von Bingen eine machtvolle Begegnung mit einem Mann in Saphirblau, während sie in der Kapelle ihres Klosters tief im Herzen des deutschen Rheinlands meditierte. „Ein höchst ruhiges Licht, und darin mit aufflackerndem Feuer brennend die Gestalt eines Mannes in Saphirblau." Und so gab sie diese Vision wieder:

> Ich sah ein sehr helles Licht, und darin war eine Person in der Farbe des Saphirs. Diese Person war vollkommen von einem sehr angenehmen Licht in roter Farbe umgeben. Das sehr helle Licht umgab dieses Feuer von roter Farbe vollkommen, und zur selben Zeit umgab das Feuer vollkommen das Licht. Das Feuer und auch das Licht umgaben die Person und waren da als ein einziges Licht mit einer gemeinsamen Macht der Möglichkeiten. Dann hörte ich, wie das lebendige Licht zu mir sprach.

Hildegard hörte nun „heilige Worte, die aus [Gott] dem Einen Lebendigen strömten." Zwar wiederholt sie die Worte nicht in allen Einzelheiten, erklärt aber, dass die von ihr niedergeschriebene Rede „dabei helfen wird, die Mysterien Gottes zu verstehen, so dass man unaufdringlich unterscheiden und die Fülle erkennen kann, die seit dem Anbeginn noch nicht gesehen wurde." Dank ihrer Vision versteht sie ebenso wie Muktananda, dass der Christus oder Blaue Mann in allen Dingen ist und die allem zugrundeliegende Botschaft, die uns geschenkt wurde, in der Liebe besteht.

Interessanterweise spricht sie wie Muktananda in diesem Abschnitt ebenfalls von einer „Perle" – und meint damit die Menschheit. „Gottes eigenes großes Werk und kostbarste Perle, nämlich menschliche Wesen, die Gott aus dem Schlamm der Erde formte und denen er seinen Atem einhauchte." Und wie Muktananda hatte auch Hildegard zuvor die Vision des Universums als Ei gehabt. Sie malte diese Vision später und schrieb über ihre tiefere Bedeutung. Christus ist „der Gerechtigkeit Sohn, der den Blitz der brennenden Liebe hat und von solcher Herrlichkeit ist, dass jedes Geschöpf von der Helligkeit seines Lichts erleuchtet wird." Er beugt sich „mitfühlend zur Armut der menschlichen Rasse hinab."

In ihrer Reflektion der Vision des Blauen Mannes erkennt Hildegard, dass Gott das Licht in seiner dreifachen Manifestation ist. Der Schöpfer ist ein „lebendes Licht", der Sohn ein „Blitz aus Licht" und der Heilige Geist ist „Feuer". Sie malte ihre Vision des „blauen Christus", der eine Offenbarung des göttlichen Mitgefühls ist. Durch diese Gestalt stellt sich „die mütterliche Liebe des allumfassenden Gottes" ein, um die Menschen dazu anzuregen, auf das Leid anderer mit dienender Großzügigkeit zu antworten. Wir werden zu diesem Blauen Mann, wir werden der mitfühlende Christus, wir werden das Strahlen Gottes. „Das Mitgefühl der Gnade Gottes wird die Menschen wie die Sonne aufleuchten lassen", erklärt sie.

In Hildegards Mandala-Gemälde dieser Vision streckt der Blaue Mann seine Hände nach außen. Das stellt die archetypische Geste für Mitgefühl dar, in der wir die Energie des Herzchakras in unsere Hände legen, um dort damit zu arbeiten. Sie spricht davon, dass die menschliche Hand jene „Fühlbarkeit" bietet, die entweder eine Wohnstätte ist, in der man gehalten wird oder eine Art, zu verteidigen, was man schätzt. Mit der Benennung dieser beiden Formen, Hände und Arme zu gebrauchen, sagt sie viel über das „Väterliche Herz" aus – ein Herz, das umfasst und beschützt. Sie ordnet diese „Fühlbarkeit" dem Christuselement in Gott zu, dem „Wort, das man greifen und berühren konnte, nachdem es von der Jungfrau geboren war." Andere Seiten der Gottheit umfassen die „feuchte Grünheit, [die] Gott kennzeichnet, der niemals austrocknet oder in seiner Tugend begrenzt ist." Und das rötliche Feuer bezeichnet „den Heiligen Geist, [der] Diener und Erleuchter der Herzen der Gläubigen ist."

Hildegard führt ihre Vision des Göttlichen näher aus und schreibt ihr drei „Ursachen" zu, nämlich Klang, Güte und Atem. „Ein Wort hat Klang, damit es gehört werden kann, es hat Güte, damit es verstanden und Atem, damit es vervollkommnet werden kann. Im Klang sollst du Gott finden, der alle Dinge mit seiner unbeschreiblichen Macht offenbar macht. In der Güte finde das so wunderbar geborene Wort. Und im Atem wahrlich finde den Heiligen Geist, der freundlich in Gott und im Wort leuchtet." Die Göttlichkeit besitzt darüber hinaus drei Kräfte, über die auch das Feuer verfügt, nämlich „leuchtende Helle, purpurnes Leben und brennendes Feuer. Es hat leuchtende Helle, damit es weithin erstrahlen kann, purpurnes Leben, damit es erblühen und brennendes Feuer, damit es in lodernden Flammen stehen kann." Ohne diese drei „kann keine Flamme gefunden werden" und nichts lebt.

Ihr Mandala feiert auch die „feurigen Taue" des Universums, die alle Dinge miteinander verbinden. Die Kraft des Makrokosmos (das Universum) und des Mikrokosmos (der Mensch) verbinden sich miteinander, Psyche und Kosmos kommen zusammen. Blau ist die dominante Farbe. Wir alle haben diesen „Mann in Saphirblau" in uns. Er ist unsere Fähigkeit zur Heilung. Er ist die heilende Macht des Christus in uns allen.

Blaue Fäden, blaue Stimmen

Blau ist die Farbe des fünften Chakras, das in der Kehle zwischen unserem Herzzentrum und den Chakren unseres Geistes liegt. Mit Hilfe des fünften Chakras tragen wir das Beste aus unserem Herzen und unserem Geist in die Welt hinein, um ihr zu dienen und sie zu heilen. Alle Propheten (oder spirituellen Krieger) waren Meister des fünften Chakras; tatsächlich bedeutet das Wort *Prophet* „seine Meinung sagen". Die Kehle oder das fünfte Chakra ist der Ort, von dem aus so viel Heilung (oder Schmerz) in die Welt gebracht wird. Was tun wir mit der Macht unserer Stimme und unserer Kehle? Heilen oder verletzen wir andere damit? Erschaffen oder zerstören wir? All diese Fragen stellen sich im Zusammenhang mit dem Blauen Mann und dem blauen Universum, das Hildegard für uns gemalt hat.

Die Farbe Blau spielt in vielen religiösen Traditionen eine symbolische Rolle. Es stellt das Große und Unendliche dar, weil es der Farbe des Himmels, des Meeres und der unermesslichen Weite entspricht. Die orthodoxen Kirchen des Ostens weisen oft eine Kuppel auf, die das Firmament symbolisiert und ausnahmslos immer blau gestrichen ist. Blau ist die Farbe des Mantels der Maria, der Mutter Christi, der Christusgebärerin. In der Thora wurden die Israeliten angewiesen, in den Saum ihrer Gewänder einen verdrillten blauen Faden einzuweben. Eine rabbinische Tradition lehrt, dass Blau die Farbe von Gottes Herrlichkeit ist. Dort wird empfohlen, auf den Saphir zu meditieren, der nach Ezekiel ein Abbild von Gottes Thron ist. Es handelt sich dabei um eine ganz besondere Meditation auf den „Triumphwagen Gottes", von der die Gelehrten glauben, dass Jesus sie von Johannes dem Täufer lernte und dann wiederum an seine Jünger weitergab. Der Mann in diesem Triumphwagen ist von Feuer umgeben. Tatsächlich bedeutet das hebräische Wort für „Herrlichkeit" (*kavod*) auf Arabisch „blau". Viele der Gefäße in der Bundeslade wurden mit einem blauen Tuch bedeckt, wenn man sie von einem Ort zum anderen brachte. Im Hinduismus wird Krishna blau dargestellt, und Shiva, der Herr, hat einen blau gefärbten Hals, der als Symbol dafür steht, dass er Gift genommen hat, um die Welt vor der Zerstörung zu bewahren.

Psychologisch gesprochen kann man sagen, dass die Farbe Blau für Entfernung, Liebe, Frieden und Glück steht. Hellblau beruhigt, kühlt und besänftigt. Dieser beruhigende Effekt erzeugt ein Wohlgefühl und schafft eine Atmosphäre der Liebe, des Friedens und der Sexualität.

Natürlich hat auch die Farbe Blau ihre dunkle Seite. „Den Blues zu singen" bedeutet, von den Tiefen und unendlichen Bereichen unserer traurigen und gebrochenen Herzen zu erzählen. Wenn uns etwas „herunterzieht", spüren wir den „Blues". Eine Wunde kann uns „schwarzblau" werden lassen, und ein toter Körper kann eine bläuliche Färbung annehmen. Im Iran ist Blau die Farbe der Trauer. Darüber hinaus lässt Kälte den Körper blau anlaufen, weshalb auch Eis oft als blau dargestellt wird. Ein eisiges Herz ist ein blaues Herz. Vom biblischen Pharao heißt es, er habe ein kaltes und hartes Herz. So, wie blaues Feuer eine größere Hitze verkörpert als orangefarbenes, steht das gefrorene Blau für eine tiefere Sünde als das Feuer: Dante sagt, die tiefsten Höllenkreise bestünden nicht aus Feuer, sondern aus *Eis*. Ein vereistes Herz ist das genaue Gegenteil von einem mitfühlenden Herz. Wahrscheinlich aus demselben Grund stellen die Tibeter satanische Geschöpfe in Blau dar.

Diese Schattenseiten der Farbe Blau sollen uns an die *Tiefen* erinnern, für die diese Farbe steht. Blau bezeichnet die Ausdehnung des menschlichen Herzens – nicht nur in der Schönheit, sondern auch im Schmerz. Nicht nur Himmel und Meer sind blau und tief, sondern auch unsere Herzen, und die Sonne scheint in alle gleich tief hinein. Ebenso verwandelt sich das Herz, wenn es von der Dunkelheit überwältigt wird, zu einem blauen Ereignis, einem eisigen und tödlichen Ding. Dann löst das Regiment des Thanatos (der Liebe zum Tod) die Biophilie (die Liebe zum Leben) ab.

Den Blauen Mann annehmen

Der Blaue Mann, dem Swami Muktananda begegnet ist, hat eine deutliche Parallele im Westen und in Hildegards Erfahrung des Christus als Licht. In den Lehren vom Kosmischen Christus ist dieser das „Licht der Lichter", das „Licht in allen Dingen" und das „Licht der Welt", das „von der Dunkelheit nicht überwunden werden kann".

Swami Muktananda wurde durch die Begegnung mit dem Blauen Mann von seiner Angst vor dem Tod geheilt. Das ist keine Kleinigkeit; wie Otto Rank bemerkt, ist es unsere Angst vor dem Tod, die uns dazu bringt, das Leben zu erstikken und nicht in vollen Zügen zu erfahren. Alle spirituellen Lehren stimmen hier mit Jesus überein: Liebe vertreibt die Angst. Die Angst vor Feinden ebenso wie die Angst vor dem Tod. Ohne diese Liebe treibt uns die Angst vor dem Tod dazu, Festungen zu erbauen, um den Tod fernzuhalten und Unsterblichkeit zu erschaffen. Wenn unser Herz den Tod mehr fürchtet, als es das Leben liebt, wird die Biophilie von der Nekrophilie ersetzt. Muktananda sagt: „Als ich diese Sphäre aus nicht manifestiertem Licht gesehen hatte, verlor ich jede Angst. Das ist der Zustand der Befreiung von der individuellen Existenz. Seitdem hat mein Mut um etliches zugenommen, und Angst kenne ich nicht mehr. ... Der Platz der Angst in meinem Inneren ist zerstört worden."

Aber noch etwas anderes in ihm hat sich verändert. Es gelang ihm, die Wahrheit in den Worten „Ich bin Shiva" mehr und vollständiger zu erkennen. (Für einen Christen ließe sich das in „Ich bin Christus" übersetzen.) Muktananda schreibt: „Diese selige Verzückung nahm kontinuierlich zu. All diese Erinnerungen an die Gestalt des höchsten blauen Wesens, an Seinen Segen, an Seine Anwesenheit in mir, an meine Identifikation mit Ihm, an das „Ich bin Er" – all das erschallte in mir." Das unterscheidet sich kaum von den Worten des heiligen Paulus: „Ich lebe nicht mehr, sondern es ist Christus, der in mir lebt." Ich nehme an, dass es sich hier um dieselbe Erfahrung gehandelt hat: eine Begegnung mit der Fülle des Seins, die uns allen zugänglich ist.

Muktananda verbindet seine Seele mit dem Kosmos. „Jeden Tag wurde meine Überzeugung stärker: ‚Er ist wahrhaftig mein inneres Selbst, dessen Licht sich durch das gesamte Universum verbreitet.' Auch wenn ich es nicht direkt sehen konnte, nahm ich mein inneres Selbst als Blaue Person wahr. ... Ich gelangte zu der Erkenntnis, dass der Blaue mein eigenes Selbst ist, der Eine, der in allem lebt, das gesamte Universum durchdringt und in Bewegung versetzt – er, der Der-Eine-Ohne-Einen-Zweiten ist, nicht dual und nicht ausdifferenziert, und doch immer spielend, viele aus dem einen und einer aus den vielen werdend. Er ist Shri Krishna, das ewige Blau des Bewusstseins." Wie sehr ähnelt die Beschreibung des Swami doch der Begegnung Hildegards mit dem Blauen Mann, denn auch sie sieht den Mann in Saphirblau als in jedem von uns wohnend, wo er uns mit der Kraft für all unser Tun versieht.

Der Blaue Mann bringt uns dazu, auf bewusste Weise zu spielen, also kreativ zu sein. Aus dieser Kreativität werden alle Dinge geboren und ins Sein gebracht. Muktananda fährt fort:

> Als ich die winzige Blaue Perle anblickte, sah ich, wie sie sich ausdehnte und ihre Strahlen in alle Richtungen aussandte, so dass der gesamte Himmel und die Erde davon erleuchtet wurden. Sie war nun keine Perle mehr, sondern zu

einem strahlenden, lodernden und unendlichen Licht geworden. … Das Licht durchdrang alles in Gestalt des Universums. Ich sah, wie die Erde geboren wurde und sich durch das Licht des Bewusstseins ausdehnte, so wie Rauch von einem Feuer aufsteigt. … So, wie ein Samen zum Baum wird, mit Ästen, Blättern, Blüten und Früchten, so wird Chiti im Inneren Ihres eigenen Seins zu Tieren, Vögeln, Bakterien, Insekten, Göttern, Dämonen, Männern und Frauen. Ich konnte dieses Strahlen des Bewusstseins sehen, prächtig und von tiefster Schönheit, still als allerhöchste Ekstase in mir, außerhalb von mir, über und unter mir pulsierend.

„Chiti" ist die Kraft des universalen Bewusstseins und repräsentiert den kreativen Aspekt Gottes, der als die universale Mutter dargestellt wird. Darüber hinaus steht sie für „die Schönheit der ganzen Welt". In anderen Worten sagt Muktananda, dass sich die Kreativität überall befindet. Überall wird etwas hervorgebracht. Der Künstler im Inneren vermählt sich mit dem Künstler im Außen. Wir alle haben an der göttlichen Schöpfung teil. Wir sind Mitschöpfer, die gemeinsam mit Gott erschaffen. Gemeinsam mit Gott spielen. Überall in der Welt kann man das Bewusstsein beim Spielen erleben. Ebenso wie die Weisheit, die in den westlichen Schriften vor der Schöpfung „überall spielt".

Für Swami Muktananda war diese Meditation auf die Blaue Perle und den Blauen Mann derart überwältigend, dass sie von diesem Tag an zum Mittelpunkt all seiner Kontemplation wurde. Er wusste, dass diese Vision die Erfüllung seiner spirituellen Reise repräsentierte. Auf ähnliche Weise schreibt Hildegard, ihre Vision vom Blauen Mann stehe für „Vervollkommnung". Das ist ein Grund für alle heutigen Männer, den Blauen Mann anzunehmen: Wir brauchen Ziele, und er verkörpert die Vollendung. Vielleicht sehen wir deshalb so gerne beim Sport zu, denn jedes Spiel hat ein klares Ziel und ein eindeutiges Ende. Selbst im Falle einer Niederlage bleibt uns immer noch die Befriedigung klar definierter Gewinner und Verlierer. Der Blaue Mann bietet uns eine „spirituelle Ziellinie", ein Ende der spirituellen Suche und der Angst vor dem Tod – ein Ziel, das in Reichweite eines jeden von uns liegt. Dieses Spiel hat am Ende nur Gewinner, aber keine Verlierer. Der Blaue Mann ist durch und durch demokratisch: Wir alle können den Blauen Mann, den Blauen Krishna, den Blauen Christus erfahren. Muktananda berichtet: „Als ich in die Blaue Perle einging, sah ich wieder, wie sich das Universum in alle Richtungen ausbreitet. Ich blickte mich ringsherum um und fand in allen Männern und Frauen – jung und alt, niedrig und erhaben, in jedem einzelnen von ihnen – dieselbe Blaue Perle, die ich auch in mir gesehen hatte. Ich verstand, dass dies das innere Selbst im Sahasrara [dem siebten Chakra] eines jeden Menschen ist, und mit dieser tiefen Erkenntnis fand meine Meditation ihr Ende." Frieden und Gelassenheit folgten.

Der Blaue Mann hat Muktananda nie verlassen. Ganz im Gegenteil: Jedes Mal, wenn er von nun an jemanden traf, sah er als erstes den Blauen Mann in dieser Person. „Ich sehe zuerst das blaue Licht und dann den Menschen. Wann immer ich etwas betrachte, sehe ich als erstes die wunderschönen, feinen Strahlen des Bewusstseins, und dann die Sache selbst. … Meine Augen sind in dem Balsam des blauen Lichts gebadet worden, und man hat mir die göttliche Sicht gewährt."

Unser sich erweiterndes Bewusstsein

Der Blaue Mann repräsentiert unser sich erweiterndes Bewusstsein, das heutzutage für das Überleben unserer Art von entscheidender Bedeutung ist. Und es *dehnt sich gerade tatsächlich aus* – wissenschaftliche Entdeckungen erweitern es, so dass wir verstehen können, auf welche Weise Menschen miteinander und mit der Erde verbunden und in Form gegenseitiger Wechselwirkung miteinander verschaltet sind. Die globale Erwärmung erweitert unser Bewusstsein. Selbst die HIV-Epidemie, die Weitergabe von Atomwaffen und das obszöne Gefälle zwischen Reich und Arm auf der ganzen Welt erweitern unser Bewusstsein. Sie alle sind „Weckrufe"; sie fordern uns dazu auf, unser Bewusstsein zu vertiefen und nach Heilung und Gerechtigkeit zu streben.

Wenn wir zum Beispiel von der Wissenschaft erfahren, dass die menschliche Art in Afrika entstanden ist und alle Völker ursprünglich von dort gekommen sind, werden wir aufgefordert, den Blauen Mann anzunehmen, unser Bewusstsein zu erweitern und zu verstehen, wie vollkommen *relativ* unsere rassischen und ethischen Unterschiede sind. Alles, was wir über die Einzigartigkeit unseres Planeten im Universum, über sein Leid und seine Zerbrechlichkeit erfahren, kann unser Bewusstsein erweitern und unser Herz für jenes *mitfühlende Handeln* öffnen, von dem Hildegard schrieb. Für sie repräsentiert der Mann in Saphirblau das in den Dienst des Mitgefühls gestellte Bewusstsein.

Wohin wir uns auch wenden und wann immer wir danach streben, zu lernen und unseren Geist auszudehnen, wir werden überall dem Blauen Mann begegnen – ob es nun Sexualität, Vielfalt, wirtschaftliche Gerechtigkeit, Krieg oder den tiefen Ökumenismus betrifft, der bei allen religiösen Tradition gefunden werden kann. Jeder Akt des Lernens nährt und hegt unser Bewusstsein und erweitert es. Sind wir dem gewachsen? Verkörpern wir den Blauen Mann in einem jeden von uns?

Thomas Berry hat sein ganzes Leben dem Verständnis der neuen Wissenschaften und ihrer Bedeutung für uns menschliche Wesen und unsere Arbeit in der Welt gewidmet. In seinem Buch *The Great Work* sagt er schlicht und einfach: „Wenn sich das Universum in jeder Form des Seins feiert, kann das menschliche Wesen als jenes Wesen bezeichnet werden, in dem sich das Universum selbst feiert … in einer besonderen Art bewusster Selbstwahrnehmung." Unsere Wahrnehmung ist sowohl bewusst *als auch* feierlich. Ein Teil unseres Bewusstseins besteht darin, für die uns umgebende Schönheit zu erwachen. Berry sagt: „Um die Last und Verantwortung menschlicher Intelligenz tragen zu können, brauchte [der Mensch] eine prachtvolle, wunderschöne Welt, um uns den Sinn zu geben, dessen wir bedurften. … Wir sind genetisch dafür programmiert, in einer schönen Welt zu leben. Unsere erste Erfahrung ist die der Gemeinschaft: wie *wunderbar* dies ist!" An Bewusstsein zu gewinnen bedeutet zugleich, eine zunehmende Wertschätzung für die Schönheit zu erlangen. Es bringt eine wahre Explosion der Dankbarkeit und Ehrerbietung mit sich. Kann es so etwas wie zu viel Dankbarkeit geben? Oder zu viel Ehrerbietung? Oder, was das betrifft – zu viel Schönheit?

Der Blaue Mann bringt dadurch, dass er für die Farbe Blau steht, Vater Himmel auf die Erde hinab – so, wie schon Jesus und andere gebetet haben: „Dein Wille geschehe, wie im Himmel, so auf Erden."

Blaues Universum

Der Himmel erscheint uns blau, und auch der Ozean, der ihn reflektiert, hat diese Farbe. Entsprechend steht Blau für das Universum, für die weit entfernten Bereiche unserer Welt. Aber obwohl man sogar sagen könnte, dass Vater Himmel blau ist, weist der Himmel tatsächlich gar keine Farbe auf. Er scheint nur blau zu sein. Muktananda sagt in seinem Buch *From the Finite to the Infinite*, dasselbe treffe auf das Selbst zu, das zwar blau sei, aber „keine Farbe, keine Form oder Gestalt hat. … Der Eine ohne Form, der Eine, der nichts ist, manifestiert sich als dieses Universum. Der Himmel hat nichts, aber er ist blau."

Als Menschen zum ersten Mal die Erde und ihren Himmel verließen, um in den Weltraum vorzustoßen, drehten sie sich um und machten Bilder von unserem Planeten, die uns eindringlichst daran erinnerten, dass die Erde nicht nur ein grüner, sondern vor allem ein *blauer* Planet ist. Achtzig Prozent der Erdoberfläche sind von Ozeanen bedeckt, und es ist gerade das Wasser, das Leben ermöglicht. Unser Planet ist auf wunderschönste und doch zugleich auch heikelste Weise blau. Gaia ist blau. Tatsächlich geht das Blau dem Grün voraus. Ohne Wasser gibt es keine Pflanzen und ohne Pflanzen keine Tiere. Das Blau ist unsere Mutter. Deshalb verbindet es Himmel und Meer, Kosmos und Erde, Vater Himmel und Mutter Erde.

Dasselbe trifft auch auf uns zu. Muktananda sagt: „Das blaue Licht ist im Herzen eines jeden. Das Höchste Prinzip ist von der Farbe blauen Lichts. Es gibt weder im Himmel noch im Äther eine Farbe, und dennoch erscheint uns der Himmel blau. … Bewusstsein ist von blauer Farbe." Dabei werden die Dinge nicht unbedingt als blau wahrgenommen, sondern offenbaren sich in dieser Farbe. So, wie Himmel und Wasser von Natur aus blau sind, „ist auch das innerste Licht Gottes blau." Natürlich weist diese Farbe auch auf sehr große Hitze hin – eine blaue Flamme ist heißer als eine orangefarbene, und eine solche Flamme gibt es in uns allen.

Muktananda vergleicht das Licht der Blauen Perle mit der biblischen Lehre vom Königreich Gottes und dem Senfsamen. „Das Licht der Blauen Perle ist so hell, dass es einen ganzen Kosmos erleuchtet. Laut der Bibel befindet sich das glänzende Königreich der Himmel in unserem Inneren, und das ist absolut wahr. Ein Seher sagt: ‚Oh Herr, wir sehen Dich als reines Licht, das in Gestalt der Flamme lodert.'" Die Blaue Perle wohnt in uns, und wenn ein Mensch das erkennt, „verwandelt sich sein ganzes Wesen. Er erlebt sich nicht mehr als vergänglich, sondern als göttlich. Die Blaue Perle ist von solcher Macht, dass sie dich vollständig umwandelt." Die Blaue

Perle ist der innerste Körper des inneren Selbst oder der Seele, und „sie ist unendlich, auch wenn sie noch so winzig aussehen mag." Schließlich explodiert die Blaue Perle, was gut ist, denn in diesem Augenblick verschmilzt man mit Gott. Meister Eckhart nannte diese Erfahrung den „Durchbruch" und erzählt uns, dass er anlässlich dieses Erlebnisses begriff, dass „Gott und ich eins sind."

Der Blaue Mann als Künstler

Der Blaue Mann setzt eine unbeschreibliche Kreativität frei. Wenn wir uns im Griff der Kreativität befinden, werden wir vom Blauen Mann besucht. Manchmal sagen wir, dass uns eine kreative Inspiration „aus dem Nichts" oder „aus dem Blauen heraus" getroffen habe, aber meist ist sie das Ergebnis tiefgehender Bemühungen. Wir kämpfen darum, unser Bewusstsein zu erweitern, und dann dehnt es sich plötzlich blitzartig aus, und der immer kreative Blaue Mann hilft uns dabei, es in der Welt lebendig werden zu lassen. So ist zum Beispiel Einsteins berühmte Gleichung von Energie und Materie ($E=mc^2$) aus dem Blauen zu ihm gekommen, als er in einen Bus stieg. Aber er hatte natürlich zuvor viele Jahre damit verbracht, an dieser Theorie zu arbeiten, ohne die Lösung zu finden. Fokussierung öffnet uns oft für das Einströmen der Einsicht.

Tatsächlich fühlt man sich, wenn man in die Kreativität eintaucht (oder in den Heiligen Geist), als wenn man in rasanten Strömen kreativer Energie schwimmt. Unser Universum besteht aus genau diesen Strömen. Muktananda sagt: „In Wahrheit ist das Universum ein göttlicher Sport; es ist das verspielte Freizeitvergnügen des Bewusstseins, das Erblühen von Chiti Shakti. ... Für einen Menschen, der das erkannt hat, ist die Welt nur das Spiel von Gottes Energie. Für ihn gibt es weder Knechtschaft noch Befreiung. Der Schleier der Dualität, der ihn Unterschiede hat sehen lassen, ist zerrissen. ... Chiti leuchtet in ihrem kreativen Aspekt in die äußere Welt als Körper des gesamten Universums hinein." Das ähnelt den Lehren des Paulus, die besagen, dass Christus der mystische Körper des Universums ist. Aber ein kreativer, miterschaffender Körper – gemeinsam mit uns erschaffend. In seinem immanenten Aspekt „erschafft dieser Körper die Welt", sagt Muktananda. Ja, in Christus werden alle Dinge wieder und wieder erschaffen, das sagen auch die christlichen Schriften. Das Universum ist nicht von uns abgetrennt. Wir spielen im Universum, und es spielt in uns.

Jeder ist ein Künstler – jeder Mann ist ein Künstler – der darauf versessen ist, der Welt seine Gabe zu vermitteln. Dabei kann es sich um die künstlerischen Gaben der Musik, der Malerei, des Filmens oder um die künstlerischen Gaben der Physik, der Medizin, der Geschäftswelt, der Landwirtschaft, des Bauens, Reparierens, Beratens, Lehrens, der Elternschaft oder der Freundschaft handeln. Bei all dem ist Kreativität am Werk. Blaue Männer beteiligen sich und finden in dieser Mitwirkung wahre Erfüllung, den wahren „Sieg". Das ist nicht der Sieg des individuellen „Erfolgs", sondern der von Bedeutung, Mitgefühl und des Dienens.

Wenn wir zum Blauen Mann werden, ihn in uns aufnehmen, werden wir Künstler und Mitschöpfer. Oder, um es anders auszudrücken: Jede Form kreativen Schaffens und Gebens ist das Werk des Blauen Manns in uns. Ihn zu treffen bedeutet, der grundlegenden Kraft des Universums zu begegnen, der Kraft der verspielten Kreativität, der im Universum wirkenden und spielenden Weisheit. Ohne sie können Männer nicht vollständig sein. Ohne sie kann unsere Arbeit nicht vollständig sein. Mit ihr befinden wir uns in einer Welt, die größer als unsere eigene ist. Wir werden zum Werkzeug von Kräften, die größer als alles sind, was wir kontrollieren oder manipulieren können. Mit dieser Kraft können wir singen, tanzen und unsere Wildheit anzapfen. Wir können der Welt unsere Gabe vermitteln, unser Werk den Zeiten übergeben, unsere Arbeit in das Universum einbringen und der Gemeinschaft unseren Segen übertragen. Kein Wunder, dass der Blaue Mann gerade diese Farbe hat, denn wenn solche Gaben gegeben werden, zieht der Frieden ein – eine Erfüllung, die größer als alles andere ist. Eine „Freude, die die Welt nicht geben kann", wie Jesus sagte. Dasselbe haben auch Muktananda, Hildegard und Paulus erlebt, und auch Sie können diese Erfahrung machen.

Es ist sinnvoll, sich daran zu erinnern, dass wahre Kreativität nicht aus Männern und dem Männlichen alleine entsteht. Sie bedarf der Vereinigung. Sie bedarf der Vermählung des Männlichen mit dem Weiblichen, um neues Leben hervorbringen zu können. Im zweiten Teil dieses Buches werden wir die Heilige Hochzeit betrachten, welche die Voraussetzung für echte Kreativität darstellt. Es ist die Hochzeit der Männlichkeit und der Weiblichkeit, der männlichen und weiblichen Energien. Die Hochzeit von Shiva und Shakti. Shri Shankaracharya hat es folgendermaßen ausgedrückt: „Shiva kann nur erschaffen, wenn Er mit Shakti vereinigt ist. Ohne Shakti kann Er sich nicht rühren. Aus diesem Grund frage ich: Wie kann sich ein gewöhnlicher Mensch vor Dir verneigen und Dich preisen, oh Mutter, die Du von den Gottheiten der Schöpfung, des Bewahrens und der Zerstörung verehrt wirst?"

Wie die Formulierung „aus dem Blauen heraus" nahe legt, ist die Kreativität oft etwas, von dem wir gefunden werden, das wir um uns herum erkennen und worüber wir staunen. Es ist nicht immer etwas, das wir tun. Wir alle haben diese Erfahrung als Kinder gemacht. So erzählt zum Beispiel Joseph Jastrab, der in einer Wildnis-Schule unterrichtet hat, wie er im Alter von sieben Jahren einen Gesteinsbrocken entdeckte, ihn auseinander brach und „darin eine winzige Höhle fand, die mit glitzernden Quarzkristallen ausgekleidet war. Es war, als wenn ich über eine Edelsteinmine gestolpert wäre, die Millionen von Jahre im Verborgenen darauf gewartet hatte, von mir gefunden zu werden. Sofort begann mein Körper, vor Freude zu zittern. Ich hatte einen Gesteinsbrocken geöffnet und eine lebendige, strahlende Präsenz darin gefunden! Ich hatte mich für eine Lebendigkeit geöffnet, die ich noch nie zuvor erleben durfte und beeilte mich, dieses Erlebnis mit anderen zu teilen. Auf gewisse Weise rief ich aus: ‚Schaut euch dieses Wunder an, schaut euch diese Freude an, schaut mich an und bestätigt mir, dass all das wirklich wahr ist!' Doch niemand, an den ich mich wandte, konnte die göttliche Offenbarung erkennen, die ich darin sah. Und niemand war in der Lage, meine Freude mit jener Intensität widerzuspiegeln, nach der sich mein kindliches Herz sehnte."

Wie gut sind Männer in unserer Kultur darin, die Kreativität in der Welt – einschließlich ihrer selbst – wahrzunehmen? Erkennen sie die „göttlichen Offenbarungen" des Blauen Manns? Deida teilt uns eine wichtige Beobachtung mit, wenn er uns daran erinnert, dass „der Zweck sexuellen Begehrens das Erschaffen ist. Die Fortpflanzung ist nur der biologische Aspekt des Erschaffens. Als Mann haben Sie der Welt höchstwahrscheinlich viel mehr als nur Kinder zu geben." Auf welche Weise sind wir kreativ? Bringen wir unsere Kreativität in unsere Arbeit ein? Wenn nicht, welche anderen Wege können wir finden, um uns kreativ auszudrücken?

Der Navajo-Künstler David Paladin erduldete ein entsetzliches, vierjähriges Martyrium in einem Konzentrationslager der Nazis, wo er gnadenlos gefoltert und zum Sterben liegengelassen wurde. Diese Erlebnisse ließen ihn querschnittsgelähmt und in einem komatösen Zustand zurück. Doch seinen Ältesten zufolge stellte diese Erfahrung seine schamanische Initiation dar. Später beklagte Paladin, dass nur wenige Menschen im Westen in der Lage seien, ihre Kreativität zu verstehen. „Wir sind alle Künstler", erklärte er. „Wer sprechen kann, ist ein Künstler." Ein Künstler übersetzt seine oder ihre Gedanken, Empfindungen, Erfahrungen und Träume in eine bedeutsame Form des Ausdrucks, in leidenschaftliche Überzeugungen und mitfühlende Taten. Oft wird der „Künstler" eng als jemand definiert, der nur mit Worten, Farben, Musik, Tanz und so weiter erschafft. Aber wie im Falle Paladins ist sein eigenes Leben sein wesentlichstes Werk. Zu wenige Männer betrachten sich selbst als kreativ und als Künstler; zu wenige von ihnen begreifen das Leben als eine kreative Kunst.

Je älter ich werde, umso mehr erkenne ich, dass *das Leben selbst improvisiert wird*. Wir planen voraus, so gut wir können, aber ebenso oft werden Lebensentscheidungen ganz spontan getroffen – über Arbeitsplätze, den Wohnort, über Partner, Elternschaft und so weiter. Wer hat schon jemals genau das Drehbuch gelebt, das er für sich selbst einst schrieb? Joseph Campbell sagt: „Die meisten von uns führen nicht das Leben, das wir beabsichtigt haben." Was bedeutet das? Es heißt, dass es sich beim Leben um eine Improvisation handelt, die wie jede andere Kunstform auch im Augenblick erschaffen wird und den Augenblick zum Ausdruck bringt. Wir alle sind Künstler. Unser Leben selbst wird zum grundlegenden Ausdruck dessen, wer wir sind, was wir wichtig nehmen und worin unsere Werte bestehen. Es ist unser Großes Werk. Um im Kleinen wie auch Großen überleben und gedeihen zu können, sind wir von unserer Vorstellungskraft abhängig. Wir berufen uns auf unsere kreativen Quellen, um das, was wir haben, in die Welt, in unsere Familien und den zukünftigen Generationen zu geben.

Ich bin absolut der Ansicht, dass unsere Art nicht überleben wird, wenn wir in dieser Zeit nicht die Tiefen unserer Kreativität erwecken (ein Thema, dem ich mich auch in meinem Buch *Creativity. Where the Divine and the Human meet* widme). Männer (und Frauen) müssen die Kreativität des Blauen Manns willkommen heißen. Traurigerweise wird die Kreativität im modernen Zeitalter oft als weniger wichtig als Gehorsam betrachtet, und die Künste sind hier auf „professionelle Künstler“ beschränkt. Wenn wir sagen: „Ich kann nicht malen. Ich bin nicht kreativ“, lassen wir uns von unserer Kreativität entfremden und verleugnen sie. Unsere Kreativität aufzugeben ist nichts weniger als die Aufgabe unserer Menschlichkeit. Dann geben wir unsere Kräfte des Zeugens und Empfangens, unsere Kräfte als Väter und Mütter auf. Die Aufgabe unserer Kreativität lässt uns innerlich absterben und führt zum Tod unserer Kultur. „Pessimismus ist die Folge unterdrückter Kreativität“, stellte der Psychologe Otto Rank vor mehr als siebzig Jahren fest. Und damit hat er Recht. Wissenschaftliche Untersuchungen haben gezeigt, dass kreative Arbeit jeder Art Chemikalien in unserem Gehirn freisetzt, die zur Überwindung von Traurigkeit, Stress und Depressionen beitragen. Kreativität sorgt dafür, dass wir lebendig und glücklich bleiben, wie schon die Chandogya-Upanishaden sagen: „Wo Kreativität ist, da ist auch Fortschritt. Wo keine Kreativität ist, gibt es keinen Fortschritt. Wisse um die Natur der Kreativität. Wo Freude ist, da gibt es auch Kreativität. Wisse um die Natur der Freude. Wo Unendlichkeit ist, da ist auch Freude.“ Freude, Unendlichkeit, Erschaffen und Fortschritt – all das gehört zusammen.

Bei indigenen Völkern sind Kunst und Künstler ein derart fest in die Gemeinschaft integrierter Bestandteil des Lebens, dass wenige ihrer Sprachen überhaupt ein Wort für „Kunst“ oder den „Künstler“ haben. Ein Künstler ist ein Einwohner, ein Einwohner ist ein Künstler. Das wird als selbstverständlich betrachtet. Kunst ist hier einfach die wunderschöne Art und Weise, in der wir der Gemeinschaft unsere Gaben bringen – und eine lebendige Gemeinschaft braucht viele sowie unterschiedlichste Gaben, viele und unterschiedlichste Ausdrucksformen der Kreativität. „Kunst stellt die einzige Sprache dar, die wild genug ist, um Visionen zu artikulieren“, bemerkt Joseph Jastrab. Deshalb erwartet Jastrab von jedem Mann, der sich seinem Retreat für Männer unterzieht, dass er „bei seiner Rückkehr für sich in Anspruch nimmt, ein Künstler zu sein.“

Wahrhaftig, wie sollen wir irgendeines der großen Probleme lösen, denen wir uns heute gegenüber sehen, *wenn nicht durch menschlichen Einfallsreichtum und menschliche Kreativität?* Die globale Erwärmung, Überbevölkerung, Arbeitslosigkeit, der Hunger in der Welt, AIDS – ganz gleich, ob diese Themen moralischer oder technologischer, persönlicher oder globaler Natur sind, Kreativität stellt den einzigen Weg aus unseren schwerwiegendsten Zwangslagen heraus dar. Alle großen Propheten – wie Mahatma Gandhi, Martin Luther King jr., Jesus oder Mohammed – waren *soziale Künstler*. Jeder Prophet ist ein sozialer Künstler: jemand, der den kollektiven Verstand auf eine bessere Art und Weise aufmerksam macht, Dinge zu tun. Mit Mut und Vorstellungskraft weisen sie den Weg in neue Richtungen und erwekken so die moralische Imagination anderer Menschen.

Wollen wir auch weiterhin an die begrenzende Überzeugung glauben, dass nur manche Menschen Propheten oder Künstler sein können? Rabbi Heschel sagt, dass in den Tiefen jedes menschlichen Wesens ein Prophet warte. Jeder Mann (und jede Frau) ist dazu bestimmt, ein Prophet zu sein, seine Stimme gegen die Ungerechtigkeit in ihren vielen Gestalten zu erheben und im Namen der Gerechtigkeit zu handeln. Jeder Mann ist ein Prophet, ein Künstler und ein spiritueller Krieger; jeder ist ein Blauer Mann, der sein Bewusstsein erweitert, für Gerechtigkeit eintritt, sein Herz verteidigt, Mitgefühl zum Ausdruck bringt und auf künstlerische Weise sein tägliches Leben improvisiert.

Mitgefühl und Kreativität

Die spirituellen Traditionen der Welt stimmen darin überein, dass Mitgefühl der ultimative Ausdruck unseres besseren Selbst, der menschlichen Tugendhaftigkeit ist. Der Dalai Lama lehrt, dass „wir alles andere ablehnen können: Religion, Ideologie, alle jemals empfangene Weisheit. Aber wir können der Notwendigkeit von Liebe und Mitgefühl nicht entkommen." Wie Jesus sagte (wobei er sich auf die Lehren seiner jüdischen Ahnen bezog): „Sei du barmherzig, wie auch dein Schöpfer im Himmel barmherzig ist." Der im Koran am meisten verwendete Name für Allah ist „der Barmherzige". Der sich auf hinduistische Traditionen beziehende Ramakrishna sagt: „Die Gegenwart Gottes ist nicht nur dann zu spüren, wenn wir die Augen schließen; Gott kann auch dann gesehen werden, wenn man um sich blickt. Der Dienst an den Hungernden, Armen, Kranken und Unwissenden im rechten Geist ist ebenso wirksam wie jede andere spirituelle Disziplin."

Der Blaue Mann würdigt nicht nur seine Kraft des Mitgefühls, sondern auch die der Kreativität, denn ohne Kreativität kann es kein Mitgefühl geben. Man muss „so listig wie die Schlange und so weise wie die Taube" sein, wenn man Alternativen zur herrschenden Art, die Dinge anzugehen, bieten will. Eine sittliche Vorstellungskraft kann man nicht einfach lernen; sie muss durch Übung und mit Mut gelebt werden. Wenn wir alle den Blauen Mann des Mitgefühls in uns haben, ist mit Sicherheit auch der Blaue Mann der Kreativität ein Teil von uns. Das ist einer der Gründe dafür, dass die *Hände* des Blauen Mannes in Hildegards Vision so auffällig hervortreten. Mit unseren Händen streicheln wir. Wir halten damit. Wir machen und reparieren Dinge mit ihnen. Die menschliche Hand mit ihrem Daumen ist ein einzigartiges Werkzeug. Hände erledigen Dinge. Wir sprechen und heilen mit ihnen. Die Hände sind ein logisches Ventil für das fünfte Chakra – sie grenzen das ein, was normalerweise weit und unendlich ist. Hände nehmen kosmische Kräfte auf und wenden sie örtlich an, von Hand zu Hand. Deshalb reichen wir einander die Hände, wenn wir einem anderen Menschen begegnen. Meine Geschichte verschränkt sich mit deiner Geschichte. Das Händeschütteln und der Moment, wo wir einander in die Augen blicken, stellen eine gewisse Gegenseitigkeit sicher. Die Macht-über weicht der Macht-miteinander.

Wenn es darum geht, Aggression in etwas Positives umzuwandeln, ist Kreativität ein wesentlicher Faktor. Wenn die Völker der Inuit spüren, dass sich ein Krieg zwischen den Stämmen ankündigt, halten sie einen Wettstreit der Dichter ab, um herauszufinden, welcher Stamm das beste Gedicht geschaffen hat. Wer den Wettstreit gewinnt, hat auch den Krieg für seinen Stamm gewonnen. Krieg zu Ende. Erledigt. So etwas hat William James bereits vor hundert Jahren gefordert – ein „moralisches Äquivalent des Krieges". Während Michelangelo die Sixtinische Kapelle bemalte, wurde er von einem bestimmten Kardinal belästigt, der den Papst davon überzeugt hatte, man müsse den Künstler dazu zwingen, seinen Gestalten Lendentücher anzulegen. Dennoch hatte Michelangelo das letzte Wort – er malte den Kardinal in der Hölle, wo er bis zum heutigen Tag sitzt.

Gandhi und Martin Luther King jr. waren Blaue Männer – sie kanalisierten die moralische Entrüstung ihrer Gemeinschaften so, dass sie sich gegen das Imperium und die Ungerechtigkeit wandte. Der soziale Protest wurde zu sozialer Kunst, zu zweckgerichteter Kreativität, und ihre Kunst veränderte die Geschichte. Gandhis Marsch zum Meer war ein Akt mitfühlender, kreativer Kunst: Er bekämpfte das Britische Imperium, ohne auch nur einen einzigen Menschen zu verletzen. Er führte Krieg, ohne Leid mit Leid zu vergelten. Auch Martin Luther King jr. tat das, indem er den Protest in Theater und Ritual umwandelte, die Gefängnisse füllte und ermöglichte, dass die Menschen ihren Zorn in Kunst verwandeln konnten.

Die Umwandlung von Zorn in Mitgefühl stellt einen inneren wie äußeren Kampf dar, und auch hier kann uns der Blaue Mann mit seiner Kreativität unterstützen. Denken Sie zum Beispiel an Mohammeds Gedanken, dass der Djihad der Krieg gegen die eigenen inneren Dämonen ist. Oder denken Sie an die Wüstenväter[26], die nach dem Motto „abwesend ohne Erlaubnis" in die Wüste gingen, als die Kirche sich mit dem Imperium vermählte. Auch sie mussten sich dem Kampf gegen viele Dämonen stellen – ihren eigenen inneren nämlich, und nicht etwa jenen, die von Imperien erweckt wurden, die in ihrem Namen Krieg führten. Selbst Gandhi sagte: „Ich muss mit mir selbst ringen."

Wie können wir Zugang zum Blauen Mann erlangen? Wie können wir ihn finden, wenn wir ihn brauchen? Durch Meditation und Einsamkeit. Wenn unser Reptiliengehirn aufgescheucht wird, versucht es als erstes, um sich zu schlagen. Einsamkeit schafft einen Raum, in den Mitgefühl und Kreativität eintreten und zu einfallsreichen Lösungen führen können. Jeder Mann, jede Frau und jedes Kind muss lernen, sich der Einsamkeit zu stellen. Es ist beruhigend, alleine zu sein. Die Bibel lehrt: „Ich will dich in die Wildnis rufen und dort von Herz zu Herz zu dir sprechen."

26) Mönche und Einsiedler, die Ende des 3. Jahrhunderts n.Chr. begannen, sich aus Protest gegen Kirche und Imperium vor allem in der sketischen Wüste (einem Ausläufer der Sahara) niederzulassen. Später folgten auch Frauen, die als „Wüstenmütter" bezeichnet wurden. Diese Menschen begründeten im Wesentlichen die monastische Tradition der christlichen Kirchen. [A.d.Ü.]

In unserer Kultur herrscht eine große Angst vor der Einsamkeit. Wir füllen die Stille vierundzwanzig Stunden am Tag mit Lärm und mit Fernsehen. Da könnte der Blaue Mann brüllen, und wir würden ihn dennoch nicht hören. Was tat Gandhi, wenn er mit sich selbst rang? Er verbrachten Stunde um Stunde an einem Spinnrad und spann Baumwolle zu Fäden. Diese bescheidene, einfache und von steter Wiederholung geprägte Übung, die in seiner Kultur sehr traditionsreich ist, erfrischte ihn und brachte ihn wieder mit seiner mitfühlenden Kreativität in Verbindung. Männer müssen Meditationsformen finden, die in ihrem Leben funktionieren. Es ist nicht von Bedeutung, um welche Form es sich dabei im Einzelnen handelt. Denken Sie an Thich Nhat Hanh, der mit Hilfe der Meditation den Groll und die Bitterkeit loslassen konnte, die sich wegen des Krieges, der sein Land so lange schon aufriss, in seinem Herzen angesammelt hatten. Ein Leben ohne Bitterkeit ist vom Heiligen gezeichnet. Bitterkeit entsteht, wenn man Zorn in sich verschließt. Thich Nhat Hanh kanalisierte seinen Zorn in Kreativität und erschuf ganze Gemeinschaften. Das ist eine Menge Arbeit, bei der einem kaum Zeit für Groll bleibt. Darin besteht zum Teil auch der Grund, warum in der Kosmischen Messe, die ich gemeinsam mit anderen geschaffen habe, getanzt wird. Wenn man stundenlang tanzt, gibt man alles und ist schließlich völlig erledigt – es bleibt einfach keine Energie mehr übrig, um zu grollen oder Krieg zu führen. Auf Praktiken wie den Sonnentanz trifft das in noch viel höherem Maße zu.

Die Meditation leitet uns dazu an, uns zu beruhigen. In einem Artikel namens „Zen und die Kunst, ein Anwalt zu sein" begegnen wir Mary Mocine, einer ehemaligen Prozessanwältin, die auch Zen-Priesterin ist. Mocine hat sich dazu entschieden, ausgebrannten Rechtsanwälten die Meditation beizubringen. „Ich spreche zwei verschiedene Sprachen – die der juristischen Praxis und der Praxis des Zen", sagt sie. Studien haben gezeigt, dass Anwälte unter weitaus mehr chronischem Stress und Depressionen leiden als viele andere Berufsgruppen. „Amerikanische Spitzenschulen im Jura-Bereich einschließlich der Universitäten von Berkeley, Stanford und Harvard finanzieren Seminare in ‚Achtsamkeits-Meditation.'" Heute betreiben 15 Millionen Amerikaner irgendeine Form der Meditation. Farke Tikoen, einundfünfzig Jahre alt und seit dreiundzwanzig Jahren praktizierender Rechtsanwalt, erzählt seine Geschichte: „Ich war ein Prozessanwalt im Bereich der Politik der ‚verbrannten Erde'. Mein Weg war der richtige. Da gab es nichts zu verhandeln." Sein Leben geriet aufgrund von geschäftlichen Problemen und einer schmerzhaften Scheidung gerade völlig aus den Fugen, als ihn ein Freund einlud, an einer Meditationsgruppe teilzunehmen. „Es war magisch. Es verlangsamte mich und veranlasste mich dazu, stehenzubleiben und zuzuhören." Jan Lecklikner, eine Strafverteidigerin aus San Francisco, erzählt Ähnliches: „Während der ersten fünf Jahre, die ich im Strafjustizsystem praktizierte, war ich der zornige, alles und jeden hassende Anwaltstyp. Schließlich begriff ich, dass ich mit dieser Geisteshaltung nicht lange durchhalten würde." Als sie von einer ernsthaften Krankheit bedroht wurde, begann sie zu meditieren.

Eine kürzlich für das U.S.-Bundesministerium für Gesundheit durchgeführte Studie stellte fest, dass Meditation die Herzfrequenz, den Blutdruck und den Cholesterinspiegel senkt, während sie zugleich zu einer Zunahme der verbalen Kreativität führt. Eine im Jahr 2005 an der Universität von Wisconsin mit tibetischen Mönchen durchgeführte Untersuchung kommt zu dem Schluss, dass „Mentaltraining mit Hilfe von Meditation das Innenleben des Gehirns verändern kann." Mönche, die Meditation praktizieren, weisen außerordentliche Fähigkeiten im Bereich der Konzentration, des Lernens, der Erinnerung und des Bewusstseins auf. „Vor allem im präfrontalen Kortex, der mit positiven Gefühlen in Verbindung gebracht wird, war eine besonders hohe Gehirnaktivität festzustellen." Anders ausgedrückt: Meditation führt zu mehr Glücksgefühlen. Einer der an den Meditationsseminaren teilnehmenden Rechtsanwälte sagte: „Man kann nach wie vor ein Krieger sein, aber weil man Frieden mit sich selbst gemacht hat und zentriert ist, ist diese Kriegerschaft nicht mehr von Wut, Angst oder Groll motiviert. Ich bin unfertig und arbeite stets an mir weiter. Es ist sehr aufregend." Der Blaue Mann taucht sogar in Anwaltsbüros auf. Seid auf der Hut – unter Umständen werden Anwälte nie wieder dieselben sein!

Darüber hinaus unterstützt Kreativität auch die Heilung von Scham. Wir sind von Natur aus stolz auf das, was wir hervorbringen: Eltern sind auf ihre Kinder stolz, Poeten auf ihre Gedichte, Maler auf ihre Zeichnungen und Geschäftsleute auf ihre Geschäfte. Kreativität hilft uns dabei, die Scham zu verbannen und davonzujagen. Das bringt den eigenen Stolz zurück.

Mitgefühl in Aktion

Ein ehemaliger Student von mir, Dr. Bernard Armadei, ist ein aktuelles Beispiel für Mitgefühl in Aktion. Bernard ist Lehrer und Ingenieur. Vor einigen Jahren startete er nach seiner Rückkehr von unserer Fakultät an der Universität für Schöpfungsspiritualität und seinen Besuchen der armen Länder dieser Welt ein Projekt mit Namen „Ingenieure ohne Grenzen". Heute hat diese Organisation mehr als zehntausend Mitglieder überall in den Vereinigten Staaten, die auf 235 Ortsverbände verteilt sind und an 250 Projekten in dreiundvierzig Ländern arbeiten. Diese Projekte reichen von solarbetriebenen Bewässerungssystemen bis hin zu grünen Häusern und Klärungssystemen. Bernard hat seine Kreativität mit seinem Mitgefühl kombiniert. Als Ingenieur ist er mit ganz konkreten Fähigkeiten gesegnet, und durch seine Aktivitäten tragt er zu einer völlig neuen Definition der Ingenieurstätigkeit selbst bei. Heute tritt eine andere Art von jungen Menschen in die Ingenieursschulen ein. Er schrieb mir das Folgende:

> Es ist überaus erstaunlich, was die Macht des Mitgefühls in Aktion leisten kann. Ich hatte gar nicht vor, irgendetwas zu starten – unter der guten Führung des Göttlichen und der Engel geschah alles wie von selbst. Es ist so wunderbar, das Lächeln der Studenten und der Fachleute zu sehen, wenn sie in

> einer Gemeinschaft arbeiten. In einem Dorf in Afrika wird täglich mehr gelächelt als in einem ganzen Jahr in New York City. ... Wie Sie wissen, sind wir als die Wunderkinder von 14 Milliarden Jahren der Evolution alle überaus reich; wir müssen uns nur daran erinnern. In den Entwicklungsländern scheinen sich viele Menschen daran zu erinnern. Sie verfügen über mehr Weisheit als viele unserer politischen, religiösen, wirtschaftlichen und pädagogischen Führer. ... Mein Weg ist noch immer voller Schlaglöcher (vor allem von Seiten meiner promovierten Kollegen), aber das macht nichts. Ich erforsche gerade die Sufi-Tradition – sie ist so sanft und schön. Der Geliebte[27] ist in den Augen aller Kinder, denen ich in den verschiedenen Ländern Afrikas, in Nepal, in Indien und in Ruanda begegnet bin, wo ich kürzlich war. Sie erinnern mich an meine eigene Göttlichkeit und an meine Einzigartigkeit als Kind des Göttlichen.

Es gibt so vieles, was ein bewusst wahrnehmender und fähiger Mann tun kann. Wer kennt schon die Grenzen?

Es ist vielsagend, dass Bernard auf seinen Reisen in Entwicklungsländer so viel Freude begegnet ist. Denn wo Freude ist, da ist auch Bewusstsein, und wo Bewusstsein ist, finden wir die Freude. Tatsächlich lehrt Thomas von Aquin, dass „Gott in höchstem Maße von Freude erfüllt und deshalb auch in höchstem Maße bewusst" ist und dass „Freude die edelste Handlung des Menschen" darstellt. Eine Zunahme des Bewusstseins geht deshalb immer mit einer Zunahme der Freude einher, die wiederum die Kreativität entzündet, wodurch die Freude verbreitet und das Leiden gelindert wird. Mitgefühl entsteht also nicht nur aus dem Leid, sondern auch aus der Freude. Und es gibt der Welt die Freude zurück.

Wir brauchen dringend Rituale, welche die in uns allen verborgene Freude erwecken und wieder in Bewegung bringen. Während der letzten zehn Jahren, in denen wir das Ritual der Kosmischen Messe entwickelt haben – das die Erkenntnisse der Rave-Szene nutzt und Tanz mit Bildern und Videoaufzeichnungen kombiniert – bin ich zunehmend zu der Überzeugung gekommen, dass die moderne Technologie und das heutige Bewusstsein uns in höchstem Maße darin unterstützen können, die Freude wieder lebendig werden zu lassen. Und mit der Freude kommen die Energie sowie die Stärke, um Mitgefühl in Aktion zu verwandeln. Ein gutes Ritual trägt gute Mythen in die Herzen, Zellen und Körper der Gemeinschaft und von dort in das Handeln.

> Betrachten Sie diese Lehre der Huichol, eines indigenen Volks in Mexiko: Großvater Feuer ist das ursprüngliche Licht, die ursprüngliche Weisheit, die Erinnerung des Universums selbst. Am Anfang nahm er die rohe Schöp-

27) In der Sufi-Tradition wird Gott bzw. die Wahrheit als „der Geliebte" bezeichnet und erlebt. [A.d.Ü.]

fungsenergie und verwandelte sie in Visionen, indem er Farben und Bilder schuf, und durch sein Singen verwandelte er sie in Klang. So gab er uns menschliches Wissen, wofür wir für immer dankbar sein werden. Großvater Feuer ist in jeder Flamme und in jedem Funken lebendig. Feuer muss immer als geehrtes Wesen behandelt werden.

Im Ritual tanzen wir die rohe Schöpfungsenergie mit Farben und Bildern, mit Musik und Gesang. Dadurch wird Dankbarkeit hervorgerufen, und Dankbarkeit ist eine der höchsten Bewusstseinsebenen.

Von den Chakren ist das dritte, dem der Zorn zugeordnet wird, von gelber Farbe, und das mit dem Mitgefühl verbundene vierte Chakra ist grün. Da Zorn und Mitgefühl gemeinsam die Stimme des Propheten ergeben, könnte man auch sagen, dass Gelb und Grün zusammen das *Blau* schaffen, womit das Blau des fünften Chakras und des Propheten gemeint ist. Der Blaue Mann verbreitet das Blau in der Welt.

Zum Blauen Mann werden

Der Blaue Mann repräsentiert jenes erweiterte Bewusstsein und das kreative Mitgefühl, dessen wir alle fähig sind. Er ist ein Künstler, wenn es um das Leben geht, er erkennt Schönheit sowie Gerechtigkeit und bringt beides hervor. Wir werden heute auf besondere Weise geprüft. Aufgrund guter wie schlechter Neuigkeiten erhebt sich ein globales Bewusstsein, dass uns auffordert, unseren Verstand und unser Herz zu erweitern. Wir sind auf eine Weise miteinander verbunden und in gegenseitiger Wechselwirkung voneinander abhängig, die wir noch nie zuvor erlebt haben – selbst jetzt, wo die kollektiven Auswirkungen unserer menschlichen Gesellschaft die Erde bedrohen. Wir müssen unsere kreativen Kräfte nutzen, die sich dann verstärken, wenn das Bewusstsein zunimmt, um uns zu engagieren und die vielen Probleme zu lösen, denen wir uns in dieser wichtigen Phase unserer Geschichte gegenüber sehen. Wir müssen unser erweitertes Bewusstsein in all unsere Beziehungen einbringen. Das Ziel des Blauen Manns besteht darin, unsere Hände zu ermächtigen, damit sich echtes Mitgefühl ereignen kann, die wahre Arbeit des Göttlichen in unserem Leben. Der Blaue Mann hilft uns dabei, unsere Angst vor dem Tod zu überwinden und unsere von der Angst befeuerte Raserei aufzugeben. Kreativität kann Zorn und moralische Entrüstung in angemessene Formen des Ausdrucks unseres Protests verwandeln, so dass wir aufbauen, anstatt einfach nur niederzureißen. Gandhi, Martin Luther King jr., Jesus, Michelangelo und viele andere Männer haben uns den Blauen Mann in Aktion demonstriert.

Blau vereint Himmel und Erde, Vater Himmel und Mutter Gaia, und kommt schließlich in uns durch die Hochzeit von Himmel und Erde zusammen. Das uralte I Ging rät (Hexagramm 48, „Der Brunnen"): „So verschieden die Anlagen und Bildungen der Menschen sind, die menschliche Natur in ihren Grundlagen ist bei jedem dieselbe. Und jeder Mensch kann bei seiner Bildung aus dem unerschöpflichen Born der göttlichen Natur des Menschenwesens schöpfen." Der Blaue Mann hat das Göttliche im Selbst und in allen Dingen gekostet und kehrt zurück, um mehr davon zu erleben – er kehrt zurück, um die Heilung zu fördern, die das Göttliche von uns fordert. Wenn wir zum Blauen Mann werden, verwandeln wir uns in die mitfühlenden Hände Gottes, die unsere mitfühlenden Herzen in die Tat umsetzen.

IX – Erdvater: Das väterliche Herz

Wir sind alle Väter, sei es nun buchstäblich oder metaphorisch, denn wir alle vermitteln jungen Menschen tagtäglich Botschaften darüber, worum es im Leben geht, nach welchen Werten es sich zu streben lohnt und welche Richtungen wir im Leben einschlagen sollten – oder eben nicht. Wie gut machen wir das?

Ja, wir sind alle Väter, aber welche Art von Vätern? Sind wir bereit für diese Verantwortung? Welche Rolle spielt das „Herz" bei der Ausübung unserer Vaterschaft? Haben wir die Fehler unserer eigenen Väter aufgelöst und vergeben, damit wir erstens aus ihnen lernen, zweitens weitergehen und drittens auf unsere eigene Art zum Vater werden können? Wenn das nicht der Fall sein sollte, warum nicht? Sind wir abhängig von schlechter Vaterschaft, von dem Kontrollversprechen, das vom politischen wie auch religiösen Faschismus über alles gestellt wird? Können wir unser väterliches Herz in Freude und mit Verspieltheit tragen? Wie viele der Probleme in der heutigen Welt werden von negativer väterlicher Macht, von Vaterschaft ohne Herz verursacht? Von herzloser Autorität und herzlosem Geist?

Vaterschaft in der Natur

In seinem Buch *The Evolution of Fatherhood. A Celebration of Animal and Human Families* enthüllt Jeffrey Moussaieff Masson[28] vieles über die Vaterschaft in der Natur. Er bemerkt, dass wir in dem „weit verbreiteten Glauben leben, dass die Männchen bei fast alle Primaten und in der Tat fast allen Säugetieren bestenfalls unbetroffene Väter sind, die nichts als ihren Samen zu ihren Nachkommen beitra-

28) Der hier im folgenden zitierte Wissenschaftler – J.M. Masson – ist kritisch zu betrachten. Er ist ursprünglich als Psychologe ausgebildet, jedoch vom Menschen so enttäuscht, dass er sich der „Erforschung" und Beschreibung der von ihm im Vergleich zum Menschen als „gut" erlebten Tiere zugewandt hat. Seitdem sind seine Werke höchst tendenziell und wissenschaftlich nicht haltbar. Er gibt selbst zu, die Tatsache, dass Tierväter auch immer wieder ihre Nachkommen töten und fressen, nicht hören zu wollen und behauptet in einem Buch, es handele sich hierbei immer um das Ergebnis von Verhaltensstörungen oder anderen krankhaften Entwicklungen. In Bezug auf die folgenden Aussagen ignoriert er völlig die ebenso nachgewiesene Tatsache, dass sich in fast jedem Nest, Bau oder Gelege von Tierarten, die in lebenslanger Monogamie leben, regelmaßig Jungen anderer Väter befinden. Auch hier kommt es also zum Austausch von Genen zwischen verschiedensten Partnern, die lediglich immer vom selben Paar aufgezogen werden, nicht aber unbedingt auch immer vom selben Paar gezeugt worden sind. Das bedeutet, das eheliche Treue nicht von der Natur ableitbar ist, jedoch ist es ebenso ein Fakt, dass die Natur dennoch ein lebenslanges Zusammenleben nicht ausschließt. [A.d.Ü.]

gen und diese schlimmstenfalls sogar töten sollen.“ Er belegt das Gegenteil und beklagt den Umstand, dass „die wohlwollenderen Väter – Pinguine, Wölfe, Seepferdchen, Seidenaffen, Biber – … fast nie für die Lektionen herangezogen werden, die wir von ihnen lernen können.“

Über Väter des Tierreichs erfahren wir, dass tierische Eltern „alles ihnen nur Mögliche tun, um die Sicherheit ihrer Jungen zu garantieren. … Wenn ich mir Tierväter ansehe, die ihre Kinder beschützen und ihr Leben für sie riskieren, sehe ich keinen Grund dafür anzunehmen, dass sie nicht dasselbe fühlen wie auch ich.“ Masson erzählt die erstaunliche Geschichte der heldenhaften Kaiserpinguinväter, die „den ganzen, fast unerträglich harten Winter hindurch bei ihren Eiern bleiben, fastend, das kostbare Ei zwischen ihren Füßen balancierend, fast bewegungslos und kaum schlafend, bis ihre Gefährtinnen von ihrer Zeit am Meer zurückkehren.“ Findet sich diese Großzügigkeit auch bei menschlichen Vätern wieder?

> Wenn ich am Wochenende den Spielplatz besuche und all die Väter sehe, von denen viele ohne Zweifel recht gelangweilt aussehen, die aber dennoch dort sind, auch wenn sie woanders sein könnten, erstaunt es mich absolut, dass Kinder in unser Leben kommen und einfach verlangen, dass wir ihnen die allererste Priorität einräumen – und wir darauf eingehen! Es gibt viele Vergnügungen, die bei weitem aufregender sind, als mit einem Dreijährigen, der Löcher buddelt, in einer Sandkiste zu sitzen oder an einem Strand Sandburgen zu bauen. Aufregendere, aber im absoluten Sinne weitaus weniger erfüllende Dinge. Nichts fühlt sich richtiger an, als bei unseren Kindern zu sein, sie bei ihren kleinen Vergnügungen zu begleiten und mit Zufriedenheit ihre Freude zu beobachten. Wir sind vielleicht keine Kaiserpinguine, doch in diesen Augenblicken elterlicher Hingabe nehmen wir unsere Kinder auf ganz ähnliche Weise an. Auch wir spüren eine Hingabe an unsere Jungen, die uns auf gewöhnliche Vergnügungen verzichten lässt, um ihr Überleben und Gedeihen sicherzustellen.

Masson betrachtet Wölfe als

> großartige Väter. … Im oder in der Nähe des Baus verhält sich der Wolf als Vater. Er jagt für seine Jungen (und seine Gefährtin), leckt die Jungen immer wieder ab, säubert sie gründlich, bewacht den Bau und beschützt die Welpen darin – und wenn sie groß genug sind, um ihm zu folgen, lehrt er sie, wie man ein Wolf ist. Wölfe durchlaufen ebenso wie Menschen einen Sozialisationsprozess. Sie müssen Regeln lernen, die Hierarchie des Rudels begreifen und herausfinden, wie sie dort hineinpassen. Ein großer Teil ihrer Lernprozesse wird von ihrem Vater und ihrer Mutter gefördert, die dabei zusammenarbeiten. Es gibt keinen Hinweis darauf, dass Wolfsväter ihre Jungen ignorieren oder ihre Aufzucht den Weibchen überlassen. Selbst das Jagen müssen

die Kleinen lernen – jene Aktivität, die von vielen Menschen als äußerst instinktiv betrachtet werden würde.

Interessanterweise verringert sich das Vaterschaftsverhalten, wenn wir ein Tier domestizieren. Deshalb ist zum Beispiel ein Hund seinen eigenen Kindern ein schlechter Vater, aber nicht menschlichen Kindern gegenüber. Warum ist das so? Für den Hund „sind *wir* das Rudel; die menschliche Familie ersetzt das Wolfsrudel. ... Ein männlicher Hund verhält sich Kindern gegenüber sehr beschützend, denn soweit es ihn betrifft, sind sie die Welpen des Rudels. ... Der väterliche Instinkt ist nicht vollkommen ausgelöscht worden, sondern hat sich lediglich auf eine andere Art übertragen. ... Wölfe sind großartige Väter für Wolfswelpen; Hunde sind großartige Väter für menschliche Welpen."

Masson hat festgestellt, dass im Allgemeinen „Vaterschaft und Monogamie unter Säugetieren eng miteinander verbunden sind." Menschliche Väter haben viel mit wölfischen gemeinsam. „Auch menschliche Väter kennen die Freude des Spiels mit ihren Jungen, können Seite an Seite mit ihrem Säugling liegen und die überwältigende Zufriedenheit spüren, die mit elterlicher Liebe einhergeht. Manche Männer halten es für ‚männlich', sich an der Monogamie zu stören und zu murren, wir seien nicht dafür ‚gemacht', uns auf diese Art zu verhalten, aber der Wolf, den wir so sehr bewundern, wenn er auf der Spitze des Hügels steht und seine Welt überschaut, wird gleich zu seinem Bau hinabsteigen, wo er von seiner lebenslangen Gefährtin und seinen Kindern erwartet wird. Darin findet er Zufriedenheit. Sind wir so anders?"

Der Vaterinstinkt in der Natur ist gesund und munter. Masson glaubt, dass „es für menschliche Väter gut wäre, sich die enorme Vielfalt des elterlichen Verhaltens in der Tierwelt anzusehen. Es ist gut, einfach nur zu wissen, dass diese Vielfalt existiert, mehr über sie zu erfahren und jene Menschen zu würdigen, die das Wissen darum aus den Dschungeln, Wäldern und Meeren der Welt mit zurückgebracht haben." Aber am besten ist es, zu wissen, dass „Menschen und andere Tiere ihre Kinder mehr als alles andere lieben. Ich finde es ebenso tröstlich wie Demut erzeugend, dass ich dies bei allen sonstigen Unterschieden zwischen uns mit den wilden Seepferdchen, der Seenadel und dem Darwin-Frosch gemeinsam habe."

Ich bin kürzlich einer Großmutter begegnet, die mir erzählte, dass ihr Sohn nach der Geburt seines ersten Kindes, bei der er anwesend war, zu ihr gesagt habe: „Ich habe noch nie etwas so rasch oder so vollständig geliebt wie mein neugeborenes Baby." Und die frisch gebackene Großmutter fügte hinzu: „Ich glaube, dass sich so etwas immer häufiger ereignen wird – jetzt, wo immer mehr Väter den gesamten Geburtsprozess ihrer Kinder miterleben." Man kann es nur hoffen. Die Psychologin Jean Bolen glaubt jedenfalls nach vielen Jahren, die sie damit verbracht hat, den Geschichten von Männern zuzuhören, dass sich der Vaterarchetyp verändert.

Jede neue Generation von Männern, die zu Vätern werden, schließt sich anderen an, die im letzten Drittel des vergangen Jahrhunderts bei ihren

> Frauen waren, als diese in den Wehen lagen und ihre Kinder zur Welt brachten. Diese Männer stellen meist bereits zu ihren Säuglingskindern eine starke Bindung her und werden zu beteiligten Vätern und nicht zu emotional distanzierten oder nicht verfügbaren Himmelsvätern. ... Manche Männer werden sogar zu vollständigen Erdvätern.

Die Krise der Erdväter

Was ist ein „Erdvater"? In ihrem Buch *The Father. Mythology and Changing Roles* beschreiben Arthur und Libby Colman den Erdvater als einen Mann, der tagtäglich mit seiner Familie interagiert. Die Familie ist der Hauptfokus eines Erdvaters. Selbst, wenn er fern von zu Hause unterwegs ist, befindet er sich mit seinem Bewusstsein bei seinen Kindern: „Der Erdvater übernimmt die Aufgabe, seine Kinder mit dem Grundvertrauen und der inneren Sicherheit zu versehen, die ihnen ermöglichen, aufzuwachsen und die Familie schließlich auf dem Weg zu Unabhängigkeit und einer einzigartigen Identität zu verlassen." Bolen bemerkt, dass sie in ihrer Praxis „Männer gesehen hat, die in der Welt wie Zeus auf dem Gipfel waren und sich nichts mehr wünschten, als zu Hause bei ihren Kindern bleiben zu können. ... Diese Väter grollen ihren Kindern nicht etwa, sondern lieben sie leidenschaftlich. ... Der Archetyp des Vaters verändert sich bei den gegenwärtigen amerikanischen Männern. Auch wenn der patriarchalische Himmelsvater noch immer dominiert, verändern sich die Männer selbst einer nach dem anderen."

Eine den Erdvater oft begleitende Metapher ist die des „väterlichen Herzens". Meister Eckhart, der große Mystiker und Sozialaktivist des späten dreizehnten und frühen vierzehnten Jahrhunderts, spricht oft vom „elterlichen und väterlichen Herzen" Gottes. Was bedeutet es, wenn man sagt, Gott habe ein väterliches Herz? Die westliche Kultur sollte die Entwicklung eines „väterlichen Herzens" in ihren Jungs und jungen Männern fördern, tut das aber nicht. Im Jahr 1998 finanzierte das Morehouse-College, eine Schule für junge schwarze Männer in Atlanta, eine Konferenz mit dem Titel „Neue Wege im Umgang mit der Abwesenheit von Vätern im schwarzen Amerika". In ihrem Bericht beschrieb die Konferenz den lautstarken Individualismus und einen geschwächten Sinn für die Verpflichtung der Familie gegenüber als Ausgangspunkt einer weltweiten Krise: „Überall auf der Welt gehen Väter aller sozialen Schichten zunehmend auf Abstand von ihren Kindern und den Müttern ihrer Kinder." Der Bericht bestätigt, dass siebzig Prozent aller afro-amerikanischen Kinder unverheiratete Mütter haben, und mindestens achtzig Prozent von ihnen können heute damit rechnen, den größten Teil ihrer Kindheit ohne ihre Väter zu verbringen. Diese Art von „nationalem Trend zur Abwesenheit von Vätern ... betrifft fast alle Rassen und ethnischen Gruppen in den Vereinigten Staaten", zeigt der Bericht auf.

Der auf Vaterschaftsstudien spezialisierte Wissenschaftler Ron Mincy sagt, die Heilung der modernen Vaterschaftskrise erfordere „erweiterte Arbeitsvermittlungsdienste, die sich darauf konzentrieren, die Arbeitsplätze, die Gehälter und den Karrierefortschritt auch von engagierten Vätern sicherzustellen." Darüber hinaus werden Dienste und Leistungen im Bereich der Rechtsberatung, der Erziehung, der gemeinsamen Elternschaft, des Substanzmissbrauchs sowie der körperlichen wie auch psychischen Gesundheit benötigt. Außerdem kam die Konferenz zu dem Schluss, dass „die Voraussetzung für nährende Beziehungen zwischen Vätern und ihren Kindern ein hohes Maß an Heilungsarbeit zwischen Vätern und Müttern, zwischen Männern und Frauen" sei. Die Krise der männlichen Spiritualität gehört zu den Ursachen der Vaterschaftskrise, weshalb eine Erneuerung der männlichen Spiritualität auch Teil des Heilmittels dafür ist.

Der an der Universität Princeton lehrende Theologe Cornel West sieht den Kern der Vaterschaftskrise in dem Problem, über einen längeren Zeitraum hinweg eine gewissenhafte Verpflichtung einzugehen. Er erkennt drei Aspekte der modernen Verpflichtungskrise: Der erste ist wirtschaftlich, denn ohne Arbeitsplatzsicherheit wird die Beziehung von Angst und Unsicherheit beherrscht. Der zweite Aspekt ist politisch, da sich die schwache und dürftige Unterstützung durch die Gemeinde demoralisierend auswirkt. Der dritte Aspekt ist persönlicher Natur. Unsere Gesellschaft, sagt West, „verliert die Fähigkeit zur Kunst der Intimität, ... den Mut, verletzlich zu sein und eine größere Betonung auf die Langlebigkeit unserer Beziehungen zu legen. Wir haben eine Marktmoral; wir wollen austauschbare Körper. Und so braucht es viel Zeit, um den Punkt zu erreichen, an dem man wirklich verletzlich wird. ... Die Leute waren früher vielleicht nicht besser als heute, aber sie wussten, dass sie gemeinsam in einem Boot saßen. ... Manche Dinge muss man eben durcharbeiten. So wird Intimität hergestellt." Bevor wir uns mit der Natur des väterlichen Herzens auseinander setzen, ist es genauso wichtig, festzustellen, worum es sich dabei nicht handelt.

Der falsche Vater oder der Schattenvater

Das Gegenteil des väterlichen Herzens ist das entfernte, abwesende und kalte Herz, das nirgendwo berührt oder gesehen werden kann und mit dem auch keine Kommunikation möglich ist. Es ist ein Vater, der keinen Kontakt zu seinem Herzen hat, ein herzloser Vater, der aus einem oberflächlichen, distanzierten Platz innerhalb seiner selbst heraus lebt. Bolen nennt dies die Schattenseite des Archetyps von Vater Himmel. In der westlichen Kultur ist der abwesende Vater bereits selbst zum Archetyp geworden – ein Mann, der buchstäblich aus der Familie und Gemeinde entfernt worden ist – was bedeutet, dass der Westen seit langem unter der Abwesenheit des väterlichen Herzens leidet. Marion Woodman formuliert dies in ihrem Dialog mit Robert Bly in dem Buch *The Maiden King. Reunion of the Masculine and Feminine* folgendermaßen:

> Solange wir darauf warten, dass die abwesenden Väter in den Regierungen etwas unternehmen, wird nichts geschehen. Auch deren Väter waren abwesend, und die meisten von ihnen haben nicht die geringste Ahnung, was sie tun sol-

> len oder wo sie eine Vision finden können, die sie führt. Genau so wenig können wir uns an die Stiefmütter wenden, deren Mütter und Großmütter ebenfalls Stiefmütter waren, denn sie alle haben irgendwann die Verbindung zu ihrer wirklichen Sehnsucht verloren. Ohne die umfassende Liebe zum Leben als Zentrum allen Seins lernen Kinder von frühester Zeit an, dass über sie gerichtet wird. Dieses Urteil schränkt jedes Verlangen, jeden Gedanken und jede Handlung ein.

Diese „umfassende Liebe zum Leben als Zentrum allen Seins" ist mit dem Begriff der *Biophilie* gemeint. Ein authentisches „väterliches Herz" nährt, liebt das Leben und unterstützt die Biophilie. Der Erdvater liebt; er ist kein strafender Richter. Jesus meint das väterliche Herz, wenn er sagt:

> *Würde jemand unter euch denn seinem Kind einen Stein geben, wenn es ihn um ein Stück Brot bittet?*
> *Würde er ihm denn eine Schlange geben, wenn es ihn um einen Fisch bittet?*
> *So schlecht wie ihr seid, wisst ihr doch, was gute Gaben für eure Kinder sind, und gebt sie ihnen auch. Wie viel mehr wird der Vater im Himmel denen Gutes geben, die ihn darum bitten.*

Im Westen treffen wir statt des „väterlichen Herzens" viele Beispiele für das autoritäre Herz an: das strafende Herz, das richtende Herz, das allzeit verärgerte Herz, das distanzierte, kalte, abstrakte und rationale Herz. Ein unväterliches Herz ist eines, das sich nie ausgedehnt hat; es ist ein Verstand, der nie zu Bewusstsein aufgefordert worden ist. Ein unväterliches Herz schläft noch immer und hat kein Bewusstsein. Robert Bly sagt, dass „ein ‚unbewusster Vater' eine Macht der Tyrannei, der kapitalistischen Herrschaft und des Geschlechterkriegs ist. Die ‚unbewusste Mutter' wiederum stellt eine Macht der psychischen Schwere und des buchstäblichen Konsumententums dar." Da sich Gleiches gerne mit Gleichem verbindet, heiraten unbewusste Männer und Frauen oft, um als unbewusste Väter und Mütter gemeinsam Kinder aufzuziehen.

Marion Woodman betrachtet den autoritären Vater und die versteinernde Mutter im Zusammenhang miteinander.

> Die alte, versteinernde Mutter ist eine riesige Eidechse, die in den Tiefen des Unbewussten liegt. Sie will, dass sich nichts verändert. Wenn das beherzte Ego irgendetwas zu erreichen versucht, erledigt sie den kindischen Rebellen mit einem einzigen Aufblitzen ihrer Zunge. Ihr Gefährte, der strenge, autoritäre Vater, beschließt jene Gesetze, die ihre Unbeweglichkeit aufrechterhalten. Gemeinsam herrschen sie mit eiserner Faust und Samthandschuh. Mutter wird zu Mutter Kirche, Mutter Wohlfahrtsstaat, Mutter Universität, der

geliebten Alma Mater – vom Vater verteidigt, der sich in Vater Hierarchie, Vater Gesetz, Vater Status Quo verwandelt.
Der jahrhundertelange Versuch, den Drachen zu töten, hat dazu geführt, dass die Mutter nun im konkreten Materialismus verehrt wird. Die Söhne und Töchter des Patriarchats sind in Wirklichkeit an die Mutter gebunden.

Die Psychologen Gordon Wheeler und Daniel Jones haben viele Männerseminare zum Thema „Unsere Söhne finden" durchgeführt. In einem aufschlussreichen Artikel über ihre Arbeit weisen sie auf die übergeordnete Rolle hin, welche die Scham im männlichen Bewusstsein spielt. Angesichts der kulturellen Ikonen des Individualismus und des Heldentums (denken Sie zum Beispiel an John Wayne) ist es für Männer umso schwieriger – und tatsächlich Scham auslösend – die Hilfe anderer Männer zu suchen. „So wird der Held – der per Definition ein Einzelgänger ist – zum Inbegriff des individualistischen Selbstideals der Männer." Darüber hinaus ist bereits der Akt der Innenschau und „Selbsterforschung an sich in höchstem Maße schambeladen, was seine Ursache in schamvollen Gefühlen und Begierden hat, die sich meist um Abhängigkeitsbedürfnisse drehen und auf die wir zu stoßen riskieren, wenn wir genug unterstützt werden, um nach innen zu schauen." Doch bedenken Sie, dass mehrere der aus dem zwölften Jahrhundert stammenden Statuen des Grünen Mannes eindeutig nach innen blicken. Ein Grüner Mann hat keine Angst vor der Introspektion. Gegenwärtige Männer lehrt man jedoch, diese Angst zu haben.

Es gibt eine soziale Beteiligung an dieser Scham und daran, Männer von der Innenschau abzuhalten, denn „Scham hat den Zweck, die sozialen Muster und Strukturen aufrechtzuerhalten, die nicht etwa die Kraft der Männer beschützt, sondern sie tatsächlich fast all ihrer Kraft beraubt und zugleich jene Art der Auseinandersetzung blockiert oder behindert, die zur Destrukturierung dieser Muster und Überzeugungen führen könnte." Deshalb dürfen sich Männer nicht „outen". Sie sind sogar vor sich selbst verborgen.

Das Gewicht all dieser Scham wirkt sich auf ernsthafte Weise auf die Vaterschaft aus, die immer „eine Beziehung ist, bei der es um Bedürfnisse und Abhängigkeit geht." Die Autoren definieren Vaterschaft als „jede nährende/pflegende Beziehung, in der sich ein Mann in der Rolle des Fürsorgers befindet." Gute Vaterschaft bestätigt, energetisiert und unterstützt das Wachstum einer anderen Person wie auch des eigenen Selbst. Die Autoren gehen davon aus, dass „alle Männer" Vater für Söhne sind, ob sie nun tatsächlich Kinder haben oder nicht, weil wir Jungs und jungen Männer gegenüber bewusst oder unbewusst immer die Vaterrolle einnehmen. Scham ist „das Gefühl, dass diese Welt nicht für mich da ist, nicht meine Welt darstellt, es darin keinen Platz für mich gibt, wenn ich wirklich ich bin." Tatsächlich wird in einer die Scham fördernden Umgebung jede Form der Abhängigkeit als „infantil, schändlich, ‚primitiv' – und *weiblich*" charakterisiert. Diese Abhängigkeitsphobie steht guter Vaterschaft im Weg.

Das väterliche Herz ist so wichtig, dass wir alle lernen müssen, es zu verkörpern – ob wir nun männlich oder weiblich, jung oder alt, Eltern oder Großeltern sind. Unsere menschliche Natur erfordert ein väterliches Herz, welches das mütterliche begleitet. Beide müssen bewusst sein – wachsam und aufmerksam. In dieser Hinsicht spielt das erweiterte Bewusstsein des Blauen Manns eine wichtige Rolle bei der Entwicklung des väterlichen Herzens. Jeder Erdvater muss auch ein Blauer Mann sein, also ein Mensch, der Kinder auf wache, bewusste, suchende und neugierige Weise liebt. Als liebevolle Fürsorger wachsen wir und infolge auch unsere Kinder gesund auf, und die Erde sowie all ihre Geschöpfe gedeihen in Gesundheit.

Ein Beweis für die umfassende Abwesenheit des väterlichen Herzens besteht in der Art, wie die Erde und ihre Geschöpfe heute behandelt werden. Ein anderer Beweis ist die hohe Zahl von jungen Menschen, die sich in amerikanischen Gefängnissen befinden. Viele dieser jungen Männer sind völlig vaterlos aufgewachsen. Sie haben wenig oder gar keine Erfahrung mit dem väterlichen Herzen eines Mannes, der sie lieben, führen, lenken und schützen könnte – sogar vor sich selbst. Wenn man ein Leben führen muss, in dem es kein väterliches Herz gegeben hat, setzt Verzweiflung ein, und die ist – wie schon Thomas von Aquin bemerkte – die „gefährlichste" aller Sünden. Wenn wir von Verzweiflung überwältigt werden, kommt es zu grenzenloser Gewalt; wenn wir uns nicht mehr selbst lieben, hat die Ermahnung „liebe deinen Nächsten wie dich selbst" keinerlei Bedeutung mehr.

Im Extremfall neigt der falsche Vater oder Schattenvater zu Faschismus, was üblicherweise mit einem patriarchalischen, strafenden Gottesverständnis gerechtfertigt wird. Dr. James Adams, den ich bereits in Kapitel 5 zitierte und der Hitlers Faschismus überlebt hat, gebrauchte diesen Begriff keineswegs unüberlegt, als er vor dem Aufschwung des Faschismus im modernen Amerika warnte. Er sagte: „Die Nazis wären nicht mit Hakenkreuzen und braunen Hemden zurückgekehrt. Ihre ideologischen Erben haben in den Seiten der Bibel eine Maske für den Faschismus gefunden." Für ihn stellt der Aufschwung des rechten Flügels in Amerika ein Déjàvu dar, nämlich den Versuch, die öffentliche Gesellschaft zugunsten der von oben aus erfolgenden Kontrolle durch einen allwissenden Vater zu demontieren. Dieser Bewegung liegen im Kern eine falsche Vaterschaft sowie eine kranke Männlichkeit zugrunde. Wir sollten nicht unterschätzen, wie hochexplosiv diese Mischung aus falschen Vaterschaftslehren, Groll und Aggression ist, wenn sie unter einem religiösen Deckmantel eingeführt wird. Wie ich in meinem Buch über das Böse feststellte, waren die Reden Hitlers tiefgehend von einer religiösen Wort- und Bildersprache durchdrungen. In vielerlei Hinsicht war er ein religiöser Prediger – und er spielte die Rolle des „spirituellen" Vaters.

Wir können also sehen, dass ein väterliches Herz Hoffnung, Verheißung und neue Möglichkeiten in das eigene Leben trägt, während sein Fehlen zu Verzweiflung, Hoffnungslosigkeit und der daraus resultierenden Gewalt führt. Ein väterliches Herz beflügelt uns (wie in der Geschichte von Ikarus und Dädalus); es schafft Ehrgeiz und Stärke in uns und ermächtigt uns. Darüber hinaus setzt uns das väterliche Herz Grenzen und umfasst uns, indem es uns wie der Grüne Mann erdet. Robert Bly glaubt, ein guter Vater „hilft jeder Person, sich von der Illusion zu verabschieden, dass die einzige Aufgabe des Vaters darin bestehe, ständig Nahrung und Ermutigung zur Verfügung zu stellen. Saturns kannibalische Natur stellt das genaue Gegenteil des Guten Vaters dar, den jeder von uns in seiner Fantasie in sich trägt.“ Ein guter Vater ermuntert zur Übernahme von persönlicher und individueller Verantwortung. Ein väterliches Herz fördert nicht etwa Abhängigkeit oder Co-Abhängigkeit, sondern eine gesunde Individualität.

Der Erdvater: eine Kombination aller männlichen Archetypen

Der Erdvater oder der authentische Vater mit väterlichem Herzen verkörpert *alle* Metaphern und Archetypen, die in den vergangenen acht Kapiteln dieses Buchs angesprochen worden sind. Ein authentischer Vater gibt die erstaunliche Nachricht davon, auf welche Weise der Himmel lebt – dass Vater Himmel Wirklichkeit ist – mit Hilfe von Geschichten und seines eigenen Beispiels weiter. Ein authentischer Vater ist immer auch ein Grüner Mann, der unser Bewusstsein erdet und buchstäblich für Mutter Erde sorgt, indem er dafür arbeitet, ihre Geschöpfe, ihren Boden, ihr Wasser, ihre Luft und ihre Wälder wieder gesund zu machen. Ein väterliches Herz scheut keine Mühe, um die wechselseitige Kommunikation innerhalb von Familie und Gemeinschaft zu fördern – eine Kommunikation, die in beide Richtungen fließt, sprechend und zuhörend, lehrend und lernend. Ein Erdvater spricht nicht nur eine Sprache, sondern neue, Kulturen und Generationen überspannende Sprachen, die neue Wege des Sprechens sowie der Kommunikation respektieren.

Ein authentisches väterliches Herz ist für die tiefen und uralten Geschichten unserer Jäger-und-Sammler-Vorfahren offen: Er sorgt für das Überleben des Stammes und fördert eine kraftvolle Neugier auf die natürliche Welt sowie den leidenschaftlich engagierten Umgang damit. Der Erdvater versteht das Prinzip der Wechselwirkung. Er lehrt seine Söhne und Töchter, wie sie in der Welt „jagen“ und ihren eigenen Jäger-und-Sammler-Instinkten trauen können, wenn sie auf sich selbst gestellt sind. Doch das väterliche Herz ist auch ein Modell des von ihm gefeierten spirituellen Kriegers. Er kann sowohl Trauer als auch Freude zum Ausdruck bringen, und er kennt und/oder kreiert Rituale, die diese Gefühle innerhalb des Heims und der Gemeinschaft halten und tragen können. So wachsen Kinder emotional unversehrt, bewusst, sicher und ausdrucksstark heran. Ein väterliches Herz arbeitet an seinem inneren Selbst, hat sich Trauer und Verlusten gestellt, vielerlei Initiationen durchlebt und verbirgt nichts davon vor seinen Kindern.

Ein gesunder Vater schweigt nicht, wenn es um die Sexualität sowie deren Kraft und Gefahren geht, sondern diskutiert diese offen und dient als Vorbild für gesunde und verantwortungsvolle Formen des Ausdrucks der eigenen Sexualität. Ein gesunder Vater hat Freude daran, seinen Kindern zu zeigen, was zu einem gesunden Leben dazugehört: wie man gesund isst, für sich selbst kocht, Nahrungsmittel anbaut, sich angemessen bewegt und den Körper als das erstaunliche Wunder ehrt, das er ist.

Schließlich lehrt ein gesunder Vater durch seine Worte und seine Taten, wie man ein erweitertes Bewusstsein fördert und auf kreative, künstlerische sowie mitfühlende Weise auf das Leben reagiert. Kreatives Mitgefühl ist zum jetzigen Zeitpunkt unserer Geschichte ein überaus bedeutsamer Wert. Der Blaue Mann wird nicht unter Verschluss gehalten.

Der Erdvater verkörpert alle acht Archetypen und ist deshalb der gesunde Vater mit dem väterlichen Herzen. Er dient als Beispiel für eine gesunde, integrierte Männlichkeit, auch wenn dieser Prozess in der wirklichen Welt natürlich niemals zur Vollendung gebracht werden kann. Wir werden nie einen statischen Zustand endgültiger Vollkommenheit erreichen, in dem unsere Arbeit erledigt ist. Und schließlich, wenn wir das hohe Alter erreichen, verändert sich unsere männliche Rolle noch einmal. Wir müssen lernen, wie ein gesundes männliches Herz nicht einfach nur in den Ruhestand gehen, sondern erneut Feuer fangen kann und darin als Beispiel für unsere Kinder und Enkel dienen.

Dr. Clarissa Pinkola Estés, die Autorin von *Die Wolfsfrau. Die Kraft der weiblichen Urinstinkte* hat dieses Gedicht über „Vater Erde“[29] geschrieben:

Vater Erde

Es gibt einen zwei Millionen Jahre alten Mann,
Den niemand kennt.
Sie haben in seine Flüsse hineingeschnitten,
Große Stücke Haut
Von seinen Beinen abgezogen
Und Brandflecken
Auf seinem Gesäß hinterlassen.
Er schrie nicht auf.
Was immer sie auch taten, er blieb standhaft.
Nun hebt er seine durchstochenen Hände
Und flüstert, dass wir ihn noch immer heilen können.
Wir beginnen mit den Verbänden,
Den Mullbinden,
Den Salben, den Fäden,
Mit der Nadel und den Transplantaten.
Langsam, vorsichtig drehen wir seinen Körper
Mit dem Gesicht nach oben,
Und unter ihm

29) Copyright © 1970 von Clarissa Pinkola Estés, verwendet mit der Erlaubnis von Clarissa Pinkola Estés, Auszug aus *La Pasionaria*. Für Anfragen nach einer Abdruckgenehmigung: projectscreener@aol.com.

Liegt vollkommen und ungezeichnet
Seine lebenslange Liebe, die alte Frau
Er hat
Auf seiner zwei Millionen Jahre alten Frau gelegen
Die ganze Zeit, hat sie beschützt
Mit seinem Rücken, seinem alten, vernarbten Rücken.
Und die Erde neben ihr
Ist schwarz von ihren Tränen.

Matt Henry: Reflektionen eines Songwriters:

Matt Henry ist Songschreiber und lebt in Australien. Er ist ein Freund und ehemaliger Student von mir, der gemeinsam mit seiner Frau vor kurzem sein drittes Kind in dieser Welt willkommen hieß. Nicht lange danach sann und schrieb ich über das „väterliche Herz" und beschloss, ihn nach seinen Gedanken zur Vaterschaft zu fragen. Matt antwortete mit einem Essay[30], das so inspirierend und wortgewandt ist, dass ich es hier vollständig wiedergeben möchte.

Viel zu lange schon leidet unser Gottesbegriff unter den Projektionen, die wir nur zu leicht auf das Göttliche richten und die oft auf unseren menschlichen Versuchen in der Vaterschaft basieren. Es ist kein Wunder, dass der Enthusiasmus für das Wiederaufleben des Göttlich-Weiblichen so groß ist! Wir sind mit einer schwachen Vaterschaft vertraut, die zu Etikettierungen wie der des „Versagervaters" oder des „untauglichen Vaters" führt. Wenn der Gottesbegriff von dieser Definition einer väterlichen Beziehung beeinträchtigt wird, ist es leicht, die Idee eines abwesenden Gottes anzunehmen. Auf der anderen Seite führt eine anmaßende und richtende Vaterschaft zu Bevormundung, die wiederum Beziehungen hervorbringt, in denen es um Macht über etwas geht, wie wir sie zum Beispiel beim Kolonialismus, Feudalismus, Chauvinismus und so weiter antreffen. Natürlich gibt es zwischen den beiden Extremen dieses Spektrums einen ganzen Kosmos von weiteren Möglichkeiten.

Die Leitfrage dieser Überlegungen ist: „Können wir das väterliche Herz des Göttlichen betrachten und damit beginnen, menschliche Vaterschaft nach diesem Bild zu gestalten, anstatt es genau umgekehrt zu versuchen?"

Denken Sie an den Song „Because of You" von Kelly Clarkson, David Hodges und Ben Moody. Dieser Song veranschaulicht eine anmaßende, sich aus Furcht verschanzende Vaterschaft nach obigem Beispiel. Die Protagonistin des Songs sagt, dass sie es heute als sehr schwer empfindet, irgendjemandem zu trauen – einschließlich ihrer selbst – und dass sie nicht dieselben Fehler wie ihr Vater machen wird.

30) Matt Henrys Essay und die Texte von „Matter of Time" (*Eine Frage der Zeit*) und „While You Let Me" (*So lange du mich lässt*) von Matt Henry sind mit Erlaubnis von Matt Henry verwendet worden.

Wie herzzerreißend es doch ist, so von seinem Vater behandelt zu werden, dass es zu Zerstörung des gesamten Vertrauens, auch zu sich selbst, kommt! Juliana von Norwich stellt fest, dass ein Mangel an Vertrauen zur Ursache von innerer Schwäche werden kann:

Oft
ist unser Vertrauen nicht vollkommen.

Wir sind nicht sicher, ob Gott uns hört,
weil wir uns selbst
als wertlos und als Nichts betrachten.

Das ist albern
und der Grund unserer Schwäche.

Die Tragödie der Vaterbeziehung in diesem Song liegt darin, dass nicht nur dieser, sondern allen Beziehungen das Vertrauen entzogen wird und infolgedessen auch der Beziehung zum Göttlichen. Umso mehr vielleicht, weil Väter seit langem als Abbilder Gottes betrachtet werden. Meister Eckhart verwirft diese Art von Vertrauensverlust:

Nichts, was Menschen jemals tun werden
ist ebenso angemessen
wie das große Vertrauen in Gott.
Mit diesem Vertrauen
wird es Gott niemals misslingen, Großes zu vollbringen.

Ein weiterer Song, nämlich „Cat's in the Cradle" von Harry Chapin, widmet sich dem anderen Ende des Spektrums, um über die Auswirkungen einer distanzierten, unfähigen Vaterschaft nachzudenken. Hier erzählt der Schreiber, dass sein Vater in der Zeit, als er aufwuchs, nie anwesend war und er nun, da er selbst Vater ist, dasselbe Muster zwischen sich und seinem Sohn wiederkehren sieht, der „gerade so wie ich aufwächst".

Die Texte beider Songs bestehen darauf, dass die Vaterschaft eine Macht ist. Natürlich werden hier ziemlich krasse Beispiele gegeben, die das Feld zwischen beiden Extremen abgrenzen sollen, aber jedes besagt unmissverständlich, dass die väterliche Beziehung das Kind auf machtvolle Weise formt. Die „zu Starken" und „zu Schwachen" haben große Macht. Vaterschaft bringt in jedem Falle Macht mit sich – die Frage ist nicht, ob ein väterliches Herz machtvoll ist, sondern auf welche Weise es diese Macht ausüben wird.

Bereits die Grundlagen der Biologie erinnern uns an eine Reihe von für die Vaterschaft wichtigen Dingen. Der erste Punkt ist, dass sie sich nicht in der Isolation ereignen kann, also ohne eine dazugehörige Mutterschaft. Der zweite Punkt besteht darin, dass Vaterschaft bereits vor der Geburt beginnt. Wenn man die vorgeburtlichen Aspekte bedenkt ... mir fällt keiner von meinen gleichaltrigen Bekannten ein, der nicht gemeinsam mit seiner Partnerin an irgendeiner Form der Geburtsvorbereitung teilgenommen hätte. Da vollzieht sich eine generationsübergreifende Veränderung in Richtung der Anerkennung der aktiven Rolle des Vaters während der Schwangerschaft. Ich kann mir zwar vorstellen, dass es Kurse gibt, in denen den Vätern eine sekundäre und eher die Mutter unterstützende Rolle zugeschrieben wird, aber in jenen, an denen ich teilgenommen habe, wurde seine Rolle zu einer Verantwortung erhoben, welche die Realität der biologischen und spirituellen Vereinigung widerspiegelt, die uns an diesen Ort gebracht hat. Im Grunde hat man mir gar nicht erlaubt, mit dem Beginn der väterlichen Beziehung bis zur Geburt zu warten; man bestand darauf, dass *auch ich schwanger war.*

Eine der Übungen, die ich als werdender Vater durchführte, war das „Zeit Beten". Dazu wurde ich schlicht durch die Paarbildung von Mutter Natur und Vater Zeit angeregt, die in vielen Kulturen zu finden ist. (Es scheint ziemlich offensichtlich, welche der beiden Rollen meine Aufmerksamkeit auf sich zog.) Mir ging es darum, ein Bewusstsein für das Wachstum des Kindes in der Gebärmutter, für die zeitliche Entwicklung von einem winzigen Zellhaufen bis hin zu einer erstaunlichen menschlichen Person zu entwickeln. Es kam mir vor, als würde *in utero* so viel so schnell geschehen, dass es keine Zeit ohne Wachstum gab. Ich betete meine Zeit, indem ich genau darüber meditierte. Manchmal dachte ich über die reichhaltigen Bilder und Beschreibungen der Bücher nach, die ich gelesen hatte; zu anderen Zeiten wiederum staunte ich einfach nur. Ich betete, indem ich schlicht eine Uhr beobachtete:

„Eine Frage der Zeit – An unser Kind im Mutterleib" (von Matt Henry)

Die Uhr beobachten,
Den Zeigern zusehen, wie sie sich drehen,
Hinauf und hinab wandern sie,
Einer langsam und einer schnell.

Ich träume, während sie wandern,
Der dünne ist schnell und der dicke ist langsam,
Und da es zwei von ihnen gibt,
Ist einer ich, und einer bist du.

Es ist eine Frage der Zeit.
Hin und wieder
Bemerkt der Schnelle, dass er da ist und gehalten wird
Von jemandem, der weiß

Und dann wieder loslässt.
Es ist eine Frage der Zeit,
Dieser kleine Zeiger von Dir
Und der große Zeiger von mir.
Zuerst wird es scheinen
Als ob du dich kaum bewegst, während wir kaum ruhen
Und uns jeden Tag versichern, dass es dir gut geht.

Und während unseres ganzen Lebens
Werden wir umher tanzen, sei es fern, sei es nah,
Doch nie weit auseinander,
Wenn es rings um dasselbe Herz herum geht.
Es ist eine Frage der Zeit,
Bis wann dein kleiner Zeiger, deine kleine Hand
In meiner Hand liegen wird.

Und dann, am Ende,
werden wir irgendwie feststellen, dass sich das Leben im Kreis dreht.
Es ist neu geordnet,
Unsere Zeiger sind vertauscht.
Es ist eine Frage der Zeit,
Wann deine große Hand
Meine kleine Hand halten wird.

Diesen Song habe ich im Verlauf der ganzen Schwangerschaft geschrieben, was mir half, mich nicht nur auf das Wachstum des Kindes bis zu seiner Geburt, sondern auch auf die anhaltenden Veränderungen vorzubereiten, welche die Ankunft eines Kindes mit sich bringt. Die Zeit zu „beten" und das damit verbundene Wachstum war die Art und Weise, wie das väterliche Herz in mir arbeitete. Darauf vorbereitet zu sein, loszulassen und neu anzunehmen, wie es die Geburt eines Kindes nun einmal erfordert, war das Geschenk des väterlichen Herzens an mich. Wobei vorbereitet natürlich noch lange nicht heißt, wirklich bereit zu sein.

Wie steht es mit dem göttlichen väterlichen Herzen, „vorgeburtlich" betrachtet? Der heilige Paulus bemerkt, die ganze Schöpfung habe „bis jetzt in Wehen gelegen." Meister Eckhart stimmt ihm zu und sagt, dass Gott, der den Sohn der Ewigkeit gebärt, im Wochenbett liegt … und dass die Geburt „Gottes Selbst-Erkenntnis ist, die aus der Ewigkeit aus seinem väterlichen Herzen entspringt, in dem alle Freude liegt." Also nimmt auch Gottes väterliches Herz schon lange vor der Durchtrennung der Nabelschnur Anteil. Es ist von Anfang an dabei, denn es ist der Anfang.

Das väterliche Herz ist ein gutes Bild, denn wir wissen, dass der Herzschlag des ungeborenen Kindes vor dem Atem einsetzt. Das Herz eines Babys beginnt bereits in einem sehr frühen Schwangerschaftsstadium zu schlagen, während sich der Atem erst nach der Geburt einstellt. Das stimmt mit dem Gedanken überein, dass das väterliche Herz des Göttlichen der Gottheit ähnelt, weil es sich stets im Prozess der Manifestation befindet, diese aber noch nicht erreicht hat, während sich der Atem Gottes eher in den Geschöpfen des Göttlichen offenbart.

Natürlich ist es immer problematisch, lineare Zeitbegriffe auf das Göttliche anwenden zu wollen. Wir sind es gewohnt, uns vorzustellen, dass die Zeit dem Raum (der Materie) irgendwie vorausgegangen sei. Wir wissen aber heute, dass die Zeit selbst ein Teil dieser Schöpfung ist und glauben heute, dass Zeit und Raum gemeinsam erschaffen wurden. Zeit ist buchstäblich von äußerster Wichtigkeit. (Ich würde gerne für mich in Anspruch nehmen, den Songtitel „Eine Frage der Zeit“ bewusst als Wortspiel geschrieben zu haben, aber leider habe ich es erst im Rückblick als solches erkannt.) So, wie es aussieht, hat Vater Zeit, der sich konzeptionell wohl teilweise vom Stechpalmenkönig der Kelten und dem Eichenkönig (zwei Seiten des Grünen Mannes) ableitet, offensichtlich kein Recht, vor Mutter Natur anzugeben: Die beiden stecken da gemeinsam drin, und das von Beginn an.

Eckharts Worte (Wochenbett, väterliches Herz) tanzen auf geruhsame Weise zwischen dem Mütterlichen und Väterlichen hin und her, denn ihm ist klar, dass die Erfüllung nur aus beiden kommen kann. Der brasilianische Theologe Leonardo Boff nennt Gott liebevoll „einen mütterlichen Vater und eine väterliche Mutter.“ Das väterliche Herz impliziert eine nicht nur zum Kind, sondern auch zum Mütterlichen bestehende Beziehung. Zusammen ergibt sich daraus das elterliche Werk.

Hier ist nicht der Ort, um Argumente für oder gegen Alleinerziehende oder gleichgeschlechtliche Elternschaft zu diskutieren. Es soll hier genügen, zu sagen, dass jeder männliche Elternteil aufgerufen ist, sowohl mütterlich als auch väterlich zu sein, und dasselbe trifft auf jeden weiblichen Elternteil zu. Der erste Anlaufpunkt der Partnerschaft eines Vaters und einer Mutter müssen die mütterliche Vaterschaft und die väterliche Mutterschaft in jedem Individuum sein. Ich kann gemeinsam mit meiner Frau, der Mutter meiner zwei Töchter, erst vollständig Partner oder Elternteil sein, wenn ich das Mütterliche in mir anerkannt habe.

In der Tradition der jüdischen Kabbalah werden sowohl das Männliche als auch das Weibliche bereits im Namen Gottes selbst anerkannt. Im Tetragrammaton (Gottes Name) JHWH (*Jod He Waw He*) repräsentieren das *Waw* und das *He* „die männlichen und weiblichen Mächte der Fürsorge. Die männliche Macht wirkt in der Welt, während die weibliche der Welt ermöglicht, für Gottes Kraft empfänglich zu sein.“ Boff hat das (weiter oben) vielleicht einfacher ausgedrückt, aber der Umstand, dass wir dies im Namen Gottes selbst finden können, stellt eine machtvolle Bestätigung dar, die wir nicht einfach ignorieren können. Die Weisheit des Talmud versichert, dass ein von Mann und Frau geschaffenes Kind das gottähnlichste Ding ist, was es geben kann, und dass Gott in diesem Schöpfungsakt zu ihrem Partner wird. Entsprechend ist das Kind mit einem gewissen Maß des väterlichen, des mütterlichen und des göttlichen Herzens begabt.

Wenn wir sagen, dass ein väterliches Herz von Beginn an in der Lage ist, ein Kind zu lieben, handelt es sich bei besagtem Beginn nicht lediglich um die physische Empfängnis des Kindes, sondern – und Eckhart würde da sicherlich zustimmen – um den Uranfang selbst. Wer oder was ist da am Uranfang, wo das väterliche Herz schlägt? „Nichts" (*ayin*) würden die Kabbalisten und wohl auch Eckhart antworten. Die Kabbalisten würden es auch als das Unermessliche bezeichnen und sagen, es sei „die Verneinung jeglicher Begrifflichkeit". Eckhart würde anmerken, wir müssen „von Verneinung zu Verneinung in den Einen sinken." Die Kabbalisten würden hinzufügen: Nennt es „Ich werde".

Das *Tao Te King* sinnt wie folgt darüber nach:

Das Tao ist leer,
sein Gebrauch unerschöpflich,
in seiner Tiefe der Ursprung aller Dinge.
Es bricht die Schärfe,
löst die Verwirrung,
mindert den Glanz,
findet den Grund.
Still verschwiegen,
tief verborgen,
ich weiß nicht,
woher es kommt –
es ist der Ursprung des Himmels.

All diese Stimmen bringen einheitlich die Hauptaufgabe des väterlichen Herzens zum Ausdruck: das Loslassen. (Dennoch ist es verblüffend, dass die taoistische Weisheit auch auf einige der praktischen Aspekte wie das Brechen der Schärfe, die Lösung der Verwirrung und die Minderung des Glanzes hinweist.) Hinter den klischeehaften fiktiven Darstellungen von Vätern, die enorme Schwierigkeiten damit haben, eine Tochter heiraten oder einen Sohn aufwachsen zu lassen und dann von ihm bezwungen zu werden (auch wenn das oft als etwas ganz Alltägliches dargestellt wird, wie zum Beispiel als den Sohn, der seinen Vater beim Basketball übertrumpft) weisen auf eine archetypische Wirklichkeit hinter diesen Bildern hin. Dieses Loslassen muss von

Vorstellungen wie der bereits zitierten taoistischen Weisheit geführt werden: Es geht darum, nicht nach außen zu flüchten, sondern sich nach innen zu erweitern. Oder, wie Eckhart sagt: „Was erschaffen ist, strömt hinaus und verbleibt doch im Inneren."

Göttliche Kreativität beginnt mit der Entleerung des Selbst (*Kenosis*), womit im väterlichen Herzen Raum geschaffen wird, in dem das andere sein kann. Dieses Loslassen, dieses Opfer wird nur zu gerne von jenen Christen übersehen, die nur gebannt auf das ebenso kenotische Geschenk der Kreuzigung schauen. Schöpfung und Kreuzigung sind Teil derselben *Kenosis*. Das göttliche väterliche Herz dient als Vorbild für das menschliche väterliche Herz, und dieses Prinzip sagt: „Lasse los."

Das Loslassen geschieht nicht zufällig, sondern aus bewusster Entscheidung. Der Theologe Jürgen Moltmann argumentiert, dass Gottes Kreativität einer „göttlichen Willensentscheidung" entstammt. Er macht einen Unterschied zwischen dieser und der alternativen Ansicht, der zufolge Gottes Kreativität nur die automatische Ausstrahlung seiner Natur ohne jeden Willensakt ist. Moltmann versöhnt diese beiden Möglichkeiten miteinander, indem er sagt, dass Gottes Natur absolut und im Wesentlichen den Willen zu erschaffen einschließt – und zwar vor allem anderen. Worauf es ankommt ist, dass man daraus meiner Ansicht nach schließen kann, dass die Arbeit des väterlichen Herzens nur als beabsichtigt vorstellbar ist. Meine väterliche Beziehung zu meinen Töchtern ist nur deshalb, weil wir drei existieren, noch lange nicht aktiver Natur. Das väterliche Herz muss sich zur Kreativität entscheiden.

Loszulassen bedeutet für Eltern, zu wissen, dass das Kind, dem ich heute Abend einen Gutenachtkuss gebe, morgen nicht mehr als dieselbe Person aufwachen wird, die es heute ist. Dennoch bin ich über alle Maßen in genau das Kind vernarrt, dem ich soeben eine gute Nacht gewünscht habe! Loszulassen bedeutet, im Herzen Platz für das Kind zu machen, das es werden wird. Das väterliche Herz erkennt sich selbst in diesem Kind wieder, und das Kind sehnt sich danach, sich in der Umarmung des väterlichen Herzens wiederzufinden. Deshalb ist es für dieses Herz so wichtig, auf eine sich erweiternde Weise nach innen loszulassen, damit das sich ständig verändernde Kind fühlen kann, dass es dennoch seinen Platz in diesem Herzen behält. Der Unterschied zwischen loslassen und fallen lassen ist der zwischen einem erweiterten und einem gebrochenen Herzen. Das kann in der praktischen Wirklichkeit ein sehr schmaler Grat sein.

„Solange du mich lässt" (von Matt Henry)

Ich bin sicher
Ich habe dich

Millionen von Malen geküsst

Und werde dich küssen, solange du mich lässt
Werde dich tragen, solange ich kann.
Vielleicht, eines Tages
Drehst du dich weg
Wenn ich küsse

Deshalb küsse ich dich, solange du mich lässt
Und trage dich, solange ich kann.
Und wenn die Zeit kommt
Werde ich dich sicher
Eine Milliarde Mal geküsst haben

Und werde immer noch nicht fertig sein
Nichts ist genug
Für meine Liebe
Und ich werde dich küssen, solange du mich lässt
Werde dich tragen, solange ich kann.
Werde dich tragen, solange ich kann.

So, wie uns das Göttliche die „ursächliche Würde“ gewährt hat, müssen auch wir uns dem Selbst und dem Wachstum unseres Kindes ergeben. Das ist nicht einfach, weil ein Instinkt uns dazu bewegt, es einfach ständig küssen und tragen zu wollen. Doch die Mystiker lehren uns, dass Gott da beginnt, wo die Anhaftung endet.

Ich glaube, es ist an der Zeit, damit aufzuhören, unsere menschlichen Bemühungen im Bereich der Vaterschaft auf das Göttliche zu projizieren (sowohl das Bild des abwesenden als auch des anmaßenden, beherrschenden Vaters) und stattdessen beginnen, den Künstlern und Mystikern zu vertrauen, die Gottes väterliches Herz als etwas viel Großartigeres begreifen. Vielleicht können wir dann anhand dessen unsere eigenen väterlichen Anstrengungen gestalten, anstatt Gott nach unserem Bild zu erschaffen.

Vaterschaft muss einem nicht das Herz brechen. Vaterschaft schenkt sogar ein großes Herz – aber es bedarf des Mutes dazu.

Die Eigenschaften des väterlichen Herzens

Matt beweist in seiner ehrlichen Reflektion der Rolle des Vaters und des werdenden Vaters eine große Weisheit. Viele seiner Bemerkungen bewegen mich tief – zum Beispiel, dass die Vaterschaft eine Macht darstellt, wobei die Wahl, wie wir diese Macht interpretieren und einsetzen, immer bei uns liegt. Die Idee der uralten, ja sogar mystischen Präsenz des „Vaters von Beginn an" – oder wagen wir es, zu sagen „selbst vor dem Anfang" – berührt mich zutiefst. (Denken Sie an die Worte von Juliana von Norwich: „Gott liebt uns seit der Zeit vor dem Beginn von allem.") Die Gedanken zum Thema Loslassen und dazu, Liebe und Zuneigung zu zeigen, „solange wir können", weisen darauf hin, dass es sich bei der Vaterschaft in gewisser Weise um eine vorübergehende Aufgabe handelt. Oder zumindest verändert sich die Stellenbeschreibung radikal, wenn die Kinder von zu Hause fortgehen, Unabhängigkeit erlangen und ihre eigenen ersten Versuche zum Thema Vater- bzw. Mutterschaft machen.

Diese Aspekte würde ich also als die zentralen Eigenschaften des väterlichen Herzens bezeichnen:

1. *Liebevolle Fürsorge.* Das väterliche Herz umsorgt. Das geschieht auf vielerlei Art – sei es nun in Form von Küssen und Umarmungen oder durch harte Arbeit, die das Essen auf dem Tisch, das Dach über dem Kopf und angemessene Bildungsmöglichkeiten sicherstellt.
2. *Großzügiges Geben.* Das väterliche Herz ist ein gebendes, ein großzügiges Herz. Kinder können das Beste aus einem Mann herausholen, und das ist seine Fähigkeit zu großzügigem Geben. Bei diesem Geben geht es nicht darum, den Laufstall des Kindes mit irgendwelchem Zeug aufzufüllen, sondern vielmehr darum, Zeit und Präsenz zu geben und die eigenen Lektionen, Philosophien und Werte mitzuteilen, die man aus dem Leben gezogen hat. So habe ich zum Beispiel viele Wissenschaftler und Wissenschaftlerinnen kennengelernt, die mir erzählten, dass es ihre Väter gewesen seien, die bereits im Kindesalter die Liebe und Freude zur Natur in ihnen weckten.
3. *Zuhören.* Das väterliche Herz ist auch aufnehmend; es hört zu. Es schreibt nichts vor und antwortet nicht mit dem Aktions-Reaktions-Schema des Reptiliengehirns. Es ist offen, empfänglich und erkennt an, dass Menschen sich voneinander unterscheiden, Individuen sind und das Leben daher auch auf unterschiedliche Weise erfahren. Wir alle brauchen Zuhörer in unserem Leben, vor allem, solange wir noch jung sind. Ein väterliches Herz hat gelernt, weniger zu projizieren und sich soweit mit der Leere wohl zu fühlen, dass es ein guter Zuhörer sein kann.
4. *Vorausschauen.* Ein väterliches Herz berücksichtigt die Zukunft. Es begreift, dass ein Vater sterblich ist und nicht immer da sein wird. Es sorgt für die Zukunft und gibt seinen Kindern Werte weiter, die ihnen dabei helfen werden, auch dann zu leben und zu gedeihen, wenn ihr Vater einmal nicht mehr da ist.
5. *Ermutigung.* Ein väterliches Herz ist ein ermutigendes Herz. Es hilft seinen Kindern dabei, selbst Mut zu entwickeln, indem es sie lehrt, wie man stark genug für die Reise des Lebens wird, wie man in einer manchmal feindseligen Welt überlebt und worin echte Stärke besteht (im Gegensatz zur Möchtegern-Stärke wie zum Beispiel beim Macht-über-Rausch des Rassismus, des Sexismus, der

Homophobie oder des Militarismus). Der spirituelle Krieger gehört zum Repertoire des väterlichen Herzens und wird weniger mit Worten, sondern vielmehr am Beispiel der Handlungen des Vaters vermittelt.

6. *Den Überblick bewahren.* Ein väterliches Herz blickt nicht nur in die Zukunft voraus und zieht seine Lektionen aus der Vergangenheit, sondern nimmt auch Vater Himmel, den Kosmos, das große Ganze tief in sich auf. Es verkörpert Seelengröße (das englische Wort dafür – „magnanimity" – leitet sich vom lateinischen Begriff für „große Seele" ab). Ein väterliches Herz ist nicht kleinlich, es beschränkt sich nicht auf die Angelegenheiten der eigenen Sippe oder Konfession. Weil es nicht in der Vergangenheit lebt und keinen Groll mit sich herumträgt, sondern vielmehr gesunde Ventile für seinen Zorn findet, ist es auch nicht verbittert. Ventile wie das Heilen und Dienen. Der Blaue Mann ist ein wesentlicher Teil des väterlichen Herzens.
7. *Spielerisch und zugewandt.* Ein väterliches Herz ist spielerisch-ausgelassen und liebevoll zugewandt. Es strebt danach, seine Liebe zum Leben, seine Vorstellungskraft und seine Fähigkeit zur Problemlösung mit seinem Kind zu teilen. Es schätzt die Gabe des Humors und des Lachens, weshalb es das Leben nicht zu ernst nimmt.
8. *Schutz.* Ein väterliches Herz beschützt. Das ist ein Teil der liebevollen Fürsorge. Ein Vater zu sein bedeutet, Kinder vor jenen Mächten in der Welt zu beschützen, die das Wachstum behindern oder zunichte machen können, sei das nun Gier, Krankheit, Einsamkeit oder Angriffe von außen. Ein guter Vater beschützt.
9. *Unterweisung.* Ein guter Vater lehrt und unterweist. Im Gegensatz zu den meisten anderen Geschöpfen werden Menschen sehr unwissend geboren. Unsere DNS beinhaltet zwar eine Fülle potentieller Freiheiten, sagt uns aber nicht, auf welche Weise wir überleben sollen, worin die Spielregeln des Lebens bestehen oder wie diese Kultur bzw. jene Institution offiziell und im Verborgenen vorgeht. Für diese Lektionen brauchen Kinder ihre Eltern. Sie brauchen Väter. Väter helfen ihnen, ihre Grenzen zu erkennen, Grenzen zu setzen und innere Disziplin zu erlernen.

Das väterliche Herz geht weit über buchstäbliche Vaterschaft hinaus. Und das muss es auch. Zum einen ist auch die tatsächliche Vaterschaft keine starre und statische Beziehung – sie entwickelt sich, beginnend mit dem Sohn, der den Vater braucht, um dann in Form zweier Erwachsener oder Freunde gleichwertiger zu werden und schließlich zum alternden Vater zu führen, der den Sohn braucht. Darüber hinaus gibt es viele Männer, die zwar keine tatsächlichen Väter sind, aber dennoch über ein ausgeprägtes väterliches Herz verfügen. Vaterschaft ist immer sinngemäß zu verstehen, und es gibt viele Variationen davon. Oft bezeichnen wir diese Männer als Mentoren, aber es kann sich dabei auch um Onkel, Lehrer, Trainer, Geistliche, Schwiegerväter und vieles mehr handeln. Richard Miles ist Geschäftsführer von

Big Brothers Big Sisters[31] in der Bay Area und kann viele Geschichten darüber erzählen, wie Mentoren Leben gerettet haben. „Ein Mentor muss keine Mutter Theresa auf Steroiden sein, sondern einfach eine Präsenz im Leben eines Kindes, die zuhört und ein paar Mal im Monat einen Anruf von ihm erhält. Diesen Kindern einen Mentor zu geben bedeutet, ihnen die Botschaft zu vermitteln, dass sie jemandem wichtig sind, was sie wiederum dazu bewegt, ihre eigenen Aufgaben wieder anzupacken."

Erdväter ziehen nicht nur Kinder, sondern ganze Gemeinschaften auf

Natürlich kann jeder Mann unabhängig davon, ob er eigene Kinder hat oder anderen Kindern seine Mentorenschaft als erweiterte Vaterfigur zur Verfügung stellt, für seine Gemeinschaft und die Welt ein Erdvater sein. Das väterliche Herz strebt im weitest möglichen Sinne danach, die Erde und die Gesellschaft zu nähren. Tatsächlich besteht ein wichtiger Aspekt gesunder Elternschaft darin, durch eine aktiv gelebte Bürgerschaft zu zeigen, dass Erdväter nicht nur Kinder, sondern auch Gemeinschaften großziehen.

Wo können Erdväter und spirituelle Krieger ihre Kräfte investieren? Eine Schlacht, die es wert ist, geschlagen zu werden, ist die gegen die Umweltzerstörung. Das türkische Ankara ist von einer so schweren Dürre betroffen gewesen, dass sich die Ernte um zwei Drittel reduziert hat. In Australien war „die große Trockenzeit" die schwerste örtliche Dürre seit mindestens einhundert Jahren; die Farmer gehen in den Konkurs, und das Getreide stirbt. In Marokko fiel 2007 nur noch halb so viel Regen wie normal, während auf den Kanarischen Inseln 35.000 Hektar Land heftigsten Flächenbränden zum Opfer fielen. Auch Mexiko, der Bundesstaat Georgia und Kalifornien leiden unter Rekord-Dürren und Großfeuern. In den kommenden Jahren könnte es weltweit härtere Kriege um Wasser als um Öl geben. Wird das zu Mega-Feuern und Massen-Abwanderungen führen? Ein großer Teil der gegenwärtigen amerikanischen „Einwanderungsdiskussion" ist in Wirklichkeit eine Öko-Debatte – denn wenn das Land nicht mehr grün, sondern nur noch braun ist, müssen die Menschen nun einmal fortziehen. Vom Ölfördermaximum zum Wasserfördermaximum: Sieht so unsere Zukunft aus? Brauchen wir angesichts dieser Probleme nicht dringend gesunde Väter?

Marion Woodman formuliert es folgendermaßen: „Der aufgrund eines missverstandenen Sonnenmythos auf die Männlichkeit übertragene Heldenstatus bedroht uns mittlerweile mit der Auslöschung." Tatsächlich rächt sich dieser „missverstan-

31) *Big Brothers Big Sisters* vermittelt ehrenamtliche Mentoren an Kinder und Jugendliche zwischen 6 und 16 Jahren, die zusätzliche Unterstützung benötigen – oft aufgrund einer Umgebung, in der sie nicht genügend Zuwendung erhalten. Dabei wird ein Betreuungsschlüssel von 1:1 aufrechterhalten, auf einen Mentoren kommt also auch nur ein Kind, die Zusammenstellung erfolgt immer gleichgeschlechtlich. Das Programm wird mittlerweile auch in deutschen Großstädten durchgeführt (Hamburg, München, Rhein-Main-Gebiet, Rhein-Neckar-Gebiet, Ruhrgebiet, Stuttgart) und findet viel Zuspruch. Es werden ständig Mentoren gesucht – wenn Sie sich angesprochen fühlen, schauen Sie doch einfach mal im Internet unter www.bbbsd.org nach! [A.d.Ü.]

dene Sonnenmythos" in Anbetracht der globalen Erwärmung in all ihren Erscheinungsformen jetzt. Wir brennen uns buchstäblich selbst aus und brauchen uns so auf. Da ist einfach zu viel Yang-Energie. Zu viel Feuer. Zu wenig Wasser. Zu wenig Kühle. Deshalb ist jede Anstrengung zur Schaffung eines zukunftsfähigen Planeten eine Investition in gesunde Vaterschaft. Die Bereitstellung alternativer und sauberer Energiequellen, die Konstruktion von Motoren mit geringem Verbrauch, die Schaffung alternativer Brennstoffe zur Verringerung des Strom- und Benzinverbrauchs: Das alles gehört zur Arbeit des *väterlichen Herzens*, denn es stellt das Glück und die Gesundheit unserer Kinder und Enkel sicher.

Natürlich wünschen sich alle Väter, dass ihre Kinder gut genährt und bei guter Gesundheit sind. Deshalb bestehen weitere Schlachten, die es zu schlagen wert sind, in der Arbeit an der Verbesserung eines Gesundheitssystems, das mehr als vierzig Millionen Menschen keine Versorgung zugesteht sowie im Kampf gegen die Armut (eine kürzlich durchgeführte Studie besagt, dass 38 Millionen Amerikaner in Armut leben – davon sind 18 Prozent Kinder).

Ein weiteres wichtiges Feld ist die Bekämpfung des Konsumismus. „Die Transformation des *Homo sapiens* in den *Homo consumerus* vollzieht sich in zwei Phasen. Die erste besteht – um die Sprache der Absatzberater zu verwenden – in der ‚Konsumerisierung des Kindes'". Der Zweck besteht darin, Kinder bereits in frühem Alter vom Konsumieren abhängig zu machen, noch bevor sie zwischen dem, was man braucht und dem, was man sich wünscht unterscheiden können. Die zweite Phase ist die Infantilisierung, „die unnatürliche Ausdehnung des Jugendalters der Konsumenten in spätere Lebensphasen hinein." Der Markt strebt jetzt danach, den Identitätsbegriff vorzugeben, wie zum Beispiel in einem Werbeslogan von Seiko: „Ihre Uhr sagt, wer Sie sind." Aus einem konsumerisierten Kind wird sehr leicht ein narzisstischer Erwachsener, weshalb es für jeden Erdvater eine gute Entscheidung ist, sich gegen den Konsumismus zu engagieren. Ein Teil der väterlichen Aufgabe besteht darin, die Kinder von zu viel Werbung und Fernsehen zu befreien. In den Vereinigten Staaten verbringen Kinder im Laufe eines Jahres doppelt so viel Zeit vor dem Fernseher wie in der Schule. Scott Sanders kommentiert die amerikanische Konsumentenethik wie folgt: „Unsere Wirtschaft belohnt den Konkurrenzkampf mehr als die Zusammenarbeit, Aggression mehr als Mitgefühl, Gier mehr als Großzügigkeit und Eile mehr als Sorgfalt. ... Wie kann man einem Kind den Glauben an Gleichheit und Gerechtigkeit vermitteln, wenn der Vorstandsvorsitzende eines Konzerns hundert Mal mehr als ein Schullehrer oder ein Fabrikarbeiter gezahlt bekommt und die reichsten Amerikaner, die gerade mal ein Prozent der Bevölkerung ausmachen, mehr verdienen als die ärmsten vierzig Prozent zusammen? Wenn Erfolg nur an Quartalsberichten gemessen wird, wie kann man dann Geduld lehren?"

Ein anderer Kampf, den Väter für ihre Kinder führen, dreht sich um die Frage, wie sie in Zeiten der Verzweiflung ihre Hoffnung bewahren können – vor allem in Zeiten der Verzweiflung. Sanders schrieb das Buch *Hunting for Hope. A Father's*

Journeys, nachdem ihn sein jugendlicher Sohn während einer Zeltwanderung herausgefordert hatte, in dem er sagte: „Du machst dir so sehr um das Schicksal der Erde Sorgen, dass du nichts mehr genießen kannst. Wir kommen in diese Berge, und du bringst Schatten mit. Du lässt mich nichts als Dunkelheit sehen." Sanders erinnert sich: „Die Macht seiner Worte machte mich so fassungslos, dass ich ihm nicht antworten konnte. Wenn meine Schwermut für meinen Sohn die Schöpfung verdunkelte, dann hatte ich an ihm versagt. Welches Heilmittel konnte es für einen derartigen Verrat geben?" Sanders, der ein Professor ist, erkennt, dass sein Sohn vielen anderen jungen Menschen von heute ähnelt. Tatsächlich „fegt eine depressive Epidemie durch ihre Generation. Sie grübeln über die Erde und ihre Lebensaussichten nach. … Die jungen Menschen, die mit ihren beunruhigenden Fragen zu mir kommen, habe alle sowohl ökologische als auch politische Bildung. Sie wissen, dass wir in Schwierigkeiten sind. Wohin sie auch sehen, finden sie ruinierte Landschaften, verwüstete Gemeinschaften und gebrochene Menschen. Also fragen sie mich, ob ich noch daran glaube, dass wir über ausreichende Ressourcen zur Heilung der Wunden, zur Ausbesserung der Brüche verfügen. Sie fragen mich, ob ich in Hoffnung lebe." Gesunde Vaterschaft ist gleichbedeutend mit hoffnungsvoller Vaterschaft. Ein Vater hilft, wenn die Verzweiflung kommt.

Es gibt Menschen, die den Krieg selbst gerne ewig weiterführen würden. Sie predigen, der Krieg würde Männer mehr als jede andere Sache auf irgendeine Weise groß und heldenhaft machen. Es ist wahr, dass sich in Kriegen Opfer- und Heldentaten ereignen, aber ihn deshalb selbst zu einem Ideal zu erheben, ist sowohl bedrohlich als auch gefährlich. James Madison beobachtete das bereits 1795, als er schrieb:

> Von allen Feinden der öffentlichen Freiheit ist der Krieg vielleicht der am meisten gefürchtete, denn er beinhaltet und entwickelt den Keim zu jedem anderen der Feinde. Der Krieg ist der Vater der Armeen; aus diesen folgen Steuern und Schulden. Armeen, Steuern und Schulden wiederum sind bekannte Werkzeuge, mit deren Hilfe man die vielen unter die Herrschaft der wenigen stellen kann. Darüber hinaus wird im Krieg der Ermessensspielraum der Exekutive deutlich erweitert, ihr Einfluss bei der Verteilung von Ämtern, Ehren und Vergütungen vervielfacht, während zugleich alle zur Verfügung stehenden Mittel zur Verführung des Verstandes zu den bereits bestehenden zur Bändigung der Macht des Volkes hinzugefügt werden. Derselbe bösartige Aspekt des Republikanismus lässt sich auch in den ungleichen Geschicken und den Betrugsgelegenheiten finden, die aus einem Kriegszustand erwachsen, und ebenso in der Entartung der Manieren und der Moral, die von diesen beiden wiederum erzeugt wird. Keine Nation könnte ihre Freiheit inmitten eines andauernden Kriegszustands bewahren.

Und deshalb ist es auf jeden Fall die Aufgabe des väterlichen Herzens, friedvolle Alternativen zum Krieg zu finden. Welcher Vater würde seinen Sohn oder seine Tochter schon absichtlich in den Krieg schicken, wenn dieser nicht das absolut letzte Mittel wäre, was das Ganze letztendlich zu einer ethischen Entscheidung macht? Bereits die Idee des „andauernden Kriegszustands" bringt, wie Madison warnt, die Vernichtung der Freiheit mit sich.

Madison warnt zudem davor, dass der Krieg oft ein Mittel der wenigen zur Erhaltung ihrer Macht darstellt. Erdväter können einer solchen Machtkonzentration Widerstand leisten – sei es nun im Bereich der Medien, der Geschäftswelt oder der Regierung. Thomas Jefferson machte uns für diese Art von Vaterschaft wachsam, als er schrieb: „Jede Regierung degeneriert, wenn sie den Herrschern des Volks alleine anvertraut wird. Das Volk selbst ist demzufolge der einzig sichere Aufbewahrungsort dafür." Auch Theodore Roosevelt warnte vor zwanghaftem Gehorsam falschen Väter gegenüber: „Bekanntzugeben, dass es keine Kritik des Präsidenten geben darf oder wir hinter dem Präsidenten zu stehen haben, sei dieser nun im Recht oder im Unrecht, ist nicht nur unterwürfig und unpatriotisch, sondern auch moralischer Verrat an der amerikanischen Öffentlichkeit." Zum momentanen Zeitpunkt in der Geschichte ist es ein sehr gesunder Kampf, sich gegen die Schaffung von Imperien zu engagieren.

Erdväter können auch in Bezug auf Amerikas Besessenheit vom Sport Durchblick beweisen und zur Schaffung eines besseren Gleichgewichts beitragen. Am richtigen Ort und im richtigen Zusammenhang, also im Gleichgewicht, hat der Sport (wie wir bereits gesehen haben) viele Vorteile, aber es ist nicht unbedingt eine positive kulturelle Leistung, wenn der Sonntag des Super-Bowl-Spiels zu einem quasi-liturgischen Ereignis wird. Das unterscheidet sich nicht mehr viel vom „Brot und Spiele" des römischen Imperiums, was nichts anderes als der vorsätzliche Versuch war, die Gedanken ausschließlich auf das Private zu lenken und die Bürger von der Kritisierung der römischen Führer abzuhalten. Auf einer persönlicheren Ebene können gesunde Väter sicherstellen, dass Kinder den körperlichen Preis verstehen, den professionelle Athleten regelmäßig dafür zahlen, dass sie die Massen unterhalten. In der National Football League werden Gehirnerschütterungen zum Beispiel manchmal mit einem Schulterzucken abgetan, weil sie eben zum Spiel dazugehören, aber Untersuchungen haben gezeigt, dass sie zu Selbstmord, fortgeschrittenem Alzheimer-Syndrom und anderen Formen von Gehirntraumata führen können. Der Steroidskandal der Major Baseball League ist ein anderes warnendes Beispiel dafür, wie Sportler manchmal ihre Gesundheit und ihr Leben für ein Spiel wegwerfen.

Masson berichtet, er habe „noch nie mit einem Vater gesprochen, der sich nicht wünschte, mehr Zeit für seine Kinder gehabt zu haben, als diese noch jung waren. Wenn sie nur eine Sache ändern könnten, wäre es das und nichts anderes." Es ist ein Teil unserer evolutionären Entwicklung, für Partner und Kinder zu sorgen und sie zu ernähren, sie zu lieben und zu beschützen und bei ihnen zu bleiben, anstatt sie zu verlassen. „Kinder brauchen von uns Wärme (den menschlichen

Körper), Trost (Berührung, der Klang beruhigender Worte), Schutz (vor anderen Tieren oder Menschen, die ihnen Schaden zufügen wollen), Nahrung, Sauberkeit, Unterkunft, Kleidung, Bildung und medizinische Betreuung. Das ist gar nicht mal so einschüchternd, wenn man bedenkt, dass wir uns genau dafür entwickelt haben." Wir haben uns aber auch dazu entwickelt, „in einer natürlichen Umgebung, in einem Lebensraum draußen im Freien zu sein. ... Kein Wunder, dass sich Kinder langweilen, wenn sie sich hinter verschlossenen Türen befinden. Sie haben eine *angeborene* Vorliebe für die Bäume und Hügel und das Gras in den Savannen. ... Die Forschung hat ergeben, dass Babys am glücklichsten sind, wenn sie von Eltern getragen werden, die sich mit einer Geschwindigkeit von fünf bis sechs Stundenkilometern bewegen."

Scott Sanders erklärt: „Ich kann meinen väterlichen Verstand nicht abstellen." Niemand kann das. Wie Masson sagt, ist „Vaterschaft kein Zustand, in den man hinein- und wieder hinausgeht, wie in ‚Ich *war* ein Vater, aber jetzt bin ich ein freier Mann.' Wir durchlaufen die Vaterschaft nicht, um uns dann davon zu erholen. Im Gegenteil, sie ist die größte Freude und der größte Ausdruck der Liebe, zu der ein menschlicher Mann fähig ist." Das ist das Einzigartige an der Vaterschaft: „Wir scheinen die einzige Art zu sein, die sich bewusst entscheiden kann, wie engagiert sie als Vater sein will."

Ein väterliches Herz veranschaulicht den größeren Zusammenhang, in dem sich die Vaterrolle befindet – ein Erdvater hat nicht nur biologische Kinder. Als Bürger sind wir alle Väter, und zwar in den Entscheidungen, die wir in unseren Rollen als Wähler, Staatsangehörige, Arbeitnehmer, Kirchengänger und Ehrenamtliche treffen. Viele Eltern sind besser in der familiären als in der *Elternschaft für eine Gemeinschaft*. Der Begriff der „Familie" kann leicht zu einem ausschließlich *nicht öffentlichen* Begriff werden – was der Faschismus in seinen vielen Verkleidungen auch anstrebt. Auf diese Weise wird das damit zusammenhängende politische System nur noch selten kritisiert.

Das könnte der „Silberstreifen am Horizont", die „gute Nachricht" in der ökologischen Krise unserer Zeit sein: Sie führt uns über die persönliche und lokale Bedeutung der „Familie" und des „Vaters" in den viel größeren Zusammenhang der Gemeinde selbst. Die Krise kann uns als Gelegenheit dienen, *aufzuwachen* und vom Sofa *hochzukommen*, um die Art, wie wir auf diesem Planeten leben und arbeiten, auf *kreative* Weise neu zu erfinden, damit die Menschheit und alle Wesen leben können. Dann sind wir tatsächlich Grüne Männer und spirituelle Krieger! Wir alle, ob wir nun buchstäblich Eltern oder „Gemeinschaftsälteste" sind, unterweisen andere durch unser eigenes Beispiel (ebenso sehr wie durch Worte). Handlungen lehren und machen das „väterliche Herz" in der Welt sichtbar. Handlungen bieten ein Modell des „väterlichen Herzens", das junge Menschen anstreben und nachahmen können. Ein Erdvater ist Verkörperung.

X – Großvater Himmel: Das großväterliche Herz

Nicht nur das väterliche Herz bedarf der Aufmerksamkeit und der Weiterentwicklung. Darüber hinaus gibt es auch ein *großväterliches* Herz, das dieselbe Aufmerksamkeit benötigt, um sich entwickeln zu können. Wir könnten sagen, dass sich das väterliche zum großväterlichen Herzen hin erweitert, dass sich Vater Himmel also zu Großvater Himmel ausdehnt: Er ist das verdoppelte oder sogar vervierfachte väterliche Herz. Das geschieht zu dem Zeitpunkt, wo wir von der täglichen Last der Arbeit und Karriere sowie von den Pflichten, die mit der Versorgung von Kindern einhergehen, befreit werden. Wie damals, als wir jung waren, gehört wieder mehr von unserer Zeit uns selbst, und unser – jetzt vielleicht ein wenig reineres und ruhigeres – Herz kann sich mehr auf das konzentrieren, was wirklich wichtig ist. Auf das, was bleibt.

Älteste werden in der Gesellschaft der Vereinigten Staaten oft vernachlässigt, denn diese Gesellschaft neigt dazu, Menschen anhand ihrer Konsumkraft zu bewerten („Ich kaufe, also bin ich"). Auch wenn unsere Kultur Ältesten gelegentlich Anerkennung für ihre Mitwirkung in der Vergangenheit zollt, hört sie ihnen nur selten zu, wenn es um die Probleme unserer Zeit geht. Sie bezieht die Ältesten nur selten mit ein und fragt nicht oft nach ihren Gaben, die sie während eines ganzen Lebens entwickelt haben. Ältere Männer, die sich im Großvater- und Urgroßvateralter befinden, haben den jüngeren Generationen ungeheuer viel mitzugeben. Zeit, Erfahrung, Lachen und ein gewisser Abstand vom alltäglichen Leben – all das erzeugt eine Weisheit, an der die Ältesten und Jüngsten einer Gemeinschaft gemeinsam teilhaben sollten. Aber diese Weisheit entsteht nicht von selbst: Weil Älteste die Rolle von Großvater Himmel spielen, müssen sie *lebendig* bleiben und dürfen die *Liebe zum Leben* nicht verlieren. Sie müssen weiterhin behüten, geben, zuhören, vorausschauen, ermutigen, das große Ganze sehen, spielerisch sein und beschützen können. Älteste lehren uns die tieferen Aspekte des Lebens selbst. Und die Jüngeren brauchen ihre Weisheit, ihre Liebe zum Leben und ihren Humor.

Eine kürzlich durchgeführte Studie hat festgestellt, dass das hohe Alter im Gegensatz zu vielen Mythen für die meisten Menschen die glücklichste Zeit ihres Lebens darstellt. „Eine aufschlussreiche Untersuchung … fand heraus, dass die glücklichsten Amerikaner zugleich auch die ältesten sind, die weitaus mehr soziale Aktivität aufweisen, als es das Stereotyp des einsamen Senioren vermuten lässt, …

beides geht Hand in Hand miteinander – soziale Aktivitäten können dabei helfen, den Trübsinn fernzuhalten.“ Ältere Menschen haben im Vergleich zu jüngeren meist gelernt, zufriedener mit dem zu sein, was sie haben. Darüber hinaus schließt das Netzwerk ihrer sozialen Verbindungen Treffen mit Nachbarn, die Teilnahme an Gottesdiensten, ehrenamtliche Arbeit und Begegnungen in verschiedensten Gruppen ein. Für die Studie wurden von 1927 bis 2004 28.000 Menschen zwischen achtzehn und achtundachtzig Jahren befragt. Sie erschien im April 2008 in der *American Sociological Review*. „Was mich anbelangt, stellt sich die Zufriedenheit gemeinsam mit dem Alter ein“, sagte einer der Senioren, „weil man die Dinge so akzeptiert, wie sie sind. Man weiß einfach, dass nichts vollkommen ist.“ Zu den vielen Dingen, die Senioren mit jungen Menschen teilen können, gehört auch Fröhlichkeit.

Die generationsübergreifende Weisheit, von der ich hier spreche, kann sich jedoch nicht entwickeln, wenn es nicht zu Begegnungen von Männern verschiedener Generationen kommt – von den jüngsten bis hin zu den ältesten. Wir müssen mehr Gelegenheiten für solche Zusammenkünfte schaffen, mehr generationsübergreifende Rituale – vor allem, weil diese Form des Lehrens und Teilens nicht nur in einer Richtung geschieht. Auch die Jungen haben ihren Ältesten viel zu geben: Sinn und Zweck, Schönheit und Spontaneität, Fragen und Herausforderungen, neue Geschichten, die mit den alten verbunden werden wollen, neue Sprachen und Musikformen und ihre begeisterte Umarmung des Lebens. Davon können sich die Ältesten inspirieren lassen, während sie die Jungen lehren und ihnen helfen, ins Gleichgewicht zu kommen.

In dieser kritischen Zeit, in der sich die Welt ganz erstaunlichen Transformationen unterzieht, sind Älteste wichtiger als je zuvor. Sie können Führer und Betreuer sein, aber auch auf weise Art die Gier und menschliche Selbstsucht kritisieren, von der all unsere Gemeinschaften, alle Wesen und Mutter Erde verletzt werden. Die Kreise der Großväter und der Ältesten müssen sich mit denen der Jugendlichen und der jungen Männer für gemeinsame Lieder und Sprechgesänge, aber auch zur Diskussion der wichtigen Angelegenheiten unserer Tage zusammenfinden. Diese Diskussionen dürfen nicht den Medien oder den Politikern überlassen werden, die nur allzu oft das ehrliche Gespräch und die Erlangung langfristiger Ziele für Gier und kurzfristige Interessen opfern. Solche Versammlungen von älteren und jüngeren Menschen könnten sich als weitaus tiefgehender und lehrreicher erweisen als der größte Teil dessen, was wir heute unter Bildungserziehung verstehen. Darüber hinaus wäre es viel einfacher umsetzbar – und würde weitaus mehr Freude machen.

Neu entflammen statt in den Ruhestand gehen

All das kann geschehen, wenn wir die Bedeutung der Begriffe *Vater* und *Großvater* über ihre wörtliche Auslegung hinaus interpretieren und in umfassenderem Zusammenhang verwenden. Immer, wenn ich mit amerikanischen Ureinwohnern bete, berührt mich deren Verwendung der Worte „Großvater Himmel“ und „Großmutter Erde“ sehr. Diesen Namen für das Göttliche wohnt ein tiefer Respekt für die Ältesten inne. Solche Worte hören wir in westlichen Formen der Gottesverehrung nur selten.

Rabbi Zalman Schachter-Shalomi entwickelt in *From Age-ing to Sage-ing*, seiner überaus umfassenden und tief empfundenen Untersuchung der Ältestenschaft, ein tiefgehendes und zugleich praktisches Verständnis des großväterlichen Herzens. Er erzählt uns, wie er im Alter von sechzig Jahren einer Depression zum Opfer fiel. Dann unterzog er sich einer Visionssuche, einem spirituellen Rückzug in die Wildnis, und erfuhr von tieferen Dingen. Anstatt sich von seinem Alter deprimieren zu lassen, erlebte er eine „Initiation in die Ältestenschaft. ... Ich begann instinktiv, die Ernte meines Lebens einzufahren – ein Prozess, zu dem auch gehört, die eigene irdische Reise zu einem erfolgreichen Abschluss zu bringen, die Beiträge zu genießen, die man gemacht hat und ein Erbe an die Zukunft weiterzugeben. Um diesen Prozess zu beginnen, fragte ich mich: ‚Wenn ich jetzt sterben müsste, was würde ich am meisten bedauern, nicht getan zu haben? Was bliebe in meinem Leben unvollständig?‘“

Das sind wichtige Fragen, die sich immer mehr Männer stellen, weil immer mehr Menschen ein hohes Alter erreichen. Vor hundert Jahren waren etwa vier Prozent der amerikanischen Bevölkerung älter als fünfundsechzig Jahre, während es heute achtzehn Prozent sind. Während der gesamten dokumentierten Geschichte haben nur etwa zehn Prozent aller Menschen das fünfundsechzigste Lebensjahr erreicht, aber heute werden achtzig Prozent aller Amerikaner so alt und älter. Was sollen wir mit unseren späteren Jahren, unserem „Ruhestand“ anfangen? Wie werden Männer diese Zeit verbringen, nachdem sie die „tägliche Maloche“ hinter sich gelassen haben?

Als erstes denke ich, dass wir das Wort „Ruhestand“ in den Ruhestand schicken müssen. Es beschwört Bilder von unachtsamer Freizeitgestaltung herauf – von ganzen Tagen, die man auf dem Golfplatz oder auf dem Sofa vor dem Fernseher verbringt. Ich denke, dass es hier vielmehr darum geht, auf neue Weise zu entflammen. Einst hat uns die Notwendigkeit angefeuert, für unsere Familie und andere Essen auf den Tisch zu bringen. Das hat uns Jahrzehnte lang an die Arbeit getrieben. Wo ist dieses Feuer im Bauch jetzt? Wir können uns immer noch auf besondere, wichtige und einzigartige Weise einbringen, doch das wird auf anderen Wegen geschehen. Selbst wenn das „väterliche“ Feuer stirbt, werden im großväterlichen Herzen neue Feuer entzündet. Schachter nennt das *Sageing*[32], ein „neues Modell für die Entwicklung im höheren Alter, ... ein Prozess, der älteren Menschen ermöglicht, spirituell strahlende, körperlich vitale und sozial verantwortliche ‚Stammesälteste‘ zu werden.“ Schachter glaubt, dass „eine höhere Lebenserwartung die Entwicklung eines erweiterten Bewusstseins erfordert, um die körperlichen und sozialen Defizite des hohen Alters aufzuheben.“ In der Tat nennt er diesen Gedanken „die Hauptthese

32) In etwa „weise werden“ als Gegensatz zu *ageing*, also altern. [A.d.Ü.]

dieses Buchs", nämlich „dass eine erweiterte Lebenserwartung auch ein erweitertes Bewusstsein erfordert." Demzufolge ist im Rahmen der archetypischen Ideen, die wir hier diskutiert haben, das erweiterte Bewusstsein des Blauen Manns ein inhärentes Merkmal von Großvater Himmel, dessen Blick nicht nur die gesamte Weite des Lebens und des Kosmos, sondern nun auch den unvermeidlichen Tod umfasst. Schachter zitiert die Psychologin Gay Luce, die behauptet, dass die Ältestenschaft „die Zeit zur Entdeckung innerer Reichtümer für die Selbstentwicklung und das spirituelle Wachstum ist. Darüber hinaus stellt es eine Zeit des Übergangs und der Vorbereitung auf den Tod dar, was mindestens ebenso wichtig wie die Vorbereitung auf Karriere oder Familie ist. Aus dieser Zeit des inneren Wachstums gehen unsere Weisen, Heiler, Propheten und unsere Vorbilder für nachfolgende Generationen hervor."

Unsere Fähigkeit zu Meditation und kontemplativen Höhenflügen, also die stärkere Ausnutzung unseres dritten Gehirns (des Neokortex), könnte in dieser Zeit unseres Lebens vielleicht gerade zu erblühen beginnen. Ich hoffe, dass wir diese Fähigkeiten entwickeln und an jüngere Generationen weitergeben können. Es ist möglich, dass unsere rechte Hirnhemisphäre, unser mystisches Gehirn, in den späteren Jahren unseres Lebens eine besondere Rolle zu spielen hat. Immerhin ist das einer der Wege, auf denen die Weisheit zu uns kommt. Der verstorbene christliche Mönch Bede Griffiths sagte mir mehr als einmal, dass der Schlaganfall, den er mit über siebzig Jahren erlitten hatte, „alles zerstört hat, was von meinem Gehirn noch übrig war" und ihn so noch mehr zu einem reinen Mystiker gemacht habe. Auch Ram Dass erzählte nach seinem Schlaganfall, dass ihn diese Erfahrung zu einem friedvolleren und großzügigeren menschlichen Wesen gemacht habe.

Natürlich verringern sich die körperlichen Fähigkeiten mit dem Alter, aber das muss nicht zwangsläufig auch auf die Kreativität zutreffen. Einige der größten Kunstwerke der Welt wurden von „alten Männern" geschaffen. Michelangelo vollendete die Arbeit am „jüngsten Gericht" an der Wand der Sixtinischen Kapelle mit sechsundsechzig Jahren. Es war ein überaus umstrittenes Bild, denn es zeigte lauter nackte Männer – in der Tat so umstritten, dass man zehn Jahre später andere Künstler engagierte, die den nackten Gestalten nachträglich Lendentücher aufmalten. Guiseppe Verdi komponierte noch im Alter von mehr als siebzig und achtzig Jahren Opern. Picasso malte, bis er über neunzig Jahre alt war – tatsächlich erinnere ich mich daran, dass ich zu Tränen gerührt war, als ich im Picasso-Museum in Paris vor seinem letzten Gemälde stand, dem Selbstportrait eines alten, in einem Stuhl sitzenden Mannes. Picasso war ein überaus direkter und unverblümter Mensch; in diesem letzten Geschenk seines Lebens verbarg er nichts von den Gefühlen in seinem Inneren, einschließlich der Abschiedstrauer. Auch Arthur Rubinstein spielte mit mehr als neunzig Jahren immer noch Klavier und schrieb in dieser Zeit seine wunderbare Autobiografie. Pablo Casals spielte bis an das Ende seines Lebens Cello und unterrichtete dieses Instrument auch noch. Goethe schrieb *Faust* mit achtzig Jahren. Angesichts all dessen entschädigt die Ältestenschaft eindeutig mit ihrer blühenden Kreativität für die nachlassenden körperlichen Fähigkeiten.

Doch geht es bei der Kreativität nicht nur darum, was wir tun oder herstellen, sondern auch um die Art und Weise, in der wir die Welt sehen. Betrachten wir sie – und uns – als alt und müde, als zu verwaltenden Gegenstand oder als mit bewundernswerter Schönheit begabt? Wenn wir älter werden und die Zeit für das Leben und die Wertschätzung sich dem Ende entgegen neigt, gewinnt diese letzte Sichtweise oft ganz neue Bedeutungen. In dieser Hinsicht wird die Wertschätzung des Lebens ebenfalls zu einem Teil des kreativen Akts, denn Kunst ist immer ein Prozess des Gebens und Nehmens. Schließlich ist die Kreativität eines Picasso, eines Mozart oder eines Casals bedeutungslos, wenn es niemanden gibt, der sie würdigen und sich von ihren Bildern oder ihrer Musik berühren lassen kann. Das erweiterte Bewusstsein des Blauen Mannes schließt auch unserer Fähigkeit ein, die Schönheit und Kreativität des uns umgebenden Lebens zu würdigen.

Ich erinnere mich, wie mein Vater einst meine jüngere Schwester besuchte, als er bereits an einem Gehirntumor litt. Als es Zeit war, wieder abzureisen und zum Flughafen zu fahren, war er nicht auffindbar. Nach längerem Suchen entdeckte meine Schwester ihn im Garten hinter dem Haus, von wo aus man einen wunderbaren Ausblick hatte. Mein Vater stand einfach nur da und bewunderte diese Schönheit. „Es ist schwer, das zurückzulassen, nicht wahr?" sagte meine Schwester zu ihm, als sie ihn sanft zum Auto führte. „Ja, das ist es", antwortete er. Mit dem Alter schwindet die Wertschätzung für die Schönheit des Lebens nicht etwa, sondern vertieft sich eher noch. Sie wird noch wichtiger, weil sie die Vergangenheit mit der Zukunft verbindet – eine Verbindung, die sich im gegenwärtigen, niemals alternden Augenblick vollzieht.

Ich spreche hier aus Erfahrung. Immer wieder finde ich mich von der Schönheit der Sonnenstrahlen auf einer der Holzsäulen meines Hauses überwältigt – ich bestaune, wie unterschiedlich die Sonne das Holz in den verschiedenen Jahreszeiten beleuchtet; auch ein Musikstück, ein lebhafter junger Verstand oder ein schöner junger Körper beim Spielen erwecken Ehrfurcht in mir. Wie John Weir sagt: „In unseren späteren Jahren fühlen wir uns durch das Band der Zärtlichkeit und Einfühlsamkeit mit der Welt verbunden. Das Leben wird poetischer. Die alltäglichen Dinge, die uns umgeben – Bäume, Häuser, Wolken, Tiere – schimmern vor metaphorischer Einsicht und enthüllen Bedeutungstiefen, die unserem praktischen Verstand normalerweise entgehen. So können wir zum Beispiel einen Zusammenhang zwischen einem Baum in unserem Garten und dem Baum des Lebens herstellen, der im ewigen Leben oder in der Wahrheit verwurzelt ist." Kürzlich begegnete ich einem Freund, den ich jahrelang nicht mehr gesehen hatte – dem Fotografen Courtney Miles. Vor vielen Jahren hatte er sich auf eine Pilgerreise rund um die Welt begeben, um all die heiligen Stätten zu fotografieren. Er nahm mein Buch *Vision vom Kosmischen Christus. Aufbruch ins dritte Jahrtausend* mit auf diese Pilgerfahrt und brachte danach ein atemberaubendes Buch mit seinen Bildern heraus. Aber bei unserer Begegnung sagte er zu mir: „Ich bleibe jetzt mehr zu Hause. Ich habe 30.000 Bilder von dem Teich in meinem Garten gemacht. Er ist genauso heilig wie jede der heiligen Stätten, die zu sehen ich so weit gereist bin."

Sich dem Tod stellen

Eines der kennzeichnenden Merkmale des großväterlichen Herzens besteht in dem erweiterten Bewusstsein, das aus der direkten Begegnung mit dem Tod resultiert. Dafür müssen wir uns aber auch unserer Angst vor dem Tod stellen. Zwar bedeutet der Tod das Ende unseres Lebens, doch es ist nicht der Tod selbst, sondern die Angst davor, die uns davon abhält, unser Leben vollständig auszufüllen, solange es noch währt. Das Leben kann uns schließlich über beide Schwellen bringen, so dass wir erkennen, wie Leben und Tod nahtlos ineinander übergehen – alles Leben wird recycelt. Warum also unseres nicht? Der Tod ist ein integrierter Bestandteil des Lebens. Nicht nur Pflanzen und Tiere, sondern alle „lebenden Wesen" leben, sterben und erstehen in irgendeiner Form wieder auf, aber das trifft auch auf Galaxien, Sterne und Supernovae zu. Glücklicherweise wird die spirituelle Seite des Todes wie auch die Leugnung desselben seit vielen Jahren von Autoren wie Ernest Becker oder Dr. Elisabeth Kübler-Ross thematisiert. Durch ihre Arbeit können viele Menschen dem Tod jetzt ehrlicher begegnen und ihr Leben infolgedessen erfüllter bis zum Ende leben. Auch die Hospizbewegung hat mit ihrer Erkenntnis, dass man dem Tod nicht notwendigerweise um jeden Preis mit jedem verfügbaren medizinischen Mittel Widerstand leisten muss, wesentlich dazu beigetragen. Der Tod ist unser bewusster Übergang zu einer anderen Existenzebene.

Alle Religionen und spirituellen Traditionen lehren das Mysterium wie auch das Wunder des Todes, auch wenn sie dem Tod und dem Leben danach unterschiedliche Bezeichnungen geben: während der Göttinnenepoche war es die „Erneuerung" , aber der Osten nennt es jetzt „Reinkarnation" und der Westen „Auferstehung". Meister Eckhart sagte, dass mit dem Tod „das Leben stirbt, aber das Sein geht weiter." Mit dem Tod kehren wir zu der Gottheit zurück, aus der wir bei unserer Geburt gekommen sind und für die unsere Abwesenheit nicht mit einem Verlust gleichbedeutend ist. Der Sufi-Mystiker Hafiz erklärt: „Gott hat überall auf unserem Herzen tausend Versprechen niedergeschrieben, die Leben, Leben, Leben sagen – das Leben ist viel zu heilig, um jemals enden zu können." Der mittelamerikanische Dichter Nezahualcoyotl erforscht den Tod und das, was auf ihn folgt, mit diesen Worten:

Folglich sind wir,
Wir sind sterblich,
Menschen durch und durch,
Wir alle müssen fortgehen,
Wir alle müssen auf dieser Erde sterben.

Aber nach innen blickend findet er mehr als nur die Angst vor dem Tod oder den Sieg des Todes.

In meinem Inneren entdecke ich dies:
Wahrlich, ich werde niemals sterben,
Wahrlich, ich werde niemals schwinden.
Da war und ist kein Tod,
Dorthin, wo der Tod überwunden ist,
Lasse mich dorthin gehen.

Und wiederum liegt alles in unseren Gaben der Schönheit, die wir alle auf die eine oder andere Weise leben.

Mein Erblühen wird kein Ende finden,
Meine Lieder werden kein Ende finden,
Ich, der Sänger, erhebe sie;
Sie sind auseinander gestoben, sind gegeben worden.

Auch Johannes vom Kreuz schrieb über das „Sterben vor dem Sterben" und sagte, das wir alle genau das tun müssen, wenn wir die Angst vor dem Tod überwinden wollen. Wir müssen erkennen und benennen, wie oft wir es in unserem Leben bereits geschafft haben, loszulassen – wie Eckhart sagte, ist das Leben ein *immerwährender* Akt des Loslassens. Der Tod ist nichts anderes, als einfach ein weiteres Mal loszulassen, wenn auch mit besonderen und einzigartigen Folgen.

Sich dem Tod zu stellen und das eigene Leben aus dieser Perspektive heraus zu betrachten, vertieft unser Leben. Das Leben vertieft sich, wenn der Tod näher kommt. Menschen, die knapp dem Tod entkommen sind, sprechen oft davon, einfache Dinge, die sie nie zuvor bemerkt haben – wie wilde Blumen oder das Lächeln einer anderen Person – in einem vollkommen neuen, magischen und von Gnade erfüllten Licht zu sehen. Der Tod wirft wichtige Fragen auf: Was haben wir wirklich mit unserem einen, unwiederbringlichen Leben vor? Wen sollen wir lieben? Wem sollen wir dienen? Diese tiefen Fragen werden von der Präsenz von und dem Bewusstsein für Tod und Sterblichkeit ausgelöst.

Wer erhält diese Fragen in einer säkularen Kultur am Leben? Die Ältesten. Jeder von uns muss diese Fragen stellen, aber die Ältesten spielen dabei eine besondere Rolle, indem sie ihre Weisheit an die jungen Menschen weitergeben. In der materialistischen westlichen Kultur wird alles, was mit dem Tod in Verbindung steht, üblicherweise mit Hilfe einer Philosophie nach Art des „lebe, trinke und sei fröhlich, denn morgen ist es mit dir vorbei" geleugnet. Älteste sind dem Tod näher als andere Menschen und können seine Lektionen meist annehmen und sich das Bewusstsein dafür bewahren. Die uralte mittelamerikanische Tradition, die sich zu unserem modernen „Totensonntag" entwickelt hat, ist eine tiefgehende Erinnerung daran, dass der Mensch am intensivsten lebt, der sein Leben in Bezug auf den Tod führt. Weil das Leben kurz ist, hat es so großen Wert. Weil es kurz ist, wird es noch viel kostbarer. Wir sollten es nicht verschwenden.

Mentorenschaft: Das großväterliche Herz mit Anderen teilen

Besonders die Jäger und Sammler, deren genetischen Code wir noch immer in uns tragen, haben Wege zur Achtung der Rolle der Ältesten in der Gemeinschaft entwickelt. Schachter drückt es so aus: „Die amerikanischen Ureinwohner betrachten ihre Ältesten als Bewahrer der Weisheit, deren Fähigkeit, die Dinge kontemplativ zu erwägen, das Überleben des Stammes sicherzustellen hilft." Schachter glaubt, dass wir vor allem im Zuge des Aufschwungs der industriellen Gesellschaft die Verbindung zu diesen alten Wegen verloren haben. Ältere Menschen fühlen sich bei uns oft isoliert und von den jüngeren Generationen abgeschnitten, während die jungen sich oft in einer Situation wiederfinden, in der sie gegen ihre Eltern rebellieren – und eine große Distanz zu ihren Großeltern haben. Diese älteren Menschen „sind nicht in der hohen Kunst geschult worden, zu genießen, was sie erreicht haben." Diese Kunst bedarf dringend der Wiederentdeckung.

Mein eigener Mentor war der mittlerweile verstorbene Pater M.D. Chenu, der dem französischen Dominikanerorden angehörte und mit fünfundneunzig Jahren am selben Tag starb, als Nelson Mandela aus dem Gefängnis entlassen wurde (ich würde sagen, er hat den perfekten Moment dafür gewählt, denn Chenu war der Großvater der Befreiungstheologie). Er hat mir ein Beispiel für eine gesunde Großvaterschaft vermacht. Ein Journalist, der mit ihm sprach, als er achtundachtzig Jahre alt war, sagte hinterher: „Das war der jüngste Mann, mit dem ich je ein Gespräch geführt habe." Chenu blieb jung, denn er hatte einen überaus beweglichen Verstand. Wenn er lehrte oder schrieb, verzichtete er auf die Egospielchen, denen man sonst in diesem Zusammenhang nur allzu oft begegnet. Ich habe nie erlebt, dass er im Unterricht einen jungen Denker herabsetzte oder zu ihm in Konkurrenz trat. Ganz im Gegenteil: Er ermutigte seine Schüler ständig, wie zum Beispiel, als er uns inmitten des Aufruhrs und der Streiks, die 1968 in Paris herrschten, sagte: „Geht hinaus und nehmt an der Revolution teil. Kommt nicht nächste Woche zurück, sondern erst in zwei Wochen und erzählt mir, was ihr dazu beigetragen habt. Wir haben bisher die Geschichte studiert, doch jetzt habt ihr die Chance, Geschichte zu machen." Zu diesem Zeitpunkt war er siebenundsiebzig Jahre alt.

Das letzte Mal, als ich Chenu sah, war er achtundachtzig Jahre alt und befand sich auf dem Weg nach Chartres, um mit dem dortigen Bischof eine Debatte zum Thema *savoir* (Wissen) contra *pouvoir* (Macht) in der Kirche zu führen. Chenus Seele war damals noch immer „so jung wie am Tag ihrer Erschaffung", um eine Formulierung von Meister Eckhart zu verwenden. Tatsächlich sagte Eckhart: „Ich bin heute jünger, als ich es gestern war und wenn ich morgen nicht jünger sein sollte, als ich es heute bin, würde ich mich meiner selbst schämen." Sowohl Eckhart als auch Chenu zeigen, dass Jugendlichkeit ein Zustand der Seele ist, und wenn man diese anständig genährt hat, kann man ihre ursprüngliche Spontaneitat und Fröhlichkeit erhalten. Für mich ist das Vorhandensein einer kindlichen Jugendfrische eines der Merkmale einer gesunden älteren Person.

Deepak Chopra schreibt in seinem Buch *Der Jugendfaktor. Das Zehn-Stufen-Programm gegen das Altern*, dass „der Vitalitätsrückgang im hohen Alter größtenteils das Resultat des Umstands ist, dass die Menschen ihn *erwarten*; sie haben sich unwissentlich eine unsinnige Absicht in Gestalt einer starken Glaubensüberzeugung eingepflanzt, die von unserem Körper-Geist automatisch ausgeführt wird." Wenn wir unseren Verstand mit negativen Suggestionen beeinflussen können, trifft das Gegenteil mit Sicherheit ebenso zu: Wir können unseren Körper-Geist in einem jüngeren und gesünderen Zustand bewahren, wenn wir die Absicht haben, jung zu bleiben. Darin besteht auch eine der Aufgaben der Mentorenschaft: Ältere Menschen sollen sich dazu *entscheiden*, mit jüngeren zusammen zu sein und *entscheiden*, von jüngeren Menschen zu lernen. Ich bin in meinem Leben beiden Arten von älteren Menschen begegnet: zum einen jenen, die junge Leute dominieren, indem sie sie entweder ignorieren oder als unterlegen herabsetzen – diese Männer sind selbst sehr alt, haben etwas von einer Ziege, und es macht wirklich keinen Spaß, in ihrer Nähe zu sein, denn sie wachsen nicht, sie stecken einfach fest. Und ich habe Menschen der zweiten Art gesehen, die sich entscheiden, sich in Gesellschaft junger Leute aufzuhalten um zu lehren, aber auch um zu lernen; um ihre Weisheit anzubieten, aber auch, um jung zu bleiben. Wie alt diese Männer auch immer werden mögen, sie sterben jung, und das im besten Sinne.

Heute sprechen die jungen Menschen neue Sprachen und kommunizieren auf Arten miteinander, die noch vor einer Generation völlig unbekannt waren: vor allem mit Hilfe des Internets und der Drahtlos-Technologien. Denken Sie an das Internet. Denken Sie an iPods. Denken Sie an MySpace. Denken Sie an YouTube und vieles mehr. Wir befinden uns am Übergang zwischen zwei Zeitaltern – die man die vormoderne und die postmoderne Welt nennen könnte – und vor allem ältere Menschen sind gefordert, diese Kommunikationskluft zu überbrücken. Es ist zwar ihr Wunsch, zu lehren, aber sie brauchen junge Menschen, die ihnen ihre neuen Sprachen beibringen, so dass ältere Menschen heute vielleicht mehr als jemals zuvor zu Schülern der jüngeren werden müssen. Neue Kunstformen wie zum Beispiel Rap, Rave, Breakdance, das private Filmemachen und vieles mehr entstehen. Diese Sprachen sind weit davon entfernt, alte Geschichten wiederzugeben oder an überholten spirituellen Weisheiten festzuhalten, sondern bieten einen interessanten neuen Rahmen für ihre Weitergabe – und es ist von enormer Wichtigkeit, dass dies geschieht. Wenn unser Planet überleben soll, müssen heutzutage unverzichtbare, heilende Verbindungen zwischen den Jungen und den Alten geschmiedet werden.

Früher bot die Gesellschaft mehr direkte Möglichkeiten, dies zu bewerkstelligen, und die Mentorenschaft der Ältesten umfasste weit mehr als nur philosophische Fragen; sie stellten praktische, anwendbare Weisheiten für ein in jeder Hinsicht erfolgreiches Leben zur Verfügung. Unsere moderne Version einer schulbasierten Bildung entstand im staubigen Kielwasser der industriellen Revolution, aber kann eine ganzheitliche Bildungserziehung denn jemals ein Massenprodukt sein? In früheren Jahrhunderten lernten junge Menschen meist, indem sie sich bei älteren Männern als Lehrling verdingten; auf diese Weise lehrte man sie nicht nur die Fähigkeiten, die sie für ihr Handwerk benötigten, sondern auch, wie man in der Welt leben kann. Wie Schachter betont, „wurde die Mentorenschaft mit Beginn der industriellen Revolution institutionalisiert und bürokratisiert, weil fabrikartige Schulen begannen, jungen Menschen jene spezialisierten Fertigkeiten zu vermitteln, die von der industriellen Gesellschaft benötigt wurden." Übrigens wurden auch rabbinische Studenten bis zu diesem Zeitpunkt nicht nur in Seminaren ausgebildet, sondern auch als direkte Lehrlinge eines praktizierenden Rabbis. In der monastischen Ära des Christentums bildete man junge Menschen nicht nur im Lesen und Schreiben aus, sondern lehrte sie auch (Sprech-)gesänge, Feldarbeit und Selbstdisziplin (zum Beispiel durch Fasten, bestimmte Ernährungsbeschränkungen, frühes Aufstehen oder die direkte Begegnung mit den Elementen der Natur und vieles mehr).

Der Schauspieler Ed Harris erzählte kürzlich eine besonders ergreifende Geschichte. Die neunundzwanzigjährigen Zwillinge Logan und Noah Miller kamen zu ihm und erzählten ihm von ihrem Traum: einen Film über ihren Vater zu machen, der mit neunundfünfzig Jahren im Gefängnis von Marin County gestorben war. Er war Dachdecker und Zimmermann gewesen und hatte immer in seinem LKW geschlafen. Die beiden hatten noch nie einen Film gemacht, doch nachdem sie Harris eine Zeit lang stark umworben hatten, antwortete er zustimmend. Logan sagt über ihren Film, der den Titel *Touching Home* trägt: „Wir wollten im Film zeigen, dass unser Vater noch immer versuchte, das Beste aus einer schlimmen Situation zu machen. Man konnte ihn nicht einfach ablehnen, weil er so ein wunderbarer Mensch war." Ein Mensch, der jedoch ein Alkoholproblem hatte. „Wenn er nüchtern war, konnte man viel Spaß mit ihm haben. Man macht halt das Beste daraus ... und hofft einfach, dass er nicht trinkt." Ihr Vater war ein Veteran des Koreakriegs, der dort heftige Gefechte ausgestanden hatte. Harris Zustimmung, diese Rolle zu übernehmen, half bei der Finanzierung des Projekts. Noah sagte: „Unser Vater starb ohne einen Pfennig im Gefängnis, und ein Filmstar hat ihn wieder auferstehen lassen." Das ist ein schönes Beispiel dafür, wie junge und ältere Menschen sich zu einem Team zusammenschließen können.

Junge und alte Menschen sind dafür bestimmt, gemeinsam zu lernen und einander gegenseitig zu lehren. Die jungen können die Liebe zum Leben, Lebensfreude und ein weniger zweckgebundenes Dasein (wieder) vermitteln. Und die älteren Menschen können die Weisheit weitergeben, die sie hoffentlich aus den Prüfungen und Begrenzungen gezogen haben, die nun einmal ein unvermeidlicher Teil des Lebens sind. Grenzen sind nämlich genau das, was junge Leute nur allzu oft ausblenden oder nicht zu würdigen wissen.

John Conger hat in unserem Gespräch genau das angesprochen:

> Das Problem ist einfach, dass es in Ordnung ist, narzisstisch zu sein, solange man sich in jungem Alter befindet. Aber wenn man älter wird, ist es irgendwie hässlich. Wenn man älter wird, muss man lernen, mit Verlusten umzuge-

> hen und auf die eigene Vergangenheit zurückzuschauen. Für einen alten Mann ist es schwerer, die eigenen Verluste zu verarbeiten. In dieser Kultur wird uns nicht wirklich beigebracht, wie wir mit unseren Gefühlen umgehen und so wie die Frauen darüber sprechen können; und auch über Beziehungen zu sprechen lernen wir nicht. Und so geht man am Ende als alter Mann an der Spitze eines Wegs, auf dem man eine ganze Reihe von Trümmerhaufen hinter sich zurückgelassen hat und muss irgendwie mit der eigenen Scham zurande kommen, über die eigenen Gefühle sprechen und mit Gebrochenheit und Kommunikation fertig werden. Denn im ersten Teil des Lebens hat man uns gelehrt, grenzenlos und allmächtig zu sein. Das Leben jedoch lehrt uns Begrenzung. Also bedeutet ein Mann zu sein, wenn man älter wird, die Demut zu entwickeln, die zum Umgang mit Begrenzungen notwendig ist. Und festzustellen, dass man nur der Vizepräsident werden kann. Oder dass man zwar ein guter, aber kein großartiger Arzt ist. Oder ein guter, aber kein brillanter Forscher.

Grenzen sprechen mit uns. Die Zeit ist begrenzt. Unser Körper weist in seiner gegenwärtigen Form mehr Grenzen als früher auf und erinnert uns daran, dass unsere Zeit abläuft. Das kann den Wunsch danach verstärken, eine Gabe für junge Menschen zurückzulassen.

Der Bedarf an Ältesten und die Begeisterung, die es mit sich bringt, ein Ältester zu sein, lassen niemals nach. Ich erinnere mich daran, wie sich der verstorbene Mönch Bede Griffiths vor zwanzig Jahren auf seinen Tod vorbereitete. Er hatte den Eindruck, dass seine Aufgabe auf dieser Erde im Wesentlichen abgeschlossen war. Er hatte sein ganzes Leben in einem Ashram in Südindien verbracht, wo er viele junge Männer darin ausbildete, christliche spirituelle Praktiken mit jenen der Hindus zu verbinden. Doch dann passierte ihm etwas Überraschendes. Eines Tages spazierte ein junger britischer Wissenschaftler, ein Absolvent der Universität von Cambridge, in seinen Ashram hinein: Rupert Sheldrake. Die beiden Männer schlossen eine tiefe und langanhaltende Freundschaft miteinander – die unter anderem Bedes Leben auf dieser Erde beträchtlich verlängerte. Bede, der stets eine sowohl intellektuelle als auch spirituelle Neugier gezeigt hatte, war vollkommen verblüfft über Ruperts Geschichten von den Entdeckungen der modernen Wissenschaften, und Rupert wiederum war sehr daran interessiert, auf der Grundlage seiner eigenen westlichen Tradition eine spirituelle Praxis zu entwickeln, denn er war der Ansicht, dass er diese eigene Tradition aufgeben musste, als er in den Osten ging, um Yoga und andere alte Wege zu studieren. Jeder der beiden war Balsam für die Seele des anderen. Sie lehrten einander gegenseitig, was die Geschichte der Menschheit veränderte. Genau so funktioniert eine gute Mentorenschaft. Beide – der ältere wie auch der jüngere Mensch – erblühen, lernen und lehren.

Echte Mentorenschaft durch einen Ältesten erfordert Schachter zufolge fünf Elemente: Das erste besteht darin, mit offenem Herzen zuzuhören. Das zweite ist, sich nicht aufzudrängen, sondern das dem Schüler bereits innewohnende Wissen hervorzulocken (schließlich kommt der Begriff „Edukation“, also Erziehung, von *educere*, was „herausführen“ bedeutet). Als drittes geht es darum, das eigene suchende, tastend ausprobierende und überaus menschliche Selbst zu leben – und nicht allwissend erscheinen oder eine Rolle spielen zu wollen, mit der man den anderen beeindrucken will. Viertens ist es wichtig, die Einzigartigkeit des anderen hervorzurufen. Das letzte Element schließlich besteht in dem Bewusstsein, dass eine Mentorenbeziehung nicht ewig besteht. Wenn junge Männer zu Erwachsenen werden, brauchen sie weniger einen Mentoren als einen Freund, was wieder eine vollkommen andere Art von Beziehung ist.

Jim Miller: Kojotenweisheit

Der zweiundsiebzig Jahre alte Jim Miller definiert sich selbst als „Farmer im Ruhestand, Investor, Fotograf, Dichter, ein bisschen verrückt wie ein Kojote, und ich bin mein ganzes Leben lang Schwimmer gewesen.“ Während meines Gesprächs mit Jim war ich verblüfft darüber, wie viele der Themen dieses Buchs angesprochen wurden, als er über sein Leben, seine Fehler, über das, was er gelernt hatte und über seine Vision nachdachte. In seiner Lebensphilosophie spielen der Körper und die Sexualität, das Land (der Grüne Mann) und das Bewusstsein (der Blaue Mann) bedeutende Rollen und sind in seiner Funktion als Ältestem ebenso wichtig für ihn. Deshalb habe ich mich dazu entschlossen, dieses Kapitel mit seinem wunderbaren Beispiel für einen enthusiastischen alten „Kojoten“ zu beenden.

Fox: Erzähle mir mehr über die Rolle, die das Schwimmen in deinem Leben spielt.

Miller: Ich genieße es ungemein als etwas, mit dem ich spielen kann. Ich habe im Fischteich meiner Eltern schwimmen gelernt und schon immer Wasser geliebt. Meine Großmutter nahm uns im Sommer immer mit an den Strand; im College war ich zwar Teil des Schwimmteams, habe aber mehr gesurft. Mit vierzig sagte meine Großmutter zu mir: „Du musst ein paar Dinge verändern“, und das tat ich auch – unter anderem fing ich wieder an, mehr zu schwimmen. Ich war eine Typ-A-Persönlichkeit[33], und mein Körper konnte einfach nicht mehr mit meinem Ego mithalten, also wurde ich etwas ruhiger. Ich liebe das offene Wasser. Es ist eine Meditation. Ich habe ein Buch über das Schwimmen herausgebracht, es heißt *The Wet Poet's Society. Anthology of Swimmers' Poetry and Art.* Mit fünfundsechzig oder sechsundsechzig schwamm ich als Teil einer Staffel durch den Ärmelkanal. Es war einfach wunderbar, und das Wasser war sehr klar. Die Strecke durch den Catalina-Kanal war sehr lang; ich begann um fünf Uhr früh und dann noch einmal um elf Uhr, und eine *riesige* Delfinschule kam, um mit mir zu schwimmen. Ich bin zweimal um

33) Nach der Einteilung von Friedman und Rosenman der für Herzinfarkte anfälligste Persönlichkeitstyp, der von starkem Konkurrenzverhalten, Hektik, versteckter Aggressivität und Kontrollzwängen gekennzeichnet wird.

Manhattan herum und mehrmals nach Alcatraz und wieder zurück geschwommen. Das ist Medizin, Heilung, Meditation für mich. Schwimmen ist wie Sex; es geht darum, es hinauszuzögern und die Welle zu reiten.

Fox: Welche Rolle spielt die Scham bei Männerthemen?

Miller: Eine riesige, unglaublich riesige! Ich war über und über mit Scham beladen, bis ich an einem Seminar-Wochenende bei Dr. Shapiro teilnahm, die das EMDR (Rapid Eye Movement Therapy) entwickelt hat. Sie hat diese Technik in die Türkei und auch nach Oklahoma gebracht. Sie ist einfach unglaublich. Damals war mein gesamtes Leben von der vergiftenden Scham meiner Mutter durchdrungen – ich schämte mich für meinen Körper, meine Sexualität, meine Ideen. Scham hat auf viele, viele Männer eine äußerst negative Auswirkung. Das ist nicht leicht zu erkennen und zu identifizieren. Es muss aus der Erfahrungsebene des Körpers kommen – Scham hat ihren Sitz im Körper.

Fox: Hast du noch mehr Strategien, die Männern bei der Verarbeitung ihrer Scham helfen können?

Miller: Andere Männer zu bestätigen. Zuzuhören, wenn sie uns erzählen, wie sie sich fühlen und dabei wissen, dass sie das, was sie jetzt erzählen, morgen vielleicht ganz anders interpretieren werden, weil sie das alles in sich einsickern lassen, die Ergebnisse ausfiltern und darum herum arbeiten – und auch, weil sie durch den Umstand ermächtigt werden, dass man zwar Scham empfinden, diese aber auch wieder loswerden und dann merken kann, wie man dadurch Kraft gewinnt. Auch die Liebe und Zuneigung, die Männer füreinander spüren können, hat die Macht, uns bei der Überwindung der Scham zu helfen. Es gibt da eine spirituelle Verbindung. Ich habe diese Erfahrung in den vergangenen fünfzehn oder zwanzig Jahren mit mehreren Männern machen können – das ist sehr kraftvoll.

Fox: Du sagst, es bestehe eine Verbindung zwischen der Scham und dem Körper. Hilft dir das Schwimmen da weiter?

Miller: Ja. Schwimmbewegungen beginnen in den Hüften. Unsere gesamte Energie kommt aus dem Beckenbereich. Gestern ist meine kleine Enkelin zwei Jahre alt geworden. Ich sagte ihrer Mutter, sie solle sie eine Ballett-Tänzerin werden lassen – wenn sie ihre Hüften bewegt, arbeitet der ganze Körper, sie hat überhaupt keine Scham. Das macht die Schönheit aller Kinder auf der Welt aus, egal, welchen Glauben oder welche Hautfarbe sie haben bzw. aus welcher Kultur sie stammen. Jedes Kind wird mit derselben, identischen Sprache geboren – ob es als Buddhist, Christ, Heide oder Atheist aufwächst, spielt dabei keine Rolle. All das ist … Liebe. Der Körper tritt ohne Scham in diese Welt ein, und dann panzern wir ihn im Namen von Zivilisation, Kultur, Erziehung und Religion. Der Körper hält die Scham dann fest, die schließlich alles durchdringt. Es ist nicht einfach, sie dann wieder aufzuheben. Ihre Wurzeln sind wie die Wurzeln von Pilzen in unser Sein eingebettet.

Schwimmen hilft dagegen, genauso wie Atemarbeit und die Erkenntnis, wie verpanzert mein Körper ist. Dieser Panzer ist Teil meiner Scham – „Ich bin nichts wert, nicht gut genug, nicht stark genug." Ich bin nie als der wahrgenommen worden, der ich wirklich bin, also musste ich mein Innerstes nach außen kehren, um so zu werden, wie meine Eltern es wollten oder um die Brosamen der Liebe erhalten zu können, die für mich abfielen. Die Verkörperung ist wichtig. Leben ist eine innere Aufgabe. Der Archetyp des ewigen Mädchens bzw. des ewigen Jungen (Puer/Puella) in unserer Kultur ermuntert nicht gerade zu dieser inneren Arbeit[34].

Heute sind viele Kinder weitaus besser auf ihren Körper und ihre Sexualität eingestimmt als in meiner Generation, denn wir mussten uns auf eine Weise entwickeln, die unsere Eltern ansprechend fanden. Wir mussten etwas tun, um ihre Aufmerksamkeit und Zustimmung zu erlangen. Ich halte das Zwölf-Schritte-Programm deshalb für sehr kraftvoll, weil man die Macht aufgibt, um Liebe zu erhalten. Wenn man sich selbst verbiegt und zu etwas anderem als dem eigenen wahren Selbst wird, schrumpelt das authentische Selbst immer mehr ein. Wie ich in einem Gedicht schrieb, empfand ich diesen Vorgang als so drastisch, als so schizophren, dass es sich für mich anfühlte, als wenn ich ins Haus nebenan gezogen wäre und mich fragte, welches Haus jetzt eigentlich meines ist und von meiner Putzfrau gereinigt wird.

Fox: Ist Scham für Männer ein größeres Problem als für Frauen?

Miller: In der Generation meiner Mutter wurde die Erziehung durch Dinge wie Geld und Besitz sowie die fehlende politische Macht der Frauen begrenzt. Mittlerweile haben sich die Frauen aus diesem Gefängnis befreit, und es sind die Männer, die noch viel zu tun haben. Denken Sie zum Beispiel an den konservativen Islam und an den Papst, der das Rad der Zeit gerne um ein paar Jahrhunderte zurückdrehen und Frauen buchstäblich wieder Fesseln anlegen würde. Die Männer der rechten christlichen Bewegung haben Angst vor der Freiheit. Männer kommen heute voll zu ihrem Recht, aber ihre Freiheit ist hinter dem Gitter der Scham, der Kontrolle und der Dysfunktion eingeschlossen – in einem Gefängnis, das aus der Notwen-

34) Mit „Puella" sind die ewigen Kindfrauen gemeint, die in unserer vom Jugendwahn und äußerer Schönheit beherrschten Kultur einen wichtigen Archetyp darstellen. Beispiele dafür reichen von Models und Barbiepuppen bis hin zu Schauspielerinnen wie Meg Ryan (mittlerweile mit chirurgischer Unterstützung), Vanessa Paradis und Mary-Kate Olsen. Gerade in der Film- und Modelszene hat die Kindfrau sehr schön zu sein, schlägt sich in Wirklichkeit aber oft mit Magersucht oder Bulimie herum. Der Begriff ist ursprünglich von C.G. Jung eingeführt worden, der sich allerdings mehr auf die männliche Variante, den „Puer" konzentrierte, der eine frühe Form des Peter-Pan-Syndroms darstellt. [A.d.Ü.]

digkeit besteht, alles kontrollieren zu müssen, anstatt frei und offen zu sein und der Kundalini, dem Saft in uns, zu erlauben, frei zu fließen und das Leben zu feiern.

Amerika ist eine der zornigsten Nationen der Welt. Die amerikanische Sexualität ist extrem flach, weil sich Zorn und Sex gegenseitig im Körper spiegeln. Der Körper antwortet darauf.

Fox: Zorn und Aggression bei Männern – ist das ein wichtiges Thema?

Miller: Ein enorm wichtiges sogar. Und eines, bei dem wir immer wieder zum Körper zurückkommen. So viele Männer sind in Amerika beschnitten, was wirklich nicht nötig wäre. Bedenken Sie, dass die beschnittene Haut achtzig Prozent der Nervenenden verloren hat, über die der Penis sonst insgesamt verfügt. Entsprechend erlangt ein beschnittener Mann nur zwanzig Prozent des sexuellen Genusses, den ein Orgasmus eigentlich vermitteln sollte. Man hat den Orgasmus an der Spitze des Penis anstatt im ganzen Körper. Reich sagte, das beste Heilmittel für Krebs sei ein Vollkörper-Orgasmus, bei dem jede Zelle vibriert. Das ist Scham, die wir Männer uns selbst auferlegt haben, um Frauen kontrollieren zu können. Das Ziel der drei großen Religionen des Westens besteht darin, die Sexualität von Männern wie Frauen zu kontrollieren. Das ist der Zorn, auf den Riane Eisler hinweist – ein großer Teil der christlichen Geschichte ist überaus aggressiv gewesen. Im Namen des Christentums sind Dinge wie der Völkermord an den Ureinwohnern Amerikas, die Kreuzzüge und vieles mehr begangen worden.

Fox: Welche Strategien können den Zorn bekämpfen?

Miller: Der erste Schritt besteht darin, den Zorn anzusehen und sich ihm zu stellen. Ich habe viele Seminare zum Thema Männer und Zorn geleitet und erlebt, dass es für die Männer von enormer Wichtigkeit ist, zu verstehen, dass ihre Kraft des Zorns tatsächlich ihre Trauer überdeckt, die wiederum ihre Liebe enthält. Oft gewinnen Männer dann beachtliche Einsicht in die ihnen eigene Dynamik bei der Entstehung dieses Zorns, den wir ja alle haben. Schauen Sie sich nur den angespannten Kiefer von George Bush an – genauso wie sein Becken. Wenn der Kiefer so verspannt ist, trifft dasselbe auf das Becken zu, und das lässt sich bereits auf die Erfahrung des Kindes zurückführen, das von der Mutter gestillt wird. Wenn das Kind beim Stillen seinen Kiefer bewegt, kommt es im Körper zur Erregung. All das ist miteinander verbunden.

Ein großer Teil des Zorns schneidet uns von der Genussfähigkeit unseres Körpers ab, die wiederum Männer wie Frauen heiligt. Hier müssen wir etwas verändern. Wenn wir das nicht tun, wird uns erst die globale Erwärmung aufwecken, und dann werden wir ziemlich umfassende Veränderungen erleben.

Fox: Jemand hat Scham als das Gefühl definiert, nicht dazuzugehören. Wie siehst du das?

Miller: Ich persönlich habe die Erfahrung gemacht, dass ich mich in beschämten Zustand zurückziehe, also nicht dazu gehöre. Männer tun das meist. Sie nehmen nicht an der Familiendynamik teil, weil sie das in ihrer eigenen Ursprungsfamilie nicht erlebt haben. Besonders in den fünfziger Jahren. Wie war wohl McCarthys Mutter? Das lässt sich oft auf die eigene Mutter zurückführen. Frauen sind so lange unterdrückt worden, und ihr Zorn hat sich dann durch ihre Kinder ausgedrückt. Hier geht es nicht nur um Genitalien, sondern um die Liebe, die eine Mutter mit ihren Augen, dem Körperkontakt, mit ihrer Wärme und auf nonverbaler Ebene geben kann. Wie Barbara Walker in ihrem wunderbaren Buch *Die Weise Alte. Kulturgeschichte, Symbolik, Archetypus* geschrieben hat, ist es die Mutter, die ihre Kinder in der Sexualität verwurzelt. Wenn eine Mutter so wie die meine schwer missbraucht worden ist, kann sie dieses Geschenk reinen Goldes aufgrund ihrer Verletzung nicht an ihre Kinder weitergeben. Wir sind alle verletzt, Männer wie auch Frauen.

Fox: Wie sieht es mit der Beziehung zwischen Vater und Sohn aus?

Miller: Mein Vater hat mich von sich weggestoßen. Seine Botschaft war, dass Männer nicht lieben. Männer ficken, aber sie lieben nicht. Nur Zorn, aber keine Anmut. Männer werden mit zwei Köpfen geboren, einem großen und einem kleinen, und sie lassen den kleinen das ganze Denken übernehmen. *Aber darum geht es einfach nicht.* Es geht darum, dem Herz zu erlauben, dass es sich öffnet. Jede Verletzung, die das Kind in den ersten zwei Lebensjahren erfährt, wird zur Grundlage des Charakters des daraus entstehenden Erwachsenen. Verletzungen prägen sich tief ein. Meine Mutter war unfähig, zu lieben, und ich ging für zwei oder drei Jahre in den Zorn-Modus, bis ich es schließlich schluckte, zumachte und ebenfalls zu lieben aufhörte. Eine wirkliche Mutter vermittelt ihrem Kind Licht, Annahme und die Fähigkeiten, den eigenen Körpers ohne Scham wertzuschätzen. Aber wenn sie oder der Vater dazu selbst nicht fähig sind, können sie auch keine Liebe weitergeben. Liebe ist Handeln, und Zorn ist Handeln.

Fox: Die Hopi sagen: „Nur ein Narr denkt mit seinem Kopf."

Miller: Wie wahr. Das bringt uns aus unserem Körper heraus. Aber denke andererseits mal an Football – das ist eine sehr gewaltsame Form des Kontakts. Mein Vater lebte sehr homophob, aber ich glaube, er war tatsächlich bisexuell. Dieses Zögern in Bezug auf die eigene Sexualität beginnt schon sehr früh. Meine Sexualität war immer sehr schmerzhaft, weil ich darin über keinerlei Erdung verfügte. Die Männerbewegung hat mir geholfen, mich als starken Mann zu betrachten, und ich hatte nie geglaubt, dass mir so etwas einmal möglich sein würde.

Fox: Welchen Veränderungen unterzieht sich die Männerbewegung deiner Wahrnehmung nach? Wie entwickelt sie sich?

Miller: Ich habe an einer ganzen Reihe von Versammlungen in der Umgebung der Bucht von San Francisco teilgenommen. Männer arbeiten, und sie verändern sich. Manche dieser Gruppen leisten wirklich Bemerkenswertes. Micheal Meade zum Beispiel, der in Oakland mit Jungs und Männern arbeitet. Und das ist Arbeit. Trommeln ist eine Möglichkeit, Männer mit Rhythmen vertraut zu machen und damit, wie sie in Gleichklang mit anderen Männern kommen können; dasselbe trifft auf das Tanzen, das Schreiben und viele weitere Formen der Kreativität zu. Das ist wie an der Universität für Schöpfungsspiritualität – man muss die Kreativität freisetzen und die Männer dazu bekommen, sich sicher genug zu fühlen, um zusammenzukommen und von Herzen zu sprechen, anstatt die ganze Zeit über auf der Hut sein zu müssen. Viele Männer sind ständig auf der Hut.

Fox: Verletzlichkeit ist bei Männern ein echtes Thema, denn man lehrt uns von Kindesbeinen an, unsere Gefühle für uns zu behalten.

Miller: Die typische männliche Umarmung lässt beide Beteiligten gemeinsam die Form eines „A" bilden – damit sich die Beckenbereiche nicht berühren. Dabei gibt es nichts Köstlicheres, als eine Frau zu umarmen, wenn ihr Becken an deinem liegt. Bei Männern ist das genauso. Es hat nichts damit zu tun, in sexuelle Energien einzutauchen, sondern ist einfach gut. Es ist berührend.

Fox: Seit wann bist du in der Lage, deinen Körper auf diese Weise zu schätzen? Wie lange hast du gebraucht, um das wiederzugewinnen?

Miller: Eine lange, lange Zeit. Alles begann vor fünfundzwanzig Jahren mit Reichs Buch *Christusmord. Die emotionale Pest des Menschen* und der Erkenntnis, wie repressiv das Christentum ist. Die Musik der zwanziger Jahre, die große Wirtschaftskrise, der Zweite Weltkrieg, und dann flog alles auseinander, es kam zu Woodstock und den Blumenkindertagen San Franciscos, in mir kam es zu einer Öffnung nach den unterdrückenden Jahren, die ich der Theologie gewidmet hatte – „Fass das nicht an, das ist schmutzig." Es ist Zeit, dass wir Calvin ein wirklich gutes Begräbnis geben, denn er erhebt etwa alle fünfzig Jahre seinen Kopf aus dem Grab und versetzt alles in Aufruhr, genauso wie die rechte christliche Bewegung. Wir leben seine Negativität!

Fox: Vielleicht können wir Augustinus dann gleich mit begraben. Mittlerweile bist du Großvater. Was findest du daran am besten?

Miller: Das lerne ich immer noch. Ich bin ein großer Jüngling, ein Puer, und meine Enkelin hat mich nicht darum gebeten, Großvater zu werden. Sie tauchte einfach auf und sagte: „Jetzt bist du ein Großvater." Ich war überhaupt nicht bereit dafür. Also musste ich anfangen, den ewigen Knaben in mir loszuwerden, meine Knabenhaut. So langsam fange ich an, es zu begreifen und anzuerkennen, dass ich ein paar der Spielzeuge loslassen muss, an denen ich so lange festgehalten habe; früher habe ich sie gebraucht, aber jetzt muss ich sie nicht mehr haben. Großvater zu werden ist eine riesengroße Veränderung.

Fox: Sie verändert dein Sein und dein Leben?

Miller: Sie verändert mein Wesen und die Art, wie ich die Dinge betrachte. Verschafft meiner tiefverwurzelten Paranoia Entspannung. Sie hat mir ermöglicht, das Leben aus einem klareren Herzen heraus zu betrachten und öfter in direkter Verbindung mit diesem Palast in meinem Inneren zu sein. Jetzt kann ich mich eher darauf beziehen als auf das, was Chuck Kelly eine „sehr starke Kopfabwehr Gefühlen gegenüber" nennt. Wir denken uns durch das Leben, was ich schon als Kind tun musste, weil mir eingeimpft wurde, meine Gefühle als schlecht zu betrachten. Weil ich nicht erhielt, was ich brauchte, musste ich mich total verbiegen, und genau da beginnt die Abwehr – indem man sehr schlau wird und alles gut durchdenkt, anstatt den Tanz einfach geschehen zu lassen. Meine Enkelin tanzt, und ihr kleines Hinterteil bewegt sich dabei wie verrückt, wie bei einer kleinen Hula-Tänzerin – sie spricht die schreckliche Wahrheit des Beckens aus.

Fox: Das klingt, als wenn du mit einer kleinen Person, die sich noch entwickelt und der jüngste Mensch in deinem Leben ist, viel gemeinsam hättest.

Miller: An dem Tag, als sie geboren wurde und ich sie das erste Mal in den Armen hielt, brach ich in Tränen aus. Ich brauchte eine Weile, um zu begreifen, was geschah. Hier war sie in ihrer vollkommenen Unschuld und erinnerte mich an meine Verluste, an die verloren gegangene Verletzlichkeit – ich hatte das auch einmal, aber eine Ebene davon ist so tief in den Körper eingraviert und bleibt immer. Ich habe nicht darüber nachgedacht, die Tränen kamen einfach. Die Art, wie sie mich anschaut – sie blickt direkt in mich hinein. Ihre Augen sind mit ihrem Herzen verbunden.

Gestern Abend war ich auf einer Party. Da war ein überaus brillanter Typ aus Silicon Valley – ein Pilot, ein Schwimmer und mittlerweile im Ruhestand – der mir nicht direkt in die Augen sehen konnte, wenn er sprach. Er blickte immer zur Seite. Das sagte mir, dass er nicht in Verbindung ist. Er befindet sich sehr im Kopf. Er kann andere nicht ansehen, weil er in seinen Kopf gehen muss; wenn er mich direkt angeschaut hätte, wären wir offen miteinander gewesen. Der Körper ist so raffiniert – vor allem bei alten Knackern, die ihren Panzer seit einhundert Jahren mit sich herumtragen – es ist nicht einfach, das wieder loszuwerden.

Fox: Stimmen du mir zu, dass wir, anstatt in den Ruhestand zu gehen, einen Weg finden müssen, unser inneres Feuer erneut zu entzünden?

Miller: Ich mag diese Formulierung. Es ist erstaunlich, wie viele grauhaarige Männer man dort, wo ich wohne, auf Fahrrädern oder bei anderen Sportarten sehen kann. Als wir Teenager waren, habe ich nie ältere Menschen Sport treiben sehen. Höchstens mal Tennis, aber auch das nur, damit man sich seinen Gin-Tonic danach verdient hatte. Männer haben sich sehr verändert! Ein großer Teil unserer männlichen Kultur hat sich verändert; aber dennoch steht uns noch viel Arbeit bevor. Was die jüngere Generation tut und sieht – fünfzigjährige Männer, die da draußen Rad fahren, Sport treiben und gesund sind. Und übrigens auch schwimmen.

Fox: Hast du eine Beziehung zu Don Quijote?

Miller: Nein. Er ist ein Trickster. Don Juan ist anders. Ich habe den Don Juan in mir erkannt, den Trinker, den Partylöwen, der ständig davonrennt. Ich bin einen großen Teil meines Lebens gerannt – nicht auf sportliche Weise, sondern einfach auf der Flucht vor dem Schmerz, der irgendwo ganz, ganz weit da hinten lauert. Ich bin eine Typ-A-Persönlichkeit, sehr zwanghaft, sehr professionell, sehr hart angetrieben.

Fox: Du warst ein erfolgreicher Farmer und Winzer. Hast du diese Arbeit genossen?

Miller: Ich habe sie geliebt. Ich liebte es, draußen in den Weinbergen zu sein. Das war genaugenommen nichts anderes als eine Form der Therapie. Mein Land und meine Ranch waren meine Therapie. Ich gehe im Moment durch das Drama des King Lear mit meinem Sohn – er hat mich noch nicht getötet, aber er will die Weinberge und das Reich haben, und ich bin in eine winzige Höhle in den Bergen verbannt worden, mit ein paar Perserteppichen und etwas Familiensilber. Es war hart, sehr hart, wie er sich verändert hat.

Er hat eine Frau in seinem Leben, eine Ehepartnerin, und er ist Vater. Als Mann muss ich ihn segnen und anerkennen, was ich bei seiner Hochzeit auch tat. Aber in mir ist viel Angst, Schmerz und Veränderung, eine Permutation, eine Neugärung, Neuentzündung – es ist für ihn ebenso schwer wie für mich. Ich habe ihn großgezogen, er war mein Sohn, und ich kann zum Teil verstehen, woher sein Groll kommt – weil ich dieses Band für meine eigenen Bedürfnisse genutzt habe, anstatt ihn loszulassen. Ich habe eine Freundin, die in derselben schmerzhaften Beziehung mit ihrer Tochter lebt. Ist je eine Geschichte für Frauen geschrieben worden, die dem Mythos des King Lear bei Männern entspricht? Solche Konflikte sind berühmt. Sie hat mich gestern angerufen, und ich habe in ihr mein eigenes Spiegelbild gesehen.

Fox: Wie viele Jahre lang hast du in den Weinbergen gearbeitet?

Miller: Fünfunddreißig Jahre. Mit dem Bulldozer, meine Hände waren immer in der Erde oder in den Reben. Beim Weinanbau braucht man viele Gerüste und ordnet alles in geraden Linien an – ein Symbol für die männliche Kontrolle, die Kontrolle des dysfunktionalen Mannes – alles war aufgereiht, gerade Linien und Stahldrähte, die von oben nach unten verliefen. Alles musste gerade sein. Es war wichtig, alles richtig zu handhaben und zu schneiden – all die Kisten und Hecken waren nichts anderes als kontrollierte Gärten.

Fox: Vollzog sich dein Erwachen, nachdem du deine Arbeit losgelassen hattest?

Miller: Man arbeitet immer. Ich möchte ein Buch schreiben – es soll heißen „Fünfzig Jahre Therapie und trotzdem noch immer in Form", denn ich kenne einige Männer, die wie Robert Bly und andere über sechzig oder siebzig Jahre alt sind und immer noch arbeiten. Das Buch würde einen Einblick darin geben, dass ältere Männer sich auf subtile Art verändern müssen. Die Therapie ist nie zu Ende. Die Männerbewegung hat das bei Versammlungen von Männern in vielen Teilen des Landes bestätigt. Bewusstsein und Erwachen. In unseren patriarchalischen Theokratien haben Männer lange geschlafen. Und man hat ihnen lange Zeit etwas vorgemacht. Viele von ihnen erwachen jetzt für ihre Verletzlichkeit und ihre Empfindsamkeit dem Leben gegenüber, anstatt sich weiterhin mit unpassenden Mythen zu beschäftigen.

Fox: Siehst du dich selbst als einen Ältesten?

Miller: Ja.

Fox: Was sind die wichtigsten Eigenschaften eines Ältesten?

Miller: Weisheit, Geduld, die Jugend zu bestätigen, der Jugend zuzuhören, mit der Jugend zu tanzen, mit der Jugend auf kreative Weise zu arbeiten – das, was du mit Professor Pitt machst. Das ist sehr, sehr wertvoll – ebenso wie deine Arbeit mit den Kosmischen Messen, bei denen so ein großes Spektrum von Alter, Ältesten und jungen Menschen zu finden war. Ich denke, dazu gehört, das Leben zu nähren und ein Nährer zu sein, mit der Jugend verheiratet zu sein, zu beschützen, zu erziehen, zu motivieren, das Feuer der Jugend am Leben zu halten. Es gibt eine Gruppe von Männern, die sich „Inside Circle" nennen – es ist unglaublich, was die in Gefängnissen tun. Sie bewegen die Männer dazu, für ihr eigenes Innenleben aufzuwachen. Mitglieder von ein paar Hardcore-Jugendbanden, die jederzeit umgebracht werden könnten, lernen stattdessen, wie man außerhalb der Banden und innerhalb der eigenen Verletzlichkeit ein Mann ist. Die Gedichte, die aus dieser Arbeit entstehen, sind ganz erstaunlich, und ebenso die Selbsterkenntnis.

In Sacramento gibt es Männer, die zu den Gefängnisinsassen gehen und eine ganz neue Art von Arbeit machen. Die Gefängnisaufseher und -vorsteher sind begeistert, denn sie sehen, wie sich die Insassen verändern. Wie in dem Film, von dem Du uns erzählt hast, *Doing Time, Doing Vipassana*, dem Film über Meditation in Gefängnissen von Indien und Los Angeles, verändert sich die Energie des Gefängnisses – und auch hier geht es wieder darum, zum Körper zurückzukehren. Ein so großer Teil der Energie männlicher Amerikaner ist so stark zusammengestaucht worden, dass sie nun auf sehr unangemessene und zerstörerische Weise wieder herauskommt, nämlich in Form von zorniger Zerstörung anstatt auf eine Weise, die andere nicht niedermacht.

Fox: Also gibt es da für die Ältesten viel zu tun.

Miller: Es gibt unglaublich viel für sie zu tun! Und sie sind hier.

Fox: Es gibt viele Männer, die gerne Älteste wären, es aber nicht wissen; sie haben nicht das Gefühl, dazu aufgefordert worden zu sein.

Miller: Es gibt keine Aufforderung, weil es auch keine Initiation mehr gibt. Dahinter steht die Notwendigkeit für Rituale. Die Schwitzhütten und Sonnentänze – diese *alten*, uralten Rituale, die den jungen Männern, die den Sonnentanz durchführen, eine enorme Macht einflößen. Da ich so etwas nie miterlebt habe, kann ich nicht mehr dazu sagen. Aber das hat die christliche Kultur nicht. Rituale initiieren Menschen. Pitt macht das durch Musik; du hast es durch dein ganzes Leben getan; Micheal Meade verwendet ebenfalls Musik. Robert Bly hat wundervolle Arbeit geleistet, wenn es darum geht, Menschen auf die Lieder aufmerksam zu machen, die in der Dichtung überall da draußen warten – David Whyte ist noch so ein großer Dichter. Das ist die Aufgabe der Dichter.

Fox: Möchtest du noch etwas sagen?

Miller: Ich habe dich den Begriff der „heiligen Männlichkeit“ verwenden hören. Ich glaube nicht, dass es in der herrschenden Kultur viel davon gibt. Die „heilige Männlichkeit“ erinnert mich an einen Häuptling der amerikanischen Ureinwohner, Chief Seattle, der ein unglaublich schöner Mann war. Seine große Abschiedsrede war herausragend – sie muss aus einer Heiligkeit gekommen sein, die diesem Mann innewohnte, denn ihm war sein Körper heilig. Und den Körper als heilig anzunehmen ist der Beginn dafür, die Heiligkeit des kulturellen Seins zu ehren.

Haben wir Frauen gewürdigt? Nein. Deshalb geben Frauen ihren Groll an ihre Kinder weiter, und so wird Generation um Generation verletzt. Ich denke, dass Heiligkeit aus einem tiefen Respekt für den Körper resultiert.

Zen in der Landwirtschaft besteht darin, dass man kein Loch in die Erde macht, sondern einen Samen fallen und das Unkraut darum herum wachsen lässt. Es geht darum, dass unsere ganze Kultur die Natur kastriert, die Natur kontrolliert, die Natur benutzt und sie schließlich auslöscht.

Fox: Wendell Jackson sagt, wir würden den Landbau seit zehntausend Jahren völlig falsch betreiben.

Miller: Mein Sohn bewirtschaftet die Weingärten auf biodynamische Weise, sehr konservativ, er lässt das Unkraut einfach wachsen. Es ist eine andere Art, sich der Natur zu nähern. Wir sprühen nichts.

Ich glaube, dass der Mangel an einem Gefühl für Heiligkeit auf die lange, lange Zeit der Herrschaft einer sehr missbräuchlichen Theokratie zurückzuführen ist. Insbesondere, weil es eine Theologie ist, die auf der Leugnung der Sexualität zum Zwecke der Machterlangung durch scheinbare Kontrolle beruht. Die Sexualität ist unsere Verbindung zu Gott und zur Erde. David Deidas Arbeit ist da brillant, vor allem *Der Weg des wahren Mannes* und *Finding God Through Sex*. Wie Reich sagt, ist das eine Frage der Verbindung zu unserem Körper, unsere Körperorientierung, denn wenn wir mit unserem Körper verbunden sind, befinden wir uns auch in Verbindung zur Erde, wie es bei vielen indianischen Stämmen der Fall war. Deshalb glaube ich, dass wir die Heiligkeit des Körpers näher betrachten sollten; heidnische und vorchristliche Rituale haben das auf vielerlei Weise getan. Deine Kosmischen Messen waren überaus schön, weil sie so viele dieser verschiedenen Elemente in einer Feier zusammengefasst haben. Die ekstatische Seite des Lebens.

Es tut einfach weh, wenn ein Priester, der seine Sexualität verleugnet behauptet, er sei überlegen, eben weil er sie verleugnet! Gerade durch unsere Sexualität und deren Ausdruck nähern wir uns der kosmischen Energie an, die durch all das Leben fließt, an dem wir teilhaben – und zu dem auch die Bäume und Steine gehören. Die kosmische Energie fließt und bewegt sich ständig; wir sind aus ihr gemacht. Das zu leugnen bedeutet, zur einer Abschwächung jener tieferen Ebene dessen beizutragen, worum es bei sexueller Energie eigentlich geht. Die westliche Kultur ist in höchstem Maße repressiv. Die Sexualerziehung in unserer Kultur ist sehr repressiv, während die amerikanischen Ureinwohner Sexualität als eine sehr positive Kraft betrachten. Die Chinesen hatten ihre Geheimnisse und Indien sein Tantra. All das sind positive Wege, eine gesunde Sexualität zu lehren. Das schlimmste Wort, das mir in unserer Sprache einfällt, ist „Masturbation", denn es leitet sich von *masturbare* ab, was „missbrauchen" bedeutet. Starhawk sagt: „Werft es raus." Selbst-Vergnügen ist das geeignete Wort, das sich im Wesentlichen wieder auf die Bedürfnisse des Körpers bezieht. Wir können uns selbst Vergnügen bereiten – davon werden Sie nicht blind, sondern könnten stattdessen eine ganze Menge mehr sehen! Die Bindung an unseren Körper ist die Bindung an das Land.

Heilige Hochzeiten

XI – Die heilige Hochzeit von Männlichkeit und Weiblichkeit

Ich begann die Arbeit an diesem Buch mit der Erinnerung an einen Traum, den ich während meiner Vortragstätigkeit zum Thema Heilige Männlichkeit hatte. Ich sah darin eine große Hochzeitskarawane, die zu Ehren eines sehr glücklichen, männlichen Tigers und einer mütterlichen Elefantendame stattfand, die auf dem Rücksitz eines Hochzeitsautos saßen. Der zweite Teil beschließt dieses Buch mit zwei Kapiteln über die Heilige Hochzeit. Der taoistische Lehrer Mantak Chia sagt: „In jedem Augenblick gibt es nur die Leere des Yin, welche die Fülle des Yang empfängt. Das ist die ewige Hochzeit von Mann und Frau, von Geist und Materie, von Himmel und Erde."

In diesem Kapitel betrachten wir die Heilige Hochzeit der Geschlechter, die auf archetypischer Ebene in jedem von uns stattfindet, auch wenn wir diese Geschlechterrollen oft zu wörtlich nehmen. Im nächsten Kapitel werfen wir einen Blick auf die Frage, wie wir uns mit vielen der anderen Dualitäten vermählen können, die unser Gefühl für uns selbst und unsere moderne Welt so oft aufwühlen. Wir brauchen Heilige Hochzeiten in und zwischen uns, um eine gesunde, grüne, lebendige, nachhaltige, vielfältige und freudvolle Welt zu schaffen.

Denn was nutzt es uns schließlich, wenn die Heilige Männlichkeit zurückkehrt, ohne sich mit der Göttlichen Weiblichkeit zu vermählen? Was nutzt es uns, wenn die Weiblichkeit wiedererweckt wird und sich heilt, wie es seit Jahrzehnten der Fall ist, aber dann niemand Ebenbürtigen, keinen Gefährten findet und die Heilige Hochzeit mit der gesunden Männlichkeit nicht vollziehen kann? Wie bereits Meister Eckhart sagte, findet Liebe zwischen gleichwertigen Menschen statt. Liebe kann sich nur dort ereignen, wo Ebenbürtigkeit herrscht oder wo wir darum bemüht sind, sie zu herzustellen. Herr und Sklave heiraten einander nicht. Individuen vermählen sich miteinander, um einander und der Heiligen Hochzeit selbst zu dienen, aber nicht, damit einer dient und dem anderen gedient wird. Riane Eislers Begriff für die Heilige Hochzeit ist „Partnerschaft"; sie ist der Ansicht, dass wir weder das Patriarchat noch das Matriarchat, sondern *Partnerschaft* brauchen. Diese Vereinigung hat enorme Konsequenzen, denn in alter Zeit glaubte man, dass „eine ausbalancierte Vereinigung von Männlichkeit und Weiblichkeit die wesentliche Grundlage für Harmonie und Gleichgewicht in allen Bereichen unserer Welt darstellt."

Für C.G. Jung war die „alchemistische Hochzeit" die Vermählung der bewussten Männlichkeit mit der bewussten Weiblichkeit.

Wie Eugene Monick warnt, kann sich die Heilige Hochzeit nicht ereignen, wenn sich der Mann als irgendwie vermindert oder „kastriert" empfindet. Er schreibt: „Ein kastrierter Mann kann nicht in den *Hieros gamos* eintreten, denn er hat keine Männlichkeit, die er seiner inneren Weiblichkeit präsentieren könnte." Im übertragenen Sinne „bedeutet Kastration Entmännlichung", was der Mann mit „Verweiblichung" gleichsetzt. Deshalb sind die Archetypen, die wir in diesem Buch erforscht haben, so wichtig: Mit ihnen setzt sich der Mann ermächtigt an den Verhandlungstisch. Ohne sie fühlt er sich kastriert und hat wenig zu bieten. Idealerweise bereitet uns die Reise zum Verständnis und zur Umsetzung der zehn Archetypen auf die Heilige Hochzeit vor – und zwar sowohl auf die hier dargelegte Hochzeit der Geschlechter als auch auf jene Verbindungen, um die es im nächsten Kapitel gehen wird.

Besonders, wenn wir von „Heiligen Hochzeiten" reden, ist es wichtig, nicht zu vergessen, dass wir in metaphorischen Begriffen über etwas sprechen, das sich in der Seele eines jeden von uns abspielt, ob wir nun männlich oder weiblich, schwul oder heterosexuell sind. Hier geht es nicht um unser tatsächliches Geschlecht. Auch werden diese Archetypen in keinster Weise von unserem Geschlecht oder unseren sexuellen Vorlieben eingeschränkt. Als Männer sind wir dann bereit, die Göttliche Weiblichkeit in uns zu integrieren, wenn wir eine gesunde Männlichkeit in uns tragen. Sowie das der Fall ist, verkörpert jeder von uns eine spirituell fruchtbare Heilige Hochzeit. Für viele Männer ist ihre männliche Spiritualität etwas „Verborgenes"; sie bleibt ungesehen und unerkannt. Doch wenn wir die männliche Spiritualität auf angemessene Weise ehren und anerkennen, verlieren wir jede Furcht vor dem Weiblichen und können hoffentlich alle spirituellen, sozialen und persönlichen Merkmale (frei von Vorurteilen den Geschlechtern gegenüber) in Form eines gesunden Gleichgewichts in uns vereinigen.

Natürlich vollzieht sich dieser Prozess in jedem von uns anders, was unsere wunderbare Vielfalt zu erklären hilft. Aber wenn diese Hochzeit nicht auf irgendeine Weise stattfindet, geraten wir entweder als Individuen oder als Gemeinschaften in Schwierigkeiten. Tatsächlich steckt unsere ganze Spezies in der Klemme, wenn wir diese Heiligen Hochzeiten nicht feiern. Genaugenommen *sind* wir als Spezies heute schon ganz schön in der Bredouille. In Anbetracht unserer gegenwärtigen Situation findet es mancher sogar vermessen, überhaupt noch auf unsere Zukunftsfähigkeit zu setzen.

Sich verlieben: Das Weibliche ehren und anerkennen

Es ist einfach, zu verstehen, warum Männer, die sich ihrer männlichen Spiritualität nicht bewusst sind oder nicht in Verbindung damit befinden, von der Göttlichen Weiblichkeit feminisiert zu werden befürchten – schließlich haben sie kein spirituelles Gegenstück zu bieten. Auf gewisse Weise sind patriarchalische Ideologien und das Supermacho-Verhalten spirituell bankrotte Überkompensationen für dieses Mangelgefühl. Männer haben Angst davor, Macht, Kontrolle oder Autorität zu verlieren, also weigern sie sich, die Rechte von Frauen oder die Weisheit der Weiblichkeit anzuerkennen. Männer geben diese Überzeugungen und Verhaltensweisen seit Generationen weiter, und doch können sie immer noch aus der „Herrschertrance erwachen“, wie Riane Eisler es ausdrückt.

Die Anerkennung und Achtung des Göttlichen Weiblichen gehören zu jedem gesunden Mann, der sich von der Notwendigkeit befreit hat, seine Spiritualität oder seine Tiefe zu verbergen. Ein Macho ist kein gesunder Mann. Ein einseitiger, chauvinistischer Mann, der über Frauen herrscht und das Weibliche von seiner eigenen Psyche abtrennt, ist ebenfalls kein gesunder Mann. Vielmehr fügt er sich selbst Schaden zu, auch wenn er glauben mag, den männlichen Vorrang zu verteidigen. Ein solcher Mann, der die Unterdrückung der Frau mit Gerechtigkeit gleichsetzt, ist kein Krieger, sondern ein Soldat des Patriarchats. Es gab Zeiten, in denen die Sklaverei von vielen Menschen als Teil der natürlichen Ordnung angesehen und verteidigt wurde, aber tatsächlich war sie erzwungen, unnatürlich und führte in Amerika zu einem blutigen Bürgerkrieg. Wenn eine Gesellschaft, eine Person oder eine Religion die Göttliche Weiblichkeit leugnet, führt das zu ähnlichen Konsequenzen: Dieses Vorgehen legitimiert den aktiven Missbrauch von Frauen und entwertet sowie vernichtet das Weibliche in Jungen und Männern, um auf diese Weise Monster zu erschaffen, die sich ständig selbst verstümmeln.

Jeden Tag verlieben sich Männer in Frauen, und auch viele erklärtermaßen patriarchale Männer sind durchaus imstande, ihre Frauen zu lieben. Doch diese Liebe ändert nichts an ihrer Überzeugung, dass Frauen in der Gesellschaft nur eine begrenzte Rolle zu spielen haben und dass die Weiblichkeit in ihrer eigenen Seele überhaupt keine Rolle spielt. Aber ein gesunder Mann verliebt sich sowohl in Frauen als auch in die Göttliche Weiblichkeit. Er freut sich, wenn Frauen Selbstwahrnehmung, Selbstbewusstsein und soziale Gleichheit erlangen. Ein gesunder Mann nimmt Anteil an der *Gerechtigkeit* im Herzen der Frauenbewegung. Ein gesunder Mann ist für die Kämpfe der Frauen und für ihre Weisheit offen. Das heißt nicht, dass „Frauen immer Recht haben, weil sie Frauen sind“, aber es bedeutet, dass sie Geschichten zu erzählen haben, die mit Recht jene Männer herausfordern könnten, deren Macht bisher nie in Frage gestellt worden ist. Auf jeden Fall aber erkennt ein gesunder Mann, dass die allzu oft nur mit einem Geschlecht assoziierte Göttliche Weiblichkeit auch ein wesentlicher Teil seiner eigenen Psyche ist. Das Gleichgewicht von Männern und Frauen, vom weiblichen und männlichen Prinzip sowohl in der Gesellschaft wie auch in der Seele stellt für jeden gesunden Mann ein angemessenes Ziel dar. Wann immer das geschieht, vollzieht sich in uns und in der Welt die Heilige Hochzeit zwischen der Göttlichen Weiblichkeit und der Heiligen Männlichkeit.

Ein gesunder Mann lernt von Frauen, indem er ihnen zuhört und ihre Geschichten sowie ihr Leben studiert. In den vergangenen vierzig Jahren ist viel von und über Frauen geschrieben worden. Man denke nur an das großartige Buch *Die Wolfsfrau* von Dr. Clarissa Pinkola Estés, oder an die Arbeiten von Adrienne Rich und Riane Eisler, von Rosemary Reuther und Mary Daly, von Mary Ford Grabowsky und Monica Sjoo, von Barbara Mor, Alice Walker, Bell Hooks, Lucia Birnbaum, Luisah Teish, Starhawk und unzähligen anderen.

Worin bestehen einige dieser Heiligen Hochzeiten, in archetypischen Begriffen gesprochen? Es gibt viele davon, die alle unterschiedliche Namen haben, aber in diesem Buch werden wir besonders drei davon betrachten: die Hochzeit von Vater Himmel und Mutter Erde, vom Grünen Mann und der Schwarzen Madonna sowie von Yin und Yang.

Vater Himmel und Mutter Erde: Die heilige Hochzeit des Kosmos

Himmel und Erde sind gar nicht so weit voneinander entfernt. Tatsächlich treffen sie sich am Horizont, an dem sie sich sogar miteinander vermischen, wenn man sie von einem Schiff auf dem Ozean aus oder in der flimmernden Luft der Wüste betrachtet. Was wir als „Himmel" bezeichnen, ist in Wahrheit genau die Luft, die wir und alle anderen Wesen atmen. Indem wir auf der Erde stehen und atmen, *haben wir Vater Himmel und Mutter Erde bereits in uns vermählt*; in unserem Inneren haben sie bereits „den Bund besiegelt". Darüber hinaus wissen wir dank der modernen Wissenschaft, dass wir mit jedem Atemzug den ganzen Kosmos in uns aufnehmen – den Stoff unserer Lungen, unserer Zellen und der Luft, die wir mit anderen Geschöpfen teilen. Mit jedem Atemzug nehmen wir Moleküle anderer Geschöpfe und anderer Menschen in uns auf, die vor hunderttausenden von Jahren gelebt und geatmet haben.

Tatsächlich ist das ganze Leben ein Zeugnis der Vermählung von Himmel und Erde. Deshalb werden sie so oft als heiliges Paar dargestellt, das alle lebenden Dinge hervorbringt. Wir erhalten unsere Nahrung von Mutter Erde – von Pfirsichen und Äpfeln bis hin zu Bohnen und Karotten, von Milch und Käse bis hin zu Hühnern und Enten. Ihr Wasser erfrischt uns, löscht unseren Durst und wäscht uns rein. Und die Erde versorgt nicht nur uns, sondern alle Geschöpfe: Elefanten und Löwen, Tiger und Schlangen, Wale und Delfine, Lachse und Kängurus.

Hat Vater Himmel irgendetwas mit dieser Fruchtbarkeit zu tun? Mit all dieser Vielfalt, Schönheit, Anmut und Grünheit? Natürlich doch! Vom Himmel kommen die Sonne und der Regen, die alles hegen und nähren, was auf der Erde lebt. Der Himmel schützt uns auch, denn die Ozonschicht schirmt das Leben von der tödlichen kosmischen Strahlung ab, von der die Erde sonst verbrannt werden würde. Beide sind notwendig, und keiner von beiden ist besser oder wichtiger als der andere. Gemeinsam machen sie das prachtvolle Geschenk des Lebens aus.

Heute sind jedoch beide verwundet – von ihren Kindern verletzt. Die Umweltbewegung spricht zwar regelmäßig davon, die Erde zu schützen und Gaia (die Gefährtin des Grünen Mannes) zu ehren, aber wir müssen ebenso Vater Himmel heilen und beschützen – was bedeutet, aufzuwachen und unser Verhalten zu ändern, bevor es zu spät ist. Die globale Erwärmung beginnt mit der Beschädigung von Vater Himmel, der mit überschüssigem Kohlendioxid vollgestopft ist, wodurch die Leben spendende Beziehung von Himmel und Erde beeinträchtigt wird. Natürlich werden Vater Himmel und Mutter Erde überleben, selbst wenn ihre Kinder untergehen sollten, aber was für eine Tragödie wäre das! Die Menschen müssen ein neues und radikales Gleichgewicht zwischen dem männlichen und weiblichen Prinzip herstellen, bevor es zu spät ist – sowohl für uns als auch für andere Geschöpfe.

Thomas Berry drückt es folgendermaßen aus:

> Eine jüngere Generation wächst momentan mit einem größeren Bewusstsein für die Notwendigkeit einer wechselseitig förderlichen Art der menschlichen Anwesenheit auf der Erde auf. … Wir können deutlich sehen, dass alles, was dem Nichtmenschlichen passiert, auch dem Menschlichen widerfährt. Was der äußeren Welt passiert, widerfährt auch der inneren Welt. Wenn die Erhabenheit der äußeren Welt beschädigt wird, nimmt auch das emotionale, imaginative, intellektuelle und spirituelle Leben des Menschen Schaden oder wird ausgelöscht. Ohne die hoch im Himmel fliegenden Vögel, die großen Wälder, die Farben und Geräusche der Insekten, die frei fließenden Ströme, die blühenden Felder, ohne den Anblick der Wolken am Tag und der Sterne in der Nacht verarmt alles in uns, was uns zu Menschen macht.

David Suzuki sagt in dem passend betitelten Buch *The Sacred Balance: Rediscovering Our Place in Nature* in Bezug auf Gaia, die "große Göttin der alten Griechen" sei auch als „die tiefbrüstige Erde bekannt. Sie war die Muttergöttin, aus der alles andere hervorgegangen ist. Sie schuf Uranus, den Sternenhimmel; gemeinsam bevölkerten sie das neue Universum. Gaia war die kosmische Schöpferin."

Natürlich kann es nie schaden, ein Loblied auf die eigene Mutter zu singen. Homer schrieb ein Gedicht über Gaia:

Mutter Erde

Die Mutter von uns allen,
die Älteste von allen,
hart,
herrlich wie der Fels.
Alles, was vom Land ist,
das ist sie,
die es nährt.
Es ist die Erde,
von der ich singe.

Und doch ist der Himmel ebenso lebendig und ebenso an der Versorgung des Lebens beteiligt wie die Erde. Diese Vermengung von Vater Himmel und Mutter Erde ist wahrhaftig eine *Hochzeit*, ein Zueinander-Kommen, eine Heilige Vereinigung. Wie immer man „heilig" auch definiert, es wird immer eine Heilige Hochzeit und ein heiliges Gleichgewicht sein, denn es ist viel größer als wir und gehört uns nicht – wir sind nur die Nachkommen davon! Es geschah lange, bevor wir kamen; wir sind die Kinder, die Nachfahren dieses Ereignisses. Himmel und Erde sind unsere Eltern, unsere Ahnen und Verwandten, die vor uns waren, unsere Vertrauten.

Doch in unserer modernen, anthropozentrischen Welt haben wir uns von diesem fruchtbaren Verständnis und seinen Auswirkungen entfernt. Heute ist der Himmel leer, von Smog und Straßenlampen überdeckt, und die Erde ist eine mechanische Fabrik, eine Vorratskammer für die Nutzung durch den Menschen. Wir bauen nur noch uns selbst an, ohne auch nur den geringsten Gedanken an das Gleichgewicht oder an den Prozess des Lebens selbst zu verschwenden. Der Anthropozentrismus, unsere Voreingenommenheit für die Menschheit und ihre Leistungen und Produkte, droht, die Ehe von Vater Himmel und Mutter Erde zu zerrütten – mehr noch als die Belästigungen einer Schwiegermutter. Man könnte hier darum streiten, ob zuerst die Henne oder das Ei da war – die Vernachlässigung von Himmel und Erde oder die übermächtige, nur den Menschen berücksichtigende Agenda – aber das ist kaum von Bedeutung. Die Ergebnisse sind in beiden Fällen dieselben: Langeweile, Rastlosigkeit und Verwirrung darüber, wer und wo wir sind – woher wir kommen und deshalb auch darüber, wohin wir gehen. Und wir geben diese Verwirrung gedankenlos an jede neue Generation von Vätern und Müttern weiter.

Das kann mit Hilfe von Übergangsriten geändert werden, in denen Erwachsene auf eine einprägsame und von den Ahnen überlieferte Weise anerkennen, dass die Pubertät von Bedeutung ist. Hier geht es um mehr als um die erste Rasur, den ersten feuchten Traum oder die erste Blutung. Die Pubertät ist so natürlich und organisch wie das Wachstum selbst. Sie ist ein neuer Höhepunkt, den das Universum im Rahmen seiner Erfindung der Sexualität erreicht hat. Mit der Pubertät wird jedes Kind körperlich fähig, unsere Art weiterzuführen. Was für ein Grund, zu feiern! Was für ein Grund, sich immer daran zu erinnern! Mit der Pubertät *heiratet Vater Himmel Mutter Erde erneut*, denn alles Zeugen und Empfangen ist sowohl eine heilige Erinnerung an die Ahnen *als auch* die Geburt zukünftiger Generationen.

Ohne die Pubertät gäbe es keine Hochzeiten, keine heiligen Vereinigungen und keine Nachkommen – keine Kinder und Enkel. Unsere Liebe hätte kaum eine Ausrichtung. An all das erinnert uns die Hochzeit von Vater Himmel und Mutter Erde, aber nur, wenn wir es zulassen. Wenn wir es mit Hilfe von Ritualen, Gesängen, wissenschaftlichen Untersuchungen, Bibelstudien und mit Gedichten, Singen und Trommeln wieder in unser Bewusstsein einsickern lassen, machen wir möglich, dass dieses Wissen unser Leben, seine Rhythmen und die Feier des Lebens neu gestaltet. Die Pubertät ist Vater Himmel, der zu den Jungen sagt: „Ich bin auf eine besondere Weise *in euch* angekommen. Nun gewähre ich euch meine mysteriösen und machtvollen Kräfte der Vaterschaft. Nehmt sie nicht auf die leichte Schulter. Sie sind eine lebenslange Verpflichtung. Verseht alle lebenden Wesen durch eure Arbeit und eure Kreativität mit Atem und Sonne, mit Regen und Wasser."

Die Pubertät ist aber auch Mutter Erde, die zu den Mädchen sagt: „Ich gewähre euch meine umfassenden und reichlichen Kräfte der Mutterschaft. Nehmt sie nicht auf die leichte Schulter. Sie werden euch für den Rest eures Lebens begleiten. Hegt und nährt, erhellt und macht alles farbenfroh – euer Leben und die Tage aller anderen, wie ich es täglich tue."

Unsere Lebenszeit kann im Lichte dessen betrachtet werden, wie Vater Himmel und Mutter Erde sich in uns vermählen. Als Babys betrachten wir das schlicht als selbstverständlich. Wir nehmen als gegeben an, dass die mütterliche Brust zum Mund des Säuglings passt – und sie tut es auch! Mütterliche Fürsorge hält und nährt das Kind, während väterliche Fürsorge es führt und beschützt. Beide bieten auf ihre jeweils eigene Weise Nahrung und Obdach, Führung und Anweisung sowie die Rahmenbedingungen dafür, wie man auf diesem Planeten zu leben lernt – und die Aufregung, die damit einhergeht. Wenn wir dann Kleinkinder sind, wandern wir von zu Hause fort und treten in die Welt der Gärten und der Parks, der Straßen in der Stadt und der Seen ein, um dort zu spielen. Himmel und Erde sprechen an heißen Sommer- und eisigen Wintertagen, an saftig grünen Frühlings- und kühlen Herbsttagen in ihrer eigenen Sprache zu uns. Sie wirken und sprechen aber auch durch unsere Freunde und Altersgenossen zu uns, die uns fordern und anleiten, und durch unsere Schullehrer, die dasselbe tun. Himmel und Erde befinden sich in ständiger Kommunikation mit uns. Die Frage ist nur, ob wir auch zuhören.

Wenn mit Beginn der Pubertät die Erwachsenenzeit näher rückt, werden Vater Himmel und Mutter Erde noch tiefer in unser Sein eingebettet. Die monatliche Periode des jungen Mädchens und die stolzen Erektionen des Jungen haben keine peinliche Bedeutung, sondern sind heilige Erinnerungen daran, dass wir hier nicht das Sagen haben. Wir sind die Empfänger der großen Kräfte des Lebens, der Kräfte von Himmel und Erde – und werden so daran erinnert, dass auch wir eines Tages an *ihrer* Vater- und Mutterschaft teilhaben werden. Denn das, was wir hervorbringen, gehört nicht nur *uns alleine* – es ist viel größer als wir, und genau das macht es heilig. Darüber hinaus muss sich Vater- oder Mutterschaft nicht unbedingt im buchstäblichen Sinn ereignen; in Anbetracht der gegenwärtigen Überbevölkerung auf der Erde ist es auch eine Form der Fürsorge für den Planeten, wenn wir statt dessen künstlerische und andere Wege der Weitergabe des Lebens wählen und Erfüllung daraus beziehen. Jeder, der junge Menschen nährt und pflegt, übt seine Mutter- und Vaterschaft aus, wobei das auf so vielfältige Weise wie das Musizieren oder auch durch die Teilnahme an einer Protestdemonstration, durch Lehren, das Setzen von Pflanzen oder die Entwicklung nachhaltiger Energiequellen geschehen kann.

Bei all diesen Dingen sind Vater Himmel und Mutter Erde im Rahmen einer Ehe tätig, die dazu bestimmt ist, auf diesem Planeten noch weitere viereinhalb Milliarden Jahre zu bestehen. Das ist wahrhaftig eine bleibende Verpflichtung und eine Heilige Hochzeit!

Die Heilige Hochzeit von Himmel und Erde preisen

In den Traditionen der amerikanischen Ureinwohner wird dem Gebet mit der heiligen Pfeife große Macht zugesprochen. Dieses Ritual stellt unter anderem die Hochzeit zwischen Himmel und Erde dar, denn der Tabak ist ein Geschenk der Erde und eine ganz besondere Pflanze. Der Rauch wiederum ist für eine kurze Zeit „sichtbarer Geist". Die Handlung des Rauchens selbst wird dem fünften Chakra zugeordnet. Es ist ein Weg, den Atem (Geist) des Universums zu atmen, ein- und wieder ausströmen zu lassen. Dann erhebt sich der Rauch zum Himmel und wird genauso unsichtbar wie der Geist selbst.

In einem großartigen Gedicht, das vor neunhundert Jahren erdacht worden ist, feiert auch Franz von Assisi diese Heilige Hochzeit. In der heutigen Zeit, in der Himmel und Erde von der Vernachlässigung durch den Menschen bedroht werden, scheint es nur richtig, erneut über die Tiefe dieses Gedichts nachzudenken.

> *Höchster, allmächtiger, guter Herr, dein sind der Lobpreis, die Herrlichkeit und Ehre und jeglicher Segen.*

Beachten Sie, dass er zuerst von *Lobpreis* singt, vom Guten (denn wir preisen immer das Gute) und vom Segen („Segen" ist das theologische Wort für „Gutes"). Wir zahlen einen hohen Preis, wenn wir auf das Lobpreisen verzichten, wie Rumi feststellt:

> *Deine Niedergeschlagenheit ist mit deiner Anmaßung verbunden*
> *Und mit deiner Weigerung, zu lobpreisen. Wer immer auf dem Pfad*
> *Zu wandern glaubt, aber zu preisen sich weigert – dieser Mann oder diese Frau*
> *Stiehlt von anderen jeden Tag – ist ein Ladendieb!*

Menschen, die nicht lobpreisen, sind niedergeschlagen. Zynismus tut das mit uns. Unsere Seelen brauchen regelmäßig ihre Dosis vom „Guten", um weitermachen zu können. Der heilige Franziskus hat also ein Lobgedicht geschrieben, und er fährt darin fort:

> *Dir allein, Höchster, gebühren sie, und kein Mensch ist würdig, dich zu nennen.*

Hier weist der heilige Franziskus auf die apophatische Gottheit hin, auf jene Seite Gottes, die jenseits aller Namen, jenseits des menschlichen Verständnisses liegt – die Ehrfurcht vor der göttlichen Präsenz, die alle Dinge durchdringt und so weit über Worte hinausführt.

Gelobt seist du, mein Herr, mit allen deinen Geschöpfen,
zumal dem Herrn Bruder Sonne;
er ist der Tag, und du spendest uns das Licht durch ihn.
Und schön ist er und strahlend in großem Glanz,
dein Sinnbild, o Höchster.

Die Sonne ist ein Bruder, ist männlich; ihre Yang-Energie ist wunderschön, strahlend und brillant – ein Sinnbild des Göttlichen selbst. Immerhin ist „Licht" auf der ganzen Welt einer der ältesten und am weitesten verbreiteten Namen für das Göttliche, und auch der heilige Franziskus spürt das, wenn er Bruder Sonne preist. Die Sonne ist ein „Herr" und von höherer Position als die „Damen und Herren" des Mittelalters, die Franziskus hier feinsinnig kritisiert. Die Natur ist größer als menschliche Kulturen. Franziskus ersetzt den überheblichen Anspruch des Anthropozentrismus durch ein Empfinden dafür, dass die Natur königlich ist. Aber die Sonne ist ein Bruder und kein Meister, der über andere herrscht.

Als nächstes ergänzt der heilige Franziskus das Lob für seinen Bruder, indem er auch seine Schwester preist.

Gelobt seist du, mein Herr, durch Schwester Mond und die Sterne;
am Himmel hast du sie gebildet, hell leuchtend und kostbar und schön.

Der Mond ist eine Schwester. Gemeinsam mit den Sternen erleuchtet er das Firmament mit einer Erhabenheit, die sowohl kostbar als auch schön ist. Franziskus führt eine lebendige Beziehung mit Vater Himmel – wie es auch alle indigenen Völker tun.

Als nächstes wendet sich Franziskus der Erde zu, die auch unsere Mutter ist, um sie zu loben.

Gelobt seist du, mein Herr, durch unsere Schwester, Mutter Erde,
die uns ernähret und trägt
und vielfältige Früchte hervorbringt und bunte Blumen und Kräuter.

Franziskus feiert die Kinder von Mutter Erde, die zugleich auch unsere Schwester ist: Früchte, Blumen und Kräuter, die alle in großer Vielfalt hervorgebracht werden und uns auf so vielerlei Weise nähren. Auch Schwester Erde, unsere Mutter, ist eine Monarchin, sie herrscht aus eigener Kraft – und ist darin weitaus bewunderswerter als menschliche Herrscher. Kräuter wiederum sind zum Heilen da, und wenn der heilige Franziskus nun fortfährt, feiert er auch unsere menschliche Gabe des Heilens:

Gelobt seist du, mein Herr, durch jene, die verzeihen um deiner Liebe willen
und Krankheit ertragen und Drangsal.
Selig jene, die solches ertragen in Frieden,
denn von dir, Höchster, werden sie gekrönt werden.

Auf diese Weise wird die Lektion vom Gleichgewicht der Geschlechter, die Franziskus hier intuitiv erkennt, in Form der Vermählung von Männlichkeit und Weiblichkeit auch auf das menschliche Verhalten angewendet. Auf diese Weise kommt es zur Verzeihung und Vergebung zwischen Völkern, zu Beständigkeit in Zeiten der Krankheit und schweren Prüfungen und zu wahrem Frieden.

Doch dann müssen wir immer noch mit dem Tod zurechtkommen, der vom heiligen Franziskus ebenfalls personalisiert wird. Der Tod ist eine Schwester.

Gelobt seist du, mein Herr, durch unsere Schwester, den leiblichen Tod;
ihm kann kein Mensch lebend entrinnen.
Wehe jenen, die in schwerer Sünde sterben.
Selig jene, die sich in deinem heiligsten Willen finden,
denn der zweite Tod wird ihnen kein Leid antun.

Der Tod kann uns keinen Schaden zufügen, wenn wir im Leben dem Willen Gottes gedient haben. Der Tod ist universal – niemand entgeht ihm. Vielmehr sollen wir ihn als Teil der Familie annehmen, der Familie von Himmel und Erde, von Vater und Mutter. Tatsächlich können wir uns im Tod glücklich schätzen, wenn wir die heilige Vereinigung des Männlichen und Weiblichen zuvor tief in uns aufgenommen haben – dann haben wir nämlich gelernt, zu preisen, zu segnen und für unser Leben zu danken, selbst wenn der Weg manchmal nicht einfach ist. Denn der irdische Tod ist ein „zweiter Tod" – wir sind unseren ersten Tod bereits viele Male zuvor gestorben. Wir sterben auf gute Weise, wenn wir unser Leben dienend gestaltet haben.

Lobt und preist meinen Herrn
und sagt ihm Dank und dient ihm mit großer Demut.

Ja, Franziskus wusste das wohl und hat selbst in tiefen Zügen aus der Quelle der Heiligen Hochzeit von Männlichkeit und Weiblichkeit getrunken. Er fordert uns dazu auf, dasselbe zu tun.

Kürzlich erhielt ich von einer Therapeutin die folgende Nachricht, die ein weiteres Beispiel dafür ist, wie diese Heilige Hochzeit erfahren und gepriesen werden kann. Sie schrieb:

> Während ich mit einer Klientin arbeitete, hatte ich ein unglaubliches Gespräch mit „Mutter Erde". Die Klientin wollte die energetische Schwingung

des Göttlich-Männlichen in sich stärker umsetzen – das letztendliche Ziel bestand darin, die Göttliche Männlichkeit mit der Göttlichen Weiblichkeit in ihr ins Gleichgewicht zu bringen. Gegen Ende der Sitzung verwurzelten wir diese neue Schwingung im Kern von „Mutter Erde" – und obwohl das kein ungewöhnlicher Vorgang ist, konnte ich einfach nicht „Mutter Erde" sagen! Stattdessen kam immer „Erde" oder „Planet" heraus.

Und dann kam urplötzlich eine große Welle der Dankbarkeit vom „Planeten" zurück – die „Erde" war so dankbar für die Energie der Göttlichen Männlichkeit. Sie erklärte, dass auch sie an der Ausgleichung des Göttlichen Männlichen und Weiblichen arbeite und es für sie ebenso schwierig sei wie für uns! Tatsächlich hat ein Teil der turbulenten Erdaktivität mit einer alten „Macho"-Energie zu tun, die ihrer Ansicht nach besser von der Göttlichen Männlichkeit ersetzt werden sollte – und dass sie jede Hilfe annimmt, die wir ihr geben können, um dieses Gleichgewicht herzustellen!

Am Ende der Sitzung fiel es mir viel leichter, sie „Mutter-Vater Erde" zu nennen.

Der Grüne Mann und die Schwarze Madonna: die heilige Hochzeit der Natur

Im zweiten Kapitel haben wir die Rückkehr des Grünen Mannes gefeiert. Der Grüne Mann würdigt unsere Beziehung zu anderen Erdgeschöpfen und insbesondere zur Pflanzenwelt. Er ist ein spiritueller Krieger, der für Mutter Erde und ihre Geschöpfe kämpft und sie beschützt. Darüber hinaus repräsentiert er das Herzchakra, die grüne Kraft des Mitgefühls, weil Grün auch die Farbe des Herzchakras ist. Darüber hinaus steht er für die heilige Sexualität, für unsere erneuerte Kraft der Generativität in all ihren unterschiedlichen und vielfältigen Manifestationen.

Aber kehrt der Grüne Mann alleine zurück, oder findet er eine Gefährtin? Tritt mit ihm auch eine weibliche Begleiterin hervor, die eine gute Ehepartnerin in einer gleichwertigen Verbindung sein könnte – Freunde fürs Leben? Ich schlage vor, dass die Wiederkehr der Schwarzen Madonna eine solche Partnerin und Gefährtin bieten könnte. Warum?

Der erste Grund ist historischer Natur. Das letzte Mal, als die Schwarze Madonna machtvoll in der westlichen Kultur in Erscheinung trat, war genau zu jenem Zeitpunkt, als auch der Grüne Mann ankam – im zwölften Jahrhundert, der „einzigen Renaissance, die im Westen funktioniert hat" (wie Chenu sagte), als die Göttin wieder auftrat und die Gesellschaft sich neu erfand. In vergangenen Zeitaltern war die Schwarze Madonna nicht nur in Frankreich, sondern in vielen Kulturen verwurzelt. Sie ist in ganz Europa zu finden – in Sizilien, Spanien, in der Schweiz, in Frankreich, Polen und in Tschechien – ebenso wie in der Türkei, in Afrika und im Bereich der ehemaligen Sowjetunion. In China ist sie Tara, und in Indien wird sie Kali genannt. In Mexico heißt sie „Unsere Liebe Frau von Guadalupe" (manchmal auch als „braune Madonna" bezeichnet). Die Kelten wiederum kannten sie als

„Hag“ oder *cailleach*, die dunkle Weiblichkeit, die „ihre Kinder mit ihrer Mutterliebe dazu auffordert, nicht mehr zerstörerisch zu handeln. ... Es ist jene Energie, die allen Träumen und Fantasien, die nicht unserem höchsten Guten dienen, ein Ende setzt.“

Wer ist die Schwarze Madonna, und wofür steht sie? In ihrer Studie *Dark Goddess* beschreibt Lucia Birnbaum die afrikanische Göttin Isis, die „durch die Macht der Liebe, des Erbarmens und des Mitgefühls und ihre persönliche Anteilnahme an den Sorgen anderer siegte.“ Sie wurde mit der Heilkunst assoziiert, war eine „mitfühlende Mutter“ und repräsentierte nicht nur die Erde, sondern auch das Wasser, das „eine Qualität des Heiligen hatte: heiliges Wasser, heilige Flüsse und das heilige Meer.“ Als Herrin über die Medizin steht sie auch für gewaltlose Transformation. Gemeinsam mit ihrer Schwester Maat verkörpert sie Ordnung und Gerechtigkeit in der Natur. Aus all diesen Gründen scheint die schwarze Göttin für unsere Zeit die Richtige zu sein.

> Der nächste Schritt in Richtung eines religiösen Verständnisses und einer gerechten Welt besteht darin, die dunkle Mutter der Vorgeschichte und der volkstümlichen Überlieferungen ins Bewusstsein zu bringen und die Öffentlichkeit damit vertraut zu machen. In Anbetracht der genetischen und archäologischen Beweise dafür, dass wir alle von einer afrikanischen dunklen Mutter abstammen, dass wir alle Völker vieler Farben, vieler Stämme, vieler Klimazonen und vieler Wanderungen sind, müssen wir uns wieder ihrer bewusst werden. ... In unserer gewaltsamen Zeit müssen wir uns die dunkle Mutter wieder ins Bewusstsein rufen, weil für sie Gerechtigkeit zugleich auch immer Mitgefühl bedeutet.

Eine kürzlich stattgefundene Ausstellung über die Schwarze Madonna wurde von diesem Kommentar beschrieben:

> Die Schwarze Madonna ist die Verkörperung der Göttlichen Weiblichkeit, unserer Erdgöttin und der Mutter der gesamten Menschheit. Sie repräsentiert den fruchtbaren Schoß, schwarz und heilig, und steht als Symbol für Wandel und Transformation. Die Darstellungen der Mutter Gottes als dunkelhäutige Frau symbolisieren Macht und Erhabenheit und eine Liebe, die von großer Kraft ist – machtvoll, überdauernd und ungebrochen. ... Sie ist heutzutage ein wichtiges Symbol, weil sie die Dunkelheit in der gegenwärtigen Kultur als positives Bild neu definiert. Dunkelheit oder Schwärze werden zu oft mit dem Negativen in Verbindung gebracht. Diese Art von Assoziation ist einer der Grundpfeiler des Rassismus. ... Dunkelheit repräsentiert das innere Wesen und schließt ebenso den Stolz auf die eigene Geschichte und Kultur als auch Kampf, Überleben und Errungenschaften mit ein.

Woodman stimmt dem zu:

> In den Träumen gegenwärtiger Männer und Frauen taucht mit zunehmender Regelmäßigkeit das Bild einer sinnlichen, sexuellen und erdigen Schwarzen Madonna auf. Es ist keine idealisierte, keusche und losgelöste Madonna, die irgendwo hoch oben auf einem Podest steht. Diese Madonna liebt ihren eigenen Körper, ihre eigene Koketterie, ihre eigene mitfühlende Präsenz unter menschlichen Wesen. ... Ihr gegenwärtiges Auftauchen in den Träumen legt nahe, dass wir endlich als Rasse in uns selbst eine Vision des Weiblichen zu finden beginnen, die viel zu lange im Unbewussten begraben war.

In einer früheren Studie habe ich eine Reihe von Gründen dafür angeführt, warum die Schwarze Madonna in unserer Zeit zurückkehrt. Hier sind einige davon:

Die Schwarze Madonna ruft uns in die Dunkelheit und in die Tiefe. Wir müssen uns wieder an die Dunkelheit gewöhnen – die „Erleuchtung“ hat uns dazu verführt, Angst vor der Dunkelheit zu haben und uns von ihr zu distanzieren. Lichtschalter sind eine Illusion. Sie nähren die Vorstellung, wir könnten die Natur „meistern“ (Descartes falsches Versprechen) und alle Dunkelheit mit einem Fingerschnippen überwinden.

Meister Eckhart stellt fest, dass „der Grund der Seele dunkel“ ist. Deshalb führt die Vermeidung der Dunkelheit zu einem oberflächlichen Leben, in dem man vom eigenen Urgrund, von der eigenen Tiefe abgeschnitten ist. Alle Mystiker nennen dies das „Innere“ oder die Essenz der Dinge. Dort ruht die Göttlichkeit. Dort ruht das wahre Selbst. Dort werden Illusionen zerschmettert, weil dort die Wahrheit ruht. Andrew Harvey hat es folgendermaßen ausgedrückt: „Die Schwarze Madonna ist die transzendente Kali-Mutter, der schwarze Schoß des Lichts, aus dem ständig alle Welten entstehen und in den sie wieder zurückfallen, die Präsenz hinter allen Dingen, die Dunkelheit der Liebe und des ungeahnten Liebens, in welches das Kind der Mutter eingeht, wenn seine oder ihre Erhellung vollkommen ist.“ Sie ruft uns in diese Dunkelheit, die das Mysterium selbst ist. Sie ermuntert uns dazu, uns darin zu Hause zu fühlen, dort in der Anwesenheit des tiefen, schwarzen und unauflösbaren Mysteriums. In Harveys Worten ist sie „die Schwärze des göttlichen Mysteriums, jenes Mysteriums, das von den großen apophatischen Mystikern wie Dionysius Areopagita gefeiert wird, die das Göttliche als ewig unerkennbar, mysteriös, jenseits all unserer Vorstellungen befindlich und vor all unseren Sinnen durch ein Licht verborgen erfahren, das so blendend ist, dass es von ihnen als Dunkelheit erlebt wird.“ Eckhart nennt Gottes Dunkelheit eine „superessenzielle Dunkelheit, ein Mysterium hinter dem Mysterium, ein Mysterium im Inneren eines Mysteriums, das noch kein Licht jemals durchdrungen hat.“

Die Dunkelheit zu ehren bedeutet, die Erfahrungen farbiger Menschen zu würdigen. Das Gegenteil davon ist Rassismus. Die Schwarze Madonna fordert uns dazu auf, Rassenängste und –stereotypen und die dazugehörigen Projektionen zu überwinden und uns für die Dunkelheit zu entscheiden.

Die Schwarze Madonna ruft uns zur Kosmologie, zu einem Gefühl für die Einheit von Zeit und Raum. Der Kosmos ist in seinen Tiefen dunkel, und die Schwarze Madonna repräsentiert die große kosmische Mutter, die in ihrem Schoß die gesamte Schöpfung bewahrt. Sogar das Universum selbst wird von ihr umfasst und bemuttert. Sie zerrt uns aus unserem *Anthropozentrismus* heraus und bringt uns in einen Zustand zurück, in dem wir *all unsere Verwandten* ehren können. Sie läutet ein Zeitalter der Kosmologie ein, in dem es um unsere Beziehung zum Ganzen und nicht nur zu einzelnen Teilen des Ganzen geht, seien dies nun nationale, religiöse, ethnische oder private Aspekte. Sie führt uns aus der auf Newton zurückgehenden, auf einzelnen Teilen basierenden Beziehung zu uns selbst und zur Welt heraus – aus unserem Stammesdenken – und bringt uns wieder mit dem Ganzen in Beziehung. Da wir augenblicklich in der Tat eine neue Kosmologie, eine neue „Geschichte des Universums" erhalten, könnte sich die Schwarze Madonna keinen glücklicheren Zeitpunkt für ihre Rückkehr ausgesucht haben. Sie bringt den Segen einer neuen Kosmologie, einen Sinn für das Heilige, in die Aufgabe ein, unsere Art im Rahmen einer neuen Geschichte des Universums zu erziehen.

Wie Michael Turner, ein Kosmologe an der Universität von Chicago, kürzlich in einem Vortrag über die Mysterien der dunklen Materie und dunklen Energie sagte, konzentriert sich die moderne Wissenschaft immer mehr auf „die dunkle Seite des Universums". Bisher sind nämlich nur vier Prozent der Materie und der Energie unseres Universums entdeckt worden. „Die übrigen sechsundneunzig Prozent bleiben schwer fassbar – Wissenschaftler schauen in die fernsten Bereiche des Weltraums und die tiefsten Tiefen der Erde hinein, um die beiden dunklen Rätsel zu lösen", sagt Turner. Licht interagiert nicht mit dunkler Materie, weshalb diese so schwer zu entdecken ist, aber sie verfügt über Gravitation.

In den tiefen Höhlen von Minnesota werden Experimente auf der Mikroebene durchgeführt, bei denen es um WIMPS geht (weakly interactive massive particles, also schwach wechselwirkende Masseteilchen). Diese Experimente könnten die Frage beantworten, was sich da auf der mikroskopischen Ebene der Teilchen abspielt. Auf der makroskopischen Ebene ist „dunkle Energie" eine Art von unsichtbarer Anti-Schwerkraft, die galaktische Haufen auseinander treibt und die beschleunigte Ausdehnung des Universums verursacht. Turner sieht in der dunklen Energie das größte Geheimnis überhaupt, und einige Physiker haben vorausgesagt, dass sie 74 Prozent der Energiedichte des Universums ausmacht.

In dieser Zeit der Erforschung der dunklen Materie und der dunklen Energie des Universums erscheint die Metapher der Schwarzen Madonna besonders passend. Dunkelheit und Materie scheinen sowohl auf mikroskopischer wie auch makroskopischer Ebene zusammenzugehören.

Die Schwarze Madonna ruft uns auf, unsere unteren Chakren zu ehren. Einer der gefährlichsten Aspekte der westlichen Kultur ist ihr ständiges Aufwärtsstreben, der

Wettlauf hin zu den oberen Chakren (Descartes: „Die Wahrheit sind klare und eindeutige Ideen") und die Flucht aus den unteren Chakren. Die Schwarze Madonna jedoch nimmt uns mit nach *unten*, zu den ersten Chakren, die unsere Beziehung zum Ganzen (das erste Chakra nimmt die Klangschwingungen des gesamten Kosmos auf), unsere Sexualität (das zweite Chakra) und unseren Zorn sowie unsere moralische Entrüstung (das dritte Chakra) umfassen. Im modernen Zeitalter hat die europäische Kultur versucht, all diesen Elementen sowohl in der Religion als auch in der Bildung zu entfliehen. Die Schwarze Madonna duldet diese Flucht von der Erde und aus den Tiefen jedoch nicht.

Die Schwarze Madonna ehrt die Erde und steht für Ökologie und Umweltanliegen. Allein schon ihre Anwesenheit weist auf Mutter Erde hin. Beide sind dunkel, fruchtbar und stets damit beschäftigt, Neues hervorzubringen. Andrew Harvey sagt: „Die Schwarze Madonna ist auch die Königin der Natur, sie segnet und vermittelt all die reichhaltigen, fruchtbaren Transformationen, die in der äußeren wie auch inneren Natur, in der Welt um uns herum wie auch in unserer Psyche stattfinden." Mutter Erde nährt ihre Kinder und die ganze Welt, und die Schwarze Madonna heißt sie willkommen, wenn sie sterben. Sie erneuert alle Dinge. Die Schwarze Madonna ruft uns zur Umweltrevolution auf – dazu, die Welt vom Blickpunkt unserer Vernetzung mit allen Dingen zu betrachten. Sie lässt es nicht zu, dass wir uns von der Natur absondern, um sie zu meistern oder zu beherrschen (als wenn uns das möglich wäre, selbst wenn wir es versuchten). Sie ist ein Affront für die kapitalistische Ausbeutung der Ressourcen der Erde, was auch die Ausbeutung indigener Völker mit einschließt. Die Schwarze Madonna sieht das Ganze und duldet deshalb den von einer Minderheit im Namen des unmäßigen finanziellen Zuwachses betriebenen Missbrauch, die Unterdrückung oder die Ausbeutung der Vielen nicht. Sie steht für Gerechtigkeit für die unterdrückten unteren Klassen (im Unterschied zur Klasse der Rechtsanwälte). Sie hält uns dazu an, uns gegen jene Kräfte zu erheben, die ihre Schönheit für kurzfristige Gewinne ausbeuten und so zukünftigen Generationen vorenthalten würden, wenn man sie ließe. Sie ist eine Umweltschützerin, die für die Erhaltung von Schönheit, Gesundheit und Vielfalt eintritt.

Wenn Thomas Berry damit Recht hat, dass „Ökologie nichts anderes als funktionelle Kosmologie" darstellt, ist der Aufruf zur Kosmologie gleichbedeutend damit, sie auf lokaler Ebene ökologisch zum Ausdruck zu bringen. Man kann nicht das Universum lieben, aber die Erde nicht. Und umgekehrt können wir die Erde nicht lieben, wenn wir ihre zeitliche und räumliche Matrix, das Universum, außer Acht lassen.

Die Schwarze Madonna ruft uns in unsere Göttlichkeit, die auch unsere Kreativität ist. Widmen wir uns zuerst unserer Göttlichkeit. Weil die Schwarze Madonna eine Göttin ist, wohnt sie in allen Dingen. Sie ist die göttliche Gegenwart im Inneren der Schöpfung. Sie ruft uns nach *innen*, in das „Königreich/Königinnenreich Gottes", wo wir zu Mitschöpfern des Göttlichen werden und den Rausch ihres heiligen Atems oder Geistes spüren können. Dieser Ruf zu unserer Göttlichkeit ist jedoch zugleich auch die Aufforderung, uns unserer Verantwortung bewusst zu werden, Dinge zu erschaffen.

Wenn C.G. Jung mit seiner Annahme Recht hat, dass „Kreativität aus dem Reich der Mütter" stammt, dann ruft uns die Schwarze Madonna, die ja ebenfalls eine Mutter ist, mit Gewissheit zur Kreativität auf. Sie erwartet nichts weniger als Kreativität von uns. Sie ruft uns dazu auf, neu zu erschaffen und die Vorstellungskraft erneut entflammen zu lassen. Was, wenn nicht unsere kollektive Vorstellungskraft kann uns erfolgreich aus unserer Abhängigkeit von fossilen Brennstoffquellen hinaus und in ein Zeitalter erneuerbarer Energien hinein führen? Was, wenn nicht die Kreativität kann das Lernen neu erfinden, damit unsere mangelhaften und langweilenden Bildungssysteme endlich durch eines ersetzt werden, das von Freude, Staunen und der Verlockung des Lernens geprägt ist? Was, wenn nicht moralische Vorstellungskraft kann uns helfen, die wachsende Kluft zwischen den materiell verarmten und den materiell übersättigten, aber spirituell armen Nationen zu überwinden?

Die Schwarze Madonna würde ein Zeitalter einleiten, in dem immer mehr Künstler gute Arbeit bekommen, die sie erfolgreich tun, um die menschliche Seele mit Hilfe der moralischen und politischen Vorstellungskraft wiederzuerwecken.

Die Schwarze Madonna ruft uns zur Vielfalt auf. Ohne Vielfalt kann es keine Vorstellungskraft geben, denn diese besteht darin, verschiedenartige Elemente in Seele und Kultur einzuladen, damit neue Kombinationen einander lieben und neue Wesen hervorgebracht werden können. Weil die Schwarze Madonna nun einmal *schwarz* ist, spricht sie auch die fundamentalen Ängste in Bezug auf unterschiedliche Rassen, Hautfarben und Kulturen an, welche die Vielfalt der Rassen und Ethnien mit sich bringt. Meister Eckhart sagt: „Alle Namen, die wir Gott geben, entspringen dem Verständnis unserer selbst." Die Gottheit als „Schwarze Madonna" zu bezeichnen bedeutet, das Schwarze, alle farbigen Menschen und auch die Weiblichkeit zu ehren.

Das Göttliche ist vielfältig. Es hat vielfältige Farben, vielfältige Traditionen und vielfältige Geschlechter. Gott als Mutter, nicht nur als Vater. Gott als Gebärende, nicht nur als Zeugender. Die Schwarze Madonna ehrt sowohl die Geschlechtervielfalt als auch die unterschiedlichen sexuellen Vorlieben. Die Schwarze Madonna, die Große Mutter, ist nicht homophob. Sie heißt die Vielfalt sexueller Einstellungen willkommen, denn diese sind ebenso ein Teil der menschlichen wie auch der mehr-als-menschlichen Schöpfung.

John Boswell hat in seinem bahnbrechenden wissenschaftlichen Werk *Christianity, Social Tolerance and Homosexuality* gezeigt, dass im zwölften Jahrhundert – jenem Jahrhundert, das die große Renaissance der Schwarzen Madonna in Frankreich hervorgebracht hat – Homophobie entschieden abgelehnt worden ist. Über einen Zeitraum von 125 Jahren, der als die kreativste Zeit in der westlichen Zivilisation gilt, wurde die Vielfalt in allen Bereichen der Gesellschaft willkommen geheißen. Vielfalt ist die Voraussetzung für eine florierende Kreativität.

Die Schwarze Madonna ruft uns dazu auf, zu trauern. Sie ist die gramvolle Mutter, die wegen des Leids im Universum, in der Welt und wegen unserer individuellen gebrochenen Herzen Tränen vergießt. In der christlichen Tradition hält sie den sterbenden Christus auf ihrem Schoß in ihren Armen, einen Christus, der für alle Wesen steht – sie umarmt nicht etwa den historischen Jesus, sondern den Kosmischen Christus. Die Schwarze Madonna, die Große Mutter weiß, dass alle Wesen leiden und fühlt unseren Schmerz mit. Sie umarmt uns wie eine zärtliche Mutter, denn Mitgefühl ist ihre besondere Gabe an die Welt. Sie fordert uns dazu auf, uns auf unseren Kummer einzulassen, ihn zu benennen und herauszufinden, was das Leid uns lehren kann. Solange wir unserem bekümmerten Herzen keine Aufmerksamkeit widmen, kann es keine Kreativität und kein Gebären geben. Erst, nachdem wir durch unsere Trauer gegangen sind, kann die Kreativität neu hervorbrechen. Trauer ist ein Prozess der Entleerung, der den Schoß wieder für neues Gebären öffnet. Eine Kultur, die das Trauern durch Süchte ersetzt, hat ihre Seele *und ihren Schoß* verloren. Sie wird nichts als noch mehr Schmerz, Missbrauch und die falsche Verwendung von Ressourcen hervorbringen. Sie wird einen Ort schaffen, an dem die Verschwendung regiert und das Göttliche ungenutzt in den Herzen und in der Vorstellungskraft der Menschen verkümmert. Andrew Harvey schreibt, die Schwarze Madonna biete „eine immense Macht des Schutzes, eine immense alchemistische Transformationskraft auf der Grundlage von Trauer wie auch Freude, und eine immense Anregung zum mitfühlenden Dienen und Handeln in der Welt."

Trauern bedeutet, in jenen Zustand einzutreten, den Johannes vom Kreuz im sechzehnten Jahrhundert „die dunkle Nacht der Seele" nannte. Man lehrt uns, nicht vor dieser dunklen Nacht davonzulaufen, sondern zu bleiben, um zu erfahren, was sie uns zu sagen hat. Die Schwarze Madonna flieht nicht vor der Dunkelheit des Geistes und der Seele, die uns manchmal umfängt. Ein Krieger zu sein bedeutet auch, an den Lektionen dranzubleiben, die es immer dann zu lernen gilt, wenn das Chaos die Macht zu übernehmen scheint.

Die Schwarze Madonna ist auch die „Königin der Hölle", wie Andrew Harvey sagt, die „Königin der Unterwelt, … die Kraft der reinen, leidenden mystischen Liebe, die das Böse an der Wurzel packt und auslöscht und noch während die Welt brennt das Christuskind aus dem Grund der Seele hervorruft." Wie Kali beinhaltet auch sie sowohl kreative als auch destruktive Aspekte. Kali ist eine wilde, dunkle Mutter, die oft mit einer Schädelkette um den Hals dargestellt wird. Worum geht es hier? Es ist eine Warnung *vor der Verkitschung der Weiblichkeit.* Das Weibliche darf nicht verniedlicht oder verkitscht und auch nicht „verweiblicht" werden, um mit Ann Douglas zu sprechen. Es darf nicht als „richtige Dame" oder „hübsches Püppchen" abgehandelt werden. Die Weiblichkeit muss für das respektiert werden, was sie ist: stark, kraftvoll und unabhängig. „Mutter Natur" ist nicht immer harmlos; Kali bringt ebenso den Tod wie auch das Leben, Zerstörung und Aufbau. Das ist bei jeder Form der Kreativität der Fall: Sie „reißt nieder und baut auf", wie der Prophet Jeremia sagt.

Vor kurzem wurde ich um drei Uhr nachts ruckartig geweckt, weil das Haus rüttelte – es war ein Erdbeben. Ich lebe im Bereich der Bucht von San Francisco, wo wir regelmäßig daran erinnert werden, dass Mutter Natur hier das Sagen hat. Aber jede Naturkatastrophe stellt eine Erinnerung dar – sei es der Hurrikan Katrina, der New Orleans überflutet hat oder der Tsunami in Sri Lanka. Die dunkle Mutter kann man nicht verspotten oder verkitschen. Sie ist nicht „dramatisch" wie eine Liebschaft in einer Seifenoper, sondern wild, unerbittlich und schön wie eine dunkle Tragödie, die zugleich erschafft wie auch auf heftigste Weise zerstört und selbst inmitten von Gewalt noch liebt. All das gehört zur Ehe von Grünem Mann und Schwarzer Madonna. Sie stellt eine Verbindung äußerst starker Kräfte dar, an der nichts Zimperliches ist. Im Gegensatz zu vielen heutigen Hochzeiten ist es eine Vereinigung von wilden Energien. Bei diesem Ereignis regiert die Wildheit. Die Teilnahme daran ist nichts für schwache Nerven.

Die Schwarze Madonna ruft uns zur Freude, zum Feiern und zum Tanzen auf. Die Schwarze Madonna weint zwar als gramvolle Mutter um die Welt, aber sie suhlt sich nicht in ihrem Schmerz. Sie verbleibt nicht für immer darin. Stattdessen ist sie eine fröhliche Mutter, die glücklich ist, ein Dasein zu haben und es mit so vielen anderen Geschöpfen teilen zu können. Es gehört zum Kern ihres Wesens, das Leben und seine Freuden zu feiern. Sie erwartet, dass auch wir an ihren vielen Freuden und Früchten Vergnügen finden. Die Sophia oder Weisheit der Schriften singt von diesem Element der Freude, des Eros und der tiefen wie auch leidenschaftlichen Liebe zum Leben und all seinen Gaben.

Ich habe ein Parfüm von Zimt und Akazie ausgeatmet,
Ich haben einen Duft von erwählter Myrrhe ausgeströmt …
Komme nahe, du, der du dich nach mir sehnst,
Und nimm deine Fülle meiner Früchte,
Denn die Erinnerung an mich ist süßer als der Honig,
Und mich zu erben süßer als die Honigwabe.
Die mich essen, werden niemals mehr hungern,
Die mich trinken, werden niemals mehr dürsten.
Wer mir lauscht, wird nimmermehr erröten …

Das Feiern gehört zum Mitgefühl. Meister Eckhart drückt es so aus: „Was einem anderen widerfährt, sei es Freude oder Schmerz, widerfährt mir." Zu feiern bedeutet, unsere gemeinsame Freude auszuüben. Und Lob ist das von der Freude verursachte Geräusch. Freude, Lob und das Feiern sind ein der Gemeinschaft und der Schwarzen Madonna innewohnender Anteil. Sie hat ihr göttliches Kind – welchen Namen es auch immer trägt – nicht umsonst geboren. Sie begünstigt die Kinder, das Leben und den Eros; sie begünstigt die Biophilie. Sie liebt das Leben wie niemand anders und erwartet von uns, ihren Kindern, dasselbe.

Die Schwarze Madonna ruft uns zu unserer Göttlichkeit, die im Mitgefühl besteht. Mitgefühl stellt das Beste dar, wozu unsere Art imstande ist. Und es ist der geheime Name für das Göttliche. Es gibt keine spirituelle Tradition im Osten oder Westen, im Norden oder Süden, die ihre Anhänger nicht in Mitgefühl unterrichtet. „Maat" ist bei den Völkern Afrikas der Name für Gerechtigkeit, Harmonie, Gleichgewicht und Mitgefühl – jenen Völkern, aus denen die Schwarze Madonna in Gestalt der Isis ursprünglich hervorgegangen ist. Die Schwarze Madonna ruft uns zu Maat. Zu Gleichgewicht, Harmonie, Gerechtigkeit und Mitgefühl. Trauern, Feiern und gerechtes Handeln gehören zum Mitgefühl. Sowohl im Arabischen als auch Hebräischen leitet sich das Wort für *Mitgefühl* vom Begriff für „Schoß" ab. Eine patriarchalische Ideologie lehrt kein Mitgefühl; sie ignoriert die schoß-artigen Energien unserer Welt und unserer Art. Wenn das Mitgefühl überhaupt Erwähnung findet, wird es bagatellisiert und als verweichlicht dargestellt. Das Patriarchat vernachlässigt völlig, was Meister Eckhart und die jüdischen Propheten bereits wussten und lehrten: „Mitgefühl bedeutet Gerechtigkeit." Das Mitgefühl hat auch eine harte Seite; es geht dabei nicht um gefühlsbeladene Stimmungen, sondern um das Verhältnis von Gerechtigkeit und wechselseitiger Abhängigkeit. Jesus verkündete, er habe ebenso ein Schwert wie auch den Frieden gebracht, und seine Mutter Maria ist bekannt dafür, erklärt zu haben, der Allmächtige

> *zerstreut, die hoffärtig sind in ihres Herzens Sinn. Er stößt die Gewaltigen vom Stuhl und erhebt die Niedrigen. … Die Hungrigen füllt er mit Gütern und lässt die Reichen leer.*

Das Mitgefühl weiß um Grenzen, ist nicht zügellos und hortet nicht. Es vertraut dem Leben und schlussendlich dem Universum darin, alles zur Verfügung gestellt zu bekommen, was wir für unser Sein benötigen. Das Mitgefühl arbeitet als Mitschöpfer des Universums hart an der Herstellung einer grundsätzlichen Gerechtigkeit für und eines Gleichgewichts zwischen allen Wesen. Es gehört zum essenziellen Wesen der Schwarzen Madonna, denn wie Eckhart sagt, ist „das Mitgefühl der erste Ausbruch all dessen, was Gott (und Göttin) tut." Die Rückkehr zum Mitgefühl *ist* gleichbedeutend mit der Rückkehr zur Göttin.

Der Kulturhistoriker und Feminist Henry Adams schreibt über die Rolle der Maria in der Kathedrale von Chartres im zwölften Jahrhundert: „Die unauflösbare Weise, auf die Maria bis zum heutigen Tag unsere menschliche Vorstellungskraft im Griff hält – wie man in Lourdes sehen kann – war viel weniger auf ihre Macht, Seelen oder Körper zu retten, als auf ihr Mitgefühl für Menschen zurückzuführen, die unter dem Gesetz litten – sei es gerechter- oder ungerechterweise, zufällig oder geplant, auf Anordnung Gottes oder infolge der List des Teufels." Adams verstand Maria als das „buddhistische Element im Christentum", denn wie für Buddha stellt auch für sie das Mitgefühl die erste aller Tugenden dar. „Für Kuan Yin, die Mitfühlende und Maria, die Mutter Gottes umfasste das Mitgefühl die Idee trauernder Besinnlichkeit.“ Nur die Große Mutter kann das dem traurigen menschlichen Zustand angemessene Mitgefühl bieten. Maria war die Freundin der Verbannten; sie fand bei der Masse Anklang, die „sich nach einer Macht über dem Gesetz sehnte – oder über der verzerrten Anhäufung von Unwissenheit und Absurdität, die als Gesetz bezeichnet wurde.“ Diese Macht musste mehr als menschlich sein. Sie erforderte die Göttin.

Die Schwarze Madonna, die Göttin, ist der Mutterleib des Universums als kosmischer Schoß, in dem sich alle Geschöpfe versammeln. Eine uralte Hymne an Isis unterstreicht deren kosmische Rolle als Herrscherin über die gesamte Natur und als Königin aller Götter und Göttinnen.

> Ich bin die Natur, die universelle Mutter, Herrin über alle Elemente, das uranfängliche Kind der Zeit, Herrscherin über alle spirituellen Dinge, Königin der Toten und auch Königin der Unsterblichen; die eine Erscheinungsform aller Götter und Göttinnen, die da sind. Mein Wink regiert die strahlenden Höhen des Himmels, die heilsamen Brisen der See, die beklagenswerte Stille der Welt darunter.

Es gibt ein Gedicht an die christliche Göttin Maria aus dem zwölften Jahrhundert, das dieser Hymne an Isis sehr ähnlich ist. Alan von Lille schrieb das folgende Gedicht über die Natur zu dieser Zeit:

> *Oh Kind Gottes und Mutter aller Dinge,*
> *Band der Welt, sein fest gebundener Knoten,*
> *Das Juwel unter den Dingen der Erde, und Spiegel für alle, die entschlafen,*
> *Morgenstern unserer Kreisbahn;*
> *Frieden, Liebe, Kraft, Herrschaft und Stärke,*
> *Ordnung, Gesetz, Ende, Pfad, Führer und Quelle,*
> *Leben, Licht, Pracht, Schönheit und Gestalt,*
> *Oh Herrschaft über unsere Welt!*

Interessanterweise spricht Alan von Lille von der „Mutter aller Dinge“ als einem „fest gebundenen Knoten“ – der Thet-„Knoten“ wiederum ist ein wichtiges Symbol der Isis. Wir spielen in ihrem kosmischen Schoß, stoßen darin gegeneinander und arbeiten dort für das Gleichgewicht, Maat, und die Gerechtigkeit.

Die Schwarze Madonna ist der Thron des Mitgefühls, der Göttliche Schoß. Das ist die Bedeutung des Namens „Isis“, jener afrikanischen Gottheit, die als Inspiration für die Schwarze Madonna in Ephesus, in der Türkei, in Spanien, Sizilien und in Westeuropa gedient hat. Tatsächlich handelt es sich bei bestimmten Abschnitten der christlichen Evangelien wie den Erzählungen von Christi Geburt (die eindeutig keine historischen Fakten wiedergeben, sondern Geschichten über den Kosmischen

Christus sind) um Auszüge aus den Erzählungen von Isis und ihrem Sohn Horus. Sir Ernest A. Wallis Budge, der verstorbene Bewahrer der ägyptischen und assyrischen Antiquitäten des British Museum schreibt:

> Die Bilder und Skulpturen, die sie Horus stillend darstellen, bildeten die Grundlage für die christlichen Malereien der Madonna mit dem Kinde.
>
> Etliche der in den Apokryphen aufgezeichneten Begebenheiten, die der Jungfrau widerfahren, während sie mit dem Kind durch Ägypten zieht, spiegeln Szenen aus dem Leben der Isis wider ... und viele Eigenschaften der Isis, der Gott-Mutter, der Mutter des Horus ... sind mit jenen von Maria, der Mutter Christi identisch.

Isis trägt oft einen königlichen Kopfschmuck, der die Bedeutung ihres Namens symbolisiert – nämlich „Thron" oder „Königin". Erich Neumann schreibt über Isis als „Thron":

> Als Mutter und Erdfrau ist die Große Mutter der „Thron an sich", und charakteristischerweise ist der „Schoß" des Weiblichen nicht nur das Genitale, sondern die breite Schenkelfläche der sitzenden Frau, auf der das Kind, das diesem Schoß entsprungen ist, sitzt und thront. Auf den Schoß genommen werden ist ebenso wie an die Brust genommen werden ein symbolischer Ausdruck für die Adoption des Kindes und auch des Mannes durch das Große Weibliche. Nicht zufällig ist der Name der größten Muttergöttin der frühen Kulte: „Isis", der Sitz, der Thron, dessen Symbol sie auf ihrem Haupte trägt; und der König, der die Erde, die Muttergöttin „in Besitz nimmt", tut dies, indem er im wahren Sinne des Wortes auf ihrem Schoße sitzt.

Die Renaissance des zwölften Jahrhunderts war sich der Rolle des „Throns" und der Göttin auf besondere Weise bewusst. Im Lateinischen lautet das Wort für Thron „cathedra". Die mittelalterliche Kirche hat den Bau von Kathedralen veranlasst – in diesem Zeitraum wurden mehr als 125 gebaut, deren Größe mit der Kathedrale von Chartres vergleichbar ist – und jede einzelne davon war Maria gewidmet, wie man an Namen wie Notre Dame de Chartres, Notre Dame de Lyons oder Notre Dame de Paris sehen kann. Darüber hinaus wurden mehr als 375 weitere Kirchen von der Größe dieser Kathedralen gebaut und ebenso der Maria gewidmet. In vielen dieser Kathedralen ist noch heute eine Statue der Schwarzen Madonna zu finden. Eine Kathedrale ist per Definition *der Thron, auf dem die Göttin sitzt, während sie das Universum mit Mitgefühl und Gerechtigkeit für die Armen regiert.*

Die Schwarze Madonna ruft uns zu einer Renaissance der Kultur, der Religion und des Städtewesens auf. Anthropozentrismus, Klerikalismus und Sexismus haben die Erfindung der Kathedrale für die Bedeutung „des Ortes, an dem der Bischof (meist) seinen Thron hat" vereinnahmt. Das ist falsch. Die Kathedrale ist dafür bestimmt, der Mittelpunkt der Stadt zu sein. Sie bringt die Göttin in die Mitte der Stadt, um diese durch die Energie und die Werte der Göttin lebendig zu machen. Städte entstanden im zwölften Jahrhundert als Ergebnis der Auflösung des auf einer ländlichen Lebensweise basierenden wirtschaftlichen, religiösen und feudalpolitischen Systems. Die jungen Menschen flohen in die Städte, wo sich die Religion abseits der monastischen Einrichtungen, die acht Jahrhunderte lang geherrscht hatten, neu erfand; wo sich die Bildung in Gestalt von Universitäten, die vom ländlichen Bildungssystem der Klöster gelöst waren, neu erfand; wo sich die Gottesverehrung in der Kathedrale einer jeden Stadt unabhängig von den monastisch-liturgischen Praktiken auf dem Lande neu entwickelte.

Heute leben zum ersten Mal in der menschlichen Geschichte mehr als fünfzig Prozent aller Menschen in Städten; im Jahr 2015 werden es mehr als drei Viertel sein, ein großer Teil davon junge Leute. Die Schwarze Madonna und das Motiv des „Throns als Göttin" tragen zu einer Auferstehung unserer Städte bei. Sie geben uns einen Mittelpunkt, ein kosmisches Zentrum, eine Synthese und Vereinigung und eine Lebensenergie, mit deren Hilfe wir unsere Städte erretten und aus der Leblosigkeit, dem Thanatos[35] herausführen können. Künstler sammeln sich in einer Stadt. Feiern und Rituale ereignen sich dort. Die uns umgebende Natur und die menschliche Natur begegnen sich hier. Kein Wunder, dass Meister Eckhart und andere mittelalterliche Mystiker die *Menschenseele als eine Stadt und die Stadt als eine Seele* feierten. Die Aufgabe einer Renaissance besteht darin, der Stadt die Seele zurückzubringen. Wir können den Begriff der Renaissance sogar als eine „auf spiritueller Initiative beruhende Wiedergeburt der *Städte*" definieren.

Zu dieser Renaissance gehört auch die Neuerfindung von Kunst und Bildung. Die Göttin herrschte auch an der Universität – sie war die „Königin der Wissenschaften" und die „Herrin aller Künste und Wissenschaften", die „keines von beidem fürchtete und niemals etwas tat, was sie hätte hemmen können", wie Henry Adams schrieb. Alles Lernen kam in ihr zu seinem Höhepunkt. Ihr ging es um Weisheit, nicht nur um Wissen. Die von der Madonna repräsentierte Renaissance betraf sowohl die Religion als auch die Bildung.

Der Kopfschmuck der Isis weist oft einen Vollmond auf, der sich zwischen gekrümmten Hörnern befindet. Er hat die Form eines Sistrums, eines Musikinstruments, das die Ägypter zu ihren Ehren spielten. Plutarch erklärte, der Zweck des Sistrums (einer Art Rassel) bestehe darin, dass „all Dinge, die sind, geschüttelt oder gerüttelt werden müssen ... um in Bewegung zu kommen, wenn sie schläfrig oder träge geworden sind." Die Schwarze Madonna *rüttelt Dinge auf.*

Ist das nicht ein passender Archetyp für unsere Zeiten? Ist sie nicht jemand, der einer Renaissance vorausgeht, der kommt und der Zivilisation eine Neugeburt ermöglicht, die auf einem neuen Sinn für Spiritualität, für Kosmologie und für das Lernen beruht – für eine Form des Lernens, die uns wieder für unseren Platz im

35) Die Bezeichnung für den Todestrieb nach Freud [A.d.Ü.].

Universum öffnet? Wie kann die Arbeit in unserer Welt wieder weise und nicht ausbeuterisch und ohne jede Weisheit gestaltet werden? Wie kann die menschliche Seele ohne die Bemühungen dieser Göttin den Schritt vom Wissen zur Weisheit machen? Wie kann sich ohne ein Gleichgewicht zwischen dem Männlichen und Weiblichen, dem Kopf und Herzen, dem Körper und Geist auf allen Ebenen der Bildung – vom Kindergarten bis zur Universität – eine echte Renaissance vollziehen? Welche Rolle wird die Kunst wohl spielen, wenn sich auch der Künstler, von der verinnerlichten Unterdrückung des modernen Zeitalters befreit, wieder dem Dienst an der Gemeinde und der umfassenderen Gemeinschaft der ökologischen Nachhaltigkeit verpflichtet?

Schwarz und Grün: Eine Hochzeit des einundzwanzigsten Jahrhunderts

Ist in Anbetracht dieser Dimensionen der Schwarzen Madonna nicht klar, dass ihre Vermählung mit dem Grünen Mann wahrhaftig eine *Jahrhunderthochzeit* wäre – nämlich die Hochzeit des einundzwanzigsten Jahrhunderts? Ein echter heiliger Bund? Wenn die Göttliche Weiblichkeit und die Heilige Männlichkeit einander gegenseitig nähren und erhalten, könnte das wirklich der Beginn einer neuen Ära sein, die aus der Weisheit längst vergangener Zeitalter schöpft. Es lohnt sich, für diese Hochzeit zu arbeiten und zu beten.

Warum ist die vom Grünen Mann und der Schwarzen Madonna repräsentierte Familie zu diesem historischen Zeitpunkt so überaus bedeutsam? Zuerst einmal, weil sie so farbenfroh ist. Heute vermischen sich Rassen und Ethnien mehr als jemals zuvor, und wir alle werden zu farbigen Menschen. Es gibt immer weniger Menschen des kaukasischen Typs, während die Zahl gemischter Menschen oder jener anderer Rassen zunimmt. Deshalb hat die Würdigung der Schwarzen und Dunklen Madonnas – sei es nun in Guadalupe oder Pele – in unserer Zeit eine große Bedeutung. Die Verehrung der Dunkelheit ist längst überfällig.

Ein anderer historischer Grund dafür, die Schwarze Madonna zu ehren, besteht darin, dass wir alle schlussendlich aus Afrika kommen. Wie auch immer wir heute aussehen mögen, wir sind Zweige desselben Ahnenbaums. Unsere Zeit ist dafür da, zu erkennen, dass alle Menschen miteinander verwandt sind; wir sind ein Stamm, eine Rasse – die menschliche Rasse. Unsere Vorfahren, unsere Mütter und Väter, waren alle Afrikaner. Die Schwarze Mutter erinnert uns an diese wichtige Tatsache, an unsere gemeinsame Abstammung, unsere gemeinsame Linie, unseren gemeinsamen Stamm – eine einzige Rasse. Hier endet jeder Rassismus und schließt seinen hässlichen Mund; er verschwindet aus unseren verwirrten und zerfallenden Gehirnen und verlässt unsere Institutionen und Ideologien ein für alle Mal. Einheit wird zum Fundament der Vielfalt. Die Einheit kommt zuerst. Unser Ursprung ist wichtig. Er zählt. Als wir das neulich einer Gruppe von Jugendlichen erklärten, die alle aus Stadtzentren kamen, rief einer von ihnen aus: „Sie meinen, Eva war schwarz?“ Er hatte es erfasst! „Am Anfang“ waren wir alle schwarz. Das ist die Botschaft der Schwarzen Madonna für unsere Zeit.

Eine Schwarze Madonna, die mit dem Grünen Mann verkehrt, ist ein Garant für ein farbenfrohes Liebeswerben. Das Grüne und Schwarze, das Helle und Dunkle, die mütterliche Einsamkeit der Schwärze und die fruchtbare Potenz des Grünen vermählen sich. Stellen Sie sich das nur vor! Das ist wahrhaftig eine Heilige Hochzeit: Der Verteidiger von Mutter Erde heiratet den Ursprung unserer Art.

Welche weiteren Bedeutungen hat die Hochzeit von Grün und Schwarz? Die Dunkelheit versinnbildlicht *Tiefe*, und der Grüne Mann sendet seine Wurzeln wie alle lebenden Dinge in die Dunkelheit hinein, aus der er seine Nahrung und Versorgung bezieht. Ohne das Schwarz verwelkt das Grün und stirbt. Um überleben zu können, muss es mit den Tiefen verbunden sein. Grün braucht Schwarz. Andererseits bringt das Grün Farbe und Deutlichkeit ins Schwarz; es bringt die Dunkelheit hinauf an die Oberfläche, wo andere sie sehen und ihr Werk bewundern können. Das Grün ist ein Kanal, der die Schönheit des Schwarz sichtbarer macht. Grün verbreitet sich. Als das Laub den Planeten eroberte, wurde er grün. Es machte das Schwarz weniger einsam, so dass dieses in höherem Maß zur Vielfalt und zum Rausch der Farben beitragen konnte.

Ich habe auch die Erfahrung gemacht, dass die Schwarze Madonna etwas von einem Trickster hat. Ihre Logik ist nicht die des hellen Tages oder die Logik des Aristoteles und der patriarchalen Übersichtlichkeit. Es ist eher eine Logik des Paradoxen, des Humors, der Torheit, der Überraschung und des Unbewussten. Sie zu respektieren bedeutet auch, diese andere Art der Logik zu achten. Sie ist nicht für Menschen geeignet, die alles wörtlich nehmen, was einer der Gründe dafür sein könnte, warum sie von jenen, die vor allem mit der linken Gehirnhälfte denken, nur wenig gewürdigt wird – seien diese nun Fundamentalisten oder Liberale. Ihr Zeitsinn hat nichts mit der Zeit unserer Uhren zu tun. Wie die indigenen Völker sieht auch sie die Zeit als etwas, das schwanger ist und wartet und dann Früchte trägt, wenn sie dazu bereit ist. Sie arbeitet in ihrer eigenen Zeit, aber dennoch tut sie genau das – arbeiten.

Der Grüne Mann ist selbst bereits das Ergebnis einer Hochzeit – der von Mensch und Natur. Er bringt die uns innewohnende Liebe zur Natur zum Vorschein, die ebenso weit zurückreicht wie die Menschheit selbst und die das moderne Zeitalter mit seinem Anthropozentrismus und seiner Vergötterung des Menschen aufs Rangiergleis abgeschoben hat. Im Grünen Mann vermählen sich Himmel (Sonne, Wolken, Wasser) und Erde (Wurzeln, Boden, Untergrund) miteinander. Gemeinsam repräsentieren der Grüne Mann und die Schwarze Madonna eine tiefe Vereinigung des Männlichen mit dem Weiblichen, des Lichtes (Photosynthese) mit der Dunkelheit.

Yin und Yang: Die heilige Hochzeit des Gleichgewichts mit der Harmonie

Das alte chinesische Symbol von Yin und Yang, die beiden aneinander geschmiegten schwarzen bzw. weißen Halbmonde in einem Kreis, steht für das gesamte Universum sowie die darin enthaltene grundlegende Dynamik: Yang (Sonnenlicht) und Yin (Mondlicht) sind voneinander getrennt, stehen aber in dynamischer Beziehung zueinander, und gemeinsam halten sie Harmonie und Gleichgewicht aufrecht. Wie Allen Tsai schreibt: „Yang ist wie der Mann. Yin ist wie die Frau. Yang würde ohne Yin nicht wachsen. Ying könnte ohne Yang nicht gebären. Yin wird zur Sommersonnenwende geboren (beginnt da), und Yang wird zur Wintersonnenwende geboren (beginnt da)." Diese Dynamik von Yin und Yang, von Männlich und Weiblich repräsentiert das Gleichgewicht einander entgegengesetzter Energien, das allem zugrunde liegt: den Sonnenzyklen, den vier Jahreszeiten, dem Jahreskalender, der Medizin und Heilkunst und vielem mehr. Der Schlüssel zur Harmonie besteht nicht in Ruhe oder Stillstand, sondern darin, die Spannung auf einem lebendigen und ausgeglichenen Niveau zu erhalten. Man könnte das die Heilige Hochzeit der Gegensätze nennen. Richard Hooker drückt es folgendermaßen aus:

> Yin und Yang repräsentieren alle gegensätzlichen Prinzipien, die man im Universum finden kann. … Jeder dieser Gegensätze bringt den anderen hervor: Der Himmel erschafft die Idee von Dingen unter dem Einfluss des Yang, die Erde produziert deren materielle Gestalt unter dem des Yin und umgekehrt; Schöpfung ereignet sich nach dem Yang-Prinzip, die Vervollständigung des geschaffenen Dings jedoch nach dem Yin-Prinzip und umgekehrt – und so fort. Diese Entstehung des Yin aus dem Yang und des Yang aus dem Yin ereignet sich zyklisch und andauernd, so dass keines der beiden Prinzipien auf Dauer das andere beherrschen oder bestimmen kann. … Alle Zustände unterliegen der Verwandlung in ihr Gegenteil.

Hooker zieht aus dieser Philosophie von Yin und Yang mehrere Schlüsse:

> Als erstes, dass sich alle Phänomene in einem ewigen Kreis der Umkehrung in ihr Gegenteil verwandeln. Zweitens, dass alle Phänomene in sich die Saat ihres entgegengesetzten Zustands tragen, weil das eine Prinzip zugleich das andere hervorbringt – Krankheit trägt in sich die Saat der Gesundheit, Gesundheit jene der Krankheit, Wohlstand enthält den Samen der Armut und Armut den des Wohlstands und so fort. Drittens ist kein Phänomen völlig frei von seinem entgegengesetzten Zustand, auch wenn dieser vielleicht nicht sichtbar oder präsent zu sein scheint, weil ein Prinzip das andere hervorbringt.

Yin und Yang beschreiben eine Beziehung von einander ergänzenden Gegenteilen und nicht von absoluten Elementen. Sie beschreiben einen *Prozess*. Zu viel von jedem der beiden Prinzipien führt zu einem gefährlichen Ungleichgewicht. Und ist eine erfolgreiche Ehe nicht ein dynamisches Gleichgewicht von Geben und Nehmen?

Im *Evangelium des Thomas*, einer alten Sammlung der Worte Jesu gibt es einen Abschnitt, der völlig auf der Dialektik von Yin und Yang basiert. Jesus sagt:

> *Wenn ihr aus zwei eins macht und wenn ihr das Innere wie das Äußere macht und das Äußere wie das Innere und das Obere wie das Untere und wenn ihr aus dem Männlichen und dem Weiblichen eine Sache macht, so dass das Männliche nicht männlich und das Weibliche nicht weiblich ist und wenn ihr Augen macht statt eines Auges und eine Hand statt einer Hand und einen Fuß statt eines Fußes, ein Bild statt eines Bildes, dann werdet ihr in das Königreich eingehen.*

Der Umstand, dass Jesus selbst bereits sehr früh als Inkarnation der Weisheit gesehen wurde (die weiblich ist), stellt ein weiteres Echo des Bewusstseins der Yin-Yang-Dialektik im frühen Christentum dar – der Heiligen Hochzeit innerhalb des Christus, die hier geehrt wird. Jesus wird zu einem Vorbild, dem andere Männer nacheifern sollen, denn er bringt das Schwert (die Männlichkeit) und das Mitgefühl (die weibliche oder Schoßenergie) zusammen.

Andrew Harvey bezieht sich in seiner Studie *The Return of the Mother* auf die taoistische Tradition des Yin und Yang und feiert die Heilige Hochzeit auf folgende Weise: "Dieses 'Bewahren des Einen, um in Harmonie zu bleiben' ist die Essenz des Pfades der Heiligen Weiblichkeit, der Schlüssel zur Heiligen Hochzeit, der Verschmelzung des Männlichen mit dem Weiblichen in den stillen, dunklen Tiefen der Psyche, aus der das Kind hervorgeht." Die Vereinigung der heiligen Gegensätze bringt viele neue, frische Aspekte mit sich. „Die christlichen Alchemisten lehren, dass wir dann, wenn wir die Heilige Hochzeit der Gegensätze in unserem eigenen Wesen vollzogen haben – die Hochzeit der Männlichkeit mit der Weiblichkeit, von Sonne und Mond, von Dunkelheit und Licht, des Bewussten mit dem Unbewusstem – zu einem heiligen androgynen Kind werden, das vom Wahnsinn des Verstands und von der albernen Schwermut des Egos, von allem Bewussten und Unbewussten befreit ist. Hindernisse und Definitionen, so geheimnisvoll und vollständig wie die Wirklichkeit selbst, werden auf der Grundlage unseres vollkommenen Seins mit dem Mysterium des Kindes eins."

Die Verbindung von Himmel und Erde, von jung und alt, von alt und neu ist ebenfalls Teil dieser Vereinigung. In ihr wird die Christus- oder Buddhanatur wieder hergestellt. Harvey schreibt: „In diesem herrlichen Sinne eins zu sein bedeutet, den Himmel auf Erden zu haben, eins mit dem Tao zu sein, den Gral zu besitzen, mit der Großen Mutter zu verschmelzen. Lewis Thompson schrieb: ‚Das immer neue, magische Universum wird in diesem Kind ständig neu geboren. Nur der Erwachsene ist aus dem Garten Eden verbannt worden. Das Kind isst vom Baum des Lebens. Für das Kind sind die Gesetze des Universums magischer Natur. Christus stellt diese Kindheit und diese Magie wieder her.'"

Die Göttliche Weiblichkeit zu erkennen und zu achten ist nicht gleichbedeutend damit, das Weibliche auf ein Podest zu stellen – was eine andere Art ist, auf die das Patriarchat das Weibliche von sich selbst fern hält, nämlich indem es sie entweder hoch erhebt oder herabsetzt. Das Prinzip von Yin und Yang erkennt stattdessen an, dass die Weiblichkeit nicht von der Männlichkeit zu trennen ist. Sie begleiten einander zu jeder Zeit sowohl in sich selbst als auch in allen anderen Wesen. Harvey drückt es folgendermaßen aus: „Das patriarchalische Bild von der Mutter verherrlicht und transzendiert das Weibliche aus heimlicher Furcht vor seiner Macht und versucht bewusst oder unbewusst, sich von den Anforderungen, die seine heilige Zärtlichkeit, seine dringliche Klarheit und seine leidenschaftliche Gerechtigkeit implizieren, auf dem Wege der Mythologisierung zu distanzieren. Der moderne Trend zu matriarchalen Formen der Wiederbelebung der Großen Mutter besteht auf der anderen Seite jedoch in übertriebenem Maße auf der Mutter als *ausschließlich* immanentem Prinzip. Die vollständige Herrlichkeit der Mutter ergibt sich aber erst daraus, dass sie sowohl transzendent *als auch* immanent, die Quelle der Liebe und Liebe-in-Aktion zugleich ist."

Anders ausgedrückt bedeutet die Vermählung von Yin und Yang, dass die Göttliche Mutter Merkmale des Heiligen Vaters annimmt (Handlung und starker Schutz), während der Heilige Vater Merkmale von ihr übernimmt (Mitgefühl und vertrauliche Fürsorge). Das ist in der Tat eine echte Ehe, in der die Kinder blühen und gedeihen können. Aus der gesunden Vereinigung des Männlichen und Weiblichen geht ein lebendiges Kind hervor. Ein mystisches Kind, das in das Universum und das Leben verliebt ist.

Harvey beschreibt dieses Kind wie folgt:

> Das Kind wird faktisch zur Mutter eines ganzen Stroms heiliger Werke. Nur das göttliche Kind kann zugleich ruhend als auch fruchtbar sein, denn es vereint in seinem eigenen, innigsten Wesen Shiva und Shakti, männlich und weiblich, Stille und Kraft miteinander, um dann befreit zu werden, um für Gott zu tanzen, in Gott, als Teil Gottes.
>
> Dieses Verständnis des göttlichen Kindes ist gerade heute, … wo wir uns dem Ende der Natur gegenübersehen, für die Transformation durch die heilige Weiblichkeit von wesentlicher Bedeutung. Ich bin der Ansicht, dass alle religiösen Systeme, einschließlich jener, die auf Initiationen durch Meister und inkarnierte Erleuchtete beruhen, versagt haben, denn sie haben uns davon abgehalten, eine direkte, ekstatische und vollständige Beziehung zur Göttlichen Mutter einzugehen, die alle Bekenntnisse, Religionen und so weiter durch die unmittelbare Geburt des heiligen Kindes in uns transzendiert.

Die keltische Wissenschaftlerin Dolores Whelan weist darauf hin, dass dem Weiblichen in der keltischen Mythologie ein besonderer Vorrang eingeräumt und „das Weibliche als die Grundlage allen Seins verstanden wird." In der modernen anthropozentrischen Kultur sind wir derart von der Göttlichen Weiblichkeit abgeschnitten, dass wir kaum noch wissen, was der Begriff „Grundlage allen Seins" überhaupt bedeutet. Aber die keltische Überlieferung ist reich an Mythen über die Herrschaft des Landes,

> in denen das Weibliche als Personifikation der Fruchtbarkeit des Landes verstanden und in Gestalt einer Göttin Ausdruck findet. Wenn ein König in sein Amt eingeführt wird, muss er die lokale Göttin, welche die Souveränität des Landes repräsentiert, auf rituelle Weise heiraten. Wenn seine Herrschaft gerecht ist, wird das Land seinen ganzen Reichtum ausschütten, und der König wird als erfolgreich angesehen werden. Dafür muss er sich jedoch in Beziehung zum Weiblichen, zur Göttin des Landes befinden. Sein Erfolg hängt von seiner Fähigkeit ab, die richtige Beziehung zum Weiblichen herstellen zu können.

Ein unter dem Namen *Bainis Ri* bekanntes Ritual diente dazu, die Heilige Hochzeit des Königs und der Göttin des Landes zu feiern. Diese Ehe repräsentierte die Vereinigung „der menschlichen, der natürlichen und der unsichtbaren Welten." Das ist wahrhaftig eine Heilige Hochzeit!

Ich habe neulich einen weisen Psychologen gebeten, mir C.G. Jungs Theorien bezüglich der Heiligen Hochzeit zu erläutern. Seine Antwort war sehr befreiend und ermöglichte mir, meine eigenen Gedanken dazu in diesem Kapitel weiterzuentwickeln. Er sagte: „Jedes Mal, wenn ich Jungs Worte zu dieser Frage lese, finde ich sie völlig verwirrt und verwirrend." Das geht mir absolut genauso! Ich habe den Eindruck, dass Jung tief drinnen ein Neuplatoniker und ein chauvinistischer schweizerischer Patriarch war, der es trotz all seiner Vorträge über den Animus und die Anima, über das Männliche und Weibliche nie wirklich begriffen hat: das „Es" als die Notwendigkeit zur dialektischen Ausgleichung der angeblichen „Gegenteile" von Yin und Yang, von der Spannung zwischen Männlichkeit und Weiblichkeit. Das „Es" als die Heiligen Hochzeiten der Göttlichen Weiblichkeit mit der Göttlichen Männlichkeit, die wir in diesem Kapitel gefeiert haben – von Vater Himmel und Mutter Erde, vom Grünen Mann und der Schwarzen Madonna, von Yin und Yang. Aber es gibt noch viele weitere Vermählungen wie diese. Wenn man die Erinnerung an die Heilige Hochzeit erst einmal entfesselt, strömen viele heilige Verbindungen daraus hervor.

XII – Andere heilige Vereinigungen

Männlichkeit und Weiblichkeit sind nicht das einzige Gegensatzpaar, das in der Heiligen Hochzeit vereint werden kann. Das dialektische Prinzip der Harmonie und des Gleichgewichts, das wir in Bezug auf Yin und Yang erörtert haben, kann auf viele Bereiche des Denkens und der Gesellschaft angewendet werden. Hier finden Sie einige weitere Heilige Hochzeiten, manche mehr, manche weniger hintergründig, die unsere dringende Aufmerksamkeit sowie unsere Anstrengungen verdienen, eine Vereinigung und Gemeinschaft damit zu erzielen.

Dualismus und Non-Dualismus: Vom Fische- zum Wassermannbewusstsein

In Bezug auf die alten astrologischen Zeichen könnte man sagen, dass wir uns gerade aus dem Zeitalter der Fische in das des Wassermanns begeben. Das Sternzeichen Fische, das oft durch zwei in gegensätzliche Richtungen schwimmende Fische symbolisiert wird, steht für Dualismus oder Trennung. Die vergangenen zweitausend Jahre haben viele Dualismen oder Trennungen gesehen, ebenso wie die diesen vorausgegangenen zweitausend Jahre viele Ausdrucksformen des Widderzeitalters erlebt haben: Das Alte Testament in der Bibel ist voll von Geschichten über rituelle Opferungen von Lämmern und Widdern, wie sie sich zum Beispiel in der dort geschilderten jüdischen Praxis spiegelt, das Passah-Fest mit der Tötung eines Lamms zu feiern, oder in der wichtigen Erzählung von Isaac, der anstelle seines Sohnes einen Widder opfert.

Die frühen Christen waren sich dieser astrologischen Metaphern durchaus bewusst – ihr Hauptsymbol war der Fisch (dem entsprechenden Sternzeichen zugehörig), der neue astrologische Moment der Geschichte: IXTHOS, das griechische Wort für „Fisch", wurde zum Akronym für „Jesus Christus Gottes Sohn". Dieses Symbol wurde in viele Wände der Katakomben geritzt oder gekratzt, in denen sich die Christen verbargen, um dort ihre Erinnerungsrituale durchzuführen und ihre Toten zu begraben. Jesus hat viel von „Menschenfischern" gesprochen und ließ Menschen wie Fische in das Tauf*wasser* eintauchen – mit diesem Symbolismus konnten die frühen Christen viel anfangen. Darüber hinaus bedeutete der Tod Jesu zur Zeit des Passah-Festes, dass er archetypisch als das „letzte geschlachtete Lamm" des Widder-Zeitalters erinnert wurde. Mit seinem Tod begann das neue Zeitalter der Fische, und es gab keine Notwendigkeit für Tieropfer mehr.

Heute sind wir dazu aufgerufen, unsere Verhaftung an das Zeitalter der Fische zu opfern, an die Ära des Dualismus, des Entweder-Oder bzw. an das, was man auch als die Ära der widersprüchlichen Vermählungen bezeichnen könnte. Heute müssen wir den Dualismus mit dem Non-Dualismus ausbalancieren, indem wir die tiefere Bedeutung der Hochzeit als einer Wiedervereinigung der Göttlichen Weiblichkeit mit der Heiligen Männlichkeit erkennen, in der beide miteinander verschmelzen, damit sie „Mutter-Vater Erde“ werden können, wie die in Kapitel elf zitierte Therapeutin sagte.

Im Gegensatz zum Fische-Zeitalter symbolisiert der Wassermann, der Aquarius, der sich vom lateinischen *aqua* für *Wasser* ableitet, Vermischung und Zusammenkunft. In der großen See, in der großen Mutter, im Mutterschoß sind alle Dinge vereint. Deshalb ist das Wasser eine wunderbare Metapher für die Hochzeit, vor allem für die mit dem Göttlichen. Der Fisch ist nicht vom Wasser getrennt, sondern atmet es ein und aus. Der Fisch ist im Wasser und das Wasser im Fisch. Das ist eine gute Metapher für den *Pantheismus*, wie ich seit Jahren schreibe: Gott ist in uns und wir in Gott. Deshalb ist das Zeitalter des Wassermanns eine Ära des Mystizismus, in der wir erkennen, dass Gott in allen Wesen ist und alle Wesen in Gott sind – und in dem wir uns dieser tiefen Wirklichkeit in noch höherem Maße bewusst werden sowie sie täglich praktizieren.

Schauen Sie sich an, was überall auf der Welt heute mit unserer Art passiert und was auf diesem gefährdeten Planeten geschieht, den wir unser Zuhause, unsere Mutter Erde nennen. Man bezeichnet es oft als „Globalisierung“, und wie alle menschlichen Dinge wirft sie einen Schatten; sie hat eine sehr gefährliche Seite. Aber in ihrem tiefsten Sinn ist die Globalisierung auch eine Vermengung, ein *Mischen*, eine Reihe von vielen verschiedenen Hochzeiten. Sie wirkt sich bedeutend auf unser kollektives Bewusstsein und auf die Art aus, wie wir die Welt sehen – was besonders für die jüngere Generation gilt, die nicht mit dem vorangegangenen Zeitalter der Fische verheiratet oder verbunden ist, sondern während und in das Zeitalter des Wassermanns geboren wurde.

KJ: Osten und Westen, Körper und Seele miteinander verschmelzen

KJ ist ein einunddreißigjähriger, schwuler Mann, der selbst auf verschiedenste Arten ein *Gemisch*, eine Hochzeit darstellt. Er ist in Vietnam geboren und aufgewachsen; einer seiner Elternteile stammt von dort und der andere aus Thailand. Eine Seite seiner Familie ist katholisch, die andere besteht zu einem Teil aus Buddhisten und zum anderen aus Menschen, die „Ahnenkult“ betreiben, sich also an die indigenen Stammesvorfahren Thailands wenden. Im Alter von sechzehn Jahren kam er nach Amerika und hat entsprechend sowohl eine asiatische als auch eine amerikanische Erziehung erhalten. Heute ist er amerikanischer Staatsbürger und betrachtet sich sowohl als Buddhist (mit zunehmendem Alter immer mehr) wie auch als Christ (allerdings aufgrund der zunehmenden Homophobie innerhalb des institutionalisierten Christentums immer weniger).

KJ schloss das College als Computerprogrammierer ab, stellte jedoch bald fest, dass ihn diese Tätigkeit nicht glücklich machte. „Das war einfach nicht ich", sagt er heute. Dann kam er von der Arbeit des Verstands zur Körperarbeit und verdient seinen Lebensunterhalt heute als Masseur. Aber er ist weitaus mehr als das – auch wenn er das Wort nur widerstrebend verwendet, ist er auch ein Heiler. So, wie er mit dem Körper arbeitet, wird er zum Geburtshelfer der Hochzeit von Körper und Seele, von Geist und Materie. Darüber hinaus vereint er Frieden (die persönlichen Früchte seiner Spiritualität) und moralische Entrüstung (das Feuer des Propheten) in sich.

Außerdem sehe ich in KJ wie in vielen anderen Menschen seiner Generation die Verbindung von jung und alt. Das bedeutet, dass er das Wissen und die Hoffnung der Jüngeren mit der Erfahrung und Weisheit der Älteren vereint. Hier ist ein Teil meines Gesprächs mit ihm, das die vielen von ihm verkörperten Heiligen Hochzeiten zum Inhalt hat.

Fox: Erzählen Sie uns kurz Ihre Geschichte.

KJ: Ich wuchs in Vietnam in einer unvoreingenommenen Familie auf, die sowohl katholisch als auch buddhistisch war. Wir begingen alle Feiertage – christliche wie auch buddhistische. In unserer Kultur trennt man christliche und buddhistische Feiertage nicht voneinander – man weiß, wer man ist, aber wenn es ums Feiern geht, lernt man, zusammenzuleben. Da gibt es kein „meine Religion und mein Gott sind besser als deiner."

Ich begann mit der Körperarbeit, als ich in Thailand einen Mann traf, der damit arbeitete und sagte, ich solle dasselbe tun. Ich antwortete „Häh?", aber zwei Jahre später wusste ich nicht mehr, was ich beruflich machen wollte, und da dachte ich wieder an ihn, auch wenn ich ihn nur ein einziges Mal in meinem Leben gesehen hatte. Ich rief ihn an, und er sagte: „Ich habe schon auf deinen Anruf gewartet." So begann er, mir meine ersten Lektionen in Körperarbeit zu geben, und danach ging ich wieder zur Schule, um mich ausbilden zu lassen. Es hatte mich einfach gepackt. Ich weiß auch nicht, warum ... Es ist sehr spirituell. Wenn ich eine oder eineinhalb Stunden mit einem Menschen in einem Zimmer verbringe, bin ich in Frieden mit mir – das ist meine liebste Zeit am Tag, weil sich mein Geist dann von allem befreit. In diesem Augenblick weiß ich von nichts anderem mehr als der Person, die sich vor mir befindet, und von mir selbst. Dann scheint es an diesem Ort keine Zeit mehr zu geben.

Fox: Das führt direkt zu meiner nächsten Frage. Was ist Spiritualität für Sie? Sie sagten gerade, das sei für Sie ein Gefühl des Friedens mit sich selbst und dass ihr Geist von allen anderen Dingen ablässt, während es kein Gefühl für Raum und Zeit mehr gibt. Können Sie das näher ausführen?

KJ: Ja. Was den Raum betrifft – wenn man sich an diesem Punkt befindet, weiß man nicht, was auf einen zukommt oder wohin man auf dieser Reise geführt wird, in diesen sechzig oder neunzig Minuten. Man weiß es einfach nicht. Man weiß nicht, was der Klient als nächstes sehen oder wo er oder sie hinreisen wird. Man weiß es wirklich nicht. Indem man diese Zeit mit der Energie einer anderen Person verbringt, reist man gemeinsam an einen besonderen Ort, von dem man verändert zurückkehrt. Vielleicht begegnet man Gott oder sieht seinen spirituellen Lehrer – man kann nie wissen. Unter Umständen trifft man sich nie im selben Raum, aber wenn die Behandlung vorbei und die Arbeit getan ist, weiß man, dass beide Beteiligten an dieses Ziel gelangt sind, ohne einander dabei zu begegnen.

Für mich ist genau das so schön daran. Ich muss mich nicht am selben Platz wie Sie befinden, aber am Ende der Reise können wir trotzdem beide sagen: „Oh ja, ich war auch dort." Darüber hinaus erlauben wir uns, mit unseren innersten Gefühlen in Verbindung zu sein, mit dem eigenen Unterbewussten, was zu einem größeren Bewusstsein für den eigenen Körper und zu einer besseren Harmonisierung mit dem Universum führt.

Fox: Glauben Sie, dass viele Menschen, die Körperarbeit ausführen, so etwas erleben, oder halten Sie das eher für ungewöhnlich?

KJ: Ich bin der Ansicht, dass es immer so sein sollte. Es sollte jedem passieren, der Körperarbeit macht. Weil jeder, der wirklich mit guter Absicht und aus tiefstem Herzen arbeitet, dorthin gelangen sollte. Denn für mich ist jemand, der Körperarbeit macht, nicht nur eine Person, die mit der Physis anderer Menschen umgeht. Ein weiterer Aspekt davon ist die Schaffung eines gewissen geistigen Raums und seelischer Entspannung, aber noch tiefer geht es um deinen Körper und deine Seele, so dass beides geschehen kann. Ein Ziel, das ich in der Körperarbeit zu erreichen versuche, besteht darin, meinen Klienten für den Moment aus seinem physischen Zustand und seinem physischen Körper herauszubekommen, um ihn an einen anderen Ort zu bringen. An diesem Ort macht man sich keine Sorgen, hat man keine Gedanken und fürchtet sich vor nichts. In diesem Raum gibt es nur Sie und mich.

Fox: Gehörte das zu Ihrer Ausbildung in Körperarbeit?

KJ: Die Ausbildung konzentriert sich zuallererst auf die physischen Aspekte; der spirituelle Aspekt hängt vom jeweiligen Lehrer ab. Viele Lehrer haben jedoch von vornherein eine spirituelle Ausrichtung, weil sie ihren Beruf lieben und nicht nur des Geldes wegen ausüben. Sie tun es, weil es ihnen Freude bereitet. Sie sprechen darüber, wie sie es tun und hoffen, dass die Schüler dasselbe sehen und erreichen können. Jeder Praktizierende muss selbst entscheiden, wie er diesen Beruf ausübt und wie weit er in die spirituelle Verbindung hineingehen will. Ein Lehrer kann es dir erklären, aber wenn du nicht die Absicht hast und nicht damit verbunden bist, musst du nichts davon umsetzen. Es hängt von jedem selbst ab, wie weit er hier gehen und was er daraus beziehen will. Das geschieht nicht von selbst; man muss sich wirklich dafür einsetzen, um das zu erreichen. Wenn man erst einmal dort angelangt ist, läuft es wie von selbst. Aber dann weiß man wiederum nicht, worin die nächste Ebene besteht. Man weiß es wirklich nicht – es wächst einfach allmählich in einem heran. Und auch der Mensch, mit dem man arbeitet, der Klient oder Gast, nimmt dich mit, öffnet dich und bringt dich zur nächsten Ebene, um dich dort in alles einzuführen. Wir haben alle einen eigenen Hintergrund, aber wenn man diese spirituelle Ebene erreicht, fließt man einfach gemeinsam mit dieser Person und weiß nicht, wo man hin will und wie man dort hinkommen möchte. Dann lasse ich einfach los und folge dem Fluss.

Fox: Hatten Sie während der Körperarbeit je Heilungserfahrungen, die sowohl körperlicher als auch emotionaler und spiritueller Natur waren?

KJ: Ich habe mich selbst nie als Heiler gesehen. Ich habe mich nie als jemanden betrachtet, der sagt: „Ich tue das jetzt für dich, ich sorge dafür, dass du dich besser fühlst und schlichte die Probleme in deinem Leben." Ich hatte nie die Absicht, zu sagen: „Hey, heute nehme ich dich auf eine Reise zu Gott mit." Ich habe diese Absicht einfach nicht und habe auch nie daran gedacht. Ich bin nur überrascht und schockiert, wenn Menschen mir sagen: „Oh mein Gott, Sie sind so ein großer Heiler. Sie sorgen dafür, dass ich Dinge sehen kann. Wie machen Sie das nur?" Dann sage ich: „Ich habe gar nichts gemacht. Sie haben das getan. Ich bin nur dafür da, um Ihnen dabei zu helfen, die Tür zu öffnen; ich bin nur ein Mensch, der ein Auto besitzt und Ihnen anbietet, Sie zu fahren, um Ihnen zu ermöglichen, dorthin zu gelangen, aber es liegt an Ihnen, diese magische Tür zu öffnen. Sie müssen entscheiden, wie Sie die Tür öffnen wollen, nicht ich." Ich sehe mich nie als Heiler und bin immer wieder überrascht, geschmeichelt und schockiert, wenn andere Menschen das sagen. Ich habe nur eine einzige Absicht: Ich möchte einen Unterschied bewirken. Ich möchte das Leben meines Klienten auf geistiger und körperlicher Ebene auf wirkliche gute Art verändern, damit er oder sie in Übereinstimmung mit seinem Körper und Geist kommen kann. Und das ohne die Absicht, ein Heiler zu sein. Wenn ich daran denke, ein Heiler zu sein, werde ich immer rot, denn das ist einfach zu viel. Es ist viel zu freundlich, so etwas zu mir zu sagen. Ich sehe es nie so.

Fox: Glauben Sie, dass es einen Unterschied zwischen männlicher und weiblicher Spiritualität gibt?

KJ: Für mich gibt es da keinen Unterschied. Männliche und weibliche Spiritualität sind dasselbe. Entweder spürt man Gott, oder man spürt ihn nicht. Wenn man Gott spürt, ist es unwichtig, welche Religion man hat. Es kann nur einen Gott geben. Im Kern der Spiritualität sehe ich keinen Unterschied, aber bezogen auf Männer und Frauen schon. Sie sehen die Dinge unterschiedlich, vor allem in dieser Gesellschaft, wo Männer dazu erzogen werden, ihre Gefühle nicht zum Ausdruck zu bringen. „Männer weinen nicht." Das kann uns so formen, dass wir gefühllos werden. Taub, eine Taubheit in Bezug auf Gott. Männer unterdrücken Gefühle und haben Angst davor, verletzlich zu sein. Auf der anderen Seite können Mädchen und Frauen unbeschwert weinen: „Es ist in Ordnung, wenn du weinst, denn du bist ein Mädchen." Deshalb werden sie empfindsamer; sie sind mehr in Einklang mit ihrem Körper.

Wenn Männer sich im Einklang mit ihrem Körper befinden, sagt man: „Oh ja, sie berühren ihre weibliche Seite." Es ist nicht gut, das von einem Mann zu sagen. Bei Frauen ist es in Ordnung – es bedeutet, dass sie sexy und attraktiv sind. Aber bei einem Mann, der in Verbindung zu seiner weiblichen Seite steht, ist es nicht in Ordnung. Das macht einen großen Unterschied. Aber das gilt nur für die westliche Gesellschaft. In Indonesien – in Bali zum Beispiel – gibt es einen sehr spirituellen Tanz, in dem die Rolle der Frau immer von einem Mann übernommen wird. Der Mann erlernt weibliche Bewegungen und trainiert sie mehrere Jahre lang, bis seine Bewegungen sehr feminin sind. Die Gesellschaft betrachtet das als hohe Kunst und als einen Weg, sich mit Gott zu verbinden. Das wird dort nicht herabgesetzt, sondern verehrt. Man spricht dort nicht von „schwul oder hetero" oder von „männlichen oder weiblichen" Schwulen und Lesben. Das gibt es dort einfach nicht. Es hängt also alles von der Erziehung ab. Aber in Amerika ist das anders, da machen die meisten Menschen einen Unterschied zwischen männlicher und weiblicher Spiritualität.

Fox: Denken Sie, dass Spiritualität für homosexuelle Männer anders ist als für heterosexuelle?

KJ: In dieser Gesellschaft trifft das größtenteils zu. Meiner Arbeit nach zu urteilen, sprechen schwule Männer mehr über ihre Gefühle und Empfindungen. Sie erlauben sich, rauszugehen und neue Erfahrungen zu machen, weil sie empfindsamer und sich dieser Empfindsamkeit mehr bewusst sind. Sie erfahren aber auch mehr Kritik von Seiten ihrer Altersgenossen, weil sie sich eventuell weiblicher verhalten. Deshalb sind wir uns dessen ziemlich bewusst. Die meisten schwulen Männer neigen dazu, kreativer und künstlerischer zu sein, weshalb wir unserer Vorstellungskraft freien Lauf lassen. Das macht es für uns einfacher als für Heterosexuelle, im Einklang mit unseren Gefühlen und Empfindungen zu sein.

Aber trotz alldem öffnen sich die meisten schwulen Männer noch immer nicht so frei, wie es Frauen tun. Wir tun es einfach nicht, weil die schwule Gemeinschaft sagt: „Wir wollen einen sexy Jungen, der einen schönen Körper hat." Sexy auf eine Macho-Art; man kann nicht gleichzeitig tuntig und ein Macho sein. Entweder ist man eine Tunte, oder man ist ein schroffer Typ. Schwule Männer haben es insofern besser als heterosexuelle, da sie sich freier ausdrücken können, aber Frauen sind mehr im Einklang, weil sie vom ersten Tag ihres Lebens an dazu erzogen worden sind.

Fox: Wie steht es mit dem Unterschied von Ost und West? Einige Unterschiede haben Sie bereits erwähnt. Sie leben in einer westlichen Kultur, sind jedoch in einer östlichen aufgewachsen. Sind Sie der Ansicht, dass westliche Menschen dualistischer sind und den Körper stärker von der Seele trennen, und dass der Osten Geist und Körper auf viel entspanntere Weise zu integrieren versteht?

KJ: Es scheint, dass die Menschen im Westen über einen Körper sprechen, der von der Seele getrennt ist und beide auch aktiv voneinander trennen. Wenn ich meinen Körper verlasse, finden sie das überaus erstaunlich. Manche wissen nicht einmal, dass so etwas möglich ist. Im Osten sprechen Menschen nicht von Körper und Seele und finden das auch nicht erstaunlich, denn sie sind alle so erzogen worden. Dort wird man von dem Moment an, wo man zum ersten Mal die Augen öffnet, in das Wissen eingebettet, dass es keine Trennung zwischen beidem gibt. Es ist ein Lebensstil, den man nicht in Frage stellt. Deshalb kann das auch zu einer extrem abergläubischen Einstellung führen. Schlussendlich ist das immer eine spirituelle Angelegenheit. Als ich jung war, las ich ab einem Alter von acht Jahren viel, und östliche Schriftsteller sprechen davon, dass die Seelen der Menschen den Körper im Schlaf verlassen. Das ist eine sehr buddhistische Einstellung. Als Kind versteht man das und stellt es nicht in Frage. Man sieht einen anderen Menschen, der es versteht, und stellt es ebenfalls nicht in Frage. Es ist eine Lebensweise und als solche ziemlich normal. Es ist in Ordnung. Wir diskutieren nicht darüber. Wir wissen nicht einmal, wie wir es erklären sollen. Die Menschen dort wissen in ihrem Herzen über Körper und Seele Bescheid. Keine Erklärungen. Aber hier finden die Menschen einen Weg, es zu definieren. Im Westen bewerten wir das Ganze und wollen für alles eine logische Erklärung haben. Im Osten tun wir das nicht. Manche Dinge ergeben eben keinen Sinn. Aber es gibt sie trotzdem.

Fox: Haben wir es hier eher mit einem Gefühl des Mysteriösen zu tun?

KJ: Ja. Es ist eine jahrtausendealte Lebensweise – es ist einfach so. Ich glaube, dass die Religion im Osten viel kraftvoller als im Westen ist. Man wird dort nicht einer Gehirnwäsche unterzogen und in die Politik verwickelt. Sie sagen einfach: „Ich bin hier. Ich bin hier und öffne meine Arme für dich." Sie rekrutieren dich nicht, verpassen dir keine Gehirnwäsche und manipulieren dich nicht. Sie sprechen nicht vom „Bösen", sondern darüber, was du tun solltest, um ein besserer Mensch zu werden. Sie sagen nicht: „Das ist eine böse Sache, die du nicht tun darfst." Wenn man hier zur Kirche geht, reden sie über den Teufel, und sie bauen auf Angst und manipulieren dein Denken. „Wenn du das nicht tust, bist du kein guter Mensch." Wenn man ein Politiker sein will, muss man zu einer solchen Religion gehören. Religion ist immer ein Teil jeder Wahl, die in Amerika stattfindet. Wenn du ein spiritueller Mensch bist, willst du Politik aber gar nicht wirklich. Im Westen wird man jedoch in die Politik verwickelt.

Fox: Ist der Westen materialistischer? Die Wissenschaft neigt oft dazu, reduktionistisch zu sein.

KJ: Der Westen ist seit vielen Jahren industrialisiert. Wir erhalten nicht nur, was wir brauchen, sondern auch, was wir uns wünschen. Im Osten trifft das weniger zu. Die Menschen der jüngeren Generation verhalten sich dort ähnlich – sie wollen dieselben Dinge wie der Westen. Aber im Osten ist man auch dann zufrieden, wenn man etwas nicht hat. Man macht das Beste aus dem, was einem zur Verfügung steht und teilt miteinander. Mittlerweile gibt es in der jüngeren Generation und in der Oberschicht des Ostens eine Bewegung dafür, anderen zu helfen und wie Missionare die Unglücklichen zu erreichen. Das ist ein neuer Trend unter den jüngeren Menschen, der etwas sehr Westliches an sich hat.

Fox: Wann sind Sie nach Amerika gekommen?

KJ: Mit sechzehn. Ich bin an beiden Orten aufgewachsen. Ich weiß nicht, was meine Religion ist. Als ich jünger war, hielt ich es für cool und spaßig und geil, katholisch zu sein, aber seit ich älter bin und in Amerika lebe, habe ich Angst davor, katholisch oder ein Christ zu sein, weil diese Menschen so viel verurteilen. Sie greifen andere Religionen an. Daran glaube ich tief in meinem Herzen einfach nicht. Die Menschen manipulieren das Christentum und machen es damit noch schlimmer. Aber ich glaube, dass der Kern aller Religionen derselbe ist.

Mit zunehmendem Alter fühle ich mich mehr zur buddhistischen Philosophie hingezogen, denn sie hat offenere Richtlinien; man darf selbst urteilen und kommen und gehen, wie es einem gefällt, ohne dafür verurteilt zu werden. Der Buddhismus passt zu meinem Lebensstil, weil er spirituell ist. Das Christentum verurteilt, es sagt zum Beispiel, dass Homosexualität eine Sünde sei und alle schwulen Männer sterben sollen – dem kann ich einfach nicht zustimmen. Gott ist der Schöpfer von allem. Warum hat Gott schwule Männer geschaffen? Wir sind alle Kinder Gottes. Warum hat Gott mich als schwulen Mann geschaffen? Damit ich von anderen missbraucht und gedemütigt werden kann? Was ist mein Sinn? Warum soll ich mir sagen lassen, meine Homosexualität sei eine Sünde und ich werde in die Hölle kommen? Wenn das stimmt, ist Gott eine böse Person. Das kommt dabei heraus, wenn ich logisch darüber nachdenke, und ich stelle das in Frage. Der Buddhismus verurteilt nicht auf diese Weise.

Fox: Die Bibel sagt „Gott ist Liebe" und nicht „Gott ist heterosexuelle Liebe". Aber wenn man sich anschaut, was manche Christen predigen, könnte man glauben, es sei so.

KJ: Wenn das stimmt, dann ist Gott genauso schlecht wie der Teufel. Warum hat er mich dann geschaffen?

Fox: Es gibt viele Theologen, die sich gegen diese Homophobie einsetzen.

KJ: Aber jene, die Homophobie predigen, haben mehr Macht und führen dieses Land.

Fox: Und sie sind am lautesten!

KJ: Im Buddhismus hört man so etwas nie, da wird nur selten über Sexualität gesprochen.

Fox: Sie sind einunddreißig Jahre alt. Glauben Sie, dass es unter jungen Menschen ein tiefes Interesse an Spiritualität gibt?

KJ: Im Osten immer. Meiner persönlichen Erfahrung nach existiert diese Frage im Osten gar nicht. Die Menschen stellen es nie in Frage, was für mich bedeutet, dass man durchaus annehmen kann, dass in Asien jeder spirituell ist. Wie sehr, weiß ich jedoch nicht. Die Eltern erzwingen das dort nicht, indem sie sagen „Du musst dies und jenes glauben …" Nein, wir müssen nicht darüber reden, und in der Schule auch nicht. In der Schule wird Religion nicht gelehrt oder diskutiert. Das macht man nur im Westen. Dort gibt es keine Debatten oder Auseinandersetzungen zum Thema Religion, hier schon. Als ich im Osten aufwuchs, besuchte ich eine katholische Schule, aber ich war nicht katholisch und habe diesen Glauben auch nie angenommen. Wenn die Katholiken ihre Feiertage begingen, nahm ich daran teil und wurde genauso wie alle anderen behandelt. Sie wussten, dass ich nicht katholisch bin, aber es war ihnen egal.

Hier in Amerika fragt man: „Glaubst du an Gott?" Im Osten stellt niemand diese Frage. In den ärmeren und weniger entwickelten Ländern ist die Hoffnung das einzige, was die Menschen weitermachen lässt. Hoffnung ist mit der Religion verbunden. Das lässt sie weitergehen. Ich denke, das trifft überall zu. Wenn es nichts zu essen gibt, bitten wir die Religion um ein Wunder. In Asien wendet man sich der Religion zu, um das Leben besser zu machen. Diese Art von Religion ähnelt dem Aberglauben.

Fox: Infolge der Globalisierung und anderer Tendenzen geht in der jüngeren Generation viel mehr Vermischung vor sich als je zuvor. Glauben Sie, dass diese Generation weniger dualistisch ist und die Kraft leichter begreifen kann, die zum Beispiel hinter dem steht, was Sie in der Körperarbeit tun?

KJ: Definitiv. Ich sehe da eine Menge Veränderungen. Teenager und junge Erwachsene denken mit viel mehr Verständnis über Religion nach. Sie haben einen freieren Geist, sie probieren neue Dinge aus und haben keine Angst davor, etwas Neues zu versuchen. Im Gegensatz dazu können die Eltern sehr rigide sein. Aber das Internet setzt viele Menschen neuen Einflüssen aus, und jetzt, wo Asien sich technologisch und wirtschaftlich weiterentwickelt, wird es auch Teil der spirituellen Welt. Musik, Spiele – all das enthält eine Philosophie. Dasselbe trifft auf den kulturellen Austausch zu. Die Kids sind schlauer als die ältere Generation; sie sind reifer und aufgeklärter. Die globale Erwärmung, die vielen Menschen, die Veganer werden – das alles schafft Bewusstsein. Die jüngere Generation sieht ihre Eltern und sucht nach einem eigenen spirituellen Pfad, sei das nun durch Yoga oder Meditation. Das ist ein Anfang, der sie zur nächsten Ebene bringen wird. Die östliche Lebensphilosophie wird von immer mehr Menschen in den großen Städten und in den Metropolen angenommen.

Fox: Sehen Sie diese Reife und Aufgeklärtheit auch in Bezug auf die Spiritualität? Erkennen diese jungen Menschen leichter den Unterschied zwischen Religion und Spiritualität, zwischen Kirche und Spiritualität?

KJ: Ja, das tun sie. Aber da ist noch etwas. Sie sind einfach aufgeschlossener und offener für verschiedene Religionen. Das heißt nicht, dass sie ihre eigene Religion verraten, aber ihre Eltern und Großeltern sagen, dass sie selbst das nicht tun könnten. Ein freier Geist fühlt sich einfach anders an.

Fox: Wie steht es mit Sexualität und Spiritualität? Gibt es eine Verbindung zwischen beidem? Ist es richtig, dass Sexualität auch ein spiritueller Akt sein kann?

KJ: Es gibt da definitiv eine Verbindung. Für einen Buddhisten ist Sex ja fast schon ein verbotenes Thema, aber in allen östlichen Philosophien gibt es diese Verbindung. Für mich sind Sexualität und Spiritualität auf jeden Fall miteinander verbunden, sie gehen miteinander Hand in Hand. Je spiritueller ich werde, umso mehr öffne ich mich für meine Sexualität. Ich akzeptiere meine Sexualität und auch den Unterschied und lasse sexuelle Blockaden los. Ich kann bestimmte Dinge in mir und anderen viel leichter sehen. Als Buddhist ist es für mich ganz wesentlich, dass ich jetzt über Sex reden kann, ohne zu erröten. Tief im Innern wollen wir alle darüber sprechen. Der größte Teil meiner Familie ist mittlerweile buddhistisch, und wir können über Sex reden, weil das nicht länger ein Tabuthema ist. Die jüngere Generation kann heute sowohl im Osten wie auch im Westen offener über Sex sprechen. Das ist kein verborgenes Thema mehr.

Fox: Möchten Sie noch etwas hinzufügen?

KJ: Um es zusammenzufassen: Körperarbeit kann überaus spirituell sein. Aber es hängt vom Praktizierenden ab, wie er oder sie damit umgeht. Das gibt es keinerlei Grenzen. Von mir abgesehen weiß ich dabei nie, was als nächstes passiert. Wie weit kann ich gehen oder anderen dabei helfen, dorthin zu gelangen? Ich weiß es einfach nicht. Das ist eine Art Mysterium für mich und wird es wohl immer sein. Ich mag das, weil ich glaube, dass es auch so sein sollte.

Fox: Sonst wäre es ja langweilig!

KJ: Genau.

Fox: Welche spirituellen Praktiken üben Sie neben der Körperarbeit selbst noch aus?

KJ: Ich gehe nicht oft in den Tempel; ich spreche überhaupt nicht oft darüber. Ich rede selten über spirituelle Dinge, aber meine Lebensweise, die Art, wie ich mein Leben führe, wie ich meine Geschäfte und meinen Tag gestalte, ist immer sehr spirituell. Ich führe mein Leben mit Freundlichkeit. Ich glaube an Ursache und Wirkung und an das Karma. Ich denke nicht über das Karma nach; ich kann das auf eine natürliche Weise tun, ohne darüber nachzudenken. Ich tue es, ohne zu denken, es ist einfach eine Lebensweise. Dann ist es nicht mehr religiös oder „spirituell". Es ist integriert, und das ist der einzige Weg, den ich kenne, unzweifelhaft und unbestreitbar, es so zu tun.

Fox: Wie lange ist das schon so für Sie?

KJ: Ich glaube, schon mein ganzes Leben lang. Das ist keine Entweder-Oder-Frage. Es ist einfach so. Wenn mir etwas Neues begegnet, frage ich mich wahrscheinlich in diesem Augenblick: Ist das die richtige oder falsche Weise? Glaube ich oder nicht? Ich beantworte diese Fragen, und dann wird die Antwort sofort ein Teil von mir. Wie eine zweite Haut. Man denkt nicht. Für mich ist die Spiritualität mit allem anderen verbunden. So ist es einfach. Manche Menschen sagen, man solle Gott nicht in Frage stellen. Ich stelle meine Spiritualität nicht mehr in Frage. Ich tue es einfach nicht.

Ein mystischer Bund: Menschen und das Göttliche

Das mystische Bewusstsein ist dabei, sich zu erheben. Bei der Mystik geht es um unsere erlebte Vereinigung mit dem Göttlichen. Die Tatsache, dass der Westen wiederentdeckt, welche Rolle die Weisheitstradition im Leben des historischen Jesus gespielt hat und auch die Wiederentdeckung der Schöpfungsspiritualität sowie ihrer großen, sich auf die Erde beziehenden Mystiker, erwecken theologische Begriffe wie Gottwerdung, Vergöttlichung, Panentheismus[36], Mystik und Göttlichkeit wieder zum Leben – alles Begriffe, die zwar orthodox und völlig koscher, aber dennoch seit Jahrhunderten praktisch verbannt oder, schlimmer noch, vollkommen falsch verstanden worden sind. Große Heilige wie Hildegard von Bingen, Thomas von Aquin, Meister Eckhart, Juliana von Norwich, Nikolaus von Kues und andere haben diese Gegebenheiten besungen. Heute halten die Menschen selbst nach diesen Ideen Ausschau, auch wenn die Ausbildung in den Priesterseminaren noch weit von der Wirklichkeit draußen in der Welt entfernt ist. Die Wiederentdeckung der Kabbalah und die jüdische Erneuerungsbewegung tragen das ihre dazu bei. Viele Menschen denken, dass sie in den Osten gehen müssen, wenn sie mystische Erfahrungen machen wollen, aber tatsächlich weist der Westen verblüffende Beispiele für unsere Hochzeit mit dem Göttlichen auf. Betrachten Sie nur die folgenden Aussagen von westlichen Heiligen.

Hildegard von Bingen: „Grenzenlose Liebe, aus der Tiefe bis zu den Sternen; alles überflutend, alles liebend ist sie der königliche Kuss des Friedens."

Thomas von Aquin: „Gott ist Mensch geworden, damit die Menschen göttlich werden können."

Mechthild von Magdeburg: „Ich, der Ich göttlich bin, bin wahrhaftig in dir … und du bist in Mir."

Meister Eckhart: „Sein ist Gott."

Meister Eckhart: „Was nützt es mir, dass Maria den Sohn Gottes vor 1300 Jahren geboren hat, wenn ich den Sohn Gottes nicht in mir gebäre?"

Juliana von Norwich: „Wir sind in Gott, und Gott, den wir nicht sehen, ist in uns."

Nikolaus von Kues: „Göttlichkeit ist die Entfaltung des Universums, und das Universum ist die Entfaltung des Göttlichen."

Ökumene: Protestantismus und Katholizismus miteinander vermählen

Die ökumenische Bewegung, die im frühen zwanzigsten Jahrhundert in der protestantischen Konfession ihren Anfang nahm und fünfzig Jahre später während des Zweiten Vatikanischen Konzils in dessen Bekundung der Ökumene von Katholiken und Protestanten Früchte trug, ist eine weitere Heilige Hochzeit, die geschehen musste und nun der Vertiefung bedarf. Ein Christentum, das das *protestierende Prinzip* des Protestantismus ignoriert, ist kein authentisches Christentum, denn es ignoriert damit die prophetische Dimension der Spiritualität. Ebenso ist ein Christentum, dass die katholische oder universale Erfahrung des Einssein Gottes ignoriert, die Gott *in allen Dingen* oder *die mystische Dimension der Wirklichkeit* kostet,

36) Panentheismus ist die Bezeichnung für die theologische Auffassung, dass die Schöpfung ein Teil Gottes ist. Dieser ist jedoch größer als die Schöpfung, weshalb er als sowohl immanent als auch transzendent betrachtet werden kann. Im Unterschied dazu bezeichnet der Begriff Pantheismus den Gedanken, dass Gott und die Schöpfung kongruent sind – Gott ist die Schöpfung, geht aber nicht über sie hinaus („Gott ist alles, und alles ist Gott"). [A.d.Ü.]

nicht authentisch. Die Vermählung dieser beiden Prinzipien, des mystischen und prophetischen, des lokalen und universalen, ist von wesentlicher Bedeutung.

Ob irgendeine der besonderen Ausdrucksformen von „Kirche", die es heute gibt, bestehen bleiben muss, um der Gemeinde und der Gottesverehrung eine Form zu geben, bleibt abzuwarten. Auf jeden Fall werden neue Formen gebraucht, um den neuen Wein dieser Vermählung in das neue Jahrtausend hinein zu tragen. Und diese neuen Formen sollten ungemein *leicht* zu tragen sein, mit so wenig bürokratischem und erzieherischem Gepäck wie möglich, um auf diese Weise die Last der kirchlichen Bürden zu erleichtern.

Der Mönch in der Stadt: Die Vermischung von Laien- und Klostergebräuchen

Heute vollzieht sich eine deutliche Vermengung von religiösen Praktiken der Laien mit jenen der Klöster. Ich habe im Verlaufe der Jahre viele, viele junge Menschen getroffen, die in früheren Zeiten Mönche oder Nonnen geworden wären, sich aber nicht vom Klosterleben angezogen fühlen. Stattdessen leben sie in hohem Maße „in der Welt", haben Arbeitsplätze, treiben Handel, leben in Beziehungen und bilden Familien. Einer dieser Menschen, die im Rahmen ihres Alltagslebens spirituellen, monastischen Praktiken nachgehen, ist KJ. Auch wenn er das Mönchsleben nie für sich in Betracht gezogen hat, spielt er immer wieder darauf an, einige Begegnungen mit buddhistischen Mönchen gehabt zu haben, die seine spirituellen Gaben intuitiv wahrnehmen konnten. Eines Tages, er war zehn Jahre alt, besuchte er einen buddhistischen Tempel, als ein Mönch zu ihm kam und sagte: „Eines Tages wirst du ein Heiler sein." Ein anderes Mal war er in seinen zwanziger Jahren, als er zu spät zu einer buddhistischen Klosterzeremonie kam. Nach der Andacht sagte einer der Mönche zu ihm: „Ich habe dich gerochen, als du hereinkamst. Du hast eine besondere Aufgabe als Heiler." Doch selbst jetzt, nachdem KJ seine spirituellen Gaben angenommen hat, möchte er kein Mönch werden. Wie die meisten von uns zieht er es vor, sich dem täglichen Kampf um den Lebensunterhalt zu stellen und Beziehungen in der Welt auszuleben.

Ein anderes gutes Beispiel dafür ist ein Mann, den ich seit zwanzig Jahren kenne. Er stammt aus einer sehr frommen katholischen Familie im mittleren Westen der Vereinigten Staaten. Sein Bruder ist Priester. Dennoch lebt er heute in einem autarken Ökodorf in North Carolina, das ein Kloster der Zukunft darstellt, in dem es keine offiziellen und belehrenden Gelübde gibt. Das Dorf zieht ebenso intelligente junge Menschen wie auch solche mittleren Alters an, die dort verschiedenste Lebensstile erproben, sich aber alle für eine Lebensweise engagieren, die auf nachhaltigen, erneuerbaren Energiequellen basiert, welche die Erde nicht beschädigen, sondern sie unterstützen.

Kurz bevor er starb, sagte der Mönch Bede Griffiths zu mir: „Die Zukunft des Mönchstums liegt nicht bei den Mönchen, sondern bei den Laien." Diese *Vermischung*, diese Heilige Hochzeit des Mönchs- und Laientums, wird zunehmend

Wirklichkeit. Denken Sie nur an die großen östlichen Mönche unserer Zeit, wie an den Dalai Lama und Thich Nhat Hanh, die sich dazu aufgerufen fühlen, Laien zu dienen und die Klosterpraktiken so „einzudampfen", dass jeder lernen kann, zu meditieren und inneren Frieden zu finden, ohne sein tägliches Leben aufgeben zu müssen. Denken Sie an die Verbreitung der Yoga-Praktiken und anderer Formen der Meditation, an der viele hinduistische Mönche in westlichen Ashrams, Retreat-Zentren und Yogaschulen teilhaben. Ich habe ökumenische Klöster in Irland besucht, die auf die Initiative junger Menschen hin entstanden sind und meiner Ansicht nach ebenfalls einen Ausdruck der Vermählung des Laientums mit dem Klosterleben darstellen.

Für mich sind diese Bewegungen weitere Beispiele für den Übergang vom Fische-Zeitalter – als das Mönchsleben klar definiert war und vom dem der Laien getrennt stattfand – in das des Wassermanns, in dem Mönche direkt unter uns und sogar in uns selbst leben können. Auch das ist eine wahre Heilige Hochzeit!

Geduld und Ungeduld: die Hochzeit in Ost und West

Vor einigen Jahren gab ich in der Nähe der kalifornischen Stadt Santa Monica ein Seminar. Die Organisatoren brachten mich für die Nacht in einer wunderschönen Privatwohnung unter, von der aus man auf den Strand hinaus sehen konnte. Es war das Heim eines Buddhisten und mit vielen anmutigen buddhistischen Statuen versehen. An jenem Abend war ich alleine, doch man hatte mir gesagt, dass am frühen Morgen eine Gruppe kommen werde, um miteinander zu singen. Und wie sie gesungen haben! Es war eine wundervolle Art, am Morgen aufzuwachen – zu den Klängen von Herzen und Köpfen, die sich an den Atem und den Geist wandten, um den Tag zu beginnen.

Während der Nacht hatte ich einen kraftvollen Traum über Buddha und Jesus gehabt und folgendes daraus gelernt: Der Westen braucht den Osten, und der Osten braucht den Westen. Ich erkannte, dass Buddha ein vollständiges Leben geführt hat. Er wurde dreiundachtzig Jahre alt und war in dieser Zeit Ehemann, Vater, Prinz, arme Person, Lehrer und Erleuchteter gewesen. Er hat alle Lebensphasen erfahren und jene Art von gelassenem inneren Frieden gelehrt, nach der wir uns alle sehnen.

Die Geschichte von Jesus ist jedoch eine ganz andere. Er war nie ein Prinz und hatte es nie bequem gehabt. Von dem Augenblick an, als er als Jugendlicher in die Wüste ging, um von Johannes dem Täufer und dessen Anhängern zu lernen, war er ein gezeichneter Mann. Nach der Enthauptung des Johannes im Auftrag des Römischen Reichs wusste Jesus, wie kurz und kostbar das Leben ist. Während des größten Teils seiner Jahre als Lehrer befand er sich auf der Flucht. Er destillierte das Beste aus seiner jüdischen Abstammung heraus und kombinierte die naturbasierende Mystik der Weisheitstradition mit der Ungeduld der prophetischen Traditionen. Die jüdischen Propheten sagen laut und deutlich „Nein!" zu jeder Form der Ungerechtigkeit. Sie glaubten daran, dass es im Leben nicht nur um die individuelle

Erleuchtung oder Erlösung gehe: Entweder werden alle gerettet oder niemand. Gerechtigkeit ist wichtig. Mitgefühl und Gerechtigkeit gehören zusammen.

Ich beobachte den Beginn einer Heiligen Hochzeit von Buddha und Christus, die sich in diesem Jahrhundert ereignen wird. Osten und Westen: Buddhas heilige Geduld und Gelassenheit kombiniert mit der heiligen Ungeduld und der leidenschaftlichen Gerechtigkeit des Jesus. *Wir brauchen beides. Wir brauchen diese heilige Hochzeit.* Jedes Individuum und jede Gemeinschaft benötigt sowohl heilige Geduld wie auch heilige Ungeduld. Gandhi selbst, der die uralte, östliche Weisheit des Hinduismus repräsentiert, sagte einmal, er habe vom Westen gelernt, „Nein!" zu sagen. In Gandhis Augen war der Hinduismus viel zu geduldig, zum Beispiel in seiner fortdauernden Duldung der Verarmung der „Unberührbaren". „In der nächsten Inkarnation werden sie es besser haben", war der stete Slogan. „Nein!" sagte Gandhi. Die Gerechtigkeit muss sich schneller vollziehen. Gandhi repräsentiert eine Vermählung von Ost und West. Dasselbe trifft auf Martin Luther King jr. zu, der ein Anhänger Gandhis wie auch Jesu war und dessen vom Geist durchströmter Aktivismus die Straßen mit Demonstranten füllte, die gleiche Rechte für alle und ein sofortiges Ende der Rassenungerechtigkeiten forderten.

Vater Bede Griffiths war ein englischer Benediktinermönch, der fünfzig Jahre lang in einem Ashram in Südindien lebte und arbeitete. Er hat ein Buch mit dem Titel *Die Hochzeit von Ost und West. Hoffnung für die Menschheit* geschrieben, in dem er von „der vedischen Offenbarung" des Hinduismus, der „judaischen Offenbarung" der hebräischen Bibel und der „christlichen Offenbarung" spricht, wobei er letztere als „die Wiedergeburt des Mythos" betrachtet. Er sagt:

> Die Ideen der westlichen Wissenschaft und Demokratie sind in jeden Teil der Welt eingedrungen – sie sind Kennzeichen des Wachstums der Menschheit zu größerer Reife, zu einer umfassenderen Erkenntnis dessen, was es heißt, menschlich zu sein. … Aber die Begrenzungen der westlichen Wissenschaft und Demokratie werden immer offenkundiger. Die katastrophalen Auswirkungen des westlichen Industrialismus auf physischer, sozialer und psychologischer Ebene, welche die Welt verschmutzen und sie zu zerstören drohen, sind nur allzu offensichtlich.

Ebenso offensichtlich ist für Griffith die übertriebene Männlichkeit der westlichen Kultur und Religion.

> Während der Renaissance [des sechzehnten Jahrhunderts] übernahm der dominante, aggressive, männliche und rationale Verstand des Westens das Kommando, weshalb sich Europa bis heute in einem unausgewogenen Zustand befindet. Das Gleichgewicht kann nur durch eine Begegnung von Ost und West wieder hergestellt werden. … Diese Begegnung muss sich auf der tiefsten Ebene des menschlichen Bewusstseins ereignen. Es handelt sich dabei

> schlussendlich um ein Treffen der beiden fundamentalen Dimensionen der menschlichen Natur: des Männlichen und Weiblichen – der männlichen, rationalen, aktiven und dominanten Kraft des Geistes und der weiblichen, intuitiven, passiven und empfangenden Kraft. Natürlich existieren diese beiden Dimensionen in jedem menschlichen Wesen sowie in jedem Volk und jeder Rasse. Aber während der vergangenen zweitausend Jahre hat der männliche, rationale Geist in Westeuropa mehr und mehr die Herrschaft übernommen und verbreitet seinen Einfluss nun in der ganzen Welt – eine Entwicklung, die im gegenwärtigen Jahrhundert zu ihrem Höhepunkt kommt.

Für Griffiths ist die Heilige Hochzeit von Ost und West gleichbedeutend mit der Heiligen Hochzeit von Männlichkeit und Weiblichkeit. Dabei repräsentiert der Westen das männliche und der Osten das weibliche Element.

> Die westliche Welt ... muss jetzt die Kraft des weiblichen, intuitiven Geistes wiederentdecken, von der die Kulturen Asiens, Afrikas und vieler Stammesvölker an anderen Orten geformt worden sind. Das ist nicht nur ein Problem der Welt als Ganzheit, sondern auch der Religion. ... Wenn die christlichen Kirchen im Osten wie im Westen ihr Gleichgewicht wiedererlangen und eine authentische Form der Religion entwickeln wollen, die auf die Bedürfnisse der modernen Welt eingehen kann, müssen sie sich den Religionen des Ostens zuwenden – dem Hinduismus, dem Buddhismus, dem Taoismus und der subtilen Verbindung all dieser in der orientalischen Kultur und auch den tiefen Intuitionen der Stammesreligionen Afrikas und anderenorts.

Demzufolge ist die Hochzeit von Ost und West auch eine Verbindung von Wissenschaft und Intuition. Und sie nimmt in uns selbst, in jedem einzelnen Menschen ihren Anfang. Die Intuition anzunehmen bedeutet, sich mit der Dunkelheit wohl zu fühlen, denn „die Intuition gehört nicht zur sonnenhellen Oberfläche des Verstandes, sondern zu Dunkelheit und Nacht, zur mondbeleuchteten Welt der Bilder und Träume, bevor sie in das rationale Bewusstsein eintreten." Die Intuition geht dem Intellekt voraus. Die letztendliche „Quelle der Intuition" entstammt „der Erfahrung des Körpers, der Sinne, der Empfindungen, der Vorstellungskraft." All diese präkognitiven Erfahrungen vermählen sich und interagieren miteinander, denn „so etwas wie reine Empfindung, reines Gefühl oder den reinen Gedanken gibt es nicht. Jede Empfindung, jedes Gefühl und jede Vorstellung beeinflusst meinen Geist und verändert mein Wesen. Ich lebe und handele als ein Ganzes." Wie groß sind wir? Wie interagiert unser „Ganzes" mit anderen „Ganzheiten"? „Das Selbst ist nicht das kleine, bewusste Ego, das seine logischen Systeme konstruiert und seine rationale Welt baut. Das Selbst taucht tief in die Vergangenheit der Menschheit und der gesamten Schöpfung ein. In meinem Geist, in meiner Erinnerung trage ich im tiefsten Sinne die ganze Welt." Daher ist das Selbst von kosmischer Größe. Auch Psyche und Kosmos vermählen sich im Osten wie im Westen.

Wie können wir unsere Intuition entwickeln? „Intuition kann nicht produziert werden. Man muss zulassen, dass sie sich ereignet. Aber genau das kann der rationale Verstand nicht ertragen. Er will alles kontrollieren. Er ist nicht darauf vorbereitet, still und ruhig zu sein und die Dinge einfach geschehen zu lassen. ... Eine der Aktivitäten des Verstandes besteht darin, zu begreifen, zu erreichen, zu beherrschen, aber eine andere Aktivität ist empfänglich, aufmerksam und offen für andere." Intuition existiert Griffiths Ansicht nach „auf jeder Ebene unseres Wesens"; sie erfüllt unseren Körper. „Die Idee, ‚mit dem Blut zu denken', ist keineswegs eine Illusion. Auf dieser tiefsten Ebene unseres Wesens gibt es eine überaus umfassende Selbstwahrnehmung. Stammesvölker – vor allem jene in Afrika – neigen dazu, mit dem Blut zu denken, wenn sie sich durch den Schlag der Trommeln und Tanzbewegungen zum Ausdruck bringen." Natürlich ist das ein integraler Bestandteil der Weisheit aller indigenen Völker – tanzend zu beten, mit den Füßen zu beten. Für Griffiths sind „Körperinstinkte" eine ganz reale und authentische Form des Wissens:

> Sie kommen nicht in abstrakten Konzepten, sondern in konkreten Gesten, in Bildern und Symbolen, in Tanz und Gesang, im rituellen Opfer, im Gebet und in der Ekstase zum Ausdruck. ... Menschen, die gewohnheitsmäßig barfuß gehen und ihren Körper der Sonne aussetzen, wie das in vielen Teilen Afrikas und Asiens der Fall ist, verfügen über ein intuitives Bewusstsein für die Kräfte (*sakti* in hinduistischen Begriffen) in der Erde, in der Luft, im Wasser und im Feuer der Sonne. Sie erleben diese Naturkräfte als auf sie einwirkend und verfügen über ein instinktives Wissen bezüglich der verborgenen Kräfte der Natur.

Darin liegt eine Weisheit, die größer als das Wissen ist, das auch eine Ablenkung oder sogar eine Illusion sein kann. „Es ist die große Illusion der westlichen Welt, zu glauben, Wissen bestünde aus abstraktem Denken, weshalb eine ungebildete Person dumm sei. In Wirklichkeit besitzen viele ungebildete Menschen eine Weisheit, die sich vollkommen außerhalb der Reichweite des westlichen Menschen befindet. Ramakrishna, der Hindu-Heilige, der mehr als jeder andere für die Erneuerung des Hinduismus im vergangenen Jahrhundert verantwortlich ist, war ein – nach unseren heutigen westlichen Maßstäben – ungebildeter Brahmane, der aus den Tiefen einer intuitiven Weisheit sprach." Wir könnten hinzufügen, dass auch Jesus nach den oben genannten Maßstäben über keine Bildung verfügte.

Griffiths fordert demzufolge dieselbe Heilige Hochzeit, die auch wir für angemessen halten: „Wir müssen eine ‚Vermählung' von Verstand und Intuition, von Männlich und Weiblich anstreben, denn nur dann werden wir eine menschliche Technologie entdecken können, die den tiefsten Bedürfnissen des Menschen entspricht."

Neue Zeremonien: Indigen und Postmodern

Die postmoderne westliche Kultur kann sehr viel von indigenen Völkern lernen. Sie sind auf viele Arten weise, die von der modernen Welt gemieden werden – besonders in Bezug auf Rituale und Zeremonien, auf Übergangsriten und auf alternative Möglichkeiten zum Umgang mit Trauer und feierlichen Anlässen. Viele mir bekannte Menschen haben zutiefst von Schwitzhütten und Visionssuchen, von Sonnentänzen und zeremoniellen Gesängen profitiert. Jung sagte, er habe nur dann mit Nordamerikanern spirituell gearbeitet, wenn diese einen Indianer in ihrem Inneren hatten. Wir haben mehr indigenes Blut, mehr indigene Seele, mehr Jäger und Sammler in uns, als wir glauben. Wir können das in jedem Einzelnen von uns sowie in unserer Kultur nähren und respektieren – und müssen das auch tun.

Es reicht nicht, indigene Völker dafür, wie sie von der modernen Welt behandelt worden sind, um Vergebung zu bitten. Wir müssen sie darüber hinaus auch bitten, uns zu lehren. Auch wir können ihnen natürlich einiges beibringen; hier geht es um gegenseitigen Respekt, um Offenheit und gemeinsames Teilen. Diese Gegenseitigkeit hat es während des größten Teils der amerikanischen (und westlichen) Geschichte nicht gegeben, weshalb die indigenen Kulturen des amerikanischen Kontinents eine Schattenseite der westlichen Kultur repräsentierten. Eine Heilige Hochzeit von indigenen und modernen Kulturen anzuregen, bedeutet nicht, einer von beiden die Herrschaft über die andere zu geben – es bedeutet nicht, dass der Westen indigene Lebensweisen stiehlt oder zerstört und auch nicht, dass indigene Lebensformen die westlichen ersetzen sollen. Es geht vielmehr darum, einander zuzuhören, aufeinander zu achten und voneinander zu lernen, um eine gesunde Kultur zu erschaffen, die in die Zukunft blickt und zugleich in ihrer Ahnenlinie verwurzelt ist.

Als ich am Begräbnis meines Lakota-Freundes Buck Ghosthorse teilnahm (dessen Leben und Lehren ich im fünften Kapitel erörtert habe), geschah etwas ganz Besonderes. Ich hatte die Ehre, um eine Rede auf seiner Beerdigung gebeten worden zu sein, und man hatte es so eingerichtet, dass ich als Letzter sprechen sollte. Aber als die anderen Ältesten vor mir sprachen und ich begriff, dass ich bald selbst an der Reihe war, begann ich, mir Sorgen zu machen. Warum? Weil ich auf Beerdigungen nicht gut zu gebrauchen bin. Ich weine sehr leicht. Nicht unbedingt aus Trauer, sondern aus einem Gefühl für Schönheit heraus. Das Leben eines Menschen hat etwas ungemein Ganzes und Vollständiges, wenn der Tod ihm ein Ende setzt. Ich finde das sehr bewegend.

Also sagte ich mir: „Ich werde jetzt mit Sicherheit nicht vor diesen fünfhundert Indianern zu weinen anfangen. Was soll ich also tun?" Dann bemerkte ich, dass vom Himmel sanfter Regen fiel und sagte: „Gut, Vater Himmel weint. Ich muss es nicht tun. Und die Erde kann meine Trauer aufnehmen, während ich auf ihr stehe." Und genauso kam es dann auch. Als ich aufstand und zu sprechen begann, machte ich eine kraftvolle Erfahrung, die ich noch nie zuvor erlebt hatte – ich spürte, dass meine Worte nicht aus meinem Mund, sondern direkt aus meiner Brust kamen.

Ich sprach direkt aus meinem Herzen, während Vater Himmel mich von oben und Mutter Erde mich von unten hielt.

Das ist ein weiteres der vielen kostbaren Gaben, die mir einheimische Völker durch ihre Tänze, Schwitzhüttenzeremonien, Visionssuchen, durch ihre Lehren, ihr Lachen und auch einfach nur durch ihre bloße Gegenwart geschenkt haben. Ich werde immer für diese Vermählung von indigenen und westlichen Lebensweisen in meinem Leben dankbar sein.

Ein ganz neuer Verstand: Die Verschmelzung der rechten und linken Hirnhälfte

Eine andere, in dieser Zeit dringend benötigte Heilige Hochzeit ist die unserer rechten und linken Hirnhälfte. Der Autor Daniel H. Pink nennt das in seinem Buch *A Whole New Mind* „L-Denken" und „R-Denken". Linksgerichtetes Denken ist „eine Einstellung zum Leben, die kennzeichnend für die linke Hirnhälfte ist – sequenziell, buchstäblich, funktional, inhaltlich und analytisch." Schulen und Politiker, die versuchen, unsere Bildungserziehung mit Hilfe von noch mehr Prüfungen zu verbessern, stellen L-Denken zur Schau. Computerprogrammierer sind auf L-Denken angewiesen. Es ist sehr männlich und definiert unser Informationszeitalter, reicht für sich alleine jedoch nicht aus.

Im Gegensatz dazu ist das R-Denken „eine Einstellung zum Leben, die kennzeichnend für die rechte Hirnhälfte ist – simultan, metaphorisch, ästhetisch, zusammenhangsbezogen und synthetisch. Vom Informationszeitalter unterbetont, von schöpferischen und betreuenden Personen veranschaulicht, von Organisationen übervorteilt und von den Schulen vernachlässigt" ist es das Denken der Zukunft.

Pink fordert keineswegs, dass wir das L-Denken ersetzen sollen, sondern ruft uns zu einem neuen *Gleichgewicht*, zu einer *neuen Vermählung* beider Arten des Denkens auf – besonders, weil das R-Denken im Vergleich zu seinem Gegenstück bisher nicht ausreichend gewürdigt und wertgeschätzt worden ist. „Aber das ändert sich bereits", schreibt Pink. „Die so oft geschmähten und abgelehnten Fähigkeiten der rechten Hirnhälfte – Künstlertum, Empathie, auf lange Sicht zu denken und transzendente Ziele zu verfolgen – werden in zunehmendem Maße bestimmen, wer stolpert und wer sich aufschwingt." Viele der Merkmale dessen, was er als R-Denken definiert, sind eher weiblicher Natur. Die Psychologin Frances Vaughan trifft in ihrem Buch *Intuitiver leben. Wie entwickele ich mein inneres Potenzial* eine ähnliche Aussage, wenn sie schreibt: „Wenn wir nur intuitiv leben, sind wir höchstwahrscheinlich Träumer. Wenn wir uns nur der Rationalität widmen, kann es sein, dass wir das Leben ernüchternd und entmutigend finden. Aber wenn wir beide Fähigkeiten in uns miteinander verbinden, können wir als tatsächliche Visionäre in der Welt leben."

Diese Heilige Hochzeit führt zu einem „ganzheitlichen neuen Verstand", der erfolgreicher auf die Herausforderungen und Gelegenheiten unserer Zeit wie neue Kommunikationsmodelle, Computer, Internet, Globalisierung, das Verlangen nach

Transzendenz und den Aufschwung des Frauenbewusstseins zu reagieren imstande ist. Pink identifiziert drei Phasen der momentanen menschlichen Entwicklung des Gehirns, die der Evolution unserer Arbeitswelt in den vergangenen 150 Jahren entsprechen: Im industriellen Zeitalter war die Hauptfigur „der Arbeiter in der Massenproduktion, dessen primäre Kennzeichen in körperlicher Stärke und persönlicher Standhaftigkeit bestanden." Als nächstes, nämlich im „Informationszeitalter", war die Zentralfigur „der Wissensarbeiter, dessen Befähigung im L-Denken sein definierendes Merkmal darstellte." Pink sagt, dass wir heute in das „konzeptuelle Zeitalter" eintreten, dessen wichtigster Arbeiter „der *Erschaffende* und der *Mitfühlende* ist, dessen charakteristische Fähigkeit darin besteht, dass er das R-Denken gemeistert hat." Der Erschaffer und der Mitfühlende stimmen auffallend mit dem Blauen Mann überein, der uns Bewusstsein und Kreativität bringt, aber zugleich auch ein Mann des Mitgefühls ist. Beide repräsentieren jedoch auch eine Heilige Hochzeit, weil „das weibliche Gehirn überwiegend auf Einfühlungsvermögen programmiert ist. Das männliche Gehirn wiederum ist zum Verstehen und Aufbauen von Systemen geschaffen." Allerdings waren wir während neunzig Prozent der menschlichen Geschichte Jäger und Sammler, und ich vermute, dass sich in dieser Phase alle Menschen, Männer wie Frauen, in höchstem Maße auf ihre Intuition verlassen haben, unter anderem auch als Weg zur Kommunikation mit Tieren und Pflanzen. Pink scheint dem zuzustimmen, wenn er bemerkt: „Damals in der Savanne haben unsere Höhlen bewohnenden Vorfahren keine Zulassungstests für Hochschulen gemacht und auch keine Zahlen in Tabellen eingetragen. Aber sie haben Geschichten erzählt, die Fähigkeit zum Mitempfinden gezeigt und Innovationen entwickelt. Diese Fähigkeiten waren schon immer ein Teil dessen, was es heißt, menschlich zu sein. Doch nach wenigen Generationen des Informationszeitalters sind diese Muskeln verkümmert. Wir sind nun gefordert, sie wieder in Form zu bringen." Die Arbeiter der Ackerbau betreibenden Kulturen haben stets körperliche Stärke mit Intuition verbunden.

Interessanterweise ist Pink der Ansicht, dass uns gerade die Computer von L-Denken zum R-Denken bewegen werden: Wenn es um „auf Regeln basierende Logik, Berechnungen und sequenzielles Denken geht, sind Computer einfach besser, schneller und stärker als wir. Außerdem ermüden sie nicht. … Im letzten Jahrhundert haben Maschinen bewiesen, dass sie Menschenrücken ersetzen können. Dieses Jahrhundert werden neue Technologien beweisen, dass sie in der Lage sind, die linke Hirnhälfte des Menschen zu ersetzen. Wenn Ingenieure und Programmierer die Grundlagenarbeit woanders abladen können, werden sie andere Fähigkeiten meistern lernen müssen, die mehr auf Kreativität als auf Kompetenz, eher auf implizitem Wissen als auf technischen Handbüchern und mehr auf der Gestaltung des großen Ganzen beruhen als darauf, über den Einzelheiten zu schwitzen."

Pink glaubt, dass genau der Wohlstand, den uns das L-Denken gebracht hat, ironischerweise auch zu einer Verringerung der Bedeutung von materiellen Gütern zugunsten von „eher rechtsgerichteten Empfindungsfähigkeiten führt – Schönheit,

Spiritualität, Emotionen. In der Geschäftswelt genügt es nicht mehr, einfach nur ein Produkt zu kreieren, das einen vernünftigen Preis hat und angemessen funktioniert. Es muss darüber hinaus auch schön, einzigartig und bedeutungsvoll sein, getreu dessen, was die Autorin Virginia Postrel, den ‚ästhetischen Imperativ' nennt." Pink weist auf mehrere interessante Statistiken hin, um zu zeigen, dass diese Entwicklung bereits jetzt die Arbeitswelt verändert. Er sagt, dass sich die Zahl der Grafikdesigner in den Vereinigten Staaten in den letzten zehn Jahren verzehnfacht hat. Mittlerweile kommen auf einen chemischen Ingenieur vier Grafikdesigner. „Heute arbeiten mehr Amerikaner im Bereich der Künste, der Unterhaltung und des Designs als es Anwälte, Buchhalter und Rechnungsprüfer gibt." Die wirtschaftswissenschaftliche Fakultät der Harvard-Universität nimmt zehn Prozent ihrer Bewerber auf, die Fakultät für bildende Künste der Universität von Kalifornien (UCLA) jedoch nur drei Prozent. Die Zahl der Arbeitsplätze im Sozialbereich, wie Beratungsberufe, pflegende Berufe und aktive Gesundheitsförderung „schwillt immer rascher an". Der Pflegebereich wird im Verlauf des nächsten Jahrzehnts mehr neue Arbeitsplätze schaffen als jede andere Berufsgruppe; es werden zusätzlich eine Million Schwestern und Pfleger benötigt. Offensichtlich hat das Mitgefühl durchaus eine Zukunft.

Wenn wir die Art des Wissens der rechten und linken Hirnhälfte miteinander ins Gleichgewicht bringen können, produzieren wir auf diese Weise mehr ausgeglichene Männer und Frauen. Die Heilige Hochzeit des Verstands führt zu konkreten Resultaten. Pink zufolge sind „große Geister immer androgyn", und eine „psychologisch betrachtet androgyne Person verdoppelt faktisch ihr Repertoire an Reaktionsmöglichkeiten und kann mit der Welt im Rahmen eines viel reichhaltigeren und vielfältigeren Spektrums an Gelegenheiten interagieren." Diese androgyne Denkweise führt in der Tat zu einer Ausgleichung unserer internen, männlich-weiblichen Dynamik. „Tests zum Thema Männlichkeit/Weiblichkeit bei jungen Menschen ergeben immer wieder, dass kreative und talentierte Mädchen dominanter und zäher als andere Mädchen sind, während kreative Jungen sich als einfühlsamer und weniger aggressiv als ihre männlichen Altersgenossen erweisen."

Auch C.G. Jung unterstreicht, wie wichtig es ist, eine androgyne innere Natur anzustreben und zu erlangen – ebenso wie Robert Bly und Marion Woodman in ihrer Neuerzählung der Geschichte „The Maiden King". Bly und Woodman schreiben über die Tradition der alchemistischen „inneren Hochzeit", bei der die Vereinigung von Braut und Bräutigam die Internalisierung männlicher wie auch weiblicher Energien sowie der entsprechenden Denkweisen repräsentiert. Woodman weist darauf hin, dass junge Männer ihre Weiblichkeit auf ihre Partnerin projizieren, während es bei jungen Frauen umgekehrt ist. „Im weiteren Verlauf des Lebens beginnen wir jedoch zu erkennen, dass wir keine äußere Beziehung eingehen können, die nicht unserer eigenen inneren Vermählung entstammt. … Solange die innere Braut und der innere Bräutigam einander nicht auf kreative Weise lieben, muss die äußere Beziehung darben und wird zu einem Ersatz, der zu lähmender gegenseitiger

Abhängigkeit verfallen kann. Im neuen Paradigma werden wir früher oder später in Richtung unserer eigenen Reife getrieben – dem Androgynen."

Dieser Prozess der Zusammenführung beider Aspekte ist nicht einfach. Er „erfordert harte Arbeit daran, eine gleichermaßen wohldifferenzierte Weiblichkeit wie auch Männlichkeit in einer inneren Hochzeit im Energiekörper zur Vereinigung zu bringen. ... Die Annahme des Androgynen als Symbol der inneren Hochzeit, als Gott/Göttin im Inneren, bedarf des langen, schmerzhaften Prozesses der Differenzierung." Aber sie ereignet sich und ist jene Leistung, die das Erreichen spiritueller Reife anzeigt, wie die uralten Symbole von Shiva und Shakti, von Yin und Yang bezeugen. Die Heilige Hochzeit unserer rechten und linken Hirnhälfte ist eine andere Art, zu sagen, dass wir die dem Weiblichen innewohnende Männlichkeit und die dem Männlichen innewohnende Weiblichkeit zu finden begehren.

Eine Hochzeit von Homo- und Heterosexualität

Die Bedenken gegenüber Homosexuellen, die sich wie Homosexuelle verhalten, sich als Homosexuelle verlieben und als Homosexuelle Sex haben, beruht auf der altbekannten Platitüde „Homosexualität ist unnatürlich." Aber eigentlich sollten heterosexuelle Menschen sagen: „Homosexualität ist für mich unnatürlich. Ich brauche sie nicht. Ich bin von Menschen des anderen Geschlechts begeistert, werde von ihnen erregt und verliebe mich in sie."

Das ist der ganze Sinn der Übung. Wenn Sie das umkehren, werden Sie einen Teil der Verwirrung und des Schmerzes homosexueller Menschen begreifen. Für das homosexuelle Individuum gilt nämlich: „Heterosexualität ist unnatürlich." Ein Homosexueller wird von Menschen des anderen Geschlechts nicht erregt und verliebt sich auch nicht in sie, sondern in Menschen seines oder ihres eigenen Geschlechts.

Die ganze Debatte dreht sich ausschließlich um die Frage *Was ist natürlich? Wer bestimmt, was natürlich oder unnatürlich ist?* Offensichtlich handelt es sich dabei um eine überaus politische Frage, denn es geht dabei um Macht, nämlich um die Macht, zu erklären, eine bestimmte Version der Ehe sei „natürlich" oder eben nicht. Die theologische Bedeutung dieses Themas wird von Thomas von Aquin unterstrichen, der im dreizehnten Jahrhundert schrieb: „Eine falsche Auffassung der Schöpfung führt zu einer falschen Auffassung Gottes." Wie KJ sagt – wenn Homosexualität existiert, muss Gott sie erschaffen haben. Diese Frage wird ganz rasch zu einer politischen Angelegenheit, denn eine Minderheit (die Homosexuellen) kann sehr leicht von einer Mehrheit (den Heterosexuellen) unterworfen werden.

Was die Religion betrifft, sagt die Bibel „Gott ist Liebe." Sie sagt nicht „Gott ist heterosexuelle Liebe." Eine Religion, die auf Liebe basiert, respektiert und ehrt die verschiedenen Formen der Liebe, die Gott geschaffen hat. Achtung vor Gottes Liebe, in welcher Form diese auch immer zum Ausdruck kommen mag, ist das Herz der Heiligen Hochzeit von Homo- und Heterosexualität.

Tatsache ist, dass es schon immer Homosexualität gegeben hat und sie deshalb höchstwahrscheinlich auch immer ein Aspekt der Menschheit und der natürlichen Welt sein wird. Sie ist weder neu noch ausschließlich auf Menschen beschränkt. Die Frage, was eine richtige Ehe und Familie ausmacht, ist sozialer und politischer Natur, weshalb sich die Antwort darauf verändern kann.

Woher wissen wir, dass Menschen nicht die einzigen Geschöpfe sind, die Homosexualität erleben? Die Wissenschaft hat es bewiesen. Studien haben festgestellt, dass mehr als 464 Arten – darunter Delfine, Gänse, Flamingos, Hunde, Katzen, Vögel und viele weitere – homosexuelle Bestände aufweisen. Die Studien belegen darüber hinaus, dass durchschnittlich acht bis zehn Prozent aller menschlichen Bevölkerungsgruppen in allen Gesellschaften homosexuell sind. Von Gott geschaffen, von der Wissenschaft bestätigt: Die Homosexualität ist ein Teil der Natur und infolgedessen ebenfalls natürlich.

Der erste Aspekt der Heiligen Hochzeit von Homo- und Heterosexualität besteht darin, diese Tatsache zu akzeptieren und zu respektieren, womit wir zugleich auch die Vielfalt der Natur annehmen und feiern. Das erfordert von uns eine Ausdehnung und Erweiterung unserer Vorstellung, damit sie der Kreativität und Vielfalt der Welt selbst ebenbürtig sein kann. Bei dieser Hochzeit geht es darum, Urteile bezüglich dessen, was richtig oder falsch ist, aufzuheben und einfach anzunehmen, was ist. Die Natur tendiert zu Kreativität; sie überrascht und macht keine zwei Dinge gleich. Ist es nicht erstaunlich, dass die Natur dafür sorgt, dass Heterosexuelle so viele homosexuelle Kinder gebären? Was sexuelle Vorlieben angeht, begünstigt die Natur offensichtlich das Vorhandensein einer beträchtlichen Minderheitsgruppe, die beim Sex ihr eigenes dem anderen Geschlecht vorzieht. Die „Hochzeit", von der hier die Rede ist, besteht schlicht und einfach darin, dass die sexuelle Mehrheit (die Heterosexuellen) die sexuelle Minderheit (die Homosexuellen) akzeptiert und auf freundliche Weise unterstützt. Studien zeigen, dass sich junge Menschen heutzutage weitaus weniger von der abweichenden Sexualität schwuler und lesbischer Menschen bedroht fühlen. Wahrscheinlich hat das viel mit den Homosexuellen zu tun, die sich seit Beginn der Kämpfe, die ihre Vorgänger vor zwei Generationen mutig für Akzeptanz und Gleichberechtigung ausfochten, öffentlich geoutet haben. Etwa achtzig Prozent der Menschen unter dreißig Jahren sind dafür, dass Schwulen und Lesben volle Rechte zugestanden werden.

Man könnte sagen, dass es bei der Heiligen Hochzeit von Homo- und Heterosexualität um die Annahme jeder Form der Unterschiedlichkeit geht. Thema dieser „Ehe" ist die Erweiterung der Definition der eigenen Familie oder des Stammes. Es geht darum, zu erkennen, dass die Welt von *vielen Stämmen, vielen Farben* und *vielen Varianten* erfüllt ist. Vive la différence! Lasst Unterschiede herrschen. Vielfalt führt zu Staunen, Lachen, Gesundheit und Kreativität. Deshalb bedeutet diese Hochzeit, „Familie" auch als jene Vielfalt zu definieren, die uns ermöglicht, zu vermeiden, dass wir in ewiger Gleichheit stecken bleiben und kulturelle Arroganz entwickeln. Darüber hinaus ist es eine Vermählung der Mehrheit mit der Minderheit, denn die „Hochzeit“ von homo- und heterosexuellen Menschen symbolisiert die Bereitschaft der heterosexuellen Mehrheit (denn sie werden immer in der Mehrheit sein), die homosexuelle Minderheit anzuerkennen und zu feiern. Es bedeutet anzuerkennen, dass Schwule und alle anderen Minderheiten sich der Mehrheit als Bürger, Liebende, Eltern und Menschen anschließen.

Die Heilige Hochzeit von Homo- und Heterosexualität wendet sich aber auch direkt an unsere Vorstellungen zum Thema Sex und Geschlecht. Homosexuelle spielen mit der Geschlechteridentität, sie kehren sie um und bringen sie durcheinander. Viele homosexuelle Männer sind tatsächlich mehr mit ihren Empfindungen, ihrer Kreativität und ihrem spirituellen Bewusstsein in Verbindung – mit ihrer weiblichen Seite – als heterosexuelle Männern im Allgemeinen. Viele homosexuelle Frauen wiederum haben einen besseren Kontakt zu ihrer männlichen Seite als heterosexuelle Frauen. Aber auch schwule Männer können Machos und auch lesbische Frauen können feminin sein, während Transsexuelle die Geschlechter wiederum auf jede vorstellbare Weise miteinander vermischen und zuordnen. Durch all das demonstrieren homosexuelle Bevölkerungsgruppen, wie *relativ* männliche und weibliche Geschlechterstereotypen sind. Sie zeigen, dass die Geschlechtsidentität nicht statisch oder einheitlich ist und auch nicht vom eigenen Körper abhängt. Die Annahme dieses Gedankens als neues Prinzip eröffnet jedem Menschen die Möglichkeit, innerhalb seiner selbst mit Geschlechterrollen zu spielen und seine eigene, einzigartige sexuelle Identität in all ihrer Individualität, ihrem Humor und ihrer Vielfalt zum Ausdruck zu bringen. Die Hochzeit von Homo- und Heterosexualität soll uns daran erinnern, das Geschlecht nicht wörtlich zu nehmen.

Schlussendlich beinhaltet die echte Akzeptanz schwuler Liebe als gleichberechtigt mit der heterosexuellen Form ein Geschenk: nämlich die Erkenntnis, dass Sex – und zwar unabhängig davon, was Augustinus auch immer geglaubt haben mag – keineswegs im wörtlichen Sinne zur Fortpflanzung beitragen muss. Abgesehen vom Geschlecht besteht der einzige echte Unterschied zwischen schwulem und heterosexuellem Sex darin, dass aus ersterem kein Baby entsteht und auch nicht entstehen kann. Mit Sicherheit aber sollte in Anbetracht der gegenwärtigen Bevölkerungsexplosion, die eine ernsthafte Bedrohung für die Umwelt und unsere eigene Zukunftsfähigkeit auf dem Planeten darstellt, auch nicht jeder sexuelle Akt zur Fortpflanzung führen. Die Welt braucht den enormen Zustrom von Kindern, die das bedeuten würde, einfach nicht. Nein, die Heilige Hochzeit von Homo- und Heterosexualität nimmt die Liebe um der Liebe willen an. Sie akzeptiert, dass der sexuelle Ausdruck von Liebe Grund genug für Sex ist. Beim Sex geht es nicht nur darum, Kinder zu zeugen – er kann eine große Freude und einfach ein Selbstzweck sein. So, wie das Gebet auch. „Ohne ein warum“, wie Meister Eckhart es ausdrückt. In dieser Ehe können Schwule heterosexuelle Menschen lehren, mehr Spaß am Sex zu haben, mit ihren Geschlechterrollen zu spielen, sich darin zu verlieren und auf diese Weise Mystik hineinzubringen. Immerhin gibt es in der Bibel ein ganzes Buch – das Lied der Lieder, das Hohelied Salomos – in dem die menschliche Liebe an sich (und nicht zum Zwecke der Erschaffung von Kindern) als Präsenz Gottes, als Rückkehr ins Paradies, als Andeutung des Himmels auf Erden gefeiert wird!

Darin liegt eine tiefe und sehr reale „Heilige Hochzeit“ – nämlich die Solidarität, die homo- und heterosexuelle Menschen miteinander schaffen können, wenn sie sich dieser gemeinsamen Sache um der Gerechtigkeit willen anschließen, wenn sie ihre Ängste und Vorurteile loslassen, um die *tiefe Vereinigung* zu erkennen, an der sie als menschliche Wesen bereits teilhaben. Diese „Heilige Hochzeit“ beginnt sich in unserer Zeit dank des Mutes schwuler und lesbischer Menschen, die auch im Angesicht starken Widerstands ihrem wahren Selbst treu geblieben sind, auf eine ganz besondere Weise auf unserem Planeten zu manifestieren. Und aufgrund von Führungspersönlichkeiten aus dem Bereich der Justiz und Politik, die den Mut hatten, die gesetzlichen Anliegen zu erkennen, die hier auf dem Spiel stehen. Jetzt können homo- und heterosexuelle Menschen das Streben nach Gerechtigkeit in Wirtschaft, Politik, bei Rassen- und Geschlechterfragen zu ihrem gemeinsamen Anliegen machen.

Jung und alt: Miteinander Weisheit teilen

Peter Kingsley erzählt uns, dass der *kouros*, der „junge Mann“, in Griechenland als etwas ganz Besonderes betrachtet wurde. Als die Göttin Parmenides begegnete, nannte sie ihn als erstes *kouros*. Kingsley bemerkt: „In Bezug auf das körperliche Alter wäre damit eine Person gemeint, die weniger als dreißig Jahre alt ist. Das Wort hatte in der praktischen Verwendung jedoch eine viel umfassendere Bedeutung. Als *kouros* bezeichnete man einen Mann jeden Alters, der das Leben immer noch als Herausforderung betrachtete, ihm mit all seiner Kraft und Leidenschaft begegnete und der noch nicht zurückgetreten war, um für seine Söhne Platz zu machen. Das Wort bezeichnete die Beschaffenheit eines Mannes, aber nicht das Alter, in dem er sich befand.“ Entsprechend sind es die jungen Menschen, die den älteren die Qualität des *kouros* vermitteln. Darüber hinaus war die Qualität des *kouros* für die Griechen eng mit der Initiation verbunden – er „steht an der Grenzlinie zwischen der Welt der Menschen und der Welt des Göttlichen; er hat zu beiden Zugang.“ Man ging davon aus, dass den großen Gesetzgebern Kretas die Gesetze „durch die rituelle Praxis der Inkubation in einer Höhle“ offenbart wurden.

In Persien gab es eine ähnliche Tradition. Hier bezeichnete das Wort *fata* einen Mann unter Dreißig, aber es wurde, wie Kingsley schreibt, auch auf „einen Mann jeden Alters angewendet, der über die Zeit hinausgegangen ist, der durch die Intensität der Sehnsucht die initiatorische Reise über Zeit und Raum hinaus gemacht hat und zum Herzen der Realität gelangt ist; ein Mann, der das gefunden hat, was niemals alt wird oder stirbt.“ Die persischen Sufis lehren, dass diese Vermischung von Jung und Alt notwendig ist, weil die Welt ohne solche „jungen Männer“ nicht überleben könnte. Sie sind die Propheten, und es hat keine Zeit gegeben, an der sie nicht an irgendeinem Ort auf der Erde präsent waren. „Sie haben die Verantwortung übernommen, die Reise des Helden in eine andere Welt zu unternehmen, zur

Quelle des Lichts in der Dunkelheit, um das zeitlose Wissen zurückzubringen, dem sie dort begegnen. Ohne dieses Wissen oder diese Führung wären die Menschen vollkommen blind und taub. Sie wären gänzlich in ihrer eigenen Verwirrung verloren."

Im Gegensatz dazu macht Robert Bly bezüglich der Beziehungen zwischen jungen Leuten und älteren Menschen in unserer Kultur eine sehr wichtige Beobachtung:

> Es gibt in vielen Kulturen Hinweise darauf, dass im Alter von fünfzehn oder sechzehn Jahren eine spirituelle Öffnung beginnt. Was geschieht dann? In Indien „antwortet" die äußere Welt darauf. Ein Kind, das in einem indischen Dorf oder einer indischen Stadt lebt, sieht ständig religiöse Prozessionen in den Straßen. ... Eine Art von Wahnsinn aus religiösen Gefühlen hilft dem Jugendlichen, dessen spirituelles Chakra sich gerade geöffnet hat, sich heimisch zu fühlen.
>
> Aber in unserer Kultur findet der Jugendliche keine ekstatischen, religiösen Sänger in den Straßen. Er oder sie sieht Plakate, auf denen mit sexueller Energie geworben wird. ... Die spirituelle Öffnung erhält so gut wie keine Antwort und verschließt sich wieder. „Etwas Wunderbares wird geschehen." Aber es geschieht nicht. ... Stattdessen kommt Enttäuschung. ... Wir vermuten, dass Jugendliche in allen Kulturen diese enttäuschte Leere spüren können; aber in unserer Kultur ist es so, als wenn wir ihnen diese Leere *verkaufen* würden.

Bly sagt uns, dass die Älteren die jungen Menschen in unserer Kultur im Stich lassen und sie sogar übervorteilen. Wir brauchen eine neue Beziehung mit direkterer Kommunikation, mehr Geben und Nehmen. Ich habe bereits zuvor vom *Adultismus* geschrieben, jenem bedauernswerten Zustand, in dem Erwachsene ihr inneres Kind unterdrücken und diese Unterdrückung auf junge Menschen projizieren. Ich glaube, dass dies in unserer Kultur sehr oft geschieht. Meiner Ansicht nach beobachtet Marion Woodman dasselbe, wenn sie bemerkt, dass „die meisten jungen Männer in unserer Kultur kein spirituelles Erbe [haben], in dem sie von den Älteren willkommen geheißen werden können." Das ist einer der umfassenden Gründe, warum Männer zu einem besseren Verhältnis zu ihrem inneren Kind finden müssen – bei dem es sich natürlich um den inneren Mystiker handelt, der „im Universum spielen" will. Wenn die Erwachsenen mit dieser tiefen Wirklichkeit in Verbindung wären, könnten sich die jüngeren Menschen bei ihnen wohler fühlen, und Männer hätten mehr substanzielle Inhalte, die sie an junge Männer weitergeben könnten.

Marion Woodman drückt es folgendermaßen aus: „Der vollständig und bewusst erwachte Erwachsene ist mit dem vollständig und unbewusst schlafenden Kind eins. ... Sie sind voneinander abhängig, wobei ihre Abhängigkeit diese beiden Reiche eher vereint als voneinander trennt – das Unbewusste und das Bewusste, Schlaf und Gewahrsein." Auch das ist ein Kennzeichen des erwachenden Blauen Mannes: mehr Bewusstseinserweiterung, zunehmende Wechsel zwischen Phasen von jung und alt, zwischen Schlaf und Wachen, Bewusstem und Unbewusstem, zwischen Traum und Wirklichkeit. Tatsächlich spricht Marion Woodman davon, dass es in Träumen oft zur Geburt eines göttlichen Kindes kommt und „der Träumer von dessen Schönheit und seiner Fähigkeit, mit der Weisheit eines Ältesten zu sprechen, in Erstaunen versetzt wird. ... Das alte Leben stirbt; ein neues wird geboren. Die Seele findet eine neue Welt."

Manchmal lehrt man uns, dass die Älteren das gesamte Wissen oder die ganze Weisheit der Gemeinschaft besitzen. Aber ich spüre, dass sich in unserer Zeit ein neues Gleichgewicht einstellen, eine neue Vermählung vollziehen muss, die jene Weisheit erkennt, die aus jungen Menschen hervordringt. Immerhin sagen die Schriften, dass „die Weisheit aus dem Munde der Kinder kommen wird", und in der alten Mönchsregel des heiligen Benedikt, die sechzehn Jahrhunderte lang die Grundlage klösterlicher Disziplin darstellte, verkündete er, dass man immer dann, wenn es in einer wichtigen Gemeindeangelegenheit zu entscheiden gälte, zuerst die jüngsten Mitglieder der Gemeinde dazu anhören solle. Tatsächlich geht unsere Gesellschaft sowohl mit alten *als auch* jungen Menschen hart ins Gericht. Wenn eine der beiden Gruppen missachtet wird, trifft das auch auf die andere zu, denn zwischen den Lebensphasen von Großvätern und Enkeln existiert eine bestimmte natürliche und organische Verbindung. Unsere Kultur hat diese Verbindung unnatürlicherweise auf vielerlei Arten durchtrennt. Was wir heute brauchen, ist *intergenerationelle Weisheit.* Damit das geschehen kann, müssen wir jungen Menschen wieder zuhören, und das Problem des Adultismus muss in Angriff genommen werden. Erwachsene müssen den „puer" oder die „puella", das innere göttliche Kind wiederentdecken, was heißt, dass der Mystiker, der Christus oder der göttliche junge Mensch in uns allen wiedererweckt wird. Dann werden sich die Älteren nicht mehr über die Jüngeren ärgern, die stattdessen anerkannt und verstanden werden. Gemeinsam können junge und alte Menschen eine heilige Reise antreten und sich auf diese Weise in einer Heiligen Hochzeit vereinigen.

Das ultimative heilige Ehebündnis: Geist und Seele

Geist und Seele sind nicht dasselbe. Im Lateinischen ist „Geist" (*spiritus*) männlich und „Seele" (*anima*) weiblich. Eine erwachte Seele strebt nach dem Geist, aber eine schlafende Seele verzerrt ihn möglicherweise zu einem Geist, der nur aus „Himmelskraft" besteht, aber über keinerlei „Erdenergie" verfügt. Das bringt uns direkt zur Ikarusgeschichte, in der sich der junge Mann zum Himmel, zur Sonne und zur Yang-Energie hingezogen fühlt, ohne jedoch gut genug geerdet zu sein, um seine Grenzen erkennen zu können. Die heilige Hochzeit der Alchemisten, genannt „Conjunctio" oder „Coitus", bezieht sich auf die Vereinigung unseres göttlichen Geistes mit der Seele und auch mit dem Körper. Der Zweck dieser Vereinigung besteht darin, Geist, Körper und Seele zusammenzuführen, anstatt sie voneinander zu trennen. Das braucht viel Arbeit. In alchemistischen Zeichnungen wird diese Vereinigung oft als die Hochzeit von König und Königin oder Mann und Frau dargestellt.

So, wie unsere Kultur nun einmal von einem überschießenden Patriarchat beherrscht worden ist, müssen wir hart daran arbeiten, Geist und Seele wieder zusammenzuführen. Der Geist war viel zu lange „auf sich selbst gestellt" – seine Energie hat nicht der Seele, der Weiblichkeit oder der Erde gedient, sondern anderen Göttern, seien es jene des Krieges, des Mammon oder der Macht um ihrer selbst willen. Ein verzerrter, die Seele ignorierender Geist führt zu Gewalt, im Zuge derer viel Zeit, Begabung und Geld in die sogenannte „geistige Arbeit" zur Ausdehnung von Konzernen und Nationen gesteckt wird. Das ist keine richtige geistige Arbeit. Die Seele einzubringen bedeutet, noch weitere Tiere in unser Bewusstsein und unsere Wahrnehmung einzulassen (das englische Wort für Tier, „animal", stammt vom lateinischen *anima* oder „Seele" ab). Es bedeutet, auch die Pflanzenwelt einzubringen, da auch Pflanzen eine Seele haben. Unsere Verzerrung des Geistes hat zu einer noch nie dagewesenen Zerstörung von Pflanzen, Tieren und Seele geführt.

Die „heilige Hochzeit" oder *hieros gamos* beinhaltet die innige Vereinigung von Gegensätzen. In der jüdischen Tradition wird das symbolisch als ein Tempel dargestellt, in dem Jahwe, der unsichtbare Allheilige, die Ehe mit Shekinah, seiner femininen Braut vollzieht. Die Suche nach dem verlorenen Bräutigam, die von der Liebenden im Hohelied Salomos unternommen wird, erzählt dieselbe Geschichte. Die empfängliche Braut und der aktive Geist erzeugen ein Kind – in der christlichen Geschichte ist es das Christuskind – das umhergeht und Gottes Werk auf Erden tut. Das Göttliche Kind ist nicht tot. Es braucht nur neue Eltern, die für ein neues Gleichgewicht und eine neue Vermählung von Seele und Geist, von Männlichkeit und Weiblichkeit offen sind.

Schlussfolgerung – Echte Männer sind Träger der heiligen Männlichkeit

Was ich in diesem Buch über die Heilige Männlichkeit geschrieben habe, ist keineswegs neu. Vater Himmel, der Grüne Mann, der spirituelle Krieger, der Jäger und Sammler – unseren Körper zu ehren, die Sexualität zu feiern, eine gute Kommunikation zwischen jungen und alten Menschen zu haben – der Blaue Mann sowie das Väterliche und Großväterliche Herz – all das sind Lehren unserer Ahnen. Dass wir die Wege vergessen oder vernachlässigt haben, mit deren Hilfe wir diese Metaphern und Archetypen in die Gegenwart tragen können, sagt mehr über uns und unsere moderne Welt als über diese Archetypen und ihre Bedeutung aus. Diese Metaphern *scheinen* neu zu sein, weil vor etwa achttausend Jahren etwas geschehen ist, durch das unser Männlichkeitsbegriff verzerrt wurde. Damals begannen Männer, ein wenig durchzudrehen. Pferde zu zähmen. Den Ackerbau zu erfinden. Berufsarmeen. Krieg. All das saugte unsere Seelen, unsere Vorstellungskraft und unseren Wohlstand auf. „Imperien schaffen" hieß die neue Devise. Das Überleben des Stärksten eben.

In Anbetracht des Zustands, in dem sich die Welt befindet, wäre es mit Sicherheit überaus deprimierend und entmutigend, davon auszugehen, dass es sich dabei um das Beste handelt, was menschliche Wesen zustande bringen können. Die anhaltende Häufigkeit von Kriegen, beständige Intoleranz und Diskriminierung und die sich verschlimmernde Zerstörung des Planeten (die mittlerweile unter dem beliebten Namen „globale Erwärmung" läuft) verdienen definitiv kein Lob. Die Heilung dieser Probleme dürfte neue Strategien, neue Ansätze und neue Konzepte erfordern, weil unsere bisherige Form des Umgangs damit eindeutig unzureichend gewesen ist. Ich bin jedoch der festen Überzeugung, dass wir nicht nur etwas „Neues", sondern auch etwas sehr Altes und überaus Wesentliches brauchen, das wir aus den Augen verloren haben. Erst wenn unsere Auffassung von der Heiligen Männlichkeit erneuert, wiederentdeckt und von jedem von uns in seinem eigenen Leben verkörpert wird, können wir mit der Heilung unserer Gemeinschaften und der Welt beginnen.

Die Göttliche Weiblichkeit, die Göttin, die Göttliche Mutter – seit mehreren Jahrzehnten rührt sie sich nun schon und ist dabei, zu erwachen und mit aller Macht in unseren Alltag zurückzukehren. Bravo! Halleluja! Aber ihre Rückkehr erfordert, dass auch die Männer erwachen – ebenso wie der gesunde Mann in jeder Frau. *Gemeinsam* können wir uns erheben und die Heilige Hochzeit von Yin und Yang für eine überfüllte, rasch kommunizierende postmoderne Welt neu erfinden.

Das wird uns nicht gelingen, wenn wir die Weisheit der Vormoderne ignorieren, sondern nur, indem wir sie ehren und in unsere Welt hineintragen, um sie dort anzuwenden. Sind wir nicht die Söhne und Töchter von Kain? Wie viel hat sich an der menschlichen Natur seit Kains Zeiten wirklich geändert – abgesehen davon, dass wir den Stein durch die Atombombe ersetzt haben?

Können sich menschliche Wesen verändern? Können sich Männer verändern? Was macht einen „echten Mann" aus? In dieser Schlussbetrachtung werde ich erörtern, auf welche Weise eine gesunde Männlichkeit das *Beste* in uns widerspiegelt und dann, wenn sie alle zehn Aspekte der Heiligen Männlichkeit umfasst und verkörpert, wahrhaftig unseren Gemeinschaften dient.

Das Spiel mit den Archetypen

Wie ich bereits sagte, handelt es sich bei den zehn in diesem Buch angesprochenen Archetypen um Metaphern. Sie sind nützliche Wege zur Verkörperung und Konzeptualisierung unserer Seinsweise. Und sie sollen durchaus spielerisch angegangen werden. Wir sollten sie sowohl in unserer Vorstellungskraft als auch in unserem Leben aufgreifen und so lange umarbeiten, bis sie passen – indem wir sie verbinden, miteinander kombinieren und vermischen. In diesem Geist möchte ich hier einige Möglichkeiten zeigen, wie man mit diesen Ideen spielen kann und lade den Leser dazu ein, das selbst weiterzuführen.

Betrachten Sie zum Beispiel die offensichtliche Beziehung zwischen Vater Himmel und dem Blauen Mann. Der Himmel ist von derselben Farbe wie der Blaue Mann, der seinerseits wiederum kosmische Qualitäten hat. Bewusstsein und Kreativität kommen oft „von oben" und „aus dem Blauen heraus". Das Mitgefühl des Blauen Mannes ist eine „Nachbildung Gottes". Wir haben bereits früher darauf angespielt, dass der Prophet eine der Rollen des Grünen Mannes ist, der auch zum Reich des spirituellen Kriegers gehört, und beide vermischen sich mit Sicherheit dann, wenn wir unsere Aufmerksamkeit auf die ökologische Gefahr fokussieren, von der unsere Welt herausgefordert wird. Die vollständige Aufnahme des Grünen Mannes bedeutet, die Rolle des Propheten im eigenen Leben ernst zu nehmen, und es gibt keinen Propheten, der nicht auch ein Krieger wäre sowie keinen authentischen Krieger, der kein Prophet ist. Fühlen Sie sich von Ikarus und Dädalus angesprochen? Diese beiden bedürfen eindeutig der Lehren des Väterlichen Herzens – denn Dädalus, der Mörder seines Neffen, hat in seinem Herzen eine mangelhafte Einstellung der jungen Generation gegenüber. Die Veränderungen, die sich während seines gemeinsamen Exils mit seinem Sohn diesbezüglich vollzogen haben, waren offensichtlich nicht ausreichend, denn er konnte mit Ikarus nicht erfolgreich über die Fragen von Leben und Tod sprechen. Beide litten. Beide hätten von der Verbindung zum Erdvater, zum Väterlichen Herzen, profitieren können. Tatsächlich stellt sich die Frage, ob Ikarus dadurch eine mildere Beziehung zu Vater Himmel hätte entwickeln können.

Jäger und Sammler – was uns alle einschließt – sind auch Krieger, und in dieser Zeit sollten wir alle nach allem jagen und alles sammeln, das den Grünen Mann erwecken und für eine grüne Nachhaltigkeit auf der Erde sorgen kann. Und wenn wir nach Gefährten und Geliebten jagen, fragen wir uns auch, wie das Väterliche Herz in diese Gleichung gehört. Wenn wir uns zu erfolgreicheren Liebhabern und Verführern (wie auch Verführerinnen) entwickeln, nähren wir zugleich unseren erstaunlichen Körper und unsere umfassende Dankbarkeit für ihn. Wir erkennen, dass unser Körper ein Tempel ist, die Schöpfung unseres vierzehn Milliarden Jahre alten Universums. Dadurch wird unser sexuelles Lieben kosmisch – genau so, wie die Nahrung, die wir aufnehmen, aus dem Kosmos geerntet worden ist: Ein Mahl aus Wasser und Sonnenlicht, aus Luft und Erde, aus dem Staub von Weltraum und Vorfahren bringt Leben in unsere Lungen, unseren Magen, unseren Mund und unsere Füße.

Mit unserem Großväterlichen Herzen nehmen wir den Tod an und öffnen uns für die Weisheit der Jugend. Wo auch immer wir uns auf unserer abenteuerlichen Reise gerade befinden, werden wir in der gemeinsamen Umarmung von Vater und Großvater Himmel gehalten – wann immer wir ein neugeborenes Baby willkommen heißen, für es sorgen, unsere Weisheit miteinander teilen, von der Weisheit des Neugeborenen lernen und zulassen, dass es die ganze Familie innerlich berührt. Als Älteste sammeln und teilen wir alles, was wir gelernt haben. Man kann wohl kaum ein Ältester sein, ohne den eigenen „wunderbaren Körper" gewürdigt und infolgedessen weise dafür gesorgt zu haben. Man kann wohl kaum in die Ältestenschaft eintreten, ohne persönlich eine Ahnung vom Kriegertum bekommen, ohne gejagt und gesammelt zu haben und ohne dem Blauen und Grünen Mann, Vater Himmel und unserem Erdvater begegnet zu sein. Wir können nicht zum Ältesten werden, ohne viele Male verheiratet, in Heiligen Hochzeiten mit der Weiblichkeit vereint worden zu sein und im Inneren mit all den Heiligen Gegensätzen getanzt zu haben, von denen in den vergangenen Kapiteln die Rede war. Welche gesunde Männlichkeit hat nicht im Laufe ihres Lebens mit der gesunden Weiblichkeit getanzt? In der Tat manifestiert sich gesunde Männlichkeit durch die Verschränkung der Heiligen Hochzeit, von der es eine unendlich Zahl an Varianten gibt und noch immer weitere entstehen.

Falsche Männlichkeit: Echte Männer essen Steaks

Die Gesellschaft versucht ständig, zu definieren, was ein „echter Mann" tut und ist. In den meisten Fällen dienen oder nützen diese Definitionen weder den Mannern noch der Gemeinschaft oder dem Heiligen; sie dienen Firmenkonzernen oder der Politik. Denken Sie zum Beispiel an die Anzeige, die im vergangenen Jahrzehnt immer wieder auftauchte und erklärte: „Echte Männer essen Steaks." Diese Kampagne ist zweifelsohne von der Vereinigung der Rinderzüchter finanziert worden, aber nur, weil wir wissen, dass es sich dabei um eine manipulative Unternehmensbotschaft handelt, wird sie noch lange nicht unwirksam. Wie viele Werbeaktionen fasst sie eine bestimmte Philosophie in Form einer knappen Aussage zusammen. Das wesentliche Wort ist hier „echt". Würde man sagen „Männer essen Steaks", wäre das nichts als eine nicht weiter bemerkenswerte Tatsache, die keine Steaks verkaufen würde. Vielmehr isst eine besondere Art von Mann Steaks, nämlich ein *echter* Mann im Gegensatz zu einem vermutlich „unechten" Mann. Was macht einen Mann „unecht"? Aus all dem folgert, dass es Weiblichkeit ist. Entsprechend wird ein Mann, der keine Steaks ist, als „weiblich" gebrandmarkt, und die Anzeige legt weiterhin nahe, dass jeder Mann, der weibliche Eigenschaft zeigt oder ehrt – emotionale Offenheit oder Kreativität vielleicht – keine Steaks essen würde und deshalb kein „echter Mann" ist. Steaks sind nur etwas für *mannhafte Männer*, für ausschließlich maskuline Männer. Wenn du ein echter Mann bist, isst du Steaks. Du weißt, wer du bist, und die anderen fallen beim Steaktest durch.

Aber wissen Sie wirklich, wer Sie sind? Sind Sie ein echter Mann? Die Anzeige spricht die Selbstzweifel des Mannes an. Sie zielt auf seine Scham ab. Wer will denn schließlich ein unechter, ein weibischer, ein schwuler oder ein nicht mannhafter Mann sein? Die Anzeige spielt mit jeder Form der Furcht, die wir vor der Göttlichen Weiblichkeit innerhalb oder außerhalb von uns haben könnten und lässt uns dann, wenn wir das Weibliche erfassen, die Qualität unserer Männlichkeit in Frage stellen. Bringen wir es wirklich? Wie männlich bin ich? Wenn ich mir dessen nicht sicher bin, sollte ich mehr Steaks essen, um wieder aufzuholen? Die Anzeige wendet sich an den Zweifel eines jeden Mannes (und es gibt keinen Menschen, der nicht mit Zweifeln ringt) daran, dass er ausreichend männlich ist. Es ist eine ziemlich schlaue Kampagne, denn sie trifft Männer genau da, wo sie verletzlich sind – wo die Scham sich einschleicht.

Die Anzeige verbreitet drei Lügen. Die erste, die am einfachsten erkannt und zurückgewiesen werden kann, besteht darin, dass ein echter Mann seine Männlichkeit beweist, indem er Unmengen von Steaks isst. Ein Mann mag denken, dass er durch den Verzehr gewaltiger Mengen von Steaks seine Männlichkeit zur Schau stellt, aber wer würde schon daran glauben, dass seine Männlichkeit vom Verzehr von Rindfleisch abhängig ist? Diese grob vereinfachende, reduktionistische Gleichung ist von fast schon augenzwinkernder Ironie geprägt, als wenn sie besagen würde: Natürlich tun echte Männer, was sie wollen, aber sie wollen eben Steaks.

Die zweite Lüge ist die Ablenkung, die durch die Anzeige vollzogen wird. Sie macht den Verzehr von Rindfleisch zu einem Ausdruck des eigenen Selbst, so dass Steaks notwendig für die eigene Identität werden, anstatt dass wir überlegen, ob es sich dabei um eine für die eigene Gesundheit sowie für die Gesundheit der Gemeinschaft wichtige Nahrungsquelle handelt. Ihr Arzt wird Ihnen sagen, dass zu viel Fleisch Sie umbringen kann. Männer, die zu viel Fleisch essen, sterben regelmäßig an Herzstillständen. Darüber hinaus trägt die Fleischindustrie in hohem Maße zur Umweltverschmutzung bei, die Tiere werden meist unmenschlich behandelt, und Rind ist als Nahrungsquelle für den Menschen furchtbar unwirtschaftlich (wenn man bedenkt, wie viel Getreide, Wasser und Erdboden verwendet werden müssen, um Rinder heranzuziehen). Darüber hinaus wird das in den Darmgasen der Rinder enthaltene Methan als nicht unbeträchtlicher Faktor der globalen Erwärmung betrachtet, weil es das gefährlichste aller Treibhausgase ist. Wenn ein „echter Mann" derjenige ist, der sich um seine eigene Gesundheit sowie um die der Gesellschaft und des Planeten kümmert, dann wird ein „echter Mann" nicht von Rindfleisch abhängig; er nimmt es, wenn überhaupt, dann in Maßen zu sich. Und warum sollte man überhaupt Steaks essen, wenn sie nicht notwendig sind, um ein Mann zu sein und eine potenzielle Gefahr für die eigene Gesundheit wie auch die der Umwelt darstellen? Ich habe vor etwa achtzehn Jahren damit aufgehört, Rindfleisch zu essen, nachdem ich Bücher von Jeremy Rifkin und John Robbins gelesen hatte (*Beyond Beef* bzw. *Ernährung für ein neues Jahrtausend*) und vermisse es kaum. Und als ich das letzte Mal nachgesehen habe, war ich noch immer ein „echter Mann" (wie übrigens auch Rifkin und Robbins).

In der Anzeige wird nicht gesagt, dass nur ein Mann, der den Planeten hasst und seinen wunderbaren Körper missachtet, dem exzessiven Fleischverzehr erliegt. Ein echter Mann *denkt*. Er isst nicht nur, sondern liest und lernt auch. Das gehört dazu, ein Jäger und Sammler zu sein. Ein echter Mann jagt nach den Fakten.

Die dritte Lüge ist am heimtückischsten und besteht in dem Hinweis, nur Männlichkeit mache einen Mann aus. Das nährt die männliche Angst vor der Göttlichen Weiblichkeit, denn es macht jede Nähe zum Weiblichen zu einer Bedrohung für unseren Status als Mann. Es mag absurd erscheinen, dies mit dem Verzehr von Rindfleisch gleichzusetzen, doch wird die Annahme meist nicht in Frage gestellt, dass jede Definition der Männlichkeit das „Weibliche" zurückweisen müsse – einschließlich solcher Attribute wie des Mitgefühls, der Kreativität, der Empfänglichkeit, der Kompromissfähigkeit und der Generativität. Tatsächlich definiert sich *falsche Männlichkeit* fast immer über die Ablehnung des Weiblichen.

Wie viel Geld wird in Werbekampagnen investiert, um uns falsche und illusionäre Männlichkeitsbilder zu verkaufen, die sowohl unsere Scham ansprechen *als auch* Illusionen darüber verbreiten, was Männlichkeit *wirklich bedeutet*? Man fühlt sich an die Prahlerei und die verführerische Naturatmosphäre des klassischen „Marlboro-Mannes" erinnert, der Generationen junger Männer zur gefährlichen und abhängig machenden Gewohnheit des Rauchens verlockt hat. Die Fakten jedoch sehen folgendermaßen aus: Der Schauspieler, der den wilden, machohaften „Marlboro-Mann" in der Werbung gespielt hat, ist vorzeitig und qualvoll an Lungenkrebs gestorben. So viel zur Illusion vom „echten Mann". Jeder Mann muss sich sein Verständnis dessen, was es heißt, ein Mann zu sein und eine authentische Männlichkeit zu leben, wieder zurückerobern.

Ein sehr reales Beispiel derselben illusionären Verkaufsmasche ist der neokonservative Slogan, der kurz nach dem Beginn des momentanen Irakkriegs aufkam: „Jeder kann nach Bagdad gehen. Echte Männer gehen nach Teheran." Anders ausgedrückt: „Echte Männer" kämpfen nicht in „leichten" Kriegen (denn zu diesem Zeitpunkt wurde der Irakkrieg für ein „Kinderspiel" gehalten, aber das ist fast einhunderttausend Leben und eine Billion Dollar her). Nein, echte Männer ziehen jene Kriege vor, die so schlimm und tödlich wie nur möglich sind. Was besagt das in Bezug auf die Soldaten, die damals im Irak kämpften und starben? Dass ihre Männlichkeit irgendwie nicht mit jener der Soldaten mithalten konnte, die einen Krieg mit dem Iran vorgezogen hätten? Natürlich waren nicht die im Irak kämpfenden Soldaten, sondern die amerikanischen Bürger und Politiker Ziel dieses Slogans. In dieser Gleichung wurde die Männlichkeit der gesamten Gesellschaft in Frage gestellt, sofern sie einen intensiven militärischen Angriff auf den Mittleren Osten nicht mit offenen Armen begrüßte.

Auch hier besteht die Ablenkungslüge darin, dass der Krieg notwendig sei, um die eigene Identität und Männlichkeit zu definieren sowie zu beweisen – wie fragwürdig das in politischer Hinsicht und bezüglich der Ursachen auch immer sein und zu wie viel Tod und Zerstörung es auch immer führen mochte. Krieg beweist, dass du ein Mann bist, und wer nicht in den Krieg geht, wer nicht in den Krieg mit *diesem* Land geht, der ist kein Mann. Dieser Aufruf zu *falscher Männlichkeit* lauert fast immer unter der Oberfläche aller Kriegstreiberei und Kriegsführung; sie spielt mit den Ängsten und Schamgefühlen von Männern und drängt sie auf einschüchternde Weise dazu, zu kämpfen, um ihre „Männlichkeit" zu beweisen. „Echte Männer" definieren sich jedoch über das, was sie zur Vermeidung von Kriegen tun (indem sie Diplomatie und Verhandlungen verwenden), und wenn das versagt, definieren sie sich anhand ihres Urteilsvermögens und ihres Verhaltens, indem sie sich an einem Krieg nur aus reinem Selbstschutz, als letzte Möglichkeit und unter größtmöglichem Schutz zivilen Lebens beteiligen.

Jene Männer, jene gewählten Funktionäre, die den Irakkrieg angestiftet haben und die damals sagten „echte Männer gehen nach Teheran", haben bei diesem Test ihrer Männlichkeit in jedem einzelnen Punkt versagt. Sie sind unter falschem Vorwand in diesen Krieg gegangen, was zum Tod von Tausenden von Zivilisten, der Dezimierung eines Landes und dem Zusammenbruch einer ganzen Gesellschaft geführt hat. Ihrem Verständnis zufolge sind „echte Männer" gefährliche und tödliche Männer mit gefühlloser Gleichgültigkeit anderen gegenüber. Wenn das stimmt, wer würde dann jemals ein „echter Mann" sein wollen?

Echte Männer versuchen zuerst, Diplomatie zum Einsatz zu bringen. Echte Männer kontrollieren ihr reptilisches Flucht-oder-Kampf-Gehirn, bevor sie das Haus verlassen; sie denken und agieren oder reagieren nicht einfach nur. Jene, die sagten, dass „echte Männer nach Teheran gehen", haben in Wahrheit ihre eigene mangelnde Männlichkeit offenbart, ihr fehlendes weises und Großväterliches Herz. Mit ihren Bestrebungen, Gift und Krieg zu speien, weisen sie den Blauen Mann von sich. Sie wiederholen die Fehler des Dädalus – ihr Neid und ihr Hass auf junge Menschen sind offensichtlich, weil sie diese in den Tod schicken.

Was „echte" Männer ausmacht

Hier ist eine Aufzählung dessen, was tatsächliche Männer tun, die eine Heilige Männlichkeit verkörpern, wie sie in diesem Buch erörtert wird, um diesen Karikaturen eines „echten Mannes" entgegenzutreten.

Echte Männer arbeiten daran, den Planeten zu retten, und wie jeder andere Prophet stellen auch sie sich den Angriffen, zu denen es ausnahmslos kommt, wenn man für ein moralisches Anliegen eintritt.

Echte Männer lieben den Himmel. Sie sind neugierig und begierig darauf, die neue Kosmologie kennenzulernen. Sie teilen ihre Begeisterung anderen Menschen mit, vor allem jungen Leuten.

Echte Männer meditieren. Sie haben keine Angst davor, nach *innen* zu schauen und die ungeheure Weite dort zu erkennen.

Echte Männer erwecken ihr Säugetiergehirn dazu, mit ihrem Mitgefühl in Verbindung zu bleiben, anstatt die Gewinner/Verlierer-Mentalität des Reptiliengehirns an die Macht kommen zu lassen.

Echte Männer behandeln die Jugend respektvoll und zeigen ein Väterliches Herz.

Echte Männer lieben ihren Körper. Sie arbeiten daran, ihren Körper gesund zu erhalten und ehren ihren Tempel mit gutem Essen und reinigenden Übungen. Sie bieten den Vorgehensweisen und Giften der Konzernprodukte und der Landwirtschaftskonzerne Paroli, die unseren Körper und den unserer Kinder mit schädlichem Zuckerarten und Chemikalien (wie hydrierten Ölen) vollstopfen.

Echte Männer genießen die Sexualität und geben sich den Freuden des Verführers und der Verführerin hin.

Echte Männer sind nicht homophob (oder heterophob). Sie erkennen die Vielfalt der Schöpfung an und respektieren sie, was auch sexuelle Vielfalt einschließt.

Echte Männer streben nach Bewusstseinserweiterung. Sie lernen den Blauen Mann in ihrem Inneren kennen, steigern ihre Vorstellungskraft und ihre Kreativität und zeigen Mitgefühl.

Echte Männer hören Musik und haben keine Angst davor, sich auf die innere Reise des Kummers und der Freude, des Feierns und der Gemeinschaft, der Überraschung und Eleganz zu begeben, von der die Musik inspiriert wird.

Echte Männer sind Krieger und keine Soldaten. Sie lernen, zuerst mit sich selbst zu kämpfen (Djihad), die Versuchung der Macht um ihrer selbst willen, die Gier sowie das Spiel von Macht-über und Macht-unter zu überwinden. Sie streben nach Macht-mit (Mitgefühl).

Echte Männer halten Frieden und führen keine Kriege. Echte Männer wissen, dass es viel schwerer ist, Frieden zu halten als Krieg zu führen, und dass der Frieden im eigenen Herzen beginnt.

Echte Männer treten nur widerstrebend und als allerletzte Möglichkeit in einen Krieg ein.

Echte Männer praktizieren die Einsamkeit.

Echte Männer haben keine Angst vor der „dunklen Nacht der Seele“. Sie flüchten nicht davor, sondern wissen, dass die Dunkelheit wichtige Lektionen für sie enthält.

Echte Männer kritisieren Institutionen (einschließlich der religiösen), die Lügen verbreiten und Kriege führen, welche die wahre Bedeutung von Religion und Gerechtigkeit vergiften.

Echte Männer verteidigen alles, was sie schätzen, einschließlich des Weltraums, der Kinder, der Enkel, der Erde und all ihrer wundersamen Geschöpfe.

Echte Männer kommunizieren mit jüngeren und älteren Generationen und hören ebenso tief zu, wie sie lehren.

Echte Männer verwenden alle Bereiche des Gehirns, die Gott ihnen gegeben hat – das intellektuell-rationale *und* das mystisch-intuitive Gehirn.

Echte Männer bleiben immer neugierig, lebendig und lernbegierig. Sie jagen nach Wegen, alles, was gut und schön ist, zu heilen und zu bewahren.

Echte Männer haben umfassende Familien. Sie erweitern ihr Väterliches Herz, so dass es alle Menschen annehmen und willkommen heißen kann.

Echte Männer sind Väter für junge Menschen. Sie nehmen ihre eigenen *wie auch* andere Kinder an und sind sich der „erweiterten Familie“ der Stammeserinnerung gewahr.

Echte Männer entzünden ihr inneres Feuer erneut, wenn sie älter werden. Sie ziehen sich nicht in den Ruhestand zurück. Sie verbünden sich mit der jüngsten Generation.

Echte Männer respektieren die Frauen. Sie respektieren ihr Leben und auch die Frauenbewegung in ihrem Kampf um Gleichberechtigung und Gerechtigkeit für alle Frauen.

Echte Männer freunden sich mit anderen Männern an.

Echte Männer schämen sich nicht für ihre Männlichkeit und beschämen auch andere Männer deswegen nicht.

Echte Männer kanalisieren ihre Aggressionen auf eine Weise, die weder ihnen selbst noch anderen schadet.

Echte Männer behaupten sich gegen die Süchte, die ihrer Seele Vorschriften machen, und leisten die für die innere Entgiftung notwendige Arbeit.

Echte Männer erleben ihre Gefühle. Sie laufen nicht vor ihren Empfindungen davon.

Echte Männer würdigen die Übergänge des Lebens mit bedeutungsvollen Ritualen.

Echte Männer sind großzügig, sie horten nicht.

Echte Männer nehmen die Göttliche Weiblichkeit in ihrem Inneren an. Sie wissen, dass alle Menschen eine Heilige Hochzeit von Männlichkeit und Weiblichkeit darstellen und verpflichten sich dazu, dieses Gleichgewicht ein Leben lang zu nähren und anzuerkennen.

Diese Liste spricht nicht nur davon, was echte Männer tun, sondern auch davon, was wir *auf der Ebene unseres Wesens sind.* Oder, wie Meister Eckhart es vor siebenhundert Jahren ausdrückte: „Sorge dich weniger um das, was du tust und mehr um das, was du bist: Denn wenn du gerecht bist, werden deine Wege gerecht sein, und wenn du fröhlich bist, werden deine Wege fröhlich sein." Wahres Handeln entsteht aus authentischem Sein. Ein echter Mann erforscht das Sein und nicht nur das Handeln. Ein echter Mann *handelt* aus seinem Sein heraus und nicht nur aus der Aktions-Reaktions-Antwort des Reptiliengehirns. Die in diesem Buch geschilderten Archetypen sprechen alle ebenso zu unserem *Sein* wie auch zu unserem Handeln. Darin besteht ihre Macht. Deshalb rütteln sie uns so auf. Sie transformieren uns. Sie kehren das Innerste nach Außen. Das Sein macht einen Unterschied, es erweckt die Vorstellungskraft und breitet sich in die Aktivität hinein aus. Wir verbreiten überall neue Samen, von denen einige, wie Jesus bemerkt hat, auf Stein oder harten Grund fallen und keine Wurzeln schlagen. Aber manche fallen auf fruchtbaren Grund und keimen tatsächlich.

Ein gutes Beispiel dafür, was *echte Männer* in unserer Zeit tun, um das Reptiliengehirn im Geschäftsleben zu zähmen, sind die Netzwerke mit ökologischem und gemeinschaftlichem Bewusstsein wie Business for Social Responsibility (Unternehmen für soziale Verantwortung), Co-op, America's Green Business Network (Amerikas grünes Unternehmensnetzwerk) und das Social Venture Netzwerk (Netzwerk für Sozialprojekte). Der jüngste diesbezügliche Versuch ist das B Corporation Movement. Die dieser Bewegung angeschlossenen Firmen „sind Betreuer des Ganzen und nicht nur der Maximierung des Wohlstands der Aktieninhaber", sagt Jan Coen Gilbert, ein Absolvent der Stanford Business School, Unternehmer und Begründer des B Corporation Movement. „Wir beobachten die Entstehung eines neuen Wirtschaftssektors, der sich zwischen dem privaten und dem Nonprofit-Sektor ansiedelt. Unsere Enkel werden über diesen Sektor einmal so sprechen wie wir heute über den Nonprofit-Bereich." Seiner Ansicht nach wird er fünf bis zehn Prozent des amerikanischen Bruttoinlandsprodukts ausmachen und weiteres Kapital anziehen, um so noch mehr anzuwachsen.

Männer sind Träger der Saat. Wir tragen und erschaffen Samen, und zwar viel davon, einen wahren Überfluss davon. Ein Mann produziert jeden Monat fünfzehn Milliarden Spermien, und bei einer einzigen Ejakulation werden vierhundert Millionen davon freigesetzt. Aber auch das Sperma ist eine Metapher. Verbreiten wir die Saat eines neuen und gesunden Lebens? Befruchten wir, metaphorisch gesprochen, das Weibliche, erschaffen wir Kinder und nähren, schützen und sorgen wir für unsere Gemeinschaften? Denn das tun echte Männer.

Zum Umgang mit Scham und Aggression

Wir haben in diesem Buch gesehen, wie sich das Zwillingsthema von Scham und Aggression erhebt. Wenn diese zehn Archetypen tatsächlich tiefgründige und bedeutsame Einsichten in die Männlichkeit bieten, leuchtet es nur ein, dass sie uns auch einen Einblick in diese Zwillingsfrage des Männlichen verschaffen können sollten. Dr. John Conger beharrt darauf, dass wir anerkennen müssen, sowohl im Bilde Gottes *als auch* des Affen gemacht zu sein, und wenn das wahr ist, wäre jetzt ein guter Augenblick, um darüber nachzudenken, wie uns die zehn Archetypen einen Einblick in Scham und Aggression geben können – in jene Schattenseiten, die wir von unseren frühen Brüdern und Schwestern aus dem Reich der Primaten geerbt haben.

Vater Himmel

Wenn Scham als „Nichtzugehörigkeit" definiert werden kann, ist es wichtig, zu erkennen, dass nicht zum Himmel und zum umfassenderen Universum zu gehören die Wurzel aller Scham darstellt. Es ist das Schamgefühl aller Schamgefühle. Ein solches Unwissen, eine derartige Nichtzugehörigkeit sind gefährlich. Wo können wir jemals einen Ort finden, an den wir gehören, wenn wir vom ganzen Kosmos entfremdet sind? Wir könnten ewig durch das unendliche Einkaufszentrum des Lebens wandern und doch nie die Konsumgüter finden, die uns helfen, dazuzugehören.

In Bezug auf die Aggression sollten wir uns bewusst sein, dass wir dann, wenn wir aus einem Gefühl der Nichtzugehörigkeit zum Universum Scham empfinden, stinksauer sein können, ohne auch nur zu ahnen, woher dieser Zorn und diese Entfremdung kommen. Ein Kosmos, der verleugnet wird, ist ein Kosmos, der uns irgendwann in den Hintern beißt. Darüber hinaus werden dieser Zorn und Kummer von der Größe des Kosmos *kein gesundes Ventil* finden, wenn wir nur in der menschengemachten Welt der Kosmetologie anstatt in einer umfassenden Kosmologie leben. Wenn wir von Vater Himmel erfahren, lernen wir, dass es einen Ort gibt, der unseren Zorn und unsere Trauer aufnehmen und wieder aufarbeiten kann. Bringt euren Kummer und Zorn dem Himmel!

Der Grüne Mann

Wenn Scham „Nichtzugehörigkeit" bedeutet, dann ist es zutiefst beschämend, von den Pflanzen, den Tieren und der Erde abgeschnitten zu sein. Wir schämen uns unbewusst dafür, ein Leben des leeren Anthropozentrismus zu führen, das wir vor dem Fernseher anstatt im Angesicht der Schöpfung selbst verbringen. Die Natur und die Schöpfung mit all ihrer Erhabenheit, ihren Wundern und ihrer Schönheit sind zutiefst befriedigend. Was die Aggression angeht, könnten wir durchaus feststellen, dass wir unseren Zorn an anderen auslassen – indem wir den Hund, die Bäume oder die Eisbären herumschubsen – und zwar einfach deshalb, weil wir von all unseren Verwandten abgeschnitten sind. Genau darum geht es bei „Sportarten" wie den Hundekämpfen: Wir sind nicht imstande, in unserem normalen Leben genügend Ventile für unsere Aggression zu finden, also lassen wir sie an Mutter Erde und ihren Geschöpfen aus.

Es gibt ein indigenes Ritual zum Umgang mit Ärger, das wie folgt abläuft: Graben Sie ein Loch in die Erde. Finden Sie einen Stein und fragen Sie ihn, ob er bereit ist, die Aufgabe zu übernehmen, um die Sie ihn jetzt bitten werden. Stecken Sie Ihren Zorn in den Stein und wickeln Sie ihn in ein Tuch, das Ihnen etwas bedeutet. Begraben Sie den Stein dann im Loch und bedecken Sie ihn mit Erde. Auf diese Weise nimmt Mutter Erde, die ähnlich wie Vater Himmel großzügig und hilfsbereit ist, den Zorn auf und bewahrt ihn an einem Ort, wo er niemandem schaden kann. Danken Sie nun Mutter Erde und Gaia für ihre Großzügigkeit. Das ist der Weg des Grünen Mannes. Er weiß, dass es beim Lieben nicht nur ums Geben geht, sondern auch darum, um etwas zu bitten.

Ikarus und Dädalus

Wie sehr hat sich Dädalus dafür geschämt, seinen Neffen ermordet zu haben (oder zumindest dafür, erwischt worden zu sein)? Er wurde in die Verbannung geschickt, was die ultimative Schande bedeutet, um mit seinem Sohn auf einer Insel zu leben. Wollte sich Dädalus selbst erlösen, als er Flügel baute, damit er mit seinem Sohn entfliehen konnte? Die Scham spielt in dieser Geschichte eindeutig eine zentrale Rolle. Weil Dädalus nicht fähig war, seinen Zorn zu kontrollieren, beschämte er nicht nur sich selbst, sondern auch seinen Sohn durch die Verbannung. Dann bezahlte der jedes Verbrechens unschuldige Ikarus den ultimativen Preis für die mangelnden beschützenden und kommunikativen Fähigkeiten seines Vaters. Als Ikarus starb, setzte Dädalus seine Flucht fort, hing dann aber für immer seine Flügel an den Nagel, weil er es nicht ertragen konnte, sich selbst, aber nicht seinen Sohn gerettet zu haben. Deshalb ist er eine perfekte Metapher für die Scham: der Schwur, nie wieder zu fliegen.

Der Zorn ist die Spur, die uns zu dieser Geschichte führt. Dädalus war auf seinen Neffen zornig und neidisch, und zwar so sehr, dass er ihn umgebracht hat. Neid und Zorn gehen oft Hand in Hand und führen zu mörderischen Gedanken. Dädalus nutzte seinen Zorn jedoch auch dazu, seine Vorstellungskraft zu befeuern; er brach nicht unter seiner Verzweiflung zusammen, sondern arbeitete auf eine Lösung hin. Er baute ein Labyrinth, um den König zu erfreuen und heckte eine Fluchtmöglichkeit von der Insel mithilfe seiner eigenen, wunderbaren Erfindung aus: den Flügeln. Er hat seinen Zorn in Kreativität verwandelt. Tun wir das auch?

Jäger und Sammler

Scham ist für den Jäger und Sammler ein ständiges Thema: Seine Anstrengungen dienen der Stammesgemeinschaft und bieten ein Zugehörigkeitsgefühl, aber wenn er eine Niederlage erleidet oder die Gemeinschaft enttäuscht (und so von ihr abgeschnitten wird), hat er auch hinsichtlich seines wesentlichsten Daseinzwecks versagt. Im Extremfall bedeutete eine Niederlage im Kampf, vom Sieger verspeist (oder von der Beute getötet) zu werden. Wenn wir das Wort „Kannibalismus“ hören, denken wir typischerweise an den Sieger, aber was ist mit denen, die gegessen werden? Könnte hier auf metaphorischer Ebene ein gewisser Masochismus mit ins Spiel kommen? Ein schamerfüllter Jäger und Sammler könnte der Ansicht sein, dass er es „verdient, gegessen zu werden" und könnte deshalb immer wieder Niederlagen erleiden oder den Stamm enttäuschen. Die Geschichte vom Garten Eden scheint ebenfalls ein Widerhall dieser Vorstellung von „Scham" nach der Sünde Adams und Evas zu sein. Im Garten Eden zu sein bedeutet, ohne Scham zu leben, vor der Entstehung der Scham selbst. Demzufolge ist Erlösung ein Leben ohne Scham.

Auch an Aggression mangelt es dem Jäger und Sammler eindeutig nicht. Sie ist sogar notwendig: Man braucht Aggression, um jene Tiere zu jagen, die der Schlüssel zum Überleben sind, und auch dazu, den eigenen Stamm vor anderen Stämmen zu beschützen, die ihn angreifen oder das eigene Territorium beanspruchen könnten. Allerdings handelt es sich dabei um eine feinsinnige, geschärfte und fokussierte Aggression, die nicht um ihrer selbst willen existiert, sondern um das Überleben zu garantieren. Demzufolge kann der Jäger und Sammler als ein Modell dafür gesehen werden, wie man Aggression auf angemessene Weise und in stimmigem Zusammenhang fokussieren und kanalisieren kann. Aggression kann nützlich sein, muss aber auch kontrolliert und eingedämmt werden, oder sie wird unsinnig und selbstzerstörerisch. Ein Jäger und Sammler, der seine Aggression nicht kontrollieren kann, schadet dem Stamm, dem er eigentlich dienen soll.

Der spirituelle Krieger

Wenn *Scham* bedeutet, nicht dazuzugehören, dann riskiert der spirituelle Krieger genau das aus freiem Willen, wenn er sich für die wichtigen Dinge einsetzt und seine eigene Gemeinschaft herausfordert. Wie Jesus bereits bemerkte: „Nirgends hat ein Prophet so wenig Ansehen wie in seiner Heimat." Tatsächlich ist die Ächtung der Gesellschaft oder der Verrat anderer manchmal genau das, was den Mut des Kriegers dazu anstachelt, aufzustehen, seine Stimme zu erheben und hervorzustechen. Der spirituelle Krieger weigert sich also, die Scham zu verinnerlichen, auch wenn er in anderen oft Schamgefühle hervorruft. Allerdings gehört ein spiritueller Krieger immer dazu – und zwar zu einer außergewöhnlichen Ahnenreihe, zu all jenen moralischen Helden, die wir für ihre Großzügigkeit und ihr Opfer im Namen der Gerechtigkeit preisen, wie Jesus und Gandhi, Malcolm X und Martin Luther King, Jesaja und Mohammed.

Wie der Jäger und Sammler benutzt der spirituelle Krieger Zorn und Aggression, kontrolliert sie gleichzeitig aber auch. Der Zorn wird in seinem Herzen zu moralischer Entrüstung, die seine Handlungen antreibt. Im Gegensatz zum Jäger und Sammler sind diese Handlungen selbst jedoch weder gewaltsam noch tödlich oder aggressiv. Der spirituelle Krieger strebt danach, andere zu verändern und nicht, sie zu besiegen, weshalb er in seiner Entscheidungsfindung rational und mitfühlend ist und wirkungsvolle Resultate anstrebt, anstatt seine Handlungen nur als persönliche Aggressionsabfuhr zu verwenden. Wirksame Resultate halten nicht das Unglück aufrecht, sondern beenden den Teufelskreis der Rache oder der Gewalt. Ich bin tief ergriffen davon, wie viele der Männer, die ich kenne, ihren Zorn wiederverwertet haben, indem sie das lernten, was wir die „Kampfsportkünste" nennen, wovon Professor Pitt jedoch lieber als den „heilenden Künsten" spricht. Sie sind eine vorbeugende Medizin gegen den Zorn und halten uns davon ab, ihn auf andere zu projizieren. Sie heilen den Praktizierenden ebenso wie die Gemeinschaft. Wir sollten die Macht der „Kampf-" oder „heilenden Künste" nicht unterschätzen, wenn es darum geht, Kriegern dabei zu helfen, die tiefgehende Disziplinierung ihrer Aggressionen zu erlernen.

Der Liebende

Seit dem Augenblick, als Adam und Eva die Feigenblätter anlegten, ist Scham mit unserem Körper assoziiert worden – oder zumindest hat das Christentum es getan. Dass Augustinus, der zutiefst vom Manichäismus (einer Philosophie, die alles Materielle als schlecht ansieht), vom dualistischen Neuplatonismus beeindruckt war (Augustinus definierte „Geist" als „alles, was nicht Materie ist") und Sexualität mit der Erbsünde gleichsetzte, hat die Sache auch nicht gerade besser gemacht. Für Augustinus ist der Sex an sich bereits schändlich und jede Form der körperlichen Liebe eine mindestens lässliche Sünde. Warum? Weil man dabei die Kontrolle verliert. Ich finde das mehr als nur seltsam, denn meiner Ansicht nach geht es bei jeder Form der mystischen Erfahrung darum, die Kontrolle aufzugeben und sich „im Tempel des Universums zu verlieren" – oder im Fall von Liebenden in zwei Universen. Die patriarchalische Religion scheint es regelmäßig zu einem moralischen Imperativ zu machen, Sex auf einen schamerfüllten und schuldbeladenen Akt zu reduzieren, anstatt ihn als natürlichen, ekstatischen und wahrhaftig heiligen Austausch von Liebe zu betrachten.

Im Extremfall wird von Zorn überwältigte Sexualität zur Vergewaltigung. Bei der Vergewaltigung geht es um Zorn, nicht um Sex. Hier wird der Sex dazu benutzt, die eigene Aggression zur Schau zu stellen, um eine andere Person zu beherrschen oder Macht über sie zu praktizieren. Vergewaltigung ist kein verdorbener Sex, sondern verdorbene Aggression. Oft ist sexueller Zorn in sexueller Scham verwurzelt, denn Aggression, die in verletzender Sexualität wurzelt, kreiert ebenfalls Schamgefühle. Das kann zu einem vergiftenden Kreislauf werden. Die Heilung dieses Problems beginnt mit der Annahme des eigenen sexuellen Selbst sowie eines Zugangs zur Sexualität, der sie als einen Rahmen zur Herstellung einer Verbindung betrachtet; dann können sich verspielte Spontaneität und Zugehörigkeit in der sexuellen Liebe umfassend zum Ausdruck bringen. Sex kann Aggression beinhalten, die aber immer von gesundem Mitgefühl, gegenseitigem Respekt und einer gewissen Ausgelassenheit kontrolliert werden muss.

Unser kosmischer Körper

Sexuelle Scham ist immer mit Schamgefühlen bezüglich des eigenen Körpers verbunden, die von jenen religiösen Überzeugungen hervorgerufen wird, die den göttlichen Geist von der sündigen Materie trennen (wie der eben angesprochene Augustinus es tut). Viele von uns tragen Scham wegen ihres Körpers mit sich herum. Darin besteht die treibende Kraft hinter der Werbeindustrie, die mit körperlicher Scham ihr Spiel treibt: Wenn wir dieses Produkt verwenden, diese Kleidung tragen, dieses Auto fahren, werden auch wir schön und akzeptabel und „ein Teil der Menge" sein. Wenn unser Körper nicht diesem idealisierten Typus entspricht – wir also nicht aufgedonnert herumlaufen oder als über- bzw. untergewichtig betrachtet werden – haben wir oft das Gefühl, ausgeschlossen zu sein und nicht zur Gruppe dazuzugehören. Darüber hinaus findet jede Art von Scham selbst ihren Ausdruck in unserem Körper – wir erröten, schwitzen, zappeln herum, schauen nach unten, kauern uns zusammen oder schrumpfen ein. Manchmal hungern wir uns auch selbst aus (werden anorektisch oder bulimisch), wenn wir uns beschämt fühlen. Deshalb besteht ein machtvolles Heilmittel gegen all diese Schamerkrankungen darin, zu wissen und zu fühlen, dass unser Körper bereits jetzt wunderbar ist sowie entsprechend für ihn zu sorgen und ihn zu würdigen.

So, wie sexuelle Scham zu sexuellem Zorn führen kann, ist es auch möglich, dass körperliche Scham zu körperlichem Zorn wird, den wir typischerweise gegen uns selbst richten. Das führt oft zu Depressionen; bei Anfällen von Stubenhockerei und Acedia (Trägheit des Herzens), dem Mangel an Energie dafür, Neues zu beginnen, könnte es sich weniger um Faulheit, sondern um unterdrückten Zorn handeln. Wir häufen Körperpanzer auf Körperpanzer. Drogen zu nehmen oder zügelloser Völlerei mit Alkohol und zucker- sowie fetthaltigen Nahrungsmitteln zu betreiben sind andere Wege, unseren Zorn zu besänftigen oder vielleicht sogar zu vermeiden, dass wir anderen damit schaden. Wir essen, trinken oder setzen uns unter Drogen, um inneren Frieden herzustellen. Aber schlussendlich zahlt unser Körper den Preis dafür. Der ultimative Ausdruck der Aggression unserem Körper gegenüber ist Selbstmord, und wenn Männer einmal beschlossen haben, dieses Ziel zu erreichen, sind sie auf traurige Weise versiert darin. Selbstmord wird oft als „Ausweg" beschrieben (nämlich aus der eigenen lähmenden Scham), weshalb man eine beunruhigende Frage stellen könnte: Ist es möglich, dass wir als Kultur, vielleicht sogar als Art, *subtilen* Formen des Selbstmords nachgehen? Indem wir auf dem Wege der von Menschen verursachten ökologischen Zerstörung, der globalen Erwärmung, dem Handel mit Atomwaffen und des Krieges den Körper des Planeten verletzen? Werden diese Ereignisse von der Aggression und vom Thanatos angetrieben, von einem Hass auf unseren Körper und das Leben selbst, der mit der Scham für unseren Körper beginnt?

Der Blaue Mann

Erinnern Sie sich, dass der Blaue Mann sowohl Swami Muktananda als auch Hildegard von Bingen während eines tiefen Meditationszustands erschien. Der Blaue Mann ist *alles, nur nicht schamerfüllt.* Mit dem Bewusstsein des Blauen Mannes endet die Scham. Er erinnert uns an den uns innewohnenden Wert, die uns innewohnende Göttlichkeit, die uns innewohnende Christus-Ähnlichkeit. Der Blaue Mann fordert unser vollstes Bewusstsein und unsere ganze Kraft der Heilung und des Mitgefühls. Er leitet unsere Hände zur Arbeit für andere hin, damit wir deren Leiden lindern und die Freude am Leben feiern können. Und er überwindet die Angst vor dem Tod, einschließlich der Angst davor, nicht dazuzugehören bzw. vor dem „kleinen Tod", den ein Ausschluss aus der Gemeinschaft mit sich bringen kann. Der Blaue Mann baut also Mut auf und befähigt unser umfassenderes und sich erweiterndes Herz dazu, seine gottähnliche Arbeit in der Welt zu tun. Der Blaue Mann ersetzt die Scham durch Würde und Edelmut.

Auf ähnliche Weise scheinen Zorn und Aggression vom Blauen Mann umgeleitet zu werden. Thich Nhat Hanh und viele andere meditierende Menschen erzählen uns, dass bereits der einfache Vorgang des bewussten Ein- und Ausatmens von Frieden beruhigt und Ärger sowie Aggression neutralisiert. Das wird auch durch wissenschaftliche Studien bestätigt. Wer lernt, seinen Atem zu kontrollieren, indem er seine Aufmerksamkeit darauf richtet, ihn vertieft und in eine friedliche Richtung lenkt, kann seinen Zorn überwinden und vermeiden, weiterhin davon gesteuert zu werden. Ärger wird immer von kurzen Atemzügen begleitet. Unser Atem ist also offensichtlich tiefer als unser Zorn. Der Zorn ist vom Atem abhängig und kann sich ohne diesen nicht ereignen. Deshalb zieht die Vertiefung des Atems dem Zorn den Boden unter den Füßen weg. Kein Wunder, dass die meisten Sprachen der Welt, einschließlich der biblischen, dasselbe Wort für „Atem" wie auch „Geist" verwenden! Atem ist Geist, und Geist ist Atem. Beide sind unsichtbar, aber beide zählen. Und der Zorn kann von beiden neutralisiert werden.

Erdvater oder das Väterliche Herz

Ein gesunder Erdvater hat die Lehren des Grünen und Blauen Mannes, von Vater Himmel und des spirituellen Kriegers tief in sich aufgenommen. In dem Maße, wie ihm das gelungen ist, hat er auch seine Scham durch Stärke und Mitgefühl geheilt. Dennoch müssen wir fragen: Welche Rolle spielt die Scham in der Vaterschaft? Wie viel *Scham* lassen Väter auf ihre Kinder niedergehen? Wie oft wird Scham als motivierender Faktor benutzt, wenn Väter ihre Söhne disziplinieren? Wie viele Söhne schämen sich für Väter, die abwesend oder nicht fürsorglich und unterstützend sind oder die kein gesundes Männlichkeitsvorbild bieten? Wie im Fall von Ikarus und Dädalus kann die Scham des Vaters die Beziehung zu seinem Sohn unterwandern und beschädigen; deshalb muss er zunächst seine eigene Scham heilen, wenn er ein gesundes Rollenmodell und ein gesunder Vater sein will.

Übergangsriten treffen das Herz der Scham auf vernichtende Weise: Mit ihrer Hilfe initiieren die Väter der Stämme die Jungen in die Männlichkeit und damit in die *Zugehörigkeit zum Stamm der Männer*. Doch der Mangel an Übergangsriten für uns wie auch für unsere Söhne nährt die Scham. Dann agieren die Söhne ihr Nichtzugehörigkeitsgefühl aus, was oft im Rahmen von *gangs* geschieht. Dort kann jemand, der sich beschämt fühlt, *scheinbar* doch zu anderen Männern dazugehören, aber ohne die mitfühlende Führung der Älteren erschaffen diese jungen Männer ihre eigenen, oft tödlichen Übergangsriten. Gewalt und Gefängnis werden zur Prüfung der Männlichkeit, doch das sind selbstzerstörerische und der Gemeinschaft schadende Wege. Ein wahres Väterliches Herz hat die Scham bewältigt und ist seinen Söhnen Vorbild darin, dasselbe zu tun.

Wie viele von uns wissen, spielt auch Zorn eine Rolle in der Vaterschaft. Ein Erdvater hat gelernt, seine Aggression wiederzuverwerten und seinen eigenen Zorn zu erkennen sowie zu verarbeiten, damit er ihn nicht an seinen Kindern auslassen muss. Ein Erdvater lässt ihn aber auch nicht an sich selbst aus, indem er trinkt, Drogen nimmt oder der Depression verfällt, denn dann handelt es sich nicht um wahre Vaterschaft, sondern um eine hinkende Form davon. Ein echtes Väterliches Herz ermutigt gesunde Formen des Ausdrucks von Zorn und lehrt seine Söhne, wie sie den Ärger auf angemessene Weisen steuern können – zum Beispiel über den Kampfsport. Ich weiß von einem Vater, der gemeinsam mit seinen beiden Söhnen Kampfsport betrieb, weil er wollte, dass sie den Zorn in ihren Körpern finden und lernen, ihn zu verarbeiten. Sport und andere Formen der Meditation sind weitere Möglichkeiten, einen angemessenen Umgang mit dem Zorn zu erlernen.

Ich weiß von einem Vater, dessen jugendliche Tochter eines regnerischen Tages zornig und verzweifelt zu Hause verrückt spielte. Sie lebten in einem indianischen Reservat. Der Vater sagte seiner Tochter, sie solle eine Decke und einen Apfel holen. Er fuhr sie an einen verlassenen Ort, wies sie an, das Auto samt Decke und Apfel zu verlassen und erklärte: „Solange du nicht gelernt hast, mit dir selbst zu leben, bist du nicht in der Lage, mit anderen zu leben." Sie war so zornig, dass sie den Apfel in den Canyon hinein warf. Im Laufe des Tages wurde sie jedoch hungrig und ging hinab, um den Apfel zu suchen. Auch die Decke erwies sich als überaus praktisch. Als ihr Vater nach einem langen Tag, den sie *alleine* verbracht hatte, zurückkam, um sie abzuholen, hatte sie sich verändert. Die Einsamkeit hatte ihr erzählt, wie sie ihren Zorn korrigieren konnte. Ein wahres Väterliches Herz bietet seinen Söhnen und Töchtern Alternativen dazu, Verärgerung auszuagieren und ist ein Vorbild im gesunden Umgang damit. Ein solcher Vater lehnt den Zorn nicht pauschal ab, sondern lehrt, wie man ihn sich zu Diensten machen kann, weil er der Treibstoff ist, der uns dann, wenn wir auf schwierigen Pfaden wandern, Ausdauer und Stärke lehrt.

Großvater Himmel oder das Großväterliche Herz

In gewissem Maße kann die Scham immer ein Teil unseres Lebens bleiben. Zum Älterwerden und zu den Lehren von Großvater Himmel gehört auch, zu lernen, wie man Scham relativieren kann. Sie ist in unserem individuellen Ego verwurzelt; unser Gefühl der Zugehörigkeit oder Nichtzugehörigkeit wird sehr persönlich erlebt. Wenn ältere Menschen lernen, die Scham loszulassen und im Alter „weicher" zu werden, liegt das oft an einer Veränderung ihrer Perspektive: Sie erkennen, dass wir zuerst zum Universum und dann erst zu menschlichen Gemeinschaften gehören und auch dann, wenn wir uns manchmal in Opposition zur Gemeinschaft befinden, immer noch ein Teil des Universums sind. Oft lassen sie auch das Bedürfnis los, auf bestimmte Weisen „dazuzugehören" (wie zum Beispiel die Notwendigkeit, ein Anführer sein zu müssen), sondern sind glücklich damit, in jeder Rolle ein Teil des Ganzen zu sein. Der Blickwinkel des Alters ermöglicht uns, auf jene Zeiten im Leben zurückzublicken, wo wir verbannt worden sind oder Scham empfunden haben und in der Rückschau oft zu erkennen, dass genau diese Zeiten zu den stolzesten Momenten unseres Lebens geführt haben. Ein Ältester hat gelernt, dass die Erfahrung der Scham vom Maße der Verhaftung ans eigene Ego begrenzt wird. Großvater Himmel weiß, dass man es nicht jedem Recht machen kann und dass es wichtiger ist, im eigenen Herzen als bei vielen Fremden zu Hause zu sein.

Das Großväterliche Herz hat auch gelernt, wie man auf ähnliche Weise mit dem Zorn umgehen, ihn auf positive Weise steuern bzw. verwenden und in jungen Menschen erkennen kann. Großvater Himmel weiß, dass es sich beim Zorn oft um ein Zeichen der Trauer handelt, und dass eine gesunde Form der Umsetzung dieses Zorns eine wichtige Form der Trauerarbeit darstellt. Ein anderer Grund dafür, warum jüngere Menschen auch von älteren und nicht nur von Gleichaltrigen umgeben sein sollten, besteht darin, dass die Älteren hoffentlich gelernt haben, über die Enttäuschungen des Lebens zu lachen und gut mit Konflikten wie auch Schwierigkeiten fertig zu werden, anstatt um sich zu schlagen und nach Rache zu streben. Die umfassendere Perspektive von Großvater Himmel hilft älteren Menschen dabei, alle starken Gefühle zu empfinden und dann loszulassen – sogar den Zorn. Sie atmen tief und schmelzen sowohl Zorn als auch Ärger. Das wird zu einer wichtigen Lektion, in der wir anderen Vorbild sein können.

Unsere Heiligen Hochzeiten

Natürlich möchte niemand Schande über jede Form der Vereinigung, Beziehung oder Ehe bringen. Man möchte die Scham heraushalten. Immerhin handelt es sich bei der Hochzeit um eine *neue Zugehörigkeit*: ein neuer Stamm oder ein neues Paar wird gefeiert, eine neue Familie begonnen. Die Ehe umfasst beinahe per Definition das Beste des eigenen Selbst. Wenn sich ein Mann seiner Männlichkeit schämt, kann er keine gleichberechtigte Beziehung zum Weiblichen eingehen. Deshalb erreichen alle Lektionen über die Scham, die wir hier erörtert haben, eine Art Höhepunkt, wenn sich irgendeine Form der Vermählung vollzieht – wie immer wir diese auch definieren mögen.

Dasselbe gilt für den Zorn. Die Ehe selbst symbolisiert eine gesunde Vereinigung von Gleichen, die frei von Scham und Zorn ist. Dennoch beinhalten enge und dialektische Beziehungen immer Momente der Verärgerung. Mit diesen muss auf eine gesunde, angemessene Weise umgegangen werden, was nicht möglich ist, wenn wir alten Zorn und alte Aggressionen mit in die Vereinigung einbringen. Tatsächlich sind die hier erörterten Heiligen Hochzeiten Tore zur Auflösung und Reinigung unserer Selbst von alten Verletzungen und Verärgerungen, damit sie in neuen Beziehungen sowie in unserer aktuellen Ehe nicht wieder aktiv werden können.

Vater Himmel und Mutter Erde, der Grüne Mann und die Schwarze Madonna, Yin und Yang: Diese kreativen Paare verkörpern Beziehungen, die frei von Zorn und Scham sind. Können Osten und Westen, Protestanten und Katholiken, linksgerichtetes und rechtsgerichtetes Denken, junge und alte Menschen oder Homo- und Heterosexuelle jemals authentische Beziehungen miteinander aufnehmen, wenn weiterhin Zorn und Scham aus vergangenen Erfahrungen mit hineingezogen werden?

Jede Form der Heiligen Hochzeit erfordert innere Arbeit; wie wir gesehen haben, besteht der Kern dieser inneren Arbeit für Männer im Umgang mit Zorn und Scham. Diese Arbeit kann nie vollendet werden. Aber es ist wichtig, sich bewusst und engagiert damit zu beschäftigen. Das ist die wahre Bedeutung des *Djihad* und auch der spirituellen Übungen: an sich selbst zu arbeiten. Der Sufi-Mystiker Hafiz drückt es folgendermaßen aus: „Die Krieger zähmen die Bestien in ihrer Vergangenheit, damit die Klauen der Nacht die mit Edelsteinen besetzte Vision des Herzens nicht mehr zerreißen können.“ Wenn wir heiraten, wollen wir diese mit Edelsteinen geschmückte Vision miteinander teilen. Nichts weniger als das ist unser Ziel. Das macht die Hochzeit, von der wir gesprochen haben, zu einer Heiligen Hochzeit.

Archetypen zur Heilung verwenden

Der Umstand, dass Scham und Aggression einen so großen Teil des Männlichkeitsverständnisses unserer Kultur durchdringen und ihr Einfluss auf die Gesellschaft so umfassend ist, stellt den Beweis dafür dar, dass wir diese zehn starken und gesunden Archetypen brauchen, um eine Wende herbeizuführen. Scham und Aggression bringen den Verlust der Freude mit sich – sowohl im Einzelnen als auch in der Kultur. Denn ein beschämter Mann ruft keine Freude hervor und verbreitet sie auch nicht weiter; viel eher verbreitet er wiederum Scham und Aggression. Davon wird nicht einmal abgeraten – in einer Kultur, die sich für Scham anstatt für Segnung und für Aggression anstatt für inneren Frieden entscheidet, wird umfassend, ja sogar großzügig dazu ermutigt. Wir müssen auf eine tiefgehende Freude verzichten, wenn wir das Gefühl haben, nicht zum Himmel, zur Erde oder zu ihren Geschöpfen zu gehören; zu den Ahnenlinien der Jäger oder zu einem Stamm edler Krieger; zu einer Familie mit gesunden Beziehungen zwischen Kind und Eltern; zu einer gesunden sexuellen Beziehung und zur Schönheit und Gesundheit des eigenen Körpers; zu einem erweiterten Bewusstsein und einer umfassenderen Kreativität unter Einbindung der eigenen, gottähnlichen Kraft des Mitgefühls und der Gerechtigkeit oder zu einem Kreis von Ältesten, die einander gegenseitig unterstützen und den jungen Menschen dienen.

Wenn man keine Beziehung zum Kosmos hat und es keinen Himmel gibt, der unseren Zorn aufnehmen und wiederverwerten kann – wenn es uns nicht möglich ist, mit der Erde in Beziehung zu treten und sie dazu einzuladen, unseren Zorn und unsere Trauer aufzunehmen und unsere unteren Chakren zu aktivieren – wachsen Zorn und Aggression immer mehr an. Das setzt eine Abfolge von Verleugnung,

Vortäuschung und passiver Aggression in Gang, weil wir eifrigst damit beschäftigt sind vorzugeben, dass wir gar keinen Ärger mit uns herumtragen. Wenn uns die moralische Entrüstung versagt wird, kommt das Trauern zu kurz – und umgekehrt. Wenn wir den Zorn in uns verschließen, verhält er sich wie ein Dampfdrucktopf auf dem Herd, der jederzeit in Gewalt explodieren kann. Dann streben wir den Krieg als Form der Freisetzung an, und die wahre Kriegerschaft wird vom Soldatentum überwältigt. Zorn übernimmt den Körper und führt zu unterschiedlichsten Arten der Starre und Verpanzerung; er übernimmt auch den Verstand, was zur verpanzerten Rigidität und der zwanghaften Kontrolle des Faschismus und des Fundamentalismus führt. Fehlgeleitete Aggression wird an „Schwächeren" ausgelassen, die „anders" sind: an Frauen, Kindern, anderen Rassen, am Land und an anderen Geschöpfen. Dann wird die Sexualität zur Eroberung und nicht mehr zum kreativen Ausdruck eines spielerischen Miteinanders. Generativität und Vorstellungskraft verdorren. Wenn all das geschieht, sind Mord, Selbstmord und sogar Völkermord gang und gäbe.

Echte Männer befassen sich mit ihrer eigenen verwundeten Männlichkeit, mit den männlichen Themen der Scham und der Aggression. Sie verinnerlichen die in diesem Buch genannten Archetypen und fragen: Wie läuft es bei mir? Welcher dieser Archetypen spricht mich am meisten an? Wo bin ich am stärksten? Wo mangelt es mir noch am meisten? Die große Heilung besteht darin, wieder dazuzugehören. Auf diese Weise wird die Scham in die Flucht geschlagen und mit ihr auch ein großer Teil des Zorns und der Frustration: wieder zum Universum zu gehören (Vater Himmel); zur Erde und ihren vielfältigen Geschöpfen (der Grüne Mann); zur Gemeinschaft (Jäger und Sammler); zu einem Stamm mutiger Menschen, die die Erde sowie Frauen und Kinder beschützen (der spirituelle Krieger); aktiv zuhörend und kommunizierend zu den eigenen Söhnen und Töchtern (Ikarus und Dädalus); zu unserer eigenen göttlichen und freudvollen Sexualität (der Liebende); zu unserem heiligen und wunderbaren Körper (der Tempel); zu unserer Fähigkeit zu erweitertem Bewusstsein (der Blaue Mann); zu unserem väterlichen Selbst (Erdvater) und zu unseren Ältesten und zum großväterlichen Selbst (Großvater Himmel). All das lässt die Entwicklung von Männern und der Männlichkeit Realität werden. Dadurch werden Scham, Zorn und fehlgeleitete Aggression in die Flucht geschlagen, was zu einem innerem Frieden führt, der auch auf unsere Institutionen, unsere Politik und unsere Religionen projiziert wird.

Echte Männer treffen eine Wahl

Das Leben besteht aus einer Reihe von Entscheidungen. Wie die jüdischen Schriften versprechen: „Ich stelle vor dich Leben und Tod, also *wähle* das Leben." Ein ethisches und moralisches Leben ist von vielen Entscheidungen geprägt. Wenn Männer eine bewusste Wahl treffen, resultiert daraus moralisches Verhalten, was sie zu „echten Männern" macht. Wir könnten diese grundlegende Lektion folgendermaßen weiterspinnen:

Ich stelle vor dich Leben und Tod. Wähle das Leben.

Ich stelle vor dich Biophilie (die Liebe zum Leben) und Nekrophilie (die Liebe zum Tod). Wähle die Biophilie.

Ich stelle vor dich Gemeinschaft und Völkermord. Wähle die Gemeinschaft.

Ich stelle vor dich Vater Himmel und Einkaufszentren. Wähle Vater Himmel.

Ich stelle vor dich den Grünen Mann und eine erodierte Erde. Wähle den Grünen Mann.

Ich stelle vor dich Vaterschaft, die Kinder lehrt und ihnen zuhört und Vaterschaft, die Kinder ignoriert und befehligt. Wähle eine Vaterschaft, die lehrt und zuhört.

Ich stelle vor dich die Neugier und den Mut des Jägers und Sammlers und die gleichgültige, depressive Stubenhockerei. Wähle Neugier und Mut.

Ich stelle vor dich den spirituellen Krieger und den kriegführenden Soldaten. Wähle den spirituellen Krieger.

Ich stelle vor dich das Geschenk der Sexualität und den Zerfall des Sexuellen. Wähle das Geschenk der Sexualität.

Ich stelle vor dich einen gesunden und wunderbaren Körper und einen vernachlässigten Körper. Wähle den gesunden und wunderbaren Körper.

Ich stelle vor dich ein mitfühlend erweitertes Bewusstsein und ein von Angst erfülltes egozentrisches Bewusstsein. Wähle das mitfühlend erweiterte Bewusstsein.

Ich stelle vor dich das Väterliche Herz und ein kaltes, distanziertes, von Rache erfülltes Herz. Wähle das Väterliche Herz.

Ich stelle vor dich ein engagiertes Großväterliches Herz und ein gleichgültiges „pensioniertes“ Herz. Wähle das engagierte Großväterliche Herz.

Das große Geheimnis

Dies ist das große Geheimnis der Männlichkeit: Mit ein bisschen Mühe können Männer lernen, ihr Testosteron so zu steuern, dass es nicht dem Reptiliengehirn, sondern dem Säugetiergehirn dient. Auf diese Weise beherzigen sie den Rat einiger der weisesten, wunderbarsten und mutigsten Männer, die je gelebt haben – authentische Krieger und Älteste wie Buddha, Jesus, Jesaja, Mohammed, Kabir[37], Meister Eckhart, Lao Tse, Black Elk, Thomas von Aquin, der Dalai Lama, Thich Nhat Hanh und viele mehr.

Worin besteht dieser Rat, und worin das große Geheimnis? Dass wir alle – Männer wie Frauen – des Mitgefühls fähig sind. Dass wir in dem Maße göttlich werden, wie wir dieses Mitgefühl uns selbst, der Erde und allen Geschöpfen gegenüber praktizieren.

Wenn wir dem mitfühlenden Säugetiergehirn dienen, verändert sich unser gesamtes Leben. Mitgefühl verändert alles. Gewaltlosigkeit verändert alles.

37) Kabir (1440-1518) war ein indischer Mystiker, der das Ideal einer einigen Menschheit vertrat und jede Form der religiösen Abgrenzung konsequent ächtete. [A.d.Ü.]

Dann wird Wirklichkeit, dass jeder Mann zwei Hirnhälften, ein Herz und eine Verbindung zum Universum hat. Dann werden echte Männer geboren und neugeboren, die wiederum echte Jungen hervorbringen, die zu Männern werden. Und dann entwickeln Frauen ihre männlichen Seiten befreit von einem verzerrten und vergifteten Männlichkeitsbild auf gesunde Art und Weise.

Männer müssen das Mitgefühl in ihr Herz, in ihre Arbeit, in Beziehungen, in das Bürgerrecht, in Politik, Wirtschaft, in die Geschäftswelt und in die Religion hineinbringen. Wenn wir das tun, werden wir schließlich die Essenz der Lehren Buddhas, Jesu, Mohammeds und anderer leben. Jene, die sich diese Lehren zu Herzen genommen und im täglichen Leben umgesetzt haben, bezeichnen wir als „Heilige". Sie sind viel zu selten. „Heiliger" ist der wahre Name für „Held" wie in dem Wort „Heldenreise". Ein Heiliger ist ein Mensch, der sein volles Selbst lebt. Dabei ist er uns gar nicht so fern; die Reise des Heiligen hat ihre Höhen und Tiefen, und auch er ist nicht vollkommen unschuldig oder von Zorn, Scham, Aggression oder „Sünde" unberührt. Er ist jemand, der sein Herz vollständig in jene Reise einbringt, die wir das „Leben" nennen und der nicht nur für sich selbst, sondern auch für andere lebt. Ein Heiliger hat Großherzigkeit und Seelengröße geschmeckt und verbreitet diese. Ein Heiliger bringt seine Seele selbst inmitten von Leid und Enttäuschung zum Wachsen. Er schwingt sich hoch auf und weiß, dass die Begeisterung des Höhenflugs dennoch in der Gemeinschaft und dem Irdischen verwurzelt bleiben muss. Ein Heiliger ringt mit allen in diesem Buch erwähnten Archetypen und vergisst dabei keinen einzigen von ihnen. Wie einst Jakob ringt auch er mit den Engeln, um verwundet zu erwachen, aber zugleich auch Besuch vom Einen Heiligen und unseren Ahnen zu erhalten – jenen heiligen Ringern, die diesen Kampf vor uns geführt haben. Ein Heiliger gibt sich nicht mit Geringfügigkeit oder einen kleiner Seele zufrieden, sondern engagiert sich für die Erweiterung des Universums, der wahren Energie von Vater Himmel, um seinem sich erweiternden Herzen und seiner wachsenden Seele gerecht zu werden.

Die Heilige Männlichkeit hat sich erhoben und ist jetzt zur Rückkehr bereit. Vieles in unserem Leben und in unserer Kultur – einschließlich der Katastrophen, die uns tagtäglich ins Gesicht starren – weist darauf hin, dass wir uns an einem Scheitel- oder Wendepunkt. Sind wir bereit dafür? Können wir die verzerrte Männlichkeit loslassen, um die Heilige Männlichkeit einzuladen? Die Zeit ist nicht auf unserer Seite. Aber unsere Ahnen sind es. Sie und die Schöpfung selbst feuern uns dazu an, die richtige Entscheidung zu treffen. *Echte Männer* zu sein – für uns selbst, für unsere Kinder und für zukünftige Generationen.

Anhang

Anhang A – Übungen zur Entwicklung der zehn Archetypen

Wenn wir unseren Körper stärker machen wollen, üben und trainieren wir. Ebenso kann es sich als notwendig erweisen, mit Hilfe von Übungen die zehn in diesem Buch genannten Archetypen zu vertiefen, damit die Heilige Männlichkeit in uns einziehen kann. Im Folgenden finden Sie einige der Übungen, die ich zu diesem Zweck vorschlage. Ich möchte Sie dazu ermutigen, diesen neue, von Ihnen selbst entwickelte hinzuzufügen.

I – Übungen zur Vertiefung unseres Gespürs für Vater Himmel

1. Machen Sie eine Campingtour oder versuchen Sie auf andere Art, eine sternenklare Nacht an einem Ort zu verbringen (üblicherweise außerhalb der Stadt), wo Sie den Himmel sehen können. Legen Sie sich auf die Erde. Nehmen Sie den Himmel tief in sich auf. Nehmen Sie einen Freund oder ein Kind mit. Was lernen, sehen und fühlen und womit verbinden Sie sich?
2. Besuchen Sie ein Planetarium. Überprüfen Sie einen bestimmten Winkel des Himmels. Wen oder was sehen Sie? Welches Gefühl löst das in Ihnen aus?
3. Investieren Sie das Geld für ein Teleskop. Schauen Sie regelmäßig hindurch. Laden Sie andere dazu ein. Was sehen, fühlen und lernen Sie?
4. Besuchen Sie die Webseite www.google.sky. Nehmen Sie das Universum unter die Lupe. Wie groß ist es? Wie groß sind Sie?
5. Lesen Sie das Buch *The View from the Center of the Universe* von Joel Primack und Nancy Ellen Abrams und sehen Sie sich die gleichnamige DVD an. Auf welche Weise bewegt und verändert Sie das und gibt Ihnen ein neues Zugehörigkeitsgefühl?
6. Lehren Sie junge Menschen diese neue Kosmologie. Schaffen Sie gemeinsam Rituale, um sie zu feiern und spüren Sie, wie die Wahrheit im Herzen dieses Denkens Ihren Körper durchdringt, während Sie seine Wunder tanzen.
7. Setzen Sie die neue Kosmologie praktisch um. In Ihrer Kirche, Synagoge oder Moschee. Mit Ihren Nachbarn. Zeigen Sie ihnen die oben genannte DVD und sprechen Sie miteinander darüber.
8. Nehmen Sie mein Buch *Sin of the Spirit, Blessings of the Flesh*, lesen Sie die beiden ersten Kapitel („Die Rücknahme des Wortes ‚Fleisch'" und „Universum Fleisch") und diskutieren Sie mit anderen darüber. Üben Sie sich täglich in ehrfurchtsvollem Staunen.
9. Erforschen sie alte Kosmologien und Schöpfungsgeschichten verschiedener Kulturen. In welcher Beziehung stehen sie zur modernen Kosmologiegeschichte der Wissenschaft? Wo ähneln sie dieser? Worin unterscheiden sie sich davon?
10. Wenn Sie ein Christ sind: Was wissen Sie über die Tradition des kosmischen Christus? Wenn Sie ein Buddhist sind: Studieren Sie die Buddhanatur in ihrer

Beziehung zum Universum. Wenn Sie ein Jude sind: Widmen Sie sich der Tradition von der „Herrlichkeit" Gottes.

II – Aufgaben zur Vertiefung ihrer Verbindung zum Grünen Mann

1. Recyceln Sie Müll und Abfall zu Hause? Sind Sie zur Verwendung von Energiesparlampen übergegangen? Haben Sie Ihr Haus isoliert, und zwar einschließlich der Fenster und des Dachbodens? Gärtnern Sie, und lehren Sie Ihre Kinder, wie man einen Garten pflegt? Haben Sie Systeme installiert, die von Sonnen- oder Windenergie betrieben werden, oder ermuntern Sie die von Ihnen gewählten Repräsentanten, diese Techniken zu unterstützen?
2. Was tun Sie bezüglich Ihres Transportmittels, um weniger oder keine fossilen Brennstoffe zu verwenden? Haben Sie ein Hybridfahrzeug? Verwenden Sie das Fahrrad so oft wie möglich? Gehen Sie regelmäßig spazieren? Nehmen Sie an Fahrgemeinschaften teil? Verwenden Sie öffentliche Verkehrsmittel? Drängen Sie die von Ihnen gewählten Repräsentanten wie auch die Automobilindustrie dazu, all das einfacher zu machen?
3. Wenn Sie ein Christ sind: Begreifen Sie Christus in Ihren Kirchen als Grünen Mann? Falls das nicht zutrifft, warum nicht? Verstehen Sie den grünen Imperativ als den der Propheten sowie der tiefen Sabbat-Tradition des Judentums, wenn Sie Jude, Christ oder Moslem sind? Was haben Ihre spirituellen Lehrer zu Gottes Liebe zur Schöpfung zu sagen? Haben Sie nachgeforscht? Falls Sie es nicht getan haben, warum nicht? Wenn Sie ein Prediger sind: Predigen Sie über den Grünen Mann?
4. Studieren Sie die Schöpfungsspiritualität und ihre an grünen Mystikern und Propheten reiche Geschichte: von Jesus bis zu Hildegard von Bingen, von den Kelten bis zu Thomas von Aquin, Franz von Assisi, Meister Eckhart, Mechthild von Magdeburg, Nikolaus von Kues und weiteren Lehrern des Mittelalters – ebenso wie Rachel Carson, Wendell Berry, Thomas Berry und weitere andere aus unserer Zeit.
5. Wie steht es um Ihre Ernährung – essen Sie zu viel Rind, zu viel Fleisch? (Die Darmgase von Rindern enthalten Methan, das eine furchtbare Auswirkung auf die Umwelt hat.)
6. Was tun Sie an Ihrem Arbeitsplatz zur Verringerung des Verbrauchs von unsauberen Brennstoffen und für den Umstieg auf saubere und erneuerbare Energiequellen? Glühbirnen? Fahrgemeinschaften? Öffentliche Verkehrsmittel? Fahren Sie mit dem Fahrrad zur Arbeit?
7. Wie steht es um Ihre politische Mitwirkung? Verlangen Sie von den Politikern, die Sie vor Ort, in Ihrem Bundesland und in Ihrem Staat vertreten, eine grüne Einstellung oder nicht? Haben Sie genug getan? Was ist mit den Medien – schreiben Sie Briefe an Redakteure, rufen Sie bei Radiosendern an, bringen Sie ihre moralische Entrüstung über die menschliche Arroganz und den Anthropo-

zentrismus zum Ausdruck, die den Planeten nicht nur für unsere Kinder, sondern auch für alle anderen Arten unbewohnbar machen? Verlangen Sie, dass Ihr Land die Normen der Weltklimakonferenz von Bali voll und ganz erfüllt?

8. Erschaffen Sie Rituale, in denen die Wunder des Planeten gefeiert werden, die Ihnen aber auch ermöglichen, die Trauer auszuleben, die wir alle erfahren?
9. Wie viele Bäume haben Sie in letzter Zeit gepflanzt? Warum nicht hingehen und andere – vor allem junge Menschen – dazu organisieren, wieder und wieder und wieder Bäume zu pflanzen?
10. Beschäftigen Sie sich mit dem Leben und den Schriften von John Muir und anderen mystischen Propheten, den spirituellen Kriegern im Namen der Erde.
11. Welche gegenwärtigen Führer mit den Qualitäten des Grünen Mannes sprechen Sie an und fordern Sie heraus? Werden auch Sie immer mehr in Ihrer Arbeitswelt zu einem Führer?

III – Wege zum Verständnis der Lehren von Ikarus und Dädalus

1. Hat Ihr Vater Sie in Ihrer Jugend darin unterstützt, Flügel anzulegen? Wie? Wie nicht? Haben Sie ihm vergeben? Haben Sie ihn dafür gepriesen?
2. Durch welche Anweisungen wurde das Anlegen der Flügel unterstützt?
3. Wie ist es gelaufen? Sind Sie geflogen? Haben Sie Ihr mystisches/prophetisches Selbst bereits als junger Mensch gefunden? Alleine oder mit Hilfe eines Mentors?
4. Sind Sie abgestürzt? Wenn ja, was haben Sie aus Ihren Bruchlandungen gelernt?
5. Und Ihre Mutter? Sind Sie von ihr darin unterstützt worden, sich mit Ihren Flügeln hoch hinaufzuschwingen? Oder war sie ein eher erdgebundener Einfluss?
6. Wie gehören das Anlegen der Flügel und das Berühren von Vater Himmel für Sie zusammen?
7. Haben Sie gelernt, sich zu erden, damit der Griff nach dem Himmel nicht zu einem Absturz führt?
8. Welche Geschichten haben Sie beobachtet oder gehört, bei denen es um diese Themen des Aufsteigens, Abstürzens und der fehlgeschlagenen Kommunikation geht?
9. Wie war die Kommunikation zwischen Ihnen und Ihrem Vater? Wie sehr hat Ihr Vater in Ihr Liebesleben oder in Ihre Arbeit eingegriffen?
10. Ähnelt Ihre Beziehung zu Ihrem Vater auf irgendeine Weise jener von Germont und Alfredo? Welchen Preis haben Sie für diese Ähnlichkeiten bezahlt? Ist es zu einer Versöhnung gekommen?
11. Werden Sie zu Ihren Söhnen auf eine andere Weise in Beziehung treten? Auf welche Weise werden Sie das tun? Wie werden Sie vermeiden, sich wie ein „kopfloser alter Esel“ zu verhalten?

12. Wie viel Zeit verbringen Sie mit jungen Menschen? Welche Sprachen und Musikformen der jungen Generation erlernen und ermuntern Sie?
13. Wie lehren Sie junge Menschen, und auf welche Weise lehren diese Sie?

IV – Wege zur Untersuchung der Jäger-und-Sammler-Instinkte heute in uns

1. Wie gehen Sie mit Ihrem Zorn und Ihrer Aggression um? Was funktioniert für Sie? Was tut es nicht?
2. Wenn Ihr Reptilienhirn das nächste Mal zuschlägt, versuchen Sie einen anderen Ansatz, als einfach zurückzuschlagen – versuchen Sie, tief zu atmen und ein Mantra wie „Er ist mein Bruder, er ist mein Bruder, er ist mein Bruder“ zu rezitieren – oder „Ich liebe meinen Feind, ich liebe meinen Feind, ich liebe meinen Feind“.
3. Zählen Sie Bereiche auf, in denen Ihre Jäger-und-Sammler-Instinkte gesund und munter sind und in denen Sie sie auch anwenden. Gehen Sie meine Liste aus dem vierten Kapitel durch – in wie vielen der dort genannten Bereiche engagieren Sie sich? Erkennen Sie an und stimmen Sie zu, dass diese Bereiche das Jagen und Sammeln repräsentieren? Fügen Sie eigene hinzu.
4. Inwiefern ist die Scham ein Teil Ihres Lebens? Wofür schämen Sie sich am meisten? Wo hat diese Scham ihren Ursprung? Wie gehen Sie damit um? Ent-schämen Sie sich selbst? Was hält Sie am stärksten zurück? Was ist zur Unterstützung dieser Entgiftungsbemühungen am wirkungsvollsten?
5. „Ohne Zorn geschieht nichts“ sagte Thomas von Aquin. Auf welche Weise setzen Sie Ihren Zorn für gute Zwecke ein? Wie lenken Sie Ihren Ärger in gesunde Beziehungen, gesundes Arbeiten und gesundes Ringen um?
6. Fürchten Sie sich vor dem Zorn? Unterdrücken und verbergen Sie ihn … bis er auf unangemessene Weise hoch- und überkocht? An welchen Gruppen können Sie teilnehmen, wo man Ihnen hilft, ehrlich mit Ihrem Zorn umzugehen?
7. Auf welche Weise spielt die Kreativität eine Rolle dabei, Ihren Zorn in Richtungen zu lenken, die positiv sind und anderen nicht schaden? Haben Sie Ihre passive Aggression bearbeitet? Wie? Unterstützen Sie andere bei der Bewältigung ihrer passiven Aggression? Auf welche Weise?
8. C.G. Jung sagte einmal sinngemäß: Unter der Oberfläche eines jeden sentimentalen Menschen lauert die Gewalt. Sind Sie ein sentimentaler Mensch? Wie unterscheidet sich ein sentimentaler Mensch von einer Person mit tiefen Gefühlen? (Hinweis: Anne Douglas sagt, Sentimentalität sei „ranzig gewordenes politisches Bewusstsein.“ Es stellt die Unterdrückung von Gerechtigkeit und des Kampfes um Gerechtigkeit dar.) Sind Sie mit Ihren tiefen Gefühlen in Verbindung? Wie? Wenn nicht, warum?

V – Wege zur Erweckung des Inneren Kriegers

1. Welche Art von innerer Arbeit tun Sie? Mit dem Thema Trauer? Mit dem Thema Kreativität? Mit dem Thema der moralischen Entrüstung?
2. Für welche Sorgen und Anliegen setzen Sie sich ein? Was hält Sie zurück?
3. Haben Sie Ihre ganz eigene Stimme gefunden? Wie? Wenn nicht, was hält Sie davon ab?
4. Haben Sie in der Vergangenheit Ihren inneren „Soldaten“ mit Ihrem inneren „Krieger“ verwechselt? Sind Sie mittlerweile darüber hinweg? Können Sie erkennen, wie unsere Kultur und unsere Medien diese beiden Gestalten miteinander verwechseln? Wenn das der Fall ist, was tun Sie, um es richtigzustellen?
5. Auf welche Weise ermuntern Sie junge Männer dazu, Krieger und nicht nur Soldaten zu sein?
6. Ich habe kurz die Geschichten mehrerer von mir bewunderter Krieger wiedergegeben. Welche Krieger bewundern Sie? Machen Sie eine Liste von ihnen. Was lehren diese Krieger Sie?
7. Erkennen Sie, dass auch Propheten Krieger sind? Was lehren diese Sie? Verstehen Sie Jesus als Krieger – und was lehrt er Sie? Verstehen Sie Gandhi, Martin Luther King jr. und Malcolm X als Krieger – was lehren diese Männer Sie?
8. Wie haben Sie Mut erlernt (ein großes Herz)?
9. Wann haben Sie sich das letzte Mal erhoben, um aus der Menge herauszustechen und eine klare Position einzunehmen? Für welche Angelegenheit? Wie haben Sie sich dabei gefühlt? Beinhaltete Ihre Erfahrung auch die Realität der Solidarität? Welchen Preis haben Sie für Ihr Handeln gezahlt? Würden Sie es wieder tun?
10. Wer sind Ihre Feinde (nicht im persönlichen Sinne, sondern in Bezug auf Menschen, die Prinzipien vertreten, denen Sie nicht zustimmen können)? Sind Sie stolz auf die Feinde, die Sie sich gemacht haben? Haben Sie ihnen kürzlich dafür gedankt, dass sie Sie stark gemacht und zur Klärung Ihrer Werte beigetragen haben?
11. Welche positiven Dinge lehren Ihre Feinde Sie und erwecken sie in Ihnen zum Leben?
12. In diesem Kapitel sind auch Odysseus und Don Quijote erörtert worden. Identifizieren Sie sich mit einem oder beiden von ihnen? Auf welche Weise, oder auf welche Weise nicht?
13. Leben Sie die vier Pfade zur Entwicklung des Kriegers? Welcher davon ist Ihre stärkste Seite? Welche müssen Sie noch intensiver entwickeln?

VI – Wie wir unsere Sexualität lebendig, tief und unvorhersehbar – sprich spirituell – erhalten können

1. Wie hat sich Ihre Erfahrung der „sexuellen Freuden“ in den letzten fünf Jahren entwickelt? In den letzten zehn Jahren? In den letzten zwanzig Jahren?
2. Wie fühlen Sie sich, wenn Sie hören, dass die Tempel im Osten ebenso wie auch die Kathedrale von Chartres im Westen das Sexuelle und das Göttliche miteinander feiern? Haben Sie diese Botschaft auch von der Kirche oder in der Synagoge erhalten?
3. Ist es schwierig für Sie, eine Verbindung zwischen Sexualität und Spiritualität herzustellen? Stellt das einen großen Sprung für Sie dar? Wenn ja, warum? Was können Sie dagegen tun? Vielleicht haben Sie eine fehlerhafte Definition von Spiritualität.
4. Ist es schwierig für Sie, sexuelle Vielfalt zu akzeptieren? Ist es ein Problem für Sie, zu akzeptieren, dass etwa zehn Prozent der menschlichen Bevölkerung homosexuell sind? Wenn ja, warum ist das so? Was tun Sie dagegen?
5. Haben Sie schwule und lesbische Freunde? Arbeitskollegen? Verwandte? Wenn Sie schwul oder lesbisch sind, haben Sie heterosexuelle Freunde, Arbeitskollegen und Verwandte, mit denen Sie Ihre Zeit verbringen?
6. Nehmen Sie sich die Bibel und lesen Sie das „Hohelied Salomos“, das „Lied der Lieder“. Lesen Sie Teile davon gemeinsam mit Ihrem Partner oder Ihrer Geliebten.
7. Inwiefern praktizieren Sie Sexualität als *Metapher* und nicht nur als buchstäbliche Erfahrung?
8. Haben Sie Sexualität schon einmal als mystische Erfahrung der Schönheit und Ehrfurcht erlebt, die Sie in die Ferne getragen hat? Wie sind Sie dadurch verändert worden?
9. Wie lehren Sie die jüngere Generation die Wege der Sexualität?
10. Besuchen Sie ein Tantra-Seminar. Es könnte Ihr Leben, Ihre Ehe oder Ihre Beziehung verändern.
11. Versuchen Sie, Ihre Kirchengemeinde dazu zu bewegen, das Konzept der Sexualität als einem moralischen Problem und einer genussfeindlichen Ideologie zu überwinden und stattdessen als mystische Erfahrung zu sehen? Wie tun Sie das? Welchen Erfolg haben Sie damit?

VII – Die Wiederentdeckung von Anerkennung und Fürsorge für unseren Körper

1. Welche Form des körperlichen Trainings üben Sie momentan aus? Gehen Sie spazieren? Besuchen Sie ein Fitness-Studio? Laufen, wandern oder klettern Sie? Betreiben Sie Teamsportarten?

2. Haben Sie äußerkörperliche Erfahrungen, während Sie diese Dinge tun? Oder haben Sie dabei Vereinigungserlebnisse oder mystische Erfahrungen? Bringt Sie Ihr Körpertraining in einen anderen Zustand hinein? Wie viel Freude bereitet Ihnen das? Wie sehr werden Sie davon geheilt?
3. Welche Art des Sports oder Körpertrainings haben Sie in der Vergangenheit ausgeführt? Welchen Nutzen haben Sie auf persönlicher wie auch spiritueller Ebene daraus bezogen? Fehlt Ihnen dieses Training? Macht es Sie wehmütig, daran zu denken?
4. Lesen Sie das vierte und fünfte Kapitel von *Sins of the Spirit, Blessings of the Flesh* und meditieren Sie über die Heiligkeit des „menschlichen Fleisches" sowie über Ihre sieben Chakren. Welche Folgen hat diese Einstellung zum Körper sowie die Anerkennung seiner besonderen Einzigartigkeit?
5. Wie sehen Ihre Essgewohnheiten aus? Wie haben diese sich verändert? Achten Sie darauf, nicht zu viel Zucker, gehärtete Öle, Fett und rotes Fleisch zu sich zu nehmen? Halten Sie Ihren Körper auf angemessene Weise in Form und können Sie ihn auch so lieben? Wenn nicht, warum? Wenn nicht, was lassen Sie an Ihrem Körper aus – welchen Zorn, welche Themen, welche Beziehungen? Können Sie das loslassen?
6. Wie gehen Sie mit Alkohol um? Haben Sie oder Menschen in Ihrer Nähe die Erfahrung des Alkoholismus gemacht? Besuchen Sie die Anonymen Alkoholiker oder andere Programme für Menschen mit Ess-Störungen oder Alkoholproblemen? Was haben Sie aus diesen Treffen erhalten? Sind Sie dabei, Ihren Körper wieder lieben zu lernen?
7. Atemübungen. Machen Sie welche? Meditation? Mantras? Atemarbeit? Mit welchem Ergebnis? Wie hat sich Ihre Arbeit damit weiterentwickelt?
8. Was finden Sie an Frauen schön und bewundernswert? Was an Männern? Wie haben Sie an dieser Schönheit teil?
9. Bringen Sie Ihren Körper in das Gebet, in die Kirche, die Synagoge oder die Moschee ein? Nehmen Sie an Schwitzhütten teil? An Sonnentänzen? An Technopartys? An anderen Formen des heiligen Tanzens? Wenn nicht, warum? Ermuntern Sie junge Menschen dazu? Sprechen Sie mit ihnen über ihre Erfahrungen mit der Verbindung von Tanz und Trance?
10. Nichts im Leben ist von Dauer. Meditieren Sie über den Tod – wenn der Körper, den Sie jetzt bewohnen (und mehr als nur ihn) nicht mehr existiert. Hilft Ihnen das dabei, Ihren Körper mehr zu würdigen und wertzuschätzen, solange Sie noch mit ihm zusammen sind? Auch die Körper von anderen Menschen, die Sie lieben oder schätzen, werden eines Tages entschlafen. Erweckt das in Ihnen ein Gefühl für die Schönheit des gegenwärtigen Augenblicks? Und Dankbarkeit dafür?
11. Ist das gesamte menschliche Unternehmen eine Suche nach Unsterblichkeit, wie Otto Rank annimmt? Welche Folgen hätte das? Haben Sie Ihre Angst vor dem Tod verarbeitet? Wie sind Schönheit und Tod miteinander verbündet?

12. Welche Auswirkungen haben die modernen wissenschaftlichen Lehren, die besagen, dass Licht und Materie ein und dasselbe sind?
13. Mögen Sie Sport? Betreiben Sie gerne bestimmte Sportarten? Welche? Wann? Wie hat sich diese Beziehung entwickelt? Welche Freude und welche Lehren beziehen Sie aus den Sportarten, die Sie betreiben oder betrieben haben?
14. Sehen Sie anderen gerne beim Sport zu? Live? Beim Fernsehen? Welche Freude und welche Lehren beziehen Sie daraus, anderen beim Sport zuzuschauen? Wie oft tun Sie das? Ist es übertrieben viel? Falls ja, können Sie das reduzieren? Sind Sie von einem Athleten zu einem Sofahelden geworden, oder kennen Sie andere Menschen, denen das passiert ist? Wie können Sie diese Abhängigkeit überwinden?
15. Ist Ihr Körper bei Ihrer Arbeit willkommen? Wie ist er daran beteiligt? Wie wird er bei Ihrer Arbeit gewürdigt und behandelt? Falls es schlecht damit aussieht, wie können Sie die Situation verbessern?
16. John Conger führt uns auf vier Wegen in Beziehung zu unserem Körper. Haben Sie diese ausprobiert? Mit welchen Ergebnissen? Falls nicht, ist es noch nicht zu spät dafür.

VIII – Übungen zur Erweckung des Blauen Mannes

1. Sowohl Swami Muktananda als auch Hildegard von Bingen haben den Blauen Mann in der Meditation erfahren. Meditieren Sie? Falls nicht, warum?
2. Sind Sie dem Blauen Mann bereits begegnet? Haben Sie darum gebeten, dass er zu Ihnen kommt? Falls er gekommen ist, welche Lehren hat er Ihnen weitergegeben? Wie sehen diese im Vergleich zu denen von Muktananda und Hildegard aus?
3. Wie sehr hat sich Ihr Bewusstsein im vergangenen Jahr erweitert? In den vergangenen fünf Jahren? Zehn Jahren? Zwanzig Jahren? In welchen Gebieten und Bereichen ist es zu einer Erweiterung gekommen? In welchen Bereichen bedarf es noch immer der Erweiterung?
4. Wie kann die vorangegangene Erörterung von Vater Himmel (der ja immerhin blau ist), zu Ihrer Bewusstseinserweiterung und zu einer umfassenderen Wahrnehmung des Blauen Mannes beitragen?
5. Mit welchen Gruppen oder Gemeinschaften sind Sie verbunden, die Sie wirklich zur Bewusstseinserweiterung herausfordern oder Sie darin unterstützen? Auf welche Weise unterstützen sowohl Ihre Feinde als auch Ihre Verbündeten diese Erweiterung?
6. Welche Bücher, welche Musik oder welche körperlichen Bestrebungen unterstützen diese Erweiterung?

7. Ist Kreativität eines der vorrangigen Elemente in Ihrem Leben? Auf wie viele verschiedene Weisen sind Sie jeden Tag kreativ? Zu Hause? Bei der Arbeit? In der Elternschaft? In Ihrer Bürgerschaft? Wenn die Kreativität in Ihrem Leben keine große Bedeutung hat, warum ist das so? Was tun Sie, um das zu verändern?
8. Auf welche Weise erfahren und genießen Sie Kunst? Auf welche Weise nehmen Sie daran teil? Woran würden Sie gerne teilhaben? Was hält Sie zurück? Wann werden Sie „den ersten Schritt tun"?
9. Erstellen Sie eine Liste kreativer Menschen, die Sie bewundern. Was können Sie von Ihnen lernen?
10. Stimmen Sie dem Navajo-Maler und Heiler David Palladin zu, dass „wer sprechen kann, ein Künstler" ist? Auf welche Weise sind Sie in Bezug auf sich selbst, Ihre Familie, Ihre Arbeit und Ihren Gott ein Künstler?
11. Besteht das Ziel allen Bewusstseins und aller Kreativität tatsächlich im Mitgefühl? Beim Mitgefühl geht es darum, ein Leben in authentischer, gegenseitiger Verbindung zu führen und auf diese Weise den Gesetzen oder Gewohnheiten eines aus wechselseitigen Verbindungen bestehenden Universums zu folgen. Wie gut gelingt uns das? Was hält uns dabei zurück? Ruft der Blaue Mann uns in dieser Zeit zu einem Quantensprung des Mitgefühls auf? Wie kann sich das vollziehen?

IX – Wege zur vollständigeren Entwickung unseres väterlichen Herzens

1. Was ist am besten daran, ein Vater zu sein?
2. Was ist am schwierigsten daran, ein Vater zu sein?
3. Auf welche Weise sind Sie anderen Kindern als Ihren eigenen ein Vater?
4. Haben Sie Kinder adoptiert? Sind Sie ein Mentor oder ein großer Bruder für einzelne Kinder?
5. Auf welche Weise wirkt sich Ihre Arbeit auf Kinder aus? Wie oft denken Sie darüber nach und bringen diese Werte in die Entscheidungen ein, die Sie im Rahmen Ihres Berufs treffen müssen?
6. Ich habe neun Eigenschaften des väterlichen Herzens aufgezählt. Welche davon berühren Sie am meisten? Welche davon üben Sie aus? Fügen Sie weitere Eigenschaften hinzu, die Ihnen einfallen.
7. Welches der Lieder über den Vater spricht Sie am meisten an?
8. Wie bewerten Sie aus der Sicht des Sohns Ihren eigenen Vater? Seine Stärken? Seine Fehler und Schwächen?
9. Gibt es zwischen Ihnen und Ihrem Vater ungeklärte Angelegenheiten? Haben Sie ihm einen Brief geschrieben (egal, ob er noch lebt oder bereits tot ist), in dem Sie diese Dinge geklärt und ihm gedankt haben?

10. Auf welche Weise unterscheiden Sie sich in Ihrer Art der Vaterschaft von Ihrem eigenen Vater oder werden es tun? Sind Sie sich da wirklich sicher? Wie werden Sie versuchen, das nachzuahmen, was Ihr Vater war oder getan hat?
11. Welche „Ersatzväter" hat es in Ihrem Leben gegeben? Welchen Einfluss haben diese auf Sie gehabt? Haben Sie ihnen dafür je ein „Dankeschön" geschrieben, ob sie nun leben oder bereits tot sind? Denken Sie nicht, es wäre an der Zeit dafür?

X – Lektionen zur Entwicklung des großväterlichen Herzens und des Herzens der Ältesten

1. Nennen Sie einige ältere Menschen, die Sie bewundern. Was haben diese Sie gelehrt? Haben Sie Ihnen dafür gedankt?
2. Was lehren junge Menschen Sie? Warum brauchen Sie junge Menschen ebenso, wie diese Sie brauchen?
3. Ruhestand contra Neuentzündung des inneren Feuers. Äußern Sie sich zum Unterschied zwischen beidem. Was kann Ihr inneres Feuer in späteren Jahren neu entflammen lassen?
4. Wie sorgen Sie dafür, dass Sie in Ihren späteren Lebensjahren körperlich, geistig, intellektuell und spirituell kraftvoll und lebendig bleiben? Kultivieren Sie bereits jetzt Gewohnheiten, die Sie dann weiterführen werden?
5. Welche Pläne haben Sie für Ihre Neuentflammungszeit?
6. Was macht Ihre Erfahrung, ein Großvater zu sein, so großartig? Was lernen Sie daraus? Wie verändert es Sie? Auf welche Weise teilen Sie das mit anderen?
7. Mit welchen jungen Menschen stehen Sie in Verbindung? Von welchen lernen Sie, welche lehren oder beraten Sie?
8. Ihr Erbe: Was möchten Sie hinterlassen? Wie möchten Sie erinnert werden (wenn überhaupt)?
9. Falls Sie Geld oder Vermögen hinterlassen werden, haben Sie gut überlegt, welche Gruppen oder Bewegungen Ihre Unterstützung benötigen können, damit Sie es nicht nur Anwälten, Buchhaltern oder Familienmitgliedern überlassen müssen, diese Entscheidungen an Ihrer Stelle zu treffen? Folgen Sie darin Ihren Werten, unterstützen Sie „junge Triebe" und nicht nur die alten, längst ermüdeten Institutionen?
10. Tod. Was heißt das für Sie?
11. Auferstehung, Reinkarnation, Erneuerung: Glauben Sie an eines oder mehrere davon? Was bedeutet das für Sie? Wie wirkt sich dieses Verständnis auf Ihren Alltag und auf Ihre Lebensanschauungen aus?
12. Meister Eckhart sagte, seine Seele sei so jung wie am Tag, als sie erschaffen wurde – und jünger. Sind Sie aus demselben Stoff gemacht? Wie jung ist Ihre Seele? Was macht und hält sie jung?

13. Gibt es noch irgendein Bedauern, irgendeine Notwendigkeit, Vergebung zu gewähren oder zu erhalten, bevor Sie gehen?
14. Gibt es Danksagungen, die Sie noch machen möchten, bevor Sie gehen? Wenn ja, warum es noch länger aufschieben?

Anhang B – Einige Gedanken zu Übergangsriten

In unserer Kultur wird der Erwerb des Führerscheins gerne als unser Übergangsritus betrachtet. Oder der Highschool- bzw. Collegeabschluss oder der Eintritt in die Armee werden so gesehen. Ich will nicht bestreiten, dass Leistungen wie das Fahren eines Autos, die Erlangung einer angemessenen Bildung oder eine militärische Ausbildung eine *Art* von Übergangsritus darstellen – ebenso wie die Eheschließung, der Beginn der Elternschaft, der Übergang der Midlife-Krise, der Eintritt in die Ältestenschaft, Großeltern zu werden, in den Ruhestand zu gehen und vieles mehr.

Aber, und das kann ich nicht genug betonen, nichts von all dem ersetzt auf irgendeine Weise jenen Übergangsritus, der unserer Kultur am meisten fehlt, nämlich den des Übergangs vom Jungen zum Mann, vom Mädchen zur Frau. Warum ist das so? Weil die sogenannten Übergangsriten des Fahrens, des Schulabschlusses oder der Absolvierung einer Ausbildung *Leistungen* des Einzelnen sind. Doch ein echter Übergangsritus von der Kindheit zum Erwachsensein ist ganz entschieden *keine individuelle Leistung*, sondern eine der Natur. Die Natur bringt uns an jenen Wendepunkt unseres Lebens, wenn Jungs mit dem Rasieren beginnen und Mädchen zu menstruieren anfangen. Das ist keine persönliche Leistung. Es ist keine Auszeichnung dafür, etwas erreicht zu haben. Es *geschieht uns einfach* – und mit „uns" meine ich nicht nur den Einzelnen, sondern die gesamte Kultur. Wir alle, Väter und Mütter, Großeltern, einfach alle ... werden wir vom Erwachsenwerden der nächsten Generation beeinflusst – von der körperlichen Fähigkeit, unsere Art zu vermehren und dafür zu sorgen, dass sich die Ahnenkarawane weiter voranbewegt.

Und genau das steht bei einem Übergangsritus auf dem Spiel – es geht nicht darum, dass der Einzelne etwas erreicht hat, sondern dass die Natur in unseren jungen Menschen etwas vollbracht hat, das nicht das Ego, sondern den gesamten Stamm betrifft, die gesamte Gemeinschaft, die Zukunft. Deshalb werden traditionelle Passageriten von einem gewissen Ernst begleitet – die Erwachsenen haben die schwere Verantwortung, die Bemühungen unseres Stammes weiterzutragen, und diese Verantwortung nimmt mit der Pubertät eine ganz neue Dimension an.

Wie ist unserer Kultur dieser Notwendigkeit von Übergangsriten gewachsen? Nicht sehr gut. Die christliche Tradition spricht hier von der „Konfirmation", während die jüdische die „Bar Mizwa" und die „Bat Mizwa" bietet, aber meiner Erfahrung nach fehlt diesen Zeremonien meist die körperliche Tiefe und Heftigkeit, die zu einem echten Übergangsritus gehören. Sie prägen sich oft nicht tief genug ein. Es gibt zum Beispiel in Afrika Stämme, zu deren Passageriten die Beschneidung gehört. Warum? Damit der junge Mann früh lernt, dass zum Erwachsenenleben auch Opfer und Schmerzen gehören. Der Sonnentanz der amerikanischen Ureinwohner vermittelt dieselbe Botschaft. Das Opfer ist die Gabe des Einzelnen an sein Volk. Es ist ein Teil dessen, was es bedeutet, ein Mann zu sein. Ein Mensch zu sein. Es ist ein Teil dessen, jemand zu sein, der etwas zur Gemeinschaft beiträgt.

In unserer Kultur der Konfirmation und der Bar Mizwa neigen Erwachsene dazu, junge Menschen mit Geschenken zu überhäufen. Das bringt die Gefahr mit sich, Jugendliche noch abhängiger zu machen und noch mehr ins Zentrum der Aufmerksamkeit zu stellen, anstatt sie zu dem Abenteuer herauszufordern, das echtes Erwachsensein und eine echte Mitgliedschaft in der Gemeinschaft bedeuten. Doch so besteht die definitive Möglichkeit, dass der Jugendliche auf diese Weise zu noch mehr egozentrischem Verhalten, noch mehr Anthropozentrismus und sogar zum Konsumerismus hin irregleitet wird.

Meiner Ansicht nach ist unsere Überzeugung, ein Übergangsritus leite sich von unseren Leistungen her, ein Merkmal unserer anthropozentrischen Kultur. Nichts könnte falscher sein! Ein Passageritus ergibt sich aus den Errungenschaften der Natur. Deshalb bedarf er einer Zeremonie, die sowohl schön als auch geeignet ist, den Menschen erfolgreich mit der restlichen Natur in Verbindung zu bringen. Das kann besonders bei Jungen eine gewisse Ernsthaftigkeit erfordern. Deshalb führt er zu einer unterschiedlichen Wahrnehmung des jungen Menschen, die sowohl ihn selbst als auch andere betrifft. Es öffnet ihn vom „ich“ zum „wir“. Wenn das nicht geschieht, hat der Ritus versagt. Und Jugendliche, die sich keinen authentischen Passageriten unterzogen haben, frönen dann ihren eigenen törichten Bemühungen darum, die meist zerstörerisch sind, um diesen Mangel auszugleichen. Hinter diesem Versagen lauern heftiger Zorn, Feindseligkeit und sogar Trauer auf Seiten des angehenden Erwachsenen, denn er hat nie einen echten Eintritt in die Gemeinschaft vollzogen.

Die Erwachsenen tragen das Gewicht der Schuld, bezüglich der Bereitstellung bedeutungsvoller Übergangsriten versagt zu haben. Sie – die Älteren – sind dafür verantwortlich, den jungen Menschen bedeutsame Übergangsriten zu ermöglichen.

Quellen

Vorwort – Warum „Verborgen"?

Matthew Fox, *Sheer Joy: Conversations with Thomas Aquinas on Creation Spirituality* (HarperSanFrancisco, San Francisco 1992)

Edward Guthmann, „Vietnam Vets Vent Anguish", *San Francisco Chronicle*, 12. November 2007

Peter Reason, „Transforming Education" (Vortrag vom 15. September 2007 anlässlich der „Earth Is Community"-Konferenz zu Ehren von Thomas Berry)

Robert Bly und Marion Woodman, *The Maiden King: The Reunion of Masculine and Feminine* (Henry Holt and Company, New York 1998)

John Ryan, „Sorting out Puzzle of Male Suicide", *San Francisco Chronicle*, 26. Januar 2006

Einleitung – Auf der Suche nach der heiligen Männlichkeit

Joseph Jastrab, *Sacred Manhood, Sacred Earth* (HarperPerennial, New York 1994)

Daniel H. Pink, *A Whole New Mind: Moving from the Information Age to the Conceptual Age* (Riverhead Books, New York 2005)

Jean Shinoda Bolen, *Gods in Everyman: A New Psychology of Men's Lives & Loves* (Harper & Row, New York 1989)

Bly und Woodman, *The Maiden King*

Joel R. Primack und Nancy Ellen Abrams, *The View from the Center of the Universe* (Riverhead Books, New York 2006)

William Anderson und Clive Hicks, *Green Man: The Archetype of Our Oneness with the Earth* (HarperCollins, San Francisco 1990)

I – Vater Himmel: Der Kosmos lebt!

Jastrab, *Sacred Manhood*

Matthew Fox, *Meditations with Meister Eckhart* (Bear & Company, Santa Fe 1983)

E.O. James, *Primitive Ritual and Belief* (Melhuen Company, London 1917)

Mircea Eliade, *Australian Religions* (Cornell University Press, Ithaca, NY 1973)

Tony Swain und Gary Trompf, *The Religions of Oceania* (Routledge, London 1995)

John Mbiti, *Introduction to African Religions* (Heinemann Education Publishers, Chicago 1991)

Bolen, *Gods in Everyman*

James Miller, *Measures of Wisdom: The Cosmic Dance in Classical and Christian Antiquity* (University of Toronto Press, Toronto 1986)

Barbara Ehrenreich, *Dancing in the Streets* (Metropolitan Books, New York 2006)
Matthew Fox, *Sins of the Spirit, Blessings of the Flesh: Lessons for Transforming Evil in Soul and Society* (Harmony Books, New York 1999)
Primack und Abrams, *The View from the Center of the Universe*
Scott Russell Sanders, *Hunting for Hope: A Father's Journeys* (Beacon Press, Boston 1998)
Thomas Berry, *The Great Work* (Bell Tower, New York 1999)
Deborah Gage, „Microsoft Star Gazing", San Francisco Chronicle, 13. Mai 2008, siehe auch www.worldwidetelescope.org

II – Der Grüne Mann

Fred Hageneder, *Geist der Bäume: Eine ganzheitliche Sicht ihres unerkannten Wesens* (Neue Erde 2004)
King-James-Bibel, Johannes 15.5
Anderson und Hicks, *The Green Man*
Woodman und Bly, *The Maiden King*
R.P. Blackmur, *Henry Adams* (Harcourt Brace Jovanovich, New York 1980)
J.E. Cirlot, *A Dictionary of Symbols* (Philosophical Library, New York 1962)
Eugene Monick, *Phallos: Sacred Images of the Masculine* (Inner City Books, Toronto 1987)
Jastrab, *Sacred Manhood*
Primack und Abrams, *The View from the Center of the Universe*
Jacob Bayham, „Burma Artists Hide in Shadow of their Sad Work", *San Francisco Chronicle*, 9. April 2008
H. Joseph Herbert, „Use of Wind Energy Expected to Grow Dramatically", AP, 12. Mai 2008

III – Ikarus und Dädalus

Bly und Woodman, *The Maiden King*
J.E. Cirlot, *A Dictionary of Symbols*
John P. Conger, *The Body in Recovery: Somatic Psychotherapy and the Self* (Frog Ltd., Berkeley 1994)
John Matthews, *The Coming of the Cosmic Christ* (Harper & Row, San Francisco 1988)

IV – Jäger und Sammler

Jared Diamond, *Guns, Germs, and Steel: The Fates of Human Societies* (W.W. Norton, New York 1997)
Ehrenreich, *Dancing in the Streets*

Marshall Sahlins, „Notes on the Original Affluent Society", Vortrag an der Man The Hunter-Konferenz 1966

Meredith May, „Deadly Legacy: Many Young Black Men in Oakland are Killing and Dying for Respect", *San Francisco Chronicle*, 9. Dezember 2007

Fox, *Sheer Joy*

Rick DelVecchio, „As Warnings Grow More Dire, Nobelist Emerges as Leader", *San Francisco Chronicle*, 5. März 2007

John Johnson Jr., „Spacecraft Sends Pictures that Hint of Seas on Titan", *San Francisco Chronicle*, 14. März 2007

Pentagon Auditors, „Profit upon Profit", in „Editorials", *Toledo Blade*, 1. März 2007

Saben Rusell, „Vulnerable Spot on HIV Could Lead to a Vaccine", *San Francisco Chronicle*, 15. Februar 2007

Louis J. Ignarro, „Nobel Prize Winner's Breakthrough – Prevent Heart Attack and Stroke with Nitric Oxyde" in *Treasury of Health Secrets* (Bottom Line Books, Des Moines 2004), siehe auch Louis Ignarro, *No More Heart Disease* (St. Martins Press, New York 2005)

Sanders, *Hunting for Hope*

V – Spirituelle Krieger

Thomas Berry, *The Great Work*

Jastrab, *Sacred Manhood*

Matthew Fox, *One River, Many Wells: Wisdom Springing from Global Faiths* (Jeremy P. Tarcher/Putnam, New York 2000)

Greg Lynn Weaver, „In the Footsteps of the Buddha: 108 Year Old Monk is Still on the Path", *Holistic Health Journal*, Herbst 1997

Chris Hedges, „The Christian Right and the Rise of American Fascism", www.theocracywatch.org, 15. November 2004

VI – Männliche Sexualität, göttliche Sexualität

Mantak Chia und Michael Winn, *Taoist Secrets of Love: Cultivating Male Sexual Energy* (Aurora Press, Santa Fe 1984)

Robert Moore und Douglas Gillette, *King, Warrior, Magician, Lover: Rediscovering the Archetypes of the Mature Masculine* (HarperSanFrancisco, San Francisco 1990)

Monick, *Phallos*

Jean-Louis Bourgeois et al., *Spectacular Vernacular: The Adobe Tradition* (An Aperture Book, New York 1996)

Eugene Monick, *Castration and Male Rage: The Phallic Wound* (Inner City Books, Toronto 1991)

Riane Eisler, *Sacred Pleasure: Sex, Myth and the Politics of the Body – New Paths to Power and Love* (HarperSanFrancisco, San Francisco 1995)
David Deida, *Der Weg des wahren Mannes* (J. Kamphausen Verlag, Bielefeld 2006)
Fox, *One River, Many Wells*
Jastrab, *Sacred Manhood*
Bruce Bagmihl, *Biological Exuberance: Animal Homosexuality and Natural Diversity* (Stonewall Inn Editions, New York 1999)
Walter L. Williams, *Spirit and the Flesh* (Beacon Press, Boston 1992)
Gary Snider, *The Practice of the Wild* (North Point Press, Berkely 1990)

VII – Unsere kosmischen und tierischen Körper

John P. Conger, *Jung & Reich: The Body as Shadow* (North Atlantic Books, Berkely 2005)
Brian Swimme und Thomas Berry, *Die Autobiographie des Universums* (Diederichs, München 1999)
Fox, *Sins of the Spirit, Blessings of the Flesh*
Kevin Feking, „U.S. Continues to Crash Records in Obesity Rates", *San Francisco Chronicle*, 28. August 2007
Snyder, *The Practice of the Wild*
Sanders, *Hunting for Hope*
Fox, *One River, Many Wells*
Brendan Doyle, *Meditations with Julian of Norwich* (Bear & Co, Santa Fe 1983)
Conger, *The Body in Recovery*
Sue Woodruff, *Meditations with Mechthild of Magdeburg* (Bear & Co, Santa Fe 1982)

VIII – Der Blaue Mann

Swami Muktananda, *Play of Consciousness: A Spiritual Autobiography* (SYDA Foundation, South Fallsburg, NY 1994)
Bruce Hozeski (Übers.), *Hildegard of Bingen's Scivias* (Bear & Co, Santa Fe 1986)
Matthew Fox, *Illuminations of Hildegard of Bingen* (Bear & Co, Santa Fe 1985)
King-James-Bibel, Ezekiel 1.26
King-James-Bibel, Johannes 1.4 5, 8.12, 9.5
King-James-Bibel, Sprüche 8
Berry, *The Great Work*
Swami Muktananda, *From the Finite to the Infinite*, (SYDA Foundantion, South Fallsburg 1995)
Deida, *Der Weg des wahren Mannes*
Fox, *One River, Many Wells*
Jastrab, *Sacred Manhood*

King-James-Bibel, Lukas 6.36

Heidi Benson, „Zen and the Art of Lawyering: Legal Eagles Find Meditation a Stress Solution", *San Francisco Chronicle*, 30. Juli 2007

Bernard Amadei in einem Brief an den Autor. Mehr Informationen über seine Arbeit erhalten Sie unter www.ewb-usa.org oder in dem Artikel des Time Magazin über ihn, zu finden unter www.time.com/time/magazine/article/0,9171,1689197,00.html

Fox, *Sheer Joy*

Primack und Abrams, *The View from the Center of the Universe*

IX – Erdvater

Jeffrey Moussaieff Masson, *The Evolution of Fatherhood* (Ballentine Books, New York 1999)

Bolen, *Gods in Everyman*

Robert M. Franklin, *Crisis in the Village: Restoring Hope in African American Communities* (Fortress Press, Minneapolis 2007)

Bly und Woodman, *The Maiden King*

John Dominic Crossan, *The Essential Jesus: Original Sayings and Earliest Images* (HarperSanFranciso, San Francisco 1994)

Gordon Wheeler und Daniel E. Jones, „Finding Our Sons: A Male-Male Gestalt" in Robert G. Lee und Gordon Wheeler (Hrsg.), *The Voice of Shame: Silence and Connection in Psychotherapy* (Jossey-Bass, San Francisco 1996)

Chris Hedges, „The Christian Right and the Rise of American Fascism", Interview on „Democracy Now", 19. Februar 2007

Matt Henry, „A Songwriter's Reflections", ein dem Autor im März 2007 übersandtes Essay.

Sie können Matts Songs auf www.paintedguitar.com/paternalheart.html hören.

Doyle, *Meditations with Julian of Norwich*

Fox, *Meditations with Meister Eckhart*

King-James-Bibel, Römerbrief 8.22

Matthew Fox, *Passion for Creation: The Earth-Honoring Spirituality of Meister Eckhart* (Inner Traditions, Rochester, VT 2000)

Leonardo Boff, *Holy Trinity, Perfect Community* (Orbis Books, Maryknoll, NY 2000)

Aryeh Kaplan, *Jewish Meditation: A Practical Guide* (Schocken Books, New York 1985)

Daniel C. Matt, *The Essential Kabbalah: The Heart of Jewish Mysticism* (HarperSanFrancisco, San Francisco 1996)

John C.H. Wu (Übers.), *Tao Teh Ching* (Shambala Publications, Boston 1989)

Jürgen Moltmann, *Gott in der Schöpfung: Ökologische Schöpfungslehre* (Gütersloher Verlagshaus 2001)
Fox, *Sheer Joy*
Meredith May, „A Plague of Killing: Filling a Void“, *San Francisco Chronicle*, 10. Dezember 2007
Tom Engelhardt, „How Dry We Are: A Question No One Wants to Raise About Drought“, www.tomdispatch.com, 11. November 2007
Troy Jollymore, „Hey, Kids! Madison Avenue Wants You! A Review of *Consumed: How Markets Corrupt Children, Infantilize Adults, and Swallow Citizens Whole*“, *San Francisco Chronicle*, 1. April 2007
Sanders, *Hunting for Hope*
James Madison, „Political Observations“, *Letters and Other Writings of James Madison*, 20. April 1795

X – Großvater Himmel

Lindsey Tanner, „Despite Myth, Old Age is the Happiest Time“, AP, 18. April 2008
Zalman Schachter-Shalomi, *From Age-ing to Sage-ing: A Profound New Vision of Growing Older* (Warner Books, New York 1995)
Fox, *One River, Many Wells*
Jesse Hamlin, „They're in the Big Leagues Now“, *San Francisco Chronicle*, 25. April 2008
Matthew Fox, *Mitfühlen. Mitdenken. Mitfreuen* (O. W. Barth, München 1994)

XI – Die heilige Hochzeit von Männlichkeit und Weiblichkeit

Chia, *Taoist Secrets of Love*
Riane Eisler, *Sacred Union*
Monick, *Castration and Male Rage*
Thomas Berry, *The Great Work*
David Suzuki, *The Sacred Balance: Rediscovering Our Place in Nature* (Greystone Books, Vancouver 2002)
Bly and Woodman, *The Maiden King*
Dolores Whelan, *Ever Ancient, Ever New: Celtic Spirituality in the 21st Century*, (The Columbia Press, Dublin 2006)
Lucia Chiavola Birnbaum, *Dark Mother: African Origins and Godmothers* (Authors Choice Press, New York 2001)
Jennifer Zazo, Auszug aus der Erklärung der Kuratorin der Ausstellung über die Schwarze Madonna vom 2. August 2007, siehe auch im Internet unter www.theblackmadonnaexhibition.com

Fred Gustafson (Hrsg.), *The Moonlit Path: Reflections on the Dark Feminine* (Nicolas-Hays, Berwick, ME 2003)
Fox, *Meditations with Meister Eckhart*
Andrew Harvey, *The Return of the Mother* (Frog Ltd., Berkeley 1995)
Fox, *Sins of the Spirit, Blessings of the Flesh*
King-James-Bibel, Ekklesiastes 25.15
King-James-Bibel, Lukas 1.51-53
Blackmur, *Henry Adams*
Eloise McKinney-Johnson, „Egypt's Isis: The Original Black Madonna", *Journal of African Civilizations*, April 1984
M.D. Chenu, *Nature, Man and Society in the Twelfth Century* (University of Chicago Press, Chicago 1968)
Eulalio R. Baltazar, *The Dark Center: A Process Theology of Blackness* (Paulist Press, New York 1973)
Richard Hooker, „Chinese Philosophy: Yin and Yang", www.wsu.edu:8080/~dee/CHPHIL/YINYANG.HTM, 27. Juli 2007
Neil Douglas Klotz, *The Genesis Meditations: A Shared Practice of Peace for Christians, Jews and Muslims* (Quest Books, Wheaton, IL, 2003)
Whelan, *Ever Ancient, Ever New*

XII – Weitere heilige Vereinigungen

Bede Griffiths, *The Marriage of East and West*, (Medio Media Publishing, Tucson, AZ 2003)
Pink, *A Whole New Mind*
Schachter-Shalomi, *From Age-ing to Sage-ing*
Bly und Woodman, *The Maiden King*
Peter Kingsley, *In the Dark Places of Wisdom* (The Golden Sufi Center, Inverness, CA 2004)

Schlussfolgerung – Echte Männer sind Träger der heiligen Männlichkeit

Fox, *Meditations with Meister Eckhart*
Ilana DeBare, „For Philantropy, B Is Letter Perfect", *San Francisco Chronicle*, 18. Mai 2008
Fox, *One River, Many Wells*

Danksagungen

Ich möchte den vielen Menschen danken, die auf stille oder auch weniger stille Weise zu diesen Seiten beigetragen haben – Männer und Frauen, die mich über die Jahre hinweg gelehrt und gefordert haben. Erlauben Sie mir, zusätzlich zu jenen, denen ich dieses Buch gewidmet habe, all den in den Quellen angeführten Autoren dafür zu danken, dass sie mir durch ihre Worte und ihre wunderbare Sprache Lehrer waren. Die Kameradschaft der Denker speist mich stetig mit guter und nährender intellektueller Nahrung. Jedes Kapitel konzentriert sich auf bestimmte Weise auf ein besonderes Thema, und in jedem davon habe ich von diesen Denkern wertvolle Gedanken bezogen, seien es nun Anderson und Hicks beim Grünen Mann, Primack und Abrams bei Vater Himmel, Chia und Deida zum Thema Sexualität, Diamond und Ehrenreich beim Jäger und Sammler, Masson und Sanders zum Thema Vaterschaft, Muktananda beim Blauen Mann oder Rabbi Schachter zum Thema des Großväterlichen Herzens und der Ältestenschaft.

Ich danke auch ganz besonders den Männern, die Farbe bekannt und in unseren Interviews aus dem Herzen über männliche Spiritualität gesprochen haben. Dazu gehören KJ, Professor Pitt, John Conger, Jim Miller, Mark Micholson und Christian de la Huerta.

Ich möchte auch die bahnbrechende Arbeit von Robert Bly, Joseph Jastrab und anderen würdigen, die zu der ersten Generation männlicher Befreier gehören, die diese Arbeit mit viel Hingabe und Verpflichtung begonnen haben und auf deren Schultern ich meinen prekären Balanceakt ausführe. Und ich danke Jim Roberts sowie Bruder Joseph Kilikevice für ihre inspirierte Arbeit mit Männern.

Ich möchte Jason Gardner, meinem Redakteur bei New World Library und auch dem Lektor Jeff Campbell danken. Ebenso gilt mein Dank meinem Buchagenten Ned Leavitt. Ein besonderer Dank geht an Fred Gustafson, der mir erlaubte, aus seinem hervorragenden Buch *The Moonlit Path* den Beitrag zur Schwarzen Madonna abzuleiten. Dr. Clarissa Pinkola Estés, Aaron Stern, Philip Harmonn, Marvin Anderson und Lama Tsomo danke ich für ihre Ermunterungen während der Arbeit an diesem Buch. Und Dennis Edwards, Mel Bricker sowie Debra Martin für ihre Unterstützung bei der Aufrechterhaltung meiner täglichen Verantwortungen. Tom Christian danke ich für seine Hilfe bei den Recherchetätigkeiten. Ich bin auch der Academy for the Love of Learning für ihre Unterstützung und Ermunterung dankbar, ebenso wie Debra Martin, die mich mit dem Konzept der Blauen Perle und des Blauen Mannes bekannt gemacht hat.

Über den Autor

Matthew Fox gehörte 34 Jahre lang dem Dominikaner-Orden an. Er hält einen Doktortitel (Geschichte und Theologie der Spiritualität) der *Institut Catholique de Paris*. Auf der Suche nach einer Pädagogik, die das Erlernen universeller Spiritualität fördert, gründete er das *Institute in Culture and Creation Spirituality*.

Kardinal Ratzinger, Chefinquisitor der Glaubenskongregation sowie heute Papst Benedikt XVI, versuchte zehn Jahre lang, Fox mundtot zu machen, was ihm 1988 gelang. Drei Jahre später schloß er Fox aus dem Orden aus und legte das Programm still. Fox startete daraufhin die *University of Creation Spirituality*, der er neun Jahre vorstand.

Heute arbeitet er an der YELLAWE, einem neuen Lehrprogramm für Großstadtjugendliche (Youth and Elder Learning Laboratory for Ancestral Wisdom Education).

Er ist der Autor von 28 Büchern und lebt in Oakland, Kalifornien. Seine Homepage ist www.matthewfox.org.

Unser aktuelles Programm, Vorankündigungen von Neuerscheinungen und Nachauflagen, Adressen von Visionssucheseminaren, Termine mit unseren Autoren, Leseproben, Inhaltsverzeichnisse, Textauszüge, Titelabbildungen und noch vieles mehr finden Sie auf unserer Homepage. Von dort aus gelangen Sie auch direkt zu unserem Onlineshop, wo Sie unter anderem eine große Anzahl von Sonderangeboten vorfinden.

www.arun-verlag.de